Paolo Ronchetti

2 Regole e numeri dello sport

Diritto ed economia dello sport

TUTOR economia

Daniele Russo

PER IL COMPUTER E PER IL TABLET

L'eBook multimediale

1 REGÌSTRATI A MYZANICHELLI

Vai su **my.zanichelli.it** e regìstrati come studente

2 SCARICA BOOKTAB

- Scarica **Booktab** e installalo
- Lancia l'applicazione e fai login

3 ATTIVA IL TUO LIBRO

- Clicca su **Attiva il tuo libro**
- Inserisci il **codice di attivazione** che trovi sul **bollino argentato adesivo** in questa pagina

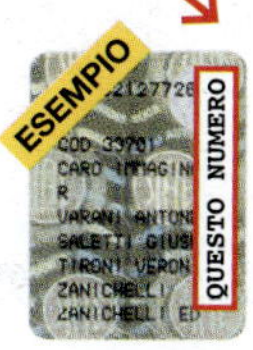

4 CLICCA SULLA COPERTINA

Scarica il tuo libro per usarlo offline

File per sintesi vocale
L'editore mette a disposizione degli studenti non vedenti, ipovedenti, disabili motori o con disturbi specifici di apprendimento i file pdf in cui sono memorizzate le pagine di questo libro. Il formato del file permette l'ingrandimento dei caratteri del testo e la lettura mediante software screen reader. Le informazioni su come ottenere i file sono su **www.zanichelli.it/scuola/bisogni-educativi-speciali**

Grazie a chi ci segnala gli errori
Segnalate gli errori e le proposte di correzione su **www.zanichelli.it/correzioni**. Controlleremo e inseriremo le eventuali correzioni nelle ristampe del libro. Nello stesso sito troverete anche l'errata corrige, con l'elenco degli errori e delle correzioni.

OBIETTIVI PER LO SVILUPPO SOSTENIBILE

Il contenuto di questo libro non è stato approvato dalle Nazioni Unite e quindi potrebbe non riflettere la posizione ufficiale di questa organizzazione. **www.un.org/sustainabledevelopment**

Zanichelli editore S.p.A. opera con sistema qualità certificato CertiCarGraf n. 477 secondo la norma UNI EN ISO 9001:2015

Questo libro è stampato su carta che rispetta le foreste
www.zanichelli.it/chi-siamo/sostenibilita

Stampa: Grafica Ragno
Via Lombardia 25, 40064 Tolara di Sotto, Ozzano Emilia (Bologna)
per conto di Zanichelli editore S.p.A.
Via Irnerio 34, 40126 Bologna

Realizzazione editoriale:
- Coordinamento redazionale: Carlotta Fiumara
- Redazione, progetto grafico, impaginazione e disegni: Stilgraf, Bologna
- Segreteria di redazione: Deborah Lorenzini, Rossella Frezzato
- Ricerca iconografica: Matteo Pasini
- Realizzazione delle schede CLIL Laws, Rights and Economics a cura di Gianandrea Lanzara
- Realizzazione delle schede CLIL Sport a cura di Federico Orso
- Stesura delle schede infografiche: Stefano Marchesi
- Progetto grafico e impaginazione delle schede infografiche: Arketipa, Bologna

Realizzazione delle risorse digitali:
- Coordinamento redazionale: Carlotta Fiumara, Gianluca Canè
- Revisione contenuti multimediali: Enrico Bellazecca
- Realizzazione Tutor: App&ars srl, Bologna
- Sceneggiatura Tutor: Flavia Sergi, Gianandrea Lanzara, Gian Maria Farnelli
- Esercizi interattivi ZTE: Simona Sgrizzi
- Speakeraggio schede in lingua inglese a cura di Marco Versari Produzioni audio-video
- Sviluppo software Booktab: duDAT srl, Bologna

Copertina:
- Progetto grafico: Miguel Sal & C., Bologna
- Ideazione: Studio 8vo, Bologna
- Realizzazione: Roberto Marchetti e Francesca Ponti
- Immagine di copertina: South_agency/Getty Images. supparsorn/Shutterstock. Artwork Studio 8vo, Bologna

Prima edizione: marzo 2019

Ristampa:
5 4 3 2023 2024 2025

Paolo Ronchetti

2 Regole e numeri dello sport

Diritto ed economia dello sport

TUTOR economia

ZANICHELLI

Indice

TEMA

A

TUTOR

Lo Stato e lo sport

A1 Lo Stato: da sudditi a cittadini

A2 La Costituzione repubblicana

A3
L'ordinamento internazionale

A4
Lo sport negli Stati totalitari

TEMA

B

TUTOR

Le nostre istituzioni

B1 Il Parlamento

B2 Il Governo e la Pubblica Amministrazione

B3 Il Presidente della Repubblica e la Corte costituzionale

B4 Le autonomie locali

TEMA

C

TUTOR

La giustizia statale e la giustizia sportiva

C1 La giustizia ordinaria

C2 La giustizia amministrativa

C3 La giustizia sportiva

TEMA

D

TUTOR

L'impresa e l'azienda

D1 L'imprenditore e l'impresa

D2 L'azienda

D3 Le strategie e l'organizzazione dell'azienda

TEMA

E

TUTOR

Il marketing dello sport

E1 Il marketing

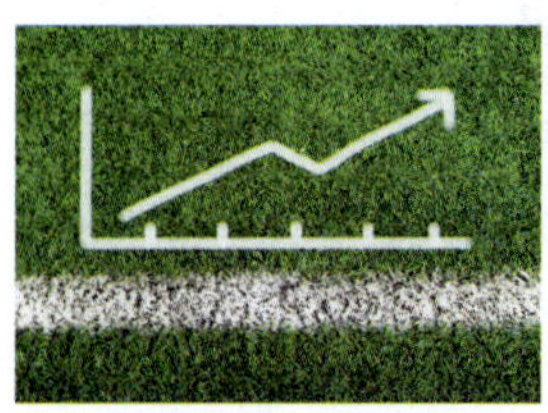

E2 Il marketing sportivo

E3 Le sponsorizzazioni sportive

E4 Il settore sportivo allargato

TEMA

F

TUTOR

I media e le professioni nello sport

F1 I media nello sport

F2 Le nuove figure professionali nello sport

TEMA

G

TUTOR

La globalizzazione e l'Unione europea

G1
L'internazionalizzazione

G2
L'Unione europea

Com'è fatto questo libro

IL CORSO

Il corso è suddiviso in temi e unità in cui il Diritto e l'Economia sono spiegati con una costante attenzione rivolta al **mondo dello sport**, dagli istituti fondamentali alla loro applicazione nel settore sportivo.

LE UNITÀ

Ogni unità si apre e si chiude con uno spunto di discussione collegato agli argomenti da svolgere in classe, prima in modo intuitivo e poi, a fine unità, con un esercizio che consente di mettere alla prova competenze civiche e sociali.

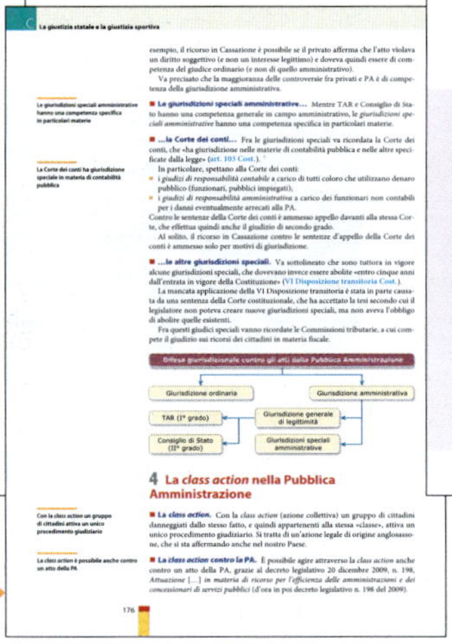

Ogni unità tratta la materia utilizzando **esempi** e **casi pratici** e accompagnando i singoli paragrafi con **glosse laterali** e **schemi** che aiutano a fissare i concetti più importanti.

Le **schede** (*Per saperne di più*, *Un quadro*, *Un film*…) mettono in relazione il Diritto, l'Economia e lo Sport con approfondimenti di lessico e di cultura generale per spunti e collegamenti.

LE INFOGRAFICHE

Le infografiche contengono dati e temi di grande **attualità** che descrivono il mondo dello sport nazionale e internazionale e contengono uno spunto di **dibattito** da svolgere in classe.

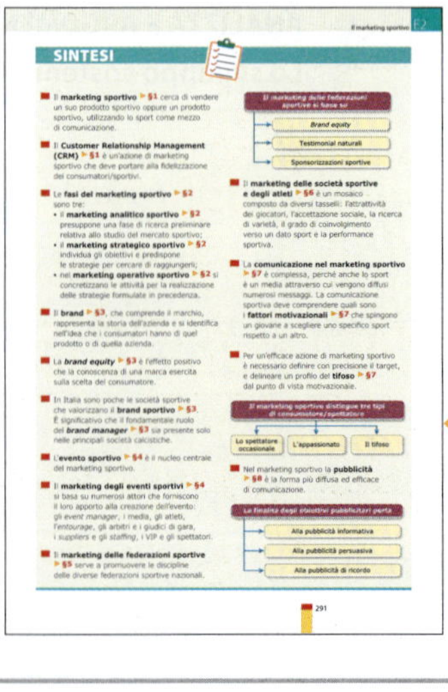

LE SINTESI

Alla fine di ogni unità le sintesi aiutano a **fissare i concetti** più importanti, anche con l'aiuto degli schemi, e a ripassare gli argomenti studiati.

LA DIDATTICA

Alla fine di ogni unità due pagine di esercizi fissano le conoscenze e mettono alla prova abilità e **competenze**. Questi esercizi allenano il lessico, la capacità critica, di analisi e di argomentazione grazie alla soluzione di casi pratici e dibattiti in aula.

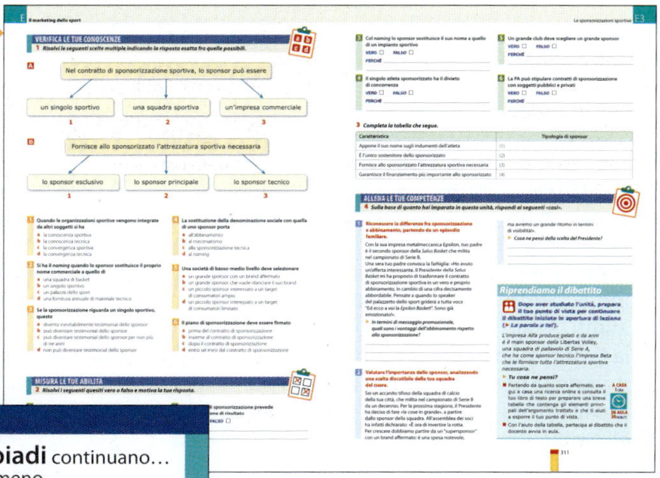

ANALIZZA E ARGOMENTA

Una doppia pagina che contiene brani legati a uno stesso argomento ma che propongono una tesi e un'antitesi, corredati da domande preparate per esercitare l'**analisi critica** e le **abilità argomentative** dei ragazzi, anche in vista dell'Esame di Stato.

I CLIL

I casi esemplari e famosi trattati dalle schede CLIL aiutano a conoscere il mondo anglosassone e a esercitare le quattro abilità linguistiche fondamentali: lettura, ascolto, scrittura e parlato.

I COMPITI DI REALTÀ

Alla fine di alcuni temi sono proposte attività pratiche che mettono alla prova e consentono di misurare le **competenze** in un contesto realistico e in relazione agli argomenti studiati.

IN DIGITALE

I Tutor di diritto e di economia introducono **situazioni concrete** guidando gli studenti alla ricerca delle norme da applicare per la soluzione dei casi.

TUTOR

Menu delle competenze

TEMA A

Asse storico-sociale	Competenze chiave per l'apprendimento permanente	Nel libro
• Collocare l'esperienza personale in un sistema di regole fondato sul reciproco riconoscimento dei diritti garantiti dalla Costituzione, a tutela della persona, della collettività e dell'ambiente • Comprendere il cambiamento e la diversità dei tempi storici in una dimensione diacronica attraverso il confronto fra epoche e in una dimensione sincronica attraverso il confronto fra aree geografiche e culturali	• Competenza alfabetica funzionale • Competenza personale, sociale e capacità di imparare a imparare • Competenza in materia di cittadinanza	**A te la parola!** (per esempio pag. 26) **Analizza e argomenta** (per esempio pag. 74) **Palla al centro** *I numeri dell'immigrazione in Italia* (pag. 46)

TEMA B

Asse storico-sociale	Competenze chiave per l'apprendimento permanente	Nel libro
• Collocare l'esperienza personale in un sistema di regole fondato sul reciproco riconoscimento dei diritti garantiti dalla Costituzione, a tutela della persona, della collettività e dell'ambiente • Comprendere il cambiamento e la diversità dei tempi storici in una dimensione diacronica attraverso il confronto fra epoche e in una dimensione sincronica attraverso il confronto fra aree geografiche e culturali	• Competenza alfabetica funzionale • Competenza personale, sociale e capacità di imparare a imparare • Competenza in materia di cittadinanza	**Allena le tue competenze** (per esempio pag. 99, pag. 135) **Analizza e argomenta** (per esempio pag. 154)

TEMA C

Asse storico-sociale	Competenze chiave per l'apprendimento permanente	Nel libro
Collocare l'esperienza personale in un sistema di regole fondato sul reciproco riconoscimento dei diritti garantiti dalla Costituzione, a tutela della persona, della collettività e dell'ambiente	• Competenza alfabetica funzionale • Competenza personale, sociale e capacità di imparare a imparare • Competenza in materia di cittadinanza	**A te la parola!** (per esempio pag. 156) **Riprendiamo il dibattito** (per esempio pag. 179) **Palla al centro** *Colpevole o no? Giustizia sportiva e ordinaria a confronto* (pag. 190)

TEMA D

Asse storico-sociale	Competenze chiave per l'apprendimento permanente	Nel libro
Riconoscere le caratteristiche essenziali del sistema socioeconomico per orientarsi nel tessuto produttivo del proprio territorio	• Competenza personale, sociale e capacità di imparare a imparare • Competenza imprenditoriale • Competenza matematica e competenza in scienze, tecnologia e ingegneria	**A te la parola!** (per esempio pag. 202) **Allena le tue competenze** (per esempio pag. 231) **Palla al centro** *Va' dove ti porta il business: i trasferimenti delle franchigie professionistiche statunitensi* (pag. 247) **Compiti di realtà** (per esempio pag. 254)

TEMA E

Asse storico-sociale	Competenze chiave per l'apprendimento permanente	Nel libro
Riconoscere le caratteristiche essenziali del sistema socioeconomico per orientarsi nel tessuto produttivo del proprio territorio	• Competenza personale, sociale e capacità di imparare a imparare • Competenza imprenditoriale • Competenza multilinguistica • Competenza matematica e competenza in scienze, tecnologia e ingegneria	**A te la parola!** (per esempio pag. 272) **Palla al centro** *Da campione a marchio: Roger Federer* (pag. 299) **CLIL Sport** *What Is Going on Behind the Scenes of a World Cup?* (pag. 328) **Compiti di realtà** (per esempio pag. 332)

Menu delle competenze

TEMA F

Asse storico-sociale	Competenze chiave per l'apprendimento permanente	Nel libro
Riconoscere le caratteristiche essenziali del sistema socioeconomico per orientarsi nel tessuto produttivo del proprio territorio	• Competenza alfabetica funzionale • Competenza personale, sociale e capacità di imparare a imparare • Competenza imprenditoriale	**A te la parola!** (per esempio pag. 334) **Palla al centro** *Costruire il futuro: nuovi approcci alla sfida sportiva* (pag. 367)

TEMA G

Asse storico-sociale	Competenze chiave per l'apprendimento permanente	Nel libro
• Collocare l'esperienza personale in un sistema di regole fondato sul reciproco riconoscimento dei diritti garantiti dalla Costituzione, a tutela della persona, della collettività e dell'ambiente • Comprendere il cambiamento e la diversità dei tempi storici in una dimensione diacronica attraverso il confronto fra epoche e in una dimensione sincronica attraverso il confronto fra aree geografiche e culturali	• Competenza personale, sociale e capacità di imparare a imparare • Competenza in materia di cittadinanza • Competenza in materia di consapevolezza ed espressione culturale	**Riprendiamo il dibattito** (per esempio pag. 401) **A te la parola!** (per esempio pag. 402) **Analizza e argomenta** (per esempio pag. 424)

Per esercitarsi sulle competenze

A TE LA PAROLA!

Brevi spunti di dibattito con cui aprire la lezione o da utilizzare a casa in modalità *flipped classroom* per introdurre gli argomenti che si affronteranno in classe.

A te la parola!

Stai guardando con tuo padre una gara di sci. Il nostro slalomista però «inforca» un paletto e viene squalificato. Tuo padre esplode: «Negli anni Settanta la "Valanga azzurra" vinceva tutto e dappertutto. Io non sapevo sciare, però compravo i pullover del *Pool*...».

▶ *Quali furono gli effetti sul marketing sportivo della «Valanga azzurra»?*

Con l'aiuto dell'insegnante e in piccoli gruppi prova a esporre il tuo punto di vista.

5 MINUTI

1 Dal marketing al marketing sportivo

■ **Dal marketing al marketing sportivo.** Alla fine degli anni Ottanta, negli Stati Uniti il marketing dei servizi si allarga al settore sportivo e diventa anche un vero e proprio *marketing sportivo*.

Il marketing è una funzione aziendale (unità E1) che ha l'obiettivo di instaurare un rapporto con il consumatore, identificare i suoi bisogni e approntare specifiche azioni volte al loro soddisfacimento.

Le politiche di marketing nascono per le imprese industriali che producono beni di consumo; col tempo si estendono alle imprese di beni strumentali e di servizi, e fra queste grande importanza viene assunta dal settore sportivo. Il marketing caratterizza in modo sempre crescente il business delle imprese di ogni settore, compreso il settore sportivo.

RIPRENDIAMO IL DIBATTITO

Imparare ad analizzare un tema e preparare gli argomenti a sostegno di un punto di vista personale per partecipare a un dibattito.

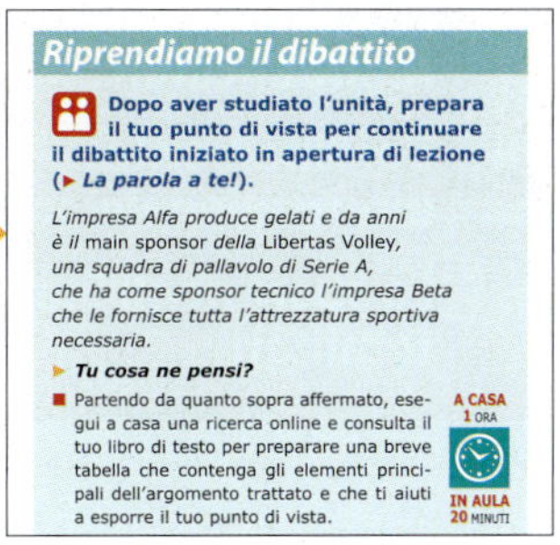

Riprendiamo il dibattito

Dopo aver studiato l'unità, prepara il tuo punto di vista per continuare il dibattito iniziato in apertura di lezione (▶ *La parola a te!*).

L'impresa Alfa produce gelati e da anni è il main sponsor della Libertas Volley, una squadra di pallavolo di Serie A, che ha come sponsor tecnico l'impresa Beta che le fornisce tutta l'attrezzatura sportiva necessaria.

▶ ***Tu cosa ne pensi?***

■ Partendo da quanto sopra affermato, esegui a casa una ricerca online e consulta il tuo libro di testo per preparare una breve tabella che contenga gli elementi principali dell'argomento trattato e che ti aiuti a esporre il tuo punto di vista.

A CASA 1 ORA

IN AULA 20 MINUTI

ALLENA LE TUE COMPETENZE

Risolvere casi pratici che riguardano gli argomenti studiati nell'unità e applicare le competenze chiave di cittadinanza come per esempio:

- Competenza alfabetica funzionale;
- Competenza personale, sociale e capacità di imparare a imparare;
- Competenza in materia di cittadinanza;
- Competenza matematica e competenza in scienze, tecnologie e ingegneria.

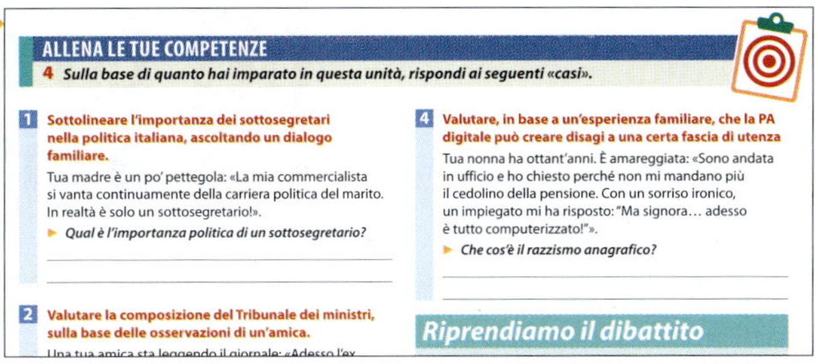

ALLENA LE TUE COMPETENZE

4 ***Sulla base di quanto hai imparato in questa unità, rispondi ai seguenti «casi».***

1 Sottolineare l'importanza dei sottosegretari nella politica italiana, ascoltando un dialogo familiare.

Tua madre è un po' pettegola: «La mia commercialista si vanta continuamente della carriera politica del marito. In realtà è solo un sottosegretario!».

▶ *Qual è l'importanza politica di un sottosegretario?*

2 Valutare la composizione del Tribunale dei ministri, sulla base delle osservazioni di un'amica.

Una tua amica sta leggendo il giornale: «Adesso l'ex...

4 Valutare, in base a un'esperienza familiare, che la PA digitale può creare disagi a una certa fascia di utenza

Tua nonna ha ottant'anni. È amareggiata: «Sono andata in ufficio e ho chiesto perché non mi mandano più il cedolino della pensione. Con un sorriso ironico, un impiegato mi ha risposto: "Ma signora... adesso è tutto computerizzato!"».

▶ *Che cos'è il razzismo anagrafico?*

Riprendiamo il dibattito

COMPITI DI REALTÀ

Svolgere un progetto in un contesto realistico ed esercitare le competenze chiave di apprendimento permanente come per esempio:

- Competenza alfabetica funzionale;
- Competenza digitale;
- Competenza personale, sociale e capacità di imparare a imparare;
- Competenza in materia di cittadinanza;
- Competenza imprenditoriale.

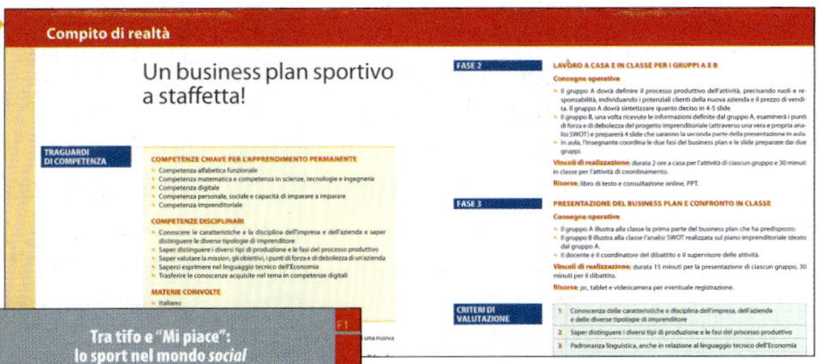

Compito di realtà

Un business plan sportivo a staffetta!

TRAGUARDI DI COMPETENZA

COMPETENZE CHIAVE PER L'APPRENDIMENTO PERMANENTE

COMPETENZE DISCIPLINARI

MATERIE COINVOLTE

FASE 2

LAVORO A CASA E IN CLASSE PER I GRUPPI A E B

FASE 3

PRESENTAZIONE DEL BUSINESS PLAN E CONFRONTO IN CLASSE

CRITERI DI VALUTAZIONE

PALLA AL CENTRO

Saper cercare informazioni online, analizzare un tema di attualità e formarsi un parere per partecipare a un dibattito in classe ma anche saper leggere grafici e dati forniti da **Infografiche** che parlano di temi sportivi e giuridico-economici di attualità a livello nazionale e internazionale.

CLIL

Esercitare la competenza chiave multilinguistica e conoscere il mondo anglossassone e quello dello sport attraverso esercizi di lettura, ascolto, scrittura e conversazione.

ANALIZZA E ARGOMENTA

Imparare a esprimere il proprio punto di vista partendo dall'analisi di due testi antitetici che propongono spunti di riflessione autorevoli e che allenano la competenza in materia di consapevolezza ed espressione culturale.

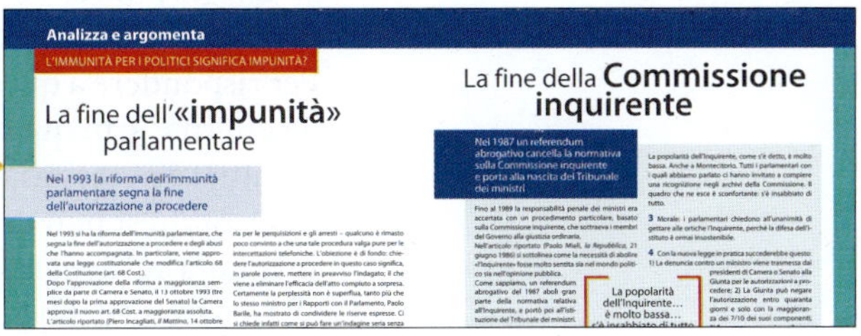

TEMA **A**

LO STATO E LO SPORT

A1 Lo Stato: da sudditi a cittadini

A te la parola!

Un collega sudafricano di tuo padre si è sposato con una connazionale un anno fa. Adesso è raggiante: «Mia moglie è incinta! Io voglio che il bambino nasca in Italia, così diventa cittadino italiano!».

5 MINUTI

▸ *Purtroppo il futuro papà si sbaglia. Perché?*

Con l'aiuto dell'insegnante e in piccoli gruppi prova a esporre il tuo punto di vista.

1 Cos'è lo Stato?

Lo Stato è un'organizzazione politica che esercita la propria sovranità sui soggetti che si trovano sul suo territorio

Perché esiste lo Stato? La società nasce dal bisogno di associarsi che, da sempre, le persone sentono per vivere meglio. Come si è visto nel volume per il secondo biennio, ogni società ha bisogno di norme, per darsi un'organizzazione civile: non può esistere una società senza regole, dove si avrebbe «la legge del più forte».

Le regole, una volta stabilite, devono essere rispettate. Sorgono, quindi, tre domande:

- *Chi decide quali norme devono governare la società?*
- *Chi garantisce che le norme siano poi attuate?*
- *Chi decide se, e come, punire chi non rispetta le norme?*

Per rispondere a queste e ad altre domande (Chi difende la società da un'aggressione esterna? Chi quantifica i tributi da pagare? Chi decide come spendere il denaro di tutti?) è necessaria un'organizzazione superiore; questa organizzazione è lo Stato.

Lo *Stato* si può definire come un'organizzazione politica che esercita la propria sovranità sui soggetti che si trovano sul suo territorio.

La nascita dello Stato non è istantanea; nel corso dei secoli, la società si organizza in modo sempre più complesso: si passa dalla *polis* greca («città stato») alla *res publica* romana («cosa pubblica»), fino ad arrivare, durante il Medioevo, ai Comuni e alle Signorie. È fra il XIV e il XV secolo che si formano i primi Stati nazionali.

I fini dello Stato. Quali sono le finalità di uno Stato? Non è possibile fare un elenco di tutti gli obiettivi che lo Stato vuole raggiungere, e deve raggiungere, perché questi cambiano nel corso dei secoli; è comunque indubbio che ogni Stato deve mantenere l'ordine interno e difendere il territorio da aggressioni esterne.

Solo lo Stato può conseguire fini di interesse generale

I singoli cittadini rinunciano a parte della loro libertà, e si sottopongono alla sovranità statale, perché solo lo Stato è in grado di conseguire fini di interesse generale, e non particolare. Per esempio, Mario Rossi paga 5000 euro all'anno di tributi allo Stato, che utilizza quei 5000 euro, insieme a quelli degli altri cittadini, per costruire un ospedale: Rossi non potrebbe mai costruirsi un ospedale da solo!

La nazione. Chiariamo la differenza fra Stato e nazione, perché nel linguaggio corrente i due termini vengono spesso confusi.

La nazione è costituita da persone che hanno in comune razza, lingua, cultura, religione, tradizioni e costumi

La *nazione* è un'unità etnico-culturale, e fa quindi riferimento a un gruppo di persone che parlano la stessa lingua, hanno le stesse tradizioni, professano la stessa religione e così via.

Una persona si identifica sempre in una nazione, mentre, a volte, può non sentirsi cittadino di un certo Stato («io non mi sento italiano!»). In particolare esistono Stati multinazionali, Stati uninazionali e «nazioni senza Stato».

Negli *Stati multinazionali* i cittadini appartengono a più nazioni; per esempio in Svizzera convivono gruppi etnici tedeschi, francesi e italiani. In questi Stati sorgono frequentemente contrasti fra le diverse etnie, che possono degenerare in sanguinose guerre civili come quelle vissute dalla ex-Iugoslavia negli anni Novanta del secolo scorso. A seguito dei flussi migratori in atto, in futuro saranno sempre più numerosi gli Stati multinazionali: persone appartenenti a razze diverse dovranno sforzarsi di convivere pacificamente, nel rispetto delle varie culture.

L'Italia è uno *Stato uninazionale*, perché la maggioranza dei cittadini appartiene a una sola nazione; negli Stati uninazionali sono solitamente presenti minoranze etniche; in particolare, il nostro Paese «tutela con apposite norme le minoranze linguistiche» (articolo 6 della Costituzione della Repubblica italiana, d'ora in poi **art. 6 Cost.**).

Si ha una *nazione senza Stato* quando un gruppo etnico si trova a far parte di Stati diversi. Per esempio, la nazione curda (Kurdistan) è divisa fra Iran, Turchia, Iraq, Siria e Armenia: i curdi non hanno un proprio Stato, nonostante siano una nazione di 20 milioni di persone.

Negli Stati multinazionali i contrasti fra le diverse etnie possono sfociare in sanguinose lotte civili come è accaduto nella ex-Iugoslavia dopo la morte di Tito (1980).

Lo Stato non sempre coincide con la nazione perché esistono
- Stati multinazionali
- Stati uninazionali
- Nazioni senza Stato

2 Cittadino italiano e cittadino europeo

Gli elementi costitutivi dello Stato. Come vedremo, esistono Stati molto diversi fra di loro, ma tutti devono essere costituiti dal popolo, dal territorio e dalla sovranità.

Senza questi elementi costitutivi non si avrebbe Stato: com'è possibile immaginare l'Italia senza italiani? Senza lo «stivale» che ne simboleggia il territorio? Senza nessuno che faccia rispettare le leggi?

Gli elementi costitutivi dello Stato sono
- Il popolo
- Il territorio
- La sovranità

Il popolo è costituito dalle persone che hanno la cittadinanza dello Stato

■ Il popolo. I cittadini formano il popolo. Chi appartiene a un altro Stato è *straniero*, mentre è *apolide* chi non ha alcuna cittadinanza.

La popolazione è formata dalle persone presenti in un certo momento sul territorio di uno Stato

■ La popolazione. Esiste una differenza sostanziale fra il *popolo* e la *popolazione*. La popolazione è formata dalle persone presenti in un certo momento sul territorio di uno Stato, siano esse cittadini, stranieri o apolidi; per esempio l'inglese George Wilson, che visita Venezia, fa parte della popolazione italiana ma non del popolo italiano.

Lo Stato, a volte, non può fare distinzioni fra popolo e popolazione; per esempio, in caso di terremoto, deve essere soccorsa tutta la popolazione, senza fare distinzioni fra italiani e stranieri.

La cittadinanza è l'appartenenza di una persona a uno Stato

■ La cittadinanza. Quando una persona fa parte di uno Stato, si dice che ne ha la *cittadinanza*; l'essere cittadini comporta una serie di diritti e di doveri.

Il cittadino può godere sia dei diritti civili sia dei diritti politici, mentre allo straniero sono riconosciuti solo i diritti civili; per esempio, il diritto alla libertà personale (diritto civile) è tutelato sia per l'italiano Mario Rossi che per l'inglese George Wilson, ma solo Rossi può votare per eleggere i membri del Parlamento italiano (diritto politico).

La cittadinanza comporta una serie di doveri, fra cui ricordiamo l'obbligo di pagare i tributi per contribuire alle spese dello Stato.

Il popolo è formato da chi ha la cittadinanza che si acquista
- → Per nascita
- → Per adozione
- → Per matrimonio
- → Per naturalizzazione

■ L'acquisto della cittadinanza italiana... In base alla legge 5 febbraio 1992, n. 91, *Nuove norme sulla cittadinanza* (d'ora in poi legge n. 91 del 1992), l'acquisto della cittadinanza italiana può avvenire per nascita, per adozione, per matrimonio o per naturalizzazione.

■ ...per nascita... La cittadinanza italiana del padre, o della madre, determina la cittadinanza del figlio (dal latino *ius sanguinis* = per diritto di sangue): è italiano il figlio di padre italiano, o di madre italiana, ovunque sia nato; per esempio, il figlio di Mario Rossi acquista la cittadinanza italiana anche se nasce a Parigi.

UN ARTICOLO

Concesso lo *ius soli* ai figli dei rifugiati politici

Lo *ius soli* non si applica ai figli di genitori stranieri, anche se questi vivono da anni nel nostro Paese.
Come risulta dall'articolo riprodotto (Marco Ludovico, *Il Sole-24 Ore*, 20 luglio 2014), una circolare ministeriale ha fatto un'eccezione per i figli dei rifugiati politici. Si tratta però solo di qualche centinaio di bambini: il vero dibattito è ancora aperto!

Il Sole 24 ORE

«Ius soli» per i figli dei rifugiati in Italia

Marco Ludovico
ROMA

I figli nati in Italia di immigrati rifugiati avranno più diritti. Due giorni fa una circolare del ministero dell'Interno ha disposto **1** a loro spettano «gli stessi diritti» dei genitori ai quali è stata riconosciuta lo *status* nelle due forme previste: asilo politico o protezione sussidiaria. È stata la commissione nazionale per il diritto d'asilo presso il Viminale a elaborare la circolare d'intesa con il sottosegretario Domenico Manzione.

Oltre un mese fa a un convegno dell'Anfaci, l'associazione nazionale dei funzionari civili dell'Interno (si veda Il Sole 24 Ore del 4 **2** no), si parlò di un provvedimento per estendere lo *ius soli* ai figli dei rifugiati, in analogia al meccanismo già in vigore per chi è nato da genitori apolidi. «In realtà così rischiavamo di applicare la novità solo a una parte di questi immigrati escludendo quelli con *status* di protezione». Una strada complicata sul piano tecnico, insomma, senza nascondersi però anche le difficoltà an-

La circolare appena pubblicata è dunque un segnale, la prima possibile risposta. Risolve intanto l'impedimento – pronunciato **3** una posizione ministeriale risalente al 2010 – secondo cui non sussisteva l'estensione del riconoscimento della protezione internazionale ai familiari. In pratica, mentre per lo Stato italiano il genitore aveva lo *status* di "protetto", al figlio veniva rilasciato invece un permesso di soggiorno per motivi familiari, fino a 18 anni. Anche alla luce del decreto legislativo n.

La circolare è stata trasmessa a tutte le prefetture d'Italia e al Dipartimento di pubblica sicurezza: la direzione centrale dell'immigrazione e della polizia di frontiera dovrà dare istruzioni alle questure per l'iscrizione dei figli minori nati in Italia nei documenti rilasciati ai titolari di protezione internazionale. La platea interessata a que **4** novità non è così estesa – dovrebbe riguardare alcune centinaia di bambini – ma è un segnale chiaro al Parlamento.

1 ROMA – I figli nati in Italia di immigrati rifugiati politici avranno più diritti. Due giorni fa una circolare del ministero dell'Interno ha disposto che a loro spettano gli «stessi diritti» dei genitori ai quali è stato riconosciuto lo *status* nelle due forme previste: asilo politico o protezione sussidiaria. È stata la commissione nazionale per il diritto d'asilo presso il Viminale a elaborare la circolare [...].

2 Oltre un mese fa a un convegno [...] si parlò di un provvedimento per estendere lo *ius soli* ai figli dei rifugiati, in analogia al meccanismo già in vigore per chi è nato da genitori apolidi.

3 La circolare appena pubblicata è dunque un segnale, la prima possibile risposta. Risolve intanto l'impedimento [...] secondo cui non sussisteva l'estensione del riconoscimento della protezione internazionale ai familiari. In pratica, mentre per lo Stato italiano il genitore aveva lo *status* di «protetto», al figlio veniva rilasciato invece un permesso di soggiorno per motivi familiari, fino a 18 anni.

4 La platea interessata a questa novità non è così estesa – dovrebbe riguardare alcune centinaia di bambini – ma è un chiaro segnale al Parlamento.

È cittadino italiano chi nasce nel territorio italiano (dal latino *ius soli* = per diritto di luogo) solo nel caso che i genitori siano ignoti (o apolidi); il tipico esempio è un neonato abbandonato.

È italiano il figlio di padre o madre italiani, ovunque sia nato

Secondo la legge n. 91 del 1992 non è invece italiano chi nasce in Italia da genitori stranieri, anche se questi risiedono regolarmente in Italia. Sono in molti a pensare che questa norma andrebbe sostituita con lo *ius soli*, come avviene in alcuni Paesi dell'Unione europea; sono ormai tanti gli immigrati che vivono e lavorano regolarmente nel nostro Paese: perché, se nascono in Italia, i loro figli non sono cittadini italiani?

A questo proposito, va ricordato che la legge n. 91 del 1992 afferma che «lo straniero nato in Italia, che vi abbia risieduto legalmente senza interruzioni fino al raggiungimento della maggiore età, diviene cittadino se dichiara di voler acquistare la cittadinanza italiana entro un anno dalla suddetta data».

Chi nasce in Italia da genitori stranieri non è cittadino italiano, anche se può acquistare la cittadinanza al compimento della maggiore età

...per adozione... Diventa italiano il minore straniero che è stato adottato da un cittadino italiano. Si tratta di un caso abbastanza frequente perché le adozioni internazionali sono in aumento, anche a causa della lentezza burocratica che ostacola l'adozione di bambini italiani.

Chi nasce in Italia da genitori stranieri non ha la cittadinanza italiana, mentre è cittadino italiano («per diritto di luogo») chi nasce da genitori ignoti o apolidi, oppure («per diritto di sangue») chi ha uno dei genitori di cittadinanza italiana.

...per matrimonio... Una persona straniera, o apolide, che contrae matrimonio con un cittadino italiano acquista la cittadinanza italiana una volta trascorsi:
- due anni dal matrimonio se risiede nel territorio italiano;
- tre anni dal matrimonio se risiede all'estero.

...per naturalizzazione. In alcuni casi, si diventa cittadini italiani facendo richiesta al Presidente della Repubblica che, dopo il parere positivo del Consiglio di Stato, emana il decreto di «naturalizzazione». Possono essere naturalizzati gli stranieri, o gli apolidi, che risiedono in Italia da almeno dieci anni, o che hanno «reso eminenti servizi all'Italia»; un esempio può essere l'aver prestato il servizio militare come volontario. Si è naturalizzati anche «quando ricorra un eccezionale interesse dello Stato»: si tratta di un caso molto raro.

La doppia cittadinanza. Le normative sulla cittadinanza sono differenti fra Stato e Stato; può quindi accadere che una persona sia contemporaneamente cittadino di due Stati e abbia la *doppia cittadinanza*; per esempio, se nasce in Brasile, il figlio dell'italiano Marco Bianchi è sia cittadino italiano (*ius sanguinis*) sia cittadino brasiliano (*ius soli*).

La perdita della cittadinanza italiana. Il caso più frequente di perdita della cittadinanza è la rinuncia spontanea; per esempio, Mario Rossi rinuncia alla cittadinanza italiana, perché si è trasferito a New York ed è diventato cittadino statunitense.

In base all'**art. 22 Cost.** nessuno può essere privato «per motivi politici» della cittadinanza, per evitare quanto avvenne nel 1938 quando il regime fascista, con le leggi razziali, tolse la cittadinanza italiana agli ebrei che la avevano acquistata dopo il 1919.

La cittadinanza dell'Unione. Nel 1992 il Trattato di Maastricht (Olanda) ha istituito la cittadinanza dell'Unione, specificando che è cittadino dell'Unione europea «chiunque abbia la cittadinanza di uno Stato membro». Ogni cittadino di uno dei 27 Paesi dell'Unione (dopo l'uscita della Gran Bretagna) è anche cittadino europeo.

È cittadino europeo chiunque abbia la cittadinanza di uno Stato membro dell'Unione

Va chiarito che la cittadinanza dell'Unione si aggiunge alla cittadinanza nazionale, ma non la sostituisce: l'italiano Mario Rossi diventa cittadino europeo, ma resta cittadino italiano.

La cittadinanza dell'Unione si aggiunge alla cittadinanza nazionale, ma non la sostituisce

Fra i diritti di cui godono i cittadini dell'Unione, ricordiamo:
- il diritto di circolare e di soggiornare liberamente nel territorio degli Stati membri (Mario Rossi può tranquillamente fermarsi ad Amsterdam, per visitarla), come previsto dalla Convenzione di Schengen (di cui ci siamo occupati nel volume per il secondo biennio);

- l'elettorato attivo e passivo al Parlamento europeo, garantito dall'articolo 39 della *Carta dei diritti fondamentali dell'Unione europea* (d'ora in poi **art. 39 Carta UE**), per cui Mario Rossi può votare alle elezioni europee e può essere eletto deputato europeo;
- l'elettorato attivo e passivo alle elezioni municipali del comune di residenza, anche se questo si trova in uno Stato diverso; in conseguenza di ciò Mario Rossi, che risiede a Marsiglia, può diventarne il Sindaco, mentre Torino potrebbe avere come Sindaco il tedesco Axel Schmidt;
- in qualsiasi Paese si trovi, il cittadino europeo può godere della tutela da parte delle autorità diplomatiche e consolari di uno Stato dell'Unione; per esempio, se Mario Rossi si trova a Kampala, in Uganda, può rivolgersi all'ambasciata della Francia per avere l'assistenza adeguata.

3 Il territorio

Il territorio è lo spazio su cui lo Stato esercita la propria sovranità

Il territorio. Il *territorio* è lo spazio su cui lo Stato esercita la propria sovranità.

Si potrebbe pensare che il nostro territorio sia formato dalla penisola (più la Sicilia, la Sardegna e le isole minori). In realtà, per il diritto, il territorio è formato non solo dalla terraferma, ma anche dal mare territoriale, dallo spazio aereo, dal sottosuolo e dal territorio mobile.

La terraferma è delimitata da confini naturali, artificiali o geografici

La terraferma. La maggior parte del territorio è costituita dalla terra emersa, che è delimitata da confini, che possono essere naturali (un fiume), artificiali (un reticolato o un muro) e geografici (un parallelo).

Un confine artificiale di grande importanza storica è stato il «Muro di Berlino» che, dal 1961 al 1989, rappresentò il simbolo della separazione fra la Germania est e la Germania ovest.

Ecco che cosa resta del Muro di Berlino, un confine artificiale che, per 28 anni, rappresentò il simbolo della separazione delle due Germanie.

Il mare territoriale. Il territorio statale comprende anche il *mare territoriale*, cioè la fascia di mare adiacente alla costa.

Come si misura il mare territoriale? Purtroppo non esiste una regolamentazione internazionale, applicabile a tutti gli Stati sempre e ovunque. In conseguenza di ciò, ogni Stato fissa in modo arbitrario l'ampiezza del proprio mare territoriale; per esempio, il nostro Paese ha stabilito l'estensione del mare territoriale italiano in 12 miglia marine (circa 22 chilometri), a partire dalla linea di costa.

Il mare territoriale è la fascia di mare adiacente alla costa

Oltre la fascia del mare territoriale si estende il *mare libero*, che può essere utilizzato da tutti gli Stati. Questa incertezza sulla misurazione del mare territoriale è per la comunità internazionale un grave problema, che spesso causa dei contrasti, che possono degenerare in veri e propri conflitti.

Il territorio comprende lo spazio aereo sopra la terraferma e il mare territoriale

Lo spazio aereo. Il territorio statale comprende lo *spazio aereo* sopra la terraferma e il mare territoriale, per questo motivo la navigazione aerea è regolamentata in modo rigoroso.

La sovranità sullo spazio aereo è comunque limitata, perché uno Stato può denunciare una violazione del suo spazio aereo solo se questa minaccia la sua sicurezza (uno Stato non può impedire a un'astronave di sorvolare il suo territorio). A questo proposito, è assolutamente necessario regolare l'uso dei satelliti artificiali, che trasmettono informazione e spettacolo in tutto il mondo.

Il territorio comprende anche il sottosuolo

Il sottosuolo. Il territorio statale comprende anche il *sottosuolo*. La sovranità sul sottosuolo permette ai singoli Stati di godere delle risorse presenti in esso (giacimenti minerari e petroliferi). Anche in questo caso, la sovranità può estendersi solo entro limiti giustificati dall'interesse statale, in particolare non può superare la profondità massima raggiungibile dalla tecnologia dell'uomo.

Il territorio mobile fa parte del territorio statale

■ **Il territorio mobile.** Del territorio statale fa parte anche il *territorio mobile*, che è costituito dalle navi da guerra (e dagli aerei militari) ovunque si trovino, mentre le navi mercantili (e gli aerei civili) fanno parte del territorio mobile solo quando navigano nel mare libero (e nello spazio sovrastante). Per esempio:

- se una nave da guerra italiana si trova nel mare territoriale degli Stati Uniti, fa parte del territorio mobile dello Stato italiano;
- se una nave mercantile italiana si trova in mare libero, fa parte del territorio mobile dello Stato italiano;
- se una nave mercantile italiana si sta avvicinando alla baia di San Francisco (California), si trova nel mare territoriale degli Stati Uniti.

Riprendiamo questi tre esempi, e supponiamo che sulla nave avvenga un omicidio (Mario Rossi uccide Marco Bianchi). Le conseguenze sono decisamente diverse, perché nei primi due casi sulla nave si applica il diritto italiano (Rossi può essere condannato al massimo all'ergastolo); invece nel terzo caso si applica il diritto degli Stati Uniti, in particolare quello dello Stato della California (Rossi rischia la pena di morte).

Il territorio è costituito da

- Terraferma
- Mare territoriale
- Spazio aereo
- Sottosuolo
- Territorio mobile

L'extraterritorialità e l'immunità rappresentano due eccezioni al principio della territorialità del diritto

■ **L'extraterritorialità e l'immunità.** L'extraterritorialità e l'immunità rappresentano due eccezioni al principio della territorialità del diritto.

Si ha l'*extraterritorialità* quando una cosa si trova fisicamente sul territorio di uno Stato ma, per il diritto, è come se si trovasse nel territorio di un altro Stato. Riprendiamo il caso della nave da guerra italiana che si trova nel mare territoriale degli Stati Uniti: la nave è fisicamente nel territorio degli Stati Uniti, ma su di essa si applicano le norme dell'ordinamento giuridico italiano (in nessun caso si può emettere una condanna a morte, perché il Codice penale italiano non lo prevede).

Si ha l'*immunità* quando uno Stato limita la sua sovranità su cose o persone che si trovano sul suo territorio. L'*ambasciata* rappresenta il tipico caso di immunità: le autorità dello Stato in cui è situata l'ambasciata non possono entrarvi, senza l'autorizzazione del corpo diplomatico che vi soggiorna. Va però chiarito che, a differenza di quanto visto per l'extraterritorialità, qualsiasi fatto avvenga all'interno dell'ambasciata viene regolato dal diritto dello Stato che la ospita. Per esempio nessun funzionario italiano può entrare, senza autorizzazione, nel palazzo dell'ambasciata degli Stati Uniti a Roma, ma deve essere applicato il diritto penale italiano se viene commesso un reato nell'ambasciata.

■ **L'Antartide: un territorio senza Stato.** Può esistere un territorio senza Stato? No.

Esiste però un'eccezione, rappresentata dall'Antartide che, in base ad accordi internazionali, non fa parte di alcuno Stato. L'Antartide può essere utilizzato esclusivamente per ricerche scientifiche, che devono avvenire in base a princìpi stabiliti dai Paesi più importanti.

L'Antartide, pur essendo una regione continentale di vaste proporzioni (oltre 14 milioni di km^2) non appartiene formalmente ad alcuno Stato, in quanto a sud del 60° parallelo, in base ad accordi internazionali, non è riconosciuta la sovranità di alcun Paese.

4 La sovranità

La sovranità è il potere che ha lo Stato di darsi un'organizzazione politica autonoma

■ **La sovranità.** Lo Stato è «sovrano» perché è in una posizione di supremazia, che gli permette di imporre ai cittadini il rispetto delle norme. La sovranità dello Stato deve manifestarsi non solo verso l'interno, ma anche verso l'esterno: lo Stato deve essere in grado di rendersi indipendente dagli altri Stati utilizzando, se necessario, anche la forza; si pensi a un'invasione da parte di uno Stato nemico.

La sovranità statale è originaria perché nasce assieme allo Stato: non esiste Stato senza sovranità, nessuno «concede» allo Stato la sovranità, perché questa ha origine solo dalla volontà dello Stato stesso.

La sovranità si manifesta quando lo Stato esercita le sue funzioni, tradizionalmente indicate come i tre poteri dello Stato: il potere legislativo, il potere esecutivo e il potere giudiziario. Nell'esercitare i tre poteri, lo Stato risponde alle tre domande iniziali (paragrafo 1).

■ **Il potere legislativo.** Il potere legislativo risponde alla domanda *Chi decide quali norme devono governare la società?*, perché crea l'ordinamento giuridico dello Stato e approva le norme che devono essere rispettate da tutti i cittadini.

■ **Il potere esecutivo.** Alla domanda *Chi garantisce che le norme siano poi attuate?* risponde il potere esecutivo, che applica le norme in modo che lo Stato possa raggiungere i propri fini.

■ **Il potere giudiziario.** È il potere giudiziario a rispondere alla domanda *Chi decide se, e come, punire chi non rispetta le norme?*, quando stabilisce chi ha infranto le norme e quali sanzioni deve subire.

Come vedremo, gli Stati applicano in modo diverso i tre poteri.

La sovranità si manifesta con l'esercizio del

- Potere legislativo
- Potere esecutivo
- Potere giudiziario

Lo Stato diventa persona giuridica nei rapporti interni quando si costituisce e nei rapporti internazionali quando è riconosciuto dagli altri Stati

■ **La personalità giuridica dello Stato.** Lo Stato è la persona giuridica per eccellenza, e stabilisce quali altre organizzazioni possano essere riconosciute come soggetti di diritto (per esempio le società per azioni).

L'acquisto della personalità giuridica da parte dello Stato avviene in modo diverso, a seconda che si tratti di rapporti interni o di rapporti internazionali.

All'interno del suo territorio, lo Stato è già persona giuridica alla nascita.

Più complesso è il caso delle relazioni internazionali, dove la personalità giuridica dipende dal riconoscimento della comunità internazionale. Per esempio la Cina popolare si è costituita nel 1948, ma ha acquisito personalità giuridica nei rapporti internazionali solo nel 1970, quando è entrata a far parte dell'*Organizzazione delle Nazioni Unite* (ONU). Può verificarsi il caso di Stati riconosciuti solo da una parte della comunità internazionale, come per esempio Israele.

Negli anni Novanta in Europa si sono avuti profondi mutamenti politici, che hanno portato alla nascita di nuovi Stati. Basti pensare alla dissoluzione dell'ex-Unione Sovietica (da cui sono nati Russia, Ucraina, Bielorussia, Estonia, Lettonia, Lituania, Moldavia, Armenia, Azerbaigian, Georgia, Kazakistan, Kirghisistan, Tagikistan, Turkmenistan e Uzbekistan), e dell'ex-Iugoslavia (da cui sono nati Croazia, Slovenia, Serbia, Montenegro, Macedonia, Bosnia ed Erzegovina, Kosovo).

■ **Come agisce lo Stato?** Lo Stato, come ogni persona giuridica, è perfettamente capace di agire, attraverso i suoi organi.

Nello Stato italiano gli organi che svolgono le più importanti funzioni sono quelli previsti dalla Costituzione: gli organi costituzionali (di cui ci occupiamo nel tema B).

5 Le forme di Stato

La forma di Stato è il rapporto che si crea fra lo Stato e i suoi elementi costitutivi

■ **La nozione di forma di Stato.** Esistono diversi modi di interpretare l'espressione *forma di Stato*; noi definiamo forma di Stato quel rapporto che si crea fra lo Stato e i suoi elementi costitutivi.

In base alla forma di Stato, si distingue fra Stato unitario (l'Italia) e Stato federale (Stati Uniti, Brasile, Svizzera, Canada, Germania).

Nello Stato unitario si ha una centralizzazione dei poteri

Lo Stato unitario. L'art. 5 Cost. stabilisce che la Repubblica è «una e indivisibile»: l'Italia è uno Stato unitario.

Nello *Stato unitario* la sovranità è unica, e abbraccia tutto il popolo e l'intero territorio; in particolare, le funzioni principali sono esercitate dagli organi costituzionali, che decidono a livello centrale. Lo Stato unitario garantisce uniformità all'azione statale, ma tiene in scarsa considerazione le diversità esistenti nel territorio; nel nostro Paese questo problema viene attenuato dall'importanza assunta dalle Regioni.

Stato unitario non significa «Stato totalitario», perché non esiste alcuna relazione fra la forma di Stato e l'ideologia più o meno democratica di uno Stato: gli Stati unitari possono essere o democratici o totalitari.

Lo Stato federale è composto da diversi Stati federati, ciascuno dei quali conserva i propri elementi costitutivi

Lo Stato federale. Lo *Stato federale* è composto da diversi Stati, chiamati *Stati federati*. Lo Stato federale è quindi uno «Stato di Stati», che non devono essere considerati una pura aggregazione numerica, perché ognuno conserva i propri elementi costitutivi.

Gli Stati federati hanno un proprio popolo e un proprio territorio; più complesso è il problema della sovranità, perché i singoli Stati federati hanno solo una «sovranità interna», e non possono stabilire alcun rapporto con gli Stati esteri: solo lo Stato federale ha la personalità giuridica nei rapporti internazionali; per esempio, ha una competenza esclusiva su difesa e politica internazionale.

Pensiamo agli Stati Uniti, che rappresentano il tipico esempio di Stato federale (composto da 50 Stati federati); il Texas (Stato federato degli Stati Uniti) esercita sul suo territorio i tre poteri, ma solo gli Stati Uniti possono stipulare un trattato internazionale, anche se questo interessa lo Stato del Texas (per esempio, una ridefinizione dei confini col Messico).

L'Italia è uno Stato unitario che, per l'importanza delle Regioni, diventa Stato regionale

L'Italia è uno Stato regionale. Abbiamo detto che l'Italia è uno Stato unitario. Come vedremo nell'unità B4, la Costituzione prevede che le Regioni, oltre a quella amministrativa, possano esercitare anche la funzione legislativa; questo fatto non modifica comunque la forma di Stato unitaria, perché il potere legislativo delle Regioni «deriva» dallo Stato italiano, ed è rigorosamente limitato dalla Costituzione. L'Italia resta quindi uno Stato unitario, che assume la forma di «Stato regionale» per i poteri che hanno le Regioni.

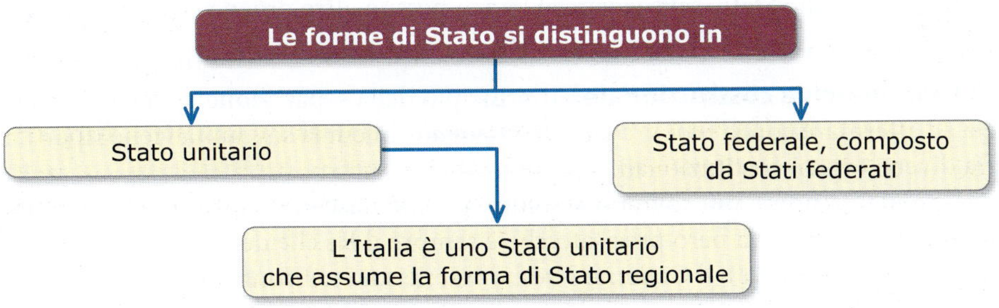

6 Le forme di governo

La forma di governo è il modo in cui lo Stato esercita i suoi tre poteri

La nozione di forma di governo. Il termine «governo» può essere usato con un diverso significato. Può riferirsi all'organo che esercita il potere esecutivo, e quando ce ne occuperemo nell'unità B2 lo scriveremo con la maiuscola («Governo»), oppure può indicare il funzionamento degli organi costituzionali: è questo secondo significato che ora prendiamo in esame.

Abbiamo visto che lo Stato è sovrano quando esercita le tre funzioni (legislativa, esecutiva e giudiziaria): la forma di governo indica il diverso modo con cui lo Stato esercita i suoi tre poteri. La forma di governo è, quindi, l'organizzazione di cui si serve lo Stato per esercitare la propria sovranità.

Monarchie e repubbliche. Come si distinguono le forme di governo? La principale distinzione è quella fra monarchia (dall'unione dei termini latini *monos* = solo e *arché* = regno) e repubblica (dal latino *res publica* = cosa pubblica), che fu enunciata per la prima volta da Niccolò Machiavelli (1469-1527) nella sua celebre opera *Il Principe* (1513).

Il Doge sul Bucintoro dipinto nel 1766 dal pittore veneziano Francesco Lazzaro Guardi (1712-1793) e conservato al Musée du Louvre, Parigi. Per oltre un millennio il doge è stato il supremo magistrato della Repubblica di Venezia. La carica, pur essendo a vita, fu sempre elettiva, in quanto l'aristocrazia veneta temeva che la formazione di una dinastia avrebbe portato a una monarchia assoluta.

Qual è la differenza fra monarchia e repubblica? È molto difficile, per il diritto, rispondere a questa domanda.

La prima risposta che viene in mente è che le monarchie sono ereditarie, mentre le repubbliche sono elettive; in realtà, è vero che quasi sempre le monarchie sono ereditarie e le repubbliche sono elettive, ma esistono anche monarchie elettive (come il Papato, che è la forma di governo dello Stato della Città del Vaticano), monarchie a rotazione (come in Malaysia, dove il sovrano cambia ogni cinque anni) e repubbliche a vita (come avveniva nella Repubblica marinara di Venezia, dove il Doge era eletto a vita).

I giuristi preferiscono distinguere le forme di governo dal modo in cui viene attuato il principio della separazione dei poteri. Ci occuperemo approfonditamente di questo principio; per ora ci basta sapere che si ha la separazione dei poteri quando le tre funzioni (legislativa, esecutiva e giudiziaria) sono esercitate da organi diversi e indipendenti. In particolare:
- il Parlamento esercita il potere legislativo;
- il Governo esercita il potere esecutivo;
- la Magistratura esercita il potere giudiziario.

In conseguenza di ciò, distinguiamo le seguenti forme di governo: la monarchia assoluta, la monarchia costituzionale, la monarchia parlamentare, la repubblica presidenziale e la repubblica parlamentare.

Nella monarchia assoluta non esiste il principio della separazione dei poteri

La monarchia assoluta. Nella *monarchia assoluta* non esiste il principio della separazione dei poteri. La sovranità è completamente nelle mani del Re che esercita tutti i poteri dello Stato, senza avere al fianco nessun altro organo costituzionale: il Re è legislatore, amministratore e giudice.

Con la monarchia costituzionale inizia ad affermarsi la separazione dei poteri

La monarchia costituzionale. Il principio della separazione dei poteri si inizia ad affermare con la *monarchia costituzionale*, in cui la sovranità viene ripartita fra diversi organi costituzionali.

Il monarca non è più sovrano assoluto, perché nasce un Governo che esercita il potere esecutivo; va però precisato che è sempre il Re che decide quale Governo nominare (e revocare): il Governo è responsabile solo nei confronti del sovrano.

La monarchia parlamentare si basa sulla separazione dei poteri

La monarchia parlamentare. È con la *monarchia parlamentare* che il principio della separazione dei poteri si realizza pienamente: il Governo è sempre nominato dal Re, ma diventa responsabile verso il Parlamento. In particolare il Parlamento, eletto da un corpo elettorale all'inizio molto ristretto, ha il potere di concedere, e togliere, la fiducia al Governo.

Il tipico esempio di monarchia parlamentare è rappresentato dall'Inghilterra, dove il passaggio dalla monarchia assoluta alla monarchia parlamentare è avvenuto dopo lunghi e tormentati eventi storici.

Nella repubblica presidenziale il popolo elegge direttamente il Presidente

La repubblica presidenziale. Esistono molte *repubbliche presidenziali*, ma noi prendiamo in esame quella degli Stati Uniti, nata dalla Costituzione americana del 1787.

Ogni quattro anni viene eletto il Presidente degli Stati Uniti, con una procedura che si articola in varie fasi:

- in ogni Stato federato, gli elettori votano un candidato;
- all'interno di ogni Stato federato, il candidato più votato si aggiudica i «Grandi elettori» di quello Stato (sono fedelissimi del candidato, scelti fra familiari e membri del suo partito);
- i Grandi elettori di tutti gli Stati federati, complessivamente 538, eleggono il Presidente; i Grandi elettori sono liberi di votare «secondo coscienza», ma è praticamente impossibile che tradiscano il volere del popolo (di fatto il loro voto è vincolato).

In conseguenza di ciò, anche se formalmente viene eletto dai Grandi elettori, i giuristi concordano sul fatto che il Presidente degli Stati Uniti viene eletto direttamente dal popolo.

John Fitzgerald Kennedy è stato eletto Presidente degli Stati Uniti l'8 novembre 1960. Democratico e primo Presidente cattolico di questo Paese, è stato ucciso il 22 novembre 1963 a Dallas, in Texas, in circostanze mai del tutto chiarite.

Elettori degli Stati Uniti → Votano liberamente i 538 Grandi elettori → I Grandi elettori eleggono formalmente il Presidente (in realtà sono vincolati nel voto)

Nella repubblica presidenziale degli Stati Uniti, il Presidente è a capo del Governo e ha il potere di nominare e revocare i ministri, che sono responsabili solo nei suoi confronti (come vedremo nell'unità B3).

Nella repubblica parlamentare il popolo elegge solo il Parlamento

La repubblica parlamentare. Nella *repubblica parlamentare*, l'unico organo eletto dal popolo è il Parlamento.

Il Presidente della Repubblica è eletto dal Parlamento; mentre il Governo entra in carica solo dopo aver ottenuto la fiducia del Parlamento, di fronte al quale è responsabile.

La repubblica parlamentare è la forma di governo prevista dalla Costituzione italiana del 1948.

Le forme di governo si dividono in

Monarchie:
- monarchia assoluta
- monarchia costituzionale
- monarchia parlamentare

Repubbliche:
- repubblica presidenziale
- repubblica parlamentare

7 Lo Stato assoluto: il suddito

Nello Stato assoluto il sovrano esercita tutti i poteri (legislativo, esecutivo e giudiziario)

L'assolutismo. Lo Stato nasce in Europa, a partire dal XV secolo, come Stato nazionale; i sovrani stabilirono il loro potere sopra territori, dove vivevano popoli che costituivano una nazione avendo in comune razza, lingua, religione e cultura.

I primi Stati nazionali che si formarono furono la Francia, la Spagna e l'Inghilterra; il processo proseguì tanto che, alla fine del XVI secolo, gran parte dell'Europa era divisa in Stati nazionali.

Lo *Stato nazionale* nasce come *Stato assoluto* (dal latino *ab-solutus* = sciolto da ogni vincolo), in cui il sovrano esercita un potere illimitato, senza alcuna separazione dei poteri: il Re fa le leggi, le esegue, decide chi (e a quale pena) deve essere condannato.

Il Re, che necessita anche di un esercito stabile, non può seguire da solo tutti gli affari del regno, ma deve dotarsi di un'organizzazione fortemente centralizzata, formata dai funzionari di corte, che eseguono le direttive del sovrano.

Il tipico modello di Stato assoluto è rappresentato dalla Francia, che raggiunge il suo apice con Luigi XIV (1638-1715), passato alla Storia come il «Re Sole» e con la sua celebre frase *L'état c'est moi* («Lo Stato sono io»).

Il Re Sole, monarca assoluto per antonomasia.

Nello Stato assoluto il popolo è formato da sudditi

Un popolo suddito. Nello Stato assoluto il popolo non è formato da cittadini ma da *sudditi*, che sono sottoposti a una serie di doveri e sono privi di qualsiasi diritto.

Nel rapporto col popolo, lo Stato assoluto assume dapprima la forma dello Stato patrimoniale, e poi dello Stato di polizia.

Nello Stato patrimoniale il territorio e il popolo sono proprietà privata del Re, che non si preoccupa dei sudditi

Lo Stato patrimoniale. Nello *Stato patrimoniale* il Re era padrone del territorio e del popolo, così come lo era dei suoi beni: non c'era alcuna differenza fra il patrimonio statale e il patrimonio personale del monarca. Il Re non si curava minimamente dei bisogni dei sudditi; di questo compito si occupavano istituzioni non statali, in primo luogo la Chiesa, che cercava di garantire un minimo di assistenza e di istruzione al popolo.

La sudditanza era tale che il popolo, essendo solo una parte del patrimonio del Re, passava da un sovrano all'altro (a seguito di guerre, matrimoni o altre vicende), senza che si tenesse conto delle diverse identità nazionali. I sudditi non erano titolari di alcun diritto e finanziavano direttamente le spese del monarca, che erano soprattutto destinate al settore militare.

Nello Stato di polizia si ha il «sovrano illuminato», che esercita il suo potere senza limiti ma si occupa dei sudditi

Lo Stato di polizia. Con lo Stato di polizia il sovrano inizia a farsi carico dei problemi del popolo.

Lo *Stato di polizia* si afferma, fra il XVII e il XVIII secolo, in alcune regioni dell'Europa; in particolare, nella Prussia di Federico II e nell'Austria di Giuseppe II. Va precisato che la parola «polizia» non ha un significato repressivo, ma va intesa nel suo significato etimologico di «cura della città».

Il popolo è ancora suddito: sono sempre negati i diritti civili e politici, ma il monarca comincia a occuparsi dell'istruzione, della sanità e della giustizia.

Con lo Stato di polizia si ha la separazione del patrimonio del sovrano da quello statale: i sudditi pagano i tributi allo Stato, e non direttamente al Re.

8 Verso lo Stato liberale

La crisi dell'assolutismo. Dalla crisi dello Stato assoluto nasce lo Stato liberale che si sviluppa prima in Inghilterra, poi negli Stati Uniti e in Francia.

Col *Bill of Rights* del 1689 l'Inghilterra diventa la prima monarchia costituzionale della storia

Il *Bill of Rights*. Mentre in altri Paesi dominava ancora lo Stato assoluto, in Inghilterra già nel XVII secolo nasceva uno Stato liberale in cui iniziava a delinearsi il principio della divisione dei poteri.

La nascita dello Stato di diritto fu preceduta da avvenimenti politici che, nel 1689, portarono il Re Guglielmo III d'Orange a emanare il *Bill of Rights* (Dichiarazione dei diritti). In particolare, il *Bill of Rights* prevedeva:

- la libertà di parola e di discussione in Parlamento;
- il divieto per il Re, senza il consenso del Parlamento, di sospendere l'efficacia delle leggi, di imporre tributi e di mantenere armate stabili;
- libere elezioni per il Parlamento, che aveva il diritto esclusivo di controllarne la regolarità;
- l'affermazione del principio che il Parlamento doveva essere riunito con frequenza.

Il *Bill of Rights*, rafforzando il ruolo del Parlamento, fece dell'Inghilterra la prima monarchia costituzionale della storia. L'esperienza inglese aprì la strada a due grandi eventi storici: la nascita degli Stati Uniti e la Rivoluzione francese.

Il dipinto, del pittore americano John Trumbull, mostra la presentazione al Congresso della *Dichiarazione di indipendenza*, redatta dalla cosiddetta Commissione dei Cinque (da sinistra a destra, John Adams, Roger Sherman, Robert Livingston, Thomas Jefferson e Benjamin Franklin).

La nascita degli Stati Uniti. In America, nella seconda metà del XVIII secolo, le colonie inglesi si ribellarono alla madrepatria, e diedero inizio alla guerra di indipendenza americana, che si concluse con la vittoria delle ex-colonie.

Nel 1776 a Filadelfia fu approvata la *Dichiarazione di indipendenza* basata sul principio che tutte le persone possiedono diritti innati, come il diritto alla vita e alla libertà.

Con la Pace di Versailles (Francia) del 1783 fu ufficialmente riconosciuta l'indipendenza degli Stati Uniti d'America, che acquistarono così personalità giuridica nei rapporti internazionali.

Con la nascita degli Stati Uniti si affermano il riconoscimento di diritti innati nei cittadini e la separazione dei poteri

La Costituzione americana, approvata nel 1787 a Filadelfia e tuttora in vigore, prevede una forma di Stato federale, mentre la forma di governo è una repubblica presidenziale, che si basa su una rigorosa separazione dei poteri:

- il potere legislativo spetta al Congresso, composto dalla Camera (che rappresenta il popolo) e dal Senato (in cui ogni Stato federato ha due senatori, in modo da trovarsi su un piano di parità con gli altri);
- il potere esecutivo è esercitato dal Presidente della Repubblica, eletto direttamente dal popolo attraverso i Grandi elettori;
- il potere giudiziario è affidato alla Corte Suprema, organo di grande prestigio che, con le sue sentenze, ha inciso in modo profondo sulla vita degli Stati Uniti.

Per ricordare meglio...	La nascita degli Stati Uniti
1776 *a Filadelfia*	Dichiarazione di indipendenza americana
1783 *a Versailles*	Riconoscimento degli Stati Uniti d'America
1787 *a Filadelfia*	Approvazione della Costituzione americana

La Rivoluzione francese. Dopo aver rappresentato il tipico modello di assolutismo, la Francia vive uno degli eventi più importanti della storia: la Rivoluzione francese.

Con la Rivoluzione francese il «suddito» diventa «cittadino»

Il 1° maggio 1789 Luigi XVI apre gli Stati Generali e poco dopo (9 luglio 1789) i rappresentanti del Terzo Stato, la borghesia, si autoproclamano Assemblea Costituente.

Il 14 luglio 1789 si ha la «presa della Bastiglia», evento simbolo della Rivoluzione francese: una grande folla di parigini assedia la fortezza, in cui erano incarcerati i prigionieri politici, e la espugna.

Il 26 agosto 1789 l'Assemblea Costituente approva la *Dichiarazione dei diritti dell'uomo e del cittadino*, dove si afferma che «gli uomini nascono e rimangono liberi e uguali nei diritti», e che la legge è «l'espressione della volontà generale»: il popolo è formato da cittadini e non più da sudditi.

La Costituzione del 3 settembre 1791 assegna al Re solo il potere esecutivo, e sancisce il principio della separazione dei poteri: la Francia si trasforma da monarchia assoluta in monarchia costituzionale.

Anche la forma di governo viene cambiata quando, il 21 settembre 1792, la repubblica prende il posto della monarchia.

Dopo la decapitazione di Luigi XVI (21 gennaio 1793) viene approvata la Costituzione democratica giacobina, che introduce il suffragio universale e riafferma alcune libertà fondamentali. La Repubblica giacobina si trasformò poi in una cruenta dittatura, e la costituzione restò in gran parte inattuata; ma la strada era ormai aperta.

L'Uguaglianza sostiene la Dichiarazione dei diritti dell'uomo in un'allegoria francese del XVIII secolo.

Per ricordare meglio...	La Rivoluzione francese
1° maggio 1789	Apertura degli Stati Generali
9 luglio 1789	Il Terzo Stato si autoproclama Assemblea Costituente
14 luglio 1789	Presa della Bastiglia
26 agosto 1789	Dichiarazione dei diritti dell'uomo e del cittadino
3 settembre 1791	La Francia è una monarchia costituzionale
21 settembre 1792	Nasce la Repubblica francese
21 gennaio 1793	Decapitazione di Luigi XVI

L'avvento dello Stato liberale. L'idea di Stato che, ispirata dal modello inglese, si affermò negli Stati Uniti e in Francia, si diffuse poi in tutta l'Europa nel XIX secolo, portando alla nascita dello Stato liberale.

La Rivoluzione francese apre le porte allo Stato liberale

La Rivoluzione francese è la rivoluzione borghese per eccellenza: con lo Stato liberale la borghesia, che già da secoli era l'asse portante dell'economia, iniziò a rivendicare, e a ottenere, un ruolo di primo piano anche in campo politico: l'avvento della borghesia portò al declino della nobiltà e del clero.

9 Lo Stato liberale: il cittadino

Lo Stato liberale deve basarsi su una costituzione

Lo Stato liberale. Lo *Stato liberale*, o *Stato di diritto*, deve essere uno *Stato costituzionale*. Deve cioè essere presente una costituzione, che è l'insieme delle norme fondamentali che caratterizzano uno Stato in un dato momento storico.

In uno Stato di diritto la costituzione deve comprendere il principio della divisione dei poteri e della pluralità degli organi costituzionali, il riconoscimento dei diritti innati (civili e politici), il principio dell'uguaglianza formale e il principio della rappresentanza politica.

La divisione dei poteri

- Il Parlamento esercita il potere legislativo
- Il Governo esercita il potere esecutivo
- La Magistratura esercita il potere giudiziario

La divisione dei poteri e la pluralità degli organi. Con lo Stato di diritto si afferma il principio della divisione dei poteri, che viene teorizzato da Charles de Secondat de Montesquieu (1689-1755) nella sua celebre opera *L'esprit des lois* (Lo spirito delle leggi) del 1748, che prende a modello la monarchia inglese.

Montesquieu sostiene che in uno Stato può esistere libertà solo con la divisione dei tre poteri, a cui deve affiancarsi la pluralità degli organi costituzionali: nell'ordinamento devono trovarsi diversi organi, posti su un piano di parità, fra cui vengono suddivise le tre funzioni. Come sappiamo, tali organi sono:

- il Parlamento, che esercita il potere legislativo;
- il Governo, che esercita il potere esecutivo;
- la Magistratura, che esercita il potere giudiziario.

Parlamento, Governo e Magistratura hanno come compito principale l'esercizio della loro funzione, ma sono inevitabili sovrapposizioni fra le diverse sfere di competenza. È impossibile realizzare una completa separazione dei poteri; in tutti gli ordinamenti giuridici esistono interferenze fra le funzioni, senza che questo pregiudichi l'attuazione del principio (a volte, il Governo interviene nel legislativo, il Parlamento nel giudiziario e così via).

Nello Stato liberale tutti i cittadini possiedono diritti innati (civili e politici) che devono essere garantiti

I diritti innati: i diritti civili... Il cittadino dello Stato di diritto, per il solo fatto di essere nato, possiede dei diritti, appunto *innati*, che comprendono sia i diritti civili che i diritti politici.

Lo Stato liberale non può reprimere la libertà individuale, che deve essere intesa sia come libertà fisica sia come libertà di manifestazione del pensiero. I diritti civili non riguardano solo il singolo, ma devono estendersi alle organizzazioni di cui il cittadino fa parte (per esempio, le associazioni politiche).

...i diritti politici e la sovranità popolare. Con l'acquisto dei diritti politici si inizia ad affermare il principio della sovranità popolare, che si realizzerà completamente solo nello Stato democratico. Comincia a farsi strada l'idea che ogni cittadino ha il diritto di decidere sulle scelte dello Stato, o direttamente o indirettamente (per mezzo di rappresentanti). Va comunque precisato che, all'inizio, la sovranità popolare è limitata, anche perché il corpo elettorale è ristretto.

Nello Stato liberale tutte le persone sono uguali davanti alla legge

L'uguaglianza formale. Nello Stato assoluto si aveva un rapporto di sudditanza fra popolo e Stato, a cui si accompagnavano profonde disuguaglianze fra le persone. Invece, nello Stato liberale le norme devono rivolgersi indistintamente a tutti i cittadini, che diventano così «uguali», almeno per il diritto.

Nello Stato liberale si afferma l'uguaglianza formale ma non sostanziale

Si afferma quindi un'*uguaglianza formale* ma non sostanziale, perché gli strati più poveri si trovano di fronte a ostacoli economici, che impediscono l'effettivo esercizio dei diritti loro riconosciuti. L'uguaglianza formale rappresenta il primo gradino verso l'attuazione di una vera e propria uguaglianza sostanziale: se i cittadini non sono uguali davanti alla legge, non lo saranno mai nella realtà.

■ **La rappresentanza politica.** Lo Stato liberale è Stato rappresentativo, perché i suoi organi devono essere espressione dei cittadini. La rappresentanza politica può essere esercitata sia direttamente (da organi eletti dal popolo) sia indirettamente (da organi eletti da organi, a loro volta votati dal popolo).

Gli organi rappresentativi devono esprimere in piena autonomia la loro volontà e i cittadini, dopo averli eletti, non possono limitarne la libertà.

Anche il principio della rappresentanza politica viene attenuato dalla ristrettezza del corpo elettorale: gli eletti, nella realtà, rappresentano solo una minoranza dei cittadini.

Nello Stato liberale gli organi rappresentano i cittadini

■ **Dallo Stato liberale allo Stato democratico.** Lo Stato liberale entra in crisi alla fine del XIX secolo, quando le masse contadine e operaie iniziano a rivendicare con forza il loro diritto di partecipare realmente alla vita politica, e non solo formalmente. Dopo aver ottenuto i diritti civili, i cittadini lottano per conquistare i diritti politici, fino ad allora esercitati solo da una minoranza; è in questo momento che si afferma lo Stato democratico.

Nello Stato liberale venivano riconosciuti ai cittadini i diritti civili, mentre quelli politici restavano su un piano puramente formale: il reale esercizio dei diritti politici segna il passaggio dallo Stato liberale allo Stato democratico.

Con l'esercizio dei diritti politici si passa dallo Stato liberale allo Stato democratico

10 Lo Stato democratico

■ **Cos'è la democrazia?** Democrazia significa «governo del popolo» (dall'unione dei termini di origine greca *dèmos* = popolo e *kràtos* = potere): in uno Stato democratico la sovranità deve essere espressione della volontà popolare. Ne consegue che uno Stato è democratico quando il popolo decide «cosa fare», «come fare» e «cosa non fare».

Lo Stato democratico può essere a democrazia diretta o a democrazia indiretta.

Lo Stato democratico si basa sulla sovranità popolare

■ **La democrazia diretta.** Nella democrazia diretta gli atti di governo sono compiuti direttamente dal popolo, senza alcun rappresentante.

Per manifestare direttamente la loro volontà, i cittadini dovrebbero continuamente riunirsi in assemblea, e votare su tutte le decisioni (per approvare una legge, per realizzare un ponte, per introdurre un tributo, per processare un imputato). È un'idea molto bella, ma quasi impossibile da realizzare, se non in piccole comunità. Alcune città dell'antica Grecia si basavano sulla democrazia diretta; il popolo, senza alcun rappresentante, amministrava la città, ed esercitava anche il potere giudiziario; per esempio, la condanna di Socrate (470 a.C.-399 a.C.) fu decisa da cinquecento cittadini ateniesi.

Nella democrazia diretta il popolo esercita direttamente la sovranità

■ **La democrazia indiretta.** Nella democrazia indiretta (o rappresentativa) i cittadini partecipano alla gestione del potere attraverso rappresentanti, votati liberamente dai cittadini: è l'unica forma di democrazia attuabile negli Stati contemporanei.

La sovranità popolare si manifesta anche nel momento in cui i rappresentati (elettori) controllano i rappresentanti (eletti); se non sono soddisfatti dell'operato dei loro delegati, i cittadini esprimono il loro dissenso non votandoli alle elezioni successive.

Nella democrazia indiretta gli atti di governo sono compiuti da organi eletti dal popolo

■ **L'uguaglianza sostanziale.** Lo Stato liberale si limitava a garantire l'uguaglianza formale, invece lo Stato democratico deve assicurare l'*uguaglianza sostanziale*: tutti devono avere le stesse opportunità ed esercitare gli stessi diritti. Per esempio, non basta affermare che «tutti hanno il diritto di studiare» (uguaglianza formale), ma lo Stato deve fare in modo che tutti, anche i più poveri, possano realmente studiare (uguaglianza sostanziale).

Si ha uguaglianza sostanziale quando tutte le persone esercitano i diritti civili e politici

■ **La Repubblica democratica.** La Costituzione delinea uno Stato democratico, perché inizia affermando che «l'Italia è una Repubblica democratica» e che la «sovranità appartiene al popolo» (**art. 1 Cost.**). Lo stesso articolo precisa poi che il popolo deve esercitare la sovranità «nelle forme e nei limiti» previsti dalla Costituzione, in modo da evitare eccessi che potrebbero mettere in crisi la democrazia stessa.

Lo Stato italiano è democratico

La Costituzione ha previsto una democrazia indiretta, in cui le decisioni sono prese da rappresentanti che sono stati eletti, segretamente e liberamente, da tutti i cittadini. Come vedremo, esistono anche due istituti di democrazia diretta: il referendum e l'iniziativa legislativa popolare.

L'Italia è uno Stato democratico, perché la sovranità popolare si manifesta nel momento in cui la Costituzione riconosce a ogni cittadino l'elettorato attivo e passivo, tutela la minoranza, attua il pluralismo e stabilisce il primato della persona sullo Stato.

Il popolo deve avere il diritto elettorale sia attivo sia passivo

L'elettorato attivo e passivo. In uno Stato democratico i cittadini devono «poter votare» e «poter essere votati».

Con l'*elettorato attivo* i cittadini possono votare, in modo libero e segreto, per effettuare le loro scelte politiche; per esempio, eleggere i rappresentanti in Parlamento.

Ai cittadini deve essere riconosciuto anche l'*elettorato passivo*, cioè il diritto di ricoprire cariche elettive (nell'esempio, l'essere eletti in Parlamento): i rappresentanti devono essere eletti fra il popolo. Approfondiremo l'argomento nel prossimo paragrafo.

La minoranza deve avere la possibilità di diventare maggioranza

La tutela della minoranza. La tutela della minoranza è un cardine della democrazia. Ognuno ha le proprie idee; è quindi inevitabile che i cittadini abbiano opinioni diverse su questioni fondamentali. Come fare? In democrazia «ci si conta», e si creano perciò una maggioranza e una minoranza (o opposizione).

La maggioranza esprime il volere dell'intera comunità, e anche i contrari devono adeguarsi alle sue decisioni: la maggioranza vince! Il governo della maggioranza non deve però diventare «dittatura della maggioranza», perché l'opposizione ha il diritto di esprimere liberamente le proprie idee, per convincere il popolo a votarla alle future elezioni, e diventare così maggioranza.

Lo Stato democratico tutela il pluralismo

Il pluralismo. Lo Stato democratico tutela ogni forma di *pluralismo*: delle opinioni, degli interessi, dei gruppi e delle associazioni.

Oltre al pluralismo «delle» istituzioni, la Costituzione tutela il pluralismo «nelle» istituzioni; cioè ogni organizzazione deve essere aperta a tutti i cittadini, e al suo interno si deve decidere in base a regole democratiche.

Il pluralismo trova la sua massima espressione nel *pluripartitismo*, cioè nella presenza di diversi partiti politici, che rappresentano le varie ideologie presenti nella società; il fatto che i cittadini possano raggrupparsi liberamente in organizzazioni politiche è alla base dello Stato democratico contemporaneo.

In democrazia si ha la supremazia della persona sullo Stato

Il primato della persona. Come vedremo, nello Stato totalitario l'individuo è subordinato ai superiori interessi dello Stato; è un principio che può essere strumentalizzato per giustificare ingiustizie e abusi: si limitano i diritti ai cittadini, perché così si tutela lo Stato!

La Repubblica, invece, «riconosce e garantisce i diritti inviolabili dell'uomo» (**art. 2 Cost.**), e stabilisce che è lo Stato che deve agire nell'interesse dei cittadini: la persona prevale sullo Stato.

A differenza di quanto avviene nei regimi totalitari, lo Stato italiano non vuole imporre alcuna ideologia politica. Non deve essere tutelato solo il cittadino come singolo, ma devono essere garantite anche le «formazioni sociali ove si svolge la sua personalità». Famiglie, partiti politici, sindacati, associazioni culturali e religiose, questi gruppi possono operare liberamente, purché agiscano nella legalità. Ogni persona ha il diritto di associarsi, per meglio esprimere le proprie opinioni, per coltivare i propri affetti e per realizzare le proprie aspirazioni.

Nello Stato democratico i cittadini hanno sia diritti inviolabili che doveri inderogabili

Diritti inviolabili e doveri inderogabili. La Costituzione non si limita a garantire questi diritti, ma li dichiara «inviolabili», in modo che non possano essere soppressi, o limitati, neppure con una legge costituzionale. Va ribadito che non è lo Stato democratico a «creare» questi diritti inviolabili, perché si tratta di diritti innati, che esistono comunque, anche se non vengono riconosciuti da tutti gli Stati.

A fronte dei diritti esistono «doveri inderogabili di solidarietà politica, economica e sociale» (art. 2 Cost.) a cui nessuno può sottrarsi: in democrazia, bisogna adempiere quei doveri che nascono dal vivere in società (per esempio pagare i tributi).

Ritratto di Adolf Hitler, dipinto nel 1941 dal tedesco Otto von Kursell (1884-1967).

Lo Stato totalitario. Il totalitarismo è il contrario della democrazia. Lo Stato totalitario, a differenza di quello democratico, cerca di controllare ogni aspetto della vita dell'individuo; per fare questo restringe le libertà personali, impedisce la libera manifestazione del pensiero, limita il diritto di voto, reprime i partiti e i sindacati.

Lo *Stato totalitario* può assumere diverse forme (regime militare, regime a partito unico, dittatura personale), che tendono comunque a sovrapporsi; per esempio, una dittatura personale si appoggia sempre a un partito unico e a un forte apparato militare. In Europa, nel periodo fra le due guerre mondiali, si ebbero dittature violente e spietate, fra queste ricordiamo la Germania nazista di Hitler e l'Unione Sovietica di Stalin; nello stesso periodo, anche il nostro Paese conobbe il totalitarismo col regime fascista.

A volte, si tende a identificare lo Stato democratico con la repubblica e lo Stato totalitario con la monarchia; in realtà, non esiste alcuna relazione fra la forma di governo e l'ideologia di uno Stato: esistono monarchie democratiche (per esempio la Gran Bretagna) e repubbliche totalitarie (per esempio quelle di alcuni Paesi africani).

UNA LETTURA

La casa degli spiriti di Isabel Allende

Un esempio di totalitarismo: in Cile la dittatura di Pinochet riservò tortura e morte agli oppositori

Isabel Allende è nata in Perú nel 1942, ma ha vissuto in Cile fino all'11 settembre 1973, quando prese il potere con la forza una giunta militare guidata dal generale Augusto Pinochet. Nel 1982 Isabel Allende scrive *La casa degli spiriti*, in cui racconta la storia di una famiglia cilena dal 1920 fino al *golpe* (colpo di stato) militare. *La casa degli spiriti* è un meraviglioso affresco del mondo sudamericano del XX secolo, in cui si mescolano fantasia e realtà.

La fine del romanzo è drammatica, perché racconta le ultime ore del Presidente Salvador Allende, e «quello che avvenne dopo»: tortura e morte, che il regime di Pinochet riservò a chi aveva simpatizzato per Salvador Allende. La repressione di Pinochet fu spietata: la sua «magistratura» agì con sevizie, uccisioni, sparizioni. Questo orrore durò per più di vent'anni sotto gli occhi della comunità internazionale, che non fece nulla per fermare questa vergogna.

«Il giorno del golpe militare spuntò un sole splendente. [...] La guardia privata del Presidente [*Salvador Allende*] stava ammassando i mobili contro le finestre e distribuendo pistole fra i più vicini. [...]

Ma alle nove e mezzo del mattino le unità armate del Paese erano al comando dei militari golpisti. Nelle caserme era cominciata la purga di quanti restavano fedeli alla costituzione. [...]

Si udì la voce del Presidente che parlava per radio al Paese. Era il suo commiato.

"Mi rivolgo a quelli che saranno perseguitati per dire loro che io non rinuncerò: pagherò con la mia vita la fedeltà al popolo. Starò sempre con voi. Ho fiducia nella patria e nel suo destino. Altri uomini supereranno questo momento e più presto che tardi si apriranno i grandi viali attraverso i quali passerà l'uomo libero, per costruire una società migliore. Viva il popolo! Viva i lavoratori! Queste saranno le mie ultime parole. Ho la certezza che il mio sacrificio non sarà vano."

Il cielo cominciò a rannuvolarsi. Si udivano alcuni spari isolati e lontani. In quel momento il Presidente stava parlando al telefono col capo dei rivoltosi, che gli offrì un aereo militare per uscire dal Paese con tutta la sua famiglia. [...]

"Vi siete sbagliati sul mio conto, traditori. Qui mi ha messo il popolo e ne uscirò soltanto morto" rispose serenamente. Allora si udì il ruggito degli aeroplani e cominciò il bombardamento. [...]»

[I. Allende, *La casa degli spiriti*, Feltrinelli, Milano, 2003, pp. 309-311.]

Il Presidente del Cile Salvador Allende (a sinistra), la scrittrice Isabel Allende (al centro) e il generale Augusto Pinochet (a destra).

11 La democrazia indiretta: il diritto di voto

Il corpo elettorale è formato da tutti i cittadini maggiorenni

L'elettorato attivo: il corpo elettorale. La democrazia indiretta si basa sul diritto di voto.

L'elettorato attivo è il diritto dei cittadini di votare i propri rappresentanti, che si manifesta soprattutto nell'elezione del Parlamento, composto dalla Camera dei deputati e dal Senato della Repubblica.

Secondo l'**art. 48 Cost.** «sono elettori tutti i cittadini, uomini e donne, che hanno raggiunto la maggiore età» che, dal 1975, è fissata al compimento dei 18 anni.

Nessuno può essere escluso dal diritto di voto, a parte casi particolari; per esempio non possono votare i condannati a determinate pene.

Chi possiede l'elettorato attivo costituisce il *corpo elettorale*, che è quindi formato da tutti i cittadini maggiorenni.

Per esprimere questo concetto, possiamo anche dire che in Italia si ha il suffragio universale. «Suffragio» è un termine di origine latina che, in questo caso, significa «manifestazione della volontà dei cittadini mediante un voto». Nel nostro Paese il suffragio universale è stato introdotto solo nel 1946, dopo un lungo tragitto di cui ripercorriamo le tappe principali.

All'Unità d'Italia, nel 1861, il corpo elettorale era molto limitato

Il voto all'Unità d'Italia. Nel 1861 il Regno d'Italia aveva ereditato dallo Statuto albertino i requisiti per fare parte del corpo elettorale della Camera, mentre il Senato era di nomina regia.

La Camera era composta da 508 deputati, eletti a suffragio ristretto in base ai seguenti criteri: le donne erano escluse dal diritto di voto, mentre gli uomini potevano votare solo se avevano compiuto i 25 anni, se non erano analfabeti e se pagavano almeno 40 lire annuali alle imposte (una cifra molto alta per l'epoca). Erano condizioni molto rigide, che limitavano notevolmente la consistenza del corpo elettorale italiano tanto che, nel 1861, gli aventi diritti al voto erano appena l'1,9% degli abitanti. Come in ogni Stato liberale, la maggioranza degli italiani non poteva influire sulla scelta dei rappresentanti del Paese; era esclusa non solo la classe contadina, ma anche la piccola borghesia.

La Riforma Depretis del 1882 allargò il corpo elettorale

La riforma Depretis. Nel 1882 il Presidente del Consiglio Agostino Depretis (1813-1887) varò una riforma elettorale, che si proponeva di superare il profondo divario esistente fra «Paese legale» e «Paese reale»: le donne erano sempre escluse dal voto, mentre gli uomini potevano votare solo se, avendo compiuto i 21 anni, avevano superato la seconda elementare o pagavano almeno 19,80 lire annuali alle imposte. Gli effetti furono sensibili, perché il corpo elettorale si triplicò, superando i 2 milioni di elettori, che rappresentavano il 6,9% della popolazione. La riforma Depretis, pur ampliando il corpo elettorale, era ancora ben lontana dal suffragio universale.

Il suffragio universale maschile fu introdotto da Giolitti nel 1912

Il suffragio universale maschile. All'inizio del XX secolo il Presidente del Consiglio Giovanni Giolitti (1842-1918) si rese conto, da abile statista, che era necessario abbracciare con decisione la causa della riforma elettorale, per togliere questo strumento propagandistico ai socialisti.

La riforma di Giolitti del 1912 escludeva sempre le donne dal corpo elettorale, ma introduceva il *suffragio universale maschile*: potevano votare tutti gli uomini che avevano compiuto i 30 anni, nonché tutti coloro che avevano superato i 21 anni e prestato il servizio militare. A seguito del suffragio universale maschile, alle elezioni del 1913 gli aventi diritto al voto erano quasi 9 milioni, pari al 23% della popolazione.

Il suffragio universale si realizza nel 1946

Il suffragio universale. Il suffragio universale si realizza solo nel 1946, quando anche le donne entrano finalmente a far parte del corpo elettorale: gli aventi diritto al voto toccano il 61,4% della popolazione.

L'ultimo allargamento si ha nel 1975, quando il corpo elettorale raggiunge il 72,2% della popolazione, grazie all'estensione del diritto di voto ai diciottenni (come risulta dalla figura 1 a fianco).

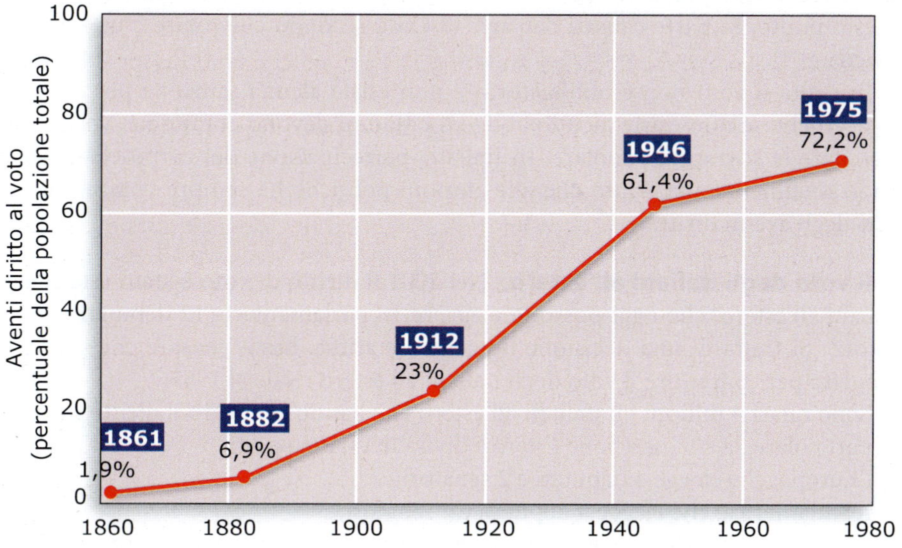

FIGURA 1 **Gli aventi diritto al voto in Italia dal 1861 al 1975**

Il suffragismo. La conquista del diritto di voto rappresenta un traguardo fondamentale nella storia del movimento per l'emancipazione della donna.

Dall'inizio del XX secolo, soprattutto negli Stati Uniti e in Inghilterra, si formarono organizzazioni di donne per il diritto al suffragio, da qui il nome di *suffragette* dato alle sostenitrici di questo movimento.

In molti Paesi le donne conquistarono il diritto al voto già alla fine della Prima guerra mondiale (in Inghilterra e in Germania nel 1918, negli Stati Uniti nel 1920); invece in Italia le donne votarono per la prima volta nella primavera del 1946, quando si tennero le prime elezioni amministrative dopo la fine del fascismo. Alcuni Stati hanno riconosciuto il diritto di voto alle donne molto più tardi; si pensi che in Svizzera le donne votano solo dal 1971.

Il diritto di voto è un traguardo fondamentale per l'emancipazione della donna

Il voto... Il diritto di voto può essere esercitato solo dai cittadini italiani.

A questo proposito, va ricordata l'eccezione dei cittadini dell'Unione europea che, in base all'**art. 40 Carta UE**, possono votare anche «alle elezioni comunali nello Stato membro in cui risiedono, alle stesse condizioni dei cittadini di detto Stato».

L'**art. 48 Cost.** stabilisce che «il voto è personale ed eguale, libero e segreto».

Il diritto di voto può essere esercitato solo dai cittadini italiani

...personale... Il voto deve essere esercitato solo da chi ne ha diritto, e non sono ammesse procure o deleghe. Questo principio non esclude che, in casi particolari, una persona gravemente ammalata possa essere accompagnata dentro alla cabina da un familiare, che deve però solo assisterla mentre vota.

...uguale... Ogni elettore ha diritto a un solo voto, e, quindi, tutti i voti devono avere la stessa importanza. Si tratta di un principio apparentemente ovvio ma, analizzando i sistemi elettorali, vedremo come non sempre la distribuzione dei seggi avviene in modo tale da garantire lo stesso «peso» a tutti i voti.

...libero e segreto. Non basta «votare», bisogna anche analizzare «come si vota». Per esempio, come vedremo, fino al 1929 il regime fascista diede agli italiani la possibilità di votare, ma le elezioni si tennero in un clima di intimidazione che, di fatto, privò gli elettori del diritto di voto.

In uno Stato democratico il cittadino deve poter scegliere il partito che preferisce, per manifestare liberamente il proprio pensiero. Solo la segretezza del voto garantisce l'elettore da qualsiasi condizionamento; le schede sono tutte uguali, l'elettore vota chiuso in una cabina e qualunque segno sulla scheda, tale da identificarlo, porta all'annullamento del voto. Dentro al seggio, la segretezza deve essere mantenuta anche dall'elettore, che non può mostrare la scheda aperta o dichiarare ad alta voce il partito prescelto. Va ricordato che, nelle sezioni elettorali, è vietato qualsiasi tipo di propaganda.

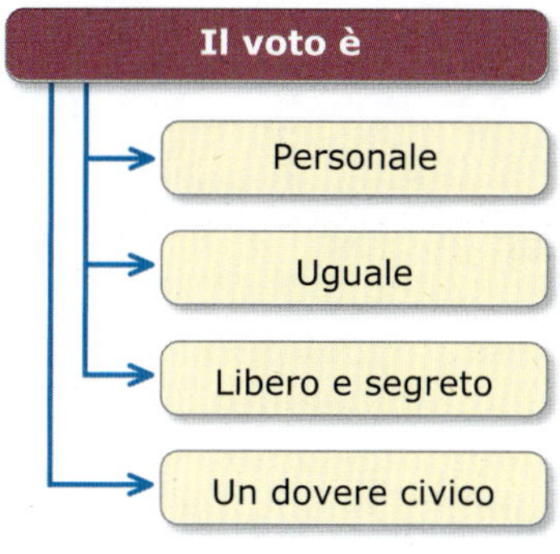

Votare non è un obbligo giuridico

Il voto è un dovere civico. Il voto è obbligatorio? Esistono molti equivoci su questo punto, in parte causati dall'art. 48 Cost. secondo cui votare è un «dovere civico».

In realtà il voto non è obbligatorio e non esiste alcuna sanzione per chi non vota. Anche se non esiste alcun obbligo, i cittadini devono comunque votare per esercitare la sovranità popolare. In Italia la partecipazione del corpo elettorale è tradizionalmente alta, tanto che alle elezioni politiche ha sempre votato più del 72% degli aventi diritto.

Nel 2001 il diritto di voto è stato esteso agli italiani all'estero

Il voto degli italiani all'estero. Nel 2001 il diritto di voto è stato esteso agli italiani all'estero, che oggi possono eleggere 18 parlamentari (12 deputati e 6 senatori). Si tratta di una decisione lungamente attesa; basta pensare che il primo progetto per consentire il voto degli italiani all'estero risale al 1955.

Sono quasi 4 milioni gli italiani all'estero che hanno acquisito il diritto di voto. In particolare, la *circoscrizione Estero* è divisa in quattro parti:

- l'Europa, che elegge 4 deputati e 2 senatori;
- il Sudamerica, che elegge 4 deputati e 2 senatori;
- l'America settentrionale e centrale, che elegge 2 deputati e 1 senatore;
- l'Africa, l'Asia, l'Oceania e l'Antartide, che eleggono 2 deputati e 1 senatore.

Il carro allestito dalla comunità italiana di New York partecipa alla parata del Columbus Day, il 12 ottobre 2014. Secondo i dati raccolti nel 2012 dall'Anagrafe degli italiani residenti all'estero (AIRE) sono più di 400 000 gli italiani che vivono negli Stati Uniti.

Le elezioni. Il corpo elettorale si esprime in diverse occasioni:

- alle *elezioni politiche* vota per eleggere i membri del Parlamento italiano;
- alle *elezioni europee* vota per eleggere i rappresentanti italiani al Parlamento europeo;
- alle *elezioni amministrative* vota per eleggere gli organi degli enti autonomi territoriali (Regione e Comune);
- ai *referendum* vota per esprimere la propria opinione su un argomento specifico.

L'elettorato passivo è il diritto di essere eletti

L'elettorato passivo. L'elettorato passivo è il diritto di essere eletti. Con l'elettorato passivo un cittadino può diventare un rappresentante del popolo.

«Tutti i cittadini dell'uno o dell'altro sesso possono accedere agli uffici pubblici e alle cariche elettive in condizioni di uguaglianza, secondo i requisiti stabiliti dalla legge» (**art. 51 Cost.**). Esistono delle limitazioni per l'elettorato passivo (simili a quelle per l'elettorato attivo), mentre l'età minima per esercitarlo varia a seconda del tipo di elezione; per esempio, bastano 25 anni per essere eletti deputati, ma ne occorrono 40 per essere eletti senatori.

Si pensi all'operaio Mario Rossi, eletto alla Camera, che deve assentarsi continuamente dal lavoro per svolgere le sue mansioni di parlamentare: Rossi rischia il licenziamento? No. La Costituzione stabilisce che «chi è chiamato a funzioni pubbliche elettive ha diritto di disporre del tempo necessario al loro adempimento, e di conservare il suo posto di lavoro»: Rossi ha quindi diritto a usufruire di tutti i permessi necessari per la sua attività parlamentare, e può mantenere il posto di lavoro fino alla fine del suo mandato.

Alle elezioni possono essere votati solo i candidati

Le candidature. Chi può essere eletto deputato? Chi senatore? Chi sindaco? Non è possibile votare per tutte le persone che hanno l'elettorato passivo: può essere eletto solo chi ha presentato la propria candidatura. In particolare, nessuno può sperare di essere eletto senza l'appoggio di un partito politico: gli elettori sono «liberi» di votare solo fra i candidati scelti dai partiti.

Negli Stati Uniti esistono le *elezioni primarie*, in cui i partiti votano pubblicamente al loro interno per scegliere i candidati da presentare alle elezioni. Da alcuni anni anche nel nostro Paese qualche partito effettua delle elezioni primarie, ma siamo ancora lontani dall'efficienza del sistema americano.

E le donne? Come sappiamo, la donna ha raggiunto l'uguaglianza formale in materia di elettorato passivo, ma le donne che occupano cariche pubbliche sono meno degli uomini. Abbiamo analizzato questa disuguaglianza sostanziale nel volume per il secondo biennio, trattando delle parità fra donna e uomo.

12 La democrazia diretta: il referendum

La Costituzione prevede due istituti di democrazia diretta: il referendum e l'iniziativa legislativa popolare.

Col referendum ogni cittadino si esprime direttamente su una norma

■ **Il referendum.** Il referendum è il principale strumento di democrazia diretta; i cittadini, votando al referendum, hanno la possibilità di esprimersi direttamente su una singola norma.

La Costituzione prevede il referendum costituzionale (unità A2), il referendum regionale (unità B4) e il referendum abrogativo, che è il più utilizzato.

La Costituzione prevede
- Il referendum costituzionale
- Il referendum regionale
- Il referendum abrogativo

■ **Il referendum abrogativo.** In base all'**art. 75 Cost.**, viene «indetto un referendum popolare per deliberare l'abrogazione, totale o parziale, di una legge o di un atto avente valore di legge». Il referendum abrogativo può cancellare una norma, ma non può né modificarla né introdurre una nuova norma.

Analizziamo il procedimento con cui, partendo dalla richiesta di referendum, si arriva all'abrogazione della norma.

■ **La richiesta.** La richiesta di referendum deve essere presentata:
- o da 5 Consigli regionali, ipotesi che si è verificata raramente;
- o da 500 000 elettori della Camera; è questo il caso più frequente e lo prendiamo in esame.

La Corte di cassazione controlla la regolarità formale del referendum

■ **Il giudizio di conformità della Corte di cassazione.** Le firme devono essere depositate presso la Corte di cassazione, che ne controlla la regolarità formale.

La Corte di cassazione deve anche annullare il referendum se, prima della consultazione, il Parlamento ha modificato la legge che si vuole abrogare; tali modifiche devono essere reali e non solo apparenti: il referendum deve essere annullato solo se è diventato inutile.

La Corte costituzionale controlla l'ammissibilità del referendum

■ **Il giudizio di ammissibilità della Corte costituzionale.** In seguito la proposta passa alla Corte costituzionale, che controlla l'ammissibilità del referendum. L'art. 75 Cost. esclude la possibilità di effettuare referendum su:
- leggi tributarie e di bilancio;
- leggi di amnistia e di indulto;
- leggi di autorizzazione a ratificare trattati internazionali.

La Corte costituzionale deve accertare che il referendum non riguardi queste materie. Si tratta di casi che la Costituzione vuole sottrarre al diretto giudizio popolare, per la delicatezza delle materie. Per esempio, è facile prevedere il successo di un referendum che cancella un aumento delle imposte, ma questo fatto avrebbe gravi conseguenze per l'economia nazionale.

La Corte costituzionale può anche vietare il referendum quando ritiene che non sia chiaro il *quesito*, cioè la domanda a cui i cittadini devono rispondere «sì» o «no».

■ **La consultazione referendaria.** Se la Corte costituzionale giudica ammissibile il referendum, il Presidente della Repubblica indice la consultazione referendaria e ne fissa la data. Esistono alcune norme per distanziare il referendum dalle elezioni politiche; per esempio, in caso di elezioni anticipate, il referendum deve essere rinviato di un anno, anche se è già stato indetto.

Chi vota «sì» è a favore dell'abrogazione della norma, mentre chi vota «no» è contrario

■ **L'abrogazione della norma.** Va premesso che chi vota «sì» è a favore dell'abrogazione della norma, mentre chi vota «no» è contrario all'abrogazione e vuole che la norma resti in vigore.

Secondo la Costituzione per abrogare una norma occorre:
- che voti la maggioranza degli aventi diritto (sono gli elettori della Camera) per raggiungere il *quorum*;
- che i «sì» (a favore dell'abrogazione della norma) siano «la maggioranza dei voti validamente espressi».

Per spiegare l'importanza di questa «doppia maggioranza» facciamo due esempi:

Aventi diritto	*Quorum*	Votanti	Sì	No
Caso I 45 milioni	22,5 milioni	22 milioni	12 milioni	10 milioni
Caso II 45 milioni	22,5 milioni	23 milioni	12 milioni	11 milioni

Una norma viene abrogata da un referendum se, avendo votato la maggioranza degli aventi diritto, i «sì» superano i «no»

Riflettiamo su questi dati:

- nel caso I la norma resta in vigore perché non è stato raggiunto il *quorum* di 22,5 milioni (i votanti sono solo 22 milioni);
- nel caso II la norma viene abrogata perché è stato raggiunto il *quorum* di 22,5 milioni (i votanti sono 23 milioni) e i «sì» (12 milioni) superano i «no» (11 milioni).

Accade spesso che i referendum non raggiungano il *quorum*, perché il numero dei votanti è solitamente inferiore a quello delle elezioni politiche. A questo proposito va ricordato che spesso i favorevoli al «no» suggeriscono agli elettori di non recarsi alle urne, per non raggiungere il *quorum* e impedire così l'abrogazione.

Gli effetti del referendum. Va precisato che:

- se vince il «sì» la legge viene cancellata, a partire dal giorno successivo a quello della pubblicazione dell'esito del referendum sulla Gazzetta Ufficiale;
- se vince il «no» la legge resta in vigore, e non è possibile proporre un altro referendum per abrogarla prima di cinque anni.

L'iniziativa legislativa popolare. L'altro istituto di democrazia diretta è l'iniziativa legislativa popolare, anche se la sua importanza è inferiore rispetto al referendum.

Il popolo può proporre una legge al Parlamento

L'**art. 71 Cost.** prevede che 50 000 cittadini maggiorenni possono presentare alle Camere un progetto di legge, che deve essere «redatto in articoli». L'iniziativa popolare vuole dare ai cittadini l'opportunità di far arrivare direttamente in Parlamento le loro richieste, senza dover passare attraverso i partiti politici.

DUE ARTICOLI

Il referendum sul divorzio

Il 30 novembre 1970, dopo anni di discussioni e polemiche, viene approvata la legge che introduce il divorzio.
L'articolo riprodotto (Alberto Sensini, *Corriere della Sera*, 1 dicembre 1970) riporta la storica notizia.

CORRIERE DELLA SERA

APPROVATO IL DIVORZIO

E' stato varato definitivamente dalla Camera con 319 «sì» contro 286 «no» - A favore socialisti del PSI e del PSU, liberali, repubblicani, socialproletari, indipendenti di sinistra, comunisti e deputati del «Manifesto» - Contrari la DC, i monarchici e i missini - Il margine divorzista aumentato - Contemporanea votazione del decretone-bis con le misure economiche anticongiunturali: 359 «sì», 246 «no»

CONCLUSIONE POSITIVA

Il duplice voto sul divorzio e sul decretone economico non ha concluso soltanto la più lunga seduta della storia parlamentare italiana, ma ha rappresentato anche l'epilogo di una delle vicende più in- [...] contraddizione di fondo: aver voluto applicare in Parlamento un oltranzismo da forza extra-parlamentare, tanto radicale a parole quanto impotente nei fatti. Non è, tutto sommato, un esito brillante [...] piano due nodi strettamente collegati: la situazione economica, con la necessità di evitare un «inverno freddo» dopo l'autunno caldo del 1969-70, e il quadro politico generale, con l'opportunità di fre- [...]

I primi commenti sui due fronti

Roma, 30 novembre.
I primi commenti degli esponenti dei partiti laici — da De Martino a La Malfa e a Ferri, da Mancini a Reale e a Baslini — che hanno seguito stanotte l'approvazione [...] posizione che oltrepassano lo episodio odierno.
Innanzitutto, è da rilevare il loro tono pacato e disteso: nessun grido di vittoria, nessuna espressione irriguardosa verso coloro che, fedeli a principi diversi, hanno cessato di [...] bilità democratica. E' soprattutto su questi temi che si sono accentrate le valutazioni, proiettate in gran parte verso il «dopo».
«Mi auguro — ha detto Baslini, autore, assieme a Fortuna del progetto di leg- [...] tito che ininterrottamente ha governato l'Italia per oltre 25 anni non può non considerare le implicazioni che il ricorso al referendum può portare con sé, quando se ne faccia un troppo immediato e frequente uso».

Il 12 maggio 1974 si svolge il referendum per cancellare la legge sul divorzio: si tratta del primo referendum abrogativo nella storia della Repubblica.
Il Paese è diviso, ma alla fine vince il «no» (59,1%), e la legge sul divorzio resta in vigore, come risulta dall'articolo riprodotto (*Il Resto del Carlino*, 14 maggio 1974).

Il Resto del Carlino

RISULTATO A VALANGA NEL REFERENDUM POPOLARE

19 milioni al NO 13 milioni al SI'
Il divorzio non viene abrogato

Secondo coscienza

La vittoria dello schieramento divorzista si è delineata fin dalle prime ore del pomeriggio e si è fatta sempre più netta con il progressivo fluire dei dati degli scrutini effettuati a tempo di record in tutta Italia - Marcata maggioranza di «no» al Nord e al Centro; leggera supremazia dei «sì» al Sud - La percentuale dei votanti ha superato appena l'88 per cento - Rilevante numero di schede bianche o nulle - Lo svolgimento del referendum è stato del tutto regolare

SINTESI

- Lo **Stato** ▶ **§1** è un'organizzazione politica che esercita la propria sovranità sui soggetti che si trovano sul suo territorio.

- La **nazione** ▶ **§1** è costituita da persone che hanno in comune razza, lingua, cultura, religione, tradizioni e costumi.

- Il **popolo** ▶ **§2** è costituito dalle persone che hanno la cittadinanza italiana ▶ **§2**, che si può acquistare per nascita, per adozione, per matrimonio e per naturalizzazione.

- La **cittadinanza dell'Unione** ▶ **§2**, si aggiunge alla cittadinanza nazionale ma non la sostituisce.

- Il **territorio** ▶ **§3** è lo spazio su cui lo Stato esercita la propria sovranità e comprende la terraferma, il mare territoriale, lo spazio aereo, il sottosuolo e il territorio mobile.

- La **sovranità** ▶ **§4** è il potere che ha lo Stato di darsi un'organizzazione politica autonoma.

- La **forma di Stato** ▶ **§5** è il rapporto che si crea fra lo Stato e i suoi elementi costitutivi.

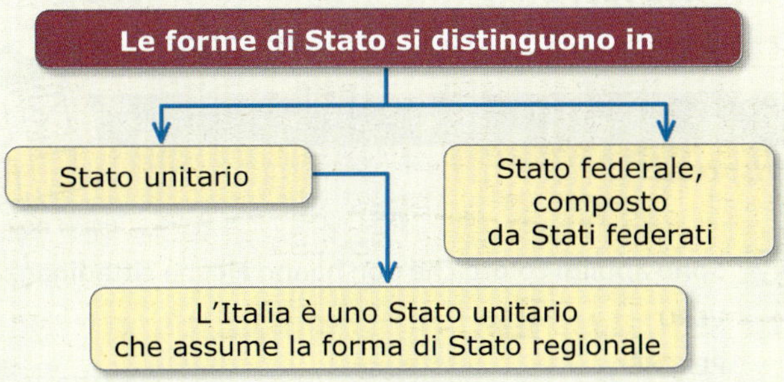

- Le **forme di governo** ▶ **§6** si distinguono dal modo in cui viene attuato il principio della separazione dei poteri: monarchia assoluta, monarchia costituzionale, monarchia parlamentare, repubblica presidenziale e repubblica parlamentare.

- Nello **Stato assoluto** ▶ **§7** il sovrano esercita tutti i poteri e il popolo è formato da sudditi.

- Lo **Stato liberale** o **Stato di diritto** ▶ **§8** si afferma dapprima in Inghilterra, poi con la nascita degli Stati Uniti e, infine, con la Rivoluzione francese.

- La costituzione dello Stato liberale deve contenere il **principio della divisione dei poteri e della pluralità degli organi costituzionali** ▶ **§9**.

- Nello Stato liberale si afferma l'**uguaglianza formale** ▶ **§9** perché le persone devono essere uguali davanti alla legge.

- Lo **Stato democratico** ▶ **§10** si basa sulla sovranità popolare e deve assicurare l'**uguaglianza sostanziale** ▶ **§10**: tutti devono esercitare gli stessi diritti.

- L'Italia è una **Repubblica democratica** ▶ **§10** in cui la sovranità appartiene al popolo.

- Si ha la **democrazia diretta** ▶ **§10** quando gli atti di governo sono compiuti direttamente dal popolo; mentre nella **democrazia indiretta** ▶ **§11** gli atti di governo sono compiuti da organi eletti dal popolo.

- Il **voto** ▶ **§11** deve essere personale, uguale, libero e segreto. Votare è un dovere civico e non un obbligo.

- La Costituzione prevede due istituti di democrazia diretta: il referendum e l'**iniziativa legislativa popolare** ▶ **§12**.

- Il referendum è una votazione in cui ogni cittadino si esprime direttamente su una norma; il più utilizzato è il **referendum abrogativo** ▶ **§12** che può solo cancellare una norma, in tutto o in parte, ma non può né modificarla né introdurre una nuova norma.

VERIFICA LE TUE CONOSCENZE

1 ***Risolvi le seguenti scelte multiple indicando la risposta esatta fra quelle possibili.***

A

L'Italia è

- uno Stato regionale **1**
- uno Stato federale **2**
- uno Stato decentrato **3**

B

Si ha uguaglianza formale quando le persone

- esercitano gli stessi diritti **1**
- sono uguali davanti alla legge **2**
- si trovano nelle stesse condizioni sociali **3**

1 **Una nave mercantile italiana non fa parte del territorio mobile se si trova**

a nel mare territoriale italiano
b nel mare territoriale degli Stati Uniti
c nel mare libero
d in un porto italiano

2 **Lo Stato federale**

a si basa su un decentramento delle funzioni
b si basa su una rigorosa centralizzazione degli organi costituzionali
c è formato dall'unione di più Stati federati
d è un insieme di Stati sovrani

3 **Un referendum abrogativo può essere richiesto**

a da 50 000 elettori della Camera
b da 500 000 elettori della Camera
c da 50 000 elettori del Senato
d da 500 000 elettori del Senato

4 **Se in uno Stato si ha la pluralità degli organi costituzionali significa che**

a siamo in un regime democratico
b esiste una costituzione
c nell'ordinamento sono presenti Parlamento, Governo e Magistratura
d i tre poteri sono esercitati da organi diversi e indipendenti

5 **La Costituzione americana del 1787 affida il potere giudiziario**

a al Presidente della Repubblica
b alla Camera
c al Senato
d alla Corte Suprema

6 **L'elettorato passivo è**

a il diritto di eleggere
b il diritto di essere eletti
c un corpo elettorale che partecipa raramente alle elezioni politiche
d un corpo elettorale che non ha il diritto di votare

MISURA LE TUE ABILITÀ

2 ***Risolvi i seguenti quesiti vero o falso e motiva la tua risposta.***

1 **Nella monarchia assoluta si ha la divisione dei poteri**

VERO ☐ **FALSO** ☐

PERCHÉ ____________________

____

2 **Sono apolidi coloro che non hanno alcuna cittadinanza**

VERO ☐ **FALSO** ☐

PERCHÉ ____________________

____

3 La cittadinanza europea sostituisce quella italiana
VERO ☐ FALSO ☐
PERCHÉ ________________________________
____

4 Il suffragio universale maschile fu introdotto da Giolitti
VERO ☐ FALSO ☐
PERCHÉ ________________________________
____

5 La divisione dei poteri venne teorizzata da Montesquieu
VERO ☐ FALSO ☐
PERCHÉ ________________________________
____

6 Il voto è obbligatorio
VERO ☐ FALSO ☐
PERCHÉ ________________________________
____

3 ***Completa la tabella che segue.***

Forma di governo	Potere legislativo	Potere esecutivo	Potere giudiziario
Monarchia assoluta	(1)	(2)	(3)
Monarchia costituzionale	(4)	(5)	(6)
Monarchia parlamentare	(7)	(8)	(9)
Repubblica presidenziale	(10)	(11)	(12)
Repubblica parlamentare	(13)	(14)	(15)

ALLENA LE TUE COMPETENZE

4 ***Sulla base di quanto hai imparato in questa unità, rispondi ai seguenti «casi».***

1 **Sottolineare l'assenza di relazione fra la forma di governo e l'ideologia dello Stato, ascoltando un amico.**

Un tuo amico afferma convinto: «Per fortuna che al referendum del 1946 ha vinto la repubblica. In questo modo abbiamo salvato la democrazia!»

▶ *Perché la «democrazia» non dipende dalla «repubblica»?*

____
____

2 **Valutare l'importanza dell'uguaglianza formale nel racconto di un'amica.**

Una tua amica sta ragionando a voce alta davanti al libro di diritto: «Realizzare l'uguaglianza formale è assolutamente inutile. A che cosa serve essere uguali davanti alla legge se poi, di fatto, abbiamo diritti diversi?».

▶ *Perché è importante l'uguaglianza formale?*

____
____

3 **Riconoscere, nell'esperienza di un amico, il vero significato di democrazia.**

Un tuo amico è consigliere comunale e fa parte della minoranza. È indignato: «Tutte le decisioni vengono prese dalla maggioranza. Questa non è democrazia!».

▶ *Invece «questa è democrazia». Perché?*

____
____

4 **Valutare gli effetti del referendum abrogativo, sulla base dell'errore di un politico.**

Un politico in televisione afferma: «Il divorzio è stato istituito con un referendum dalla maggioranza degli italiani!». L'affermazione non è corretta.

▶ *Come modifichi la frase per renderla giuridicamente corretta?*

____
____

Riprendiamo il dibattito

Dopo aver studiato l'unità, prepara il tuo punto di vista per continuare il dibattito iniziato in apertura di lezione (▶ *La parola a te!*).

Un collega sudafricano di tuo padre si è sposato con una connazionale un anno fa. Adesso è raggiante: «Mia moglie è incinta! Io voglio che il bambino nasca in Italia, così diventa cittadino italiano!».

▶ ***Tu cosa ne pensi? Sarà proprio così?***

- Partendo da quanto sopra affermato, esegui a casa una ricerca online e consulta il tuo libro di testo per preparare una breve tabella che contenga gli elementi principali dell'argomento trattato e che ti aiuti a esporre il tuo punto di vista.
- Con l'aiuto della tabella, partecipa al dibattito che il docente avvia in aula.

A CASA 1 ORA
IN AULA 20 MINUTI

A2 La Costituzione repubblicana

A te la parola!

Tuo cugino ricorda: «Mia nonna ripeteva continuamente di essere stata fra le donne che votarono per la prima volta in Italia: era il 2 giugno 1946!».

5 MINUTI

▶ *Perché il racconto della signora era leggermente impreciso?*

Con l'aiuto dell'insegnante e in piccoli gruppi prova a esporre il tuo punto di vista.

1 Lo Statuto albertino

Il 4 marzo 1848 il Re Carlo Alberto di Savoia concesse agli abitanti del Regno di Sardegna lo Statuto albertino

■ **La concessione dello Statuto.** Nel 1848 l'Europa venne travolta da rivolte e tumulti, che ebbero ripercussioni anche sul territorio italiano che, all'epoca, non era ancora stato riunificato.

Sulla scia di questi moti popolari, il 4 marzo 1848, il Re Carlo Alberto di Savoia concesse lo *Statuto albertino* agli abitanti del Regno di Sardegna.

Lo Statuto albertino divenne la costituzione del Regno d'Italia

■ **Lo Statuto del Regno...** Nel 1861 lo Statuto albertino divenne la costituzione del neonato Regno d'Italia, e rimase in vigore fino al 1° gennaio 1948, quando fu sostituito dalla Costituzione repubblicana.

Lo Statuto albertino era scritto, elargito, breve e flessibile.

Lo Statuto albertino era
- Scritto
- Elargito
- Breve
- Flessibile

■ **...scritto...** Lo Statuto era stato *scritto* dai funzionari di Carlo Alberto. Come vedremo, non tutte le costituzioni devono essere scritte, perché possono basarsi anche su norme consuetudinarie.

■ **...elargito...** Carlo Alberto aveva *elargito* (concesso) lo Statuto «ai suoi amatissimi sudditi»; non si trattava, quindi, di una costituzione nata dalla volontà del popolo che, come visto, veniva ancora chiamato «suddito».

■ **...breve...** Lo Statuto era una costituzione *breve*, non perché fosse corta (era composta da 84 articoli), ma perché si limitava a indicare principi generali in materia di libertà individuali e di funzioni degli organi costituzionali, senza specificarli in modo dettagliato.

...flessibile. Lo Statuto era una costituzione *flessibile* e poteva quindi essere modificato con una legge ordinaria: qualsiasi legge in contrasto con lo Statuto era formalmente legittima. Nella gerarchia delle fonti, lo Statuto era collocato sullo stesso gradino delle leggi (e degli atti aventi la stessa efficacia).

Lo Statuto albertino era flessibile e poteva essere modificato con una legge ordinaria

La flessibilità dello Statuto portò poi il regime fascista ad approvare una serie di atti, che erano in grave contrasto con lo Statuto stesso: durante il ventennio fascista lo Statuto albertino fu completamente snaturato.

La monarchia costituzionale. Nel 1861 la forma di governo del Regno d'Italia era la *monarchia costituzionale*. Va però sottolineato che i tre poteri, pur essendo formalmente separati, venivano esercitati sotto l'influenza del sovrano, considerato «capo supremo dello Stato».

Il Regno d'Italia nasce come monarchia costituzionale perché le tre funzioni sono separate, anche se sono condizionate dal sovrano

Secondo l'articolo 3 dello Statuto albertino (d'ora in poi **art. 3 Statuto alb.**), il Parlamento, formato da Camera dei deputati e Senato del Regno, esercitava il «potere legislativo» insieme al Re, che assumeva un ruolo predominante perché aveva sia il diritto di nominare i senatori (mentre la Camera era eletta da un ristretto corpo elettorale), sia il diritto di sanzione, con cui poteva impedire l'entrata in vigore di qualsiasi legge approvata dal Parlamento.

L'**art. 5 Statuto alb.** affermava che «al Re solo appartiene il potere esecutivo»; il sovrano delegava tale potere al Governo, responsabile solo nei confronti del Re, che nominava, e revocava, i ministri.

Secondo l'**art. 68 Statuto alb.** «la giustizia emana dal Re»; anche il potere giudiziario era saldamente nelle mani del sovrano. Era il Re a nominare i magistrati, che amministravano la giustizia in suo nome.

Il popolo godeva dei diritti tipici delle costituzioni ottocentesche, basati sul riconoscimento dell'uguaglianza formale.

La monarchia parlamentare. All'inizio del XX secolo cambiò la forma di governo; si ebbero modifiche costituzionali, agevolate dalla flessibilità dello Statuto, che diminuirono i poteri del Re e trasformarono il Regno d'Italia in una *monarchia parlamentare*. In particolare:

All'inizio del XX secolo il Regno d'Italia diventa una monarchia parlamentare

- si modificò la composizione del Parlamento, perché venne ampliato il corpo elettorale della Camera: gli aventi diritto al voto passarono dall'1,9% del 1861 al 23% del 1912;
- per il Re diventò un atto dovuto controfirmare le leggi approvate dal Parlamento: il sovrano perse il diritto di sanzione;
- si affermò il principio che il Governo dovesse avere la fiducia del Parlamento, accanto a quella del Re: il Governo diventò politicamente responsabile nei confronti del Parlamento, soprattutto della Camera elettiva.

2 Il fascismo

L'avvento del fascismo. La grave crisi economica successiva alla Prima guerra mondiale, favorì il successo del Partito socialista e del Partito popolare di Don Sturzo alle elezioni del 1919, e diede inizio a due anni di forti tensioni sociali, passati alla storia come «biennio rosso».

Il «biennio rosso» favorì l'avvento del fascismo

Il «biennio rosso» spaventò la borghesia industriale e agraria che, per fronteggiarlo, appoggiò le aggressioni degli squadristi fascisti contro sindacalisti e socialisti: saccheggi, incendi, pestaggi e, in qualche caso, omicidi.

Il movimento fascista divenne poi un vero e proprio partito che, nel 1921, entrò in Parlamento con una modesta rappresentanza (35 deputati su 535).

Dopo la marcia su Roma (ottobre 1922) il Re Vittorio Emanuele III nomina Benito Mussolini alla Presidenza del Consiglio

La marcia su Roma. Nell'ottobre 1922 i fascisti attuarono la «marcia su Roma» e il Re Vittorio Emanuele III, intimorito, non solo si rifiutò di fare intervenire l'e-

28 ottobre 1922: marcia su Roma. L'evento è celebrato in questo dipinto di Giacomo Balla (di cui è mostrato un particolare), che ritrae in primo piano, assieme a Benito Mussolini (al centro), i quattro gerarchi fascisti (quadrumviri) che organizzarono la marcia: da sinistra, Michele Bianchi, Emilio De Bono, Cesare Maria De Vecchi e Italo Balbo. Va ricordato che Mussolini diede l'ordine di organizzare la marcia, ma non vi partecipò direttamente: il dipinto di Balla vuole enfatizzare il ruolo del duce.

sercito contro gli squadristi ma, il 28 ottobre 1922, nominò alla Presidenza del Consiglio Benito Mussolini (1883-1945), che era a capo del Partito nazionale fascista.

Nel 1924 il Partito fascista ottiene una netta maggioranza in Parlamento anche grazie al nuovo sistema elettorale

La legge Acerbo. Alle elezioni del 1924 fu applicato un nuovo sistema elettorale, la «legge Acerbo», che attribuiva i 2/3 dei seggi della Camera al partito che avesse ottenuto il maggior numero di voti (maggioranza relativa).

Grazie alla legge Acerbo, il Partito nazionale fascista ottenne i 2/3 dei deputati (va precisato che aveva comunque raggiunto il 64% dei voti).

Dopo aver denunciato alla Camera le violenze fasciste, il deputato socialista Giacomo Matteotti viene assassinato

Il delitto Matteotti. Alle elezioni del 1924 il Partito fascista ottenne quindi una netta maggioranza parlamentare, anche perché il voto fu turbato dalle intimidazioni dei fascisti.

Pochi giorni dopo, il 10 giugno 1924, il deputato socialista Giacomo Matteotti, che aveva denunciato alla Camera le violenze squadriste durante le elezioni, fu assassinato da sicari fascisti. Il gravissimo episodio suscitò una forte protesta dei deputati dell'opposizione, che decisero di non partecipare ai lavori parlamentari; in conseguenza di ciò, nel novembre 1926, furono dichiarati decaduti da parlamentari: il Partito fascista aveva il dominio assoluto del Parlamento.

Le leggi fascistissime aumentano i poteri del Governo e annullano il principio della separazione dei poteri

Verso la dittatura. Il 3 gennaio 1925, in un celebre discorso alla Camera, Mussolini si assunse la responsabilità politica, morale e storica (non penale!) del delitto Matteotti: fu l'inizio del regime totalitario.

In seguito, nel 1926, furono approvate le *leggi fascistissime*, che dilatavano i poteri del Governo; in particolare:

- Mussolini diventò Capo del Governo («duce del fascismo»), col potere di proporre al Re sia la nomina sia la revoca dei ministri;
- il Governo divenne responsabile solo nei confronti del Re, e il Parlamento perse quindi ogni controllo sull'esecutivo;
- fu esteso l'uso del decreto legge, in modo da spogliare il Parlamento del potere legislativo a vantaggio del Governo;
- la Magistratura venne, di fatto, sottoposta al controllo dell'esecutivo. Fu istituito un «Tribunale speciale per la difesa dello Stato», nominato dal Governo, che condannò molti oppositori del regime per le loro opinioni politiche.

Nello Stato fascista il principio della divisione dei poteri era ormai inesistente.

■ **Lo Stato totalitario.** Sempre nel 1926 furono sciolti tutti i partiti politici, a eccezione del Partito fascista, che diventò il *partito unico*.

Nello stesso anno, la polizia e la Magistratura ampliarono i loro poteri per reprimere gli oppositori del regime; basta pensare alla soppressione del diritto di sciopero e all'introduzione del «confino» (molti antifascisti furono costretti a soggiornare all'estero o in sperduti paesini).

Nel 1928 il *Gran consiglio del fascismo*, organo supremo del partito, fu trasformato in organo costituzionale dello Stato italiano, con il compito di svolgere funzioni consultive nei confronti del Governo: il Partito fascista diventava organo dello Stato.

Nelle elezioni del 1929 gli elettori potevano usare due schede: una tricolore, se accettavano in blocco i candidati fascisti, oppure una scheda grigia se li rifiutavano.

■ **L'abolizione del diritto di voto.** Con l'imposizione del partito unico, le elezioni perdono ogni valore. Si votò per l'ultima volta il 25 marzo 1929, con un sistema che non aveva alcun rispetto della volontà popolare, infatti:

- alle elezioni fu presentata una lista unica che comprendeva un numero di candidati fascisti pari ai seggi disponibili (400), che gli elettori potevano solo accettare (votando «sì») o rifiutare (votando «no»);
- il voto era riconoscibile perché gli elettori usavano schede di colore diverso nel caso votassero «sì» o «no».

Il successo dei fascisti fu schiacciante (99% di voti favorevoli), anche perché le votazioni si svolsero, al solito, in un clima di violenza.

Il diritto di voto fu poi ufficialmente soppresso nel 1938, e fu il Governo a nominare i membri della Camera dei deputati, trasformata in *Camera dei fasci e delle corporazioni*: la sovranità popolare era completamente calpestata.

Il regime fascista sopprime ogni diritto civile e politico

■ **I diritti soppressi.** Alla fine degli anni Venti furono approvati altri provvedimenti, che colpirono i più elementari diritti civili, e misero fine allo Stato di diritto. Fra essi, vanno ricordati:

- nel 1926 l'introduzione della pena di morte per i reati «contro la sicurezza dello Stato», che fu poi estesa ai reati comuni nel 1931 con l'approvazione del nuovo Codice penale (il Codice Rocco);
- la soppressione della libertà di stampa e l'introduzione di una rigidissima censura, che impediva la libera manifestazione del pensiero;

UN FILM

Una giornata particolare

Mentre Hitler visita Roma, si incontrano due persone destinate all'infelicità

Regia: Ettore Scola, Italia, 1977
Attori: Sophia Loren, Marcello Mastroianni, John Vernon
Durata: 105 minuti

Una giornata particolare è il 6 maggio 1938, data della storica visita di Hitler a Roma.
In un caseggiato popolare si incontrano due persone: Antonietta (Sophia Loren), casalinga spenta e madre di sei figli e Gabriele (Marcello Mastroianni), annunciatore radiofonico, appena licenziato perché omosessuale e destinato al confino dal regime fascista.
Antonietta e Gabriele si conoscono mentre l'intero caseggiato è deserto, perché tutti sono andati alla parata in onore del Führer (la radiocronaca della cerimonia costituisce un'ossessionante colonna sonora del film).
Antonietta tenta di conquistare Gabriele, che le confessa la sua omosessualità. Superato l'iniziale imbarazzo, i due si ritrovano l'uno nell'infelicità dell'altro, fino ad avere un rapporto sessuale.
Per Gabriele è «una giornata particolare» anche perché viene condotto al confino. Antonietta lo guarda attonita, mentre viene portato via da due miliziani fascisti.

- l'abolizione della libertà sindacale, che fu accompagnata dalla nascita del sindacato unico fascista;
- la fine della libertà di associazione, che portò al già citato scioglimento dei partiti antifascisti.

Nel 1938 entrano in vigore le leggi razziali contro gli ebrei

■ **Le leggi razziali.** Sulla scia di quanto stava avvenendo nella Germania nazista di Hitler, nel 1938 furono approvate le leggi antisemite «per la difesa della razza italiana». Le *leggi razziali* tolsero agli ebrei il diritto di accedere ai pubblici impieghi (quasi 5000 ebrei furono allontanati dall'insegnamento), di frequentare le scuole pubbliche, di godere pienamente delle loro proprietà, di contrarre matrimoni misti.

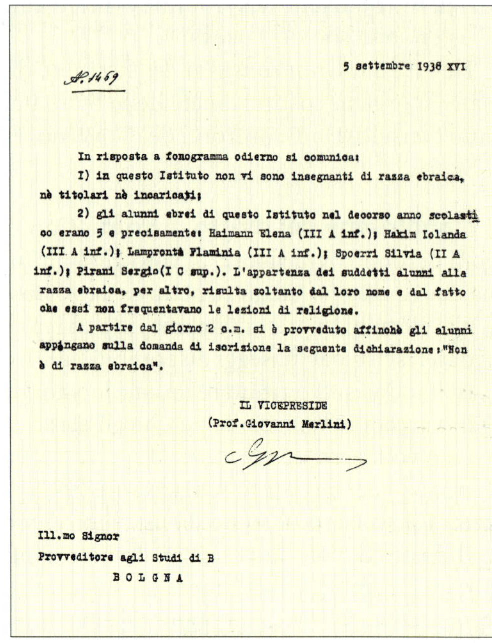

N.1469

5 settembre 1938 XVI

In risposta a fonogramma odierno si comunica:

I) in questo Istituto non vi sono insegnanti di razza ebraica, nè titolari nè incaricati;

2) gli alunni ebrei di questo Istituto nel decorso anno scolastico erano 5 e precisamente: Haimann Elena (III A inf.); Hakim Iolanda (III A inf.); Lamprontà Flaminia (III A inf.); Spoerri Silvia (II A inf.); Pirani Sergio(I C sup.). L'appartenenza dei suddetti alunni alla razza ebraica, per altro, risulta soltanto dal loro nome e dal fatto che essi non frequentavano le lezioni di religione.

A partire dal giorno 2 c.m. si è provveduto affinchè gli alunni appongano sulla domanda di iscrizione la seguente dichiarazione: "Non è di razza ebraica".

IL VICEPRESIDE
(Prof.Giovanni Merlini)

Ill.mo Signor
Provveditore agli Studi di B
B O L G N A

Un documento che testimonia la rigorosa applicazione delle leggi razziali nella scuola.

■ **Fascismo e Statuto albertino.** Va ribadito che qualsiasi legge in contrasto con lo Statuto albertino era formalmente legittima, perché lo Statuto era flessibile. Di questo fatto approfittò il fascismo: lo Statuto restò in vigore «sulla carta», ma il regime creò un ordinamento giuridico completamente diverso.

Per ricordare meglio...	Il fascismo
1922	Marcia su Roma
1924	Delitto Matteotti
1925	Discorso di Mussolini alla Camera
1926	Leggi fascistissime
1928	Gran consiglio del fascismo diventa organo costituzionale
1938	Abolizione del diritto di voto e istituzione della Camera dei fasci e delle corporazioni
1938	Leggi razziali

3 Dalla guerra alla Repubblica

Il 3 settembre 1939 inizia la Seconda guerra mondiale

Il 10 giugno 1940 l'Italia entra in guerra

■ **La guerra.** Il 1° settembre 1939 la Germania nazista invade la Polonia; pochi giorni dopo, il 3 settembre 1939, Francia e Inghilterra reagiscono e dichiarano guerra alla Germania: è l'inizio della *Seconda guerra mondiale*.

L'Italia restò neutrale fino al 10 giugno 1940, quando Mussolini decise di entrare in guerra a fianco della Germania, perché la vittoria di Hitler sembrava vicina, e il duce voleva partecipare da vincitore ai negoziati che avrebbero seguito il conflitto.

La prevista «guerra lampo» si rivelò un'illusione; la guerra durò sei lunghissimi anni, e assunse dimensioni mondiali con il coinvolgimento di Giappone e Stati Uniti.

Anche la popolazione italiana subì gli orrori del conflitto (bombardamenti, famiglie distrutte, fame, disperazione); l'opposizione al regime si rafforzò, e portò alla fine della dittatura fascista.

■ **La fine del fascismo.** Il 10 luglio 1943 gli anglo-americani sbarcarono in Sicilia: per l'Italia cominciava a delinearsi la sconfitta.

Il 25 luglio 1943 il Gran consiglio del fascismo si schierò contro Mussolini, e approvò una mozione in cui si chiedeva al Re di ripristinare lo Statuto e di assumere il comando delle forze armate. Va sottolineato che il Gran consiglio del fascismo era formato da gerarchi fascisti che, fino a quel momento, erano stati fedelissimi al duce.

Il 25 luglio 1943 segna la fine del regime fascista e nasce il Governo Badoglio

Vittorio Emanuele III destituì e fece arrestare Mussolini, in base a quei poteri che lo Statuto gli attribuiva ma che il Re non esercitava da più di vent'anni; il maresciallo Pietro Badoglio fu nominato a capo del Governo.

Il *Governo Badoglio* sciolse il Partito nazionale fascista, la Camera dei fasci e delle corporazioni e il Gran consiglio del fascismo: era la fine di un ventennio di dittatura fascista (dal 1922 al 1943).

L'armistizio. Il primo atto del Governo Badoglio fu quello di iniziare le trattative con gli anglo-americani per arrivare a un *armistizio*, che fu firmato il 3 settembre 1943 a Cassibile (Siracusa) e reso noto l'8 settembre 1943: dopo l'armistizio gli anglo-americani, dapprima nemici, diventarono «gli Alleati». L'annuncio dell'armistizio fu improvviso; né il Re né i vertici militari furono in grado di dare ordini precisi all'esercito, che si trovò completamente disorientato: i tedeschi erano adesso nemici.

A seguito dell'armistizio, l'Italia si trovò divisa in due.

Vittorio Emanuele III, rifugiatosi prima a Brindisi e poi a Salerno, era a capo del «Regno del sud» sotto la tutela degli Alleati, che stavano avanzando dal sud al nord della penisola.

Nel resto del Paese la situazione era estremamente complessa: le truppe tedesche, già presenti come alleati in Italia, si trasformarono in truppe di occupazione, e rafforzarono la loro presenza nel centro-nord dove, nel frattempo, era nata la Repubblica Sociale Italiana e si stava organizzando la Resistenza.

8 settembre 1943: l'Italia divisa dopo l'armistizio

- Al centro-nord vi erano:
  - i tedeschi
  - la Repubblica Sociale Italiana
  - la Resistenza
- Al sud vi era il Regno del sud sotto la tutela degli Alleati

La Repubblica Sociale Italiana. Il 12 settembre 1943 Mussolini, prigioniero al Gran Sasso, venne liberato dai tedeschi e, sotto la protezione di Hitler, fondò la Repubblica Sociale Italiana con sede a Salò, sul lago di Garda. La Repubblica Sociale, chiamata anche *Repubblica di Salò*, si proclamò l'unica vera erede dello Stato italiano, e proseguì la guerra al fianco dei tedeschi.

La Repubblica Sociale Italiana, fondata da Mussolini nel 1943, proseguì la guerra al fianco dei tedeschi

Durante la Repubblica di Salò, furono condannati a morte quei gerarchi del Gran consiglio del fascismo che avevano votato contro Mussolini il 25 luglio 1943.

Il CLN e la Resistenza. Dopo l'armistizio, al nord i partiti antifascisti (Partito liberale, Democrazia del lavoro, Democrazia cristiana, Partito d'azione, Partito socialista e Partito comunista) formarono il Comitato di Liberazione Nazionale (CLN).

Il CLN rappresentò il punto di riferimento politico e militare per i partigiani, che praticarono una «Resistenza» armata contro tedeschi e fascisti.

Al nord i partigiani praticarono una «Resistenza» armata contro tedeschi e fascisti

Nel settentrione la contemporanea presenza della Resistenza e della Repubblica Sociale sfociò in una sanguinosa *guerra civile*. Alcuni italiani combattevano per la Resistenza, altri italiani erano invece a fianco dei nazi-fascisti: fu uno dei periodi più drammatici della nostra storia.

Al nord, dal 1943 al 1945, si ebbe una drammatica guerra civile

Il Patto di Salerno. I rapporti fra la monarchia e il CLN erano difficili, perché i partiti antifascisti non potevano ignorare l'appoggio dato da Vittorio Emanuele III a Mussolini, durante il ventennio. Un compromesso era assolutamente necessario. Il 24 aprile 1944, col *Patto di Salerno*, il Re e il CLN si accordarono su alcuni punti:

- nel Regno del sud si formò un nuovo Governo, formato dai partiti del CLN;
- ogni decisione sulla forma di governo (monarchia o repubblica) che avrebbe assunto lo Stato italiano era rinviata alla fine della guerra;
- al termine del conflitto sarebbe stata eletta a suffragio universale un'assemblea, che avrebbe scritto e approvato la nuova costituzione.

Nel 1944 col Patto di Salerno il Re e il CLN si accordarono su alcuni punti fondamentali

La Liberazione. Il 25 aprile 1945 l'Italia settentrionale venne liberata dalla contemporanea azione degli Alleati e del CLN.

Mussolini fu condannato a morte dal CLN. Il 28 aprile 1945, a Dongo sul lago di Como, un gruppo di partigiani uccise sia il duce sia la sua convivente, Claretta Petacci; i due cadaveri vennero poi esposti a Milano, in Piazzale Loreto.

Dopo la Liberazione del 25 aprile 1945 Mussolini fu condannato a morte

Referendum del 2 giugno 1946: le prime pagine dei giornali annunciano la vittoria della «repubblica».

Tabella 1 Il referendum istituzionale del 2 giugno 1946

Regione	Repubblica	Monarchia
Piemonte	1.250.070	938.945
Liguria	633.130	254.692
Lombardia	2.270.335	1.275.183
Venezia Tridentina (escluso Bolzano)	191.450	33.728
Veneto	1.403.441	954.372
Emilia Romagna	1.526.838	454.589
Toscana	1.280.815	506.167
Marche	498.607	213.621
Umbria	301.209	117.765
Lazio	753.978	795.501
Abruzzo e Molise	347.578	459.478
Campania	435.844	1.427.038
Puglia	465.620	954.754
Basilicata	107.653	158.210
Calabria	337.244	514.633
Sicilia	708.109	1.301.200
Sardegna	206.098	319.557
Totale	12.718.019	10.709.423

Questo evento provoca tuttora polemiche: Mussolini aveva diritto a un regolare processo? Quali erano le colpe di Claretta Petacci? I loro corpi avrebbero meritato più rispetto?

A queste domande, altri rispondono che Mussolini era responsabile di vent'anni di dittatura e di soprusi, e di aver trascinato l'Italia in una guerra scellerata piena di morti e di miseria.

Una cosa è sicura: è difficile rileggere, con gli occhi di oggi, un periodo così tragico della nostra storia.

L'Italia diventa una repubblica col referendum del 2 giugno 1946

Il referendum istituzionale. La scelta fra monarchia e repubblica fu affidata a un referendum popolare, che si svolse il 2 giugno 1946.

Pochi giorni prima della votazione, Vittorio Emanuele III abdicò in favore del figlio Umberto II, per arrivare al referendum con un Re non compromesso con la dittatura fascista; a questo proposito, non va dimenticato che la fuga di Vittorio Emanuele III a Brindisi, dopo l'armistizio, era stata considerata da molti italiani come un vero e proprio tradimento.

Il 2 giugno 1946 si votò sia per il referendum istituzionale sia per l'elezione dell'Assemblea costituente. Per la prima volta le donne italiane furono ammesse a votare alle elezioni politiche, anche se va ricordato che le donne avevano già votato alle elezioni amministrative, pochi mesi prima.

Il referendum, a cui partecipò più del 90% degli aventi diritto, si concluse con la vittoria della «repubblica». Il risultato fu però molto incerto: la *repubblica* ottenne 12 700 000 voti (54,3%) contro i 10 700 000 voti (45,7%) della *monarchia*, mentre le schede nulle (bianche comprese) furono ben 1 400 000, anche a causa dell'alto tasso di analfabetismo.

Il referendum istituzionale provocò molta tensione nel Paese, perché i monarchici denunciarono brogli elettorali, che non furono comunque mai provati.

È indubbio che la situazione creatasi dopo l'armistizio condizionò il voto: la «repubblica» vinse in tutte le regioni del centro-nord, mentre in tutte le regioni del sud fu la «monarchia» a prevalere, come mostra la tabella 1.

L'esilio degli eredi maschi di Casa Savoia è durato dal 1946 a 2002

Il rientro dei Savoia. Dopo la sconfitta al referendum, il 14 giugno 1946, Umberto II fu costretto all'esilio in Portogallo: il suo regno era durato poco più di un mese, tanto da essere chiamato «il re di maggio».

L'esilio dei Savoia è durato 56 anni, e si è concluso solo nel 2002, quando il Parlamento ha cancellato la parte della XIII Disposizione transitoria della Costituzione che vietava «l'ingresso e il soggiorno nel territorio nazionale» agli «ex re di Casa Savoia, alle loro consorti e ai loro discendenti maschi».

Per ricordare meglio...	**Dalla guerra alla Repubblica**
3 settembre 1939	Inizia la Seconda guerra mondiale
10 giugno 1940	L'Italia entra in guerra
10 luglio 1943	Gli anglo-americani sbarcano in Sicilia
25 luglio 1943	Mozione contro Mussolini del Gran consiglio del fascismo Arresto di Mussolini e nomina del Governo Badoglio
8 settembre 1943	Armistizio
12 settembre 1943	Mussolini liberato dai tedeschi
24 aprile 1944	Patto di Salerno
25 aprile 1945	Liberazione
28 aprile 1945	Giustiziati Benito Mussolini e Claretta Petacci
2 giugno 1946	Vittoria della «repubblica» ed elezione dell'Assemblea costituente

4 La Costituzione

L'Assemblea costituente. Il 2 giugno 1946, gli italiani, e le italiane, votarono anche per l'Assemblea costituente (la Costituente) utilizzando un sistema proporzionale.

L'Assemblea costituente approva la nuova Costituzione

La Costituente era formata da 556 deputati (i Costituenti), eletti fra candidati presentati soprattutto da quei partiti che avevano costituito il CLN, e che facevano dell'antifascismo un valore comune. In conseguenza di ciò, un ruolo di primo piano nell'Assemblea fu assunto dai leader dei tre principali partiti del CLN: Alcide De Gasperi (Democrazia cristiana), Palmiro Togliatti (Partito comunista italiano) e Pietro Nenni (Partito socialista italiano); fra i Costituenti vi erano altre personalità di enorme prestigio (da Benedetto Croce a Luigi Einaudi, da Aldo Moro a Giuseppe Saragat).

L'Assemblea costituente era un Parlamento? La risposta non è facile. Come nelle repubbliche parlamentari, la Costituente dava la fiducia al Governo che era responsabile di fronte a essa. Però la Costituente aveva l'importante compito di dare una nuova costituzione al Paese, e non poteva trovare il tempo per approvare le leggi; per questo la Costituente delegò la funzione legislativa al Governo, fino all'entrata in vigore della Costituzione.

L'Assemblea costituente non esercita il potere legislativo

Il 2 giugno 1946 si votò

- Per il referendum istituzionale
- Per eleggere l'Assemblea costituente

Il Capo provvisorio dello Stato. Non c'era più il Re, non c'era ancora il Presidente della Repubblica: come fare?

Il 28 giugno 1946 Enrico De Nicola viene eletto Capo provvisorio dello Stato

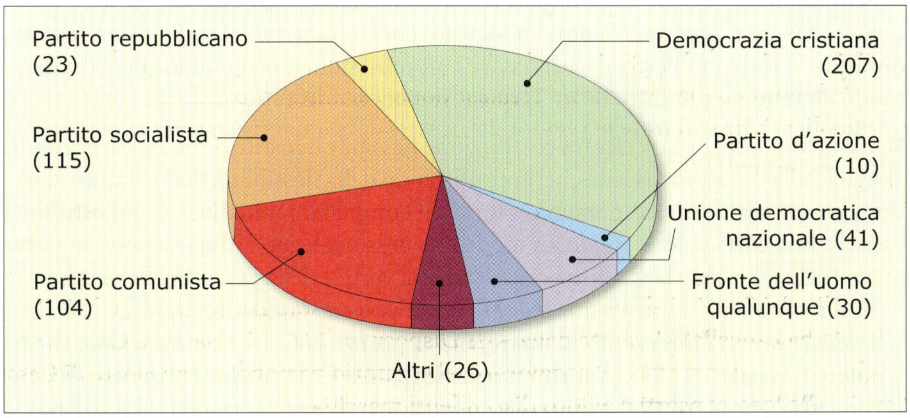

Composizione dell'Assemblea costituente eletta il 2 giugno 1946 e formata da 556 deputati. Fra parentesi sono indicati i numeri dei deputati delle corrispondenti formazioni politiche.

L'Assemblea costituente si riunì per la prima volta il 22 giugno 1946 e, il 28 giugno 1946, elesse Enrico De Nicola come *Capo provvisorio dello Stato*, in attesa che il Presidente della Repubblica fosse eletto in base alle norme della futura Costituzione.

Il 1° gennaio 1948 entra in vigore la Costituzione della Repubblica italiana

La nascita della Costituzione. Fra i 556 deputati fu scelta la *Commissione dei Settantacinque*, che preparò il progetto della nuova Costituzione.

Il progetto della Commissione dei Settantacinque fu presentato il 31 gennaio 1947 alla Costituente, che lo discusse approfonditamente, articolo per articolo. Spesso nascevano contrasti, ma la necessità di trovare un accordo era troppo forte, tanto che, il 22 dicembre 1947, la Costituente approvò i 139 articoli (e le 18 Disposizioni transitorie e finali) della nuova Costituzione repubblicana, con 453 voti favorevoli e 62 contrari.

La Costituzione fu approvata con un'ampia maggioranza (81,4%), grazie all'accordo fra le principali forze politiche (democristiani, socialisti e comunisti), che pure erano caratterizzate da profonde divergenze ideologiche.

La promulgazione avvenne il 27 dicembre 1947 e, il 1° gennaio 1948, la Costituzione entrò in vigore al posto dello Statuto albertino.

Per ricordare meglio...	La nascita della Costituzione
28 giugno 1946	Enrico De Nicola diventa Capo provvisorio dello Stato
31 gennaio 1947	Presentazione del progetto della Commissione dei Settantacinque
22 dicembre 1947	Approvazione della Costituzione da parte dell'Assemblea costituente
27 dicembre 1947	Promulgazione della Costituzione
1° gennaio 1948	Entrata in vigore della Costituzione

La Costituzione è la norma fondamentale della Repubblica italiana

La Costituzione... La Costituzione è la norma fondamentale della Repubblica italiana.

La Costituzione è scritta, votata, lunga e rigida.

La Costituzione è una norma scritta

...scritta... La Costituzione, come lo Statuto albertino, è *scritta*: sia i principi fondamentali sia la struttura dell'ordinamento repubblicano sono scritti nei 139 articoli (e nelle 18 Disposizioni transitorie e finali).

Non tutte le costituzioni devono essere scritte. Basta pensare che in Gran Bretagna sia il Parlamento che il Governo funzionano sulla base di regole consuetudinarie, senza che questo diminuisca il prestigio della costituzione britannica.

La Costituzione è stata votata dall'Assemblea costituente, eletta dagli italiani

...votata... Mentre lo Statuto albertino era stato concesso dal Re al popolo, la Costituzione è stata *votata* dall'Assemblea costituente, eletta democraticamente dagli italiani.

La Costituzione è lunga perché ha una struttura articolata

...lunga... L'Assemblea costituente decise che la Costituzione avesse una struttura articolata, in grado di spiegare in modo dettagliato sia i diritti e doveri dei cittadini, sia i poteri degli organi costituzionali. I Costituenti vollero una costituzione *lunga*, e non breve come lo Statuto albertino, perché l'Italia usciva da una dittatura, e forte era l'esigenza di fissare con precisione i princìpi fondamentali, in modo da rendere più difficile un loro sovvertimento in futuro.

La Costituzione è rigida e non può essere modificata da leggi ordinarie

...rigida. Anche la scelta fra costituzione flessibile e costituzione rigida fu condizionata dalla dittatura fascista che, approfittando della flessibilità dello Statuto albertino, aveva creato un ordinamento giuridico completamente diverso. I Costituenti scelsero una costituzione *rigida*, in modo che nessuna legge ordinaria potesse essere in contrasto con essa: la Costituzione si trova al vertice della gerarchia delle fonti.

Se il Parlamento approva una legge in contrasto con la Costituzione, i Costituenti hanno previsto l'intervento di un organo apposito, la *Corte costituzionale*, che ha il potere di vigilare sulla conformità delle leggi alla Costituzione e, in caso di contrasto, può cancellarle dall'ordinamento giuridico (come vedremo nell'unità B3).

La Statuto albertino
- Scritto
- Elargito
- Breve
- Flessibile

La Costituzione repubblicana
- Scritta
- Votata
- Lunga
- Rigida

La struttura della Costituzione

PRINCIPI FONDAMENTALI (artt. 1-12 Cost.)

Contengono i criteri ispiratori della carta costituzionale

PARTE PRIMA «Diritti e doveri dei cittadini» (artt. 13-54 Cost.)

- Regola i rapporti fra i cittadini e lo Stato:
  - i rapporti civili (artt. 13-28 Cost.)
  - i rapporti etico-sociali (artt. 29-34 Cost.)
  - i rapporti economici (artt. 35-47 Cost.)
  - i rapporti politici (artt. 48-54 Cost.)

PARTE SECONDA «Ordinamento della Repubblica» (artt. 55-139 Cost.)

- Spiega le competenze degli organi costituzionali:
  - il Parlamento (artt. 55-82 Cost.)
  - il Presidente della Repubblica (artt. 83-91 Cost.)
  - il Governo (artt. 92-100 Cost.)
  - la Magistratura (artt. 101-113 Cost.)
  - la Corte costituzionale (artt. 134-137 Cost.)
- Definisce le attribuzioni degli enti autonomi territoriali: la Regione, il Comune, la Provincia e la Città metropolitana (artt. 114-133 Cost.)
- Contiene il procedimento di revisione costituzionale (artt. 138-139 Cost.)

18 DISPOSIZIONI TRANSITORIE E FINALI

Furono inserite dai Costituenti per consentire un graduale passaggio fra il vecchio e il nuovo ordinamento

5 La revisione della Costituzione

Le leggi costituzionali. Le *leggi costituzionali* sono le sole che possono modificare la Costituzione o integrandola (aggiungendo articoli o parte di essi), o revisionandola (sostituendo articoli o parte di essi).

La Costituzione può essere modificata solo dalle leggi costituzionali

Le leggi costituzionali sono collegate con l'esistenza di una costituzione rigida, perché per le costituzioni flessibili non è possibile alcuna revisione.

Per approvare una legge costituzionale è prevista una procedura più lunga e più complessa, rispetto a quella adottata per le leggi ordinarie. Mentre per approvare una legge ordinaria basta una sola votazione col voto favorevole della maggioranza dei presenti (maggioranza semplice), l'**art. 138 Cost.** stabilisce che per approvare una legge costituzionale occorrano due votazioni, a distanza di almeno tre mesi, con le seguenti maggioranze:
- nella prima votazione basta la maggioranza semplice;
- nella seconda votazione occorre la maggioranza assoluta (voto favorevole della maggioranza degli aventi diritto al voto).

Dopo l'approvazione, le modifiche apportate dalla legge costituzionale diventano parte della Costituzione stessa.

PER SAPERNE DI PIÙ

Il referendum confermativo nell'Italia repubblicana

Gli italiani si sono espressi tre volte al referendum confermativo

Il 4 dicembre 2016 gli italiani hanno votato a un referendum confermativo, per decidere l'entrata in vigore di una legge costituzionale (*Disposizioni per il superamento del bicameralismo paritario, la riduzione del numero dei parlamentari, il contenimento dei costi di funzionamento delle istituzioni, la soppressione del CNEL e la revisione del titolo V della Parte II della Costituzione*) che modificava la parte seconda della Costituzione, relativa all'Ordinamento della Repubblica, cambiando 47 articoli su 139. Si è trattato di un evento di grande importanza giuridica e politica, come dimostra l'alta affluenza alle urne (ha votato il 68,5% degli aventi diritto).

La maggioranza dei votanti si è espressa per il «no» (59,1%), e la riforma costituzionale non è entrata in vigore.

Ripercorriamo il tragitto di questa riforma mancata.

Il disegno di legge costituzionale:
- nella prima votazione è stato approvato a maggioranza semplice sia dal Senato della Repubblica (13 ottobre 2015) sia dalla Camera dei deputati (11 gennaio 2016);
- nella seconda votazione è stato approvato a maggioranza assoluta sia dal Senato della Repubblica (20 gennaio 2016) sia dalla Camera dei deputati (12 aprile 2016).

Il testo di legge costituzionale è stato poi pubblicato sulla Gazzetta Ufficiale.

Il testo di legge costituzionale non è stato promulgato e non è entrato in vigore perché, nella seconda votazione, è stato approvato con una maggioranza inferiore ai 2/3, e questo ha reso possibile il referendum confermativo (richiesto da 1/5 dei membri della Camera) che ha respinto la riforma.

Si è trattato del terzo referendum confermativo della storia repubblicana. In particolare:
- il 7 ottobre 2001 un referendum confermò la riforma del Titolo V della seconda parte della Costituzione (votò «sì» il 64,2% dei votanti);
- il 25 e 26 giugno 2006 una riforma costituzionale che modificava radicalmente la parte seconda della Costituzione fu sottoposta a un referendum confermativo che ebbe esito negativo (votò «no» il 61,7% dei votanti).

La legge costituzionale può essere sottoposta a referendum confermativo

Il referendum confermativo. La Costituzione prevede un *referendum confermativo* (o *referendum di revisione costituzionale*), a cui possono essere sottoposte le leggi costituzionali, e che deve essere richiesto entro tre mesi dalla loro pubblicazione.

La legge costituzionale «sottoposta a referendum non è promulgata, se non è approvata dalla maggioranza dei voti validi».

Il referendum può essere richiesto:
- o da 1/5 dei membri di una camera;
- o da 500 000 elettori;
- o da 5 Consigli regionali.

Il referendum confermativo non è possibile se, nella seconda votazione, la legge costituzionale è stata approvata con la maggioranza dei 2/3

Va precisato che non si può effettuare il referendum se, nella seconda votazione, la legge costituzionale è stata approvata con la maggioranza qualificata dei 2/3.

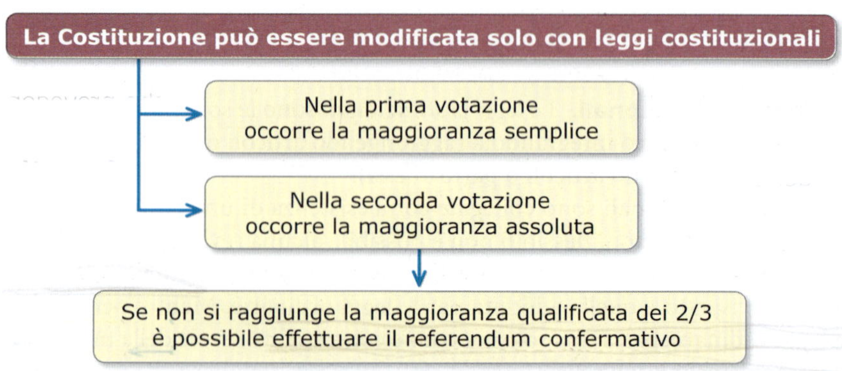

I limiti alla revisione costituzionale. La revisione della Costituzione è rigorosamente vietata in due casi:
- la forma repubblicana «non può essere oggetto di revisione costituzionale» (**art. 139 Cost.**);
- i diritti umani devono comunque restare «inviolabili» (**art. 2 Cost.**).

Si tratta di articoli talmente importanti, che i Costituenti vollero che fossero «immodificabili» anche da leggi costituzionali.

SINTESI

- Nel 1848 il Re Carlo Alberto di Savoia concesse lo **Statuto albertino** ▶ **§1**, che era scritto, elargito, breve e flessibile.
- Nel 1861 la forma di governo del Regno d'Italia era la **monarchia costituzionale** ▶ **§1** che, all'inizio del XX secolo, si trasformò in **monarchia parlamentare** ▶ **§1**.
- Nell'ottobre 1922 i fascisti attuarono la **marcia su Roma** ▶ **§2**, e il Re Vittorio Emanuele III nominò alla Presidenza del Consiglio **Benito Mussolini** ▶ **§2**.
- Nel 1924 si ebbe il **delitto Matteotti** ▶ **§2**, un deputato socialista che aveva denunciato alla Camera le violenze fasciste.
- Nel 1926 le **leggi fascistissime** ▶ **§2** annullarono il principio della separazione dei poteri, e il Partito fascista diventò il «partito unico».
- Nel 1938 si ebbe l'**abolizione del diritto di voto** ▶ **§2**.
- Nel 1938 furono approvate le **leggi razziali** ▶ **§2** che tolsero agli ebrei i più elementari diritti.
- Il 3 settembre 1939 iniziò la **Seconda guerra mondiale** ▶ **§3**; l'Italia restò neutrale fino al 10 giugno 1940, quando Mussolini decise di entrare in guerra a fianco della Germania.
- Il 25 luglio 1943 Vittorio Emanuele III destituì e fece arrestare Mussolini, e il maresciallo **Pietro Badoglio** ▶ **§3** fu nominato a capo del Governo.
- L'8 settembre 1943 il Governo Badoglio firmò un **armistizio** ▶ **§3** con gli anglo-americani.

8 settembre 1943: l'Italia divisa dopo l'armistizio

- Al centro-nord vi erano:
  - i tedeschi
  - la Repubblica Sociale Italiana
  - la Resistenza
- Al sud vi era il Regno del sud sotto la tutela degli Alleati

- Dopo la **Liberazione** ▶ **§3** del 25 aprile 1945, il CLN condannò a morte Mussolini.
- Il 2 giugno 1946 gli italiani e le italiane votarono sia per il **referendum istituzionale** ▶ **§4** sia per l'**Assemblea costituente** ▶ **§4**.
- Al referendum istituzionale la **repubblica** ▶ **§4** vinse con 12 700 000 voti (54,3%) contro i 10 700 000 voti (45,7%) della monarchia.
- Il 28 giugno 1946 l'Assemblea costituente elesse Enrico De Nicola come **Capo provvisorio dello Stato** ▶ **§4**.
- Il 22 dicembre 1947 l'Assemblea costituente approvò i 139 articoli (e le 18 Disposizioni transitorie e finali) della nuova **Costituzione repubblicana** ▶ **§4**, con 453 voti favorevoli e 62 contrari. La Costituzione, in vigore dal 1° gennaio 1948, è scritta, votata, lunga e rigida.

La Statuto albertino
- Scritto
- Elargito
- Breve
- Flessibile

La Costituzione repubblicana
- Scritta
- Votata
- Lunga
- Rigida

- La Costituzione può essere modificata solo dalle **leggi costituzionali** ▶ **§5**, che prevedono un procedimento complesso e possono essere sottoposte al **referendum confermativo** ▶ **§5**.

La Costituzione può essere modificata solo con leggi costituzionali

- Nella prima votazione occorre la maggioranza semplice
- Nella seconda votazione occorre la maggioranza assoluta
  - Se non si raggiunge la maggioranza qualificata dei 2/3 è possibile effettuare il referendum confermativo

VERIFICA LE TUE CONOSCENZE

1 ***Risolvi le seguenti scelte multiple indicando la risposta esatta fra quelle possibili.***

A

Con le leggi razziali

- fu soppresso il diritto di voto — **1**
- furono discriminati gli ebrei — **2**
- furono discriminati gli oppositori del regime — **3**

B

La Costituzione repubblicana entrò in vigore

- il 25 aprile 1945 — **1**
- il 2 giugno 1946 — **2**
- il 1° gennaio 1948 — **3**

1 **Una costituzione si dice flessibile quando**

a può essere modificata da leggi ordinarie
b può essere modificata con un procedimento molto complesso
c si adegua continuamente ai mutamenti sociali e politici
d può essere modificata solo da leggi costituzionali

2 **Col Patto di Salerno vi fu un accordo**

a fra Alleati e monarchia
b fra CLN e Alleati
c fra CLN e monarchia
d fra CLN e Repubblica Sociale Italiana

3 **Il compito principale dell'Assemblea costituente era**

a approvare la Costituzione
b decidere su monarchia o repubblica
c esercitare la funzione legislativa
d nominare il nuovo Parlamento

4 **Dopo l'armistizio, il Re Vittorio Emanuele III era a capo**

a del Regno del centro-nord sotto la tutela degli Alleati
b del Regno del centro-nord sotto la tutela di tedeschi
c del Regno del sud sotto la tutela degli Alleati
d del Regno del sud sotto la tutela di tedeschi

5 **Una legge ordinaria in contrasto con la Costituzione può essere cancellata**

a dal Governo
b dal Presidente della Repubblica
c dalla Corte costituzionale
d dal Parlamento

6 **Nel referendum istituzionale del 1946 la repubblica vinse**

a in quasi tutte le regioni
b in quasi tutte le regioni del centro-nord
c in tutte le regioni del centro-nord
d in quasi tutte le regioni del centro-sud

MISURA LE TUE ABILITÀ

2 ***Risolvi i seguenti quesiti vero o falso e motiva la tua risposta.***

1 **Tutte le leggi costituzionali sono seguite dal referendum confermativo**

VERO ☐ **FALSO** ☐

PERCHÉ ______________________________

____

2 **Lo Statuto albertino era una costituzione flessibile**

VERO ☐ **FALSO** ☐

PERCHÉ ______________________________

____

3 La Repubblica Sociale Italiana si alleò coi tedeschi
VERO ☐ FALSO ☐
PERCHÉ ______________________
____

4 Nel 1946 De Nicola venne eletto Presidente della Repubblica
VERO ☐ FALSO ☐
PERCHÉ ______________________
____

5 Il 10 giugno 1940 l'Italia entrò in guerra
VERO ☐ FALSO ☐
PERCHÉ ______________________
____

6 Il 2 giugno 1946 votarono anche le donne
VERO ☐ FALSO ☐
PERCHÉ ______________________
____

3 ***Completa la tabella che segue.***

Evento	Anno
Referendum istituzionale	(1)
Marcia su Roma	(2)
Entrata in vigore della Costituzione	(3)
Delitto Matteotti	(4)
Entrata in guerra dell'Italia	(5)
Armistizio	(6)

ALLENA LE TUE COMPETENZE

4 ***Sulla base di quanto hai imparato in questa unità, rispondi ai seguenti «casi».***

1 **Riconoscere il dramma delle leggi razziali nei ricordi di una persona anziana.**
Il tuo vicino di casa ricorda commosso: «Mio nonno era un professore universitario di latino e fu costretto a lasciare l'insegnamento solo perché era ebreo. Che ingiustizia!».
▶ *Quando avvenne questo fatto vergognoso?*
____
____

2 **Individuare gli effetti della guerra sulla popolazione civile nel racconto di un familiare.**
Tuo nonno racconta: «Ero un bambino. Ricordo ancora i bombardamenti e le urla dei tedeschi che cercavano i partigiani!».
▶ *Tuo nonno viveva nel nord o nel sud del Paese?*
____
____

3 **Valutare che la vittoria della repubblica fu netta ma non trionfale, in base a un discorso familiare.**
Un erede dei Savoia sta parlando in televisione e tuo nonno sorride ironicamente: «Al referendum del 1946 per la repubblica fu un vero e proprio trionfo, e i Savoia furono poi costretti all'esilio!».
▶ *Quale fu il risultato del referendum istituzionale del 1946?*
____
____

4 **Valutare la rigidità della Costituzione, ascoltando l'errore di un amico.**
Un tuo amico afferma: «La Costituzione non si può modificare perché è rigida. Secondo me è un errore grave, perché i tempi cambiano!».
▶ *Qual è la tua opinione?*
____

Riprendiamo il dibattito

Dopo aver studiato l'unità, prepara il tuo punto di vista per continuare il dibattito iniziato in apertura di lezione (▶ *La parola a te!*).

Tuo cugino ricorda: «Mia nonna ripeteva continuamente di essere stata fra le donne che votarono per la prima volta in Italia: era il 2 giugno 1946!».

▶ ***Tu cosa ne pensi? È corretta questa affermazione?***

- Partendo da quanto sopra affermato, esegui a casa una ricerca online e consulta il tuo libro di testo per preparare una breve tabella che contenga gli elementi principali dell'argomento trattato e che ti aiuti a esporre il tuo punto di vista.
- Con l'aiuto della tabella, partecipa al dibattito che il docente avvia in aula.

A CASA 1 ORA
IN AULA 20 MINUTI

A3 L'ordinamento internazionale

A te la parola!

Il tanzaniano Kaleb è un profugo di trenta anni, che abita vicino a casa tua. Kaleb è fuggito dal Paese d'origine per motivi politici: rischiava la pena di morte. Kaleb è sbarcato clandestinamente a Lampedusa e ha poi presentato la richiesta di asilo allo Stato italiano.

5 MINUTI

▸ *Il «profugo» Kaleb ha i requisiti necessari per ottenere l'asilo e diventare un «rifugiato»?*

Con l'aiuto dell'insegnante e in piccoli gruppi prova a esporre il tuo punto di vista.

1 Il diritto internazionale

L'ordinamento internazionale è costituito da tutti gli Stati e dai rapporti che si instaurano fra di loro

REGOLA I RAPPORTI FRA I VARI STATI

L'ordinamento internazionale. Nell'unità A1 abbiamo approfondito il concetto di Stato. Dobbiamo ora prendere in esame i rapporti che si stabiliscono fra i vari Stati nella comunità internazionale che, alla fine del 2018, era composta da oltre 200 Paesi. Nell'ordinamento internazionale gli Stati entrano continuamente in contatto, e stabiliscono fra loro rapporti giuridici, economici, politici e militari. Come sappiamo, per entrare a far parte dell'ordinamento internazionale, uno Stato deve acquisire personalità giuridica nei rapporti internazionali.

Nell'ordinamento internazionale tutti gli Stati si trovano, almeno formalmente, sullo stesso piano, e non esiste un'autorità superiore a essi; questo fatto provoca però problemi quando si tratta di garantire l'attuazione di accordi internazionali.

Il diritto internazionale è costituito dalle norme che regolano i rapporti tra gli Stati

I limiti del diritto internazionale. I rapporti giuridici che si creano nell'ordinamento internazionale sono regolati dal diritto internazionale, che non può comunque imporsi sugli ordinamenti giuridici dei singoli Paesi: ogni Stato mantiene la propria sovranità e la propria indipendenza.

Il diritto internazionale regola solo le relazioni fra gli Stati (intesi come persone giuridiche), e non si preoccupa di disciplinare i rapporti fra i cittadini e i singoli Stati, che restano di esclusiva competenza degli ordinamenti nazionali; per esempio, i rapporti fra i cittadini italiani e lo Stato italiano sono regolati dall'ordinamento giuridico italiano, e non dal diritto internazionale.

Il diritto internazionale non può imporsi sugli ordinamenti giuridici dei singoli Stati

■ **Le fonti del diritto internazionale...** Le fonti del diritto internazionale sono le consuetudini e i trattati.

■ **...le consuetudini...** Le consuetudini nascono da comportamenti che, pur non essendo scritti, vengono spontaneamente seguiti dagli Stati. Le *consuetudini internazionali*, per essere considerate tali, devono essere rispettate da tutti gli Stati.

■ **...i trattati.** Il *trattato* è un accordo fra due o più Stati, collocati su un piano di parità, che assumono fra loro degli obblighi o si riconoscono reciprocamente dei diritti su un oggetto specifico (definizione di un confine, agevolazioni negli scambi commerciali). Il trattato è vincolante solo per gli Stati che lo hanno sottoscritto, che sono gli unici obbligati a rispettarne le regole.

Le fonti del diritto internazionale sono
- Le consuetudini
- I trattati
- Sono adottate ma non sono vincolanti:
  - le dichiarazioni
  - le convenzioni

■ **Le dichiarazioni e le convenzioni.** Nell'ordinamento internazionale sono adottate anche le dichiarazioni e le convenzioni, che però non sono vere e proprie fonti giuridiche. Le *dichiarazioni* e le *convenzioni* non sono quindi vincolanti, e il loro rispetto è lasciato alla totale discrezione dei singoli Stati.

Le dichiarazioni e le convenzioni vengono adottate soprattutto per la tutela dei diritti umani.

■ **L'ordinamento sovranazionale.** Si parla di *ordinamento sovranazionale* quando gli atti di un organismo internazionale entrano direttamente in vigore nei singoli Stati.

Per esempio, l'Unione europea agisce come ordinamento sovranazionale quando emana i regolamenti comunitari, che entrano subito in vigore negli ordinamenti giuridici dei singoli Stati membri (come vedremo nell'unità G2).

Nell'ordinamento sovranazionale gli organismi internazionali emanano atti che sono efficaci nei singoli Stati

2 L'ONU

■ **Dalla Società delle Nazioni...** Alla fine della Prima guerra mondiale fu costituita la Società delle Nazioni, che aveva l'obiettivo di mantenere la pace nella comunità internazionale. La *Società delle Nazioni* era un organismo con poteri limitati e di scarso peso politico, soprattutto per l'assenza degli Stati Uniti, e non riuscì a impedire il secondo conflitto mondiale, alla fine del quale venne sostituita dall'ONU.

■ **...all'ONU.** L'*Organizzazione delle Nazioni Unite* (ONU), costituita alla Conferenza di San Francisco (Stati Uniti) il 26 giugno 1945, nacque sotto l'influsso dominante delle cinque grandi potenze che avevano vinto la guerra (Stati Uniti, Unione Sovietica, Gran Bretagna, Francia e Cina), peraltro non ancora conclusa sul fronte giapponese.

L'ONU, costituita nel 1945, cerca di garantire una pacifica convivenza e un dignitoso livello di vita in tutti i Paesi

Inizialmente gli Stati membri delle Nazioni Unite erano una cinquantina, ma il loro numero è costantemente cresciuto tanto da sfiorare 200 alla fine del 2018. L'Italia è entrata a far parte dell'ONU nel 1955.

■ **Lo statuto dell'ONU.** Lo statuto dell'ONU delinea le finalità dell'organizzazione:
- mantenere la pace e la sicurezza internazionale, promuovendo un processo di distensione e di disarmo;
- sviluppare amichevoli relazioni fra gli Stati;
- promuovere la cooperazione internazionale, per favorire lo sviluppo economico dei Paesi più poveri;
- tutelare i diritti umani e le libertà fondamentali.

L'ONU agisce attraverso vari organi, ma noi prendiamo in considerazione solo i più importanti: l'Assemblea Generale e il Consiglio di sicurezza.

Il «Palazzo di vetro», a New York, sede dell'ONU.

Nell'Assemblea Generale gli Stati si trovano su un piano di parità

Il 12 ottobre 1960, all'Assemblea Generale dell'ONU, il presidente sovietico Nikita Kruscev, durante un acceso dibattito, si tolse la scarpa destra, si alzò in piedi e la mostrò in direzione del delegato filippino, poi la picchiò sul banco.

L'Assemblea Generale dell'ONU. L'Assemblea Generale è composta da tutti gli Stati appartenenti all'ONU; in essa ogni Stato ha diritto a un solo voto: tutti gli Stati si trovano su un piano di parità.

Le deliberazioni dell'Assemblea Generale riguardano:

- le modifiche dello statuto;
- l'espulsione degli Stati accusati di aver violato i principi fondamentali delle Nazioni Unite;
- l'ammissione di nuovi Stati nell'organizzazione;
- l'elezione degli Stati che, a rotazione, entrano a far parte del Consiglio di sicurezza;
- l'elezione del *Segretario generale dell'ONU*, che è una figura di primaria importanza nella politica internazionale;
- l'approvazione del bilancio.

L'Assemblea Generale si riunisce di norma una volta all'anno (in sessione ordinaria), ma può essere sempre convocata in caso di necessità (in sessione straordinaria); per le decisioni più importanti occorre il voto favorevole dei 2/3 dei membri presenti.

Va precisato che l'Assemblea Generale può solo fare raccomandazioni, che non sono vincolanti per gli Stati membri.

Nel Consiglio di sicurezza i cinque membri permanenti sono sempre presenti e hanno il diritto di veto

Il Consiglio di sicurezza dell'ONU. Il Consiglio di sicurezza è composto da 15 Stati, di cui 5 sono membri permanenti (Stati Uniti, Russia, Gran Bretagna, Francia e Cina) e 10 vengono eletti a rotazione ogni due anni dall'Assemblea Generale. Per quanto riguarda i membri permanenti, va ricordato che la Russia ha sostituito l'Unione Sovietica nel 1992 e la Cina popolare ha sostituito Formosa nel 1970.

Il Consiglio di sicurezza è sempre in funzione, e ha il delicato compito di adottare tutti i provvedimenti necessari per mantenere la sicurezza internazionale. Il Consiglio di sicurezza deve intervenire per evitare che i contrasti fra i Paesi degenerino in conflitti e, in caso di guerra, deve fare tutto il possibile per ristabilire la pace.

Membri del Consiglio di Sicurezza delle Nazioni Unite votano sanzioni contro la Corea del Nord, presso la sede delle Nazioni Unite a New York, il 7 marzo 2013.

Le decisioni del Consiglio di sicurezza sono approvate se ottengono il voto favorevole della maggioranza dei componenti, compreso quello di tutti i membri permanenti. Ogni membro permanente ha il diritto di *veto*, perché ha la possibilità di impedire l'adozione di un provvedimento, anche contro il parere degli altri 14 membri. È evidente che, a differenza di quanto avviene nell'Assemblea Generale, nel Consiglio di sicurezza gli Stati non sono sullo stesso piano: i cinque membri permanenti hanno un ruolo dominante, perché sono sempre presenti e hanno il diritto di veto.

I principali organi dell'ONU

- Assemblea Generale, in cui tutti gli Stati sono su un piano di parità
- Consiglio di sicurezza, formato da 5 Stati membri permanenti e 10 Stati eletti a rotazione
  - I 5 Stati membri permanenti (Stati Uniti, Russia, Gran Bretagna, Francia e Cina) sono su un piano di superiorità perché
    - sono sempre presenti
    - possono esercitare il diritto di veto

L'attuazione delle delibere dell'ONU è affidata alla volontà dei singoli Stati

L'attuazione delle delibere dell'ONU. Nonostante siano vincolanti per tutti i membri delle Nazioni Unite, le decisioni del Consiglio di sicurezza non sempre vengono rispettate dagli Stati interessati. In caso di mancato rispetto delle deliberazioni, il Consiglio di sicurezza può decidere di sospendere le relazioni diplomatiche, e può applicare sanzioni economiche nei confronti dello Stato inadempiente.

Fino alla fine degli anni Ottanta, nell'ONU si aveva un continuo scontro politico fra blocco orientale e blocco occidentale. L'Unione Sovietica e gli Stati Uniti esercitavano continuamente il diritto di veto per tutelare le rispettive zone di influenza: ogni delibera contro un Paese del blocco orientale (o occidentale) veniva sistematicamente bloccata dal veto dell'Unione Sovietica (o degli Stati Uniti). A partire dagli anni Novanta, con la dissoluzione dell'Unione Sovietica, gli Stati Uniti sono rimasti la più grande potenza mondiale, e sono ormai in grado di condizionare unilateralmente la politica dell'ONU.

Un «casco blu» impegnato in un'azione umanitaria.

I «caschi blu» dell'ONU. L'ONU non possiede alcun esercito, ma può crearlo se i singoli Stati mettono a disposizione le loro forze militari.

Le forze dell'ONU (i «caschi blu») sono spesso intervenute per garantire il rispetto di trattati internazionali e per ristabilire la pace. Per esempio, nel 1993, nella ex-Iugoslavia vennero create varie zone controllate dai «caschi blu», per dividere le diverse etnie in guerra fra di loro.

L'Unicef è un'agenzia dell'ONU che assiste i bambini nei Paesi più poveri

L'Unicef. Il *Fondo delle Nazioni Unite per l'infanzia* (Unicef) è un'agenzia dell'ONU, fondata nel 1946 per aiutare i bambini vittime della Seconda guerra mondiale. L'Unicef, che ha sede a New York, è oggi presente in oltre 160 Stati e si occupa di assistenza umanitaria per i bambini e le loro madri nei Paesi sottosviluppati. Si tratta di un impegno gravoso; basta pensare che oggi i bambini e i ragazzi sotto i 15 anni sono circa due miliardi.

Dal 1989 l'azione dell'Unicef è coordinata dalla *Convenzione internazionale sui diritti dell'infanzia*, secondo cui la tutela dei diritti dei bambini deve essere un principio morale imprescindibile per tutti gli Stati.

Finanziato con contributi volontari di governi e privati, l'Unicef ha il compito prioritario di assicurare una protezione ai bambini che sono stati maggiormente colpiti: o perché sono vittime della guerra e di disastri naturali, o perché vivono in situazioni di estrema povertà, o perché subiscono forme di violenza e di sfruttamento. L'Unicef cerca anche di sviluppare uguali diritti per donne e bambine, in modo da sostenerne la completa partecipazione alla vita sociale, politica ed economica dei Paesi in cui vivono. I settori di intervento dell'Unicef sono numerosi, fra questi: lo sviluppo della prima infanzia, le vaccinazioni e cure a basso costo, la protezione dallo sfruttamento, l'istruzione di base per le bambine e la lotta all'HIV.

L'Unicef ha ricevuto il Premio Nobel per la pace nel 1965.

Le agenzie e le organizzazioni ausiliarie dell'ONU. Dall'ONU dipendono altre agenzie e organizzazioni ausiliarie, specializzate in settori particolari. Fra esse ricordiamo:

- l'Organizzazione delle Nazioni Unite per l'educazione, la scienza e la cultura (Unesco), di cui ci siamo occupati nel volume per il secondo biennio;
- l'Organizzazione mondiale della sanità (Oms);
- l'Organizzazione per l'alimentazione e l'agricoltura (Fao);
- l'Organizzazione internazionale del lavoro (Oil).

CLIL — **ECONOMICS**
The United Nations Fight for Safe Water

3 La tutela dei diritti umani

Il problema della tutela dei diritti umani è ancora attuale

Chi tutela i diritti umani? Come si è visto nell'unità A1, i diritti della persona sono stati riconosciuti come inalienabili solo nel XVIII secolo, quando furono solennemente proclamati sia nella *Dichiarazione di indipendenza americana* del 1776, sia nella *Dichiarazione dei diritti dell'uomo e del cittadino* approvata in Francia nel 1789.

Quanto affermato nelle dichiarazioni non è stato però completamente attuato perché, dopo più di due secoli, il problema della tutela dei diritti umani resta ancora di drammatica attualità.

La *Dichiarazione universale dei diritti dell'uomo* dell'ONU non è vincolante

■ **La *Dichiarazione universale dei diritti dell'uomo*.** Il 10 dicembre 1948 l'Assemblea Generale dell'ONU approva la *Dichiarazione universale dei diritti dell'uomo*, che si basa su tre punti fondamentali: i diritti della persona, i diritti politici e i diritti economici e sociali.

Anzitutto si riafferma il principio che i *diritti della persona*, essendo innati, esistono anche se non vengono rispettati: ogni persona possiede il diritto alla vita, all'uguaglianza, alla libertà personale, all'istruzione, a coltivare i propri affetti familiari e a professare liberamente la propria religione.

La Dichiarazione dell'ONU si occupa anche dei *diritti politici*: ogni persona deve avere la libertà di manifestare il proprio pensiero, deve poter votare liberamente per determinare le scelte politiche del suo Paese e deve avere la possibilità di accedere alle cariche pubbliche.

Sottolineando l'importanza dei *diritti economici e sociali*, la Dichiarazione dell'ONU condanna ogni tipo di sfruttamento: tutte le persone hanno diritto ad avere un lavoro equamente retribuito, mentre ai soggetti più deboli (bambini, anziani, disabili) deve essere garantita un'adeguata tutela.

La Dichiarazione dell'ONU si rivolge anche agli Stati che non l'hanno sottoscritta ma, come sappiamo, non gode di alcuna tutela giuridica.

La Corte penale internazionale deve perseguire chi ha commesso crimini contro l'umanità

Ratko Mladic, ex capo militare dei serbi di Bosnia, alla Corte penale internazionale dell'Aja. È responsabile del massacro di oltre ottomila musulmani avvenuto a Srebrenica nel luglio 1995.

■ **La Corte penale internazionale.** Dopo le tragiche esperienze del Novecento, in cui l'umanità è stata travolta da regimi dittatoriali e da guerre, è emersa l'inutilità di delegare la difesa dei diritti umani ai singoli Stati. Per tutelare realmente la persona è necessario un organismo sovranazionale, in grado di limitare la sovranità di tutti gli Stati e di imporre loro il rispetto dei più elementari diritti.

Questo organismo dovrebbe essere la *Corte penale internazionale* che è entrata in funzione nel 2002, mentre lo Statuto è stato firmato a Roma nel 1998. Formata da 18 giudici con sede all'Aja (Olanda), la Corte ha il potere di perseguire le violazioni dei diritti umani, i crimini di guerra e i delitti contro l'umanità fino all'ipotesi estrema del *genocidio*. Con l'istituzione della Corte doveva finalmente nascere una «giustizia senza confini», in grado di condannare i più gravi crimini internazionali e di combattere l'impunità dei responsabili. Purtroppo la Corte può giudicare solo i cittadini degli Stati che hanno ratificato lo Statuto di Roma.

Che cosa significa? Alla fine del 2018 erano solo 123 gli Stati che avevano ratificato lo Statuto di Roma. Molti Paesi (fra cui gli Stati Uniti, la Russia, la Cina e l'India) non hanno ancora firmato lo Statuto; ne consegue che nessun cittadino di questi Stati può essere processato dalla Corte.

È necessario che aumentino gli Stati firmatari, si attende soprattutto la ratifica degli Stati Uniti, per rendere più efficace l'azione della Corte contro i responsabili dei crimini previsti dal diritto internazionale.

La Corte europea dei diritti dell'uomo giudica sulla presunta violazione dei diritti dell'uomo

■ **La Corte europea dei diritti dell'uomo.** Su iniziativa del Consiglio d'Europa (unità G2), nel 1959 fu istituita la *Corte europea dei diritti dell'uomo* con sede a Strasburgo. Va precisato che, nonostante la denominazione, la Corte non è un organo dell'Unione europea.

La Corte giudica in caso di «presunta violazione dei diritti dell'uomo e delle libertà fondamentali», su richiesta o di una persona o di uno Stato.

Se dichiara ammissibile il ricorso, la Corte quantifica l'entità del danno sofferto dalla parte ricorrente e stabilisce un equo risarcimento monetario.

La Carta UE è vincolante dal 2009

■ **La *Carta dei diritti fondamentali dell'Unione europea*.** Una svolta «storica» dovrebbe essere rappresentata dalla *Carta dei diritti fondamentali dell'Unione europea* (Carta UE), perché l'articolo 6 del *Trattato sull'Unione europea* (d'ora in poi **art. 6 Trattato UE**), firmato a Lisbona, afferma che «l'Unione riconosce i diritti, le libertà e i principi sanciti nella *Carta dei diritti fondamentali dell'Unione europea*», che assume «lo stesso valore giuridico dei trattati».

Con la ratifica del Trattato di Lisbona nel 2009, la Carta UE è diventata quindi vincolante, e ha rappresentato il nostro punto di riferimento per approfondire i diritti e i doveri della persona nel volume per il secondo biennio. La differenza è abissale: un conto è stabilire dei diritti, un conto è farli rispettare!

4 Il diritto di asilo

La richiesta di asilo. Il *diritto di asilo* è un antico principio giuridico, in base al quale una persona perseguitata nel suo Paese d'origine può essere protetta da uno Stato straniero. Questo diritto ha una lunga tradizione, tanto che era riconosciuto dagli Egiziani, dai Greci e dai Romani.

In base al diritto di asilo una persona perseguitata nel suo Paese d'origine può essere protetta da uno Stato straniero

Il diritto di asilo è garantito dall'art. 10 Cost. che afferma: «Lo straniero, al quale sia impedito nel suo Paese l'effettivo esercizio delle libertà democratiche garantite dalla Costituzione italiana, ha diritto di asilo nel territorio della Repubblica secondo le condizioni stabilite dalla legge».

Il diritto di asilo è garantito dalla Costituzione

Riprendendo la «Convenzione di Ginevra sui rifugiati» del 1951, il decreto legislativo 19 novembre 2007, n. 251, *Attuazione della direttiva 2004/83/CE recante norme minime sull'attribuzione, a cittadini di Paesi terzi o apolidi, della qualifica del rifugiato o di persona altrimenti bisognosa di protezione internazionale* [...] (d'ora in poi decreto legislativo n. 251 del 2007) stabilisce che l'asilo politico può essere richiesto all'Italia, oltre che dai perseguitati politici veri e propri, anche dalle persone che hanno bisogno di protezione internazionale:

- o perché, in caso di rimpatrio, correrebbero «un rischio di danno grave quale la sottoposizione a pena di morte, a tortura o altri trattamenti inumani o degradanti»;
- o perché provengono da un Paese in cui esiste «una minaccia grave alla loro vita o alla loro persona, a causa di una situazione di violenza generalizzata dovuta a un conflitto armato».

L'asilo politico può essere richiesto all'Italia anche da chi ha bisogno di protezione internazionale

Da «profughi» a «rifugiati». Qual è la differenza fra «profughi» e «rifugiati»? I *profughi* sono stranieri che hanno lasciato il loro Paese per i motivi umanitari appena citati e che possono fare richiesta di asilo; i profughi che ottengono l'asilo diventano *rifugiati*, mentre quelli che non lo ottengono possono essere rimpatriati.

Ipotizziamo che in Nigeria scoppi una guerra civile, il nigeriano Yakubu rischia la vita se resta nel suo Paese d'origine e decide di scappare in Italia; il «profugo Yakubu» può richiedere asilo all'Italia e, se lo ottiene, diventa il «rifugiato Yakubu».

Profughi in fuga dalla violenza e dai combattimenti dell'ISIS nella regione del Sinjar in Iraq, 2015.

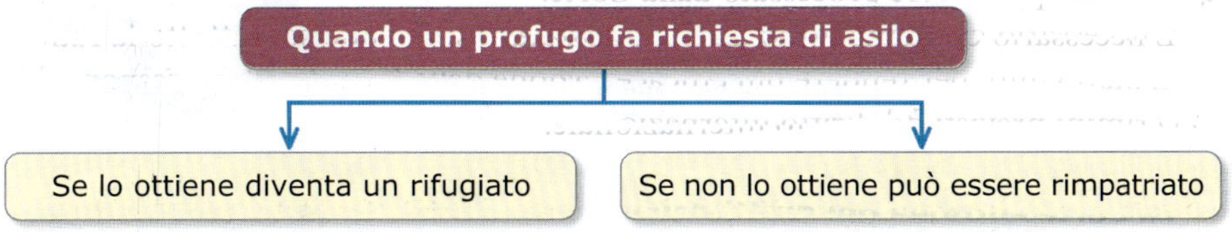

Il sistema di Dublino. A quale Stato va presentata la richiesta di asilo del profugo? Il *sistema di Dublino* (oggi basato su un regolamento comunitario del 2013) stabilisce che, nell'ambito dell'Unione europea, lo Stato competente a esaminare la domanda di asilo è lo Stato in cui il profugo ha fatto il suo ingresso nell'Unione; a questo proposito non ha alcuna importanza se l'ingresso è stato regolare o irregolare. Per esempio, il profugo tunisino Kaleb che sbarca clandestinamente a Lampedusa deve fare la richiesta di asilo all'Italia.

La domanda di asilo deve essere esaminata dallo Stato in cui il profugo ha fatto il suo ingresso nell'Unione europea

È evidente che il numero dei profughi che sbarca in Italia è superiore a quello di molti altri Paesi dell'Unione. Qualche dato? Tra il 1990 e il 2013, l'Italia ha esaminato 192 000 richieste d'asilo, respingendone 91 000 e riconoscendo lo status di rifugiato a 101 000 richiedenti asilo.

Questo sistema porta a una distribuzione ineguale delle richieste di asilo tra gli Stati membri: alcuni Stati ne hanno moltissime, altri Stati ne hanno pochissime.

Il sistema di Dublino porta a una distribuzione ineguale delle richieste di asilo tra gli Stati dell'Unione europea

Il problema è grave. Gli Stati «soffocati» dalle richieste di asilo spesso non hanno la possibilità materiale di esaminarle con la dovuta accuratezza; in conseguenza di

I numeri dell'immigrazione in Italia

Negli ultimi anni, il tema dell'immigrazione è stato al centro del dibattito politico e sociale italiano, con toni non di rado molto accesi. Le opinioni sull'argomento sono molteplici: ognuna di esse, per poter essere trattata seriamente, dovrebbe però avere come base di partenza i dati statistici pubblicati annualmente dall'ISTAT. Vediamo allora assieme qualche numero relativo ai 5.144.440 cittadini stranieri residenti in Italia a inizio 2018.

Numero di cittadini stranieri residenti in Italia, per nazionalità.
Sono riportati i Paesi con più di 50.000 residenti al 1 Gennaio 2018.

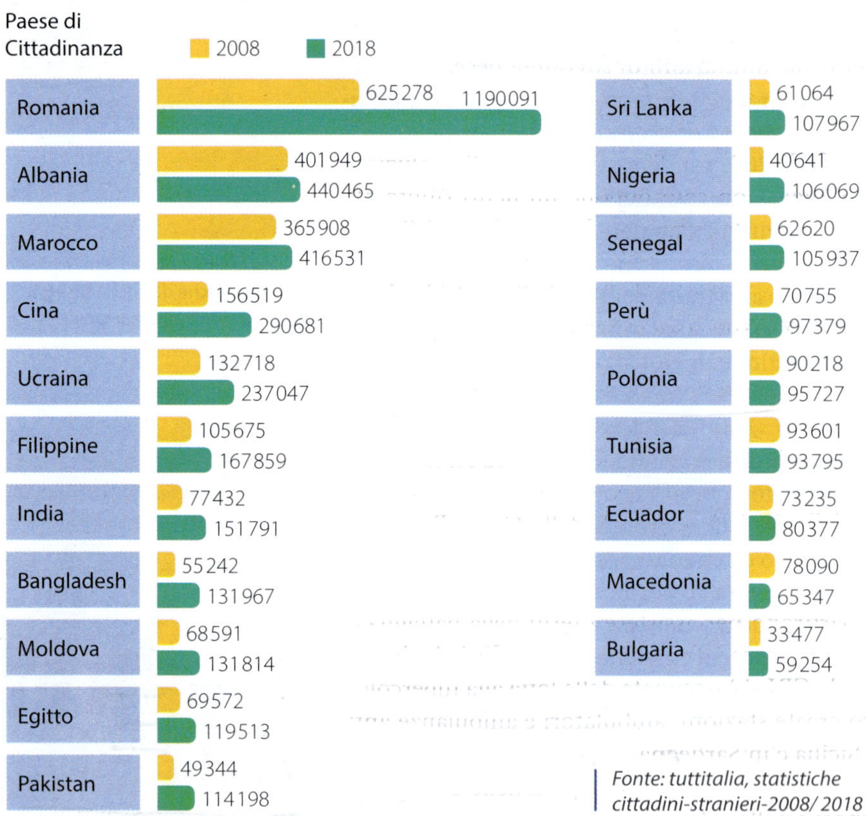

Fonte: tuttitalia, statistiche cittadini-stranieri-2008/ 2018

Liberi di circolare

Il notevole aumento di cittadini romeni residenti in Italia si deve all'ingresso della Romania nell'Unione Europea nel 2007, che ha reso più semplice spostarsi dalla Romania negli altri paesi dell'UE.

35 anni

L'eta mediana dei cittadini stranieri in Italia. L'età mediana degli italiani è molto più elevata: oltre 45 anni.

52%

La percentuale di donne sul numero totale di cittadini stranieri. Questo valore cambia molto analizzando i dati dei singoli continenti: per esempio, tra gli stranieri europei le donne sono il 59%, mentre tra quelli provenienti dall'Africa la percentuale di donne scende al 39%.

26%

La percentuale di persone di fede musulmana tra i cittadini stranieri residenti in Italia nel 2012. Il 56% si dichiarava invece cristiano, con gli ortodossi in lieve maggioranza sui cattolici.

PALLA AL CENTRO

Come hai visto, a inizio 2018 i cittadini stranieri residenti in Italia erano circa 5.100.000, ovvero l'8,5% della popolazione. È un valore vicino a quello che ti saresti immaginato? Per approfondire, cerca *online* i risultati di un'analisi svolta dall'Istituto Carlo Cattaneo sulla discrepanza tra il numero effettivo di immigrati in uno Stato e quello percepito dai cittadini di quello stesso Paese. Cosa pensi di questi dati? Quali credi possano esserne le cause? Discutine assieme ai tuoi compagni di classe.

ciò si rischia di pregiudicare il diritto di ogni profugo a un equo esame della sua domanda di asilo.

Il superamento del sistema di Dublino è assolutamente necessario, ma gli Stati dell'Unione europea faticano a trovare un accordo, in modo da dividere equamente le richieste di asilo fra gli Stati membri.

5 L'Italia e l'ordinamento internazionale

L'Italia e la comunità internazionale. Lo Stato italiano riconosce l'importanza dell'ordinamento internazionale. In particolare, l'art. 10 Cost. afferma che l'ordinamento giuridico italiano «si conforma alle norme del diritto internazionale generalmente riconosciute».

Lo Stato italiano riconosce l'ordinamento internazionale

L'Italia ripudia la guerra. L'art. 11 Cost. stabilisce che l'Italia «consente, in condizioni di parità con gli altri Stati, alle limitazioni di sovranità necessarie a un ordinamento che assicuri la pace e la giustizia fra le Nazioni».

La Costituzione afferma la necessità di una pacifica convivenza fra i popoli

Lo stesso articolo prosegue affermando che lo Stato italiano «ripudia la guerra come strumento di offesa alla libertà degli altri popoli e come mezzo di risoluzione delle controversie internazionali». L'Italia non solo oppone un netto rifiuto alla guerra, ma cerca di contribuire attivamente alla diffusione di una *cultura della pace* nella comunità internazionale.

Il ripudio della guerra non comprende l'ipotesi in cui lo Stato italiano debba difendersi da un attacco esterno: in questo caso l'uso della forza è assolutamente legittimo.

La Croce Rossa Italiana. La *Croce Rossa Italiana* (CRI) fu fondata nel 1864 a Milano con il nome di «Comitato dell'Associazione italiana per il soccorso ai feriti e ai malati in guerra»; nello stesso anno, la Convenzione di Ginevra riconobbe la neutralità del personale sanitario che, durante le battaglie, operava per prestare soccorso ai feriti, sotto le insegne delle Società nazionali della Croce Rossa che stavano nascendo in vari Paesi.

La Croce Rossa Italiana opera nella sanità, nell'assistenza sociale e nella protezione civile

Quando, il 20 giugno 1866, l'Italia dichiarò guerra all'Austria, le prime quattro squadriglie di volontari della CRI partirono per assistere i feriti della battaglia di Custoza. Da allora, la CRI è stata sempre presente e attiva nei conflitti che hanno coinvolto l'Italia. Nello stesso tempo la CRI si è occupata della lotta alla tubercolosi e alla malaria; a tale scopo vennero create stazioni, ambulatori e ambulanze antimalariche nelle Paludi pontine, in Sicilia e in Sardegna.

Oggi la CRI è presente su tutto il territorio nazionale, opera nelle emergenze quotidiane, nell'assistenza ai bisognosi e nelle catastrofi naturali.

La CRI svolge molteplici attività in Italia (nei campi della sanità, dell'assistenza sociale e della protezione civile), e partecipa anche ai programmi di solidarietà umanitaria in campo internazionale sotto il coordinamento della *Croce Rossa Internazionale e della Mezzaluna Rossa*, un organismo dove, per fini umanitari, si sono fuse l'esperienza cristiana e quella musulmana.

Bandiera ufficiale del Movimento Internazionale della Croce Rossa e della Mezzaluna Rossa, la più grande organizzazione umanitaria del mondo.

6 La difesa della Patria

Un dovere morale. Il ripudio della guerra non ha nulla a che vedere con la *difesa della Patria*: tutti i cittadini hanno il dovere di difendere la Patria in tempo di guerra e in tempo di pace.

La difesa della Patria è considerato un «sacro dovere del cittadino» (art. 52 Cost.). Utilizzando l'aggettivo «sacro», i Costituenti vollero sottolineare che si tratta di un dovere morale e non solo giuridico.

L'obbligo di difendere la Patria riguarda tutti i cittadini, e non solo i militari: in caso di aggressione esterna, la difesa del territorio è un dovere per tutto il popolo.

Come si può difendere la Patria in tempo di pace? Bisogna occuparsi dei problemi della collettività; per esempio, prestare soccorso alle vittime di una calamità naturale.

Dal 2005 la leva obbligatoria è stata sostituita con un esercito di volontari

■ **Un esercito di volontari.** In base all'art. 52 Cost., «il servizio militare è obbligatorio nei limiti e nei modi stabiliti dalla legge».

Dal 2005 la leva obbligatoria è stata sospesa e sostituita con un esercito di volontari. Questa soluzione è adottata da molti Paesi (Stati Uniti, Gran Bretagna) e assicura un esercito più efficiente, in grado di rispondere ai nuovi impegni operativi, soprattutto all'estero con la partecipazione alle *missioni internazionali di pace*.

Missione militare italiana in Afghanistan nell'ambito di una coalizione internazionale contro il terrorismo.

Va precisato che si tratta solo di una *sospensione* della Costituzione, e non di una sua modifica. L'art. 52 Cost. resta in vigore, in modo da permettere allo Stato la chiamata obbligatoria al servizio militare, nel caso in cui il Parlamento dovesse deliberare lo «stato di guerra» come previsto dall'**art. 78 Cost.** Speriamo non sia necessario…

Attualmente l'esercito italiano è composto da circa 200 000 unità. È indubbio che la creazione di un corpo di volontari garantisce una maggiore professionalità; i volontari hanno una retribuzione adeguata e sono impegnati per un periodo compreso fra 1 e 4 anni, che può essere rinnovato.

Il servizio militare non va necessariamente collegato con una situazione di guerra, perché l'intervento dell'esercito è stato determinante in occasione di calamità naturali (terremoti, alluvioni).

Va anche ricordato che il servizio militare «non pregiudica la posizione di lavoro del cittadino», perché il rapporto di lavoro viene solo sospeso e riprende al termine della leva.

Nel 2000 è stato istituito il servizio militare volontario femminile

■ **Le donne-soldato.** Nel 2000 è stato istituito il servizio militare volontario femminile: le donne-soldato hanno fatto il loro ingresso nelle caserme italiane.

Il loro numero deve costituire almeno il 10% degli effettivi: sono circa 20 000 le donne che indossano l'uniforme. Le ragazze interessate devono presentare una domanda e superare un concorso, che consente loro di entrare in Marina, nell'Esercito, nell'Aeronautica, nella Guardia di finanza e nei Carabinieri.

Va ricordato che le donne-soldato non possono essere impiegate in azioni di prima linea.

Esistono opinioni discordi sull'introduzione del servizio militare femminile:

- i *favorevoli* affermano che un esercito misto è presente in molti Stati, e che solo in questo modo si garantisce la parità di genere;
- i *contrari* sostengono che l'emancipazione della donna deve realizzarsi in ambiti ben più importanti di quello militare.

Nel 2005 è stato istituito il Servizio civile nazionale

■ **Il Servizio civile nazionale.** La Costituzione non ha considerato il caso di chi, per motivi di coscienza, rifiuta l'uso personale delle armi.

Per anni chi si rifiutava di svolgere il servizio militare veniva arrestato, e poteva essere condannato fino a 4 anni di carcere. Una legge del 1972 ha riconosciuto il diritto all'*obiezione di coscienza*. Chi doveva svolgere il servizio militare, ma era contrario all'uso delle armi per motivi religiosi o ideologici, prestava il servizio civile sostitutivo e si occupava dell'assistenza a malati, disabili, anziani, tossicodipendenti.

Nel 2005, insieme alla sospensione della leva obbligatoria, è stato istituito il *Servizio civile nazionale*, ovviamente volontario. Si tratta di un'opportunità per i ragazzi (e le ragazze) fra i 18 e i 28 anni, che possono dedicare un anno della loro vita a svolgere attività di grande utilità sociale.

Nel 2005 sono stati istituiti

- Il Servizio militare volontario (maschile e femminile)
- Il Servizio civile volontario (maschile e femminile)

SINTESI

■ I rapporti giuridici che si creano nell'ordinamento internazionale sono regolati dal **diritto internazionale** ▶ **§1**, che non può imporsi sugli ordinamenti giuridici dei singoli Stati.

■ Le **fonti del diritto internazionale** ▶ **§1** sono le consuetudini e i trattati.

■ Si parla di **ordinamento sovranazionale** ▶ **§1** quando gli atti di un organismo internazionale entrano direttamente in vigore nei singoli Stati.

■ L'**ONU** ▶ **§2**, costituita nel 1945 e composta da quasi 200 Stati, cerca di garantire una pacifica convivenza e un dignitoso livello di vita in tutti i Paesi.

■ L'**Assemblea Generale dell'ONU** ▶ **§2** è composta da tutti gli Stati appartenenti all'ONU; in essa tutti i Paesi si trovano su un piano di parità.

■ Il **Consiglio di sicurezza dell'ONU** ▶ **§2** è composto da 15 Stati, di cui 5 sono membri permanenti (Stati Uniti, Russia, Gran Bretagna, Francia e Cina) e hanno il diritto di veto.

I principali organi dell'ONU

- Assemblea Generale, in cui tutti gli Stati sono su un piano di parità
- Consiglio di sicurezza, formato da 5 Stati membri permanenti e 10 Stati eletti a rotazione
  - I 5 Stati membri permanenti sono su un piano di superiorità perché
    - sono sempre presenti
    - possono esercitare il diritto di veto

■ L'**Unicef** ▶ **§2** è un'agenzia dell'ONU che assiste i bambini nei Paesi più poveri.

■ La **Dichiarazione universale dei diritti dell'uomo** ▶ **§3**, approvata dall'ONU nel 1948, non è vincolante.

■ La **Corte penale internazionale** ▶ **§3** deve perseguire chi ha commesso crimini contro l'umanità.

■ In base al **diritto di asilo** ▶ **§4**, garantito dalla Costituzione, una persona perseguitata nel suo Paese d'origine può essere protetta da uno Stato straniero.

Quando un profugo fa richiesta di asilo

- Se lo ottiene diventa un rifugiato
- Se non lo ottiene può essere rimpatriato

■ Il **sistema di Dublino** ▶ **§4** stabilisce che la domanda di asilo deve essere esaminata dallo Stato in cui il profugo ha fatto il suo ingresso nell'Unione europea. Questo porta a una distribuzione ineguale delle richieste di asilo tra gli Stati dell'Unione europea.

■ Lo Stato italiano **riconosce l'ordinamento internazionale** ▶ **§5**. In particolare l'Italia consente «alle limitazioni di sovranità necessarie ad un ordinamento che assicuri la pace e la giustizia fra le Nazioni» (art. 11 Cost.).

■ Il **ripudio della guerra** ▶ **§5** non ha nulla a che vedere con la **difesa della Patria** ▶ **§6**. L'obbligo di difendere la Patria riguarda tutti i cittadini e non solo i militari.

La difesa della Patria è un sacro dovere

- In tempo di guerra
- In tempo di pace

■ Dal 2005 la leva obbligatoria è stata sospesa e sostituita con un **esercito di volontari** ▶ **§6**, formato da maschi e femmine.

Nel 2005 sono stati istituiti

- Il Servizio militare volontario (maschile e femminile)
- Il Servizio civile volontario (maschile e femminile)

VERIFICA LE TUE CONOSCENZE

1 ***Risolvi le seguenti scelte multiple indicando la risposta esatta fra quelle possibili.***

A

Fanno parte dell'Assemblea Generale dell'ONU

1. tutti gli Stati dell'ONU
2. 15 Stati di cui 5 sono membri permanenti
3. solo i 5 membri permanenti

B

Secondo il sistema di Dublino, la domanda di asilo deve essere esaminata

1. dallo Stato in cui il profugo ha fatto il suo ingresso nell'Unione
2. dallo Stato in cui il rifugiato ha fatto il suo ingresso nell'Unione
3. dalla Corte di giustizia dell'Unione

1 **L'ordinamento internazionale è costituito**

- **a** da tutti gli Stati
- **b** dalle norme giuridiche che gli Stati devono osservare
- **c** dagli Stati e dai rapporti che si instaurano fra di loro
- **d** dagli Stati appartenenti all'ONU

2 **Per approvare una delibera del Consiglio di sicurezza dell'ONU occorre**

- **a** la maggioranza
- **b** la maggioranza purché vi sia il voto favorevole dei membri permanenti
- **c** solo il voto favorevole dei membri permanenti
- **d** l'unanimità

3 **Sono fonti del diritto internazionale**

- **a** le consuetudini
- **b** le convenzioni
- **c** le dichiarazioni
- **d** le petizioni internazionali

4 **Lo statuto della Corte penale internazionale è stato firmato**

- **a** dall'Italia
- **b** dagli Stati Uniti
- **c** dalla Cina
- **d** dalla Russia

5 **Ha ottenuto il diritto di asilo**

- **a** il migrante
- **b** il profugo
- **c** il rifugiato
- **d** il clandestino

6 **Per assicurare la pace l'Italia consente a limitazioni**

- **a** della propria sovranità
- **b** della propria sovranità se approvate dal Parlamento
- **c** della propria sovranità se approvate dal Governo
- **d** della propria sovranità se approvate dal Presidente della Repubblica

MISURA LE TUE ABILITÀ

2 ***Risolvi i seguenti quesiti vero o falso e motiva la tua risposta.***

1 **Solo gli Stati più importanti appartengono all'ordinamento sovranazionale**

VERO ☐ **FALSO** ☐

PERCHÉ ______________________________

____

2 **Nell'Assemblea Generale dell'ONU gli Stati sono sullo stesso livello**

VERO ☐ **FALSO** ☐

PERCHÉ ______________________________

____

3 La Corte europea dei diritti dell'uomo è un organo dell'Unione

VERO ☐ **FALSO** ☐

PERCHÉ ______________________________

4 La richiesta di asilo può essere fatta a uno Stato qualsiasi dell'Unione europea

VERO ☐ **FALSO** ☒

PERCHÉ SOLO ALLO STATO IN CUI SI SBARCA

5 La Corte penale internazionale non può giudicare un cittadino russo

VERO ☐ **FALSO** ☐

PERCHÉ ______________________________

6 L'Italia, per favorire la pace, accetta limitazioni alla propria sovranità

VERO ☒ **FALSO** ☐

PERCHÉ ______________________________

3 ***Completa la tabella che segue.***

Evento	Anno
Carta UE è resa vincolante	(1)
Sospensione della leva obbligatoria	(2)
Operatività della Corte penale internazionale	(3)
Dichiarazione universale dell'ONU	(4)

ALLENA LE TUE COMPETENZE

4 ***Sulla base di quanto hai imparato in questa unità, rispondi ai seguenti «casi».***

1 **Individuare la composizione del Consiglio di sicurezza dell'ONU, ascoltando l'errore di un politico.**

Un politico in televisione dichiara: «Tutti i membri del Consiglio di sicurezza dell'ONU hanno il diritto di veto!». L'affermazione è sbagliata.

▶ *Come modifichi la frase per renderla giuridicamente corretta?*

____

2 **Riconoscere i limiti della Corte penale internazionale, alla luce di un servizio televisivo.**

In un servizio televisivo un giornalista dichiara: «La Corte penale internazionale non può giudicare cittadini cinesi!».

▶ *È una considerazione giusta? Perché?*

____

3 **Precisare il principio del «ripudio della guerra», ascoltando un'amica.**

Una tua amica sta leggendo la Costituzione: «Il "ripudio della guerra" è un principio importante, ma rischiamo di essere impreparati in caso di invasione!».

▶ *Che cosa rispondi alla tua amica?*

____

4 **Valutare il servizio militare volontario in base a un'esperienza familiare.**

Alla fine degli anni Settanta tuo padre ha svolto il servizio militare obbligatorio. Incurante della tua insofferenza, ripete spesso: «Il servizio militare obbligatorio ti costringeva a uscire di casa e a diventare responsabile. Adesso rischi di non crescere mai!».

▶ *Tuo padre ha completamente torto?*

____

Riprendiamo il dibattito

Dopo aver studiato l'unità, prepara il tuo punto di vista per continuare il dibattito iniziato in apertura di lezione (▶ *La parola a te!*).

Il tanzaniano Kaleb è un profugo di trenta anni, che abita vicino a casa tua. Kaleb è fuggito dal Paese d'origine per motivi politici: rischiava la pena di morte. Kaleb è sbarcato clandestinamente a Lampedusa e ha poi presentato la richiesta di asilo allo Stato italiano.

▶ ***Tu pensi che Kaleb possa diventare un rifugiato?***

A CASA 1 ORA

- Partendo da quanto sopra affermato, esegui a casa una ricerca online e consulta il tuo libro di testo per preparare una breve tabella che contenga gli elementi principali dell'argomento trattato e che ti aiuti a esporre il tuo punto di vista.

IN AULA 20 MINUTI

- Con l'aiuto della tabella, partecipa al dibattito che il docente avvia in aula.

The United Nations Fight for Safe Water

All human beings have a right to use safe water. United Nations has tried to achieve this goal through a resolution that commits countries to do what is needed

IN THIS MODULE YOU WILL

- **Learn** how United Nations influence policy-making in the world.
- **Understand** a UN resolution on the issue of water and sanitation.
- **Practice** your English through oral and written exercises.

WARM UP

PAIR WORK

Answer the following questions.

- Have you heard of the United Nations before?
- What is the area in the world with the worst access to drinking water and sanitation?

KEYWORDS

Associate the following keywords with their definitions.

capacity-building **Millenium Development Goals** **resolution** **sanitation**

a .... A written motion adopted by an assembly.

b .... In 2000, the UN committed to make progress in these eight key areas of development, and to meet its targets by 2015.

c .... The creation of an enabling environment with appropriate policy and legal frameworks.

d .... The promotion of health through the maintenance of adequate hygienic conditions.

READING

1 *In the following text you will learn how the United Nations are urging the international community to tackle the global safe and clean water issue. Complete the text with the keywords.*

The United Nations is an organization born in 1945 and headquartered in New York City. It counts 193 member States, which are almost all the independent countries in the World. The United Nations promote international peace and security, human rights and sound economic and social development ... In a word, the United Nations promote international co-operation through a series of organs and organizations. The General Assembly is one of the principal organs, it reunites in yearly sessions and it's the only UN organ where all member States have equal representation. It has no executive power, yet its (nonbinding) .... are very strong recommendations that in a way commit all the member States to act on matters of global interest. Among these matters is the human right to water and ...., the subject of a 2010 resolution.

The General Assembly, [...]

Deeply concerned that approximately 884 million people lack access to safe drinking water and that more than 2.6 billion do not have access to basic sanitation, and alarmed that approximately 1.5 million children under 5 years of age die and 443 million school days are lost each year as a result of water- and sanitation-related diseases,

Acknowledging the importance of equitable access to safe and clean drinking water and sanitation as an integral component of the realization of all human rights, [...]

Bearing in mind the commitment made by the international community to fully achieve the ...., and stressing, in that context, the resolve of Heads of State and Government, as expressed in the United Nations Millennium Declaration, to halve, by 2015, the proportion of people who are unable to reach or afford safe drinking water, [...]

1. Recognizes the right to safe and clean drinking water and sanitation as a human right that is essential for the full enjoyment of life and all human rights;
2. Calls upon States and international organizations to provide financial resources, ... and technology transfer, through international assistance and cooperation, in particular to developing countries, in order to scale up efforts to provide safe, clean, accessible and affordable drinking water and sanitation for all.

2 *Mark the following sentences as true or false.*

a Nearly 1 billion people lack access to safe drinking water around the world.
b Water and sanitation problems prevent children from going to school.
c Everyone has a right to safe and clean drinking water.
d The General Assembly calls for an effort directed to all countries equally.

LISTENING

TRACK 1

In the following audio file, you will listen to the third point of the UN resolution, which deals with the Human Rights Council, a UN agency. Listen to the file and then complete the following sentences.

a An independent .... will .... an annual report to the General Assembly.
b The report will include the principal .... related to the issue of water and sanitation.
c The Human Rights Council has to keep working on all aspects of her ....
d Water and sanitation issues will have an impact on the .... of the Millenium Development Goals.

SPEAKING

PAIR WORK

Answer the following questions.

a What do the United Nations do?
b What is the current world situation regarding the access to drinking water and sanitation?
c Would you compare UN General Assembly resolutions to laws? Do they order member States to do something, or do they just strongly ask for their commitment to something?
d Can you sum up the three main points of the UN resolution?
e Do you think that the UN can make a difference in the world?

INTERESTING FACT

«The Intepreter» is a 2005 thriller directed by Sidney Pollack. All previous directors were denied filming inside the UN building, but Sidney Pollack managed to negotiate directly with then-UN Secretary-General Kofi Annan, and was granted this permission for the first time. The story is about Silvia Broome, a UN intepreter (Nicole Kidman) who discovers a plot to assassinate Zuwanie (Earl Cameron), a corrupt and tyrannical African president. Silvia is put under the protection of agent Toni Keller (Sean Penn). In Kofi Annan's words: «the movie is honest and reflects the work that this organisation does».

[Resolution adopted by the United Nations General Assembly, 108th Plenary Meeting; NewYork, July 28, 2010.]

A4 Lo sport negli Stati totalitari

A te la parola!

In palestra viene trasmesso un documentario: il 10 giugno 1934 allo Stadio Olimpico di Roma l'Italia batte 2 a 1 la Cecoslovacchia ed è campione del mondo! Presi dall'entusiasmo, i 50000 spettatori cantano inni fascisti e sventolano fazzoletti col nome del Duce.

5 MINUTI

▶ *Quale fu il ruolo dello sport nel consenso popolare ottenuto dal fascismo?*

Con l'aiuto dell'insegnante e in piccoli gruppi prova a esporre il tuo punto di vista.

1 Lo sport nei regimi totalitari

Nel periodo fra le due guerre mondiali gli Stati totalitari sfruttano lo sport come mezzo di propaganda internazionale e di controllo interno

Lo sport e i totalitarismi. Fra le profonde trasformazioni avvenute nella società europea fra le due guerre mondiali, lo sport assume un ruolo politico e sociale di rilievo soprattutto all'interno dei regimi totalitari. Questi Stati sfruttano le potenzialità dello sport non solo come mezzo di propaganda sul piano internazionale, ma anche come strumento di controllo sociale interno.

Molti governi autoritari riuscirono a legare a sé gli strati popolari non solo con la coercizione, ma anche attraverso una progressiva adesione ai valori dello sport, che diventò parte di una comune coscienza nazionale.

Nei paragrafi seguenti approfondiremo il ruolo dello sport:

- nel fascismo in Italia;
- nel nazismo in Germania;
- nel comunismo in Unione Sovietica.

2 Lo sport nella scuola fascista

La legge De Sanctis del 1878 stabilisce per la prima volta l'obbligo di insegnamento della «ginnastica» nella scuola pubblica

L'insegnamento della «ginnastica». Dopo l'Unità d'Italia, la legge De Sanctis del 1878 stabilisce per la prima volta l'obbligo di insegnamento nella scuola pubblica dell'Educazione fisica, all'epoca definita «ginnastica».

In base alla legge De Sanctis:

- diventa obbligatorio l'insegnamento della ginnastica sia per i maschi sia per le femmine;
- i programmi della disciplina devono essere concordati fra il Ministero della Pubblica Istruzione e il Ministero della Guerra;
- i Maestri di ginnastica devono essere reclutati tra il personale militare.

La ginnastica viene collegata, o meglio subordinata, alle esigenze della preparazione militare; lo scopo della ginnastica è rendere gli allievi agili e forti come soldati, in grado di servire i superiori interessi della Patria.

Lo sport nel primo dopoguerra. Alla fine della Prima guerra mondiale nascono le prime organizzazioni sportive, che si associano ai diversi orientamenti politici e sociali della realtà italiana: il mondo cattolico, attraverso la rete degli oratori, si organizza nella «Federazione Associazioni Sportive Cattoliche Italiane», mentre le forze operaie della sinistra si riuniscono nella «Federazione Nazionale Sportiva Operaia».

Nel primo dopoguerra nascono alcune organizzazioni sportive che verranno poi sciolte dal regime fascista

In quegli anni dalla Gran Bretagna arriva il *movimento scoutistico* che, ancora oggi, basa il suo progetto educativo sul gioco, sulla socializzazione e sulla vita all'aria aperta.

Come vedremo, questa pluralità di associazioni verrà poi sciolta dal regime fascista.

La Riforma Gentile e l'ENEF. Alla fine del 1922 il governo fascista approva la riforma della scuola, la Riforma Gentile, che prende il nome dal filosofo Giovanni Gentile (1875-1944) allora Ministro della Pubblica Istruzione.

Con la Riforma Gentile l'Educazione fisica viene esclusa dalla scuola e viene gestita dall'ENEF

Con la Riforma Gentile l'Educazione fisica viene esclusa dalla scuola e viene gestita da un ente autonomo, l'*Ente Nazionale per l'Educazione Fisica* (ENEF), istituito con un regio decreto del 1923. I giovani non devono più frequentare le palestre scolastiche, ma le società sportive e le palestre controllate dall'ENEF.

L'istituzione dell'ENEF comporta dei problemi perché, pur essendo l'Educazione fisica obbligatoria, le famiglie devono pagare una tassa per accedere a questo servizio. Non solo. Le palestre gestite dall'ENEF sono collocate negli edifici scolastici e i pochi insegnanti di Educazione fisica si trovano a lavorare con squadre composte da più di 100 studenti, con risultati inevitabilmente modesti.

L'ENEF non rappresenta quindi una soluzione organizzativa, ma un chiaro segnale politico: il fascismo ha da tempo intuito il valore propagandistico dell'attività sportiva e motoria, e mira a fare di essa il cardine della proposta pedagogica educativa rivolta alle giovani generazioni. Il punto centrale del messaggio fascista è rappresentato dalla metafora dell'«uomo che non si piega»: non esiste mezzo migliore di un'Educazione fisica che si richiama ai miti classici, affiancandoli con ideologie nuove.

L'ENEF viene sciolto nel 1927 e le sue competenze passano all'Opera Nazionale Balilla, istituita un anno prima.

L'Opera Nazionale Balilla. Nel 1926 viene istituita l'*Opera Nazionale Balilla* (ONB), che diventa l'organizzazione ufficiale dello Stato fascista per l'educazione fisica e morale della gioventù. L'ONB acquista un grande prestigio e viene posta alle dirette dipendenze del Ministero dell'Educazione Nazionale (che ha nel frattempo sostituito il Ministero della Pubblica Istruzione).

Nel 1926 l'Opera Nazionale Balilla diventa l'organizzazione ufficiale dello Stato fascista per l'educazione fisica e morale della gioventù

Vengono quindi considerate illegali le organizzazioni sportive cresciute autonomamente nel primo dopoguerra, e che in quegli anni avevano assunto una notevole importanza negli ambienti cattolici e operai. In particolare, nonostante i Patti Lateranensi del 1929, anche le associazioni sportive cattoliche sono costrette a sciogliersi, perché nel 1930 viene vietata «qualsiasi formazione o organizzazione anche provvisoria, che si proponga di promuovere l'istruzione, l'addestramento a professione, arte o mestiere, o in qualunque altro modo l'educazione fisica, morale e spirituale dei giovani».

Il regime si impossessa completamente dell'Educazione fisica e dello sport, per farne un formidabile strumento di propaganda politica, un veicolo per il consenso autoritario di massa su cui vuole fondare il suo potere.

All'ONB si devono obbligatoriamente iscrivere tutti i figli di cittadini italiani tanto che, agli inizi degli anni Trenta, gli iscritti all'ONB sono oltre 1 600 000, e vengono inquadrati come nella tabella che segue.

Età	*Maschi*	*Femmine*
Dai 4 agli 8 anni	Figli della Lupa	Figlie della Lupa
Dagli 8 ai 12 anni	Balilla	Piccole Italiane
Dai 12 ai 14 anni	Balilla Moschettieri	Piccole Italiane
Dai 14 ai 18 anni	Avanguardisti	Giovani Italiane

Nel 1927 l'Educazione fisica viene reintrodotta nella scuola dell'obbligo

Benito Mussolini con un Balilla.

L'Educazione fisica nella scuola dell'obbligo. Nell'ottobre 1927 l'Educazione fisica viene reintrodotta nei programmi della scuola dell'obbligo. È l'ONB che provvede all'insegnamento dell'Educazione fisica nelle scuole, per proseguire la sua funzione educativa e propagandistica. L'Educazione fisica viene considerata al pari delle altre discipline scolastiche e gli insegnanti fanno parte del Consiglio dei professori.

Nelle scuole vengono dedicate 2 ore settimanali all'Educazione fisica e i programmi di insegnamento prevedono che:
- le prime due classi delle elementari devono svolgere un'attività di carattere ricreativo;
- dalla terza classe in poi è previsto il saluto romano collettivo in classe e fuori, l'attenti e il riposo;
- nelle ultime due classi devono essere organizzate delle marce in gruppo e per file coreografiche;
- i giovani tra i 16 e i 18 anni devono svolgere esercizi a corpo libero e agli attrezzi, volteggi, corse piane e a ostacoli, marce fino a 20 chilometri.

Fondamentale è alternare l'allenamento individuale con quello collettivo, e utilizzare i movimenti sportivi anche per i fini militari; per esempio, i lanci (del peso, del giavellotto) servono per far pratica nel lancio delle bombe.

L'ONB risolve anche alcuni aspetti organizzativi dell'insegnamento:
- nel luglio 1929 vengono diplomati i primi 200 Maestri di Educazione fisica dalla neonata *Accademia fascista maschile di Educazione fisica*;
- vengono costruite nuove palestre (più di 1000 già nel 1930), dotate di attrezzature estremamente funzionali.

Va ricordata l'istituzione delle «colonie estive», che permettono anche ai ragazzi delle classi più povere di trascorrere periodi di vacanza in salubri località al mare e in montagna, per migliorare la salute e l'aspetto fisico.

L'Opera Nazionale Balilla infonde nei giovani una ferrea disciplina, necessaria per la militarizzazione delle attività sportive

La militarizzazione delle attività sportive. Nel periodo fascista lo sport diventa la rappresentazione della potenza e dell'identità nazionale.

Il principale compito dell'ONB era quello di infondere nei giovani una ferrea disciplina: dovevano indossare l'uniforme, ma soprattutto dovevano obbedire e rispettare i propri superiori, a cui erano obbligati a fare il saluto romano. L'ONB doveva provvedere anche all'istruzione paramilitare, affinché i giovani potessero essere impiegati nell'esercito e fossero preparati alla guerra.

Le attività ginniche e sportive vennero quindi militarizzate. Ovunque si organizzavano manifestazioni, saggi ginnici e adunate, in cui si esibivano i livelli di preparazione raggiunti. Divise, marce, esercitazioni, disciplina erano i principali strumenti per la formazione dell'italiano «nuovo».

Il sabato pomeriggio («sabato fascista») veniva sottratto al lavoro ed era destinato a tutte le manifestazioni.

I balilla e gli avanguardisti durante le esercitazioni utilizzavano un «moschetto», che riproduceva in scala ridotta il fucile dei fanti durante la Prima guerra mondiale. Con questa preparazione erano pronti per entrare in guerra, realizzando pienamente la formula fascista «Libro e moschetto, fascista perfetto».

Partecipavano anche a molti saggi ginnici collettivi, che spesso riunivano giovani di altre città, che si concludevano sempre con un discorso registrato di Mussolini. Nei saggi si eseguivano esercizi di ginnastica, di atletica e di tennis, mentre le piccole italiane e le giovani italiane utilizzavano cerchi e archi, per avere una formazione più attenta all'estetica e alla grazia.

La Gioventù Italiana del Littorio. Un regio decreto del 1937 sopprime l'ONB e la sostituisce con la *Gioventù Italiana del Littorio*, che è alle dirette dipendenze del Partito fascista.

Nel 1937 viene istituita la Gioventù Italiana del Littorio che è alle dirette dipendenze del Partito fascista

Con questo atto il regime fascista aumenta ulteriormente il controllo sullo sport e sulla gioventù. Il monopolio dell'educazione (sportiva e no) è ormai in mano al regime, non solo nella scuola ma anche all'esterno: dietro a una facciata di allegria, di parate e saggi ginnici, il fascismo ha saldamente legato tra loro l'Educazione fisica e l'ideologia di regime.

I Gruppi Universitari Fascisti. Nel 1920 nascono i *Gruppi Universitari Fascisti* (GUF), formati dai giovani iscritti fra i 18 e i 25 anni, ma solo nel 1927 il fascismo si dedica alla loro educazione sportiva perché, secondo Mussolini, «non basta avere il cervello calcolatore e la mente che ragiona: occorrono anche muscoli saldi e garretti di acciaio».

Coi Gruppi Universitari Fascisti il regime controlla l'educazione sportiva dei più alti livelli dell'istruzione

I GUF potevano partecipare ai *Littoriali dello sport* (una sorta di olimpiadi del fascismo), dopo essere stati scelti attraverso selezioni provinciali. All'inizio della competizione, gli atleti dovevano pronunciare il giuramento: «Combatterò per superare tutte le prove, per conquistare tutti i primati con il vigore sui campi agonali [*di combattimento*], combatterò per vincere nel nome d'Italia. Così combatterò come il Duce comanda. Lo giuro!».

Per ricordare meglio...	Lo sport nella scuola fascista
1878	Legge De Sanctis
1922	Riforma Gentile
1923	Ente Nazionale per l'Educazione Fisica
1926	Opera Nazionale Balilla
1927	Gioventù Italiana del Littorio

3 I successi sportivi nell'epoca fascista

Lo sport come fenomeno di massa. All'inizio del Novecento lo sport era ancora un fenomeno elitario, riservato alle classi aristocratiche.

Col regime fascista lo sport diventa un fenomeno di massa

Con l'avvento del regime fascista lo sport diventa un fenomeno di massa.

Le imprese sportive erano funzionali alla propaganda del regime, come dimostra la popolarità che venne ad assumere il fenomeno sportivo nella società italiana. La crescita dello sport, nell'Italia degli anni Trenta, contribuì al rafforzamento del consenso popolare raggiunto dal regime fascista in quegli anni.

L'Opera Nazionale Dopolavoro. Oltre che per gli studenti universitari, il regime cercò di programmare l'attività sportiva per tutti i lavoratori.

L'Opera Nazionale Dopolavoro è frequentata da lavoratori che svolgono attività sportiva agonistica e amatoriale

L'*Opera Nazionale Dopolavoro* (OND) venne fondata nel 1925, anche in seguito al miglioramento delle condizioni di lavoro e alla riduzione degli orari, che avevano fatto nascere esigenze di carattere educativo, culturale e sportivo nei lavoratori stessi.

La OND era quindi frequentata dai giovani non universitari e dai lavoratori in genere, che praticavano diversi sport a livello agonistico e amatoriale (atletica, pugilato, lotta, ginnastica, ciclismo e nuoto). Erano numerosi gli italiani che, durante la pausa o a fine lavoro, si recavano nelle palestre, nelle piscine e nei campi dell'OND.

Nel 1927 il CONI passa alle dirette dipendenze del Partito fascista

Il CONI durante il fascismo. Come si è visto nel volume per il secondo biennio, il *Comitato Olimpico Nazionale Italiano* (CONI) si trovava (e si trova tuttora) al vertice dell'ordinamento sportivo italiano.

Fondato nel 1914 per organizzare la partecipazione degli atleti italiani ai Giochi Olimpici, il CONI doveva (e deve) organizzare e promuovere lo sport a livello nazionale.

Nel 1927 il CONI venne definitivamente subordinato all'autorità politica, passando alle dirette dipendenze del Partito fascista.

Da quel momento anche la Presidenza del CONI venne scelta direttamente da Mussolini. Si trattava di un carica molto ambita, dal grande significato politico; a questo proposito è significativo che per due volte la Presidenza del CONI venne assegnata al segretario del Partito fascista (Augusto Turati nel 1928 e Achille Starace nel 1933).

Nel 1933 Primo Carnera diventa campione del mondo dei pesi massimi di pugilato, vincendo per KO contro lo statunitense Jack Sharkey. La prima dichiarazione di Carnera fu: «Sono giubilante e orgoglioso per aver mantenuto la promessa di vincere fatta al Duce».

Nel 1928 venne emanata la *Carta dello Sport* che deliberava «sui compiti attribuiti ai vari enti e ai vari organi sportivi». La Carta ribadiva che l'ONB si doveva occupare dell'educazione fisica dei balilla e degli avanguardisti, ma la specializzazione nelle varie attività sportive era riservata alle società e alle federazioni aderenti al CONI. Va sottolineato che nessun giovane poteva essere iscritto alle organizzazioni sportive aderenti al CONI se non era iscritto all'ONB.

Le donne fasciste ottennero ottimi risultati nello sport superando ostacoli e pregiudizi

La donna fascista nello sport. Le donne fasciste dovevano essere «donne forti», per poter essere delle buone madri in grado di fare figli non solo per la famiglia, ma soprattutto per la Patria. Nella concezione fascista, le donne non dovevano aver paura di nulla. Per questi motivi l'ONB, insieme all'Educazione fisica, insegnava loro anche l'economia domestica, la puericultura e l'infermieristica.

I medici sportivi, gli esperti e l'opinione pubblica avevano pareri discordi sull'importanza dello sport per la donna.

Secondo il Maestro di ginnastica Michelangelo Jerace «la donna sportiva ha le spalle troppo larghe, le braccia troppo muscolose, i piedi eccessivamente lunghi, le gambe lunghe e nerborute, il passo del tutto mascolino, mentre poi non ha nessuna di quelle plastiche rotondità del corpo e del petto, nessuna di quelle eleganze di linee e del viso che fanno così bella e così ammirata la donna». Sempre secondo Jerace, l'attività sportiva avrebbe modificato anche la struttura scheletrica della donna, rimpicciolendo il bacino e portando traumi all'apparato sessuale, che avrebbero avuto gravi conseguenze sulla capacità riproduttiva della donna e sull'«avvenire della razza».

Trebisonda Valla, detta Ondina, è stata la prima donna italiana a vincere una medaglia d'oro ai Giochi Olimpici.

In seguito a queste teorie, nel 1930 il CONI riorganizzò le attività sportive femminili fissando dei limiti, in modo da evitare che la donna potesse essere distolta dalla sua missione fondamentale: la maternità. In particolare si stabilì che la ginnastica fosse lo sport più adatto per le donne italiane, perché era una disciplina che permetteva di aumentare la forza modellando il fisico con grazia.

Anche la Chiesa era ostile nei confronti dello sport femminile, tanto che Papa Pio XI sostenne che maschi e femmine dovevano essere separati durante le ore di Educazione fisica, per evitare ogni promiscuità. Il vero «problema» era che la donna stava acquistando troppa libertà, e «rischiava» di non essere più sottomessa all'uomo.

Nonostante queste riserve, le donne fasciste ottennero brillanti risultati sia alle Olimpiadi di Amsterdam del 1928, dove le ragazze della società ginnastica di Pavia conquistarono la medaglia d'argento, sia alle Olimpiadi di Berlino del 1936 dove Ondina Valla fu la prima donna italiana a vincere una medaglia d'oro olimpica (negli 80 metri ostacoli).

Mussolini e lo sport. Benito Mussolini si mostra come il primo sportivo d'Italia, e vuole incarnare nella sua figura il simbolo dello sport e dello Stato. Pratica con passione tutti gli sport: nuota, guida a forte velocità la motocicletta e l'automobile, va a cavallo, gioca a tennis, tira di scherma, ha il brevetto di aviatore. Ogni mattina esegue degli esercizi ginnici, per poi praticare l'equitazione. Non solo. Il Duce si fa spesso fotografare a torso nudo per mettere in mostra la sua prestanza fisica.

Benito Mussolini si mostra come il primo sportivo d'Italia

Mussolini in tenuta da aviatore.

«Lo sport abitua gli uomini alla lotta in campo aperto», così Mussolini concepisce il significato della pratica sportiva: i giovani maschi italiani devono essere preparati ad affrontare prove di coraggio, di lotta e di resistenza alla fatica. Soprattutto devono imparare il senso della disciplina e dell'obbedienza, secondo il motto fascista «credere, obbedire, combattere».

Le grandi manifestazioni nazionali. Gli italiani che praticavano lo sport restavano una minoranza; la maggioranza delle persone però lo seguiva assiduamente ed era appassionata non solo al calcio, ma anche alle grandi manifestazioni nazionali che si stavano affermando, in particolare il Giro d'Italia di ciclismo e la Mille Miglia di automobilismo.

Le grandi manifestazioni nazionali dell'epoca (Giro d'Italia e Mille Miglia) esaltarono lo sport fascista

Dal 1909 il Giro d'Italia era (ed è) una corsa ciclistica a tappe, che riusciva a far arrivare i ciclisti in tutte le zone dell'Italia, unificandola sportivamente e politicamente. Nel 1932 un giornalista così sintetizzò lo spirito fascista della corsa: «alla partenza giovani atleti da ogni parte d'Italia, dalle Alpi alla Sicilia, attenderanno il segnale tutti uniti e sospinti da un unico scopo, così la grande manifestazione vuole essere la dimostrazione che l'Italia è una e non deve essere suddivisa in varie zone con diversi pareri e sentimenti». Ci occuperemo del Giro d'Italia dei nostri giorni nell'unità E4.

La prima edizione della Mille Miglia si svolse nel 1927 e venne seguita da 24 edizioni (fino al 1957). Era una competizione organizzata su strade restaurate dal fascismo, che i piloti percorrevano in una sola tappa a circa 110 chilometri all'ora. Quello che segue è un brano di un articolo relativo all'edizione del 1930: «in Italia la disciplina instaurata dal fascismo è così profondamente radicata che è possibile far passare su 1700 chilometri di strade aperte al traffico libero, di giorno e di notte, per campagne, paesi e città, un centinaio di macchine in vertiginosa corsa, senza che avvengano incidenti». Secondo il cronista la gara documentava «quale meraviglioso vivaio di energie» esistesse nell'Italia fascista, «nel campo della scienza, della tecnica, del lavoro, dell'organizzazione, dello sport.»

Tazio Nuvolari e Mille Miglia: un binomio entrato nella leggenda. Nel 1930, alla guida di un'Alfa Romeo 1750, vince la corsa percorrendo, per la prima volta, i 1600 chilometri del tracciato a oltre 100 km/h di media.

I successi del calcio fascista. Durante il ventennio fascista il calcio vive un'ascesa senza precedenti. Essendo lo sport più diffuso e più seguito dalle masse, il regime riserva al calcio una sempre maggiore importanza, fino a farlo diventare lo sport nazionale.

Negli anni Trenta il calcio fascista ottiene prestigiosi risultati a livello mondiale

Il calcio piace al fascismo soprattutto perché esalta lo spirito di squadra, e diventa un ottimo veicolo propagandistico per la costruzione di una identità nazionale fiera e orgogliosa.

UNA CANZONE

Mille Miglia di Lucio Dalla

«La Mille Miglia del Quarantasette corsa spaccacuore e dura come non mai»

Lucio Dalla (Bologna, 4 marzo 1943-Montreux, 1° marzo 2012) è stato uno degli artisti più rappresentativi del panorama musicale italiano. Lucio Dalla è stato un grande musicista, un sensibile cantautore, un ispirato poeta…

Nella sua lunga carriera Lucio Dalla ha scritto un'infinità di canzoni (ironiche, d'amore, impegnate, disimpegnate, divertenti, amare…), che ci hanno accompagnato e ci accompagneranno per sempre. È quasi impossibile ricordare Lucio Dalla senza cadere in quella retorica che lui ha sempre detestato, nella vita come nelle canzoni.

Mille miglia è una canzone del 1976, che fa parte dell'album *Automobili*, scritto in collaborazione con il poeta Roberto Roversi. La canzone ripercorre l'epica edizione della gara del 1947, la prima dopo la pausa forzata della guerra. Lucio Dalla pennella la cronaca di una corsa fra piloti che sono veri e propri «eroi omerici» e che vivono una fantastica gara piena di sudore, talento, fatica, gioia, rischio, morte…

Clemente Biondetti, vincitore della Mille Miglia 1947.

Mille miglia

Testo: Roberto Roversi
Musica: Lucio Dalla
RCA, 1976

[…] Mille Miglia di un anno ormai lontano
il giorno dà le sue prime boccate
quando sulle strade verdi e in piano
urlano le grosse cilindrate […]
Al secondo passaggio per Bologna
l'Alfa di Varzi è ancora prima
ma l'insegue spietato Nuvolari
che chiede strada con i fari.
Ora Nuvola è dentro al suo trionfo
mentre Varzi fantastico è secondo […]
Sbruffi di polvere, zaffate d'olio puzzo di benzina
per le strade di un'Italia contadina
Una corsa epica fu
sul cuore verde di Gesù
sul suo costato sporco d'amore
la Mille Miglia del Quarantasette
corsa spaccacuore e dura come non mai
vera crocefissione esecuzione d'orchestra
un'avventura di pioggia e di paura autentico massacro
antica festa macerie e case una vera tempesta
Nuvola Nuvolari sei una nuvola nera
dentro a un cielo sereno sfascio di primavera
a cielo aperto quando sbatti il martello sulla sorte
ma se cerchi la morte la tua morte non verrà
[…]
La vettura era aperta come un delfino arpionato
poche lamiere il volante e le gomme
passano a Bologna
come passa il vento
in un grande silenzio la gente il respiro tiene
Nuvolari e Carena arrivano secondi a Brescia
con due minuti di distacco, primo è Biondetti sporco come un cane
per le strade padane sfrecciando a viso aperto
Era un mare coperto con le erbe lunghe e amare
le macerie della guerra l'Italia occhi divorati in terra
un urlo di motori per strappare la gente dalle case
voci luci colori […]

Dal 1930 al 1938, sotto la guida di Vittorio Pozzo, la nazionale italiana di calcio è imbattibile e vince la Coppa del Mondo Rimet nel 1934 (in Italia) e nel 1938 (in Francia), oltre all'oro olimpico di Berlino nel 1936.

Particolarmente significativa fu la vittoria ai Campionati mondiali in Italia nel 1934, organizzati alla perfezione per mostrare al mondo l'efficienza del regime. L'apice di questa organizzazione fu la festa per la vittoria finale, giocata allo Stadio Olimpico di Roma il 10 giugno 1934, davanti a 50000 spettatori entusiasti per la conquista del titolo mondiale.

Per ricordare meglio…	I principali successi sportivi nell'epoca fascista
1928 Olimpiadi di Amsterdam	Medaglia d'argento della squadra femminile di ginnastica
1934 Coppa del Mondo Rimet in Italia	Primo posto della squadra di calcio
1936 Olimpiadi di Berlino	Medaglia d'oro della squadra di calcio Medaglia d'oro di Ondina Valla nell'atletica leggera
1938 Coppa del Mondo Rimet in Francia	Primo posto della squadra di calcio

4 Il nazismo e le Olimpiadi di Berlino

La Germania nazista di Hitler prese a modello la politica sportiva fascista

La politica sportiva nazista. La Germania nazista di Hitler prese a modello la politica sportiva fascista, che si era dimostrata particolarmente efficiente.

In particolare, lo sport nazista ricalcò l'organizzazione fascista in tre punti:

- lo sport agonistico di vertice venne sottoposto al rigido controllo di una figura di prestigio istituzionale come Hans Von Tschammer und Osten, riprendendo quanto stava avvenendo in Italia col CONI che, durante il Ventennio, vide avvicendarsi alla sua presidenza segretari o membri influenti del Partito fascista;
- lo sport giovanile era organizzato dalla *Gioventù hitleriana* (*Hitlerjugend*), che diede vita a una pianificazione sportiva per bambini e adolescenti, che riproponeva i meccanismi della formazione educativa totalitaria tipici dell'Opera Nazionale Balilla;
- lo sport non competitivo per i lavoratori era gestito dal nazismo tramite il movimento *Kraft-durch-Freude* (La Forza attraverso la Gioia) che, a partire dal 1933, fornì ai lavoratori l'opportunità di attività sportive a basso costo, oltre a gite e vacanze, proprio come l'Organizzazione Nazionale Dopolavoro dell'Italia fascista.

Nel 1936 si svolsero le Olimpiadi di Berlino, che autocelebrarono lo sport nazista e l'ideologia razzista e antisemita

Le Olimpiadi di Berlino del 1936. Dopo la sconfitta nella Prima guerra mondiale, la Germania venne esclusa dalle Olimpiadi di Anversa nel 1920 e non partecipò alle Olimpiadi di Parigi nel 1924 per protesta contro l'occupazione francese della regione della Ruhr.

Dal 1° al 16 agosto 1936 si svolsero i *Giochi estivi della XI Olimpiade di Berlino*, che autocelebrarono lo sport nazista e l'ideologia razzista e antisemita perseguite dall'hitlerismo.

Ripensando al consenso ottenuto da Mussolini con i Campionati mondiali di calcio del 1934, Hitler comprese perfettamente il significato politico dei Giochi Olimpici, che furono abbondantemente finanziati dallo Stato tedesco per rappresentare un mezzo di propaganda nazista.

Molte perplessità suscitò l'assegnazione delle Olimpiadi alla Germania, dove il Partito nazionalsocialista era ormai padrone assoluto del potere e aveva iniziato una feroce campagna di persecuzioni nei confronti degli oppositori politici e degli ebrei. In particolare, con le leggi di Norimberga del 1935, gli ebrei furono privati della cittadinanza e del diritto di appellarsi alle leggi dello Stato.

A questo proposito alcuni storici hanno sostenuto che la comunità internazionale non si oppose ai Giochi Olimpici, rilasciando di fatto una patente di legittimità al regime nazista. In realtà le Olimpiadi suscitarono una forte opposizione in alcuni Stati democratici (Stati Uniti, Olanda, Francia, Gran Bretagna), che non accettavano il fatto che il nazismo potesse contare su una così prestigiosa vetrina internazionale.

Negli Stati Uniti vi fu una divisione tra i contrari e i favorevoli alla partecipazione alle Olimpiadi di Berlino

Gli Stati Uniti divisi sulla partecipazione a Berlino. In particolare, durante il 1935, gli Stati Uniti vissero una lacerante divisione interna tra i contrari e i favorevoli alla partecipazione americana ai Giochi di Berlino.

Decisamente *contrari* alla partecipazione degli atleti americani erano la AAU (*Athletic Amateur Union*) e una parte minoritaria del *Comitato Olimpico Internazionale* (CIO) degli Stati Uniti.

Fra i *favorevoli* alla partecipazione vi era la maggioranza del CIO degli Stati Uniti, presieduto da Avery Brundage, che lottò strenuamente perché gli Stati Uniti si presentassero regolarmente ai Giochi, e arrivò a sostenere che dietro i contrari alla partecipazione si nascondevano le potenti lobby ebraiche.

Dopo molte incertezze, il CIO degli Stati Uniti decise di aderire l'8 dicembre 1935.

Uno degli avvenimenti più drammatici della guerra civile spagnola fu il bombardamento aereo della città di Guernica, il 26 aprile 1937, da parte della Legione Condor, composta da volontari della Luftwaffe. Il fatto ispirò a Pablo Picasso un'opera celeberrima, pensata come un drammatico manifesto della crudeltà e dell'ingiustizia della guerra.

Per contrastare l'olimpiade nazista, fu organizzata l'*Olimpiada Popular de Barcelona*, che non ebbe luogo a causa della guerra civile spagnola

La *Olimpiada Popular de Barcelona*. Per contrastare l'olimpiade nazista, alcuni Paesi democratici avevano organizzato una manifestazione parallela, la *Olimpiada Popular de Barcelona* (Olimpiadi del popolo di Barcellona), che avrebbe dovuto tenersi nella capitale catalana dal 19 al 26 luglio 1936, ma che non ebbe mai luogo a causa dello scoppio della guerra civile spagnola.

La *Olimpiada Popular* si presentava esplicitamente come una contro-Olimpiade, a cui avrebbero dovuto partecipare gli atleti di molti Paesi antifascisti (inglesi, francesi e americani), per manifestare la risposta del mondo democratico ai Giochi hitleriani, simbolo della violazione dei più elementari diritti umani. Purtroppo gli eventi storici impedirono la realizzazione della *Olimpiada Popular*.

Il 18 luglio 1936 vi fu la sollevazione armata dei militari fascisti, guidati dal generale Francisco Franco, contro la Repubblica legittima (guidata dal governo del Fronte Popolare), che trascinò la Spagna in una *guerra civile*, lunga e brutale, fino al 1939. La guerra civile si concluse con la vittoria dei fascisti sui repubblicani, e fu seguita dalla dittatura del generale Francisco Franco, durata fino al 1975.

Per quanto irrealizzata, la *Olimpiada Popular* resta comunque tra le pagine più belle e intense della storia della coscienza civile e democratica tra le due guerre.

Alle gare parteciparono atleti neri ed ebrei, ma le Olimpiadi diventarono una sfida per dimostrare la superiorità della razza ariana. Nella foto l'«ebrea» Helen Mayer.

La partecipazione degli atleti neri ed ebrei. Su pressione del CIO, alla fine Hitler accettò che alle gare partecipassero atleti neri ed ebrei, anche se era chiaro che i Giochi Olimpici sarebbero stati una sfida per dimostrare la superiorità della razza ariana sulle altre.

Per tacitare le proteste e dimostrare che l'antisemitismo era solo un argomento di propaganda contro Hitler, i tedeschi inclusero nella propria rappresentativa l'«ebrea» Helene Mayer, una delle più grandi schermitrici della storia. In realtà Helene Mayer era di padre ebreo e di madre cristiana, e le leggi di Norimberga assicuravano un «trattamento» diverso a chi aveva un solo genitore ebreo. Non solo. Helen Mayer, che conquistò la medaglia d'argento nel fioretto, era bella, bionda con gli occhi verdi e sembrava il tipico soggetto ariano.

Le Olimpiadi di Berlino furono un evento eccezionale sia organizzativo sia sportivo

Un eccezionale evento sportivo. Sul piano organizzativo era logico attendersi che il Terzo Reich facesse «le cose in grande». In effetti, le Olimpiadi di Berlino furono una manifestazione eccezionale dal punto di vista organizzativo e sportivo; per quindici giorni l'attenzione del mondo si spostò sulla capitale tedesca e per il nazismo si rivelò una vittoria su tutta la linea.

Anche sotto il profilo strettamente sportivo, infatti, la Germania dominò i Giochi scalzando per la prima volta gli Stati Uniti dal primo posto nel medagliere olimpico (33 ori per la Germania e 24 ori per gli Stati Uniti). Al successo nazista si affiancò l'ottimo risultato dell'Italia fascista (quarta con 8 ori); in pratica, a livello sportivo, i regimi dittatoriali sconfissero i Paesi democratici.

Alle Olimpiadi di Berlino, sotto l'aspetto sportivo, i regimi dittatoriali sconfissero i Paesi democratici

I risultati, organizzativi e sportivi, delle Olimpiadi di Berlino ebbero una vasta risonanza sulle opinioni pubbliche e sui governi democratici del mondo occidentale.

UN FILM

Il colore della vittoria

Dalla «leggenda di Owens» alla «storia di Owens»

Regia: Stephen Hopkins, Canada-Germania-Francia, 2016
Attori: Stephan James, Jason Sudeikis, Jeremy Irons, William Hurt, Carice van Houten
Durata: 134 minuti

Jesse Owens e l'atleta tedesco Luz Long, un'amicizia nata sul campo di gara, durante le Olimpiadi di Berlino del 1936. In quella Olimpiade Owens batté Long nella finale del salto in lungo anche grazie ai consigli tecnici dell'atleta tedesco.

Il colore della vittoria (*Race*) è un film biografico del 2016, diretto da Stephen Hopkins. Il film è incentrato sulla vita del velocista nero Jesse Owens, che vinse quattro medaglie d'oro alle Olimpiadi di Berlino del 1936, diventando il simbolo della lotta contro il mito della supremazia della razza ariana di Adolf Hitler.

Fortemente voluto e finanziato dalle figlie del campione (attraverso la *Jesse Owens Foundation*), il film si propone di sostituire la «leggenda di Owens» con la «storia di Owens».

Nato e cresciuto nell'America della Grande Depressione, ancora segregata e razzista, Jesse Owens (Stephan James) è un giovane atleta di colore che, con molta fatica, riesce a farsi accettare alla prestigiosa Ohio University, dove i neri sono una piccola minoranza. Lo sport dei bianchi è il football, ma Owens emerge fino a conquistare il record mondiale, anche perché è allenato con passione da Larry Snyder (Jason Sudeikis), che ha intuito il suo immenso talento.

Nel frattempo, negli Stati Uniti si apre un acceso dibattito sulla opportunità della partecipazione ai Giochi di Berlino, che divide il Comitato Olimpico: da un lato il costruttore Avery Brundage (Jeremy Irons) che vede anche nel Terzo Reich un'occasione di arricchimento personale, e dall'altro il giudice Jeremiah Mahoney (William Hurt), che chiede una risposta forte contro il razzismo e le persecuzioni degli ebrei già in atto, ma che uscirà sconfitto dalla disputa.

Il colore della vittoria vuole anche smentire alcune falsità come, per esempio, quella famosissima secondo cui, al momento della premiazione, Hitler abbandonò il palco d'onore ignorando volutamente il «nero» Owens colpevole di aver sconfitto l'«ariano» Long.

In realtà, le cose si svolsero in modo molto diverso. Racconta Owens: «Dopo essere sceso dal podio del vincitore, passai davanti alla tribuna d'onore per rientrare negli spogliatoi. Il Cancelliere Hitler mi fissò, si alzò e mi salutò agitando la mano. Io feci altrettanto, rispondendo al saluto. Penso che giornalisti e scrittori mostrarono cattivo gusto inventando poi un'ostilità che non ci fu affatto».

Owens fu invece profondamente ferito dal fatto che Franklin Delano Roosevelt, il Presidente degli Stati Uniti, non l'avesse ricevuto alla Casa Bianca. Roosevelt era in piena campagna elettorale e temeva la reazione che avrebbero avuto gli Stati del Sud, ancora in gran parte razzisti.

Il colore della vittoria ebbe un buon successo di critica e di pubblico, anche nel nostro Paese.

Lo «schiaffo» di Owens. Un episodio attenuò questa grande affermazione del Führer. Jesse Owens, un atleta americano di colore, segnò una pagina irripetibile di storia olimpica, vincendo quattro medaglie d'oro nei 100 metri, nei 200 metri, nel salto in lungo e nella staffetta 4 × 100 metri.

Va però ridimensionata la «leggenda» secondo cui, alla fine della gara del salto in lungo, un infuriato Hitler avrebbe lasciato lo stadio, per non stringere la mano a un nero (Jesse Owens) che aveva battuto un ariano (Luz Long). In realtà, Hitler stringeva la mano ai vincitori sul palco solo occasionalmente.

Non va invece dimenticato il lungo abbraccio fraterno fra Owens e Long: due grandi atleti al di là di ogni problema di razza.

Una nuova epoca per lo sport. Le Olimpiadi di Berlino possono essere considerate la fine di un modo di intendere lo sport e l'inizio di una nuova epoca.

Ormai ogni Paese aveva le sue grandi manifestazioni sportive, e lo sport era parte integrante di ogni società evoluta. Hitler e Mussolini avevano dimostrato come i successi sportivi portassero un notevole ritorno di immagine, e questo insegnamento fu raccolto da una grande potenza che si affacciò allo sport mondiale del secondo dopoguerra: l'Unione Sovietica.

Jesse Owens alle Olimpiadi di Berlino nel 1936.

5 Lo sport nell'Unione Sovietica

■ **L'URSS.** Nel 1917 vi fu la Rivoluzione russa, che venne seguita dalla nascita dello Stato socialista sovietico (come si è visto nel volume per il secondo biennio).

Va premesso che ci occuperemo dell'Unione Sovietica (d'ora in poi anche URSS, *Unione delle Repubbliche Socialiste Sovietiche*) nel periodo intercorrente fra il secondo dopoguerra e la sua dissoluzione, avvenuta il 21 dicembre 1991.

All'epoca l'URSS aveva come capitale Mosca ed era formata da quindici Repubbliche federate (come si è visto nell'unità A1).

Alla fine della Seconda guerra mondiale l'Unione Sovietica era una grande potenza politica e militare, ma nello sport aveva una posizione secondaria

■ **La rinuncia alle Olimpiadi di Londra.** La Russia zarista aveva partecipato alle Olimpiadi di Stoccolma del 1912 ma, dopo la Rivoluzione del 1917, l'Unione Sovietica ruppe qualsiasi rapporto con il CIO e con lo «sport borghese» che questo rappresentava. Come vedremo nell'unità G2, alla fine della Seconda guerra mondiale l'Unione Sovietica, sotto il rigido controllo di Stalin, era una grande potenza politica e militare, ma nello sport aveva una posizione secondaria.

Nel 1946 l'Unione Sovietica rientrò a far parte del CIO e avrebbe quindi potuto partecipare alle Olimpiadi di Londra del 1948, che si svolsero in un clima di grande austerità per i problemi economici del dopoguerra. L'URSS, però, decise di astenersi ancora e mandò a Londra soltanto una delegazione di studio.

L'assenza ai Giochi di Londra fu motivata da ragioni politiche, perché l'Unione Sovietica non si sentiva ancora pronta per primeggiare su tutti, come la filosofia del regime comunista le imponeva di fare. La rinuncia dell'Unione Sovietica comportò la mancata presenza a Londra sia dei Paesi del blocco sovietico (Polonia, Ungheria, Bulgaria, Romania, Cecoslovacchia, Germania Est), sia dei Paesi Baltici (Estonia, Lettonia e Lituania) che erano stati annessi all'URSS dopo la fine della guerra.

Nel 1956 l'Unione Sovietica domina alle Olimpiadi di Melbourne e diventa una nuova superpotenza sportiva

■ **Una nuova superpotenza sportiva.** Nel 1952 l'Unione Sovietica rientra sullo scenario sportivo mondiale dopo 40 anni, e partecipa ai Giochi Olimpici di Helsinki, dove viene però nettamente superata dagli Stati Uniti che ottengono 40 ori (contro i 22 ori dei sovietici).

A questo punto il governo sovietico decide di utilizzare lo sport come un mezzo per ampliare la sua immagine politica internazionale. Aumentano notevolmente gli investimenti in ogni disciplina, e i primi clamorosi risultati di questa politica arrivano già alle Olimpiadi di Melbourne nel 1956 dove, contro ogni pronostico, l'Unione Sovietica conquista il primo posto nel medagliere con 37 ori (contro i 32 ori degli Stati Uniti).

Da quel momento in poi, il mondo deve confrontarsi con una nuova *superpotenza sportiva* che, nel giro di pochi anni, viene imitata dagli altri Paesi del blocco sovietico. Questi Stati concentrano i loro sforzi nella «creazione» di atleti in laboratorio, e, dedicandosi a un numero limitato di discipline, finiscono per dominare la scena mondiale per più di trent'anni. È per esempio il caso delle ginnaste rumene, delle nuotatrici tedesche orientali, dei sollevatori di peso bulgari, dei pallanotisti e cestisti slavi, dei pugili cubani e così via.

L'Unione Sovietica investiva nello sport più di quanto investisse l'Occidente

■ **I grandi investimenti nello sport.** L'Unione Sovietica investiva nello sport più di quanto investisse l'Occidente. Notevoli risorse erano destinate alla formazione degli allenatori, alla ricerca sportiva e alla farmacologia.

Ogni atleta veniva addestrato fin dall'infanzia a migliorare le sue prestazioni non solo per sé, ma per la gloria della «Grande Madre Russia».

Nell'«Istituto Nazionale per la Cultura Fisica» di Mosca operavano a tempo pieno oltre 1000 ricercatori e a Leningrado [*oggi San Pietroburgo*] 500 ricercatori; altri 30 Istituti di Cultura Fisica erano sparsi in tutto lo Stato, per un totale di oltre 5000 scienziati sportivi.

L'ordinamento dell'istruzione pubblica prevedeva specifici diplomi universitari in Resistenza alla velocità, Tecnica di lotta, Tecnica di slancio e strappo del sollevamento pesi, Tecnica di salto con l'asta e così via.

Ogni Repubblica (Ucraina, Lituania, Bielorussia, ...) aveva la sua nazionale da cui venivano selezionati, e riuniti sotto la bandiera dell'URSS, gli elementi migliori per le grandi competizioni sportive internazionali.

Il modello di atleta ideale. In ogni disciplina sportiva gli studiosi sovietici avevano costruito un *modello di atleta ideale* in base a parametri specifici per ogni classe di età (struttura muscolare, mobilità articolare, velocità, resistenza).

In ogni sport gli studiosi sovietici avevano costruito un modello di atleta ideale in base a parametri fisiologici

Fin da bambini i ragazzi iniziavano a lavorare per diventare atleti; per esempio, il nuoto reclutava a 5 anni, l'atletica leggera a 9 anni e il sollevamento pesi a 11 anni.

Valerij Borzov, medaglia d'oro nei 100 e 200 metri piani alle Olimpiadi di Monaco del 1972.

Dopo l'orario scolastico, i giovani più dotati frequentavano attrezzate scuole di sport dove svolgevano esercizi mirati in base all'età.

Le *scuole di sport* operavano a tre livelli:

- al primo livello, che si trovava nelle piccole città, venivano ospitati atleti delle diverse discipline di base (atletica leggera, ginnastica, nuoto, sollevamento pesi);
- al secondo livello si trovavano le *scuole speciali*, che si occupavano di un'unica disciplina;
- al terzo livello potevano accedere solo i diplomati nei due livelli precedenti; erano atleti particolarmente dotati che frequentavano anche le normali lezioni; tutto era a carico dello Stato: l'istruzione, l'allenamento, il vitto e l'alloggio.

Ogni Repubblica aveva almeno una scuola di terzo livello e, dopo il diploma (ottenuto a 17-18 anni), i migliori atleti potevano continuare l'attività o in club statali, come la Dinamo, o nei gruppi militari o in scuole superiori di altissimo livello.

I privilegi degli atleti. Lo Stato sovietico assicurava un elevato tenore di vita agli atleti di livello internazionale, che:

Lo Stato sovietico assicurava un elevato tenore di vita agli atleti di livello internazionale

- diventavano Maestri dello Sport;
- ricevevano uno stipendio statale che era il triplo di quello di un operaio;
- potevano usufruire di un'automobile;
- godevano di condizioni di vita decisamente migliori rispetto a quelle dei normali cittadini, perché vivevano in decorosi alloggi statali e potevano consumare pasti abbondanti e ad alto contenuto nutritizio.

Oltre alla fama e al prestigio nazionale e internazionale, riuscire nello sport significava quindi una migliore qualità della vita.

Il legame fra politica e sport. L'organizzazione sportiva sovietica era controllata dal Partito comunista, attraverso un ente (*Goskomsport*) che rilasciava anche i visti per l'espatrio in occasione degli eventi internazionali (Olimpiadi, Campionati del mondo, Campionati europei).

L'organizzazione sportiva sovietica era controllata dal Partito comunista

I dirigenti sportivi venivano direttamente nominati dal Comitato centrale del Partito comunista. A volte si trattava di persone con scarsa esperienza sportiva, che dovevano la loro posizione più alla fede politica che alle loro effettive capacità.

Nell'Unione Sovietica era quindi forte il legame fra politica e sport, che era indispensabile per finanziare il sistema sportivo, ma era anche causa di scarsa professionalità e di corruzione.

6 Lo sport nella Germania Est

Nel 1949 la Guerra fredda portò alla divisione fra Germania Ovest e Germania Est

Le due Germanie. Nel 1949 la Guerra fredda fra Stati Uniti e Unione Sovietica portò alla separazione politica della Germania, che si divise in:
- Repubblica Federale Tedesca (RFT), con capitale Bonn, in cui si ebbe un notevole sviluppo capitalistico, che fece entrare la Germania Ovest nell'orbita occidentale;
- Repubblica Democratica Tedesca (RDT), con capitale Pankow (una località situata nella parte orientale di Berlino), in cui si instaurò un regime politico autoritario, affiancato da sistema economico centralizzato, che portò la Germania Est a gravitare nella sfera sovietica.

Nel 1949 anche la città di Berlino venne divisa in due settori (Berlino ovest e Berlino est): il Muro di Berlino, abbattuto solo nel 1989, rappresentò il simbolo della divisione dell'intera Germania.

Nel 1949 la Germania fu divisa in
- Repubblica Federale Tedesca (RFT) → Germania Ovest
- Repubblica Democratica Tedesca (RDT) → Germania Est

Negli ultimi decenni del XX secolo la Germania Est domina in molte discipline sportive, nonostante il basso numero di abitanti

I successi sportivi della Germania Est. Ai Giochi Olimpici di Monaco del 1972 esplode una nuova potenza sportiva: la Germania Est (RDT), uno Stato con solo 17 milioni di abitanti, che domina in molte discipline, conquista 20 ori e si piazza al terzo posto del medagliere olimpico dopo l'Unione Sovietica (che ha 280 milioni di abitanti) e gli Stati Uniti (che hanno 240 milioni di abitanti).

Questi successi sportivi proseguono per decenni, tanto che alle sue ultime Olimpiadi, nel 1988 a Seoul, la Germania Est conquista 37 ori e si piazza al secondo posto del medagliere, dietro all'Unione Sovietica ma davanti agli Stati Uniti.

Come spiegare questo fenomeno sportivo?

La RDT non disponeva di risorse sufficienti a finanziare un'accurata ricerca scientifica sportiva, e approfittò quindi della vicinanza politica e ideologica con l'Unione Sovietica, applicandone il modello sportivo. La Germania Est mandava regolarmente i suoi tecnici e scienziati sportivi ad aggiornarsi nell'URSS, e mise a frutto quanto appreso in modo ancor più efficiente.

La Germania Est applicò tecniche di reclutamento e di allenamento basate sulla ricerca scientifica

La ricerca scientifica nello sport. Anzitutto, la Germania Est portò all'esasperazione il sistema di reclutamento e di valorizzazione dei giovani talenti; basta pensare che se mediamente da 100 giovani atleti i sovietici ottenevano un solo campione, la RDT otteneva almeno 10 campioni.

I medici sportivi crearono delle tabelle in cui erano meticolosamente indicati i requisiti fisici che un bambino doveva avere per diventare un grande atleta. Tutti i bambini venivano misurati, pesati, schedati; in seguito i più dotati venivano avviati alla pratica sportiva presso la «Scuola Tedesca per la Cultura del Corpo» di Lipsia (DHfK, *Deutsche Hochschule fur Korperkultur*), che era il più importante centro dello sport della RDT. Qui la scienza metteva i suoi risultati al servizio dello sport, tanto che dalla Scuola di Lipsia nacquero alcune delle tecniche di allenamento più innovative degli ultimi anni.

Anche nel modello statalista della RDT lo sport aveva finalità ideologiche e propagandistiche. La Germania Est si dedicò soprattutto alle discipline più seguite del programma olimpico e i suoi successi sportivi comportarono un grande consenso interno, oltre a una notevole visibilità internazionale.

■ **Il ricorso al doping.** Bisogna riconoscere che lo sport occidentale ha appreso molto da quello socialista, grazie all'applicazione delle metodiche elaborate dai ricercatori dell'Est.

La Germania Est ottenne grandi risultati sportivi anche per il ricorso al doping

Però, con la caduta del Muro di Berlino, venne alla luce che la Germania Est (ma non solo la Germania Est...) aveva ottenuto grandi risultati sportivi anche grazie al sistematico ricorso al doping.

Soprattutto le atlete della RDT, a loro insaputa, avevano subito pesanti «trattamenti» dai medici statali, con gravissime conseguenze per la loro salute. Molte campionesse olimpiche, per esempio, erano state imbottite di steroidi prodotti da un'azienda farmaceutica della RDT, che producevano l'effetto di alterare i tratti somatici, che diventavano maschili a forza di ormoni.

A questo proposito, va ricordato che ci siamo abbondantemente occupati del problema del doping sportivo nel volume per il secondo biennio.

7 Il boicottaggio olimpico di Mosca 1980

■ **La Guerra fredda nello sport.** La Guerra fredda fra i Paesi della Nato e del Patto di Varsavia (di cui ci occuperemo nell'unità G2) venne «combattuta» anche in campo sportivo.

Dal 1956 al 1988 il confronto fra l'Unione Sovietica e gli Stati Uniti fu uno dei motivi di maggiore interesse dei Giochi Olimpici

Sia il blocco orientale filosovietico sia il blocco occidentale filostatunitense non riuscivano ad accettare la sconfitta come un semplice risultato sportivo tanto che, dal 1956 al 1988, il confronto sportivo-politico fra l'Unione Sovietica e gli Stati Uniti fu uno dei motivi di maggiore interesse dei Giochi Olimpici.

Con gli anni il confronto si fece sempre più aspro e sfociò nei boicottaggi olimpici di Mosca nel 1980 e di Los Angeles nel 1984.

■ **Il boicottaggio di Mosca 1980.** Dal 19 luglio al 3 agosto 1980 si tennero i *Giochi estivi della XXII Olimpiade di Mosca*, che vennero boicottati dagli Stati Uniti e da altri 42 Paesi per motivi politici.

Nel 1980 le Olimpiadi di Mosca vennero boicottate dagli Stati Uniti e da altri 42 Paesi per motivi politici

Il legame tra sport e politica negli ultimi decenni del XX secolo si era fatto sempre più stretto e nemmeno le Olimpiadi rimasero fuori da questo fenomeno; i governi e i politici non erano tanto interessati ai risultati sportivi dei Giochi, quanto all'impatto mediatico che questo grande evento sportivo aveva sull'intero pianeta. Con la diffusione dei mezzi di comunicazione di massa, i Giochi Olimpici assunsero un sempre maggior rilievo diventando, in alcuni momenti, uno dei principali terreni di scontro fra le due superpotenze mondiali.

■ **L'occupazione dell'Afghanistan.** Il 24 dicembre 1979 l'Unione Sovietica occupò l'Afghanistan, con il dichiarato scopo di sostenere la presa del potere del movimento socialista che aveva rovesciato il governo di quel Paese. L'Unione Sovietica inviò l'Armata Rossa a invadere l'Afghanistan, in quella che sembrava all'inizio una semplice operazione militare, ma che poi si trasformò, per i sovietici, in un decennio di logoranti combattimenti che terminarono soltanto nel febbraio del 1989.

Nel 1979 l'Unione Sovietica occupò l'Afghanistan

■ **La reazione degli Stati Uniti e il boicottaggio.** Dopo l'invasione dell'Afghanistan, gli Stati Uniti iniziarono a progettare la più clamorosa protesta politica della storia olimpica: un boicottaggio di proporzioni planetarie dei Giochi di Mosca.

Gli Stati Uniti e i Paesi alleati boicottarono le Olimpiadi di Mosca per protestare contro l'invasione dell'Afghanistan

Pochi mesi dopo, il Presidente democratico Jimmy Carter lanciò il suo ultimatum: «se l'Unione Sovietica non ritirerà le sue truppe dall'Afghanistan entro giugno [*1980*], gli Stati Uniti non parteciperanno alle Olimpiadi di Mosca». L'Unione Sovietica rifiutò di ritirare i suoi carri armati dall'Afghanistan e gli Stati Uniti mantennero la loro promessa: non si presentarono ai Giochi Olimpici.

Prima di muoversi ufficialmente, gli Stati Uniti avevano consultato 42 Paesi alleati che, a loro volta, decisero di boicottare i Giochi.

Fra i Paesi che decisero il boicottaggio, oltre agli Stati Uniti, ricordiamo il Canada, la Germania Ovest, il Giappone, l'Argentina e la Cina (che era appena stata riammessa al CIO).

Alcuni Paesi non aderirono al boicottaggio, ma gareggiarono sotto la bandiera olimpica

I Paesi che gareggiarono sotto la bandiera olimpica. In Gran Bretagna la posizione del governo, favorevole al boicottaggio, non venne condivisa dal CIO britannico, che era invece favorevole all'invio degli atleti a Mosca, in base al principio secondo cui le Olimpiadi «appartenevano» al CIO e non allo Stato ospitante.

Questa scelta della Gran Bretagna venne condivisa da altri Paesi del blocco occidentale, che parteciparono ai Giochi sotto la bandiera olimpica, senza sfilare durante la cerimonia di apertura e senza l'inno nazionale alle premiazioni, sostituito dall'inno olimpico.

Oltre alla Gran Bretagna, fra i Paesi che gareggiarono sotto la bandiera olimpica ricordiamo l'Italia, la Francia, il Belgio, il Portogallo e l'Australia.

Alle Olimpiadi di Mosca del 1980 vi furono

- Stati partecipanti
- Stati non partecipanti
- Stati partecipanti sotto la bandiera olimpica

I sovietici accusarono gli Stati Uniti di propaganda antisovietica, senza collegare la crisi in Afghanistan con il boicottaggio olimpico

L'Unione Sovietica di fronte al boicottaggio. Nonostante la motivazione del boicottaggio occidentale fosse stata resa nota in maniera ufficiale, l'Unione Sovietica non mise mai in relazione la crisi in Afghanistan con il boicottaggio olimpico. I sovietici accusarono gli Stati Uniti di propaganda antisovietica e di aver strumentalizzato per fini politici un evento prestigioso come le Olimpiadi.

L'organizzazione adottò un accorgimento per la cerimonia di apertura in cui, contrariamente a quanto deciso inizialmente, le delegazioni nazionali vennero fatte sfilare seguendo l'ordine alfabetico cirillico e non quello latino, per evitare di far entrare per prima nello stadio la delegazione dell'Afghanistan.

Cerimonia di apertura delle Olimpiadi di Mosca del 1980.

A Mosca gareggiarono soltanto 80 Stati. Nonostante le evidenti difficoltà organizzative, le Olimpiadi di Mosca ebbero buoni risultati sia sportivi (i sovietici dominarono il medagliere con 80 ori e 195 medaglie complessive), sia economici perché la città si dotò di nuove infrastrutture e ricostruì il sistema dei trasporti locali.

Sotto il profilo politico l'Unione sovietica riuscì, almeno di fronte ai suoi cittadini, a incolpare gli Stati Uniti di quanto era accaduto.

Con le Olimpiadi assegnate a Los Angeles nel 1984, fu subito chiaro a tutti che la partita non sarebbe finita lì…

8 Il boicottaggio olimpico di Los Angeles 1984

Nel 1984 le Olimpiadi di Los Angeles vennero boicottate dall'Unione Sovietica e da altri 14 Paesi per motivi di sicurezza

Il boicottaggio di Los Angeles 1984. Dal 28 luglio al 12 agosto 1984 si tennero i *Giochi estivi della XXIII Olimpiade di Los Angeles*, che vennero boicottati dall'Unione Sovietica e da altri 14 Stati, per motivi di sicurezza.

Del boicottaggio sovietico se ne parlava già dal 1980, ma l'annuncio ufficiale arrivò l'8 maggio 1984, a poche settimane dall'inizio della manifestazione. Alla decisione dell'URSS si associarono subito i Paesi del blocco sovietico, con la sola eccezione della Romania.

Economia privata e costi pubblici. Il caso degli stadi statunitensi

A partire dagli anni Ottanta del XX Secolo, gli Stati Uniti sono stati protagonisti di un *boom* edilizio molto particolare: quello degli stadi e dei palazzi dello sport, strutture avveniristiche fortemente volute dai proprietari delle squadre. Quasi sempre, però, è stata la collettività a farsi carico, con le proprie tasse, di una parte significativa degli enormi costi di costruzione e mantenimento di queste strutture private, in quello che è stato definito un caso di “socializzazione del rischio e privatizzazione del profitto”. Vediamo insieme alcuni numeri.

6.700.000.000

I dollari (pari a circa 5,8 miliardi di euro) spesi, dal 2000 al 2018, da città e stati statunitensi per la costruzione e manutenzione degli stadi di proprietà delle squadre di football professionistico.

18

L’età mediana in anni, nel 2018, degli stadi dove si disputa la National Football League, la lega professionistica statunitense di football americano. Il piú recente, il Mercedes Benz Arena di Atlanta (nella foto), è stato inaugurato nel 2017, è costato 1,6 miliardi di dollari (di cui 600 milioni coperti dallo stato della Georgia) e ospita anche la squadra di calcio di Atlanta.

1700

I posti di lavoro tagliati dalla contea di Hamilton, in Ohio, per fare fronte ai costi di mantenimento degli stadi dei Cincinnati Bengals (football) e Reds (baseball). Per la stessa ragione la contea ha anche chiuso un ospedale pubblico.

6.000.000

I dollari all’anno (circa 5,1 milioni di euro) che la città di Saint Louis, in Missouri, dovrà spendere fino al 2021 per finire di pagare il proprio stadio da football. Nel 2016 però i Rams, la squadra che giocava a Saint Louis, si sono trasferiti a Los Angeles, lasciando la propria ex-città con uno stadio pressoché inutilizzato.

PALLA AL CENTRO

E in Italia? Come approfondirai nell’unità E4, nel nostro Paese gli stadi e i palazzi dello sport sono in grandissima parte strutture pubbliche o appartenenti a privati estranei alle squadre. Tra le eccezioni, cinque società calcistiche: Atalanta, Frosinone, Juventus, Sassuolo e Udinese, ognuna proprietaria del proprio stadio. Cerca online informazioni su una di queste cinque strutture: sono state costruite da zero o erano già esistenti? Quali sono stati i costi a carico della società? E quelli per l’ente pubblico?

Oltre all'Unione Sovietica, non parteciparono alle Olimpiadi di Los Angeles del 1984 i seguenti Stati: Afghanistan, Angola, Bulgaria, Burkina Faso, Cecoslovacchia, Corea del Nord, Cuba, Etiopia, Germania Est, Laos, Mongolia, Polonia, Ungheria, Vietnam.

Secondo molti osservatori politici il boicottaggio di Los Angeles 1984 fu una ritorsione per il boicottaggio di Mosca 1980

Una ritorsione per il boicottaggio di Mosca 1980? L'Unione Sovietica non parlò mai di restituzione dell'affronto di quattro anni prima. Semplicemente, l'URSS dichiarò che i suoi atleti non andavano negli Stati Uniti per ragioni di sicurezza. Annunciando le sue intenzioni, l'Unione Sovietica giustificò i problemi di sicurezza con «sentimenti sciovinisti e una isteria anti-sovietica che erano ormai troppo diffusi negli Stati Uniti».

La maggioranza degli osservatori politici, però, non credette alle motivazioni ufficiali, e affermò che il boicottaggio sovietico era una ritorsione per il boicottaggio statunitense avvenuto alle Olimpiadi di Mosca del 1980. In particolare, gli Stati Uniti accusarono l'Unione Sovietica di usare il pretesto della sicurezza come un modo per restituire il boicottaggio, senza avere il coraggio di dirlo esplicitamente.

Carl Lewis durante le Olimpiadi di Los Angeles del 1984.

Il boicottaggio di Los Angeles del 1984 ebbe conseguenze inferiori a quello di Mosca del 1980

Un boicottaggio meno efficace. La partecipazione ai Giochi di Los Angeles fu quindi ridotta, anche se in misura minore di quanto era successo a Mosca: a Los Angeles erano presenti 140 Stati, mentre a Mosca solo 80.

Sotto l'aspetto strettamente sportivo il boicottaggio, specialmente dei sovietici e delle tedesche dell'Est, svuotò di valore alcune gare, in cui si ebbero risultati modesti; per esempio, nel nuoto femminile non vi fu nessun record mondiale.

Molti campioni contribuirono però a ridimensionare gli effetti sportivi del boicottaggio. Su tutti spiccò Carl Lewis, il nuovo re nero dello sprint soprannominato «figlio del vento», che vinse quattro medaglie d'oro, ricalcando esattamente l'impresa compiuta a Berlino nel 1936 da Jesse Owens, come lui dell'Alabama: 100 metri, 200 metri, salto in lungo e staffetta 4 × 100 metri.

A questo proposito va ricordato che per la prima volta la Cina partecipò alle Olimpiadi, vincendo la sua prima medaglia d'oro (Xu Haifeng nella pistola libera).

Sotto l'aspetto politico ed economico, il boicottaggio del 1984 ebbe conseguenze nettamente inferiori a quello di quattro anni prima, quando la mancata partecipazione aveva avuto un enorme impatto mediatico. L'effetto sorpresa, che aveva reso eclatante il gesto statunitense a Mosca, venne del tutto a mancare a Los Angeles, e il boicottaggio passò in secondo piano rispetto agli interessi economici che stavano portando i Giochi verso una nuova trasformazione.

Alle Olimpiadi di Los Angeles furono introdotte importanti novità nell'organizzazione dei Giochi

Le novità ai Giochi. Alle Olimpiadi di Los Angeles furono introdotte importanti novità nell'organizzazione dei Giochi.

Nel 1980 la presidenza del CIO era stata assegnata allo spagnolo Juan Antonio Samaranch, ex sportivo e abilissimo politico, che introdusse varie innovazioni a Los Angeles. Fra queste:

- nominò per la prima volte alcune donne fra i membri del CIO;
- introdusse nuove gare olimpiche femminili, in specialità e su distanze fino ad allora riservate agli uomini (maratona, 400 ostacoli, 3000 metri);
- venne abolita la «finzione» dell'obbligo del dilettantismo alle Olimpiadi. Il CIO smise di «sottilizzare» sullo status dilettantistico degli atleti, aprendo ufficialmente i Giochi anche ai professionisti;
- venne lasciata agli organizzatori la massima libertà nel trattare i diritti televisivi, purché la metà della cifra incassata fosse destinata al CIO: fu l'inizio dello show business televisivo dei Giochi Olimpici (che approfondiremo nell'unità E3).

L'arrivo sofferto e drammatico della maratoneta svizzera Gabriela Andersen Schiess alle Olimpiadi di Los Angeles del 1984.

Il medagliere olimpico. Grazie al boicottaggio, gli Stati Uniti dominarono in molte discipline olimpiche, assicurandosi il primo posto nel medagliere con 83 ori; al secondo posto si classificò la sorprendente Romania (20 ori), seguita da Germania Ovest (17 ori), Cina (15 ori) e Italia (14 ori).

L'insieme delle medaglie italiane (14 ori, 6 argenti e 12 bronzi) si avvicinò al record conseguito nel 1932 proprio a Los Angeles. La nostra presenza olimpica fu incisiva e appassionante, a prescindere dall'importanza degli assenti.

SINTESI

- Nel periodo fra le due guerre mondiali lo **sport nei regimi totalitari** ▶ **§1** viene utilizzato come mezzo di propaganda internazionale e di controllo interno.

- La **legge De Sanctis** ▶ **§2** del 1878 stabilisce per la prima volta l'obbligo di insegnamento della «ginnastica» nella scuola pubblica.

- Con la **Riforma Gentile** ▶ **§2** del 1922 l'Educazione fisica viene esclusa dalla scuola fascista e viene gestita dall'**ENEF** ▶ **§2**.

- Nel 1926 l'**Opera Nazionale Balilla** ▶ **§2** diventa l'organizzazione ufficiale dello Stato fascista per l'educazione, e provvede all'**insegnamento dell'Educazione fisica** ▶ **§2** reintrodotta nelle scuole nel 1927.

- Il regime fascista istituisce poi i **Gruppi Universitari Fascisti** ▶ **§2** (operativi nel 1927) e la **Gioventù Italiana del Littorio** ▶ **§2** (1937).

- Le **donne fasciste** ▶ **§3** ottengono ottimi risultati nello sport superando ostacoli e pregiudizi.

- Il **calcio fascista** ▶ **§3** ottiene prestigiosi risultati: vince la Coppa del Mondo Rimet nel 1934 (in Italia) e nel 1938 (in Francia), oltre all'oro olimpico di Berlino nel 1936.

- La **politica sportiva nazista** ▶ **§4** prese a modello l'esperienza sportiva fascista.

- Nel 1936 si svolsero le **Olimpiadi di Berlino** ▶ **§4**, che autocelebrarono lo sport nazista e l'ideologia razzista e antisemita.

- Per contrastare l'olimpiade nazista, fu organizzata l'***Olimpiada Popular de Barcelona*** ▶ **§4**, che non ebbe luogo a causa della guerra civile spagnola.

- Alla fine Hitler accettò che alle gare partecipassero atleti neri ed ebrei, ma le Olimpiadi diventarono una sfida per dimostrare la **superiorità della razza ariana** ▶ **§4**.

- Nel 1956 l'**Unione Sovietica** ▶ **§5** domina alle Olimpiadi di Melbourne e diventa una nuova superpotenza sportiva.

- L'Unione Sovietica effettuò massicci **investimenti nello sport** ▶ **§6**, controllati dal Partito comunista. Notevoli risorse furono destinate alla formazione degli allenatori, alla ricerca sportiva e alla farmacologia.

- Negli ultimi decenni del XX secolo esplode una nuova potenza sportiva: la **Germania Est** ▶ **§6**, un piccolo Stato di 17 milioni di abitanti, che domina in molte discipline soprattutto femminili.

Nel 1949 la Germania fu divisa in

Repubblica Federale Tedesca (RFT) → Germania Ovest

Repubblica Democratica Tedesca (RDT) → Germania Est

- La Germania Est applicò nuove tecniche di reclutamento e di allenamento basate sulla **ricerca scientifica** ▶ **§6**.

- La Germania Est ottenne grandi risultati sportivi anche per il sistematico ricorso al **doping di Stato** ▶ **§6**.

- Vi fu il **boicottaggio delle Olimpiadi di Mosca del 1980** ▶ **§7** da parte degli Stati Uniti e di altri 42 Paesi per motivi politici (l'**occupazione sovietica dell'Afghanistan** ▶ **§7** nel 1979).

- Alcuni Paesi (fra cui l'Italia) non aderirono al boicottaggio, ma gareggiarono a Mosca sotto la **bandiera olimpica** ▶ **§7**.

- Vi fu il **boicottaggio delle Olimpiadi di Los Angeles del 1984** ▶ **§8** da parte dell'Unione Sovietica e di altri 14 Stati per motivi di sicurezza. Secondo gli esperti si trattò di una **ritorsione** ▶ **§8** per il boicottaggio di Mosca 1980, ma i sovietici non confermarono mai questa tesi.

VERIFICA LE TUE CONOSCENZE

1 ***Risolvi le seguenti scelte multiple indicando la risposta esatta fra quelle possibili.***

A

La Germania fu esclusa dalle Olimpiadi di

1	2	3
Anversa 1920	Amsterdam 1928	Los Angeles 1932

B

Nel 1984 si ebbe il boicottaggio delle Olimpiadi di

1	2	3
Mosca	Los Angeles	New York

1 Con la Riforma Gentile
- **a** fu riformata l'intera scuola italiana
- **b** fu introdotta l'Educazione fisica nella scuola
- **c** fu allungato l'obbligo scolastico
- **d** fu accorciato l'obbligo scolastico

2 Alle Olimpiadi di Berlino gli Stati Uniti
- **a** parteciparono
- **b** non parteciparono
- **c** parteciparono con una delegazione ridotta
- **d** parteciparono senza gli atleti di colore

3 Alle Olimpiadi di Berlino parteciparono
- **a** solo gli atleti ariani
- **b** anche gli atleti neri ma non gli atleti ebrei
- **c** anche gli atleti ebrei ma non gli atleti neri
- **d** anche gli atleti neri ed ebrei

4 L'Unione Sovietica partecipò per la prima volta ai Giochi Olimpici di
- **a** Londra nel 1948
- **b** Helsinki nel 1952
- **c** Melbourne nel 1956
- **d** Roma nel 1960

5 Mediamente da 100 giovani atleti la Germania Est otteneva
- **a** 1 campione
- **b** 5 campioni
- **c** 10 campioni
- **d** 20 campioni

6 Nel 1980 le Olimpiadi di Mosca furono boicottate perché l'Unione Sovietica aveva occupato
- **a** l'Afghanistan
- **b** l'Iraq
- **c** l'Ungheria
- **d** la Cecoslovacchia

MISURA LE TUE ABILITÀ

2 ***Risolvi i seguenti quesiti vero o falso e motiva la tua risposta.***

1 L'Opera Nazionale Balilla organizzò l'educazione fisica e morale della gioventù fascista

VERO ☐ **FALSO** ☐

PERCHÉ ____________________

____

2 Ondina Valla fu la prima donna italiana a vincere una medaglia d'oro olimpica

VERO ☐ **FALSO** ☐

PERCHÉ ____________________

____

3 Alle Olimpiadi di Berlino non parteciparono gli atleti ebrei

VERO ☐ FALSO ☐

PERCHÉ ______________________________

____

4 Gli studiosi sovietici avevano costruito un modello di atleta ideale in base a parametri fisiologici

VERO ☐ FALSO ☐

PERCHÉ ______________________________

____

5 La Germania Est mandava i suoi scienziati sportivi ad aggiornarsi negli Stati Uniti

VERO ☐ FALSO ☐

PERCHÉ ______________________________

____

6 L'Italia aderì al boicottaggio delle Olimpiadi di Mosca

VERO ☐ FALSO ☐

PERCHÉ ______________________________

____

3 ***Completa la tabella che segue.***

Evento	Anno
Leggi di Norimberga	(1)
Istituzione della Gioventù Italiana del Littorio	(2)
Prima edizione della Mille miglia automobilistica	(3)
Programmazione *Olimpiada Popular de Barcelona*	(4)
Divisione delle due Germanie	(5)

ALLENA LE TUE COMPETENZE

4 ***Sulla base di quanto hai imparato in questa unità, rispondi ai seguenti «casi».***

1 **Riconoscere la presenza del doping nei successi sportivi della Germania Est, ascoltando un testimone dell'epoca.**

Nella sede della tua polisportiva, un anziano allenatore tedesco di atletica racconta la sua esperienza: «Ho frequentato da ragazzo la Scuola di Lipsia nella Germania Est e ho sperimentato i sistemi di allenamento voluti dal regime: disciplina, fatica e tanta sofferenza, anche perché vedevamo i genitori solo una volta al mese. Per fortuna, io ero "poco dotato" e fui rimandato a casa. In seguito, alcuni ragazzi della Scuola accusarono gravi disturbi per colpa del doping! Oggi continuo ad allenare i ragazzi del mezzofondo, cercando di non applicare "niente" di quello che ho visto a Lipsia».

▶ ***Oltre alla Germania Est, quali altri Paesi attuarono il «doping di Stato»?***

____

____

2 **Alle Olimpiadi di Mosca l'Italia gareggiò sotto la bandiera olimpica, senza l'inno nazionale che venne sostituito dall'inno olimpico. Valutare quella scelta, attraverso il ricordo di una parente.**

Tua zia ricorda: «Nel 1980 ero alle Olimpiadi di Mosca come interprete per la FIDAL [*Federazione Italiana di Atletica Leggera*]. Nell'atletica vincemmo tre ori: Pietro Mennea, Sara Simeoni e Maurizio Damilano. Al momento della premiazione, Mennea salì sul palco e, dopo la consegna della medaglia, partirono le note dell'inno olimpico. Allo stadio eravamo un gruppetto di italiani, ci guardammo commossi e cominciamo a cantare a gran voce "Fratelli d'Italia". Fu un'esperienza bellissima!».

▶ ***Qualcuno considerò la scelta dell'Italia come «il solito compromesso». Cosa ne pensi?***

____

____

Riprendiamo il dibattito

Dopo aver studiato l'unità, prepara il tuo punto di vista per continuare il dibattito iniziato in apertura di lezione (▶ *La parola a te!*).

In palestra viene trasmesso un documentario: il 10 giugno 1934 allo Stadio Olimpico di Roma l'Italia batte 2 a 1 la Cecoslovacchia ed è campione del mondo! Presi dall'entusiasmo, i 50 000 spettatori cantano inni fascisti e sventolano fazzoletti col nome del Duce.

▶ ***Lo sport è un mezzo di propaganda politica. Cosa ne pensi?***

- Partendo da quanto sopra affermato, esegui a casa una ricerca online e consulta il tuo libro di testo per preparare una breve tabella che contenga gli elementi principali dell'argomento trattato e che ti aiuti a esporre il tuo punto di vista.

A CASA 1 ORA

IN AULA 20 MINUTI

- Con l'aiuto della tabella, partecipa al dibattito che il docente avvia in aula.

LE LEGGI RAZZIALI DEL 1938

Le leggi **antisemite** «per la difesa della razza»

Nel 1938 il regime fascista approvò le leggi razziali che tolsero agli ebrei italiani i diritti civili e politici

Sulla scia di quanto stava avvenendo nella Germania nazista di Hitler, nel 1938 il regime fascista di Mussolini approvò le leggi antisemite «per la difesa della razza italiana», passate alla storia come «leggi razziali del 1938», che contenevano gravissime discriminazioni nei confronti degli ebrei e che, di fatto, tolsero agli ebrei italiani i diritti civili e politici, riconosciuti loro fin dal 1848.
Il primo bersaglio delle leggi razziali fu proprio la scuola, da cui furono esclusi insegnanti e studenti ebrei col regio decreto legge 5 settembre 1938-XVI, n. 1390 (*Provvedimenti per la difesa della razza nella scuola fascista*). Riportiamo i due articoli più significativi.

«*Articolo 1.* All'ufficio di insegnante nelle scuole statali o parastatali di qualsiasi ordine e grado [...] non potranno essere ammesse persone di razza ebraica, anche se siano state comprese in graduatorie di corso anteriormente al presente decreto [...].»

«*Articolo 2.* Alle scuole di qualsiasi ordine e grado, ai cui studi sia riconosciuto effetto legale, non potranno essere iscritti alunni di razza ebraica.»

E gli studenti ebrei che fine fanno? E gli insegnanti ebrei? La risposta è nel regio decreto legge 23 settembre 1938-XVI, n. 1630 (*Istituzione di scuole elementari per fanciulli di razza ebraica*), di cui riportiamo il primo articolo.

«*Articolo 1.* Per i fanciulli di razza ebraica sono istituite a spese dello Stato speciali sezioni di scuola elementare nelle località in cui il numero di essi non sia inferiore a dieci. I relativi insegnanti potranno essere di razza ebraica.»

Il principale atto giuridico della persecuzione antiebraica è il regio decreto legge 17 novembre 1938-XVII, n. 1728 (*Provvedimenti per la difesa della razza italiana*). Riportiamone alcuni articoli.

«*Articolo 1.* Il matrimonio del cittadino italiano di razza ariana con persona appartenente ad altra razza è proibito. [...]»

«*Articolo 8.* Agli effetti di legge:
- è di razza ebraica colui che è nato da genitori entrambi di razza ebraica, anche se appartenga a religione diversa da quella ebraica;
- è considerato di razza ebraica colui che è nato da genitori di cui uno di razza ebraica e l'altro di nazionalità straniera;
- è considerato di razza ebraica colui che è nato da madre di razza ebraica qualora sia ignoto il padre;
- è considerato di razza ebraica colui che, pur essendo nato da genitori di nazionalità italiana, di cui uno solo di razza ebraica, appartenga alla religione ebraica [...].»

«*Articolo 10.* I cittadini italiani di razza ebraica non possono:
- prestare servizio militare in pace o in guerra; [...]
- essere proprietari o gestori, a qualsiasi titolo, di aziende dichiarate interessanti la difesa della Nazione [...] e di aziende di qualsiasi natura che impieghino cento e più persone, né può avere di dette aziende la direzione [...].»

«*Articolo 13.* Non possono avere alle loro dipendenze persone appartenenti alla razza ebraica:
- le Amministrazioni civili e militari dello Stato; [...]
- le Amministrazioni delle Province, dei Comuni, delle Istituzioni di pubblica assistenza e beneficienza [...];
- le Amministrazioni delle aziende municipalizzate;
- le Amministrazioni degli Enti parastatali; [...]
- le Amministrazioni delle banche di interesse nazionale;
- le Amministrazioni delle imprese private di assicurazione [...].»

«*Articolo 23.* Le concessioni di cittadinanza italiana comunque fatte ad ebrei stranieri posteriormente al 1° gennaio 1919 si intendono ad ogni effetto revocate.»

> Alle scuole di qualsiasi ordine e grado ... non potranno essere iscritti alunni di razza ebraica

Rita Levi Montalcini: una **vittima** delle leggi razziali entrata nella storia

«Una piccola signora dalla volontà indomita e dal piglio di principessa» (Primo Levi)

Rita Levi Montalcini (Torino, 22 aprile 1909-Roma, 30 dicembre 2012) è stata una vittima delle leggi razziali che è entrata nella storia.
Negli anni Cinquanta le sue ricerche la portarono alla scoperta e all'identificazione del fattore di accrescimento della fibra nervosa (NGF), scoperta per la quale nel 1986 ha vinto il premio Nobel per la medicina. Insignita anche di altri premi, è stata la prima donna a essere ammessa alla Pontificia Accademia delle Scienze.
Il 1° agosto 2001 è stata nominata senatrice a vita «per aver illustrato la Patria con altissimi meriti nel campo scientifico e sociale». È stata socia nazionale dell'Accademia dei Lincei per la classe delle scienze fisiche ed è stata socia fondatrice della Fondazione Idis-Città della Scienza.
Rita Levi Montalcini non fu solo una grande scienziata. Lei che aveva conosciuto l'infamia delle leggi razziali e che nel 1938, da giovane ricercatrice, era stata costretta dal regime fascista a emigrare in Belgio, per tutta la vita riservò una parte del suo impegno alla politica e alla riflessione etica. Ecco alcune sue considerazioni del 1988 sul fascismo e sul razzismo (riportate da Piero Banucci, *La Stampa*, 31 dicembre 2012).
«Essere antifascisti significa mantenere vivi quei valori che si stanno perdendo da parte dei revisionisti. Oggi non c'è da opporsi a una persecuzione, a una privazione della libertà come avveniva sotto il fascismo. Antifascisti dovremmo esserlo tutti. Purtroppo non è così. Il fascismo è stato la distruzione di tutti i valori morali.»
E sul pericolo del razzismo così si esprimeva la Montalcini: «Il razzismo è sempre in agguato. In molte parti del mondo si assiste a persecuzioni non diverse da quelle che abbiamo avuto in Europa mezzo secolo fa. Ci sono ritorni di antisemitismo, persino in Italia. Tutto ciò denota un basso livello di valori etici. I razzisti sono persone frustrate, che pensano di rivalersi perseguitando persone che ritengono inferiori. Questi rigurgiti del passato non mi toccano, ma mi addolorano.»

> Il razzismo è sempre in agguato ... Ci sono ritorni di antisemitismo, persino in Italia

1 Quali sono gli articoli delle leggi razziali che ti hanno maggiormente colpito?

2 Chi «è considerato di razza ebraica»?

3 Perché le leggi razziali partono dal sistema scolastico?

4 Secondo Rita Levi-Montalcini «il razzismo è sempre in agguato». Cosa ne pensi?

Commenta e rifletti intorno alla (o alle) tesi di fondo avanzate nei due testi proposti, facendo emergere il tuo punto di vista.

TEMA **B**

LE NOSTRE ISTITUZIONI

B1 Il Parlamento

A te la parola!

Tua zia sospira ammirata: «Quel deputato ha rinunciato all'immunità parlamentare. È stato un atto di grande coraggio... Dovrebbero fare tutti così!».

5 MINUTI

▶ *Perché quel deputato non ha rinunciato a nulla?*

Con l'aiuto dell'insegnante e in piccoli gruppi prova a esporre il tuo punto di vista.

1 Il bicameralismo

La Costituzione prevede il bicameralismo, perché il Parlamento è composto dalla Camera dei deputati e dal Senato della Repubblica

La composizione del Parlamento. L'Italia è una repubblica parlamentare; l'unico organo costituzionale eletto direttamente dal corpo elettorale è il Parlamento, che è formato dalla Camera dei deputati e dal Senato della Repubblica: i Costituenti hanno adottato il bicameralismo.

La *Camera dei deputati* (d'ora in poi *Camera*) è formata da 630 deputati e ha la sua sede nel Palazzo di Montecitorio.

Il *Senato della Repubblica* (d'ora in poi *Senato*) è formato da 315 senatori eletti dal popolo e dai *senatori a vita*: la sua sede è a Palazzo Madama.

Quando i mass media parlano di *Montecitorio* e di *Palazzo Madama* fanno riferimento rispettivamente alla Camera e al Senato.

Il posto di parlamentare viene anche chiamato *seggio*, per cui alla Camera vi sono 630 seggi e al Senato 315 seggi (oltre ai seggi dei senatori a vita).

Va ricordato che 12 deputati e 6 senatori vengono eletti dagli italiani all'estero (come si è visto nell'unità A1).

Camera, Camere, camera. Facciamo un po' di chiarezza sui termini che utilizziamo:

- la *Camera* è la Camera dei deputati;

A sinistra: Palazzo Montecitorio, sede della Camera dei deputati. A destra: Palazzo Madama, sede del Senato della Repubblica.

- le *Camere* sono l'intero Parlamento: useremo quindi come sinonimi «Camere» e «Parlamento»;
- la *camera* è uno dei due rami del Parlamento; la frase «una camera deve ancora votare quella legge» vuole dire che o la Camera o il Senato non ha ancora votato quella legge.

L'elettorato attivo. Il corpo elettorale è formato da chi ha compiuto i 18 anni per la Camera e i 25 anni per il Senato.

In altri termini: dopo i 25 anni si vota sia alla Camera sia al Senato, mentre la fascia compresa fra i 18 e i 25 anni vota solo alla Camera. I giovani (fra i 18 e i 25 anni) potrebbero votare in modo diverso dal resto dell'elettorato, e questo fatto potrebbe differenziare la composizione partitica dei due rami del Parlamento, perché un partito, se molto votato fra i giovani, avrebbe una percentuale di seggi più alta alla Camera che al Senato. Questa ipotesi si è però verificata raramente: dal 1948 al 2018 i partiti hanno ottenuto circa la stessa percentuale di voti alla Camera e al Senato.

Il corpo elettorale è formato da chi ha compiuto i 18 anni per la Camera e i 25 anni per il Senato

Nella figura 1 analizziamo la partecipazione del corpo elettorale alle elezioni per la Camera.

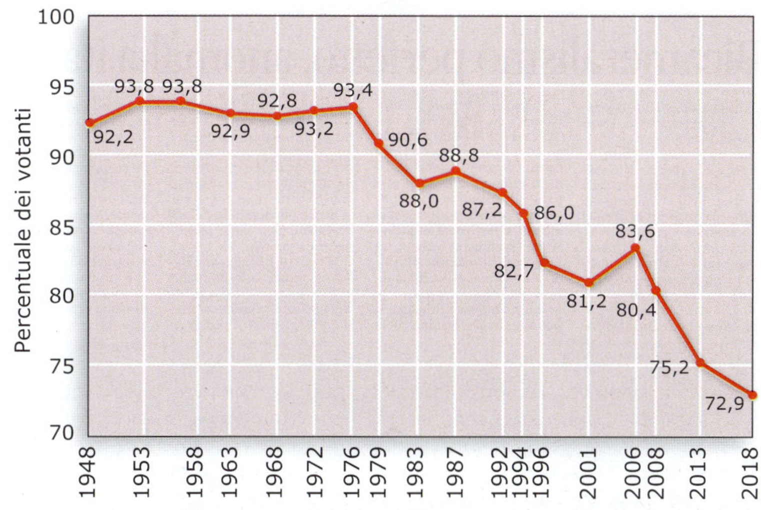

FIGURA 1 I votanti alla Camera dal 1948 al 2018 (in percentuale)

Analizzando la partecipazione del corpo elettorale, notiamo che la percentuale minima dei votanti alla Camera si è avuta nel 2018 (72,9% degli aventi diritto). Si tratta comunque di una percentuale alta se confrontata con quella di altri Paesi; si pensi che alle elezioni presidenziali degli Stati Uniti, nel novembre 2016, Donald Trump fu eletto dal 55,6% degli aventi diritto.

Per diventare deputati occorrono 25 anni, mentre per diventare senatori occorrono 40 anni

■ **L'elettorato passivo.** Per essere eletti deputati bisogna aver compiuto i 25 anni, mentre per essere eletti senatori bisogna aver compiuto i 40 anni.

Sono senatori a vita sia gli ex Presidenti della Repubblica sia cittadini di nomina presidenziale

■ **I senatori a vita.** Non tutti i parlamentari sono eletti dal corpo elettorale, perché fanno parte del Senato anche i senatori a vita.

Anzitutto diventano senatori a vita gli *ex Presidenti della Repubblica*, una volta concluso il loro mandato (alla fine del 2018 era ancora in vita solo Giorgio Napolitano).

In secondo luogo, il Presidente della Repubblica può nominare senatori a vita *cinque cittadini* che abbiano «illustrato la patria per altissimi meriti nel campo sociale, scientifico, artistico e letterario» (**art. 59 Cost.**); alla fine del 2018 i senatori di nomina presidenziale erano quattro (l'economista Mario Monti, la neurobiologa Elena Cattaneo, il fisico nucleare Carlo Rubbia e l'architetto Renzo Piano).

A questo proposito, interessanti furono i casi di Giovanni Leone e di Giorgio Napolitano, che dapprima vennero nominati senatori a vita, e poi lo diventarono di diritto in quanto ex Presidenti della Repubblica.

I senatori a vita non possono differenziare la composizione partitica delle due camere, perché il loro numero è limitato (alla fine del 2018 erano 5 su un totale di 320 senatori).

	Camera	Senato
Composizione	630 deputati	315 senatori e i senatori a vita
Elettorato attivo	18 anni	25 anni
Elettorato passivo	25 anni	40 anni

In Italia si ha un bicameralismo perfetto perché Camera e Senato hanno le stesse funzioni

■ **Il bicameralismo perfetto.** In Italia esiste un bicameralismo perfetto perché le due camere hanno identici poteri, in altri termini ogni atto del Parlamento deve essere approvato sia dalla Camera sia dal Senato.

UN ARTICOLO

Il bicameralismo perfetto

L'articolo riprodotto (Roberto D'Alimonte, *Il Sole-24 Ore*, 20 luglio 2014) analizza in modo dettagliato i sistemi parlamentari dei Paesi dell'Unione europea. Da questa analisi emerge come il bicameralismo perfetto rappresenti un'anomalia tutta italiana.

Il Sole 24 ORE

Bicameralismo perfetto, anomalia italiana

Capita spesso nel nostro paese che si discuta di massimi sistemi senza alcun riferimento fattuale. È il caso del dibattito sulla riforma del Senato e in particolare sul nodo della elezione diretta o indiretta dei futuri senatori. Per i critici della riforma elezione popolare e democrazia sono sinonimi. Una seconda camera eletta dai consiglieri regionali, come previsto dal disegno di legge governativo, e non dai cittadini, sarebbe una istituzione sostanzialmente

Tanto per cominciare la maggioranza dei **1** si della Unione europea (28) non hanno una seconda camera. In altre parole sono sistemi parlamentari monocamerali. Tra i 13 paesi che hanno una seconda camera solo in 5 paesi i suoi membri sono eletti direttamente dai cittadini. In Spagna, tra l'altro, una parte dei membri sono designati dalle Comunità autonome. Tra questi 5 paesi solo in Italia, Polonia e Romania si può dire che la seconda camera

nato non ha potere di veto. Non è così invece in Francia e Germania. Il Bundesrat tedesco è nominato dai governi dei Länder e il Senato francese è eletto da una platea di circa 150mila grandi elettori. Eppure entrambi hanno più poteri del Senato spagnolo che è eletto direttamente dal popolo.

Ma questi fatti non bastano. Per contestare la legittimità di un Senato non elettivo la critica iperdemocratica usa due altri argomenti legati all'Italicum. Que-

Nel 2005 Tony Blair ha vinto il suo terzo mandato con il 35% dei voti (contro il 32% dei conservatori). Per la precisione, con questa percentuale il partito laburista ha ottenuto il 55% dei seggi. E la Camera dei Lords non è certamente una istituzione eletta dal popolo. Stessa cosa in Francia. Nel 2012 il partito socialista di François Hollande ha conquistato il 53% dei seggi nella Assemblea nazionale con il 29% dei voti ottenuti al primo turno. E il Senato francese, come già detto,

1 Tanto per cominciare la maggioranza dei Paesi della Unione europea (15 su 28, *prima dell'uscita della Gran Bretagna*) non ha una seconda camera. In altre parole sono sistemi parlamentari monocamerali. Tra i 13 Paesi che hanno una seconda camera solo in 5 Paesi i suoi membri sono eletti direttamente dai cittadini. In Spagna, tra l'altro, una parte dei membri sono designati dalle Comunità autonome. Tra questi 5 Paesi solo in Italia, Polonia e Romania si può dire che la seconda camera abbia dei poteri legislativi rilevanti. E solo l'Italia ha un sistema parlamentare in cui il Senato ha esattamente gli stessi poteri della Camera. Questo per enfatizzare ancora una volta una anomalia italiana che dura da troppo tempo.

Il *bicameralismo perfetto* garantisce una maggior riflessione, ma rallenta l'attività parlamentare (come vedremo, una legge viene approvata dopo un lungo iter fra Camera e Senato).

Nell'Unione europea sono 15 i Paesi che adottano il monocameralismo. Negli altri 12 Stati dell'Unione si ha il bicameralismo, ma va detto che quasi sempre le due camere hanno funzioni diverse.

■ **Il Parlamento in seduta comune.** In alcuni casi stabiliti dalla Costituzione (per esempio, per l'elezione del Presidente della Repubblica), le Camere si riuniscono e formano il *Parlamento in seduta comune*, di cui fanno parte tutti i parlamentari.

■ **La legislatura.** L'art. 60 Cost. afferma che Camera e Senato «sono eletti per cinque anni».

La durata della legislatura è di 5 anni

Si chiama *legislatura* il periodo di tempo in cui il Parlamento resta in carica. A fine legislatura, il Presidente della Repubblica deve sciogliere il Parlamento e indire le elezioni per formare le nuove Camere.

■ **Lo scioglimento anticipato delle Camere.** Una legislatura dovrebbe durare cinque anni, ma spesso la durata del Parlamento è stata inferiore. Perché? Quando in Parlamento diventa impossibile formare una maggioranza in grado di sostenere un Governo, si rende necessario lo scioglimento anticipato delle Camere: il Capo dello Stato scioglie il Parlamento senza aspettare la fine della legislatura, e indice nuove elezioni (*elezioni anticipate*) perché il corpo elettorale possa scegliere nuovi rappresentanti.

Si ha lo scioglimento anticipato delle Camere, seguito dalle elezioni anticipate, quando il Parlamento non è in grado di formare una maggioranza

Dal 1972 al 1996 si sono sempre verificati scioglimenti anticipati, a dimostrazione dell'instabilità politica attraversata dal Paese in quegli anni.

A parte la XV legislatura che è durata meno di due anni (dal 2006 al 2008), negli ultimi tempi la tendenza sembra essersi invertita perché nel 2001, nel 2006, nel 2012 e nel 2017 si sono avuti scioglimenti «tecnici»: le Camere sono state sciolte alcuni mesi prima della loro scadenza naturale solo per gestire meglio l'azione dei futuri Governi.

■ **Proroga...** È possibile che una legislatura duri più di cinque anni? A questo proposito, bisogna distinguere fra proroga e *prorogatio*.

La proroga è ammessa solo in caso di guerra

Il Parlamento può continuare a esercitare le sue funzioni oltre il limite dei cinque anni nel caso della «proroga», che l'art. 60 Cost. prevede «soltanto in caso di guerra». Per fortuna, finora questa ipotesi non si è mai verificata.

■ ***...e prorogatio.*** Secondo l'art. 61 Cost., «finché non siano riunite le nuove Camere sono prorogati i poteri delle precedenti»; si tratta della *prorogatio*, con cui si evitano le gravi conseguenze che l'assenza del Parlamento provocherebbe sull'equilibrio politico-istituzionale. I giuristi ritengono che le Camere sciolte, durante la *prorogatio*, abbiano poteri limitati all'ordinaria amministrazione (per esempio, non possono eleggere il Presidente della Repubblica).

Durante la *prorogatio* le Camere hanno poteri limitati

2 Deputati e senatori

■ **Lo status di parlamentare.** Per diventare parlamentare, occorre che una persona sia candidabile, eleggibile e che non sia titolare di cariche incompatibili.

■ **L'incandidabilità.** Un decreto legislativo del 2012 prevede che non possa essere candidato al Parlamento, per almeno sei anni, chi ha riportato una condanna definitiva a una pena superiore a due anni di reclusione.

È incandidabile chi ha riportato una condanna definitiva a una pena superiore a due anni di reclusione

In particolare, il decreto legislativo prevede che:

- la condanna definitiva a più di due anni di reclusione deve essere relativa a fattispecie che «comportino una pena non inferiore a quattro anni di reclusione». Si tratta di reati di grande allarme sociale (mafia, terrorismo) o di delitti contro la Pubblica Amministrazione (corruzione, concussione, peculato);
- l'incandidabilità del soggetto può sopraggiungere anche dopo la sua elezione e prima della proclamazione degli eletti, mentre il soggetto sta già svolgendo il mandato parlamentare. In questo caso occorre la comunicazione del giudice competente alla camera di appartenenza, che sancisce la mancata proclamazione del soggetto incandidabile;
- l'incandidabilità comporta il divieto di svolgere incarichi di governo.

È ineleggibile chi si trova in una posizione di privilegio rispetto agli altri candidati

L'ineleggibilità. La legge prevede che non possa essere eletto in Parlamento chi si trova in una posizione che potrebbe ingiustamente privilegiarlo rispetto agli altri candidati.

Un tipico caso di *ineleggibilità* è quello dei Sindaci dei Comuni con più di 20 000 abitanti. Per esempio il Sindaco di Lecce non può essere eletto deputato; se vuole candidarsi alla Camera, deve prima dimettersi da Sindaco.

Una sentenza della Corte costituzionale del 2011 ha confermato anche il caso opposto: un parlamentare non può essere eletto Sindaco in un Comune con più di 20 000 abitanti.

Si può essere eletti alla carica incompatibile, ma poi bisogna scegliere

Le incompatibilità. Esistono cariche incompatibili con quella di parlamentare: non si può essere contemporaneamente deputato e senatore, parlamentare e Presidente della Repubblica, parlamentare e giudice della Corte costituzionale.

È possibile essere eletti alla carica *incompatibile*, ma bisogna poi scegliere fra le due. Per esempio, un giudice della Corte costituzionale può candidarsi alla Camera ma, dopo l'elezione, dovrà scegliere una sola carica.

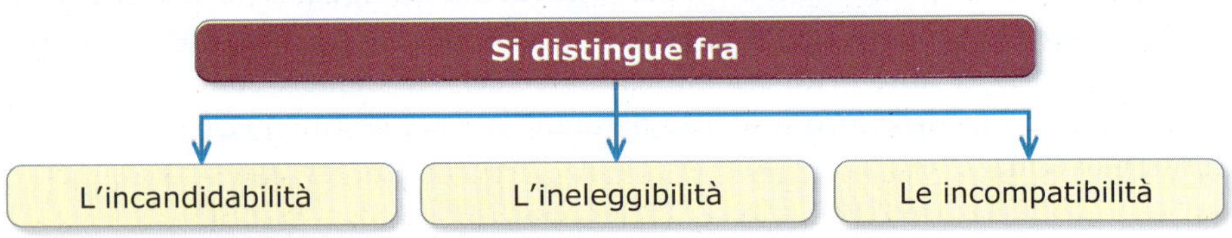

Le guarentigie. La Costituzione prevede che i parlamentari, per poter svolgere liberamente il loro mandato, godano di determinate *guarentigie* (garanzie): l'insindacabilità delle opinioni e l'immunità.

I parlamentari sono liberi di esprimere le loro opinioni in ogni sede

L'insindacabilità delle opinioni. I parlamentari «non possono essere perseguiti per le opinioni espresse e per i voti dati nell'esercizio delle loro funzioni» (**art. 68 Cost.**).

Grazie all'*insindacabilità* delle opinioni, ogni parlamentare è libero di esprimere le proprie idee politiche in ogni sede. Per esempio, il deputato Mario Rossi può esporre liberamente il suo pensiero politico non solo nell'aula di Montecitorio, ma anche nelle interviste sui giornali, nei dibattiti televisivi, su Internet e così via.

L'insindacabilità non protegge i parlamentari quando agiscono come «privati cittadini»; per esempio, il senatore Marco Bianchi non può insultare una persona su un autobus e poi pretendere di far valere l'insindacabilità delle opinioni.

Nessun parlamentare può essere sottoposto a misure restrittive della libertà personale senza l'autorizzazione della camera a cui appartiene

L'immunità parlamentare. Senza autorizzazione della Camera (o del Senato) nessun deputato (o senatore) può essere sottoposto a perquisizione personale o domiciliare, né può essere arrestato, a meno che si tratti di una sentenza definitiva o sia stato colto in flagrante; in questo caso il parlamentare può essere arrestato, ma per essere mantenuto in detenzione occorre l'autorizzazione della camera a cui appartiene. L'obbligo dell'autorizzazione vale anche per le intercettazioni telefoniche.

UN DOCUMENTO

L'ultimo discorso di Matteotti

«Io chiedo di parlare parlamentarmente!»

Giacomo Matteotti (1885-1924), socialista riformista, fu uno strenuo difensore delle prerogative del Parlamento e un deciso oppositore del regime fascista.
Nel discorso alla Camera dei deputati del 30 maggio 1924 (che riportiamo in parte), Matteotti denuncia con coraggio le violenze che permisero al Partito fascista di vincere le elezioni del 1924: fu il suo ultimo discorso.
Il 10 giugno 1924 Matteotti fu sequestrato e picchiato a morte da una squadra fascista, che tentò di occultarne il cadavere massacrato.

«*Matteotti*: [...] Nessuno si è trovato libero, perché ciascun cittadino sapeva a priori che se anche avesse osato affermare a maggioranza il contrario, c'era una forza a disposizione del governo che avrebbe annullato il suo voto e il suo responso. [*Rumori e interruzioni a destra*]. Vi è una milizia armata, composta di cittadini di un solo partito, la quale ha il compito dichiarato di sostenere un determinato governo con la forza, anche se a esso il consenso mancasse. [...]
A Melfi è stata impedita la raccolta delle firme con la violenza. [*Rumori*] In Puglia fu bastonato perfino un notaio. [...] A Genova [*Rumori vivissimi*] i fogli con le firme già raccolte furono portati via dal tavolo su cui erano stati firmati. [...]
Non credevamo che le elezioni dovessero svolgersi proprio come un saggio di resistenza inerme alle violenze fisiche dell'avversario, che è al governo e dispone di tutte le forze armate! [*Rumori*] [...]
Presidente [*Rocco*]: Onorevole Matteotti, se ella vuole parlare, ha facoltà di continuare, ma prudentemente.
Matteotti: Io chiedo di parlare non prudentemente, né imprudentemente, ma *parlamentarmente*! Nella valle del Po, in Toscana e in altre regioni gli elettori votavano sotto il controllo del Partito fascista, con la regola del tre. [...] I fascisti consegnavano agli elettori un bigliettino contenente tre numeri o tre nomi, secondo i luoghi [*Interruzioni*] variamente alternati in maniera che tutte le combinazioni, cioè tutti gli elettori di ciascuna sezione, uno

Giacomo Matteotti.

per uno, potessero essere controllati e riconosciuti personalmente nel loro voto. [...]
La regola del tre, cui prima accennavo, diede modo al partito dominante, di controllare personalmente ciascun elettore, e applicare il giorno seguente ai ribelli la sanzione col boicottaggio dal lavoro e con le percosse [*Rumori*]. [...]»

Nata nel Medioevo in Inghilterra per difendere il Parlamento dal potere del Re, l'immunità deve impedire che i parlamentari vengano perseguitati per le loro opinioni politiche.

L'*immunità* è una prerogativa del Parlamento e non del singolo parlamentare. A volte, i mass media parlano di deputati o senatori che avrebbero «rinunciato all'immunità»; si tratta di casi in cui il parlamentare inquisito ha solo «invitato» la camera a cui appartiene a rilasciare l'autorizzazione, perché la decisione definitiva spetta al Parlamento.

L'immunità si applica anche quando viene eletta una persona che si trova in stato di detenzione: appena eletto, il parlamentare deve essere liberato, e dovrà riprendere la carcerazione solo se viene rilasciata l'autorizzazione.

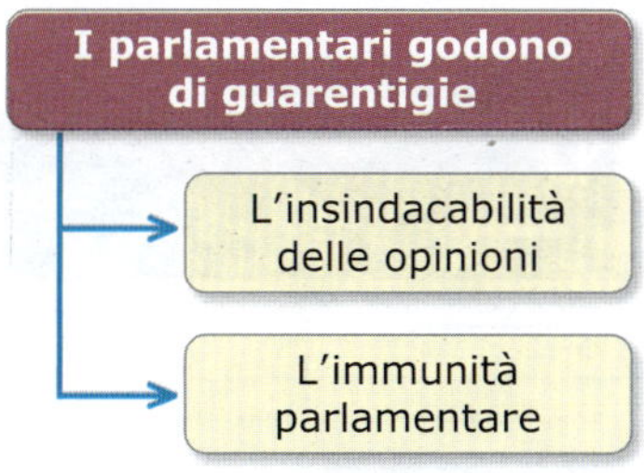

La fine dell'autorizzazione a procedere. Prima di una riforma costituzionale del 1993, un deputato (o un senatore) poteva essere sottoposto a procedimento penale solo su autorizzazione della Camera (o del Senato). Se l'autorizzazione veniva concessa, il parlamentare veniva giudicato dalla Magistratura, come tutti i cittadini, che poteva poi eventualmente riconoscere la sua innocenza.

Fino al 1993 un parlamentare poteva essere processato solo su autorizzazione della camera di appartenenza

L'autorizzazione a procedere doveva essere negata solo in caso di accuse riguardanti l'attività politica dei parlamentari, cioè quando il Parlamento intravedeva un *fumus persecutionis* (dal latino «intento persecutorio») nell'operato dei giudici.

Nella realtà, il Parlamento ha abusato di questo diritto, e spesso ha negato l'autorizzazione a procedere anche nel caso di accuse per reati comuni; significativi sono i dati relativi alla X legislatura (1987-1992) che ha preceduto la riforma: su 358 richieste di autorizzazione a procedere, ne sono state accolte solo 43 (12%).

Questo atteggiamento è ancora più grave se si considera che il Parlamento doveva negare l'autorizzazione a procedere solo in caso di accuse manifestamente infondate: nel dubbio, l'autorizzazione doveva sempre essere concessa.

Gli elettori non possono imporre vincoli ai parlamentari, che sono liberi di assumere qualsiasi posizione politica

■ **L'assenza del vincolo di mandato.** Il Parlamento rappresenta tutto il popolo italiano: un parlamentare rappresenta tutti i cittadini e non solo chi lo ha votato.

In conseguenza di ciò, l'**art. 67 Cost.** stabilisce che ogni parlamentare «esercita le sue funzioni senza vincolo di mandato». Per esempio il deputato Mario Rossi, una volta eletto, può agire liberamente, e i suoi elettori non possono obbligarlo a prendere certe decisioni (non possono costringerlo a votare una determinata legge).

L'*assenza del vincolo di mandato* comporta due conseguenze:

- non esiste alcuna sanzione per il parlamentare che non rispetta quanto promesso in campagna elettorale;
- ogni parlamentare è libero di cambiare partito in ogni momento.

L'unica «sanzione» che gli elettori possono infliggere agli eletti è quella di non votarli alle elezioni seguenti.

I parlamentari hanno diritto a un'indennità

■ **L'indennità.** Mentre lo Statuto albertino considerava onorifica la carica di parlamentare, l'**art. 69 Cost.** stabilisce che deputati e senatori ricevano «una indennità stabilita dalla legge».

Si tratta di un punto controverso, su cui l'opinione pubblica è spesso molto severa (forse troppo): è vero che l'indennità ha provocato la nascita dei «politici di professione», ma è altrettanto vero che, senza indennità, i soggetti delle classi più povere non potrebbero fare i parlamentari.

3 L'organizzazione delle Camere

■ **Le maggioranze.** A seconda dell'oggetto della votazione, in Parlamento si vota a maggioranza semplice, assoluta e qualificata.

Ricordando che la Camera è formata da 630 deputati, ipotizziamo che a una seduta siano presenti e votanti 400 deputati; è possibile avere:

- la *maggioranza semplice*, che richiede il voto favorevole della metà più uno dei votanti (nell'esempio 201);
- la *maggioranza assoluta*, che richiede il voto favorevole della metà più uno degli aventi diritto al voto (nell'esempio 316);
- la *maggioranza qualificata*, che richiede un numero di voti superiore alla maggioranza assoluta (nell'esempio più di 316).

Nel sistema politico possono essere richieste altre maggioranze; fra queste ricordiamo la *maggioranza relativa*, che è il numero più alto di voti raggiunto (anche se tale numero è inferiore alla maggioranza semplice), di cui ci occupiamo nel prossimo paragrafo.

Home page del sito della Camera dei deputati.

■ **La trasparenza dei lavori parlamentari.** Le sedute parlamentari sono pubbliche. La trasparenza dei lavori parlamentari è garantita anche dal fatto che sia la Camera che il Senato hanno canali satellitari e siti Internet, aggiornati e approfonditi.

I regolamenti parlamentari disciplinano la vita delle Camere

■ **I regolamenti parlamentari.** L'**art. 64 Cost.** stabilisce che ogni camera «adotta il proprio regolamento», che deve essere approvato a maggioranza assoluta per tutelare le minoranze.

I regolamenti parlamentari contengono norme che disciplinano la vita delle Camere: la presentazione dell'ordine del giorno, le modalità di votazione, la durata degli interventi, il comportamento da tenere in aula e così via.

I Presidenti delle Camere. I regolamenti parlamentari stabiliscono anche la procedura di elezione dei Presidenti di Camera e Senato.

Il *Presidente della Camera*, un deputato eletto dai deputati, la rappresenta all'esterno e dirige i lavori di Montecitorio.

Il *Presidente del Senato*, un senatore eletto dai senatori, dirige i lavori di Palazzo Madama e, in casi particolari, ha il prestigioso compito di fare da supplente al Presidente della Repubblica.

Il Presidente (della Camera e del Senato) è assistito da un Ufficio di presidenza (formato da 4 vice presidenti), che deve sostituirlo quando è temporaneamente assente.

I regolamenti parlamentari stabiliscono la procedura di elezione dei Presidenti di Camera e Senato

Presunzione e verifica del numero legale. Per la validità delle sedute è richiesta la presenza della maggioranza assoluta dei parlamentari; per esempio, alla Camera dovrebbero essere presenti almeno 316 deputati su 630. Perché abbiamo detto «dovrebbero»?

Per agevolare l'attività delle Camere, i regolamenti parlamentari stabiliscono la presunzione del numero legale: si suppone che alla seduta sia presente la maggioranza assoluta dei parlamentari, senza effettuare alcun controllo. Però se un gruppo parlamentare chiede la verifica del numero legale, il Presidente della Camera (o del Senato) deve contare i presenti, e deve interrompere la seduta se accerta che i deputati (o i senatori) non raggiungono la maggioranza assoluta.

Si ha la presunzione del numero legale, che è sempre verificabile

Voto segreto e voto palese. In Parlamento si può votare a *scrutinio segreto* (inserendo un foglietto nell'urna) o a *scrutinio palese* (per appello nominale o col voto elettronico riportato automaticamente sul tabellone); va detto che i regolamenti parlamentari stabiliscono la prevalenza del voto palese su quello segreto.

Il voto segreto tutela la libertà dei parlamentari, mentre col voto palese l'opinione pubblica conosce il comportamento dei parlamentari

Per esempio, il regolamento della Camera prevede che il voto segreto possa essere mantenuto solo nei seguenti casi:
- votazioni riguardanti i singoli parlamentari;
- modifiche al regolamento;
- votazioni in materia di diritto di famiglia;
- votazioni sui diritti di libertà;
- approvazione di leggi ordinarie relative a organi costituzionali;
- approvazione di leggi elettorali;
- istituzione di commissioni d'inchiesta.

Esistono opinioni discordi sull'opportunità di adottare il voto segreto o quello palese:
- i favorevoli al *voto segreto* ritengono che il parlamentare debba essere libero di votare secondo coscienza, senza essere condizionato dalle disposizioni dei partiti;
- i favorevoli al *voto palese* ribattono che il corpo elettorale deve sapere come si comportano i suoi rappresentanti; a questo proposito va ricordato che il voto segreto provoca il deprecabile fenomeno dei «franchi tiratori»; si tratta di parlamentari che, grazie alla segretezza dell'urna, votano contro le direttive del proprio partito senza esporre chiaramente la loro opinione.

Votazione alla Camera dei deputati.

I gruppi parlamentari. I regolamenti parlamentari prevedono che i deputati e i senatori si iscrivano a un gruppo parlamentare.

I membri del Parlamento possono appartenere a qualsiasi gruppo, anche se all'inizio della legislatura, solitamente, essi si iscrivono al gruppo corrispondente al partito in cui sono stati eletti. Nel corso della legislatura possono subentrare divergenze, e un parlamentare può cambiare gruppo senza alcuna conseguenza, come previsto dall'assenza del vincolo di mandato.

I regolamenti parlamentari prevedono che i deputati e i senatori si iscrivano a un gruppo parlamentare

Le commissioni permanenti. L'art. 72 Cost. stabilisce che ogni camera si articoli in commissioni permanenti «composte in modo da rispecchiare la proporzione dei gruppi parlamentari».

Ogni camera si articola in commissioni permanenti

Le commissioni, formate in media da una ventina di parlamentari, sono divise a seconda della materia (economia e finanze, salute, difesa, istruzione e così via). Le commissioni contribuiscono a snellire il lavoro parlamentare e, come vedremo, svolgono un ruolo fondamentale nel procedimento di approvazione delle leggi.

Le commissioni d'inchiesta svolgono indagini, e devono poi riferire alle Camere senza emettere alcuna sentenza

Le commissioni d'inchiesta. Possono essere istituite *commissioni parlamentari d'inchiesta*, per indagare su fatti di grande rilevanza politica che hanno colpito il Paese. I poteri di queste commissioni sono simili a quelli di un giudice nella fase di istruzione di un processo: le commissioni d'inchiesta possono svolgere indagini e ascoltare testimoni, ma devono poi riferire alle Camere senza emettere alcuna sentenza.

La sera del 27 giugno 1980 un aereo di linea DC-9 della compagnia Itavia, decollato da Bologna e diretto a Palermo, si squarciò in volo e cadde in mare al largo di Ustica, provocando la morte degli 81 passeggeri. Molti aspetti di questo disastro aereo non sono ancora stati chiariti. Nella foto, i resti dell'aereo precipitato, conservati a Bologna nel Museo per la Memoria di Ustica.

Fra le varie commissioni d'inchiesta ricordiamo quella sulla Loggia massonica Propaganda 2 (P2), quella sull'Antimafia e quella sul disastro di Ustica.

L'ostruzionismo parlamentare. L'ostruzionismo parlamentare si ha quando le minoranze pronunciano interminabili discorsi o presentano migliaia di emendamenti, per impedire (o almeno ritardare) l'approvazione di una legge. Le minoranze presuppongono il consenso dell'opinione pubblica, in caso contrario l'ostruzionismo sarebbe politicamente controproducente.

L'ostruzionismo parlamentare è stato notevolmente ridotto

Uno storico caso di ostruzionismo si ebbe nel 1953, quando le minoranze se ne servirono per ostacolare l'approvazione della nuova legge elettorale per la Camera.

All'inizio degli anni Ottanta vi fu un abuso della pratica ostruzionistica, che portò a una modifica dei regolamenti parlamentari in modo da limitare la durata degli interventi in aula.

4 Dal voto al seggio: i sistemi elettorali

Il sistema elettorale trasforma i voti degli elettori in seggi parlamentari

Il sistema elettorale. Il sistema elettorale stabilisce le regole da utilizzare per trasformare i voti degli elettori in seggi parlamentari.

Negli Stati democratici vengono utilizzati numerosi sistemi elettorali, che possono essere divisi in maggioritari e proporzionali.

Il sistema maggioritario uninominale prevede un numero di collegi elettorali uguale al numero dei seggi e, in ogni collegio, vince chi ottiene la maggioranza relativa

Il sistema maggioritario uninominale. Per semplificare, fra i sistemi maggioritari ci occupiamo soprattutto del *sistema maggioritario uninominale*.

Va premesso che il territorio statale viene diviso in collegi elettorali. Un *collegio elettorale* è quindi una porzione del territorio statale, composta da un determinato numero di elettori, in cui vengono eletti i parlamentari.

Col sistema maggioritario uninominale il Paese viene diviso in un numero di collegi elettorali pari al numero di parlamentari da eleggere, e in ogni collegio viene eletto il candidato che ottiene la maggioranza relativa.

Col sistema maggioritario uninominale si creano Governi più stabili, ma il corpo elettorale non è perfettamente rappresentato in Parlamento

Il sistema maggioritario uninominale riduce il numero dei partiti, perché in ogni collegio presentano dei candidati solo quei partiti che pensano di poter vincere il seggio, mentre gli altri gruppi si uniscono per presentare un candidato comune. Poiché in Parlamento vi sono pochi partiti, solitamente il Governo è formato da un solo gruppo e non sono necessarie le *coalizioni* (Governi formati da vari partiti): il sistema maggioritario uninominale ha il vantaggio di facilitare la creazione di Governi più stabili.

Il sistema maggioritario uninominale ha anche effetti negativi. In particolare, il corpo elettorale non è perfettamente rappresentato, perché:

- i voti dei cittadini non hanno lo stesso «peso», perché non sono rappresentati in Parlamento gli elettori che, all'interno di un collegio, votano per un partito che non riesce a ottenere il seggio;
- non sono tutelati i piccoli partiti, che faticano a entrare in Parlamento.

Dalla teoria alla pratica. Per precisare quanto detto utilizziamo un esempio numerico prendendo in esame un collegio ipotetico della Camera dei deputati.

Simulazione dei risultati di un ipotetico collegio uninominale della Camera dei deputati

Candidato	Partito	Voti
Marco Vitali	Alfa	24%
Anna Dalle Donne	Beta	19%
Roberto Baroni	Gamma	27%
Stefano Bonvicini	Delta	10%
Francesco Prati	Zeta	4%
Carlotta Albertini	Tau	11%
Caterina Martini	Omega	5%

Nel collegio verrebbe eletto Roberto Baroni (Partito Gamma) col 27% dei voti.

Questo esempio non è però realistico, perché i singoli partiti tendono a riunirsi per non disperdere i voti. È quindi più credibile ipotizzare che in quel collegio si presentino due coalizioni:

- la prima coalizione formata dai partiti (Alfa + Beta) col candidato Vitali;
- la seconda coalizione formata dai partiti (Gamma + Delta + Zeta) col candidato Baroni;

mentre si presentano da soli sia il Partito Tau (col candidato Albertini) sia il Partito Omega (col candidato Martini).

In questa ipotesi nel collegio il seggio è vinto dal candidato Marco Vitali col 43% dei voti (vedi tabella seguente).

Simulazione dei risultati di un ipotetico collegio uninominale della Camera dei deputati

Partito	Voti partito	Coalizione	Candidato	Voti coalizione
Alfa	24%	(Alfa + Beta)	Vitali	43%
Beta	19%			
Gamma	27%	(Gamma + Delta + Zeta)	Baroni	41%
Delta	10%			
Zeta	4%			
Tau	11%		Albertini	
Omega	5%		Martini	

Dal 2018 il sistema maggioritario uninominale è utilizzato per eleggere una parte dei parlamentari italiani (come vedremo nel paragrafo 5), anche se da sempre «la patria del maggioritario» è la Gran Bretagna.

Il sistema maggioritario in Gran Bretagna. Il sistema maggioritario uninominale è tipico della Gran Bretagna, che lo adotta per eleggere i 659 deputati della Camera dei Comuni (che è l'unica elettiva).

Il sistema maggioritario è tipico della Gran Bretagna

Anche per questo motivo, in Gran Bretagna l'esecutivo è spesso formato da un solo partito; in particolare la Gran Bretagna è caratterizzata dal *bipartitismo*: il Partito conservatore e il Partito laburista si alternano al Governo e, di solito, il Partito liberaldemocratico è politicamente poco influente.

Anche gli effetti negativi del maggioritario sono presenti nel sistema britannico:

- la mancata assegnazione dei seggi ai partiti che, pur ottenendo voti, non vincono nei collegi, crea grande disparità fra gli elettori;
- in Parlamento sono quasi assenti i piccoli partiti;

UN ARTICOLO

Il sistema maggioritario in Gran Bretagna

La Gran Bretagna è, per eccellenza, il Paese del sistema maggioritario uninominale. Nell'articolo riprodotto (Mino Vignolo, *Corriere della Sera*, 21 aprile 1993), sono sintetizzati i vantaggi e gli svantaggi del sistema maggioritario britannico.

1 Il sistema «all'inglese» è applicato per la Camera dei Comuni, l'unica elettiva. È molto semplice: il Paese è diviso in 659 collegi elettorali, uno per ogni seggio ai Comuni. Risulta eletto il candidato che raccoglie più voti, senza bisogno di ulteriori conteggi o ballottaggi. È il sistema chiamato in inglese *first past the post*: il primo, anche per un solo voto, prende tutto e per gli altri non c'è niente, neppure una briciola. Paradossalmente, un partito che presenta candidati arrivati secondi per un voto in tutti i seggi non entrerebbe in Parlamento.

Vi sono dei vantaggi, naturalmente. La governabilità è più facile e i partitelli contano molto meno. La certezza che i voti non andati al candidato che vincerà andranno perduti costringe la stragrande maggioranza degli elettori a scartare, a priori, i candidati meno autorevoli.

CORRIERE DELLA SERA

INGHILTERRA / Nel partito di Major crescono le perplessità mentre i laboristi propongono già l'abolizione dell'uninominale secca

Il primo piglia tutto e l'alternanza va in briciole, parola di conservatore

DAL NOSTRO CORRISPONDENTE

LONDRA — Il sistema uninominale secco «all'inglese», sistema elettorale che piace in Italia in questi tempi difficili, non può essere considerato la panacea di tutti i nostri mali anche se l'apparenza, elementare fino alla rozzezza, incoraggia chi sogna riforme

rappresentativo, almeno in parte, della società civile. Nello stesso tempo, l'onnipotente Margaret Thatcher degli anni Ottanta raggiunse al massimo il 43 per cento dei voti nelle tre elezioni vinte ma questo le permise di controllare, da sola, una maggioranza assoluta in Parlamento ta-

bisogno di ulteriori conteggi o ballottaggi. È il sistema chiamato in inglese *first past the post*: il primo, anche per un solo voto, pre[1] tutto e per gli altri non c'è niente, neppure una briciola. Paradossalmente, un partito che presenta candidati arrivati secondi per un voto in tutti i seggi non

il Partito conservatore e il Partito laborista. Negli ultimi 150 anni il sistema è stato in prevalenza bipolare e dal 1945 o i conservatori o i laboristi hanno detenuto il potere. Un nuovo partito, il liberaldemocratico, è stato formato nel 1988 quando i vecchi liberali si sono fusi con i socialdemocra-

che si terrà nel 1996 o 1997, fa ritenere possibile un partito unico al potere per oltre vent'anni, un pensiero che non piace ai conservatori più democratici e che dovrebbe far riflettere anche al di là della Manica. «È un pericolo per il sistema democratico britannico — sostiene Anthony

cupa soltanto l'opposizione».

L'opinionista del *Financial Times* Samuel Brittan, conservatore, ha sintetizzato molto bene: «È paradossale che i conservatori, fautori della libertà, siano soddisfatti che un partito governi da solo per anni e anni e che ammassi sempre più potere centraliz-

- può accadere che un partito ottenga la maggioranza relativa dei voti, ma venga superato per numero di seggi da un partito che pure ha ottenuto meno voti: chi governa è stato meno votato di chi sta all'opposizione! Questo fatto, apparentemente paradossale, si verifica quando il partito che ha ottenuto più voti vince con enorme scarto in un minor numero di collegi, mentre il partito che ha ottenuto più seggi vince con uno scarto ridotto in un maggior numero di collegi.
  Questa situazione si è creata in Gran Bretagna alle elezioni del 1955 e del 1974.

Col sistema maggioritario uninominale un partito deve solo ottenere il seggio, e non ha alcuna importanza che realizzi una vittoria di larga misura all'interno del collegio. In questo contesto acquista grande rilevanza la mappa dei collegi elettorali; cioè come viene diviso il territorio in collegi.

Col sistema maggioritario a doppio turno con ballottaggio si eleggono i Sindaci nei Comuni maggiori

Il maggioritario a doppio turno con ballottaggio. Il *sistema maggioritario a doppio turno con ballottaggio* viene utilizzato in Italia per eleggere i Sindaci nei Comuni maggiori.

Al primo turno, fra tutti i candidati, viene eletto solo chi ottiene la maggioranza assoluta dei voti. Se nessuno ottiene la maggioranza assoluta al primo turno, i due candidati più votati effettuano un secondo turno (chiamato *ballottaggio*), in cui viene eletto chi ottiene il maggior numero di voti.

Col sistema proporzionale ogni partito ottiene un numero di seggi che è proporzionale ai voti ricevuti

Il sistema proporzionale. Col sistema proporzionale ogni partito ottiene in Parlamento un numero di seggi proporzionale ai voti ricevuti a livello nazionale. Per esempio, se si vota col sistema proporzionale per eleggere 500 deputati, un partito che ottiene il 10% dei voti ottiene 50 deputati (50 è il 10% di 500).

Va precisato che è impossibile assegnare ai partiti un numero di seggi perfettamente proporzionale ai voti ottenuti, perché una parte di voti viene dispersa, e viene poi assegnata separatamente coi cosiddetti «resti».

Col sistema proporzionale si creano Governi meno stabili, ma il corpo elettorale è fedelmente rappresentato in Parlamento

Il *sistema proporzionale* ha un duplice vantaggio:

- i voti degli elettori hanno lo stesso «peso», perché chi vota per un partito piccolo è rappresentato in Parlamento come chi vota per un partito grande;
- vengono tutelati i diritti dei piccoli partiti, che entrano facilmente in Parlamento.

Lo svantaggio è che il sistema proporzionale porta a un Parlamento composto da numerosi partiti, e questo fatto rende difficile la creazione di Governi stabili.

I sistemi elettorali si dividono in

- Maggioritari, in cui sono eletti i candidati che vincono nei singoli collegi
- Proporzionali, in cui i partiti ottengono i seggi in proporzione ai voti

Maggioritario o proporzionale? Un sistema elettorale deve rispondere a due esigenze fondamentali:

- dalle elezioni deve uscire un Parlamento in grado di permettere la creazione di un Governo stabile;
- il Parlamento deve riprodurre il più fedelmente possibile gli orientamenti del corpo elettorale;

si tratta di due esigenze inconciliabili fra di loro: la prima è soddisfatta dal sistema maggioritario e la seconda dal sistema proporzionale. Il completo rispetto della volontà del corpo elettorale prevede l'esistenza di molti partiti, ma il pluripartitismo porta a governi di coalizione che rendono instabile l'azione dell'esecutivo.

Non esiste un sistema elettorale «migliore» in assoluto, perché sia il sistema maggioritario che quello proporzionale presentano aspetti positivi e negativi: la scelta fra i due sistemi deve avvenire in base alla situazione politica di ogni Paese.

Non esiste un sistema elettorale «migliore» in assoluto

Sistema maggioritario	Sistema proporzionale
• Governi più stabili • Diverso peso del voto • Non tutela i piccoli partiti	• Governi meno stabili • Uguale peso del voto • Tutela i piccoli partiti

5 I sistemi elettorali in Italia dal dopoguerra a oggi

Il sistema elettorale in Italia. Il sistema elettorale italiano non è regolato dalla Costituzione, ma da leggi ordinarie che devono comunque essere approvate col procedimento ordinario.

Il sistema elettorale italiano è regolato da leggi ordinarie

Analizziamo brevemente i sistemi elettorali succedutisi dal 1948 a oggi in Italia.

Il proporzionale dal 1948 al 1992. Il sistema proporzionale restò in vigore nel nostro Paese dal 1948 al 1992. In realtà le leggi elettorali stabilivano un diverso sistema elettorale per deputati e senatori, ma si trattava di differenze soprattutto teoriche.

Dal 1948 al 1992 era in vigore un sistema proporzionale

Fino al 1992 le elezioni politiche si effettuarono, quindi, col sistema proporzionale che, inevitabilmente, provocò un eccessivo numero di partiti; basta pensare che dalle elezioni del 5 aprile 1992 uscì un Parlamento formato da 17 partiti. In conseguenza di ciò, nell'opinione pubblica e nel mondo politico, si fecero sempre più forti le pressioni per cambiare il sistema elettorale.

Il maggioritario corretto dal 1994 al 2001. Nel 1993 il sistema proporzionale fu temporaneamente abbandonato, perché il Parlamento approvò una nuova legge elettorale, in base alla quale il 75% dei parlamentari (475 deputati e 232 senatori) veniva eletto col sistema maggioritario uninominale, mentre il 25% (155 deputati e 83 senatori) veniva eletto col sistema proporzionale. La riforma elettorale del 1993 segnava il passaggio dal sistema proporzionale a un sistema maggioritario corretto.

Dal 1994 al 2001 era in vigore un sistema maggioritario corretto

Il territorio italiano era diviso in collegi uninominali (475 per i deputati e 232 per i senatori), uno per ogni parlamentare da eleggere col sistema maggioritario:

Quanto vale un voto?

Nelle varie circostanze in cui siamo chiamati a votare, si tratti dell'elezione di un rappresentante di classe o di un referendum, l'assunto di base è sempre lo stesso: ogni voto pesa uguale. Questa però non è una regola universale: nell'elezione del Presidente della Federazione Italiana Giuoco Calcio (FIGC), per esempio, a ognuno dei 279 delegati è assegnato un peso diverso in base alla categoria rappresentata, per un totale di 516 voti effettivi. Vediamo assieme nel dettaglio il meccanismo elettorale usato dalla FIGC.

IL CORPO ELETTORALE

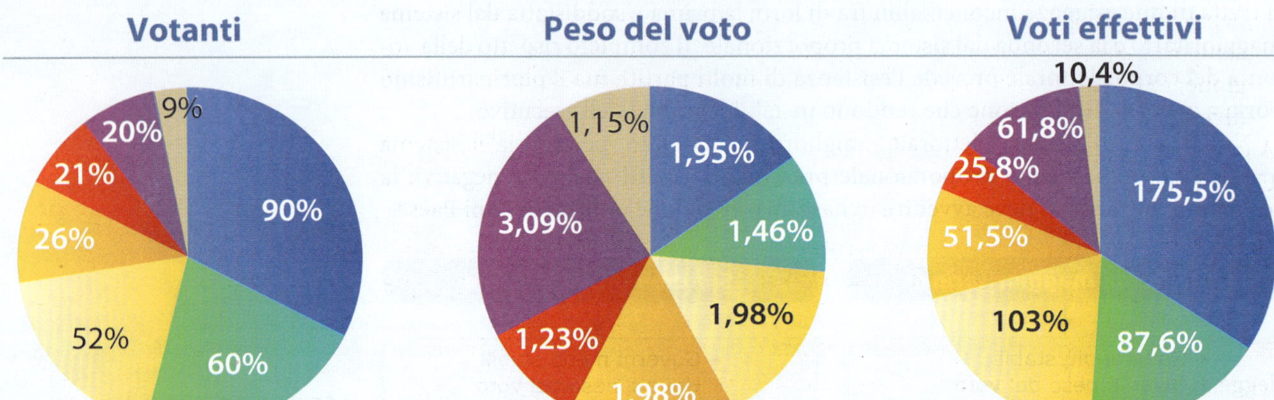

IL MECCANISMO ELETTIVO

Primo scrutinio
Uno dei candidati ottiene almeno il 75% dei voti validi?
No → Secondo scrutinio · Si → Il candidato viene eletto presidente

Secondo scrutinio
Uno dei candidati ottiene almeno i due terzi dei voti validi?
No → Terzo scrutinio · Si → Il candidato viene eletto presidente

Terzo scrutinio
Uno dei candidati ottiene più del 50% dei voti validi?
No → Quarto scrutinio · Si → Il candidato viene eletto presidente

Quarto scrutinio
Ballottaggio tra i due candidati più votati nello scrutinio precedente. Uno ottiene più del 50% dei voti validi (la schede bianca è un voto valido)?
Si → Il candidato viene eletto presidente · No → Non c'è un nuovo presidente

Il candidato viene eletto presidente

Non c'è un nuovo presidente
La Federazione viene commissariata (come accaduto nel 2017).

PALLA AL CENTRO

Nell'elezione del Presidente della FIGC, il voto del rappresentante di una squadra di Serie A vale più di quello di una di Serie B o C, in modo da rispecchiare la maggior importanza, economica e d'immagine, delle squadre di serie A. Pensi che sia un modello applicabile anche ad altre elezioni? Se sì, che tipo di pesi pensi che dovrebbero essere usati? Discutine coi tuoi compagni.

in ogni collegio veniva eletto il candidato che otteneva la maggioranza relativa dei voti. Ogni candidato doveva essere collegato a un partito (o a un gruppo di partiti).

I restanti parlamentari (155 deputati e 83 senatori) venivano eletti col sistema proporzionale.

Il sistema maggioritario corretto (utilizzato alle elezioni del 1994, del 1996 e del 2001) non riuscì però ad aumentare la governabilità del Paese.

Il proporzionale con premio di maggioranza dal 2006 al 2013. Nel 2005 fu approvata una nuova legge elettorale, che prevedeva un sistema proporzionale con premio di maggioranza sia per la Camera che per il Senato. Esisteva però una differenza significativa:

- per la Camera il premio di maggioranza era su base nazionale: alla coalizione vincente venivano assegnati i seggi necessari per raggiungere la soglia di 340 deputati, per garantire un'ampia maggioranza governativa;
- per il Senato il premio di maggioranza era su base regionale: la coalizione vincente in ogni singola Regione otteneva il 55% dei seggi assegnati in quella Regione; in questo modo il premio di maggioranza del Senato andava a coalizioni diverse in regioni diverse.

A causa di questa differenza, in Parlamento si formavano maggioranze solide alla Camera ma non al Senato.

Il sistema proporzionale con premio di maggioranza (utilizzato alle elezioni del 2006, del 2008 e del 2013) aumentò l'instabilità politica del Paese, e venne cancellato da una sentenza della Corte costituzionale del 2013.

Dal 2006 al 2013 era in vigore un sistema proporzionale con premio di maggioranza

La mancata riforma costituzionale del 2016. Nel 2015 fu approvata una legge elettorale che prevedeva l'introduzione del *sistema proporzionale a doppio turno con premio di maggioranza.*

Si trattava di una vera e propria rivoluzione, perché la legge elettorale valeva soltanto per la Camera. La legge elettorale era, infatti, strettamente collegata con la riforma costituzionale del 2016, in cui si stabiliva che il Senato non doveva più essere eletto direttamente dal corpo elettorale.

Il 4 dicembre 2016 si svolse un referendum confermativo, per decidere l'entrata in vigore della riforma costituzionale, che si concluse con la vittoria del NO (59,1% dei votanti).

La mancata riforma costituzionale rese inutilizzabile la legge elettorale per la Camera, che venne poi cancellata da una sentenza della Corte costituzionale del 2017.

La legge elettorale per la Camera del 2015 non entrò in vigore, perché era collegata alla riforma costituzionale che fu bocciata dal referendum confermativo del 2016

6 Il sistema elettorale italiano

La riforma elettorale del 2017. Le complesse vicende politiche degli ultimi anni hanno reso particolarmente difficile l'approvazione di una riforma elettorale applicabile al nostro Paese.

Dopo lunghi contrasti fu approvata la legge 3 novembre 2017, n. 165, *Modifiche al sistema di elezione della Camera dei deputati e del Senato della Repubblica. Delega al Governo per la determinazione dei collegi elettorali uninominali e plurinominali* (d'ora in poi legge n. 165 del 2017).

Il sistema elettorale misto. La legge n. 165 del 2017 prevede che il 37% dei parlamentari (232 deputati e 116 senatori) sia eletto col sistema maggioritario uninominale e il 61% dei parlamentari (386 deputati e 193 senatori) sia eletto col sistema proporzionale.

Il restante 2% dei seggi viene assegnato attraverso il *voto degli italiani all'estero*, che utilizzano un sistema proporzionale per eleggere 18 parlamentari (12 deputati e 6 senatori).

In Italia è in vigore un sistema elettorale misto, per cui il 37% dei parlamentari è eletto col sistema maggioritario uninominale e il 61% è eletto col sistema proporzionale

La riforma istituisce quindi un *sistema elettorale misto* (maggioritario e proporzionale), che è stato utilizzato per la prima volta alle elezioni politiche del 4 marzo 2018.

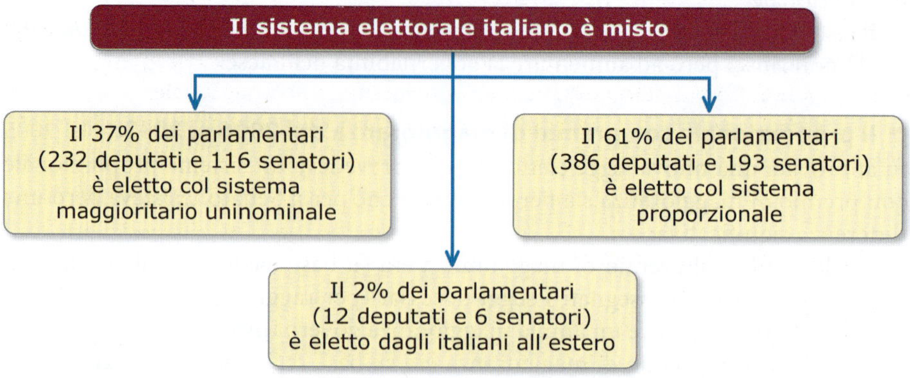

L'elettore ha a disposizione due schede: una per la Camera e una per il Senato

La scheda elettorale. L'elettore ha a disposizione due schede: una per la Camera e una per il Senato.

Su ogni scheda l'elettore esprime il voto sia per la quota maggioritaria sia per la quota proporzionale.

La legge n. 165 del 2017 per la prima volta cerca di arginare il voto di scambio utilizzando le «schede antifrode». Ogni scheda ha un tagliando antifrode con un numero univoco, che gli scrutatori annotano quando consegnano la scheda all'elettore. Al momento della riconsegna della scheda, gli scrutatori controllano che il numero segnato sia uguale a quello del tagliando, per verificare che non ci siano stati scambi in cabina con schede pre-votate, e solo allora, prima di inserire la scheda nell'urna, gli scrutatori tolgono il tagliando antifrode, rendendo così la scheda anonima e non tracciabile.

Il sistema elettorale della Camera. Analizziamo il sistema elettorale italiano partendo dalla Camera, dove vengono eletti 232 deputati col sistema maggioritario uninominale e 386 deputati col sistema proporzionale (oltre ai 12 deputati eletti dagli italiani all'estero).

Camera dei deputati

Composizione	630 deputati
Eletti col sistema maggioritario uninominale	232 deputati
Eletti col sistema proporzionale	386 deputati
Eletti dagli italiani all'estero	12 deputati

Alla Camera vengono eletti i 232 candidati che ottengono la maggioranza relativa dei voti in ognuno dei 232 collegi uninominali

La quota maggioritaria della Camera. Iniziamo a occuparci della quota maggioritaria della Camera.

Il territorio italiano viene diviso in 232 collegi uninominali, uno per ogni deputato da eleggere col sistema maggioritario: in ogni collegio uninominale viene eletto il candidato che ottiene la maggioranza relativa dei voti. Ogni candidato deve essere collegato a un partito o a una coalizione di partiti.

Riprendiamo l'esempio fatto nel paragrafo 4, relativo a un ipotetico collegio uninominale della Camera.

Simulazione dei risultati di un ipotetico collegio uninominale della Camera dei deputati

Partito	Voti partito	Coalizione	Candidato	Voti coalizione
Alfa	24%	(Alfa + Beta)	Vitali	43%
Beta	19%			
Gamma	27%	(Gamma + Delta + Zeta)	Baroni	41%
Delta	10%			
Zeta	4%			
Tau	11%		Albertini	
Omega	5%		Martini	

Col sistema maggioritario uninominale nel collegio viene eletto il deputato Vitali (appoggiato dalla coalizione Alfa + Beta), mentre i voti ottenuti dai singoli partiti (Alfa, Beta, Gamma, Delta, Zeta, Tau e Omega) vanno sommati a quelli ottenuti a livello nazionale per ripartire i 386 seggi col sistema proporzionale. In questo modo, i voti di chi non ha vinto il seggio (il 27% del Partito Gamma, il 10% del Partito Delta, il 4% del Partito Zeta, l'11% del Partito Tau e il 5% del Partito Omega) vengono parzialmente recuperati nella quota proporzionale.

È evidente che questo procedimento deve essere eseguito in ognuno dei 232 collegi uninominali della Camera.

Va sottolineato che per sostituire un parlamentare eletto col sistema maggioritario (in caso di morte, dimissioni...) è necessaria una nuova elezione, anche se questa dovesse riguardare un solo collegio.

I collegi sono
- Uninominali per la quota maggioritaria
- Plurinominali per la quota proporzionale

I collegi plurinominali. In base a un decreto legislativo del 2018, per la quota proporzionale, il territorio italiano viene diviso in *collegi plurinominali* in cui vengono assegnati i seggi sulla base delle percentuali ottenute dai singoli partiti a livello nazionale. In ogni collegio plurinominale viene assegnato un numero di seggi compreso fra un minimo di 3 e un massimo di 9.

Alla Camera vengono eletti 386 deputati con il sistema proporzionale

La quota proporzionale della Camera. Per l'elezione dei restanti 386 deputati della Camera si utilizza un *sistema proporzionale*, per cui ogni partito ottiene alla Camera un numero di deputati che è proporzionale ai voti ottenuti a livello nazionale.

Come detto, ogni elettore ha a disposizione una sola scheda per la Camera su cui trova:
- i nomi dei candidati per la vittoria del seggio nella quota maggioritaria;
- le liste dei singoli partiti e/o delle coalizioni (collegate ai candidati del maggioritario) per esprimere il voto nella quota proporzionale; sulla scheda compaiono i nomi dei candidati, ma i partiti presentano delle «liste bloccate» e gli elettori non possono esprimere preferenze per i singoli candidati. Per esempio non è possibile dare la propria preferenza al candidato Mario Rossi: Rossi diventa parlamentare solo se rientra fra i candidati eletti, in un ordine di presentazione scelto dai partiti.

Nella quota proporzionale gli elettori non possono esprimere preferenze per i singoli candidati

Il divieto del voto disgiunto. È vietato il *voto disgiunto*: chi vota un candidato nel collegio uninominale può votare soltanto una lista a lui collegata nella quota proporzionale. L'elettore deve quindi scegliere l'abbinamento «candidato del partito X al maggioritario *insieme* al partito X al proporzionale».

Chi vota un candidato nel collegio uninominale può votare solo una lista collegata nella quota proporzionale

Per semplificare le operazioni di voto, nella scheda:
- sotto a ogni candidato nel maggioritario ci sono i simboli delle liste a lui collegate nel proporzionale;
- accanto al simbolo delle liste sono stampati i nomi dei candidati al proporzionale nel corrispondente listino bloccato.

La parità di genere. La legge n. 165 del 2017 tutela la *parità di genere* degli eletti, perché ciascuno dei due sessi:
- non può superare il 60% dei candidati di una lista bloccata;
- non può rappresentare più del 60% dei capilista nelle liste di un singolo partito.

La riforma elettorale tutela la parità di genere degli eletti

Semplificando, nei collegi plurinominali:
- se devono essere assegnati due seggi: i candidati della lista bloccata devono essere un uomo e una donna;
- se devono essere assegnati tre seggi: i candidati della lista boccata devono essere o due uomini e una donna oppure due donne e un uomo.

E così via.

Le pluricandidature. La riforma elettorale prevede che un candidato possa presentarsi in un collegio uninominale e in più collegi plurinominali, fino a un massimo di cinque.

La riforma elettorale prevede che un candidato possa presentarsi in un collegio uninominale e in cinque collegi plurinominali

In caso di elezione in più collegi però scompare la libertà di scelta dell'eletto:

- se viene eletto sia col maggioritario sia col proporzionale, il candidato deve scegliere il seggio della quota maggioritaria;
- se viene eletto col proporzionale in più di un collegio plurinominale, al candidato sarà assegnato il seggio corrispondente al collegio in cui la lista ha preso una percentuale minore di voti.

La Costituzione prevede che il Senato sia eletto su base regionale

Il sistema elettorale del Senato. L'**art. 57 Cost.** stabilisce che «il Senato della Repubblica è eletto a base regionale»; in conseguenza di ciò, il sistema elettorale del Senato deve essere in parte diverso da quello della Camera.

Come vengono eletti i 315 senatori?

A parte i 6 senatori votati dagli italiani all'estero, la riforma elettorale prevede che 116 senatori siano eletti col sistema maggioritario uninominale e 193 senatori siano eletti col sistema proporzionale.

Al Senato i voti della quota proporzionale devono essere ripartiti su *base regionale* (e non su base nazionale come avviene per la Camera). Si tratta dell'unica reale differenza prevista dalla legge n. 165 del 2017 nella procedura di elezione fra Camera e Senato: possiamo quindi affermare che i due sistemi elettorali sono sostanzialmente simili.

Senato della Repubblica

Composizione	315 senatori (più i senatori a vita)
Eletti col sistema maggioritario uninominale	116 senatori
Eletti col sistema proporzionale	193 senatori
Eletti dagli italiani all'estero	6 senatori

Le soglie di sbarramento. Per evitare l'eccessiva frammentazione dei partiti, la riforma prevede nella quota proporzionale (sia alla Camera che al Senato) una soglia di sbarramento su base nazionale sia per le coalizioni (10%) sia per i singoli partiti (3%). In altri termini:

- ogni coalizione deve superare la soglia del 10% per partecipare alla distribuzione dei seggi;
- ogni partito deve superare la soglia del 3% per partecipare alla distribuzione dei seggi.

Va precisato che nelle Regioni a statuto speciale la lista delle minoranze linguistiche accede al riparto dei seggi solo se supera il 20% dei voti.

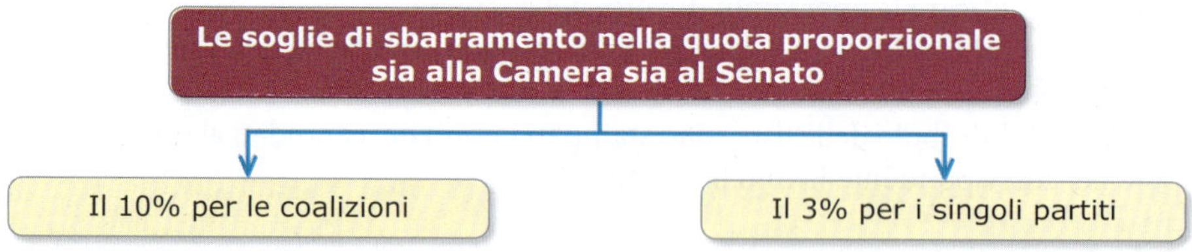

I singoli partiti devono indicare una persona come «Capo politico»

Il Capo politico. Al momento di presentare le liste, i singoli partiti (non le coalizioni), oltre a presentare un proprio programma, devono indicare una persona come *Capo politico*.

Si tratta solo di un'indicazione, che non diminuisce le prerogative del Presidente della Repubblica nel momento in cui nomina il nuovo Presidente del Consiglio (**art. 92 Cost.**).

7 Le funzioni del Parlamento

Il Parlamento esercita la funzione di revisione costituzionale, la funzione di controllo e di indirizzo politico e, soprattutto, la funzione legislativa.

Solo il Parlamento può approvare le leggi costituzionali

■ **La funzione di revisione costituzionale.** Come sappiamo, solo il Parlamento può modificare la Costituzione con l'approvazione delle leggi costituzionali, per le quali è prevista una procedura più lunga e più complessa, rispetto a quella che vedremo per le leggi ordinarie.

Il Parlamento controlla e indirizza l'azione del Governo

■ **La funzione di controllo e di indirizzo politico.** Al Parlamento spetta una funzione di controllo e indirizzo politico perché, come vedremo nell'unità B2, l'**art. 94 Cost.** stabilisce che:

- il Governo, entro dieci giorni dalla nomina, deve presentarsi in Parlamento e ottenere la fiducia delle Camere;
- in qualsiasi momento 1/10 dei deputati (o dei senatori) può presentare una mozione di sfiducia nei confronti del Governo.

Come in ogni repubblica parlamentare, col voto di fiducia il Parlamento controlla e indirizza l'azione dell'esecutivo.

In particolare, i parlamentari possono rivolgere al Governo:

- le *interrogazioni* che vengono fatte al Governo (o a un ministro) per avere informazioni su un fatto specifico («è vero che il Governo ha firmato un accordo con la Cina sulla vendita dei prodotti tessili?»);
- le *interpellanze* che sono relative a comportamenti che il Governo (o un singolo ministro) ha tenuto o intende tenere («quali provvedimenti intende adottare il Governo per tutelare gli imprenditori tessili dalla concorrenza cinese?»);
- le *mozioni* con cui i deputati richiedono una votazione su un atto relativo al Governo (è, per esempio, il caso della mozione di fiducia).

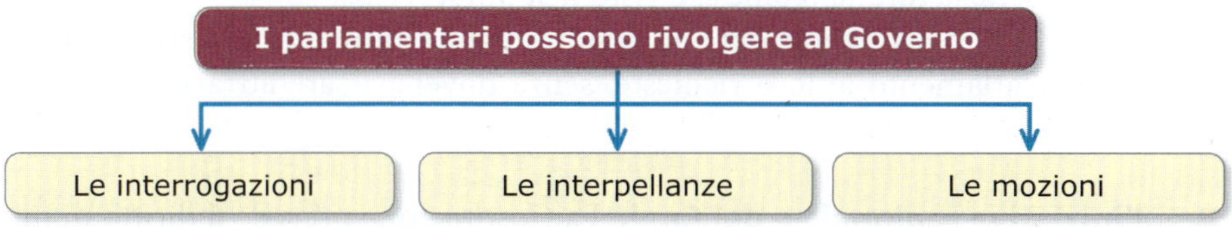

■ **La funzione legislativa.** Nella tripartizione dei poteri del Montesquieu, il Parlamento detiene il potere legislativo: la più importante funzione del Parlamento è quella legislativa, di cui ci occupiamo nel prossimo paragrafo.

8 La funzione legislativa del Parlamento

Solo il Parlamento può approvare leggi ordinarie

■ **La legge ordinaria.** Anche se altri organi sono in grado di emanare atti aventi forza di legge, quando si parla di *legge ordinaria* (d'ora in poi anche *legge*) si fa riferimento a una legge approvata dal Parlamento.

Come vedremo nell'unità B4, si ha la *legislazione esclusiva dello Stato* quando solo le leggi ordinarie possono regolare determinate materie. Quali? Lo Stato ha la competenza esclusiva nelle materie di maggior importanza: la politica estera, l'immigrazione, i rapporti con le confessioni religiose, la difesa, la moneta e il sistema tributario, le leggi elettorali, l'ordine pubblico e la sicurezza, la cittadinanza, la giustizia, la determinazione dei livelli minimi dei servizi, le norme generali sull'istruzione, la previdenza, la tutela dell'ambiente.

Una legge in contrasto con la Costituzione è incostituzionale

■ **La legge incostituzionale.** Il potere legislativo del Parlamento non è illimitato, perché la legge deve essere conforme alla Costituzione, in base al principio della gerarchia delle fonti: è incostituzionale una legge che si trova in contrasto con la Costituzione.

La *legge incostituzionale* può essere cancellata dall'ordinamento giuridico con una sentenza della Corte costituzionale; va però precisato che la legge incostituzionale resta in vigore fino al momento in cui viene pubblicata la sentenza di annullamento.

Il procedimento legislativo. Per la formazione delle leggi, il Parlamento deve adottare un procedimento che si articola in quattro fasi: iniziativa, approvazione, promulgazione e pubblicazione.

L'iniziativa legislativa è la facoltà di proporre un progetto di legge a una delle camere

L'iniziativa legislativa... Si ha l'iniziativa legislativa quando viene sottoposto a una delle camere un progetto di legge, che deve essere redatto in articoli.

Secondo l'**art. 71 Cost.** l'iniziativa legislativa spetta al Governo, ai parlamentari, al popolo, ai consigli regionali e al Consiglio nazionale dell'economia e del lavoro (Cnel).

L'iniziativa governativa è la più importante e si attua attraverso i disegni di legge

...l'iniziativa governativa... L'iniziativa governativa, che si attua attraverso i *disegni di legge*, è la più importante, perché il Governo deve fissare l'indirizzo politico dello Stato e ha bisogno di leggi per realizzare il suo programma.

I disegni di legge devono essere presentati dal Consiglio dei ministri, perché l'iniziativa legislativa spetta al Governo e non ai singoli ministri.

L'iniziativa parlamentare proviene soprattutto dai gruppi di opposizione

...l'iniziativa parlamentare... Ogni parlamentare può fare un proposta di legge. L'iniziativa parlamentare solitamente proviene dai gruppi di opposizione, perché i parlamentari della maggioranza preferiscono far diventare la loro iniziativa un disegno di legge del Governo.

L'iniziativa popolare necessita di 50 000 firme di elettori per la Camera

...l'iniziativa popolare... In base all'art. 71 Cost., «almeno cinquantamila elettori» della Camera possono presentare un «progetto redatto in articoli»: è un caso di democrazia diretta (come si è visto nell'unità A1).

L'iniziativa popolare vuole dare ai cittadini l'opportunità di far arrivare direttamente in Parlamento le loro richieste, senza dover passare attraverso i partiti politici.

L'iniziativa legislativa dei Consigli regionali e del Cnel è molto rara

...l'iniziativa regionale e del Cnel. La Costituzione prevede il diritto di iniziativa legislativa anche per i Consigli regionali e per il *Consiglio nazionale dell'economia e del lavoro* (Cnel), ma l'iniziativa di questi organi è molto limitata.

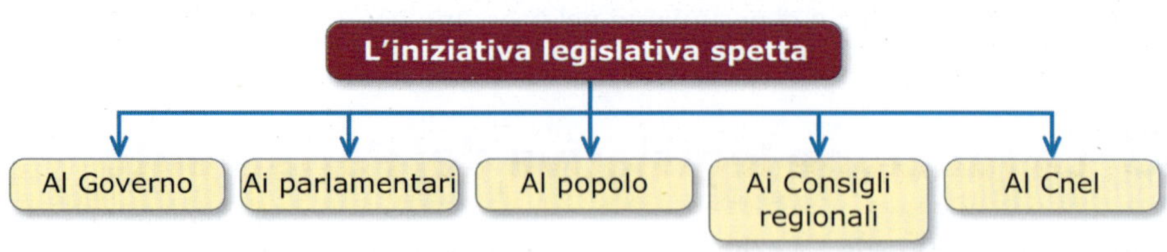

L'approvazione... L'approvazione di una legge può avvenire o con il procedimento ordinario o con il procedimento decentrato, a seconda della decisione del Presidente della camera a cui è stato presentato il progetto di legge.

È indifferente quale camera inizi il procedimento ma, per semplificare, supponiamo che la proposta di legge venga approvata prima dalla Camera e poi dal Senato.

Col procedimento ordinario la legge è approvata quando sia la Camera sia il Senato votano l'identico testo

...il procedimento ordinario... Col procedimento ordinario la legge è approvata quando sia la Camera sia il Senato votano l'identico testo.

Il *procedimento ordinario* si articola in due fasi: l'esame della commissione in sede referente e l'approvazione in aula.

Anzitutto il progetto di legge viene valutato da una commissione permanente della Camera, scelta in base alla materia, che analizza e modifica il progetto di legge (*commissione in sede referente*); per esempio, un progetto di riforma sanitaria sarà analizzato dalla «Commissione salute».

Il progetto di legge, analizzato e modificato (non approvato!) dalla commissione, passa poi alla Camera (in aula), dove viene discusso. La discussione *in aula* consiste nella presentazione e votazione degli emendamenti (proposte di correzione degli articoli della legge), che possono essere presentati da ogni deputato. Il progetto di legge deve essere votato, a maggioranza semplice, dapprima articolo per articolo, e poi nella sua interezza. Va ribadito che i regolamenti parlamentari limitano l'uso del voto segreto.

Dopo l'approvazione della Camera, il progetto di legge passa al Senato dove segue lo stesso procedimento (esame della commissione in sede referente del Senato e approvazione in aula): la legge è approvata se il Senato vota l'identico testo della Camera.

Invece, se il Senato approva la legge apportando delle modifiche, il progetto di legge ritorna alla Camera che ricomincia il procedimento: la legge fa la spola (la cosiddetta *navetta*) fra i due rami del Parlamento fino alla doppia approvazione.

Va precisato che la navetta riguarda solo gli articoli non approvati nell'identico testo. Ipotizziamo che la Camera approvi una legge composta da 45 articoli; se il Senato ne approva 30 con lo stesso testo e 15 con modifiche, la Camera dovrà ridiscutere e rivotare solo i 15 articoli modificati.

La spola fra una camera e l'altra può durare alcuni anni. È evidente che la doppia approvazione garantisce maggiore riflessione, ma allunga i tempi necessari per approvare una legge: è uno dei maggiori problemi del bicameralismo perfetto.

Alcune delle deputate che fanno parte della Nazionale parlamentari di calcio femminile.

■ **...il procedimento decentrato.** Per snellire l'attività legislativa, la Costituzione prevede che una legge possa essere approvata con il procedimento decentrato.

Col procedimento decentrato la legge è approvata quando la commissione della Camera e la commissione del Senato votano l'identico testo

In questo caso, la commissione non si limita a discutere e a modificare il testo, ma lo approva direttamente; si parla perciò di *commissione in sede deliberante*.

Col *procedimento decentrato* la legge è approvata quando sia la commissione della Camera sia la commissione del Senato votano l'identico testo. Anche in questo caso la legge fa la navetta fra la commissione della Camera e la commissione del Senato, finché entrambe non approvano l'identico testo.

Col procedimento decentrato l'attività parlamentare diventa più veloce; non solo l'iter è più breve, ma è possibile che diverse commissioni approvino diverse leggi nello stesso momento.

L'approvazione in commissione è più efficiente, ma esiste un problema: la legge viene approvata da un numero ristretto di parlamentari, e si rischia di svilire il potere legislativo delle Camere. Per questo motivo, la Costituzione ha fissato due limitazioni al procedimento decentrato:

- una volta avviato il procedimento decentrato è sempre possibile ritornare a quello ordinario, basta che lo richiedano o il Governo, o 1/10 dei membri di una camera, o 1/5 dei componenti della commissione: la commissione prosegue in sede referente i lavori che aveva iniziato in sede deliberante;
- l'**art. 72 Cost.** stabilisce che il procedimento ordinario deve sempre essere adottato «per i disegni di legge in materia costituzionale ed elettorale e per quelli di delegazione legislativa, di autorizzazione a ratificare trattati internazionali, di approvazione di bilanci e consuntivi».

In pratica, vengono approvate in commissione le leggi meno rilevanti, mentre quelle più importanti vengono approvate in aula.

La legge deve essere approvata col procedimento ordinario

- Per la materia costituzionale ed elettorale
- Per la delega legislativa
- Per la ratifica di trattati internazionali
- Per l'approvazione di bilanci e consuntivi

Con la promulgazione il Presidente della Repubblica formalizza l'approvazione di una legge

■ **La promulgazione.** Con la promulgazione il Presidente della Repubblica formalizza l'approvazione di una legge. L'**art. 73 Cost.** precisa che la promulgazione deve avvenire «entro un mese dall'approvazione» del Parlamento.

Il Presidente della Repubblica può rinviare alle Camere la legge se riscontra qualche irregolarità formale, accompagnando il rinvio con un messaggio in cui spiega i motivi della mancata promulgazione.

Se potesse rifiutare la promulgazione all'infinito, il Presidente della Repubblica potrebbe condizionare il Parlamento («o approvi la legge come voglio io o non promulgo»). Per evitare questo rischio, «se le Camere approvano nuovamente la legge, questa deve essere promulgata» (**art. 74 Cost.**): il Presidente della Repubblica può rifiutare la promulgazione solo una volta.

La legge, di regola, entra in vigore il 15° giorno successivo alla pubblicazione

■ **La pubblicazione e l'entrata in vigore.** Come sappiamo, la legge deve essere pubblicata sulla Gazzetta Ufficiale ed entra in vigore, di regola, il quindicesimo giorno successivo alla pubblicazione.

La precisazione «di regola» nasce dal fatto che tale periodo può essere o più breve o più lungo; solitamente viene allungato nel caso di norme particolarmente complesse (come si è visto nel volume per il secondo biennio).

Il periodo intercorrente fra la pubblicazione e l'entrata in vigore è chiamato *vacatio legis* (assenza temporanea della legge). Durante la *vacatio legis* la legge esiste, ma non produce ancora effetti giuridici; è in questo periodo che ogni cittadino ha la possibilità di conoscerla.

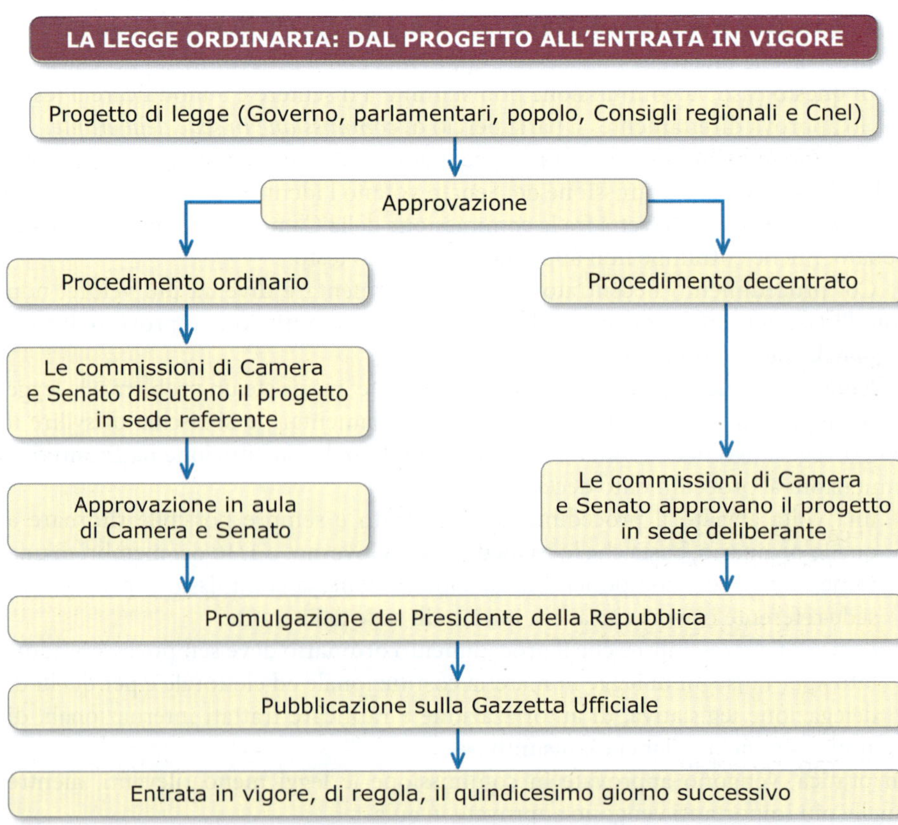

SINTESI

- L'Italia è una **repubblica parlamentare** ▶ **§1**; il Parlamento è formato dalla Camera dei deputati e dal Senato della Repubblica.
- Il **corpo elettorale** ▶ **§1** è formato da chi ha compiuto i 18 anni per la Camera e i 25 anni per il Senato.
- Rispetto all'**elettorato passivo** ▶ **§1**, per essere eletti deputati bisogna aver compiuto i 25 anni, mentre per essere eletti senatori bisogna aver compiuto i 40 anni; fanno parte del Senato anche i **senatori a vita** ▶ **§1**.
- In Italia si ha un **bicameralismo perfetto** ▶ **§1** perché Camera e Senato hanno le stesse funzioni.
- Si ha lo **scioglimento anticipato delle Camere** ▶ **§1**, seguito dalle elezioni anticipate, quando il Parlamento non è in grado di formare una maggioranza.
- I parlamentari godono di **guarentigie** ▶ **§2**: l'**insindacabilità delle opinioni** (sono liberi di esprimere le loro opinioni) e l'**immunità** (nessun parlamentare può essere sottoposto a restrizioni della libertà personale senza l'autorizzazione della sua camera).
- I **regolamenti parlamentari** ▶ **§3** stabiliscono la prevalenza del voto palese su quello segreto.
- Il **sistema elettorale** ▶ **§4** trasforma i voti degli elettori in seggi parlamentari.

I sistemi elettorali si dividono in

- Maggioritari, in cui sono eletti i candidati che vincono nei singoli collegi
- Proporzionali, in cui i partiti ottengono i seggi in proporzione ai voti

- Col **sistema maggioritario uninominale** ▶ **§4**, tipico della Gran Bretagna, si riduce il numero dei partiti e si creano Governi più stabili, ma il corpo elettorale non è ben rappresentato.
- Col **sistema proporzionale** ▶ **§4** aumenta il numero dei partiti e si creano Governi meno stabili, ma il corpo elettorale è meglio rappresentato.
- Si sono succeduti diversi **sistemi elettorali in Italia dal dopoguerra a oggi** ▶ **§5**, regolati da leggi ordinarie.
- Il **sistema elettorale italiano** ▶ **§6** si basa su una legge del 2017 ed è misto.

Il sistema elettorale italiano è misto

- Il 37% dei parlamentari è eletto col sistema maggioritario uninominale
- Il 61% dei parlamentari è eletto col sistema proporzionale
- Il 2% dei parlamentari è eletto dagli italiani all'estero

- Le **funzioni del Parlamento** ▶ **§7** sono la funzione di revisione costituzionale, la funzione di controllo e di indirizzo politico e la funzione legislativa.
- Il **procedimento di formazione delle leggi** ▶ **§8** si articola in quattro fasi: iniziativa, approvazione, promulgazione e pubblicazione.
- L'**iniziativa legislativa** ▶ **§8** spetta al Governo, ai parlamentari, al popolo, ai Consigli regionali e al Cnel.
- L'**approvazione di una legge** ▶ **§8** può avvenire:
  - col **procedimento ordinario** ▶ **§8**: la legge è approvata quando sia la Camera sia il Senato votano l'identico testo;
  - col **procedimento decentrato** ▶ **§8**: la legge è approvata quando sia la commissione della Camera sia la commissione del Senato votano l'identico testo.
- Con la **promulgazione** ▶ **§8** il Presidente della Repubblica formalizza l'approvazione di una legge.
- La legge, di regola, entra in vigore il 15° giorno successivo alla **pubblicazione** ▶ **§8**.

VERIFICA LE TUE CONOSCENZE

1 ***Risolvi le seguenti scelte multiple indicando la risposta esatta fra quelle possibili.***

A

Si ha lo scioglimento anticipato delle Camere

1. dopo 5 anni di legislatura
2. se il Parlamento non riesce a formare una maggioranza governativa
3. a totale discrezione del Presidente della Repubblica

B

Il sistema maggioritario uninominale

1. tutela i piccoli partiti
2. tende a ridurre il numero dei partiti
3. rappresenta completamente il corpo elettorale

1 **Il Senato è formato da**

a 315 senatori
b 315 senatori più i senatori a vita
c 630 senatori
d 630 senatori più i senatori a vita

2 **Grazie all'immunità, nessun parlamentare può essere**

a processato
b processato senza autorizzazione della sua camera
c sottoposto a misure restrittive
d sottoposto a misure restrittive senza autorizzazione della sua camera

3 **L'assenza del vincolo di mandato comporta che un parlamentare**

a non può cambiare il partito in cui è stato eletto
b può cambiare il partito solo se è autorizzato da questo
c può cambiare il partito in cui è stato eletto solo una volta
d può cambiare il partito quando vuole

4 **Col procedimento decentrato la legge deve essere approvata**

a da una commissione della Camera
b da una commissione del Senato
c da una commissione sia della Camera sia del Senato
d dall'aula sia della Camera sia del Senato

5 **L'iniziativa legislativa popolare può essere presentata da**

a un elettore per la Camera
b 50 000 elettori per la Camera
c 100 000 elettori per la Camera
d 500 000 elettori per la Camera

6 **Sono eletti i candidati che vincono nei singoli collegi col sistema**

a proporzionale
b proporzionale con premio di maggioranza
c proporzionale a doppio turno
d maggioritario uninominale

MISURA LE TUE ABILITÀ

2 ***Risolvi i seguenti quesiti vero o falso e motiva la tua risposta.***

1 **Il sistema elettorale italiano è regolato dalla Costituzione**

VERO ☐ **FALSO** ☐

PERCHÉ ______________________________

____

2 **Il Parlamento in seduta comune è formato da tutti i parlamentari**

VERO ☐ **FALSO** ☐

PERCHÉ ______________________________

____

3 Il sistema proporzionale riduce il numero dei partiti

VERO ☐ FALSO ☐

PERCHÉ ______________________________

____

4 Per essere eletti senatori bisogna aver compiuto 40 anni

VERO ☐ FALSO ☐

PERCHÉ ______________________________

____

5 La legge entra in vigore subito dopo la promulgazione

VERO ☐ FALSO ☐

PERCHÉ ______________________________

____

6 Un disegno di legge deve essere approvato prima dalla Camera e poi dal Senato

VERO ☐ FALSO ☐

PERCHÉ ______________________________

____

3 ***Ipotizzando che in una votazione gli aventi diritto siano 360 e i votanti siano 210, completa la tabella che segue.***

Maggioranza semplice	(1)
Maggioranza assoluta	(2)
Maggioranza qualificata dei 2/3	(3)
Maggioranza qualificata dei 3/5	(4)

ALLENA LE TUE COMPETENZE

4 ***Sulla base di quanto hai imparato in questa unità, rispondi ai seguenti «casi».***

1 **Valutare gli aspetti positivi e negativi del bicameralismo perfetto, in base al discorso di un conoscente.**

Il tuo vicino sta leggendo il giornale e scuote la testa perplesso: «Questa legge è importante per il nostro Paese. Prima era alla Camera, poi è andata al Senato, poi di nuovo alla Camera… questo ping pong è inutile!».

▶ *Quali sono gli aspetti positivi del bicameralismo perfetto?*

____

____

2 **Precisare la nozione di legislatura, ascoltando il discorso di un'amica.**

Una tua amica sta discutendo di politica. È molto decisa: «Secondo me la legislatura italiana è valida. Il problema è che non viene poi applicata dai giudici!».

▶ *La tua amica confonde la «legislatura» con quale termine?*

____

____

3 **Valutare l'importanza dell'assenza del vincolo di mandato, ascoltando l'errore di un politico.**

Alla televisione un politico sottolinea: «Io rappresento i miei elettori e quindi…». L'affermazione non è corretta.

▶ *Come modifichi la frase per renderla giuridicamente corretta?*

____

____

4 **Riconoscere gli aspetti positivi e negativi del voto palese, alla luce di un servizio televisivo.**

In un servizio televisivo un giornalista sottolinea i vantaggi del voto palese: «In questo modo i cittadini sanno come si comportano i politici!».

▶ *Quali sono gli svantaggi del voto palese?*

____

____

____

Riprendiamo il dibattito

Dopo aver studiato l'unità, prepara il tuo punto di vista per continuare il dibattito iniziato in apertura di lezione (▶ *La parola a te!*).

Tua zia sospira ammirata: «Quel deputato ha rinunciato all'immunità parlamentare. È stato un atto di grande coraggio... Dovrebbero fare tutti così!».

▶ ***Si tratta di una vera rinuncia? Tu che ne pensi?***

- Partendo da quanto sopra affermato, esegui a casa una ricerca online e consulta il tuo libro di testo per preparare una breve tabella che contenga gli elementi principali dell'argomento trattato e che ti aiuti a esporre il tuo punto di vista.

  A CASA 1 ORA — IN AULA 20 MINUTI

- Con l'aiuto della tabella, partecipa al dibattito che il docente avvia in aula.

B2 Il Governo e la Pubblica Amministrazione

A te la parola!

Il tuo vicino afferma: «Il nuovo Presidente del Consiglio ha ricevuto ieri l'incarico dal Presidente della Repubblica!».

5 MINUTI

▶ *Perché è ancora presto per parlare di «Presidente del Consiglio»?*

Con l'aiuto dell'insegnante e in piccoli gruppi prova a esporre il tuo punto di vista.

1 La composizione del Governo

Il Governo è composto dal Presidente del Consiglio e dai ministri, che insieme formano il Consiglio dei ministri

Il Consiglio dei ministri. In base all'art. 92 Cost. «il Governo della Repubblica è composto del Presidente del Consiglio e dei ministri, che costituiscono insieme il Consiglio dei ministri».

Il Presidente del Consiglio dirige la politica del Governo

Il Presidente del Consiglio. «Il Presidente del Consiglio dei ministri dirige la politica generale del Governo e ne è responsabile»; deve inoltre mantenere «l'unità di indirizzo politico e amministrativo, promuovendo e coordinando l'attività dei ministri» (art. 95 Cost.). Come vedremo, nel guidare la politica del Governo, il Presidente del Consiglio, deve seguire il programma su cui ha ottenuto la fiducia del Parlamento.

Che cosa significa «dirigere»? Il Presidente del Consiglio è il capo dei ministri? A differenza di quanto avviene negli Stati Uniti, il Presidente del Consiglio non ha il potere di comandare i ministri, perché non è un loro superiore gerarchico.

Che cosa succede se esiste un contrasto fra il Presidente del Consiglio e un ministro? È vero che il Presidente del Consiglio non è un superiore gerarchico del ministro, però la maggioranza dei giuristi concorda nel ritenere che, in caso di contrasto, l'opinione del Presidente del Consiglio debba prevalere. Significativo fu, a questo proposito, quanto avvenne nel 1985: il Presidente del Consiglio Bettino Craxi e il Ministro della difesa Giovanni Spadolini erano in disaccordo sull'atteg-

UN EVENTO STORICO

La vicenda «Achille Lauro»

Nel 1985 questa vicenda rischiò di compromettere i rapporti diplomatici con gli Stati Uniti

Il 7 ottobre 1985 la motonave «Achille Lauro», in viaggio fra Alessandria e Porto Said con alcune centinaia di turisti, fu dirottata da un commando di quattro palestinesi capitanato da Abu Abbas, *leader* del Fronte di liberazione della Palestina. Dopo ore di terrore e di frenetiche trattative, i terroristi furono convinti ad arrendersi in cambio della promessa dell'immunità. Due giorni dopo si scoprì che a bordo era stato ucciso un cittadino americano di origine ebraica, Leon Klinghoffer. Questo episodio scatenò la reazione degli Stati Uniti e l'11 ottobre quattro caccia americani intercettarono l'aereo egiziano che stava conducendo in Tunisia il commando, costringendolo ad atterrare nella base di Sigonella, in Sicilia. Qui i carabinieri, schierati attorno all'aereo per ordine del Presidente del Consiglio Bettino Craxi, impedirono ai *marines* della Delta Force di catturare i palestinesi. Di fronte alle vibrate proteste del Presidente Reagan, la risposta italiana fu che il delitto era avvenuto in territorio italiano, e dunque spettava alla Magistratura italiana processare gli assassini. I quattro terroristi furono rinchiusi nel carcere di Siracusa e successivamente condannati a pene severe, mentre ad Abu Abbas fu permesso di abbandonare l'Italia a bordo di un aereo iugoslavo e raggiungere Baghdad. Dopo qualche giorno emerse con certezza anche la colpevolezza di Abbas, che fu condannato all'ergastolo in contumacia. Nella foto, l'«Achille Lauro» a Porto Said dopo la fine del dirottamento: in primo piano, portuali egiziani inneggiano al Presidente Mubarak.

giamento da tenere nei confronti dei terroristi che tenevano in ostaggio i passeggeri della nave «Achille Lauro», ma alla fine prevalse la linea decisa dal Presidente Craxi.

Come vedremo, le dimissioni del Presidente del Consiglio provocano le dimissioni dell'intero Governo.

Va precisato che quando i mass media usano formule come «IV Governo Andreotti» intendono dire che Andreotti è (o era) Presidente del Consiglio per la quarta volta.

■ **Il Vice-Presidente del Consiglio.** A volte viene nominato un Vice-Presidente del Consiglio, che ha il compito di affiancare in caso di necessità il Presidente del Consiglio; va però sottolineato che la Costituzione non parla di questa figura.

■ **I ministri.** I *ministeri*, o *dicasteri*, sono i grandi apparati burocratici in cui si divide la Pubblica Amministrazione, per i quali sono previsti specifici stanziamenti nel bilancio dello Stato.

I ministri hanno sia un ruolo politico-costituzionale sia un ruolo amministrativo

Ogni ministro ha un duplice ruolo: da un lato ha un ruolo politico-costituzionale in quanto fa parte del Governo, dall'altro ha un ruolo amministrativo perché è a capo di un ministero.

L'art. 95 Cost. stabilisce che la legge «determina il numero, le attribuzioni e l'organizzazione dei ministeri». Dal 2009 il numero dei ministeri è fissato in 13: Affari esteri; Interno; Economia e finanze; Giustizia; Difesa; Istruzione, università e ricerca; Politiche agricole; Sviluppo economico; Infrastrutture e trasporti; Lavoro e politiche sociali (Welfare); Ambiente; Beni culturali; Salute.

■ **I ministri senza portafoglio.** Nella prassi si è ormai consolidata la figura dei *ministri senza portafoglio*, che fanno parte del Governo ma non sono a capo di alcun dicastero; per esempio, nel Governo Conte (nominato il 1° giugno 2018) vi

I ministri senza portafoglio fanno parte del Governo ma non sono a capo di alcun dicastero

erano sei ministri senza portafoglio: Rapporti con il Parlamento e democrazia diretta; Affari europei; Pubblica Amministrazione; Famiglia e disabilità; Sud; Affari regionali e autonomie.

I ministri senza portafoglio non hanno la disponibilità finanziaria di un dicastero, sono appunto «senza portafoglio»; nel caso si presenti una necessità, un ministro senza portafoglio può utilizzare gli stanziamenti di un ministero.

I ministri *ad interim*. I ministri *ad interim* (dal latino «nel frattempo») sono responsabili di più dicasteri; essi ricoprono provvisoriamente, oltre al loro, un ministero vacante (o più ministeri vacanti) per compiere gli atti urgenti o di ordinaria amministrazione.

I vice-ministri. Una legge del 2001 ha istituito i *vice-ministri*, che partecipano alle riunioni del Consiglio dei ministri, ma senza diritto di voto. I vice-ministri devono essere al massimo dieci.

I sottosegretari. Un ruolo essenziale nel Governo è svolto dai *sottosegretari*, che collaborano coi ministri (e coi vice-ministri) nella gestione del dicastero, e vengono nominati con una procedura simile a quella prevista per i ministri. Il numero dei sottosegretari non è fissato, ma varia in relazione alle esigenze politiche. Dal 1948 a oggi, i sottosegretari hanno fatto parte di tutti i Governi, anche se la Costituzione non ne prevede l'esistenza.

La sede del Governo è a Roma nel Palazzo Chigi; per questo i mass media utilizzano *Palazzo Chigi* come sinonimo di Governo.

PER SAPERNE DI PIÙ

I ministeri

Quali sono le competenze dei singoli ministeri?

Il Palazzo del Viminale, sede del Ministero dell'interno.

Dal 2009 esistono 13 ministeri, vediamone le competenze.

1. *Ministero degli affari esteri*: si occupa della politica estera e dei rapporti internazionali, da esso dipendono le ambasciate diplomatiche.
2. *Ministero dell'interno*: svolge i compiti relativi all'amministrazione civile e alla sicurezza pubblica, a tal fine coordina le forze di polizia.
3. *Ministero dell'economia e delle finanze*: deve esercitare il controllo sulle entrate e sulle spese e, come azionista, si occupa della gestione delle partecipazioni dello Stato.
4. *Ministero della giustizia*: deve organizzare il funzionamento dei servizi relativi alla giustizia, all'amministrazione penitenziaria e alla vigilanza sugli ordini professionali, a eccezione delle competenze relative allo stato giuridico dei magistrati (affidate al Consiglio Superiore della Magistratura), provvede inoltre alla conservazione e pubblicazione di leggi e decreti (per questo il Ministro della giustizia è denominato il «Guardasigilli»).
5. *Ministero della difesa*: si occupa, tramite le Forze Armate, della difesa e della sicurezza militare dello Stato.
6. *Ministero dell'istruzione, università e ricerca*: è responsabile dell'istruzione scolastica e universitaria, oltre che della ricerca scientifica e tecnologica.
7. *Ministero delle politiche agricole alimentari e forestali*: svolge funzioni di coordinamento e rappresentanza in sede europea delle politiche in materia di agricoltura, alimentazione e foreste.
8. *Ministero dello sviluppo economico*: esercita le funzioni in materia di industria, artigianato, energia, comunicazioni e commercio.
9. *Ministero delle infrastrutture e dei trasporti*: è responsabile di tutte le funzioni relative alla realizzazione delle reti infrastrutturali e opere pubbliche di competenza statale, alla navigazione, all'aviazione e trasporti terrestri.
10. *Ministero del lavoro e delle politiche sociali (Welfare)*: esercita le funzioni in materia di politiche del lavoro e dell'occupazione, tutela dei lavoratori, politiche sociali e previdenziali.
11. *Ministero dell'ambiente e della tutela del territorio e del mare*: svolge compiti diretti alla tutela dell'equilibrio ecologico del territorio, alla difesa del suolo, alla protezione della natura.
12. *Ministero per i beni e le attività culturali e il turismo*: ha mansioni di tutela e gestione del patrimonio storico, artistico, archeologico, paesaggistico e architettonico, e altre funzioni in materia di spettacolo e turismo.
13. *Ministero della salute*: esercita le funzioni in materia di tutela della salute, coordina il Servizio sanitario nazionale, si occupa di sanità veterinaria e sicurezza degli alimenti.

■ **Il Governo tecnico.** Il Presidente del Consiglio e i ministri non devono necessariamente essere parlamentari. È vero che, solitamente, i ministri sono parlamentari; ma da alcuni anni si è instaurata la prassi dei *ministri tecnici*, che non sono stati eletti dal corpo elettorale.

Giuramento del Governo Monti.

A questo proposito va ricordato il Governo presieduto da Mario Monti, in cui erano tecnici sia il Presidente del Consiglio sia i ministri, che fu nominato nel novembre 2011 col compito di arginare la grave crisi economica che stava attraversando il Paese. Il Governo Monti fu appoggiato da un'ampia maggioranza parlamentare, e rimase in carica fino all'aprile 2013.

Nel Governo tecnico sia il Presidente del Consiglio sia i ministri non sono parlamentari

2 La responsabilità penale dei membri del Governo

■ **I reati ministeriali.** L'art. 96 Cost. prevede che il Presidente del Consiglio e i ministri vengano sottoposti a giudizio penale «per i reati commessi nell'esercizio delle loro funzioni». Si tratta di una responsabilità dei singoli ministri e non dell'intero Governo perché, come vedremo, la responsabilità penale è personale.

I membri del Governo sono sottoposti a giudizio penale per i reati commessi nell'esercizio delle loro funzioni

■ **La Commissione inquirente.** Fino al 1989 la Costituzione riservava ai ministri accusati di reato un trattamento particolare, che li sottraeva alla giustizia ordinaria.

Fino al 1989 i ministri inquisiti erano sottratti alla giustizia ordinaria

Il procedimento passava attraverso le seguenti fasi:

- sui ministri inquisiti non indagava la Magistratura ma la *Commissione inquirente* (formata da 10 deputati e 10 senatori) che, dopo l'istruttoria, o archiviava l'accusa ritenendola «manifestamente infondata», oppure decideva di far proseguire il procedimento penale e riferiva al Parlamento;
- il Parlamento in seduta comune, a scrutinio segreto e a maggioranza assoluta, decideva se mettere (o meno) in stato d'accusa il ministro inquisito;
- il ministro messo in stato d'accusa veniva processato dalla Corte costituzionale, integrata da 16 cittadini, che, con sentenza, decideva sulla sua innocenza o colpevolezza, e stabiliva la condanna da infliggere al ministro riconosciuto colpevole.

Palazzo Chigi è la sede del Governo e residenza del Presidente del Consiglio dei ministri.

Questa procedura portò a notevoli abusi, soprattutto per il comportamento della Commissione inquirente, che archiviò per «manifesta infondatezza» casi decisamente dubbi. Si pensi a quanto avvenne dal 1948 al 1987:

- la Commissione inquirente, su oltre 300 casi trattati, decise di far proseguire l'accusa solo 10 volte;
- il Parlamento in seduta comune mise in stato d'accusa solo due ministri: Luigi Gui e Mario Tanassi accusati, nel 1977, di aver incassato tangenti nel «caso Lockheed»;
- la Corte costituzionale, nel 1979, condannò poi solo Tanassi.

Molti giuristi osservarono che la prassi instaurata era tale da annullare l'obbligatorietà dell'azione penale prevista dalla Costituzione. Anche nell'opinione pubblica si faceva sempre più forte l'avversione contro questo ingiusto privilegio, finché un referendum abrogativo del 1987 abolì gran parte della normativa relativa alla Commissione inquirente, e rese necessaria una nuova regolamentazione di tutta la materia.

Nel 1987 un referendum abrogativo abolì, di fatto, la Commissione inquirente

I membri del Governo sono giudicati dal Tribunale dei ministri dopo l'autorizzazione a procedere della Camera o del Senato

Il Tribunale dei ministri. Una riforma costituzionale del 1989 ha stabilito la nuova procedura, basata sull'istituzione del Tribunale dei ministri, che è composto da magistrati ordinari. Il *Tribunale dei ministri*, dopo opportune indagini, deve accertare se esistono (o meno) gli estremi per accusare un ministro, o lo stesso Presidente del Consiglio, di un determinato reato.

Si ha l'archiviazione se il Tribunale dei ministri ritiene infondata l'accusa.

Se ritiene opportuno proseguire il procedimento penale, il Tribunale dei ministri deve chiedere l'*autorizzazione a procedere* alla Camera (se il ministro è un deputato) o al Senato (se il ministro è un senatore o non è un parlamentare).

La Camera o il Senato possono:

- o negare l'autorizzazione a procedere, e l'accusa viene definitivamente archiviata;
- o concedere l'autorizzazione a procedere, e il ministro viene poi giudicato dal Tribunale dei ministri.

Responsabilità penale e responsabilità politica. Finora ci siamo occupati della responsabilità penale dei membri del Governo.

Non bisogna confondere la responsabilità penale con quella politica: il Governo è politicamente responsabile del suo operato solo di fronte alle Camere (come vedremo nel paragrafo 4).

3 Il procedimento di formazione del Governo

Si forma un nuovo Governo o all'inizio della legislatura o dopo una crisi di Governo

La nascita del Governo. Si procede alla formazione di un nuovo Governo o quando si insedia il nuovo Parlamento o, nel corso della legislatura, dopo una crisi di Governo.

L'art. 92 Cost. afferma che «il Presidente della Repubblica nomina il Presidente del Consiglio dei ministri e, su proposta di questo, i ministri».

Il Presidente della Repubblica deve nominare un Governo che sia in grado di ottenere la fiducia della maggioranza parlamentare, e per questo, prima della nomina, il Capo dello Stato deve conferire l'incarico di formare il nuovo Governo.

Prima di affidare l'incarico, il Presidente della Repubblica consulta i *leader* dei partiti

Le consultazioni. Prima di affidare l'incarico a un «potenziale» Presidente del Consiglio, il Presidente della Repubblica procede alle consultazioni dei *leader* di tutti i partiti presenti in Parlamento, che esprimono le loro idee sulla scelta del Presidente del Consiglio incaricato. Va ricordato che il Capo dello Stato convoca anche gli ex Presidenti della Repubblica e i Presidenti di Camera e Senato, ma queste consultazioni hanno solitamente un valore formale.

Il Presidente della Repubblica conferisce l'incarico di formare il nuovo Governo

L'incarico. Sulla base delle indicazioni ricevute dai *leader* dei partiti, il Presidente della Repubblica conferisce l'incarico di formare il nuovo Governo.

Il Presidente del Consiglio incaricato (non è stato ancora nominato) accetta l'incarico *con riserva*, perché non è in grado di sapere se riuscirà a formare il nuovo Governo, e procede a nuove consultazioni interpellando soprattutto i *leader* dei partiti che intende riunire nella coalizione (gruppo di partiti che formano il Governo). Durante queste consultazioni vengono decisi sia il programma del futuro Governo sia la lista dei ministri.

Si noti che mentre la Costituzione assegna al Presidente del Consiglio un autonomo potere di scelta, in realtà i ministri devono appartenere ai partiti della futura maggioranza, e devono essere concordati con questi.

Il Presidente del Consiglio incaricato scioglie la riserva se riesce a formare una maggioranza parlamentare

Al termine di queste consultazioni, il Presidente del Consiglio incaricato:

- se non riesce a trovare un accordo per formare una coalizione, rinuncia all'incarico, e il Presidente della Repubblica ricomincia le consultazioni per trovare un'altra persona a cui affidare l'incarico;

- se riesce a formare una maggioranza parlamentare, si reca dal Capo dello Stato per sciogliere la riserva (col programma e con la lista dei ministri).

La nomina. Solo a questo punto il Presidente della Repubblica procede alla *nomina* del Presidente del Consiglio e dei ministri. Una volta nominati, il Presidente del Consiglio e i ministri prestano *giuramento* nelle mani del Capo dello Stato.

In questo momento il nuovo Governo è formato, e sostituisce quello precedente, che era rimasto in carica solo per svolgere gli atti di ordinaria amministrazione.

Il Presidente della Repubblica nomina il nuovo Governo, che giura

La fiducia. «Entro dieci giorni dalla sua formazione» il nuovo Governo deve presentarsi alle Camere per esporre il programma e «ottenerne la fiducia» (**art. 94 Cost.**). È questo un passaggio essenziale della repubblica parlamentare, in cui il Governo è politicamente responsabile di fronte al Parlamento.

Il Governo entra in carica dopo aver ottenuto la fiducia del Parlamento

Il Governo deve presentarsi sia alla Camera sia al Senato per esporre il proprio programma politico, su cui chiede la fiducia.

La fiducia deve essere accordata (o eventualmente negata) da ogni singola camera, sulla base di un documento chiamato mozione.

La *mozione di fiducia* deve essere approvata a maggioranza semplice e «votata per appello nominale», perché i cittadini devono sapere qual è l'orientamento politico dei loro rappresentanti su un punto così delicato della vita politica del Paese.

L'esito del voto di fiducia a favore del Governo è solitamente scontato, perché il Presidente del Consiglio incaricato scioglie la riserva solo se sa di poter contare sul voto favorevole della maggioranza dei parlamentari.

Una volta ottenuta la fiducia, il Governo entra nella pienezza dei poteri, e può iniziare a realizzare il suo programma.

Il giuramento al Quirinale del Governo presieduto da Giuseppe Conte il 1° giugno 2018.

LA FORMAZIONE DEL GOVERNO

Il Presidente della Repubblica consulta i *leader* di tutti i partiti

↓

Il Presidente della Repubblica conferisce l'incarico di formare il Governo

↓

Il Presidente del Consiglio incaricato effettua nuove consultazioni e poi

↓ O scioglie la riserva se riesce a formare una maggioranza parlamentare

↓ Il Presidente della Repubblica nomina il nuovo Governo che giura

↓ Entro 10 giorni dalla formazione il nuovo Governo deve ottenere la fiducia del Parlamento

↓ O rinuncia all'incarico

Maggioranza e opposizione. A seguito della votazione sulla fiducia, il Parlamento si divide in maggioranza e opposizione (o minoranza): la *maggioranza* è formata dai partiti che hanno votato la fiducia al Governo, mentre l'*opposizione* è formata dai partiti che hanno votato contro la mozione di fiducia.

Chi ha votato la fiducia al Governo forma la maggioranza parlamentare, mentre forma l'opposizione chi ha votato contro

UN EVENTO STORICO

Il caso Moro

Aldo Moro fu l'ispiratore dei Governi di «solidarietà nazionale»

Quando si parla di «caso Moro» si fa riferimento all'insieme delle vicende relative al sequestro, alla prigionia e all'uccisione di Aldo Moro (1916-1978) da parte dei terroristi delle Brigate Rosse.

È importante premettere che Moro, presidente della Democrazia cristiana, fu l'ispiratore della politica di «solidarietà nazionale». Di cosa si trattava?

Durante la VII legislatura (1976-1979) il nostro Paese attraversò delle vicende istituzionali decisamente anomale; nacquero infatti due Governi di «solidarietà nazionale», guidati in entrambi i casi da Giulio Andreotti, che modificarono radicalmente la prassi in vigore.

Particolarmente significativo fu il II Governo Andreotti (1976-1978): un «monocolore democristiano» (tutti i ministri erano democristiani), che era sostenuto in Parlamento non dalla fiducia ma dall'astensione degli altri partiti (soprattutto del Partito comunista italiano che alle elezioni del 1976 aveva ottenuto alla Camera il 34,4% dei voti), mentre l'opposizione era assai ridotta (ne facevano parte solo il Movimento sociale italiano e l'estrema sinistra).

Sostanzialmente simile fu il III Governo Andreotti (1978-1979): anche in questo caso si trattava di un monocolore democristiano, che godeva di un'ampia maggioranza (a cui partecipava anche il Partito comunista), mentre solo i gruppi estremisti erano in minoranza.

La mattina del 16 marzo 1978, giorno in cui il III Governo Andreotti doveva ottenere la fiducia della Camera, l'automobile che trasportava l'onorevole Moro dalla sua abitazione a Palazzo Montecitorio fu bloccata in via Fani da un commando delle Brigate Rosse. In pochi secondi, sparando con armi automatiche, i terroristi uccisero i due carabinieri a bordo dell'auto di Moro (Oreste Leonardi e Domenico Ricci), i tre poliziotti che viaggiavano sull'auto di scorta (Raffaele Iozzino, Giulio Rivera e Francesco Zizzi) e sequestrarono il presidente della Democrazia cristiana.

La prigionia durò 55 giorni, durante i quali Moro fu sottoposto a un cosiddetto «processo politico» da un «Tribunale del Popolo» istituito dalle Brigate Rosse che, contemporaneamente, chiesero inutilmente uno scambio di «prigionieri» allo Stato italiano.

Aldo Moro durante il sequestro da parte delle Brigate Rosse.

Aldo Moro fu ucciso il 9 maggio 1978. Il suo cadavere fu ritrovato nel bagagliaio di un'automobile parcheggiata in via Caetani, simbolicamente a metà strada fra la sede del Partito comunista e quella della Democrazia cristiana.

Il tempo di formazione di un nuovo Governo dipende dalla situazione politica: fra il 1948 e il 2018 questa procedura è durata in media un mese.

4 La crisi di Governo

Si ha la crisi di Governo quando il Governo perde l'appoggio della maggioranza parlamentare

La crisi di Governo. Si ha la crisi di Governo quando il Governo perde l'appoggio della maggioranza parlamentare.

In teoria un Governo dovrebbe restare in carica per tutta la durata della legislatura, ma la realtà è diversa: il Governo deve sempre contare su una maggioranza, e si ha la *crisi di Governo* quando sorgono gravi contrasti fra i partiti della maggioranza.

Si ha la crisi parlamentare quando il Parlamento vota una mozione di sfiducia al Governo

La crisi parlamentare. In qualsiasi momento «un decimo dei componenti» di ogni camera può presentare «una mozione di sfiducia» nei confronti del Governo (art. 94 Cost.). La Costituzione prevede quindi una *crisi parlamentare*, che si dovrebbe avere ogni volta che il Parlamento vota una mozione di sfiducia al Governo.

Si ha la crisi extraparlamentare quando il Presidente del Consiglio si dimette senza che il Parlamento abbia votato la sfiducia

La crisi extraparlamentare. In realtà si è instaurata la prassi della *crisi extraparlamentare* (crisi al di fuori del Parlamento), per cui il Governo si dimette senza che il Parlamento abbia votato la mozione di sfiducia. Se il Presidente del Consiglio si dimette, il Presidente della Repubblica è obbligato ad accettare le dimissioni del Governo. È interessante rilevare che, dal 1948 a oggi, le crisi di Governo sono state quasi tutte extraparlamentari.

La maggioranza dei costituzionalisti giudica negativamente la crisi extraparlamentare, perché i motivi che l'hanno provocata possono rimanere oscuri al Parlamento e all'opinione pubblica.

La crisi di Governo può essere

- Parlamentare
- Extraparlamentare

Il rimpasto consiste nella sostituzione di un ministro dimissionario

■ **Il rimpasto.** La sfiducia può essere richiesta anche nei confronti di un ministro (o più ministri), che può essere costretto alle dimissioni.

A differenza delle dimissioni del Presidente del Consiglio, le dimissioni di un ministro (o più ministri) non provocano una crisi di Governo ma solo un *rimpasto*: il Presidente della Repubblica, d'accordo coi partiti di Governo, nomina un sostituto al posto del ministro dimissionario. Va precisato che le dimissioni del ministro possono anche essere volontarie.

Il primo rimpasto si ebbe col II Governo De Gasperi nel settembre 1946, prima dell'entrata in vigore della Costituzione; da allora questa prassi ha caratterizzato quasi tutti i Governi italiani. È legittimo il rimpasto? La Costituzione non lo esclude, anche se va sottolineato che il nuovo ministro entra in carica senza aver ricevuto la fiducia delle Camere.

La crisi di Governo porta o alla nascita di un nuovo Governo o allo scioglimento anticipato delle Camere (seguito da elezioni anticipate)

■ **Le soluzioni della crisi di Governo.** Dopo la crisi di Governo ricomincia il procedimento per formare un nuovo esecutivo, che può portare a due soluzioni:

- se i partiti trovano un accordo per formare una nuova maggioranza, nasce un *nuovo Governo* con la stessa composizione del Parlamento;
- se il contrasto fra i partiti è così profondo da rendere impossibile la formazione di una maggioranza (e quindi di un nuovo Governo), il Presidente della Repubblica deve sciogliere anticipatamente le Camere, e indire le *elezioni anticipate*.

Per evitare un pericoloso vuoto di potere, il Governo dimissionario resta in carica fino alla nomina del successivo, anche se le sue funzioni sono limitate all'ordinaria amministrazione.

La crisi di Governo ha due possibili soluzioni

- Nasce un nuovo Governo con lo stesso Parlamento
- Il Presidente della Repubblica scioglie anticipatamente le Camere e indice le elezioni anticipate

5 Le funzioni del Governo

Il Governo detiene il potere esecutivo

■ **Il «motore» dello Stato.** Il Governo esercita la funzione esecutiva: è il Governo ad attuare le leggi approvate dal Parlamento.

Oltre a dare esecuzione alle leggi, il Governo esercita anche la funzione di indirizzo politico, la funzione normativa e la funzione amministrativa.

Il Governo fissa l'indirizzo politico dello Stato

■ **La funzione di indirizzo politico.** Lo Stato democratico deve realizzare la sua politica economica e sociale; è il Governo che deve dirigere e indirizzare questa politica, attuando quel programma su cui ha ricevuto la fiducia delle Camere. Questo potere si estende alla politica estera, perché il Governo ha ampia libertà di decidere in materia di trattati internazionali e di scambi commerciali con gli altri Paesi.

La *funzione di indirizzo politico* spetta al Consiglio dei ministri, in quanto organo che esprime la politica generale del Governo. Gli strumenti attraverso cui il Governo realizza il suo indirizzo politico sono numerosi; fra questi ricordiamo:

- la presentazione del bilancio dello Stato e la relativa attuazione;
- la guida della politica economica;
- il controllo degli enti pubblici;
- le deliberazioni sui trattati internazionali.

Va ribadito che il Governo, per realizzare il suo programma politico, deve sempre avere l'appoggio della maggioranza parlamentare.

Quando pone la fiducia, il Governo preannuncia le dimissioni se il Parlamento non approverà un certo provvedimento

■ **La questione di fiducia.** Con la *questione di fiducia* il Governo preannuncia le dimissioni, in caso di mancata approvazione di un determinato provvedimento da parte del Parlamento. Il Governo condiziona la propria permanenza in carica all'approvazione di quell'atto, solitamente un disegno di legge o un decreto legge da convertire.

Se il Governo pone la fiducia si vota, a scrutinio palese, su tutta la legge e non articolo per articolo; in questo modo diventa impossibile modificare anche parzialmente la legge.

Negli ultimi anni i Governi hanno abusato della questione di fiducia, in modo da ridimensionare il ruolo del Parlamento, che a volte approva una legge che non ritiene opportuna solo per evitare una crisi di Governo.

■ **La funzione normativa.** Nella tradizionale divisione dei poteri, la funzione legislativa spetta al Parlamento, però anche il Governo può emanare atti aventi forza di legge (i decreti legislativi e i decreti legge), di cui ci occupiamo nel prossimo paragrafo.

■ **La funzione amministrativa.** Il Governo esercita anche la funzione amministrativa, perché è responsabile della Pubblica Amministrazione (come vedremo nel paragrafo 7).

6 La funzione normativa del Governo

Il Governo esercita la funzione normativa, emanando gli atti aventi forza di legge (i decreti legislativi e i decreti legge) e i regolamenti.

Il Governo emana i decreti legislativi su delega del Parlamento

■ **I decreti legislativi.** L'art. 76 Cost. stabilisce che il Parlamento può delegare la funzione legislativa al Governo, che emana i decreti legislativi.

Il Parlamento concede questa delega al Governo quando si trova di fronte a testi lunghi e complessi: se li volesse approvare, l'attività parlamentare sarebbe bloccata. Invece, il Governo è in grado di agire in tempi più rapidi, anche perché può contare sulla Pubblica Amministrazione (come vedremo nel paragrafo 7).

Il Parlamento conferisce la delega al Governo con un'apposita legge, la *legge delega*, che deve essere approvata con procedimento ordinario.

La legge delega deve indicare:

- la materia oggetto della delega;
- i princìpi e i criteri direttivi che il Governo deve rispettare nel predisporre il decreto;
- il termine entro cui il Governo deve emanare il decreto (anche se questo termine può essere prorogato).

Se il Governo non rispetta questi limiti, il decreto legislativo può essere dichiarato incostituzionale dalla Corte costituzionale.

Il Parlamento può revocare in ogni momento la delega, e può istituire commissioni che affiancano il Governo nella formulazione del decreto, anche se il loro parere non è vincolante.

Dopo la stesura, affidata al ministro competente, il *decreto legislativo* (o *decreto delegato*) viene discusso e approvato dal Consiglio dei ministri. Il decreto legislativo è poi emanato dal Presidente della Repubblica ed entra in vigore, a parte casi particolari, il quindicesimo giorno successivo alla pubblicazione sulla Gazzetta Ufficiale.

Va sottolineato che la legge delega è una «compagna di vita» per il decreto legislativo: l'emanazione non dà alcuna «patente di legittimità costituzionale» al decreto legislativo. È quindi possibile, anche dopo molti anni, chiedere che il decreto sia dichiarato incostituzionale perché non rispetta i princìpi della legge delega.

I decreti legge. In casi eccezionali il Governo può emanare i decreti legge; sono atti che entrano immediatamente in vigore ma, entro 60 giorni dalla pubblicazione, devono essere convertiti in legge dal Parlamento.

In casi straordinari il Governo emana decreti legge, che entrano subito in vigore e devono essere convertiti in legge dal Parlamento entro 60 giorni

Secondo l'art. 77 Cost. i *decreti legge* devono essere emanati dal Governo «in casi straordinari di necessità e d'urgenza», quando l'intervento del Parlamento risulterebbe tardivo, a causa della lunghezza del procedimento legislativo. Il decreto legge dovrebbe quindi essere utilizzato raramente; per esempio, per reperire i fondi necessari alle operazioni di soccorso in caso di calamità naturale.

Il decreto legge (deliberato dal Consiglio dei ministri, emanato dal Presidente della Repubblica e subito pubblicato sulla Gazzetta Ufficiale) è un atto che il Governo «adotta sotto la sua responsabilità», ed entra in vigore il giorno stesso della pubblicazione: non esiste *vacatio legis*.

Il decreto legge deve essere immediatamente presentato «alle Camere che, anche se sciolte, sono appositamente convocate e si riuniscono entro cinque giorni»; il decreto deve essere poi convertito in legge anche con modifiche entro 60 giorni dalla sua pubblicazione.

Il decreto legge non convertito. Se non è stato convertito in legge dalle Camere (è stato respinto o non è stato discusso entro i 60 giorni), il decreto legge perde la sua efficacia dal momento in cui è stato emanato; in conseguenza di ciò, vengono annullati tutti gli effetti prodotti dal decreto, come se questo non fosse mai esistito.

Il decreto legge non convertito dalle Camere entro 60 giorni perde la sua efficacia dal momento in cui è stato emanato

Supponiamo che un decreto legge del 1° ottobre 2018 fissi un aumento di 10 euro del «canone Rai» (da 100 euro a 110 euro); se il 30 novembre 2018 (60 giorni dopo) il decreto non è stato convertito in legge, il canone Rai torna a 100 euro, e devono essere rimborsati 10 euro a chi ha pagato l'aumento nei 60 giorni in cui il decreto era in vigore.

In alcuni casi è però materialmente impossibile annullare gli effetti del decreto legge, e allora «le Camere possono regolare con legge i rapporti giuridici sorti sulla base dei decreti non convertiti» (art. 77 Cost.). Supponiamo che il prezzo della benzina sia fissato dal Governo (come avveniva fino a qualche anno fa) e ipotizziamo che un decreto legge del 1° ottobre 2018 aumenti il prezzo di un litro di benzina da 1,40 euro a 1,50 euro; se il 30 novembre 2018 (60 giorni dopo) il decreto non è stato convertito, il prezzo di un litro di benzina torna a 1,40 euro ma, con una legge, si stabilisce che non può essere rimborsato chi nei 60 giorni ha pagato l'aumento di 10 centesimi, perché sarebbe materialmente impossibile.

In casi straordinari di necessità e di urgenza, per esempio per fronteggiare le emergenze dovute a un'alluvione, il Governo può emanare decreti legge.

L'abuso dei decreti legge. A differenza di quanto previsto dalla Costituzione, nella realtà il Governo emana ogni anno molti decreti legge senza che esistano né la necessità né l'urgenza. La maggioranza dei giuristi ritiene che l'*abuso dei decreti legge* può compromettere il corretto funzionamento del sistema istituzionale.

I Governi tendono ad abusare dei decreti legge

La reiterazione dei decreti legge. Da alcuni anni si è instaurata la prassi della *reiterazione*: se il decreto legge decade senza essere stato convertito, in alcuni casi, il Governo ne emana un altro di contenuto identico, e prolunga così l'efficacia del decreto originario oltre i 60 giorni previsti dalla Costituzione. Va ribadito che solo alcuni decreti legge (non tutti!) vengono reiterati, ma è altrettanto vero che alcuni decreti legge sono stati reiterati più volte.

Il problema della reiterazione dei decreti legge non è ancora risolto

Questi eccessi hanno costretto la Corte costituzionale a dichiarare l'illegittimità di questa prassi con due sentenze (del 1988 e del 1996), che vietano la reiterazione dei decreti non convertiti.

A seguito delle sentenze della Corte, il Parlamento ha approvato una legge che vieta la ripresentazione di decreti espressamente respinti da una camera; resta comunque il problema della reiterazione dei decreti decaduti senza essere stati discussi dal Parlamento.

I limiti alla decretazione governativa. Le materie previste dall'art. 72 Cost., oltre a non poter essere approvate in commissione (come si è visto nell'unità B1), non possono neppure essere oggetto di decreto legislativo o di decreto legge: occorre seguire il procedimento ordinario per le leggi in materia costituzionale ed elettorale, per la ratifica di trattati internazionali, per le leggi delega e per l'approvazione di bilanci.

È necessaria una legge approvata col procedimento ordinario per

- La materia costituzionale ed elettorale
- La ratifica di trattati internazionali
- La delega governativa
- L'approvazione di bilanci

Il potere regolamentare. Poiché la legge, e gli atti aventi pari efficacia, si limitano a fissare i criteri generali di una determinata materia, il Governo può emanare i *regolamenti* che stabiliscono le modalità di attuazione della legge stessa. Nella gerarchia delle fonti i regolamenti sono collocati in un gradino inferiore rispetto alle leggi (come si è visto nel volume per il secondo biennio).

Bisogna distinguere fra i regolamenti governativi e i regolamenti ministeriali.

I regolamenti governativi (D.P.R.) sono deliberati dal Consiglio dei ministri

I regolamenti governativi. I *regolamenti governativi* sono deliberati dal Consiglio dei ministri, dopo il parere del Consiglio di Stato, e vengono emanati con Decreto del Presidente della Repubblica (D.P.R.).

Per esempio, dopo l'approvazione della legge che istituiva l'autonomia scolastica a partire dal 1° settembre 2000, il Consiglio dei ministri ha deliberato alcuni D.P.R. per meglio chiarirne l'attuazione (assegnazione di fondi, diversificazione del calendario scolastico e dell'orario, istituzioni di percorsi alternativi per le varie aree disciplinari).

I regolamenti governativi non possono contenere disposizioni contrarie alle leggi.

I regolamenti ministeriali sono deliberati dai singoli ministeri

I regolamenti ministeriali. I *regolamenti ministeriali* sono deliberati dai singoli ministeri. Per esempio, a seguito di una legge di riforma sanitaria, il Ministero della salute deve emanare una serie di decreti ministeriali per darle concreta attuazione (ridefinizione territoriale delle Aziende unità sanitarie locali, investimenti per riqualificare ospedali e ambulatori, corsi di aggiornamento per medici e infermieri).

I regolamenti ministeriali non possono contenere disposizioni contrarie ai regolamenti governativi.

Il Governo esercita la funzione normativa con

- Il decreto legislativo che è emanato dopo una legge delega del Parlamento
- Il decreto legge che deve essere convertito in legge entro 60 giorni dalle Camere
- I regolamenti:
  - Governativi (D.P.R.)
  - Ministeriali

7 La Pubblica Amministrazione

L'attività amministrativa. Finora ci siamo occupati delle scelte politiche, che Parlamento e Governo compiono quando determinano l'indirizzo politico dello Stato. Le scelte politiche devono però essere messe in pratica: è questo il compito dell'*attività amministrativa.*

L'attività amministrativa è subordinata alle scelte politiche

È evidente che prima vengono le decisioni politiche, e poi quelle amministrative. Per esempio, dapprima è una legge del Parlamento ad avviare una riforma scolastica, dopo però sono necessari vari atti amministrativi per realizzarla (ristrutturazione degli istituti scolastici, corsi di formazione per gli insegnanti). In altre parole, l'attività amministrativa realizza concretamente gli interessi pubblici.

L'attività amministrativa è esercitata dalla Pubblica Amministrazione.

La Pubblica Amministrazione. La Pubblica Amministrazione (d'ora in poi anche PA) è l'insieme degli organi che svolgono l'attività amministrativa sotto il controllo del Governo.

La PA è l'insieme degli organi che svolgono l'attività amministrativa sotto il controllo del Governo

Il Governo è a capo della PA

Il Governo è responsabile dell'organizzazione e del buon funzionamento della PA, perché è a capo di tutta l'amministrazione civile e militare dello Stato. Questa responsabilità è attribuita singolarmente a ciascun ministro, nella qualità di capo gerarchico del dicastero (per esempio, il Ministro della salute è il responsabile del personale delle Aziende unità sanitarie locali); stabilisce infatti l'**art. 95 Cost.** che i ministri sono responsabili «individualmente degli atti dei loro dicasteri».

Per indicare la PA si utilizza il termine *burocrazia* (che deriva dall'unione del francese *bureau* = ufficio e del greco *kra'tos* = potere); essa è infatti costituita da apparati burocratici, a differenza degli organi costituzionali che sono apparati politici.

La PA è costituita da apparati burocratici, mentre gli organi costituzionali sono apparati politici

Mentre i membri degli organi politici vengono eletti dai cittadini, i dipendenti degli apparati burocratici devono essere scelti solo in base alla loro preparazione tecnica e professionale.

L'espansione della PA. Con l'affermarsi del *Welfare State* (Stato sociale) la PA ha esteso il suo intervento in nuovi settori (istruzione, sanità, trasporti, assistenza, previdenza), creando nuovi apparati burocratici e potenziando quelli già esistenti. In conseguenza di ciò, l'organizzazione della PA è molto complessa e conta quasi 4 milioni di dipendenti: 1 lavoratore su 5 fa parte della burocrazia italiana.

Col *Welfare State* si ha un'espansione della PA

I princìpi costituzionali in materia amministrativa. L'attività amministrativa deve realizzare i bisogni della collettività. Nell'arco della giornata ci rapportiamo continuamente con la PA: dalla scuola ai trasporti, dalla sanità ai servizi assistenziali. I bisogni collettivi vengono garantiti e tutelati solo se la PA funziona correttamente.

I princìpi costituzionali in materia amministrativa sono

- il principio di legalità
- il principio di imparzialità
- il principio dell'efficienza
- il principio della riserva di legge
- il principio del decentramento
- il principio della trasparenza

La Costituzione ha previsto e disciplinato una serie di princìpi per il corretto funzionamento della PA nell'interesse di tutti i cittadini.

I princìpi costituzionali a cui la PA deve ispirarsi sono:

- il principio di legalità;
- il principio di imparzialità;
- il principio dell'efficienza;
- il principio della riserva di legge;
- il principio del decentramento;
- il principio della trasparenza.

Il principio di legalità. Nello Stato di diritto lo Stato e gli enti pubblici devono osservare le norme giuridiche e, in caso di violazione, possono essere condannati dall'autorità giudiziaria; la burocrazia deve operare nell'ambito dell'ordinamento giuridico e rispettare i diritti dei cittadini.

La PA deve rispettare le norme giuridiche

La legge indica gli obiettivi che la PA deve realizzare, predispone la struttura degli uffici, stabilisce i compiti che tali uffici devono eseguire e, soprattutto, rende legittimo il loro operato. Per rispettare il principio di *legalità*, l'attività della PA deve mantenersi entro i confini stabiliti dalla legge.

La PA deve agire nell'interesse pubblico, senza danneggiare (o favorire) alcun interesse privato

Il principio di imparzialità. L'art. 97 Cost. stabilisce che deve essere assicurata «l'imparzialità dell'amministrazione». La PA deve agire nell'interesse pubblico, senza danneggiare (o favorire) alcun interesse privato; in caso contrario gli atti amministrativi sono considerati illegittimi, e possono essere annullati dal giudice (come vedremo nell'unità C2).

Il principio di *imparzialità* impone ai soggetti della PA di non compiere, nello svolgimento delle loro funzioni, discriminazioni arbitrarie e non sorrette da valutazioni razionali. A ulteriore garanzia dell'imparzialità della burocrazia, lo stesso articolo stabilisce che «agli impieghi nelle pubbliche amministrazioni si accede mediante concorso». La PA ha il dovere di scegliere i propri dipendenti attraverso concorsi che accertino le reali capacità dei candidati: tutti i cittadini possono partecipare ai concorsi pubblici in condizioni di parità.

Il *concorso pubblico* è una selezione, per esami o per titoli, attuata nel rispetto del principio di uguaglianza e della parità di accesso di tutti i cittadini alle cariche pubbliche. I Costituenti volevano così evitare le assunzioni clientelari; purtroppo, in alcune realtà, i concorsi sono ancora troppo condizionati dai partiti politici.

La PA deve produrre servizi pubblici efficienti

Il principio dell'efficienza. In base all'art. 97 Cost., gli uffici pubblici devono essere organizzati in modo tale da garantire il «buon andamento» della PA, che deve utilizzare le sue risorse per fornire servizi efficienti, in grado di soddisfare i crescenti bisogni della collettività.

Si tratta di un tema molto delicato, perché è indubbio che alcuni settori della burocrazia sono caratterizzati da una storica inefficienza, che crea rabbia e frustrazione nei cittadini. Non si può però negare che, negli ultimi anni, l'efficienza della PA sia aumentata.

La struttura della PA è regolata solo dal Parlamento

Il principio della riserva di legge. Prima dell'entrata in vigore della Costituzione, la PA era organizzata dal potere esecutivo.

I Costituenti, invece, stabilirono che i pubblici uffici fossero «organizzati secondo disposizioni di legge» (art. 97 Cost.). Esiste una *riserva di legge* in materia di organizzazione degli uffici pubblici, per cui solo il Parlamento può creare uffici statali e stabilire i criteri della loro struttura organizzativa. Nessun ufficio pubblico può, quindi, essere istituito direttamente dal Governo.

Si tratta di una riserva di legge non assoluta ma *relativa*; questo significa che la legge non è tenuta a disegnare l'intera organizzazione della burocrazia, ma solo a fissare i criteri generali in base ai quali la PA può svolgere la necessaria attività organizzativa.

La PA è organizzata in base a un decentramento gerarchico

Il principio del decentramento. L'art. 5 Cost. afferma che la Repubblica deve attuare «il più ampio decentramento amministrativo».

Si tratta di un radicale cambiamento rispetto alla tradizione italiana, in cui si è sempre avuta una concentrazione del potere decisionale al vertice dell'apparato amministrativo; basta pensare al regime fascista, che creò uno Stato fortemente accentrato.

I Costituenti delinearono un *decentramento* di tipo gerarchico. Un'organizzazione si dice gerarchica quando è strutturata «a piramide», in modo che il potere di comando scenda dall'alto verso il basso. In conseguenza di ciò, gli organi superiori hanno il potere di controllare e annullare gli atti compiuti dagli organi inferiori e, in alcuni casi, possono sostituirsi a essi nello svolgimento di determinate funzioni.

UN ARTICOLO

Una burocrazia da cambiare?

La Costituzione stabilisce che la Pubblica Amministrazione deve essere organizzata in modo da garantirne il «buon andamento». In realtà, l'inefficienza della burocrazia è spesso tale da pregiudicare la soddisfazione dei bisogni della collettività.
Dall'articolo riprodotto (Alberto Mucci, *Il Tempo*, 27 dicembre 1993) emerge la necessità di una riforma della Pubblica Amministrazione in tempi brevi. Sono passati quasi trent'anni…

IL TEMPO

Burocrazia da cambiare o sconfitta del Paese

LA "CROCIATA" Ciampi-Cassese per cambiare l'Amministrazione pubblica, p **1** ammodernarla, risch… fallimento? Il pericolo c'è, ed è grave. Gli «infedeli», per restare al paragone, s'annidano ovunque: nella burocrazia, che si mobilita per mantenere ingiustificati e distorcenti privilegi (che danneggiano i cittadini ed i loro diritti); fra i cosiddetti «esperti», che pongono ostacoli lungo la strada che i «crociati» dovrebbero seguire.

Sabino Cassese ama ricordare che fin dal 1800, nella Francia che aveva fatto la rivoluzione, parlare di riforma della pubblica amministrazione suscivivere era di parlare di riforma... Aggiunge Cassese: oggi l'ilarità non è più possibile, i… lia. Si rischia il disa **2** perché la Pubblica Amministrazione è da noi il maggiore datore di lavoro. E non cambiare significa affondare. La sconfitta della «crociata» significa sconfitta del Paese.

Diagnosi esatta. Da sottoscrivere. I dati di fatto lo confermano. Oltre il 60% del prodotto interno lordo del Paese «passa» attraverso la Pubblica Amministrazione. La quale si pone, per molti aspetti, «di traverso» rispetto alle esigenze e alle necessità dei cittadini. Non li aiuta, li ostacola.

3 … ministrazione, elaborata, dal competente ministero, si legge che la burocrazia, con i suoi riti, costringe i cittadini a fa… le agli sportelli dai 15 … 20 giorni in media all'anno. Non basta. Famiglie e imprese sono costrette a ricorrere ad agenzie e consulenti per sbrigare pratiche normali. Si pensi al documento più semplice e diffuso: la patente. E' impossibile ottenerla presentandosi agli uffici. Ci vuole un'amicizia «giusta» (in qualche caso). Sempre un'agenzia specializzata, privata, con un costo aggiuntivo, ingiustificato. Con il pagamento che il più delle volte prende un circuito extra-fisco!

Il tempo che la burocrazia «ruba» ai cittadini vale il 3% delle entrate statali, dice il Rapporto Cassese. quell'intrallazzo italico, che costituisce la prima cellula della corruzione.

Cadono veramente le braccia di fronte a simili situazioni. A parole non si trova un politico o un dirigente pubblico che non sia pronto a denunciare l'assurdità della situazione. In pratica, tutto resta immobile. Anche le leggi finiscono ibernate. Inapplicate per mancanza di disposizioni su come calarle nel quotidiano.

Eppure basterebbe poco, se ci fosse la volontà. Dalla protesta bisogna passare alla proposta. Quindi, sarebbe sufficiente introdurre il principio che tutto è lecito, a meno che non sia espressamente vietato. L'opposto del principio oggi rigidamente applicato, retaggio del «socialismo reale», che l'Italia ha incorporato in tanti anni di consociativismo pasticciato. E cioè: tutto è illecito, a meno che non sia **4** essamente permesso. … siccome le cose permesse sono pochissime ed occorre una legge, con relativi regolamenti, per poterle applicare, il cittadino e l'operatore restano «inchiodati». Annientando volontà costruttive. Distruggendo risorse.

Questa brutta realtà italiana resiste oltre ogni diversa dichiarazione a favore del «nuovo». Agli italiani, oggi, bisogna presentare qualcosa di serio, di certo. I risultati delle recenti elezioni amministrative ce lo ricordano con forza. Ma chi parla deve avere la necessaria credibilità. Conquistata con i fatti, non con le enunciazioni.

1 LA «CROCIATA» Ciampi-Cassese [*rispettivamente Presidente del Consiglio e ministro della Funzione pubblica nel 1993*] per cambiare l'Amministrazione pubblica, per ammodernarla, rischia il fallimento? Il pericolo c'è, ed è grave.

2 [*Secondo Cassese*] Si rischia il disastro perché la Pubblica Amministrazione è da noi il maggiore datore di lavoro. E non cambiare significa affondare. La sconfitta della «crociata» significa sconfitta del Paese.

3 Nella relazione sullo stato della Pubblica Amministrazione, elaborata dal competente ministero, si legge che la burocrazia, con i suoi riti, costringe i cittadini a fare file agli sportelli dai 15 ai 20 giorni in media all'anno. Non basta. Famiglie e imprese sono costrette a ricorrere ad agenzie e consulenti per sbrigare pratiche normali.

4 Eppure basterebbe poco se ci fosse la volontà. Dalla protesta bisogna passare alla proposta. Quindi, sarebbe sufficiente introdurre il principio che tutto è lecito [*nella Pubblica Amministrazione*], a meno che non sia espressamente vietato. L'opposto del principio oggi rigidamente applicato […]. E cioè: tutto è illecito, a meno che non sia espressamente permesso. Siccome le cose permesse sono pochissime e occorre una legge con relativi regolamenti per poterle applicare, il cittadino e l'operatore restano «inchiodati». Annientando volontà costruttive. Distruggendo risorse.

Come vedremo nell'unità B4, il decentramento non deve essere confuso con l'autonomia.

Il principio della trasparenza. Di grande importanza è il principio della *trasparenza* dell'amministrazione, per rendere più vicina ai cittadini la burocrazia.

L'attività della PA deve essere trasparente

A questo proposito, la legge n. 114 del 2014 ha reso più veloce il procedimento amministrativo e ha facilitato l'accesso ai documenti amministrativi.

In particolare:

- viene semplificato il procedimento amministrativo;
- ogni atto amministrativo deve essere motivato;
- deve essere individuato il responsabile di ogni procedimento amministrativo;
- ogni cittadino ha il diritto «di prendere visione degli atti del procedimento» che lo riguardano; il responsabile incorre in un reato se non adempie a questa richiesta entro 30 giorni.

La legge introduce anche «l'obbligo di pubblicare in forma aggregata e disaggregata l'ammontare complessivo delle retribuzioni dei dirigenti della Pubblica Amministrazione». Ogni singola amministrazione è quindi obbligata a indicare in modo chiaro le spese complessive e, in dettaglio, le retribuzioni dei dirigenti.

Non tutti i documenti amministrativi sono accessibili sempre e a chiunque. Vi sono infatti una serie di atti coperti da segreto, per il quali viene meno il principio di trasparenza; l'obiettivo è quello di impedire che la loro pubblicità ostacoli la realizzazione dei fini pubblici.

Alcuni documenti amministrativi sono coperti da segreto

Il diritto di accesso è escluso:

- per i documenti coperti da segreto di stato, cioè quei documenti la cui diffusione può danneggiare l'integrità e l'indipendenza del Paese;
- per quei documenti (espressamente indicati dal Governo con un apposito decreto), la cui conoscenza potrebbe compromettere la sicurezza, la difesa nazionale, la politica monetaria, l'ordine pubblico e il diritto alla riservatezza delle persone.

8 Gli organi attivi, consultivi e di controllo

Rispetto alla funzione esercitata, gli organi della PA si dividono in organi attivi, consultivi e di controllo.

Gli organi attivi agiscono per raggiungere interessi pubblici

■ **Gli organi attivi.** Gli organi che abbiamo visto finora (il Governo, i ministeri) sono *organi attivi*, perché hanno la funzione di agire per raggiungere quei fini pubblici che caratterizzano l'azione amministrativa dello Stato.

Gli organi consultivi esprimono pareri facoltativi, obbligatori e vincolanti

■ **Gli organi consultivi.** Gli *organi consultivi* formulano pareri preventivi per gli organi attivi. Attraverso il parere, l'organo consultivo esprime il proprio punto di vista su una determinata questione.

I pareri degli organi consultivi possono essere facoltativi, obbligatori e vincolanti.

Un parere è *facoltativo* quando l'organo attivo è libero di richiederlo (o meno) e, una volta richiesto, è libero di seguirlo (o meno).

Un parere è *obbligatorio* quando l'organo attivo è tenuto per legge a richiederlo all'organo consultivo, ma poi può anche agire diversamente.

Un parere è *vincolante* quando l'organo attivo non solo ha l'obbligo di richiederlo, ma deve poi anche conformarsi alle indicazioni espresse dall'organo consultivo.

Gli organi consultivi esprimono pareri di legittimità e di merito

Un'altra distinzione è quella fra:

- i *pareri di legittimità*: quando l'organo consultivo si limita a verificare che vi sia corrispondenza tra l'atto e le norme vigenti;
- i *pareri di merito*: quando l'organo consultivo, oltre a verificare la legittimità, accerta se l'atto è opportuno, cioè stabilisce se l'atto è conforme al principio della buona amministrazione e all'interesse pubblico.

Tra gli organi consultivi analizziamo il Consiglio di Stato e il Cnel (Consiglio nazionale dell'economia e del lavoro).

Gli organi di controllo vigilano sull'operato degli organi attivi

■ **Gli organi di controllo.** Gli *organi di controllo* devono vigilare sull'operato degli organi attivi. È possibile distinguere i seguenti tipi di controllo:

- *preventivo* e *successivo*: a seconda che il controllo venga effettuato prima o dopo l'adozione dell'atto;
- *di legittimità* e *di merito*: il controllo è di legittimità quando l'organo di controllo si limita a riscontrare la corrispondenza tra l'atto e le normativa; il controllo è di merito quando si controlla se l'atto è opportuno e conveniente, in relazione al principio di «buon andamento» della PA.

Tra gli organi di controllo analizziamo la Corte dei conti.

Gli organi della Pubblica Amministrazione si dividono in

Attivi	Consultivi	Di controllo

Il Consiglio di Stato esercita sia una funzione consultiva sia una funzione giurisdizionale

■ **Il Consiglio di Stato.** L'**art. 100 Cost.** stabilisce che «il Consiglio di Stato è organo di consulenza giuridico-amministrativa e di tutela della giustizia nell'amministrazione». Il Consiglio di Stato, in materia amministrativa, esercita sia una funzione consultiva sia una funzione giurisdizionale.

Approfondiamo la *funzione consultiva* del Consiglio di Stato.

I pareri forniti dal Consiglio di Stato al Governo comprendono sia la legittimità sia il merito

I pareri forniti dal Consiglio di Stato al Governo comprendono sia la legittimità sia il merito.

Oltre a verificarne la legittimità, il Consiglio di Stato stabilisce l'opportunità e la convenienza di un atto amministrativo, e può spingersi fino a proporre una soluzione diversa da quelle prospettate dal ministero che ha richiesto il parere.

Il Cnel. Il *Consiglio nazionale dell'economia e del lavoro* (Cnel) è composto da 111 membri nominati dalle varie categorie produttive a cui appartengono (lavoratori dipendenti, lavoratori autonomi e imprenditori).

Il Cnel è un «organo di consulenza delle Camere e del Governo» (**art. 99 Cost.**), che deve dare pareri in materia di politica economico-sociale e su questioni riguardanti il mondo del lavoro. Va precisato che i pareri del Cnel sono facoltativi e non vincolanti.

Il Cnel può condurre studi e indagini nelle materie di sua competenza; questi studi possono poi trasformarsi in proposte in grado di agevolare il compito del Parlamento nell'approvazione delle leggi riguardanti i settori dell'economia e del lavoro.

Il Cnel possiede l'iniziativa legislativa ma, come sappiamo, raramente ha esercitato questa prerogativa.

Secondo l'Assemblea costituente, il Cnel doveva essere una sede istituzionale dove potessero incontrarsi le varie categorie produttive per affrontare i loro problemi; in realtà tali confronti si svolgono in altre sedi e con criteri più informali (basta pensare a come avviene la contrattazione sindacale).

Il Cnel è un organo consultivo in materia di politica economica e di legislazione sul lavoro

La Corte dei conti... La Corte dei conti, in materia amministrativa, esercita sia una funzione di controllo contabile sia una funzione giurisdizionale.

Approfondiamo la funzione di controllo contabile della Corte dei conti.

La Corte dei conti esercita un controllo preventivo di legittimità sugli atti del Governo, un controllo successivo sulla gestione del bilancio dello Stato e un controllo sugli enti pubblici.

La Corte dei conti esercita sia una funzione di controllo contabile sia una funzione giurisdizionale

...il controllo sugli atti del Governo... In base all'art. 100 Cost., «la Corte dei conti esercita il controllo preventivo di legittimità sugli atti del Governo». Tutti i più importanti atti amministrativi del Consiglio dei ministri e dei ministri devono essere verificati dalla Corte dei conti, prima di diventare efficaci; la Corte dei conti deve limitarsi a un controllo di legittimità, senza entrare nel merito dell'atto. Se trova l'atto conforme alla legge, la Corte dei conti provvede alla sua «registrazione» che dà efficacia all'atto.

Se invece ritiene che l'atto sia illegittimo, la Corte dei conti lo rinvia al Governo (con la motivazione), perché sia modificato in conformità alla legge.

La Corte dei conti esercita un controllo preventivo di legittimità sugli atti del Governo

...il controllo sul bilancio dello Stato... La Corte dei conti esercita un controllo «successivo sulla gestione del bilancio dello Stato» (art. 100 Cost.). Entro il 31 maggio dell'anno successivo alla gestione del bilancio, il Ministro dell'economia e delle finanze presenta alla Corte dei conti il *Rendiconto generale dello Stato* e, se non trova irregolarità, la Corte dei conti procede entro il 30 giugno al *giudizio di parificazione*, relativo sia alla legittimità sia al merito.

Per esempio, prendendo in esame il bilancio dello Stato del 2018, entro il 31 maggio 2019 il Ministro dell'economia e delle finanze deve presentare il *Rendiconto generale dello Stato del 2018* e, se non trova irregolarità, la Corte dei conti entro il 30 giugno 2019 procede al giudizio di parificazione del bilancio relativo all'anno 2018.

La Corte dei conti esercita un controllo successivo (di legittimità e di merito) sulla gestione del bilancio dello Stato

...il controllo sugli enti pubblici. La Corte dei conti partecipa «al controllo sulla gestione finanziaria degli enti a cui lo Stato contribuisce in via ordinaria» (art. 100 Cost.).

Gli enti pubblici finanziati dallo Stato devono presentare i loro bilanci consuntivi alla Corte dei conti, che riferisce poi al Parlamento. In questo campo, il controllo della Corte dei conti non è solo formale ma investe l'intera gestione degli enti, e deve essere quindi sia di legittimità sia di merito.

La Corte dei conti esercita un controllo successivo (di legittimità e di merito) sulla gestione degli enti pubblici

9 La Pubblica Amministrazione digitale

Il *Codice dell'Amministrazione digitale* è la base del rinnovamento telematico della PA

Il *Codice dell'Amministrazione digitale*. Il decreto legislativo 26 agosto 2016, n. 179, *Modifiche ed integrazioni del Codice dell'Amministrazione digitale* [...] (d'ora in poi decreto legislativo n. 179 del 2016) istituisce il nuovo *Codice dell'Amministrazione digitale* (introdotto inizialmente nel 2005), che costituisce il pilastro su cui si basa il rinnovamento della PA.

Per rendere più efficiente la PA non si può prescindere dall'innovazione informatica e telematica. La PA è molto cambiata in questi ultimi anni. I motori di questo cambiamento sono state le reti telematiche, l'informatica e Internet. Eppure c'è ancora molto da fare: spesso l'innovazione tecnologica si è solo affiancata ai vecchi sistemi, e i computer convivono con i timbri e i raccoglitori d'archivio.

Il *Codice dell'Amministrazione digitale* (CAD) rende obbligatoria l'innovazione della PA: da una parte offrendo ai cittadini il diritto di interagire con qualsiasi amministrazione attraverso Internet, posta elettronica e reti, dall'altra stabilendo che la PA deve organizzarsi in modo da rendere sempre disponibili tutte le informazioni in modalità digitale.

Il *Codice dell'Amministrazione digitale* è una «costituzione» del mondo digitale

Una costituzione digitale. Il CAD è una «costituzione» del mondo digitale, che stabilisce sia i diritti e i doveri sia i princìpi operativi per concretizzarli.

Sulla base delle esperienze maturate in questi anni, il CAD introduce un insieme di innovazioni normative che vanno a incidere concretamente sui comportamenti delle amministrazioni e sulla qualità dei servizi resi. La riforma rende effettivi i diritti per i cittadini e le imprese, rende vincolanti gli obblighi per la PA e dà sicurezza agli operatori sulla validità, anche giuridica, dell'amministrazione digitale.

Il *Codice dell'Amministrazione digitale* incentiva l'innovazione informatica

Gli incentivi all'innovazione digitale. Il CAD incentiva l'innovazione informatica della PA. La riforma digitale deve essere «effettiva». A questo scopo si introducono misure premiali e sanzionatorie, favorendo le amministrazioni virtuose e sanzionando le amministrazioni inadempienti.

Gli strumenti della PA digitale. Fra gli strumenti della PA digitale ricordiamo la posta elettronica certificata, la firma digitale, il documento informatico, il fascicolo digitale, l'archivio digitale, i siti Internet e le carte elettroniche.

La PEC è una e-mail che garantisce l'ora, la data di spedizione e ricezione e il contenuto

La posta elettronica certificata. La *posta elettronica certificata* (PEC) è una e-mail che garantisce sia l'ora e la data di spedizione e di ricezione, sia la provenienza e l'integrità del contenuto. La sua efficacia è la stessa di una raccomandata con ricevuta di ritorno; costituisce una prova certa, costa molto meno e si può fare da casa.

Le amministrazioni possono comunicare, e trasmettere documenti tra loro in tempo reale; il CAD dà piena validità giuridica all'utilizzo della posta elettronica nella comunicazione tra uffici pubblici.

Ogni anno sono milioni i messaggi di posta elettronica, inviati sia tra le varie amministrazioni sia fra la PA e l'esterno, e si stima che ogni e-mail faccia risparmiare circa 15 euro rispetto a un messaggio di posta fisico. Il decreto legislativo n. 179 del 2016, riconoscendo piena validità giuridica alle comunicazioni per via telematica, pone le basi per una totale sostituzione della vecchia trasmissione cartacea.

La firma digitale garantisce l'identificazione di chi firma.

La firma digitale. La *firma digitale* garantisce con sicurezza sia l'identificazione di chi firma sia la sua volontà di firmare, e sostituirà per sempre sigilli, punzoni e timbri. Per essere più sicura, la firma digitale deve essere certificata da un apposito ente, che risponde a determinati requisiti di legge e che si fa garante dell'affidabilità della firma stessa.

Il documento informatico. Il *documento informatico* ha la stessa validità del documento cartaceo e deve essere accettato da qualsiasi soggetto, pubblico o privato.

Il documento informatico ha la stessa validità del documento cartaceo

La PA deve gestire i documenti informatici, utilizzando:

- il protocollo elettronico, certo e non modificabile, che garantisce trasparenza e scoraggia i fenomeni di malcostume e di corruzione;
- l'archiviazione elettronica, che consente di risparmiare spazio (c'è una notevole differenza fra un faldone e un file!), e permette di rintracciare velocemente qualsiasi atto tra i milioni di documenti conservati dalla PA.

Il fascicolo digitale. Con il CAD nasce anche il fascicolo digitale. Le amministrazioni devono gestire i procedimenti utilizzando le nuove tecnologie, e possono raccogliere in un *fascicolo digitale* tutti gli atti relativi a un procedimento (anche se provenienti da amministrazioni diverse). In questo modo si accelerano i tempi e le procedure interne, con minori costi per la PA e maggiore trasparenza per i cittadini.

Il fascicolo digitale contiene tutti gli atti relativi a un procedimento

L'archivio digitale. Tutti i documenti digitali (atti, dati, scritture contabili, corrispondenza) devono essere conservati in *archivi digitali*. Grazie alla conservazione informatica si riducono i tempi e i costi di ricerca dei documenti, ma anche i costi di manutenzione degli archivi: processi più veloci, risparmi di spesa per le amministrazioni, notevole recupero di spazi prima occupati da ingombranti archivi cartacei.

I siti Internet. I *siti Internet* sono già presenti in tutte le amministrazioni, ma il CAD ne rende obbligatorie alcune caratteristiche: i siti pubblici devono essere accessibili da tutti (anche dai diversamente abili), chiari nel linguaggio, affidabili, semplici e omogenei tra loro. I siti Internet diventano la porta privilegiata per entrare nella PA, e devono quindi riportare alcuni dati necessari per orientarsi: l'organigramma per sapere «chi» fa «cosa», gli indirizzi e-mail a cui rivolgersi per ogni necessità, la lista dei servizi forniti in rete e l'elenco dei procedimenti svolti da ciascun ufficio con il nome del responsabile.

Ogni amministrazione deve avere un sito Internet facilmente accessibile

Non bisogna più fare domande per vedere lo stato di una pratica, per sapere chi ne è il responsabile e quanto deve durare il procedimento: queste notizie devono essere a disposizione sul sito dell'amministrazione interessata.

Le carte elettroniche. Le *carte elettroniche* (carta di identità elettronica e carta nazionale dei servizi) non sono solo uno strumento di identificazione, ma permettono anche l'accesso ai servizi in rete della PA. A questo proposito, va ricordato che vengono introdotti nuovi strumenti di pagamento elettronici (carte di credito, carte di debito, carte prepagate) per facilitare le riscossioni della PA.

Le carte elettroniche permettono l'accesso ai servizi in rete della PA

Gli strumenti della Pubblica Amministrazione digitale

- La posta elettronica certificata
- La firma digitale
- Il documento informatico
- Il fascicolo digitale
- L'archivio digitale
- I siti internet
- Le carte elettroniche

I nuovi diritti digitali. Questi strumenti digitali hanno fatto nascere nuovi diritti sia per i cittadini sia per le imprese, che hanno il diritto di usare le moderne tecnologie informatiche in tutti i rapporti con la PA. Non sarà più possibile per un'amministrazione obbligare i cittadini a recarsi agli sportelli per presentare documenti cartacei, per firmare fisicamente domande o per fornire chiarimenti. Per tutto questo deve essere sempre disponibile un canale digitale sicuro, certificato e

I cittadini e le imprese hanno il diritto di usare le tecnologie informatiche nei rapporti con la PA

con piena validità giuridica, che permetta a chiunque di dialogare con la PA dal proprio computer.

La PA non può richiedere informazioni di cui già dispone

I dati vanno forniti una sola volta. La PA non può richiedere informazioni di cui già dispone: il cittadino deve fornire una sola volta i propri dati.

Per questo motivo, le amministrazioni devono possedere aggiornate banche dati, in modo che le informazioni siano accessibili da parte di tutte le amministrazioni.

Tutti possono utilizzare la PEC per comunicare con la PA

La comunicazione con la PEC. I cittadini e le imprese hanno il diritto di utilizzare la PEC per ricevere (o inviare) le comunicazioni dalla (o alla) PA. Le comunicazioni e i documenti ricevuti in questo modo avranno piena validità giuridica, anche verso altre persone o imprese. La PEC diventa il mezzo più veloce, sicuro e valido per comunicare con la PA.

La PA deve garantire la sicurezza digitale

La sicurezza digitale. La PA deve garantire la *sicurezza digitale*. In particolare, deve predisporre appositi piani di emergenza idonei ad assicurare, in caso di eventi disastrosi, la continuità delle operazioni indispensabili e il ritorno alla normale operatività.

La PA deve rilevare il livello di gradimento degli utenti

Il giudizio dei cittadini. Il CAD si preoccupa anche di monitorare il livello di gradimento dei cittadini sui servizi Internet (*customer satisfaction*). A questo proposito, la PA deve adottare strumenti idonei alla rilevazione del giudizio dei propri «clienti» sui servizi online.

La PA digitale deve essere più efficace

La PA digitale deve funzionare meglio... La PA digitale deve essere più *efficace*, cioè deve migliorare la qualità e la quantità dei servizi resi ai cittadini.

Le singole amministrazioni cooperano tra loro e costituiscono una rete integrata. Il CAD lega strettamente l'utilizzo delle nuove tecnologie a una maggiore efficacia dell'attività amministrativa. Non basta informatizzare: bisogna migliorare le modalità d'accesso ai servizi per l'utenza. L'innovazione tecnologica deve essere chiaramente orientata a una maggiore efficacia nei servizi resi ai cittadini e alle imprese.

La PA digitale deve essere più efficiente

...e deve costare meno. La PA digitale deve anche essere più *efficiente*, cioè deve essere in grado di ridurre i costi a parità di servizi resi alla collettività.

La PA deve utilizzare le tecnologie in modo da razionalizzare e semplificare i procedimenti amministrativi, le attività gestionali, la modulistica e così via. La PA da tempo spende cifre considerevoli in nuove tecnologie tanto che, già nel 2005, il 90% dei dipendenti aveva la possibilità di un posto di lavoro in rete. Purtroppo, finora, tale sforzo non è stato accompagnato da un incremento di efficienza, e quindi da un risparmio nelle risorse impiegate. Il CAD pone le condizioni per realizzare una PA che sia più efficiente ed elimini gli sprechi: una PA che costi meno.

La PA digitale deve quindi essere più efficace e più efficiente. Speriamo...

Non si può essere cittadini digitali senza una Pubblica Amministrazione digitalizzata.

SINTESI

- Il Governo è composto dal Presidente del Consiglio e dai ministri, che insieme formano il **Consiglio dei ministri** ▶ **§1**.
- Il Presidente del Consiglio dirige la politica del Governo, anche se **non è un superiore gerarchico dei ministri** ▶ **§1**.
- I **ministri senza portafoglio** ▶ **§1** fanno parte del Governo ma non sono a capo di alcun dicastero, mentre i **ministri *ad interim*** ▶ **§1** ricoprono provvisoriamente, oltre al loro, un ministero vacante.
- I membri del Governo sono giudicati dal **Tribunale dei ministri** ▶ **§2**, formato da giudici ordinari, solo se il Parlamento rilascia l'autorizzazione a procedere.
- Si ha la **formazione di un nuovo Governo** ▶ **§3** o all'inizio della legislatura o dopo una crisi di Governo.

LA FORMAZIONE DEL GOVERNO

Il Presidente della Repubblica consulta i *leader* di tutti i partiti
↓
Il Presidente della Repubblica conferisce l'incarico di formare il Governo
↓
Il Presidente del Consiglio incaricato effettua nuove consultazioni e poi
↓
O scioglie la riserva se riesce a formare una maggioranza parlamentare | O rinuncia all'incarico
↓
Il Presidente della Repubblica nomina il nuovo Governo che giura
↓
Entro 10 giorni dalla formazione il nuovo Governo deve ottenere la fiducia del Parlamento

- Quando il Governo perde l'appoggio della maggioranza parlamentare si ha la **crisi di Governo** ▶ **§4**, che può portare a due soluzioni:
  - nasce un nuovo Governo con la stessa composizione del Parlamento;
  - il Presidente della Repubblica scioglie anticipatamente le Camere e indice le **elezioni anticipate** ▶ **§4**.

- Le **funzioni del Governo** ▶ **§5** sono la funzione di indirizzo politico, la funzione normativa e la funzione amministrativa.
- Il Governo, dopo una legge delega del Parlamento, può emanare i **decreti legislativi** ▶ **§6**.
- In casi straordinari il Governo emana i **decreti legge** ▶ **§6**, che entrano subito in vigore, e devono poi essere convertiti in legge dal Parlamento entro 60 giorni.
- Il Governo emana i **regolamenti** ▶ **§6** per dare attuazione alle leggi.
- La **PA** ▶ **§7** è l'insieme degli organi che svolgono l'attività amministrativa sotto il controllo del Governo.

I princìpi costituzionali in materia amministrativa sono
↓
- il principio di legalità
- il principio di imparzialità
- il principio dell'efficienza
- il principio della riserva di legge
- il principio del decentramento
- il principio della trasparenza

- Gli **organi della PA** ▶ **§8** si dividono in organi attivi (Governo), organi consultivi (Consiglio di Stato e Cnel) e organi di controllo (Corte dei Conti).
- Il nuovo **Codice dell'Amministrazione digitale** ▶ **§9**, obbliga la PA all'innovazione telematica e informatica.

Gli strumenti della Pubblica Amministrazione digitale
↓
- La posta elettronica certificata
- La firma digitale
- Il documento informatico
- Il fascicolo digitale
- L'archivio digitale
- I siti internet
- Le carte elettroniche

- I cittadini e le imprese hanno il diritto di usare le tecnologie informatiche nei rapporti con la PA: sono i **nuovi diritti digitali** ▶ **§9**.

VERIFICA LE TUE CONOSCENZE

1 ***Risolvi le seguenti scelte multiple indicando la risposta esatta fra quelle possibili.***

A

Il Presidente del Consiglio incaricato scioglie la riserva se riesce a formare

1. una maggioranza alla Camera
2. una maggioranza al Senato
3. una maggioranza sia alla Camera sia al Senato

B

La PA

1. può richiedere una volta informazioni di cui già dispone
2. può richiedere due volte informazioni di cui già dispone
3. non può richiedere informazioni di cui già dispone

1 **Sono responsabili di più ministeri**

- **a** i ministri senza portafoglio
- **b** i ministri *ad interim*
- **c** i ministri tecnici
- **d** i vice-ministri

2 **Dopo una crisi di Governo**

- **a** nasce sempre un nuovo Governo con lo stesso Parlamento
- **b** si hanno sempre elezioni anticipate
- **c** o nasce un nuovo Governo o si hanno elezioni anticipate
- **d** o si sciolgono anticipatamente le Camere o si hanno elezioni anticipate

3 **Gli organi consultivi esprimono pareri vincolanti quando l'organo attivo**

- **a** deve richiedere il parere, ma è libero di non seguirlo
- **b** deve richiedere il parere ed è obbligato a seguirlo
- **c** è libero di richiedere il parere e, se lo richiede, può non seguirlo
- **d** è libero di richiedere il parere ma, se lo richiede, deve seguirlo

4 **I decreti legge devono essere convertiti dalle Camere**

- **a** entro 20 giorni dall'emanazione
- **b** entro 60 giorni dall'emanazione
- **c** entro 70 giorni dall'emanazione
- **d** entro 90 giorni dall'emanazione

5 **La responsabilità del Ministero dell'istruzione è**

- **a** del Governo
- **b** del Presidente del Consiglio
- **c** del Parlamento
- **d** del Ministro dell'istruzione

6 **Il Governo si considera formato, e può sostituire quello precedente**

- **a** dopo le consultazioni del Presidente del Consiglio incaricato
- **b** dopo che è stato raggiunto l'accordo fra i partiti di maggioranza
- **c** dopo il giuramento del Presidente del Consiglio e dei ministri
- **d** dopo il voto di fiducia del Parlamento

MISURA LE TUE ABILITÀ

2 ***Risolvi i seguenti quesiti vero o falso e motiva la tua risposta.***

1 **Il Presidente del Consiglio è un superiore gerarchico dei ministri**

VERO ☐ **FALSO** ☐

PERCHÉ ____

____

2 **Le elezioni anticipate sono sempre precedute da crisi di Governo**

VERO ☐ **FALSO** ☐

PERCHÉ ____

____

3 I decreti legislativi entrano immediatamente in vigore

VERO ☐ FALSO ☐

PERCHÉ ______________________________

____

4 Il Governo ha il potere di sciogliere anticipatamente le Camere

VERO ☐ FALSO ☐

PERCHÉ ______________________________

____

5 Il Cnel possiede l'iniziativa legislativa

VERO ☐ FALSO ☐

PERCHÉ ______________________________

____

6 Il Codice dell'Amministrazione digitale obbliga la PA all'innovazione telematica e informatica

VERO ☐ FALSO ☐

PERCHÉ ______________________________

____

3 ***Completa la tabella che segue.***

Evento	Anno
Istituzione del Tribunale dei ministri	(1)
Assassinio di Aldo Moro	(2)
Numero dei ministeri	(3)
Vicenda «Achille Lauro»	(4)
Nuovo *Codice Amministrazione digitale*	(5)
Legge sulla trasparenza	(6)

ALLENA LE TUE COMPETENZE

4 ***Sulla base di quanto hai imparato in questa unità, rispondi ai seguenti «casi».***

1 **Sottolineare l'importanza dei sottosegretari nella politica italiana, ascoltando un dialogo familiare.**

Tua madre è un po' pettegola: «La mia commercialista si vanta continuamente della carriera politica del marito. In realtà è solo un sottosegretario!».

▶ ***Qual è l'importanza politica di un sottosegretario?***

____

____

2 **Valutare la composizione del Tribunale dei ministri, sulla base delle osservazioni di un'amica.**

Una tua amica sta leggendo il giornale: «Adesso il Ministro degli esteri verrà giudicato dal Tribunale dei ministri. In questo modo la questione resta fra politici!».

▶ ***Da chi è formato il Tribunale dei ministri?***

____

____

3 **Valutare la responsabilità amministrativa dei ministri, ascoltando l'errore di un politico.**

Un politico in televisione dichiara: «Lo scandalo dell'amministrazione sanitaria è sotto gli occhi di tutti. La responsabilità giuridica ricade sull'intero Governo!». L'affermazione non è corretta.

▶ ***Come modifichi la frase per renderla giuridicamente corretta?***

____

____

4 **Valutare, in base a un'esperienza familiare, che la PA digitale può creare disagi a una certa fascia di utenza**

Tua nonna ha ottant'anni. È amareggiata: «Sono andata in ufficio e ho chiesto perché non mi mandano più il cedolino della pensione. Con un sorriso ironico, un impiegato mi ha risposto: "Ma signora… adesso è tutto computerizzato!"».

▶ ***Che cos'è il razzismo anagrafico?***

____

Riprendiamo il dibattito

Dopo aver studiato l'unità, prepara il tuo punto di vista per continuare il dibattito iniziato in apertura di lezione (▶ *La parola a te!*).

Il tuo vicino afferma: «Il nuovo Presidente del Consiglio ha ricevuto ieri l'incarico dal Presidente della Repubblica!».

▶ ***Perché è ancora presto per parlare di «Presidente del Consiglio»?***

- Partendo da quanto sopra affermato, esegui a casa una ricerca online e consulta il tuo libro di testo per preparare una breve tabella che contenga gli elementi principali dell'argomento trattato e che ti aiuti a esporre il tuo punto di vista.
- Con l'aiuto della tabella, partecipa al dibattito che il docente avvia in aula.

A CASA 1 ORA

IN AULA 20 MINUTI

B3 Il Presidente della Repubblica e la Corte costituzionale

A te la parola!

Un politico in televisione dichiara: «La situazione è molto delicata. Il Presidente della Repubblica rischia di farsi mettere sotto *impeachment* dalla Corte costituzionale». L'affermazione è decisamente confusa.

5 MINUTI

▶ *Qual è il procedimento che potrebbe portare il Presidente davanti alla Corte costituzionale?*

Con l'aiuto dell'insegnante e in piccoli gruppi prova a esporre il tuo punto di vista.

1 Il Presidente dela Repubblica

Le garanzie costituzionali sono istituzioni che bilanciano i poteri degli altri organi costituzionali

■ **Le garanzie costituzionali.** Le *garanzie costituzionali* sono istituzioni che sono state previste dai Costituenti per bilanciare i poteri degli altri organi costituzionali. Si è cercato di evitare che un organo potesse uscire dalla sua sfera di competenza, e pregiudicare così il corretto funzionamento della repubblica parlamentare.

La Costituzione prevede che gli organi di garanzia costituzionale siano il Presidente della Repubblica e la Corte costituzionale.

Sono organi di garanzia costituzionale
- Il Presidente della Repubblica
- La Corte costituzionale

■ **La repubblica presidenziale.** Prima di analizzare il ruolo del Presidente della Repubblica in una repubblica parlamentare, è opportuno ricordare i caratteri fondamentali della *repubblica presidenziale* degli Stati Uniti (unità A1):

- negli Stati Uniti il Presidente della Repubblica è eletto direttamente dal popolo (attraverso 538 Grandi elettori) a suffragio universale ogni quattro anni;

- il Presidente degli Stati Uniti è anche Capo del Governo. Il Presidente non è responsabile di fronte al Parlamento, e non sono possibili né voti di sfiducia né crisi di Governo: il Presidente è responsabile solo di fronte al popolo che, allo scadere dei quattro anni, potrà confermarlo o sostituirlo;
- il Presidente degli Stati Uniti è un superiore gerarchico dei ministri: il Presidente può sostituire e revocare i ministri, che sono responsabili di fronte a lui.

Donald Trump, eletto Presidente degli Stati Uniti nel novembre 2016.

Nella repubblica presidenziale degli Stati Uniti

- Il Presidente è eletto direttamente dal popolo
- Il Presidente è Capo del Governo
- Il Presidente è superiore gerarchico dei ministri

La repubblica parlamentare. Le ragioni per cui l'Assemblea costituente scelse una *repubblica parlamentare* (e non presidenziale) sono molte e complesse. Fra queste, influì indubbiamente il fatto che era appena finito il ventennio fascista, e i Costituenti temevano che una repubblica presidenziale potesse degenerare in un regime autoritario.

La Costituzione assegna al Presidente della Repubblica un ruolo di notevole rilievo politico-costituzionale.

2 L'elezione del Presidente della Repubblica

L'elettorato passivo. Secondo l'art. 84 Cost. «può essere eletto Presidente della Repubblica ogni cittadino che abbia compiuto i cinquanta anni di età e goda dei diritti civili e politici».

Va sottolineato che, finora, nessuna donna ha ricoperto la carica di Capo dello Stato, nonostante la Costituzione lo preveda.

Può essere eletto Presidente della Repubblica chi ha compiuto i 50 anni e gode dei diritti civili e politici

I Grandi elettori. Il Capo dello Stato è eletto, a scrutinio segreto, dai *Grandi elettori* che sono costituiti dal Parlamento in seduta comune (630 deputati, 315 senatori e i senatori a vita) e da 3 delegati per ogni Regione (con l'eccezione della Valle d'Aosta che ha un solo delegato).

Poiché i delegati regionali rivestono un ruolo marginale (58 rispetto a circa 950 parlamentari), si può affermare che l'Italia è una repubblica parlamentare in cui il Presidente è eletto dal Parlamento.

Il Presidente della Repubblica è eletto dal Parlamento in seduta comune e dai delegati regionali

Il Presidente della Repubblica è eletto dai Grandi elettori

- Il Parlamento in seduta comune
- 58 delegati regionali

Il *quorum*. Per diventare Presidente della Repubblica è necessario ottenere un numero di voti (*quorum*) molto alto:

- per i primi tre scrutini occorre il voto dei 2/3 degli aventi diritto (maggioranza qualificata);
- dal quarto scrutinio in poi occorre la maggioranza assoluta.

Per esempio, alle elezioni del 2015, quando Sergio Mattarella fu eletto al quarto scrutinio, i Grandi elettori erano 1009; per cui:

- nei primi tre scrutini era necessario il *quorum* di 673 (673 è pari ai 2/3 dei 1009 aventi diritto);
- dal quarto scrutinio in poi era necessario il *quorum* di 505 (505 è pari alla metà + 1 dei 1009 aventi diritto).

Sintetizzando il nostro esempio:

UN ARTICOLO

De Nicola è il primo Presidente della Repubblica

Il 28 giugno 1946 Enrico De Nicola viene eletto Capo provvisorio dello Stato dall'Assemblea costituente.
Nell'articolo riprodotto (*Il Messaggero*, 6 dicembre 1947) si riporta il momento in cui i Costituenti eleggono per acclamazione De Nicola come primo Presidente della Repubblica italiana.

Il Messaggero

De Nicola assumerà il titolo di Presidente della Repubblica

Il soggiorno in Italia vietato agli ex re, alle loro consorti e ai loro discendenti maschi - I titoli nobiliari non saranno riconosciuti

Esisteva nel testo del Progetto di Costituzione una lacuna nelle norme transitorie, ed essa è stata colmata all'inizio della seduta pomeridiana di ieri con una disposizione finale aggiuntiva proposta dall'on. *Bonomi* con le firme di molti parlamentari appartenenti a tutti i gruppi della Camera.

La disposizione **1** è così formulata: *Con l'entrata in vigore della presente Costituzione, il Capo provvisorio dello Stato esercita le funzioni di Presidente della Repubblica e ne assume il titolo.*

Il Presidente on. *Terracini* chiede all'Assemblea, se lo consente, e poichè, come risposta, tutti i deputati **2** sorgono in piedi, plaudendo ed acclamando al Capo dello Stato, egli dichiara approvata all'unanimità la disposizione proposta dall'on. Bonomi.

Nella seduta antimeridiana, si era discusso su due articoli del Progetto rimasti sospesi: il 50 (secondo comma) che dà al cittadino il diritto di reagire alle violazioni delle libertà fondamentali commesse dai pubblici poteri e l'art. 94 (terzo comma), parti della Camera: hanno sostenuto la norma i comunisti e i socialisti fusionisti, mentre l'hanno combattuta — chiedendone la soppressione — gli altri gruppi. E la vittoria è spettata a questi ultimi, per modo che non sarà consentita la resistenza del cittadino, come tale, alle eventuali violazioni della legge costituzionale.

La seconda questione è stata — su proposta dell'on. *Clerici* — tolta dalla Costituzione e demandata alla legge, la quale potrà stabilire limitazioni al diritto di

1 Esisteva nel testo del Progetto di Costituzione una lacuna nelle norme transitorie, ed essa è stata colmata all'inizio della seduta pomeridiana di ieri con una disposizione finale aggiuntiva proposta dall'on. Bonomi con la firma di molti parlamentari appartenenti a tutti i gruppi della Camera. La disposizione è così formulata: *Con l'entrata in vigore della presente Costituzione, il Capo provvisorio dello Stato esercita le funzioni di Presidente della Repubblica e ne assume il titolo.*
Nell'illustrare la proposta, l'onorevole Bonomi dice di essere sicuro di interpretare il pensiero e i sentimenti di tutta l'Assemblea «salutando Enrico De Nicola, che ha tanto degnamente tenuto il posto di Capo provvisorio dello Stato, il primo Presidente della Repubblica italiana» [*L'Assemblea si leva in piedi e applaude lungamente*].

2 Il Presidente [*dell'Assemblea costituente*] on. Terracini chiede all'Assemblea se lo consente, e, poiché, come risposta, tutti i deputati sorgono in piedi, plaudendo e acclamando il capo dello Stato, egli dichiara approvata all'unanimità la disposizione proposta dall'on. Bonomi.

scrutinio:	1°	2°	3°	4°	...
***quorum*:**	673	673	673	505	505

È significativo che i Presidenti Luigi Einaudi, Giovanni Gronchi, Giorgio Napolitano (nel 2006) e Sergio Mattarella siano stati eletti al quarto scrutinio, dopo l'abbassamento del *quorum*, come mostra la tabella 1.

Il Presidente della Repubblica è il garante della Costituzione

■ **Il garante della Costituzione.** I Costituenti vollero che il Presidente della Repubblica fosse eletto da una maggioranza superiore a quella governativa, per esercitare in autonomia («sopra le parti») il suo ruolo di *garante della Costituzione*.

Tabella 1 I Presidenti della Repubblica italiana

Anno	Candidato eletto	N. scrutini	Anno	Candidato eletto	N. scrutini
1946 ([1])	Enrico De Nicola	1	1985	Francesco Cossiga	1
1948	Luigi Einaudi	4	1992	Oscar Luigi Scalfaro	16
1955	Giovanni Gronchi	4	1999	Carlo Azeglio Ciampi	1
1962	Antonio Segni	9	2006	Giorgio Napolitano	4
1964	Giuseppe Saragat	21	2013	Giorgio Napolitano	6
1971	Giovanni Leone	23	2015	Sergio Mattarella	4
1978	Sandro Pertini	16			

([1]) De Nicola fu eletto dall'Assemblea costituente e fu Capo provvisorio dello Stato fino all'entrata in vigore della Costituzione.

Da sinistra a destra: Luigi Einaudi, Sandro Pertini, Giorgio Napolitano e Sergio Mattarella.

Infatti, dal 1948 a oggi, tutti i Presidenti sono stati eletti dopo accordi fra la maggioranza e parte dell'opposizione.

Prima di assumere le sue funzioni, il Capo dello Stato presta *giuramento* di fedeltà alla Repubblica e alla Costituzione.

Il Presidente della Repubblica dura in carica sette anni ed è rieleggibile

■ **La durata in carica.** Il Presidente della Repubblica dura in carica sette anni (*settennato*) ed è rieleggibile; a questo proposito va ricordato che solo Giorgio Napolitano è stato rieletto nel 2013.

Come sappiamo, alla fine del suo mandato il Presidente diventa senatore a vita.

■ **L'impedimento temporaneo...** Se il Capo dello Stato è temporaneamente impedito nello svolgimento delle sue funzioni (per malattia non grave, per viaggio all'estero), il Presidente del Senato gli subentra in qualità di supplente.

La Costituzione non prevede la figura del Vice-Presidente (a differenza degli Stati Uniti): il Presidente del Senato, durante la supplenza, deve limitarsi a compiere gli atti di ordinaria amministrazione.

■ **...e permanente.** In caso di impedimento permanente, o di morte, o di dimissioni, il Presidente della Camera deve indire entro 15 giorni l'elezione del nuovo Presidente della Repubblica.

Si distingue fra

- L'impedimento temporaneo in cui il Presidente del Senato fa da supplente
- L'impedimento permanente in cui bisogna eleggere un nuovo Presidente

Il Presidente della Repubblica risiede a Roma nel Palazzo del Quirinale; per questo i mass media utilizzano il termine *Quirinale* come sinonimo di Presidente della Repubblica.

Il Palazzo del Quirinale con la Fontana dei Dioscuri e l'obelisco.

3 I poteri del Presidente della Repubblica

Fra i numerosi poteri del Presidente della Repubblica ricordiamo l'autorizzazione alla presentazione dei disegni di legge, la promulgazione, lo scioglimento delle Camere, il potere di messaggio e di esternazione, la concessione della clemenza penale, la nomina del Governo e dei senatori a vita, la presidenza del Consiglio supremo di difesa e il comando delle Forze Armate.

Il Presidente della Repubblica autorizza la presentazione dei disegni di legge del Governo

■ **L'autorizzazione alla presentazione dei disegni di legge.** Il Presidente della Repubblica autorizza la presentazione dei disegni di legge del Governo alle Camere.

Si tratta di un residuo del potere del Re che, come capo del Governo, poteva controllare ogni iniziativa di quest'ultimo. Negli ultimi decenni questa autorizzazione è diventata molto importante, tanto che a volte i Governi adeguano i loro disegni di legge alle indicazioni del Capo dello Stato.

Il Presidente della Repubblica promulga le leggi entro un mese dall'approvazione

■ **La promulgazione.** Come si è visto nell'unità B1, la promulgazione della legge deve avvenire entro un mese.

L'art. 74 Cost. stabilisce che «il Presidente della Repubblica, prima di promulgare la legge può, con messaggio motivato alle Camere, chiedere una nuova deliberazione».

Per evitare qualsiasi condizionamento delle Camere, il Capo dello Stato può rifiutare la promulgazione solo una volta: «se le Camere approvano nuovamente la legge, questa deve essere promulgata».

Il Presidente della Repubblica può sciogliere le Camere anche prima della fine della legislatura

■ **Lo scioglimento delle Camere.** Il Presidente della Repubblica deve sciogliere le Camere alla scadenza della legislatura, e deve indire le elezioni per il rinnovo del Parlamento.

Più interessante è il caso dello *scioglimento anticipato delle Camere*, seguito dalle elezioni anticipate, che è l'unico mezzo per risolvere i conflitti politici che impediscono la formazione di una maggioranza governativa.

La Costituzione attribuisce al Capo dello Stato tale potere, ma in realtà i partiti hanno molta influenza nel decidere lo scioglimento anticipato, e le elezioni anticipate che lo seguono.

Il Presidente della Repubblica non può sciogliere anticipatamente le Camere negli ultimi sei mesi del suo mandato

■ **Il semestre bianco.** Il Presidente della Repubblica non può effettuare lo scioglimento anticipato delle Camere negli ultimi sei mesi del suo mandato, «salvo che essi coincidano in tutto o in parte con gli ultimi sei mesi della legislatura» (art. 88 Cost.).

Perché questa limitazione? Si tratta del *semestre bianco* che blocca sul nascere la tentazione che un Presidente potrebbe avere di «condizionare» la sua rielezione con la minaccia dello scioglimento anticipato («o il Parlamento mi rielegge oppure lo sciolgo»).

Le esternazioni del Presidente della Repubblica condizionano l'opinione pubblica

■ **Il potere di messaggio e di esternazione.** Secondo l'art. 87 Cost. il Presidente della Repubblica «può inviare messaggi alle Camere» quando ritiene che vi siano problemi di particolare gravità per il Paese.

Col tempo questo potere si è ampliato, fino a diventare un vero e proprio *potere di esternazione*: il Capo dello Stato, tramite i mass media, può far conoscere la sua opinione su qualsiasi fatto interessi il Paese. Le esternazioni del Presidente della Repubblica non hanno effetti giuridici, ma sono comunque importanti perché influenzano l'opinione pubblica, e devono essere attentamente valutate dal Parlamento e dal Governo.

Il Presidente Sergio Mattarella in occasione del suo primo messaggio di fine anno (31 dicembre 2015).

■ **La concessione della clemenza penale.** Il Capo dello Stato può concedere provvedimenti di clemenza penale, che assumono la forma dell'amnistia, dell'indulto e della grazia.

Il Presidente della Repubblica può concedere

↓

- L'amnistia
- L'indulto
- La grazia

L'*amnistia* è un provvedimento generale (a favore di tutti i condannati), che cancella il reato e, di conseguenza, l'intera pena: con l'amnistia sono scarcerati tutti i detenuti che hanno commesso quel particolare reato.

L'*indulto* è un provvedimento generale, che non estingue il reato ma si limita a cancellare la pena (in tutto o in parte): con l'indulto tutti i detenuti hanno uno «sconto di pena».

La *grazia* è un provvedimento individuale, a favore di un solo condannato, con cui si cancella tutta la pena ma non il reato: con la grazia solo quel determinato detenuto viene scarcerato.

Amnistia e indulto possono essere concessi solo su delega del Parlamento, invece la concessione della grazia è un potere esclusivo del Presidente della Repubblica.

Il Presidente della Repubblica nomina il Governo

■ **La nomina del Governo.** Mentre nella repubblica presidenziale il Presidente è a capo dell'esecutivo, l'art. 92 Cost. afferma che il Capo dello Stato «nomina il Presidente del Consiglio dei ministri e, su proposta di questo, i ministri». Come sappiamo, il Presidente della Repubblica deve nominare un Governo che sia in grado di ottenere la fiducia della maggioranza parlamentare, ed è quindi condizionato dalle decisioni dei partiti.

Il Presidente della Repubblica può nominare i senatori a vita

■ **La nomina dei senatori a vita.** Il Presidente della Repubblica può nominare senatori a vita cinque cittadini che abbiano «illustrato la Patria per altissimi meriti nel campo sociale, scientifico, artistico e letterario» (art. 59 Cost.).

Fino alla Presidenza di Leone, questa norma era stata intesa in modo che non si potessero avere più di cinque senatori di nomina presidenziale. Invece, Pertini e Cossiga hanno interpretato l'art. 59 Cost. nel senso che ogni Presidente avesse il potere di nominare cinque senatori a vita (in conseguenza di ciò, negli anni Novanta, i senatori di nomina presidenziale diventarono otto). In seguito i Presidenti (Scalfaro, Ciampi, Napolitano e Mattarella) hanno ripristinato la prassi secondo cui i senatori di nomina presidenziale non devono superare la soglia di cinque.

La presidenza del *Consiglio supremo di difesa*. Il Presidente della Repubblica presiede il *Consiglio supremo di difesa*, che è composto dal Presidente del Consiglio e dai ministri che si occupano di politica militare (Esteri, Interni, Difesa, Economia e finanze), oltre che dal Capo di Stato maggiore della difesa. Questo organo prende le decisioni più importanti in materia di difesa del territorio italiano; tali decisioni sono, ovviamente, coperte dal segreto di stato.

Attribuendo la presidenza al Capo dello Stato, i Costituenti vollero togliere qualsiasi tentazione autoritaria all'azione del *Consiglio supremo di difesa*.

Il Presidente della Repubblica presiede il *Consiglio supremo di difesa*

Il comando delle Forze Armate. Il comando operativo delle Forze Armate spetta al Governo, ma il Presidente della Repubblica ha il compito di controllare che tutte le operazioni delle Forze Armate restino nell'ambito della Costituzione, che ripudia la guerra «come mezzo di risoluzione delle controversie internazionali» (art. 11 Cost.).

Il Presidente della Repubblica ha il comando delle Forze Armate

Carabinieri marciano su via dei Fori Imperiali a Roma durante la parata per la Festa della Repubblica del 2 giugno.

Gli altri poteri. Fra gli altri poteri attribuiti dalla Costituzione al Capo dello Stato ricordiamo:

- la nomina di cinque giudici della Corte costituzionale (come vedremo nel paragrafo 5);
- la presidenza del Consiglio Superiore della Magistratura (come vedremo nell'unità C1).

4 Il giudizio penale sul Presidente della Repubblica

I Decreti del Presidente della Repubblica. Tutti gli atti del Presidente della Repubblica assumono la forma di decreti (Decreti del Presidente della Repubblica, D.P.R.), quali che ne siano i contenuti.

La controfirma. I decreti sono firmati dal Capo dello Stato, ma a tale firma si deve aggiungere la *controfirma ministeriale*; infatti l'art. 89 Cost. stabilisce che «nessun atto del Presidente della Repubblica è valido se non è controfirmato dai ministri proponenti, che ne assumono la responsabilità». In particolare, le leggi e gli atti aventi forza di legge devono essere controfirmati anche dal Presidente del Consiglio.

Tutti gli atti del Presidente della Repubblica devono essere controfirmati

L'irresponsabilità. La controfirma ministeriale è una conseguenza dell'*irresponsabilità* del Capo dello Stato: la controfirma ministeriale trasferisce la responsabilità degli atti del Presidente della Repubblica ai membri del Governo. L'art. 90 Cost. stabilisce che il Presidente «non è responsabile degli atti compiuti nell'esercizio delle sue funzioni», a parte i casi di «alto tradimento» e «attentato alla Costituzione». Sono i ministri che, con la controfirma, si assumono ogni responsabilità degli atti del Capo dello Stato: senza controfirma gli atti del Presidente della Repubblica non hanno alcuna efficacia.

Va precisato che l'irresponsabilità del Presidente è limitata agli «atti compiuti nell'esercizio delle sue funzioni»; la Costituzione non ha previsto alcuna immunità per gli eventuali reati compiuti dal «cittadino Presidente», che deve essere giudicato dalla Magistratura.

La controfirma ministeriale trasferisce la responsabilità degli atti del Presidente ai membri del Governo

Il Presidente della Repubblica può essere messo in stato d'accusa dal Parlamento in seduta comune per «alto tradimento» o «attentato alla Costituzione»

La messa in stato d'accusa. Cosa accadrebbe nell'ipotesi, che finora non si è mai verificata, in cui un Presidente fosse accusato di «alto tradimento» o «attentato alla Costituzione»?

Si potrebbe avere *alto tradimento* se il Presidente si accordasse segretamente con uno Stato nemico per danneggiare il Paese, mentre si avrebbe *attentato alla Costituzione* se il Capo dello Stato tentasse di modificare illegalmente l'ordine costituzionale.

Secondo l'art. 90 Cost., in caso di «alto tradimento o attentato alla Costituzione», il Presidente della Repubblica può essere «messo in stato d'accusa dal Parlamento in seduta comune a maggioranza assoluta dei suoi membri». La messa in stato d'accusa non contiene ancora un giudizio di colpevolezza, anche se i giuristi ritengono che essa comporti l'obbligo di dimissioni.

Il Presidente della Repubblica viene giudicato dalla Corte costituzionale integrata

Il giudizio penale della Corte costituzionale. Dopo la messa in stato d'accusa, il Presidente della Repubblica deve essere giudicato dai 15 giudici della Corte costituzionale integrati da 16 cittadini «aventi i requisiti per l'eleggibilità a senatore» (art. 135 Cost.). Si noti come la prevalenza dei cittadini (16 rispetto ai 15 giudici della Corte) cerchi di rendere «popolare» anche il giudizio a cui è sottoposto il Capo dello Stato.

La Corte costituzionale integrata procede a un vero e proprio processo penale, al termine del quale pronuncia una sentenza di condanna o di assoluzione. In caso di condanna, la pena per il Presidente non può superare quella prevista dal Codice penale; per esempio non è possibile emettere una condanna a morte.

Questa procedura suscita alcune perplessità.

Anzitutto, poiché le sentenze della Corte costituzionale sono inappellabili, al Presidente della Repubblica è precluso il diritto al «doppio grado di giurisdizione» riconosciuto a tutti i cittadini.

In secondo luogo, poiché il Capo dello Stato ha il potere di nominare cinque giudici della Corte costituzionale, si potrebbe creare una situazione ibrida in cui l'accusato ha scelto in parte i suoi giudici.

Va infine ricordato che fino al 1989, prima dell'istituzione del Tribunale dei ministri, anche i membri del Governo erano sottoposti allo stesso procedimento; l'unico giudizio penale contro i ministri (il cosiddetto «caso Lockeed») occupò per quasi due anni la Corte costituzionale (dal 1977 al 1979), che fu costretta a mettere in secondo piano le altre sue funzioni.

L'*impeachment* non esiste nell'ordinamento giuridico italiano

L'*impeachment*. Va ribadito che finora nessun Capo dello Stato è stato messo in stato d'accusa. Nel 1991 un gruppo di parlamentari iniziò la procedura per mettere in stato d'accusa il Presidente Francesco Cossiga per «attentato alla Costituzione»; questa procedura fu però archiviata prima ancora di essere discussa in aula. In questo caso i mass media parlarono impropriamente di «richiesta di *impeachment*», un istituto che non esiste nella Costituzione.

L'*impeachment*, presente nel diritto anglosassone, porta solo all'allontanamento dalla carica e non (necessariamente) alla responsabilità penale del Presidente della Repubblica, che verrebbe poi eventualmente accertata dal giudice ordinario.

UN ARTICOLO

Un caso di *impeachment*?

Il 6 dicembre 1991 il Partito democratico della sinistra (Pds) inizia la procedura per mettere in stato d'accusa il Presidente Francesco Cossiga per «attentato alla Costituzione». Anche nel titolo dell'articolo riprodotto (Stefano Marroni, *la Repubblica*, 7 dicembre 1991), si parla di *impeachment*, un istituto che non esiste nel nostro ordinamento.
L'11 maggio 1993 il Comitato per i procedimenti di accusa avrebbe archiviato la denuncia (con 24 voti a favore e 9 contrari), prima che questa fosse discussa dal Parlamento in seduta comune.

la Repubblica

la tempesta sul Quirinale

Se i commissari decideranno l'archiviazione, a gennaio il Pds raccoglierà le firme contro il presidente. Un documento di 19 cartelle

Parte l'impeachment "Cossiga, ti accusiamo"

di STEFANO MARRONI

ROMA – Il timer dell'*impeachment* è partito. Le 19 cartelle della denuncia del Pds contro il capo dello Stato sono state trasmesse ieri al comitato parlamentare per i proce **1** enti di accusa. È la rassegna degli elementi di fatto che configurano, secondo Botteghe Oscure, il reato di attentato alla Costituzione. Ma è anche l'inpo di mano interessato da parte del Quirinale. E dunque, sottolineano alla Camera, proprio la richiesta di *impeachment* potrebbe rendere più agevole il tentativo di far stare Cossiga nei «limiti» invocati ieri anche dal Psi.

Per il Pds, quei limiti sono stati da tempo superati. Anzi: la tesi centrale della denuncia - messa a gabile dovere di imparzialità». Il tutto, avverte il documento, nella «piena consapevolezza» di essere «al di fuori dell'ordinamento costituzionale». Con la «strumentalizzazione» dei **2** dia «per conquistarsi un parte dominante nei conflitti dai lui stesso aperti». E con uno schema fondato sull' «ambiguità», fatto di dure accuse È questo ciò che la quarta parte della denuncia tenta di dimostrare, affermando che Cossiga «si è fatto portatore di un personale disegno per la soluzione della crisi italiana che prevede lo scavalcamento delle regole fissate dalla Costituzione per modificare la forma di governo e la stessa Costituzione».

1 ROMA – Il timer dell'*impeachment* è partito. Le 19 cartelle della denuncia del Pds contro il Capo dello Stato sono state trasmesse ieri [...]. È la rassegna degli elementi di fatto che configurano, secondo Botteghe Oscure (sede del Pds), il reato di attentato alla Costituzione.

2 L'attentato alla Costituzione. È questo ciò che la [...] denuncia tenta di dimostrare, affermando che Cossiga «si è fatto portatore di un personale disegno per la soluzione della crisi italiana che prevede lo scavalcamento delle regole fissate dalla Costituzione per modificare la forma di governo e la stessa Costituzione».

A questo proposito va ricordato che, nel 1999, il Senato degli Stati Uniti negò l'*impeachment* contro il Presidente Bill Clinton, accusato di «spergiuro» e di «ostruzione della giustizia».

Molti costituzionalisti auspicano l'introduzione dell'*impeachment* anche nell'ordinamento giuridico italiano.

CLIL LAWS AND RIGHTS
A President Under Trial

5 La Corte costituzionale

La composizione. La Corte costituzionale è composta da quindici illustri giuristi. Per garantire esperienza e competenza giuridica, l'art. 135 Cost. stabilisce che possono far parte della Corte solo alti magistrati, «avvocati dopo vent'anni di esercizio» e «professori ordinari universitari di materie giuridiche».

La Corte costituzionale è formata da 15 illustri giuristi

La Corte costituzionale è entrata in funzione solo nel 1956, otto anni dopo l'entrata in vigore della Costituzione che, in questo caso, è stata attuata con notevole ritardo.

La nomina. I giudici della Corte vengono nominati:
- 5 dal Presidente della Repubblica;
- 5 dal Parlamento in seduta comune;
- 5 dalle «supreme magistrature» (Corte di cassazione, Corte dei conti e Consiglio di Stato).

I membri della Corte durano in carica 9 anni; la loro sostituzione avviene gradualmente (ogni 3 anni ne vengono nominati 5) per garantire continuità all'operato della Corte; la Costituzione precisa che i giudici «non possono essere nuovamente nominati».

La Corte elegge al suo interno un Presidente, che resta in carica 3 anni ed è rieleggibile.

La Corte costituzionale è formata da 15 giuristi nominati
- 5 dal Presidente della Repubblica
- 5 dal Parlamento in seduta comune
- 5 dalle supreme magistrature

Le guarentigie. I giudici della Corte godono delle stesse guarentigie previste per i parlamentari:
- non possono essere perseguiti per i voti e per le opinioni espresse nell'esercizio delle loro funzioni;

I giudici della Corte costituzionale godono delle stesse guarentigie previste per i parlamentari

Il Palazzo della Consulta, sede della Corte costituzionale; Piazza del Quirinale, Roma.

- possono essere sottoposti a restrizioni della libertà personale, solo dopo la concessione dell'autorizzazione da parte della Corte stessa.

La Corte costituzionale emette sentenze definitive e inappellabili

Le sentenze. Le decisioni della Corte assumono la forma di *sentenze*, pubblicate sulla Gazzetta Ufficiale, che sono *definitive* (non possono essere impugnate di fronte ad altri organi) e *inappellabili* (non è possibile proporre ricorso contro di esse).

Per la validità delle sentenze occorre la presenza di almeno 11 giudici (su 15), e il voto favorevole della maggioranza dei votanti.

La Corte costituzionale si riunisce a Roma presso il Palazzo della Consulta; per questo motivo viene denominata dai mass media la *Consulta*.

6 Le funzioni della Corte costituzionale

Le funzioni. La Corte costituzionale ha la funzione di:

- giudicare sulla legittimità costituzionale delle leggi;
- giudicare sui conflitti di attribuzione;
- giudicare sull'ammissibilità del referendum abrogativo.

Va ricordato che spetta alla Corte anche il giudizio penale sul Presidente della Repubblica, come si è visto nel paragrafo 4.

La Corte costituzionale giudica

- Sulla legittimità costituzionale delle leggi
- Sui conflitti di attribuzione
- Sull'ammissibilità del referendum abrogativo
- Sulla responsabilità penale del Presidente della Repubblica

La questione di costituzionalità alla Corte costituzionale può essere posta

- Col procedimento principale
- Col procedimento incidentale

Il giudizio sulla legittimità costituzionale delle leggi. Poiché la Costituzione è rigida, qualsiasi legge (o atto avente forza di legge) in contrasto con essa è costituzionalmente illegittima; l'organo che deve giudicare sulla conformità delle norme alla Costituzione è appunto la Corte costituzionale.

In nessun caso il singolo cittadino può rivolgersi direttamente alla Corte che, a sua volta, non può agire di sua iniziativa, ma deve attendere che la questione di costituzionalità venga posta dall'esterno, in base a due possibili procedimenti:

- il procedimento principale;
- il procedimento incidentale.

Il procedimento principale può essere iniziato direttamente o dal Governo o dalle Regioni

Il procedimento principale. Il procedimento principale può essere iniziato direttamente o dal Governo o dalle Regioni (oltre che dalle Province autonome di Trento e Bolzano). L'art. 127 Cost. afferma che hanno il potere di «promuovere la questione di legittimità costituzionale dinanzi alla Corte costituzionale»:

- il *Governo* «quando ritenga che una legge regionale ecceda la competenza della Regione»;
- una *Regione* «quando ritenga che una legge o un atto avente valore di legge dello Stato o di un'altra Regione leda la sua sfera di competenza».

In entrambi i casi la questione deve essere posta alla Corte «entro sessanta giorni dalla pubblicazione della legge o dell'atto avente forza di legge».

Spetta quindi alla Corte decidere su questi conflitti di attribuzione, che diventano sempre più frequenti (come vedremo nell'unità B4).

Il procedimento incidentale. Il procedimento incidentale si ha quando la questione di legittimità viene posta alla Corte dal giudice che deve applicare quella norma in un processo.

Col procedimento incidentale la questione di legittimità viene posta dal giudice che deve applicare quella norma in un processo

Nel corso di un processo, se le parti sospettano che una determinata norma (una legge, un decreto) sia in contrasto con la Costituzione, il giudice deve accertare che la questione sia rilevante e non manifestamente infondata:

- la questione è *rilevante* quando la norma di cui si sospetta l'incostituzionalità è determinante per l'esito di quel processo;
- per sollevare la questione di fronte alla Corte, è sufficiente che esistano dubbi sulla costituzionalità della norma, e non occorre che il giudice abbia la certezza della sua incostituzionalità; si parla infatti di *non manifesta infondatezza*.

Una volta accertata la rilevanza e la non manifesta infondatezza, il giudice chiede alla Corte di decidere sulla legittimità costituzionale della norma, e sospende il processo, che riprenderà dopo la sentenza.

La questione alla Corte può anche essere posta direttamente dal giudice, senza che le parti ne abbiano fatto richiesta.

Le sentenze di rigetto e di accoglimento. La Corte può o rigettare o accogliere la richiesta del giudice.

La Corte costituzionale con la sentenza di rigetto giudica legittima la norma, mentre con la sentenza di accoglimento la giudica illegittima

Con la *sentenza di rigetto* la Corte considera conforme alla Costituzione la norma, che resta pertanto in vigore.

Con la *sentenza di accoglimento* la Corte considera la norma costituzionalmente illegittima; in questo caso, la norma cessa di avere efficacia dal giorno successivo

PER SAPERNE DI PIÙ

Adulterio: c'è differenza fra moglie e marito?

Nel 1968 la Corte costituzionale cancella dall'ordinamento il principio secondo cui l'adulterio della moglie è più grave di quello del marito

Il 16 dicembre 1968 la Corte costituzionale giudica incostituzionale il primo comma dell'articolo 559 del Codice penale, e cancella dall'ordinamento giuridico il principio secondo cui l'adulterio della moglie è più grave di quello del marito.

Riportiamo uno stralcio di quella sentenza, davvero «storica».

«Il principio che il marito possa violare impunemente l'obbligo della fedeltà coniugale, mentre la moglie debba essere punita – più o meno severamente – rimonta ai tempi remoti nei quali la donna, considerata perfino giuridicamente incapace e privata di molti diritti, si trovava in stato di soggezione alla potestà maritale. Da allora molto è mutato nella vita sociale: la donna ha acquisito pienezza di diritti e la sua partecipazione alla vita economica e sociale della famiglia e della intera collettività è diventata molto più intensa, fino a raggiungere piena parità con l'uomo; mentre il trattamento differenziato in tema di adulterio è rimasto immutato [...].

Ritiene la Corte, alla stregua dell'attuale realtà sociale, che la discriminazione, lungi dall'essere utile, è di grave nocumento alla concordia e alla unità della famiglia. La legge, non attribuendo rilevanza all'adulterio del marito e punendo invece quello della moglie, pone in stato di inferiorità quest'ultima, la quale viene lesa nella sua dignità, è costretta a sopportare l'infedeltà e l'ingiuria, e non ha alcuna tutela in sede penale [...]. La

Edvard Munch, Separazione, *1896. Oslo, Munchmuseet.*

Corte ritiene pertanto che la discriminazione sancita dal primo comma dell'art. 559 Codice penale non garantisca l'unità familiare, ma sia più che altro un privilegio assicurato al marito, e, come tutti i privilegi, violi il principio di parità [...].

Per questi motivi la Corte costituzionale dichiara l'illegittimità costituzionale del primo comma dell'art. 559 Codice penale».

alla pubblicazione della sentenza della Corte sulla Gazzetta Ufficiale, e nessun giudice può più applicarla.

Come si è detto le sentenze della Corte non sono impugnabili.

Con le pronunce di accoglimento la norma viene cancellata dall'ordinamento giuridico; invece, dopo una pronuncia di rigetto, la questione può essere riproposta alla Corte, che può cambiare parere.

L'interpretazione giudiziale vale anche per le decisioni della Corte, perché i princìpi indicati nella Costituzione vengono interpretati dai giudici costituzionali in base alla loro morale e alle loro opinioni.

Ricordiamo le due opposte sentenze sulla norma che puniva più severamente l'adulterio della moglie rispetto a quello del marito: nel 1961 la Corte considerò la norma conforme alla Costituzione, ma nel 1968 cambiò opinione, e la cancellò dall'ordinamento giuridico. Perché, in soli sette anni, la Corte cambiò radicalmente parere? Non c'è una sola risposta: la società era molto cambiata, la donna si stava emancipando, i membri della Corte erano cambiati…

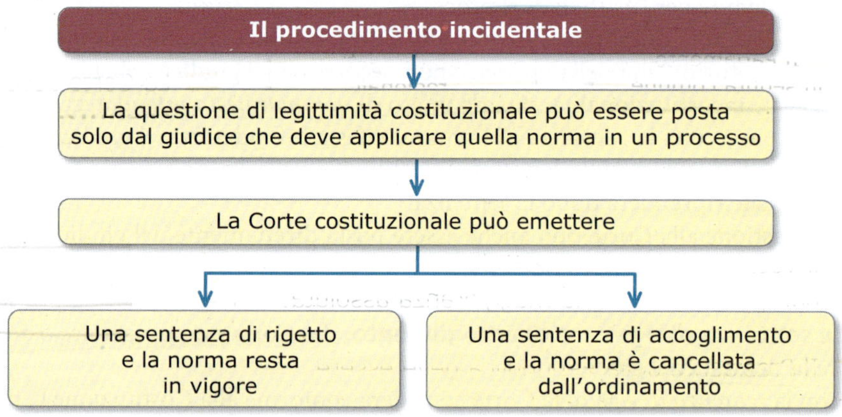

■ **Il giudizio sui conflitti di attribuzione.** Si ha un *conflitto di attribuzione* quando un organo ritiene che la propria sfera di competenza sia stata invasa da un atto compiuto da un altro organo. La Corte risolve i conflitti di attribuzione fra i poteri dello Stato, fra lo Stato e le Regioni, fra le Regioni.

Rispetto ai conflitti di attribuzione *fra i poteri dello Stato*, negli ultimi anni la Corte è stata spesso costretta a intervenire su controversie fra il Parlamento e la Magistratura.

La Corte interviene spesso anche nei conflitti di attribuzione *fra lo Stato e le Regioni* per tutti gli atti che non siano legislativi (perché per le leggi, come si è visto, c'è il procedimento principale); per esempio, il Governo ricorre alla Corte perché pensa che un atto amministrativo di una Regione sia in contrasto con la Costituzione.

La Corte non si è, invece, mai occupata di conflitti di attribuzione *fra le varie Regioni*.

La Corte dichiara con sentenza qual è l'organo competente, e annulla gli atti compiuti in quell'ambito dall'organo giudicato incompetente.

■ **Il giudizio sull'ammissibilità del referendum abrogativo.** Come si è visto nell'unità A1, la Corte giudica sull'ammissibilità del referendum abrogativo e lo può annullare se:
- giudica che la legge che si vuole abrogare rientra fra le materie escluse dall'art. 75 Cost. (leggi tributarie e di bilancio, leggi di amnistia e indulto, leggi di autorizzazione a ratificare trattati internazionali);
- giudica non chiara la formulazione del *quesito* a cui i cittadini devono rispondere «sì» o «no»; a volte, la Corte ha ritenuto ammissibili referendum respinti in precedenza, perché erano stati ripresentati col quesito riformulato.

SINTESI

■ Il Presidente della Repubblica e la Corte costituzionale sono organi di **garanzia costituzionale** ▶ **§1**.

■ Può **essere eletto Presidente della Repubblica** ▶ **§2** ogni cittadino/a che abbia compiuto i 50 anni di età e goda dei diritti civili e politici.

Il Presidente della Repubblica è eletto dai Grandi elettori
- Il Parlamento in seduta comune
- 58 delegati regionali

■ Per diventare Presidente della Repubblica è necessario ottenere un ***quorum*** ▶ **§2** molto alto: per i primi tre scrutini occorre il voto dei 2/3 degli aventi diritto e, a partire dal quarto, occorre la maggioranza assoluta.

■ Il Presidente della Repubblica deve essere al di sopra delle parti, perché è il **garante della Costituzione** ▶ **§2**.

■ Fra i numerosi **poteri del Presidente della Repubblica** ▶ **§3** ricordiamo: l'autorizzazione alla presentazione dei disegni di legge, la promulgazione, lo scioglimento delle Camere, il potere di messaggio e di esternazione, la concessione della clemenza penale, la nomina del Governo e dei senatori a vita, la presidenza del Consiglio supremo di difesa e il comando delle Forze Armate.

■ La **controfirma ministeriale** ▶ **§4** trasferisce la responsabilità degli atti del Presidente della Repubblica ai membri del Governo.

■ Il Presidente della Repubblica può essere **messo in stato d'accusa** ▶ **§4** dal Parlamento in seduta comune per «alto tradimento» o «attentato alla Costituzione», e viene poi giudicato dalla Corte costituzionale integrata da 16 cittadini.

■ La **Corte costituzionale** ▶ **§5** è formata da 15 giuristi, ed emette sentenze definitive e inappellabili.

La Corte costituzionale è formata da 15 giuristi nominati
- 5 dal Presidente della Repubblica
- 5 dal Parlamento in seduta comune
- 5 dalle supreme magistrature

■ La Corte deve **giudicare sulla legittimità costituzionale delle leggi** ▶ **§6**. In nessun caso il singolo cittadino può rivolgersi direttamente alla Corte.

La questione di costituzionalità alla Corte costituzionale può essere posta
- Col procedimento principale
- Col procedimento incidentale

■ Il **procedimento principale** ▶ **§6** può essere iniziato direttamente o dal Governo o dalle Regioni.

■ Col **procedimento incidentale** la questione di legittimità viene posta alla Corte dal giudice che deve applicare quella norma in un processo. Il giudice deve accertare che la questione sia rilevante e non manifestamente infondata. La Corte con la **sentenza di rigetto** ▶ **§6** giudica legittima la norma, mentre con la sentenza di **accoglimento** ▶ **§6** la giudica illegittima.

■ Le **altre funzioni della Corte** ▶ **§6** sono:
- giudicare penalmente il Presidente della Repubblica;
- giudicare sui conflitti di attribuzione;
- giudicare sull'ammissibilità del referendum abrogativo.

VERIFICA LE TUE CONOSCENZE

1 ***Risolvi le seguenti scelte multiple indicando la risposta esatta fra quelle possibili.***

A

Il Presidente della Repubblica può essere messo in stato d'accusa

1 dal Parlamento in seduta comune

2 dalla Corte costituzionale

3 dalla Corte costituzionale integrata da 16 cittadini

B

Il procedimento principale per il giudizio della Corte costituzionale può essere intrapreso

1 solo dal Governo

2 solo dalle Regioni

3 solo dal Governo o dalle Regioni

1 **Il Presidente della Repubblica è eletto**

- **a** dalla Camera
- **b** dal Senato
- **c** dal Parlamento in seduta comune
- **d** dai Grandi elettori

2 **In caso di impedimento temporaneo le funzioni del Presidente sono esercitate dal**

- **a** Presidente della Camera
- **b** Presidente del Senato
- **c** Presidente della Corte costituzionale
- **d** Presidente del Consiglio

3 **Il Presidente della Repubblica non può sciogliere le Camere**

- **a** nell'ultimo mese del suo mandato
- **b** negli ultimi due mesi del suo mandato
- **c** negli ultimi tre mesi del suo mandato
- **d** negli ultimi sei mesi del suo mandato

4 **Il Presidente della Repubblica**

- **a** non può rifiutare la promulgazione
- **b** può rifiutare la promulgazione una volta
- **c** può rifiutare la promulgazione due volte
- **d** può rifiutare la promulgazione all'infinito

5 **Con la sentenza di accoglimento la Corte costituzionale**

- **a** giudica legittima la norma
- **b** giudica illegittima la norma
- **c** decide di esaminare la richiesta del giudice
- **d** decide di accogliere il parere del Governo

6 **Una questione è «non manifestamente infondata» se**

- **a** il giudice è sicuro che la norma sia in contrasto con la Costituzione
- **b** il giudice dubita che la norma sia in contrasto con la Costituzione
- **c** le parti sono sicure che la norma sia in contrasto con la Costituzione
- **d** le parti dubitano che la norma sia in contrasto con la Costituzione

MISURA LE TUE ABILITÀ

2 ***Risolvi i seguenti quesiti vero o falso e motiva la tua risposta.***

1 **L'Italia è una repubblica presidenziale**

VERO ☐ **FALSO** ☐

PERCHÉ ______________________________

____

2 **Il Presidente della Repubblica è un organo di garanzia costituzionale**

VERO ☐ **FALSO** ☐

PERCHÉ ______________________________

____

3 Il Presidente della Repubblica è rieleggibile

VERO ☐ FALSO ☐

PERCHÉ ______________________

____

4 Dal 1948 a oggi il Presidente della Repubblica ha sempre sciolto anticipatamente le Camere

VERO ☐ FALSO ☐

PERCHÉ ______________________

____

5 Le sentenze della Corte costituzionale sono inappellabili

VERO ☐ FALSO ☐

PERCHÉ ______________________

____

6 Dopo una sentenza di accoglimento la questione può essere riproposta alla Corte costituzionale

VERO ☐ FALSO ☐

PERCHÉ ______________________

____

3 ***Completa la tabella che segue.***

Caratteristica	Numero
Giudici della Corte costituzionale	(1)
Membri della Corte nominati dal Presidente della Repubblica	(2)
Durata in carica dei giudici della Corte (anni)	(3)
Durata in carica del Presidente della Corte (anni)	(4)
Giudici che devono essere presenti per la validità delle sentenze della Corte	(5)

ALLENA LE TUE COMPETENZE

4 ***Sulla base di quanto hai imparato in questa unità, rispondi ai seguenti «casi».***

1 **Distinguere fra l'impedimento temporaneo e permanente del Presidente, ascoltando un'amica.**

Una tua amica sta leggendo il giornale: «Il Presidente deve essere operato e si prevede una convalescenza di due mesi!».

▶ ***Si tratta di un caso di impedimento temporaneo o permanente?***

____

2 **Riconoscere il potere di esternazione, guardando un programma televisivo.**

Nel rituale discorso televisivo di fine anno, il Presidente della Repubblica ha invitato il Governo a fare tutto il possibile per ridurre la disoccupazione giovanile.

▶ ***Quale potere ha esercitato il Presidente della Repubblica?***

____

3 **Riconoscere la «rilevanza» della norma che il giudice deve porre alla Corte costituzionale, ascoltando un familiare.**

Tuo zio è in causa con un concorrente in affari, ed è molto agguerrito: «L'avvocato della controparte ha domandato al giudice di chiedere alla Corte costituzionale di decidere sulla costituzionalità di una norma. L'avvocato sta solo perdendo tempo, il giudice non porrà mai la questione, perché quella norma non è "rilevante": la sua importanza è minima!».

▶ ***In quale caso il giudice valuta «rilevante» una norma per chiedere il giudizio della Corte costituzionale?***

____

4 **Valutare gli effetti delle sentenze della Corte costituzionale, ascoltando un conoscente.**

Il tuo vicino a volte si sente un giurista: «Dopo la sentenza di rigetto della Corte costituzionale, quella legge non ha più alcuna efficacia!».

▶ ***Qual è l'effetto di una sentenza di rigetto?***

____

____

Riprendiamo il dibattito

Dopo aver studiato l'unità, prepara il tuo punto di vista per continuare il dibattito iniziato in apertura di lezione (▶ *La parola a te!*).

Un politico in televisione dichiara: «La situazione è molto delicata. Il Presidente della Repubblica rischia di farsi mettere sotto impeachment *dalla Corte costituzionale». L'affermazione è decisamente confusa.*

▶ ***Tu cosa ne pensi?***

- Partendo da quanto sopra affermato, esegui a casa una ricerca online e consulta il tuo libro di testo per preparare una breve tabella che contenga gli elementi principali dell'argomento trattato e che ti aiuti a esporre il tuo punto di vista.

A CASA 1 ORA
IN AULA 20 MINUTI

- Con l'aiuto della tabella, partecipa al dibattito che il docente avvia in aula.

A President Under Trial

In 1998, Bill Clinton, President of the United States of America, was impeached by the House of Representatives on charges of perjury and obstruction of justice

IN THIS MODULE YOU WILL

- **Learn** how the President of the United States can be impeached.
- **Understand** why President Clinton was impeached in 1998.
- **Practice** your English through oral and written exercises.

WARM UP

PAIR WORK

Answer the following questions.

- Have you ever heard of Bill Clinton?
- Have you ever heard anything about his impeachment in 1998?

KEYWORDS

Associate the following keywords with their definitions.

Constitutional oath **impeachment** **misdemeanor** **perjurious** **to acquit**

a .... A legal action brought against a public official before a competent tribunal caused by a supposed misconduct in office.

b .... A crime considered to be one of the less serious types of crime.

c .... Marked by perjury, that is, the willful giving of false testimony under oath.

d .... The oath of the President of the United States of America taken before entering office.

e .... To relieve from a charge of fault or crime.

READING

1 *In the following text you will learn the reason why President Bill Clinton was impeached. Complete the text with the keywords.*

Even the President of the United States must respect laws. The United States Constitution states that «The President [...] shall be removed from Office on .... for, and Conviction of, Treason, Bribery, or other High Crimes and ....» (Article II, Section 4). Impeachment and its trial are conducted by the Congress. The House of Representatives has the power of impeaching; the Senate tries the impeachment. President Clinton was impeached on charges of perjury and obstruction of justice for statements and acts made during a sexual harassment lawsuit filed against him by a former Arkansas government employee (Bill Clinton acted as Governor of Arkansas twice). Finally, President Clinton was .... by the Senate.

Articles of impeachment against William Jefferson Clinton

RESOLUTION

Resolved,

That William Jefferson Clinton, President of the United States, is impeached for high crimes and misdemeanors, and that the following articles of impeachment be exhibited to the United States Senate: [...]

Article I. In his conduct while President of the United States, William J. Clinton, in violation of his .... faithfully to execute the office of President of the United States and, to the best of his ability, preserve, protect, and defend the Constitution of the United States, and in violation of his constitutional duty to take care that the laws be faithfully executed, has willfully corrupted and manipulated the judicial process of the United States for his personal gain and exoneration impeding the administration of justice, in that:

On August 17, 1998, William J. Clinton swore to tell the truth, the whole truth, and nothing but the truth before a Federal grand jury of the United States. Contrary to that oath, William J. Clinton willfully provided ...., false and misleading testimony to the grand jury concerning one or more of the following:
(1) the nature and details of his relationship with a subordinate Government employee;
(2) prior perjurious, false and misleading testimony he gave in a Federal civil rights action brought against him;
(3) prior false and misleading statements he allowed his attorney to make to a Federal judge in that civil rights action; and
(4) his corrupt efforts to influence the testimony of witnesses and to impede the discovery of evidence in that civil rights action.

Speaker of the House of Representatives

2 *Mark the following sentences as true or false.*

a The President of the United States has the duty to protect and defend the Constitution
b Bill Clinton is accused of influencing a witness, not of giving false testimony himself.
c Bill Clinton was impeached for bribery.
d Impeachment means that a President is declared guilty of certain acts.

LISTENING

TRACK 2

In the following audio file, you will listen to the second article of the impeachment resolution against Bill Clinton and understand why his conduct was deemed criminal. Listen to the file and then complete the following sentences.

a Allegedly, Bill Clinton first tried to influence a witness on day ....
b Allegedly, he also made an effort to secure .... to a witness.
c If a President is corrupt, he has .... his trust as President.
d Bill Clinton is accused of having acted in a manner .... of the .... and justice.

SPEAKING

PAIR WORK

Answer the following questions.

a Is the President of the United States above all laws?
b Which were the charges brought against President Clinton?
c According to the Us Constitution, why were the charges brought against President Clinton so important? Because they were considered as...
d Who signs the Articles of Impeachment against President Clinton?
e Who will try this impeachment? What will be the outcome of the trial?

INTERESTING FACT

In the history of the United States, only one President was impeached besides Bill Clinton: President Andrew Johnson, impeached and acquitted in 1868. President Nixon resigned in 1974 as he faced almost certain impeachment and removal from office following the «Watergate» scandal (he encouraged the secret investigation of his political opponents).

[*House Resolution 611*, 105th Congress, Second Session; Congress of the United States of America, in the House of Representatives, December 19, 1998.]

B4 Le autonomie locali

A te la parola!

Dialogo in famiglia:
- Tuo fratello: «Si ha la sussidiarietà quando lo Stato interviene con sussidi per aiutare i Comuni più poveri!».
- Tua sorella: «Ti sbagli. La sussidiarietà limita l'azione dello Stato!».

5 MINUTI

▶ *Chi ha ragione? Perché?*

Con l'aiuto dell'insegnante e in piccoli gruppi prova a esporre il tuo punto di vista.

1 Autonomia e decentramento

Lo Stato unitario. L'Italia è uno Stato unitario, perché l'**art. 5 Cost.** stabilisce che la Repubblica è «una e indivisibile».

L'indivisibilità non contrasta con i princìpi dell'autonomia e del decentramento.

Si ha autonomia quando lo Stato affida il conseguimento di scopi collettivi a enti locali

L'autonomia. Che cosa si intende per autonomia?

Autonomia è un termine di origine greca, che significa «stabilire le regole da soli». Si ha *autonomia* quando lo Stato concede agli enti locali la possibilità di decidere da soli in alcune materie di interesse collettivo.

La Repubblica «riconosce e promuove le autonomie locali», per tener conto delle diversità presenti sul territorio italiano, dovute anche alla particolare conformazione geografica; sono ovviamente diverse le esigenze di un paesino meridionale rispetto a quelle di una grande città del nord. Queste diversità furono soffocate sia dal Regno d'Italia, che aveva il problema di realizzare la riunificazione, sia dal regime fascista che creò uno Stato fortemente accentrato.

Ferma restando la forma di Stato unitaria, i Costituenti vollero che le comunità locali potessero regolamentare in modo autonomo alcuni aspetti della loro vita sociale ed economica.

Lo Stato italiano si divide in *enti autonomi territoriali* (Regioni, Comuni, Province e Città metropolitane) che scelgono liberamente il proprio indirizzo politico, pur essendo sottoposti a un controllo statale.

La riforma costituzionale del 2001. La legge costituzionale dell'8 marzo 2001, confermata dal referendum costituzionale del 7 ottobre 2001, ha modificato l'intero Titolo V della parte seconda della Costituzione (*Le Regioni, Le Province, i Comuni*), che ora è formato da 15 nuovi articoli. La riforma costituzionale del 2001 ha aumentato l'autonomia degli enti locali, soprattutto delle Regioni.

La riforma costituzionale del 2001 ha accentuato il principio dell'autonomia

Il decentramento. Che cosa si intende per decentramento?

In base all'art. 5 Cost., la Repubblica «attua nei servizi che dipendono dallo Stato il più ampio decentramento amministrativo». Col *decentramento* si ha la creazione di uffici locali che continuano a dipendere dall'amministrazione centrale: non c'è autonomia. È comunque vero che col decentramento l'amministrazione statale affronta con maggiore efficienza i problemi, perché si trova a stretto contatto con le realtà locali.

Possiamo sintetizzare con un esempio la differenza fra autonomia e decentramento: il Comune di Palermo è un ente autonomo, mentre la Questura di Palermo è un organo decentrato, che dipende dal Ministero dell'interno.

Col decentramento si ha la creazione di uffici locali che dipendono dall'amministrazione centrale

Si distingue fra
- L'autonomia
- Il decentramento

2 Gli enti autonomi territoriali

Regioni, Comuni, Province e Città metropolitane. L'art. 114 Cost. stabilisce che «la Repubblica è costituita dai Comuni, dalle Province, dalle Città metropolitane, dalle Regioni e dallo Stato», e prosegue specificando che «i Comuni, le Province, le Città metropolitane e le Regioni sono enti autonomi con propri statuti, poteri e funzioni secondo i princìpi fissati dalla Costituzione».

Gli enti autonomi territoriali possono gestire da soli determinati problemi locali

L'Italia è divisa in 20 Regioni, di cui 5 a statuto speciale e 15 a statuto ordinario. Le Regioni comprendono:

- 96 Province (alcune articolate in diverse forme come i Liberi Consorzi Comunali e le Unioni Territoriali Intercomunali), le cui attribuzioni sono state notevolmente ridimensionate nel 2014. Va ricordato che Trento e Bolzano restano Province autonome;
- 14 Città metropolitane, entrate in funzione il 1° gennaio 2015.

Le Province e le Città metropolitane sono suddivise in oltre 8000 Comuni.

Gli enti territoriali esercitano la loro autonomia nell'ambito politico, normativo, amministrativo e statutario.

Gli enti autonomi territoriali sono
- La Regione
- Il Comune
- La Provincia
- La Città metropolitana

L'autonomia politica. Gli enti autonomi territoriali attuano il proprio indirizzo politico; i loro organi decisionali sono rappresentativi, perché vengono eletti dai cittadini alle elezioni amministrative (con l'eccezione delle Province e delle Città metropolitane).

Gli enti autonomi non devono seguire la linea politica del Governo, a differenza degli organi decentrati che sono subordinati all'esecutivo.

Gli enti autonomi territoriali attuano il proprio indirizzo politico, attraverso gli organi votati alle elezioni amministrative

Gli enti autonomi territoriali emanano delle norme che sono efficaci solo nel loro territorio

■ **L'autonomia normativa.** Gli enti autonomi territoriali possono emanare norme giuridiche, che sono diverse a seconda dell'ente che le emana: le Regioni possono approvare leggi aventi la stessa forza di quelle ordinarie (come vedremo nel prossimo paragrafo), mentre le Province, le Città metropolitane e i Comuni possono solo adottare regolamenti.

Le norme approvate dagli enti territoriali sono efficaci solo nel loro territorio; per esempio, una legge regionale della Puglia è in vigore solo sul territorio pugliese.

Gli enti autonomi territoriali adottano atti amministrativi

■ **L'autonomia amministrativa.** Per concretizzare le decisioni prese dagli organi politici locali, gli enti autonomi territoriali adottano degli atti amministrativi.

Gli enti locali dispongono di un apparato burocratico che dipende dalle amministrazioni locali e non dallo Stato; per esempio, un impiegato dell'anagrafe di Venezia dipende dal Comune di Venezia, e non dallo Stato italiano. I dipendenti degli enti autonomi territoriali sono circa 1 milione 500 mila e rappresentano 1/3 del personale della Pubblica Amministrazione.

Gli enti autonomi territoriali possono darsi uno statuto

■ **L'autonomia statutaria.** Ogni ente autonomo territoriale può darsi uno *statuto*, per regolamentare la propria organizzazione interna.

In base all'**art. 123 Cost.**, «ciascuna Regione ha uno statuto che, in armonia con la Costituzione, ne determina la forma di governo e i princìpi fondamentali di organizzazione e funzionamento.» Una volta approvato, lo statuto può essere soggetto a un referendum regionale entro tre mesi dalla sua pubblicazione (se ne fa richiesta o 1/50 degli elettori della Regione o 1/5 del Consiglio regionale), lo statuto non è promulgato se il referendum non è approvato dalla maggioranza dei voti validi.

L'autonomia statutaria è estesa ai Comuni, alle Province e alle Città metropolitane, che possono così differenziare la loro organizzazione in base ai bisogni locali.

Gli enti autonomi territoriali si basano su

- L'autonomia politica
- L'autonomia normativa
- L'autonomia amministrativa
- L'autonomia statutaria

Col principio di sussidiarietà lo Stato interviene solo quando gli enti autonomi territoriali non sono in grado di farlo

■ **Il principio di sussidiarietà.** La riforma del 2001 ha inserito per la prima volta nella Costituzione il *principio di sussidiarietà*, in base al quale lo Stato deve intervenire solo quando gli enti autonomi territoriali non sono in grado di farlo. In altre parole, nei settori che non sono di sua esclusiva competenza, lo Stato non deve intervenire se gli enti locali sono in grado di risolvere i loro problemi da soli.

In particolare, l'**art. 118 Cost.** stabilisce che «le funzioni amministrative sono attribuite ai Comuni salvo che, per assicurarne l'esercizio unitario, siano conferite» agli altri enti autonomi territoriali, sulla base del principio di sussidiarietà. La riforma conferisce più poteri amministrativi alle autonomie locali e, soprattutto, al Comune perché è l'ente più vicino ai cittadini.

Gli enti territoriali non hanno una completa autonomia fiscale

■ **E l'autonomia fiscale?** Non può esserci autonomia senza autosufficienza finanziaria, ma gli enti territoriali non hanno una completa autonomia fiscale. Vediamo perché.

L'**art. 119 Cost.** afferma che «i Comuni, le Province, le Città metropolitane e le Regioni hanno autonomia finanziaria di entrata e di spesa».

Gli enti locali possono stabilire e applicare tributi propri, ma lo Stato non esce di scena: alla legge ordinaria è attribuito il compito di istituire un «fondo perequativo» per le zone più svantaggiate. L'art. 119 Cost. precisa infatti che «lo Stato destina risorse aggiuntive ed effettua interventi speciali in favore di determinati Comuni, Province, Città metropolitane e Regioni», per «promuovere lo sviluppo economico, la coesione e la solidarietà sociale» e per «rimuovere gli squilibri economici e sociali».

3 La Regione

La prevalenza della Regione. La riforma del 2001 conferma il ruolo di assoluta prevalenza della Regione rispetto agli altri enti autonomi territoriali.

La riforma mantiene la distinzione fra Regioni a statuto speciale e Regioni a statuto ordinario.

Le Regioni a statuto speciale. In base all'art. 116 Cost., «il Friuli Venezia Giulia, la Sardegna, la Sicilia, il Trentino-Alto Adige/*Südtirol* e la Valle d'Aosta/*Vallée d'Aoste* dispongono di forme e condizioni particolari di autonomia, secondo i rispettivi statuti speciali adottati con legge costituzionale».

Gli statuti delle Regioni speciali sono stati adottati con leggi costituzionali

Gli statuti delle Regioni speciali sono stati adottati con *leggi costituzionali*, perché possono derogare alle norme stabilite dalla Costituzione per le Regioni ordinarie.

La creazione delle Regioni speciali potrebbe sembrare in contrasto con l'indivisibilità affermata nell'art. 5 Cost., ma i Costituenti non avevano altra scelta per ricondurre nell'ambito costituzionale le forze centrifughe del dopoguerra; basta pensare al movimento separatista siciliano, o alle pretese irredentistiche valdostane e altoatesine.

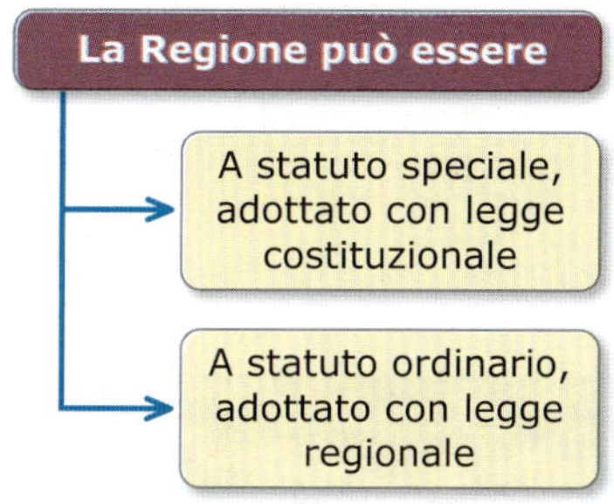

Le Regioni speciali sono caratterizzate da particolarità sia geografiche (la vicinanza alle frontiere o l'insularità), sia etniche (la presenza di consistenti minoranze di lingua ladina e tedesca in Alto Adige, di lingua slava nella Venezia Giulia e di lingua francese in Valle d'Aosta).

Le Regioni speciali hanno competenze legislative più ampie rispetto alle Regioni ordinarie; sono gli statuti a stabilire alcune materie in cui può legiferare esclusivamente la Regione speciale. Va sottolineato che, in alcuni casi, la legge di una Regione speciale è destinata a prevalere sulla legislazione ordinaria.

Le Regioni a statuto ordinario. Le Regioni a statuto ordinario sono 15, dopo la separazione del Molise dall'Abruzzo avvenuta nel 1963.

Gli statuti delle Regioni ordinarie sono adottati con leggi regionali

Lo statuto «è approvato e modificato dal Consiglio regionale con legge approvata a maggioranza assoluta dei suoi componenti, con due deliberazioni successive adottate a intervallo non minore di due mesi» (art. 123 Cost.). Gli statuti delle Regioni ordinarie sono adottati con *leggi regionali*, a differenza di quanto è avvenuto nelle Regioni speciali.

L'ordinamento regionale. Regioni ordinarie e Regioni speciali hanno un ordinamento simile, formato dal Presidente della Giunta regionale, dalla Giunta regionale e dal Consiglio regionale. Va ricordato che gli organi delle Regioni ordinarie furono istituiti solo nel 1970.

Il Presidente della Giunta regionale. A capo della Regione sta il Presidente della Giunta regionale, che è eletto direttamente dai cittadini.

Il Presidente della Giunta regionale, eletto direttamente dai cittadini, è a capo della Regione

Il Presidente della Giunta regionale, o Presidente della Regione, viene eletto a suffragio universale e diretto (in un unico turno) dai cittadini maggiorenni che risiedono nella Regione, per una durata di cinque anni (con le sole eccezioni del Trentino Alto-Adige e della Valle d'Aosta).

Il *Presidente della Regione* deve:

- nominare e revocare gli assessori della Giunta;
- dirigere la politica della Giunta;
- promulgare le leggi regionali ed emanare i regolamenti regionali;
- dirigere le funzioni amministrative delegate dallo Stato alla Regione.

«L'impedimento permanente, la morte o le dimissioni volontarie» del Presidente della Regione comportano «le dimissioni della Giunta e lo scioglimento del Consiglio» (art. 126 Cost.).

I mass media utilizzano il termine *Governatore* per indicare il Presidente della Regione.

La Giunta regionale, nominata dal Presidente, è l'organo esecutivo della Regione

La Giunta regionale. La Giunta regionale, nominata dal Presidente, è l'*organo esecutivo* della Regione.

La Giunta regionale è composta da un numero variabile di assessori, che non devono necessariamente essere consiglieri, ognuno dei quali dirige un settore dell'amministrazione regionale (sanità, trasporti, istruzione).

La *Giunta regionale* ha il potere di:
- attuare l'indirizzo politico della Regione;
- esercitare l'iniziativa legislativa sulle leggi regionali;
- dirigere l'apparato burocratico regionale;
- garantire l'attuazione delle leggi regionali approvate dal Consiglio.

Il Consiglio regionale è l'organo legislativo della Regione

Il Consiglio regionale. Il Consiglio regionale è l'*organo legislativo* della Regione.

Il Consiglio regionale viene eletto dai cittadini insieme al Presidente della Regione, utilizzando un sistema elettorale che varia da Regione a Regione, ma che in ogni caso prevede un «premio maggioritario» alla coalizione collegata col Presidente vincente, in modo che questo possa contare su una sicura maggioranza in Consiglio.

Per i consiglieri regionali (il cui numero varia da un minimo di 30 a un massimo di 80) sono previste delle incompatibilità; per esempio, non si può essere contemporaneamente consigliere regionale e parlamentare.

«I consiglieri regionali non possono essere chiamati a rispondere delle opinioni espresse e dei voti dati nell'esercizio delle loro funzioni» (**art. 122 Cost.**) ma, a differenza dei parlamentari, non godono dell'immunità.

Una seduta dell'Assemblea legislativa della Regione Emilia-Romagna.

L'organizzazione interna del Consiglio regionale è analoga a quella del Parlamento, perché si basa sia sulla divisione in commissioni (che non possono però approvare leggi regionali), sia sulla ripartizione in gruppi (che riuniscono i consiglieri aderenti ai vari partiti).

Il *Consiglio regionale* ha il potere di:
- approvare le leggi regionali;
- approvare e modificare lo statuto;
- provocare le dimissioni del Presidente della Regione, votando a maggioranza assoluta una *mozione di sfiducia*, che comporta però sia le dimissioni della Giunta sia l'autoscioglimento del Consiglio.

L'ordinamento regionale è formato da

Il Presidente della Giunta regionale (eletto dai cittadini), che è a capo della Regione e nomina

La Giunta regionale, che è l'organo esecutivo

Il Consiglio regionale, che è l'organo legislativo

Le funzioni della Regione. Le funzioni della Regione comprendono la partecipazione ad atti dello Stato, la funzione legislativa e la funzione amministrativa.

La partecipazione delle Regioni agli atti dello Stato è limitata dalla Costituzione

La partecipazione ad atti dello Stato. La partecipazione delle Regioni agli atti dello Stato è rigorosamente limitata dalla Costituzione. In particolare:
- il Consiglio regionale «può fare proposte di legge alle Camere» (**art. 121 Cost.**), anche se tali proposte avvengono raramente;
- all'elezione del Presidente della Repubblica «partecipano tre delegati per ogni Regione eletti dal Consiglio regionale», mentre «la Valle d'Aosta ha un solo delegato» (**art. 83 Cost.**);
- cinque Consigli regionali possono richiedere sia il referendum abrogativo sia il referendum confermativo;
- i Consigli regionali devono essere «sentiti» quando bisogna «disporre la fusione di Regioni esistenti o la creazione di nuove Regioni», e quando si vuole consentire che i Comuni, «che ne abbiano fatto richiesta, siano staccati da una Regione e aggregati a un'altra» (**art. 132 Cost.**).

■ **La funzione legislativa...** La Regione è l'unico ente autonomo che può esercitare il potere legislativo. L'**art. 117 Cost.** stabilisce che «la potestà legislativa è esercitata dallo Stato e dalle Regioni nel rispetto della Costituzione, nonché dei vincoli derivanti dall'ordinamento comunitario e dagli obblighi internazionali». In particolare si distingue fra:
- la legislazione esclusiva affidata allo Stato;
- la legislazione concorrente affidata alle Regioni, che devono attenersi a princìpi determinati dallo Stato;
- la legislazione sussidiaria delle Regioni.

Le Regioni possono esercitare il potere legislativo

■ **...la legislazione esclusiva dello Stato...** Si ha la *legislazione esclusiva dello Stato* quando solo le leggi ordinarie possono regolare determinate materie. Quali? Lo Stato ha la competenza esclusiva nelle materie di maggior importanza: la politica estera, l'immigrazione, i rapporti con le confessioni religiose, la difesa, la moneta e il sistema tributario, le leggi elettorali, l'ordine pubblico e la sicurezza, la cittadinanza, la giustizia, la determinazione dei livelli minimi dei servizi, le norme generali sull'istruzione, la previdenza, la tutela dell'ambiente.

Si ha la legislazione esclusiva quando solo lo Stato può approvare leggi in determinate materie

■ **...la legislazione concorrente...** Si ha la legislazione concorrente quando le Regioni possono approvare leggi in determinate materie, ma devono seguire i princìpi generali stabiliti dallo Stato.

Fra le materie di *legislazione concorrente delle Regioni* ricordiamo: i rapporti internazionali e con l'Unione europea delle Regioni, il commercio con l'estero, la sicurezza del lavoro, l'istruzione (a parte la formazione professionale riservata esclusivamente alle Regioni), la tutela della salute, la protezione civile, la gestione delle grandi reti di trasporto e di navigazione, la produzione e distribuzione dell'energia, la valorizzazione dei beni culturali e ambientali.

Con la legislazione concorrente le Regioni approvano leggi sulla base di princìpi generali dello Stato

■ **...la legislazione sussidiaria delle Regioni.** Con la *legislazione sussidiaria* le Regioni possono approvare leggi in tutte le materie non riservate allo Stato. L'art. 117 Cost., in base al principio di sussidiarietà, stabilisce infatti che «spetta alle Regioni la potestà legislativa in riferimento a ogni materia non espressamente riservata alla legislazione dello Stato».

Va anche sottolineato che le Regioni possono intervenire nel processo legislativo dell'Unione europea, quando le norme comunitarie trattano materie di competenza regionale.

Con la legislazione sussidiaria le Regioni possono approvare leggi in tutte le materie non riservate allo Stato

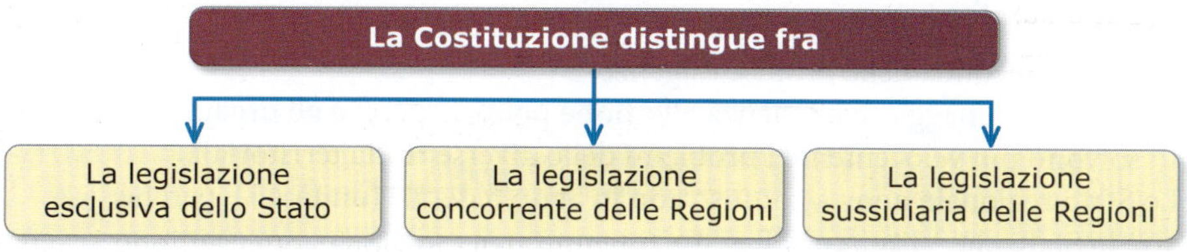

■ **Il referendum regionale.** La riforma del 2001 ribadisce la possibilità di effettuare un *referendum regionale*, che può riguardare leggi e provvedimenti amministrativi della Regione, e che deve essere regolamentato dallo statuto

■ **La formazione delle leggi regionali.** Il procedimento di formazione di una legge regionale è simile a quello seguito dalla legge ordinaria (unità B1), perché passa attraverso:
- l'iniziativa, che può essere esercitata da ogni consigliere regionale o dalla Giunta regionale;
- l'approvazione in aula del Consiglio regionale, dopo l'esame di una commissione regionale competente in materia;
- la promulgazione del Presidente della Regione;
- la pubblicazione sul *Bollettino ufficiale della Regione*;
- l'entrata in vigore il quindicesimo giorno successivo alla pubblicazione.

Il procedimento di formazione delle leggi regionali è simile a quello delle leggi ordinarie

La Regione esercita la funzione amministrativa

■ **La funzione amministrativa.** Per attuare quanto disposto dalle leggi regionali, ogni Regione adotta i necessari atti amministrativi.

A questo proposito l'**art. 118 Cost.** stabilisce che «la legge statale disciplina forme di coordinamento fra Stato e Regioni» in ambito amministrativo, di cui ci siamo occupati nell'unità B2.

Lo Stato controlla sia gli atti regionali sia gli organi regionali

■ **Il controllo statale...** Nonostante l'autonomia regionale sia la massima prevista dai Costituenti, le Regioni sono soggette a un controllo statale sia sugli atti sia sugli organi.

■ **...sugli atti...** Come si è visto nell'unità B3, l'**art. 127 Cost.** afferma che sia il Governo che le Regioni hanno il potere di «promuovere la questione di legittimità costituzionale dinanzi alla Corte costituzionale», in caso di presunto eccesso di competenza da parte dell'altro organo.

Questi conflitti di attribuzione sono sempre più frequenti, anche a causa delle inevitabili ambiguità che comporta la legislazione concorrente.

■ **...e sugli organi.** Con decreto motivato del Presidente della Repubblica, è possibile rimuovere il Presidente della Regione e sciogliere il Consiglio regionale, nel caso che tali organi abbiano compiuto «atti contrari alla Costituzione o gravi violazioni di legge» (art. 126 Cost.).

La Costituzione prevede uno Stato regionale, per l'ampia autonomia delle Regioni

■ **Lo Stato regionale.** Il Regno d'Italia creò uno Stato accentrato, che venne rafforzato in senso autoritario durante il fascismo.

Per superare il modello centralistico che aveva caratterizzato l'Italia per quasi un secolo, i Costituenti crearono uno Stato regionale, in cui le Regioni assumevano un importante ruolo politico grazie ai loro poteri, che sono stati aumentati dalla riforma del 2001.

Lo *Stato regionale*:

- favorisce il pluralismo, perché ogni Regione può compiere scelte politiche diverse a seconda delle proprie esigenze;
- garantisce maggiore efficienza all'azione politica, perché gli organi regionali risolvono più velocemente i problemi delle diverse realtà territoriali.

Lo Stato regionale non va confuso con lo Stato federale (unità A1), perché:

- è lo Stato che istituisce le Regioni;
- lo Stato riconosce, ma limita il potere legislativo delle Regioni;
- lo Stato esercita un controllo sulle Regioni, che può spingersi fino allo scioglimento dei Consigli e alla rimozione del Presidente;
- le Regioni non dispongono di forze di polizia.

Va ribadito che la riforma costituzionale del 2001 ha confermato una forma di Stato unitaria, perché le Regioni non possiedono attribuzioni originarie, ma esercitano solo quelle delegate dallo Stato.

4 Il Comune

Il Comune ha origine nel Medioevo

■ **L'autonomia comunale.** L'autonomia comunale ha origine nel Medioevo, quando le città cominciarono a darsi ordinamenti autonomi, per contrapporsi al potere dell'Imperatore e dei signori feudali.

I Comuni italiani sono molto diversi, perché accanto a Comuni piccolissimi (quelli con meno di 5000 abitanti rappresentano i 2/3 del totale), si trovano Comuni di grandi dimensioni che devono amministrare milioni di persone.

Un comune medievale in un particolare di un dipinto di Beato Angelico del 1434. Firenze, Museo Nazionale di San Marco.

Lo statuto comunale. Come si è visto, i Comuni sono liberi di adottare un proprio statuto, per regolamentare l'organizzazione interna a seconda delle diverse esigenze locali. Lo statuto può:

- organizzare l'ordinamento degli uffici comunali;
- specificare le competenze degli organi comunali;
- decidere le forme per agevolare la partecipazione popolare all'attività del Comune;
- facilitare l'accesso dei cittadini agli atti dell'amministrazione comunale.

L'ordinamento comunale. Gli organi del Comune sono il Sindaco, la Giunta comunale e il Consiglio comunale.

L'elezione diretta del Sindaco... Una legge del 1993 ha introdotto l'elezione diretta del Sindaco. Il sistema elettorale prevede differenze a seconda che la popolazione del Comune superi o meno i 15 000 abitanti.

...nei Comuni maggiori... Nei Comuni che superano i 15 000 abitanti il Sindaco viene eletto dai cittadini col *sistema maggioritario a doppio turno con ballottaggio*.

Nei Comuni maggiori il Sindaco è eletto dai cittadini col sistema maggioritario a doppio turno con ballottaggio

Ogni candidato alla carica di Sindaco è collegato a una lista di candidati al Consiglio comunale; gli elettori hanno a disposizione due voti: uno per il Sindaco e uno per il Consiglio comunale. È infatti possibile il cosiddetto «voto disgiunto»: un elettore può votare il candidato Sindaco Mario Rossi e una lista per il Consiglio comunale che appoggia invece il candidato Sindaco Marco Bianchi.

Al primo turno viene eletto Sindaco il candidato che ottiene la maggioranza assoluta dei voti validi. Se nessun candidato raggiunge la maggioranza assoluta, dopo due settimane si procede a una nuova votazione fra i due candidati più votati (*ballottaggio*): al secondo turno viene eletto Sindaco chi ottiene la maggioranza relativa dei voti.

Questo sistema elettorale tende a favorire l'aggregazione dei partiti, perché presentare un candidato che non abbia possibilità di diventare Sindaco è inutile nel primo turno e impossibile nell'eventuale secondo turno.

L'attribuzione dei seggi del Consiglio comunale viene effettuata successivamente all'elezione del Sindaco (al termine del primo o del secondo turno). I seggi del Consiglio comunale vengono assegnati utilizzando un sistema maggioritario corretto: alla lista collegata al Sindaco eletto viene assegnato il 60% dei seggi, mentre le altre liste si suddividono il restante 40% dei seggi col metodo proporzionale.

...nei Comuni minori. Nei Comuni con meno di 15 000 abitanti il Sindaco viene eletto dai cittadini col *sistema maggioritario*.

Nei Comuni minori il Sindaco è eletto dai cittadini col sistema maggioritario

Ogni candidato alla carica di Sindaco si presenta insieme a una lista di candidati al Consiglio comunale. L'elettore deve dare un voto unico al Sindaco e alla lista collegata: viene eletto Sindaco chi ottiene la maggioranza relativa dei voti.

La lista collegata al Sindaco eletto ottiene i 2/3 dei seggi in Consiglio comunale, mentre i seggi restanti vengono suddivisi fra le altre liste col sistema proporzionale. Il Sindaco dovrebbe essere al riparo da crisi comunali, perché può contare in Consiglio sull'ampia maggioranza dei 2/3.

Un referendum abrogativo, svoltosi l'11 giugno 1995, ha cercato di uniformare i due sistemi, allargando ai Comuni maggiori il sistema elettorale dei Comuni minori; questo referendum ha però avuto esito negativo (i «no» hanno raggiunto il 50,6%), e la differenza rimane.

Il Sindaco viene eletto direttamente

- Col sistema maggioritario a doppio turno con ballottaggio nei Comuni con più di 15 000 abitanti
- Col sistema maggioritario nei Comuni con meno di 15 000 abitanti

UN ARTICOLO

L'elezione diretta del Sindaco

Nel 1993 il Parlamento approva l'elezione diretta del Sindaco, anche per evitare un referendum abrogativo sull'argomento.
L'articolo riprodotto (Marco Berti, *Il Messaggero*, 26 marzo 1993) riporta il momento della definitiva approvazione del Senato.

1 Alla fine la legge sull'elezione diretta del Sindaco ce l'ha fatta. Con 144 sì, 29 no e 15 astensioni il Senato ha definitivamente dato il via libera a un provvedimento che cambierà radicalmente il sistema elettorale nei comuni, sottraendo ai partiti la scelta del sindaco e consegnandola ai cittadini. Quegli stessi cittadini che potranno d'ora in poi anche scegliere i programmi e la maggioranza da cui vorranno essere governati.
È la prima grande riforma di questa undicesima legislatura [*dal 1992 al 1994*] e fino all'ultimo ha tenuto tutti col fiato sospeso.

Il Messaggero

Con il definitivo sì del Senato, i cittadini potranno scegliere anche programmi e maggioranze che dovranno governare i comuni

D'ora in poi il sindaco sarà scelto dalla gente

E' passata la prima riforma che rivoluziona il modo di fare politica nelle città

di MARCO BERTI

L'ultimo attacco lo ha sferrato la Lega nord. Ma alla fine la legge sulla elezione commissione Affari costituzionali del Senato, Antonio Maccanico, era preoccupato: «Sto aspettando che i due gruppi più forti scichi. Al Senato la Lega si è battuta fino all'ultimo per alzare la quota poi, visti vani i tentativi, ha pensato bene di abbandonare Quello stesso Mazzola che, più tardi, ha messo a disposizion **1** suo mandato di vicep ente dei senatori democristiani per maggioranze delle città, i partiti faranno un passo indietro e dovranno ritornare a far "progetto" e servizio fra la gente».

C'è però anche chi definisce questa legge «pasticciona e infame». E' Lucio Libertini, capogruppo di Rifondazione al Senato. nei centri sotto i cinquemila abitanti e che prevede il plurinominale e il *panachage*.

«Credo – dice ancora proponga solo modifiche di facciata».

Di parere opposto Elio Vito, della lista Pannella: «Questa legge non supera

Il Sindaco determina l'indirizzo politico del Comune

■ **Le funzioni del Sindaco.** Il Sindaco esercita la *funzione di indirizzo politico* ed è responsabile del governo del Comune.
In particolare, il *Sindaco*:
- nomina e revoca gli assessori della Giunta;
- rappresenta il Comune;
- convoca e presiede la Giunta;
- è responsabile del funzionamento dell'amministrazione comunale.

La Giunta comunale, nominata dal Sindaco, è l'organo esecutivo del Comune

■ **La Giunta comunale.** La Giunta comunale è l'*organo esecutivo* del Comune, ed è nominata direttamente dal Sindaco. La Giunta comunale è formata dal Sindaco, che la presiede, e da un numero variabile di assessori, che non devono necessariamente essere consiglieri.
La *Giunta comunale*:
- collabora col Sindaco nel determinare l'indirizzo politico-amministrativo del Comune;
- esegue le delibere approvate dal Consiglio;
- riferisce annualmente al Consiglio sulla propria attività;
- delibera su tutte le materie che non sono riservate per legge al Consiglio.

Il Consiglio comunale è l'organo di controllo politico-amministrativo del Comune

■ **Il Consiglio comunale.** Il Consiglio comunale è l'*organo di controllo* politico-amministrativo del Comune; a seconda della grandezza del Comune, si va da un minimo di 12 a un massimo di 60 consiglieri.
Il *Consiglio comunale*:
- approva lo statuto, il bilancio e i regolamenti comunali;
- controlla l'attività di Sindaco e Giunta attraverso commissioni d'indagine.

Se vota una mozione di sfiducia il Consiglio provoca la decadenza di Sindaco e Giunta, ma anche il suo autoscioglimento

■ **La mozione di sfiducia.** Analogamente a quanto si è visto per la Regione, il Sindaco e la Giunta devono dimettersi in seguito a una mozione di sfiducia votata dai consiglieri comunali (con voto palese e a maggioranza assoluta); tale mozione comporta però anche l'*autoscioglimento* del Consiglio stesso. Questa norma ha aumentato la stabilità dell'azione amministrativa, perché scoraggia le crisi comunali.

■ **I limiti di mandato.** Il Sindaco, gli assessori comunali e i consiglieri comunali restano in carica per cinque anni.
Sindaco, assessori e consiglieri non possono essere confermati per più di due mandati consecutivi (una legge del 2014 prevede che questo limite valga solo nei Comuni con più di 3000 abitanti).

L'ordinamento comunale è formato da

- Il Sindaco, eletto direttamente dai cittadini, che è responsabile del governo del Comune e nomina
  - La Giunta comunale, che è l'organo esecutivo
- Il Consiglio comunale, che è l'organo di controllo

Il Governo può sciogliere gli organi comunali e nominare un Commissario

Lo scioglimento degli organi comunali. La decadenza degli organi comunali può anche essere decisa dal Governo, su proposta del Ministero dell'interno, in caso di:

- atti contrari alla Costituzione;
- gravi e persistenti violazioni di legge;
- mancata approvazione del bilancio entro i termini di legge;
- mancato funzionamento degli organi comunali.

Nel deliberare lo scioglimento degli organi, il Governo indice le nuove elezioni comunali e affida a un *Commissario* la gestione temporanea del Comune.

Il segretario comunale coordina il funzionamento dell'amministrazione

Il segretario comunale. Una figura di notevole importanza è quella del segretario comunale, che viene scelto dal Sindaco in un apposito albo nazionale a cui si accede per concorso. Il segretario comunale coordina il funzionamento dell'amministrazione comunale e verifica la legittimità degli atti del Comune.

Nei Comuni più grandi, il segretario può essere affiancato da un *city manager* (o, più semplicemente, «direttore generale»), che ha il compito di affiancare il Sindaco nell'organizzazione della macchina comunale.

I Consigli di circoscrizione sono eletti nei Comuni con più di 100 000 abitanti

I Consigli di circoscrizione. I Comuni con più di 100 000 abitanti devono suddividere il loro territorio in *circoscrizioni*, corrispondenti ai quartieri, ed eleggere in ognuna di esse un Consiglio di circoscrizione.

Grazie ai Consigli di circoscrizione è possibile decentrare l'erogazione di alcuni servizi comunali (per esempio, l'assistenza agli anziani e agli invalidi).

Il Comune deve occuparsi dei servizi sociali, dello sviluppo economico e dell'assetto del territorio

Le funzioni del Comune. Il Comune deve occuparsi dei servizi sociali, dello sviluppo economico e dell'assetto del territorio.

In materia di *servizi sociali*, il Comune ha compiti di assistenza socio-sanitaria e partecipa alla gestione delle Aziende unità sanitarie locali (Ausl).

Per promuovere lo *sviluppo economico*, il Comune si occupa soprattutto del settore commerciale regolando l'attività degli esercizi pubblici (orari, licenze).

Nell'*assetto del territorio* sono particolarmente estese le competenze del Comune, che:

- redige il *piano regolatore comunale* seguendo le disposizioni delle leggi regionali;
- rilascia le concessioni edilizie;
- controlla l'utilizzo del verde pubblico;
- si occupa dell'edilizia popolare e di quella scolastica (per le scuole dell'infanzia e del primo ciclo);
- provvede ai problemi connessi con la viabilità;
- gestisce importanti servizi di base (nettezza urbana, acqua potabile, illuminazione pubblica).

5 La Provincia e la Città metropolitana

Una legge del 2014 ha trasformato la Provincia in ente secondario (con organi eletti non più dai cittadini ma da altri organi)

La Provincia come ente secondario. La Provincia fu istituita nel Regno d'Italia dopo il 1861.

La Provincia ha un proprio territorio (composto da vari Comuni) e una propria popolazione (corrispondente all'insieme delle popolazioni dei Comuni che la compongono). La Provincia ha un capoluogo, rappresentato dal Comune più importante, dove hanno sede gli uffici provinciali e gli organi provinciali.

In Italia le Province hanno sempre svolto un ruolo marginale a causa dei limitati poteri, ulteriormente diminuiti dopo l'istituzione delle Regioni.

Gli organi provinciali venivano eletti dai cittadini con modalità simili a quelle dei Comuni, ma la legge 7 aprile 2014, n. 56, *Disposizioni sulle città metropolitane, sulle province, sulle unioni e fusioni di comuni* (d'ora in poi legge n. 56 del 2014) ha trasformato la Provincia in *ente secondario*, con organi eletti non più dai cittadini ma da altri organi.

Dal 1° gennaio 2015 gli organi della Provincia sono
- Il Presidente della Provincia
- Il Consiglio provinciale
- L'Assemblea dei Sindaci

■ Il nuovo ordinamento provinciale. In attesa di una legge costituzionale che cancelli definitivamente le Province, la legge n. 56 del 2014 stabilisce che dal 1° gennaio 2015 i nuovi organi provinciali sono il Presidente della Provincia, il Consiglio provinciale e l'Assemblea dei sindaci.

■ Il Presidente della Provincia. Il Presidente della Provincia è eletto, per quattro anni, dai sindaci e dai consiglieri comunali dei Comuni della Provincia.

Il Presidente della Provincia:
- rappresenta l'ente;
- convoca e presiede il Consiglio provinciale e l'Assemblea dei sindaci;
- sovrintende al funzionamento dei servizi e degli uffici e all'esecuzione degli atti provinciali;
- esercita le altre funzioni attribuite dallo statuto.

■ Il Consiglio provinciale. Il Consiglio provinciale è composto dai sindaci e dai consiglieri comunali dei Comuni della Provincia, che lo eleggono ogni due anni.

Il Consiglio provinciale:
- propone all'Assemblea dei sindaci lo statuto;
- approva regolamenti, piani, programmi e atti provinciali;
- approva il bilancio della Provincia, dopo aver sentito il parere vincolante dell'Assemblea dei sindaci;
- esercita le altre funzioni attribuite dallo statuto.

■ L'Assemblea dei sindaci. L'Assemblea dei sindaci è costituita dai sindaci dei Comuni appartenenti alla Provincia.

L'Assemblea dei sindaci ha poteri propositivi, consultivi e di controllo secondo quanto disposto dallo statuto.

Gli incarichi negli organi provinciali sono esercitati a titolo gratuito

Va sottolineato che gli incarichi di Presidente della Provincia, di consigliere provinciale e di componente dell'Assemblea dei sindaci «sono esercitati a titolo gratuito».

Il Castello del Buonconsiglio, uno dei simboli di Trento, risale al Duecento e per cinque secoli ha ospitato i principi vescovi della città.

■ Le Province autonome di Trento e Bolzano. La legge n. 56 del 2014 non si applica alle Province autonome di Trento e Bolzano, che continuano a eleggere direttamente i propri organi e a emanare leggi provinciali.

■ Dalla Provincia alla Città metropolitana. Dal 1° gennaio 2015 alcune Province sono state sostituite dalle rispettive Città metropolitane, che ne hanno acquisito il territorio e le funzioni. L'obiettivo della legge è di «incrementare l'efficienza del sistema di governo locale», modificando il livello collocato fra il Comune e la Regione. Spettano alla Città metropolitana «il patrimonio, il personale e le risorse strumentali della Provincia, a cui ciascuna Città metropolitana succede a titolo universale in tutti i rapporti attivi e passivi».

A partire dal 2015 sono state istituite 14 Città metropolitane

■ La Città metropolitana. A partire dal 1° gennaio 2015 sono state istituite 14 Città metropolitane: Torino, Milano, Venezia, Genova, Bologna, Firenze, Bari, Napoli, Reggio Calabria, Palermo, Catania, Messina, Cagliari, oltre a Roma Capitale (di ci occupiamo nel prossimo paragrafo).

Gli organi della Città metropolitana. Gli organi della Città metropolitana sono il Sindaco metropolitano, il Consiglio metropolitano e la Conferenza metropolitana.

Il Sindaco metropolitano è di diritto il Sindaco del Comune capoluogo

Il Sindaco metropolitano. Il Sindaco metropolitano è di diritto il Sindaco del Comune capoluogo; per esempio il Sindaco di Napoli diventa automaticamente Sindaco della Città metropolitana di Napoli.

Il *Sindaco metropolitano*:

- rappresenta la Città metropolitana;
- convoca e presiede il Consiglio metropolitano e la Conferenza metropolitana;
- sovrintende al funzionamento dei servizi e degli uffici della Città metropolitana;
- dà esecuzione agli atti della Città metropolitana;
- esercita le altre funzioni attribuite dallo statuto.

Il Consiglio metropolitano è l'organo di indirizzo e controllo

Il Consiglio metropolitano. Il Consiglio metropolitano è composto dal Sindaco metropolitano e da un numero di consiglieri compreso fra un minimo di 14 e un massimo di 24.

I consiglieri metropolitani sono eletti, per cinque anni, dai sindaci e dai consiglieri comunali dei Comuni della Città metropolitana. Possono essere eletti consiglieri metropolitani solo i sindaci e i consiglieri comunali in carica.

Il *Consiglio metropolitano* è l'organo di indirizzo e controllo; in particolare:

- propone lo statuto e le sue modifiche alla Conferenza metropolitana;
- approva regolamenti, piani e programmi;
- approva o adotta ogni altro atto che gli viene sottoposto dal Sindaco metropolitano;
- approva il bilancio della Città metropolitana, dopo aver sentito il parere vincolante della Conferenza metropolitana;
- esercita le altre funzioni attribuite dallo statuto.

La Conferenza metropolitana ha poteri propositivi e consultivi

La Conferenza metropolitana. La Conferenza metropolitana è composta dal Sindaco metropolitano, che la convoca e la presiede, e dai sindaci dei Comuni appartenenti alla Città metropolitana.

La *Conferenza metropolitana* ha poteri propositivi e consultivi; in particolare adotta o respinge lo statuto, proposto dal Consiglio metropolitano, con un numero di voti che rappresenti «almeno un terzo dei Comuni compresi nella Città metropolitana e la maggioranza della popolazione complessivamente residente».

La Città metropolitana esercita nuove funzioni, oltre a quelle che erano della Provincia

Le funzioni della Città metropolitana. La legge n. 56 del 2014 prevede che la Città metropolitana eserciti nuove funzioni, oltre a quelle che erano della Provincia. La Città metropolitana è competente in materia di:

- adozione e aggiornamento annuale di un piano strategico triennale del territorio metropolitano;
- pianificazione territoriale generale (comprese le strutture di comunicazione, le reti di servizi e delle infrastrutture);
- organizzazione dei servizi pubblici di interesse generale di ambito metropolitano;
- mobilità e viabilità;
- promozione e coordinamento dello sviluppo economico e sociale;
- promozione e coordinamento dei sistemi di informatizzazione e di digitalizzazione in ambito metropolitano;
- edilizia scolastica (per le scuole del secondo ciclo);
- approvvigionamento idrico ed energetico;
- tutela del territorio e dell'ambiente.

6 Roma Capitale

Roma Capitale è un ente territoriale dotato di particolare autonomia

L'istituzione di Roma Capitale. Nel 2010 l'ente autonomo *Roma Capitale* ha sostituito il Comune di Roma, pur mantenendone invariati i confini.

UN FILM

Vacanze romane

Una giovane principessa si innamora in una Roma particolarmente suggestiva. Purtroppo la favola finisce...

Regia: William Wyler, USA, 1953
Attori: Audrey Hepburn, Gregory Peck, Eddie Albert, Tullio Carminati
Durata: 119 minuti

Vacanze romane (*Roman Holiday*) fu diretto da William Wyler nel 1953 con una coppia di attori «in stato di grazia»: Audrey Hepburn e Gregory Peck, che conquistarono subito le platee di tutto il mondo. In particolare, il film di Wyler fu la consacrazione di Audrey Hepburn, premio Oscar come miglior attrice (*Vacanze Romane* ottenne anche l'Oscar per il soggetto).

Un'altra grande protagonista ha interpretato splendidamente ogni scena del film: la città di Roma, che viene esplorata da Wyler in tutta la sua bellezza.

Vacanze Romane capovolge la storia di Cenerentola. La giovane principessa Anna (Audrey Hepburn) visita Roma dove, dopo un noioso ricevimento in ambasciata, fugge da palazzo. Viene trovata poco dopo sdraiata nei pressi dei Fori Imperiali dal reporter americano Joe Bradley (Gregory Peck), che decide di ospitarla nel proprio studio. Quando capisce chi è veramente la ragazza, Joe decide di scrivere un articolo esclusivo sulla principessa e mette in allerta il suo amico fotografo Irving (Eddie Albert). Al suo risveglio, la ragazza ricorda poco della notte precedente e Joe finge di non averla riconosciuta.

A questo punto la principessa si lascia trasportare dai suoni e dai rumori di una Roma particolarmente suggestiva. Anna acquista dei sandali in un mercato, compra un gelato, si fa tagliare da un parrucchiere i lunghi capelli; il tutto sotto gli occhi di Joe e della macchina fotografica di Irving.

Le *Vacanze romane* della principessa proseguono: fuma la sua prima sigaretta, visita il Colosseo e Palazzo Sant'Angelo, prova ad andare in Vespa, va a ballare in un barcone finendo perfino in questura con Joe e Irving, che fissa tutto sulla sua pellicola per quello che sarà «lo scoop del secolo».

Durante una festa movimentata Joe e Anna si tuffano nelle acque del Tevere e, quando ne riemergono, si baciano sulle sponde del fiume.

Il giorno seguente, Joe e Irving si recano alla conferenza stampa organizzata per far incontrare la principessa Anna con i giornalisti stranieri. Quando scende dal trono, la principessa si ferma stupita davanti a Joe e a Irving, e riceve da quest'ultimo le foto della sue *Vacanze romane*, che non saranno mai pubblicate.

Riportiamo solo l'ultimo dialogo fra Anna e Joe, molto dolce e un po' triste.

«– [*Anna*] E a mezzanotte me ne tornerò, simile a Cenerentola, là da dove sono evasa!
– [*Joe*] E sarà la fine di un bella favola.»

Due celebri scene del film.

Roma Capitale è un ente territoriale di 1285,31 chilometri quadrati, che dispone di un'ampia autonomia statutaria, amministrativa e finanziaria nei limiti stabiliti dalla Costituzione e dalla legislazione della Regione Lazio.

L'ordinamento di Roma Capitale è diretto a garantire «il miglior assetto delle funzioni che Roma è chiamata a svolgere quale sede degli organi costituzionali e delle rappresentanze diplomatiche degli Stati esteri, che sono presenti presso la Repubblica italiana, presso lo Stato della Città del Vaticano e presso le istituzioni internazionali».

Roma Capitale esercita ampie funzioni amministrative

Le funzioni amministrative. Oltre alle funzioni amministrative che erano del Comune di Roma, Roma Capitale esercita le seguenti attribuzioni:

- valorizzazione dei beni storici, artistici, ambientali e fluviali;
- sviluppo economico e sociale di Roma Capitale, con particolare riferimento al settore produttivo e turistico;
- sviluppo urbano e pianificazione territoriale;
- edilizia pubblica e privata;
- organizzazione e funzionamento dei servizi urbani e di collegamento con i comuni limitrofi, con particolare riferimento al trasporto pubblico e alla mobilità;
- protezione civile, in collaborazione con la Presidenza del Consiglio dei ministri e la Regione Lazio.

SINTESI

- Si ha **autonomia** ▶ §1 quando gli enti locali possono decidere da soli, mentre col **decentramento** ▶ §1 si ha il distacco di attribuzioni dal centro verso la periferia.

Gli enti autonomi territoriali sono
- La Regione
- Il Comune
- La Provincia
- La Città metropolitana

- Gli **enti territoriali** ▶ §2 esercitano la loro autonomia nell'ambito politico, normativo, amministrativo e statutario.
- Col **principio di sussidiarietà** ▶ §2 lo Stato interviene solo quando gli enti autonomi territoriali non sono in grado di farlo.
- La **Regione** ▶ §3 mantiene un ruolo di prevalenza rispetto agli altri enti autonomi.

La Regione può essere
- A statuto speciale, adottato con legge costituzionale
- A statuto ordinario, adottato con legge regionale

- L'**ordinamento regionale** ▶ §3 è formato dal Presidente della Regione, dalla Giunta regionale e dal Consiglio regionale.
- Il **Presidente della Regione**, o **Governatore** ▶ §3, deve:
  - nominare e revocare i componenti della Giunta;
  - dirigere la politica della Giunta;
  - promulgare le leggi regionali ed emanare i regolamenti regionali;
  - dirigere le funzioni amministrative delegate dallo Stato alla Regione.
- La **Giunta regionale** ▶ §3, nominata dal Presidente, è l'organo esecutivo della Regione.
- Il **Consiglio regionale** ▶ §3 è l'organo legislativo della Regione.

L'ordinamento regionale è formato da
- Il Presidente della Giunta regionale (eletto dai cittadini), che è a capo della Regione e nomina
  - ↓ La Giunta regionale, che è l'organo esecutivo
- Il Consiglio regionale, che è l'organo legislativo

- La Regione è l'unico ente autonomo che esercita la **funzione legislativa** ▶ §3.

La Costituzione distingue fra
- La legislazione esclusiva dello Stato
- La legislazione concorrente delle Regioni
- La legislazione sussidiaria delle Regioni

- Il **Comune** ▶ §4 è l'ente autonomo territoriale più vicino ai cittadini.
- Dal 1993 si ha l'**elezione diretta del Sindaco** ▶ §4.
- L'approvazione della mozione di sfiducia da parte del Consiglio provoca sia la decadenza del Sindaco e della Giunta, sia l'**autoscioglimento del Consiglio comunale** ▶ §4.
- A partire dal 2015, in alcuni casi, la **Provincia** ▶ §5 è stata sostituita dalla rispettiva Città metropolitana, che ne ha acquisito il territorio e le funzioni.
- A partire dal 2015 sono state istituite 14 **Città metropolitane** ▶ §5: Torino, Milano, Venezia, Genova, Bologna, Firenze, Bari, Napoli, Reggio Calabria, Palermo, Catania, Messina, Cagliari, oltre a Roma Capitale.
- Sono **organi della Città metropolitana** ▶ §5: il Sindaco metropolitano, il Consiglio metropolitano e la Conferenza metropolitana.
- **Roma Capitale** ▶ §6 è un ente territoriale dotato di particolare autonomia, che amministra il territorio comunale di Roma.

VERIFICA LE TUE CONOSCENZE

1 ***Risolvi le seguenti scelte multiple indicando la risposta esatta fra quelle possibili.***

A

È un ente autonomo

1. la Questura di Palermo
2. la Procura di Palermo
3. il Comune di Palermo

B

Se il Consiglio comunale vota una mozione di sfiducia

1. decade solo il Sindaco
2. decadono solo il Sindaco e la Giunta
3. decadono il Sindaco, la Giunta e il Consiglio

1 **Gli statuti delle Regioni speciali sono adottati con**

a leggi regionali
b leggi ordinarie
c leggi costituzionali
d decreti legislativi

2 **Si ha la legislazione sussidiaria quando le Regioni possono legiferare**

a in tutte le materie non riservate allo Stato
b entro limiti stabiliti da leggi statali
c entro limiti stabiliti da leggi costituzionali
d senza alcun limite

3 **La Giunta comunale è**

a nominata dal Sindaco
b eletta dal Consiglio comunale
c eletta direttamente dai cittadini
d nominata dalla Giunta regionale

4 **Sono enti autonomi territoriali**

a solo le Regioni
b solo le Regioni e le Province
c solo le Regioni e i Comuni
d le Regioni, i Comuni, le Province e le Città metropolitane

5 **È una Città metropolitana**

a Bari
b Parma
c Bergamo
d Salerno

6 **L'Italia è uno**

a Stato comunale
b Stato regionale
c Stato federale
d Stato federato

MISURA LE TUE ABILITÀ

2 ***Risolvi i seguenti quesiti vero o falso e motiva la tua risposta.***

1 **Le Regioni a statuto ordinario sono state istituite nel 1970**

VERO ☐ **FALSO** ☐

PERCHÉ ____

____

2 **Nessuna Provincia può approvare leggi provinciali**

VERO ☐ **FALSO** ☐

PERCHÉ ____

____

3 I consiglieri metropolitani sono eletti direttamente dai cittadini

VERO ☐ **FALSO** ☐

PERCHÉ ______________________

____

4 Tutti gli enti autonomi territoriali possono esercitare il potere legislativo

VERO ☐ **FALSO** ☐

PERCHÉ ______________________

____

5 Il Sindaco è eletto direttamente dai cittadini in tutti i Comuni

VERO ☐ **FALSO** ☐

PERCHÉ ______________________

____

6 Le Regioni possono adottare la legislazione concorrente

VERO ☐ **FALSO** ☐

PERCHÉ ______________________

____

3 ***Completa la tabella che segue.***

Evento	Anno
Istituzione della Città metropolitana	(1)
Istituzione delle Regioni ordinarie	(2)
Elezione diretta del Sindaco	(3)
Istituzione di Roma Capitale	(4)
Istituzione delle Regioni speciali	(5)

ALLENA LE TUE COMPETENZE

4 ***Sulla base di quanto hai imparato in questa unità, rispondi ai seguenti «casi».***

1 **Distinguere fra autonomia e decentramento nel discorso di un'amica.**

Una tua amica milita in un movimento politico: «Vogliamo che lo Stato aumenti il decentramento in modo che i Comuni abbiano più autonomia!».

▶ *Qual è la differenza fra autonomia e decentramento?*

____

____

2 **Valutare la presenza dei Consigli di circoscrizione, in base alle osservazioni di un conoscente.**

Un tuo vicino è perplesso: «Non capisco. Perché alle elezioni non abbiamo votato per i Consigli di circoscrizione?».

▶ *Quanti sono gli abitanti del vostro Comune?*

____

____

3 **Precisare la nozione di Città metropolitana, ascoltando un amico.**

Un tuo amico è appena sceso dal treno: «Verona si è sviluppata in modo incredibile. È una vera e propria Città metropolitana!».

▶ *Perché il tuo amico sbaglia?*

____

____

4 **Riconoscere la legislazione concorrente nell'errore di un politico.**

Un politico risponde alla domanda di una giornalista: «Con la legislazione sussidiaria sia lo Stato che le Regioni possono decidere sulla stessa materia. In questo modo aumentano i conflitti!». L'affermazione è sbagliata.

▶ *Come modifichi la frase per renderla giuridicamente corretta?*

____

____

Riprendiamo il dibattito

Dopo aver studiato l'unità, prepara il tuo punto di vista per continuare il dibattito iniziato in apertura di lezione (▶ *La parola a te!*).

Dialogo in famiglia:

- *Tuo fratello: «Si ha la sussidiarietà quando lo Stato interviene con sussidi per aiutare i Comuni più poveri!».*
- *Tua sorella: «Ti sbagli. La sussidiarietà limita l'azione dello Stato!».*

▶ ***Tu cosa ne pensi?***

■ Partendo da quanto sopra affermato, esegui a casa una ricerca online e consulta il tuo libro di testo per preparare una breve tabella che contenga gli elementi principali dell'argomento trattato e che ti aiuti a esporre il tuo punto di vista.

A CASA 1 ORA — **IN AULA** 20 MINUTI

■ Con l'aiuto della tabella, partecipa al dibattito che il docente avvia in aula.

L'IMMUNITÀ PER I POLITICI SIGNIFICA IMPUNITÀ?

La fine dell'«**impunità**» parlamentare

Nel 1993 la riforma dell'immunità parlamentare segna la fine dell'autorizzazione a procedere

Nel 1993 si ha la riforma dell'immunità parlamentare, che segna la fine dell'autorizzazione a procedere e degli abusi che l'hanno accompagnata. In particolare, viene approvata una legge costituzionale che modifica l'articolo 68 della Costituzione (art. 68 Cost.).
Dopo l'approvazione della riforma a maggioranza semplice da parte di Camera e Senato, il 13 ottobre 1993 (tre mesi dopo la prima approvazione del Senato) la Camera approva il nuovo art. 68 Cost. a maggioranza assoluta.
L'articolo riportato (Piero Incagliati, *Il Mattino*, 14 ottobre 1993) commenta questa votazione della Camera, in attesa che il Senato approvi definitivamente la legge costituzionale (lo farà il 28 ottobre 1993).

1 ROMA – Cadono i privilegi. Da ieri deputati e senatori sono più vicini ai comuni cittadini. L'aula di Montecitorio ha votato a maggioranza [*assoluta*] la riforma dell'immunità parlamentare. Grazie alle novità apportate [...] la magistratura potrà condurre le indagini sui parlamentari, senza la richiesta preventiva dell'autorizzazione a procedere. È un grosso passo in avanti. È soprattutto, la risposta ai magistrati di «mani pulite» [*Inchiesta sulla corruzione della classe politica, passata alla storia come «Tangentopoli»*] che da un anno a questa parte lamentano di non poter procedere nelle inchieste proprio a causa dello scoglio dell'immunità regolata – come è noto – dall'art. 68 della nostra carta costituzionale. Ebbene, adesso si è provveduto con ben 525 «sì» a modificare in parte quella che era una stortura istituzionale. I «no» sono stati appena cinque [...], un solo astenuto.

> Deputati e senatori sono più vicini ai comuni cittadini

2 Qualche cosa comunque ancora non funziona. Se è vero infatti che tutti si sono trovati d'accordo su alcuni punti immutabili – e cioè che l'autorizzazione è necessaria per le perquisizioni e gli arresti – qualcuno è rimasto poco convinto a che una tale procedura valga pure per le intercettazioni telefoniche. L'obiezione è di fondo: chiedere l'autorizzazione a procedere in questo caso significa, in parole povere, mettere in preavviso l'indagato; il che viene a eliminare l'efficacia dell'atto compiuto a sorpresa. Certamente la perplessità non è superflua, tanto più che lo stesso ministro per i Rapporti con il Parlamento, Paolo Barile, ha mostrato di condividere le riserve espresse. Ci si chiede infatti come si può fare un'indagine seria senza ricorrere alle intercettazioni telefoniche [...].

3 Come sia, il ritocco alla riforma c'è stato ed è un dato incontestabile. Non per nulla tra le modifiche apportate anche quella relativa al fatto che l'autorizzazione non sarà necessaria neppure per l'arresto in esecuzione di una sentenza irrevocabile di condanna (della Cassazione) o se il parlamentare viene colto nell'atto di commettere un delitto per il quale è previsto l'arresto obbligatorio in flagranza.

4 A parte questo però, come accennato, l'innovazione è sulle indagini. Se prima infatti un parlamentare al quale veniva inviato un avviso di garanzia era di fatto sospettato senza avere la possibilità di difendersi dovendo attendere magari mesi che la Giunta della Camera o del Senato concedesse l'autorizzazione a procedere, ecco che questo ostacolo è stato rimosso. Con soddisfazione di tutti: dei giudici che possono procedere spediti nel loro lavoro di indagine, degli «inquisiti» *in fieri* che avranno modo di spiegare ai vari sostituti procuratori che le accuse mosse loro sono infondate, dei cittadini che si sentiranno uguali a quelli del «palazzo».

La fine della **Commissione inquirente**

Nel 1987 un referendum abrogativo cancella la normativa sulla Commissione inquirente e porta alla nascita del Tribunale dei ministri

Fino al 1989 la responsabilità penale dei ministri era accertata con un procedimento particolare, basato sulla Commissione inquirente, che sottraeva i membri del Governo alla giustizia ordinaria.

Nell'articolo riportato (Paolo Mieli, *la Repubblica*, 21 giugno 1986) si sottolinea come la necessità di abolire «l'Inquirente» fosse molto sentita sia nel mondo politico sia nell'opinione pubblica.

Come sappiamo, un referendum abrogativo del 1987 abolì gran parte della normativa relativa all'Inquirente, e portò poi all'istituzione del Tribunale dei ministri.

1 Sono anni e anni che l'Inquirente viene associata alla parola sabbia: attività della commissione e insabbiamento sono diventati quasi dei sinonimi. Quando si ha notizia di un procedimento contro un ministro della Repubblica la mente corre inevitabilmente a quelle metaforiche tonnellate di rena che presto lo seppelliranno.

2 Un documento, una prova, un testimone possono essere uditi o anche soltanto presi in considerazione unicamente se passano il vaglio e ottengono l'assenso di una maggioranza. Tutto ciò ha ben poco a che fare con quel sistema della divisione dei poteri che la Costituzione voleva tutelare prevedendo il voto sulla messa in stato d'accusa dei membri del Governo.

La popolarità dell'Inquirente, come s'è detto, è molto bassa. Anche a Montecitorio. Tutti i parlamentari con i quali abbiamo parlato ci hanno invitato a compiere una ricognizione negli archivi della Commissione. Il quadro che ne esce è sconfortante: s'è insabbiato di tutto.

3 Morale: i parlamentari chiedono all'unanimità di gettare alle ortiche l'Inquirente, perché la difesa dell'istituto è ormai insostenibile.

4 Con la nuova legge in pratica succederebbe questo: 1) La denuncia contro un ministro viene trasmessa dai presidenti di Camera o Senato alla Giunta per le autorizzazioni a procedere; 2) La Giunta può negare l'autorizzazione entro quaranta giorni e solo con la maggioranza dei 7/10 dei suoi componenti; 3) Se questo non avviene, il compito di svolgere l'istruttoria, entro cinque o al massimo otto mesi, torna alla magistratura ordinaria; 4) Terminata l'istruttoria gli atti vengono di nuovo trasmessi alla Giunta per le autorizzazioni a procedere, la quale ne dà notizia all'inquisito che può penderne visione e presentare, entro venti giorni, una sua memoria; 5) A questo punto la Giunta «ove reputi che l'inquisito abbia agito per la tutela di interessi dello Stato costituzionalmente preminenti», può decidere, a maggioranza assoluta, di passare la questione all'assemblea parlamentare e il ministro sfugge al processo solo se Camera o Senato convalidano, di nuovo a maggioranza assoluta, l'obiezione della Giunta. In altro caso tornerà dal giudice di fronte al quale sarà un cittadino come tutti gli altri.

[La popolarità dell'Inquirente... è molto bassa... s'è insabbiato di tutto]

1. Spesso si parla genericamente di immunità dei politici. Perché bisogna distinguere fra i parlamentari e i ministri?
2. Come funziona l'istituto dell'immunità parlamentare negli altri Paesi dell'Unione europea?
3. Un parlamentare o un ministro rischia un'incriminazione più di un comune cittadino?
4. Quali effetti hanno avuto le nuove normative sull'immunità per i parlamentari (dopo il 1993) e per i ministri (dopo il 1989)?

Commenta e rifletti intorno alla (o alle) tesi di fondo avanzate nei due testi proposti, facendo emergere il tuo punto di vista.

TEMA C

LA GIUSTIZIA STATALE E LA GIUSTIZIA SPORTIVA

C1 La giustizia ordinaria

A te la parola!

Un politico in televisione dichiara: «Quella persona è stata condannata ingiustamente. È vittima di un errore giudiziario e sarà sicuramente risarcita per la sofferenza passata!».

5 MINUTI

▶ *In questo caso è sicura la responsabilità civile del giudice?*

Con l'aiuto dell'insegnante e in piccoli gruppi prova a esporre il tuo punto di vista.

1 La Magistratura

La Magistratura esercita la funzione giurisdizionale

■ **Il potere giudiziario.** Nell'ambito del principio della separazione dei poteri, ci occupiamo ora del *potere giudiziario*.

Lo Stato democratico deve garantire la certezza del diritto, cioè deve assicurare che vengano rispettate le leggi, e che le controversie sulla loro interpretazione siano risolte in base al diritto vigente. Poiché l'esistenza di norme giuridiche non ne garantisce il rispetto, si rende necessaria un'autorità imparziale, che stabilisca se un determinato comportamento sia conforme (o meno) all'ordinamento giuridico e, in caso di contrasto, applichi le sanzioni previste. È la *Magistratura*, formata dai giudici, a esercitare la funzione giurisdizionale che giudica i comportamenti che vengono ritenuti in contrasto con l'ordinamento giuridico.

■ **Magistrati o giudici?** Va premesso che i *magistrati* sono tutti coloro che appartengono all'ordinamento giudiziario, mentre il *giudice* è il magistrato quando esercita la funzione giurisdizionale: tutti i giudici sono magistrati, ma non tutti i magistrati sono giudici. Comunque d'ora in poi, per semplificare, utilizzeremo come sinonimi i termini «magistrato» e «giudice».

Va anche precisato che per «giudice» si può intendere sia una persona (in caso di giudice unico), sia un organo giudicante (formato da più persone).

Col sistema di *civil law* i giudici applicano la legge, mentre col *common law* si basano su precedenti sentenze

■ ***Civil law* e *common law*.** L'ordinamento giuridico italiano si basa principalmente su leggi, o atti aventi pari efficacia, che la Magistratura si limita ad applicare. Questo sistema, che prende il nome di *civil law*, non è adottato in tutto il mondo.

In altri importanti Paesi (Gran Bretagna, Stati Uniti) è in vigore il sistema di *common law*, secondo cui il diritto nasce prevalentemente dai giudici. Le sentenze devono basarsi su precedenti sentenze, emesse da altri giudici in situazioni analoghe; a questo proposito, nel diritto anglosassone si parla di *judge-made law* (diritto fatto dal giudice).

Si distingue fra

- *Civil law* → Le sentenze si basano sulla legge
- *Common law* → Le sentenze si basano su sentenze precedenti

In Gran Bretagna il giudice fonda il suo giudizio sulla base di sentenze precedenti.

■ **Le parti.** L'attività giurisdizionale si basa sull'esistenza di una controversia tra almeno due soggetti, che rappresentano le parti del processo.

La giustizia deve essere amministrata in modo imparziale

■ **La sentenza.** La controversia viene poi analizzata dal giudice, che ha il dovere di risolverla in modo imparziale con una decisione chiamata *sentenza*. Nel risolvere la controversia il giudice deve basarsi esclusivamente sull'ordinamento giuridico, applicando la norma giuridica (generale e astratta) al caso concreto che ha di fronte.

Il giudice deve mantenere una posizione neutrale rispetto alle parti, anche se è inevitabile che, quando applica una legge in un processo, ogni giudice dia una propria interpretazione, chiamata *interpretazione giudiziale* (di cui ci siamo occupati nel volume per il secondo biennio).

UN ARTICOLO

Una strana interpretazione giudiziale

Il Resto del Carlino

Rubano: uno in libertà, l'altro in carcere

BOLOGNA — Sorpresi a rubare insieme a bordo di un treno, uno è tornato subito libero l'altro è già stato condannato ad un anno ed [1] nchiuso in carcere. Una differenza abissale dovuta al fatto che a giudicare i due ladri sono stati due giudici diversi dello stesso Tribunale.

naco da Firenze a Bologna. A fine mattina sono stati condotti davanti al giudice monocratico di Bologna con l' accusa di furto pluriaggravato. Mentre L.D.M. ha accettato un difensore di ufficio, A.B. ha nominato un legale di sua fiducia, un avvocato di Roma.
Il giudice ha stralciato la posizione di A.B. ritenendo che non poteva essere

è andato avanti con l'altra posizione e alle 16.30 ha concluso per la non convalida dell'arresto di L.D.M., che così è tornato libero. [2] mattina è stato il turno di A.B.: il giudice Bellini si è ritenuto incompatibile perché aveva già giudicato L.D.M. il giorno prima. A decidere è stato un altro giudice, Adolfo Sgambaro, che ha invece ritenuto ci

L'interpretazione giudiziale è assolutamente legittima. A volte, però, si creano situazioni paradossali.
Nell'articolo riprodotto (*il Resto del Carlino*, 13 aprile 2001), si fa riferimento a due imputati che hanno compiuto insieme un furto, e che poi sono stati giudicati da due giudici diversi (anche se dello stesso Tribunale): uno è stato liberato, l'altro è stato arrestato!

1 BOLOGNA – Sorpresi a rubare insieme a bordo di un treno, uno (A.B.) è tornato subito libero, l'altro (L.D.M.) è già stato rinchiuso in carcere. Una differenza abissale, dovuta al fatto che a giudicare i due ladri sono stati due giudici diversi dello stesso Tribunale.

2 Il giudice C.B. [...] ha concluso per la non convalida dell'arresto di L.D.M., che così è tornato libero.
Ieri mattina è stato il turno di A.B. [...]. A decidere è stato un altro giudice, A.S., che ha invece ritenuto che ci fosse l'aggravante e così ha convalidato l'arresto, disponendo anche la misura cautelare in carcere.

I giudici sono soggetti solo alla legge

■ **L'indipendenza dei giudici.** Per essere imparziale il giudice deve, anzitutto, essere *indipendente*. A questo proposito, l'**art. 104 Cost.** afferma che la Magistratura «costituisce un ordine autonomo e indipendente da ogni altro potere».

Può accadere che l'autonomia del potere giudiziario sia minacciata dall'esecutivo, che ha a disposizione numerosi strumenti per condizionare i giudici; basta pensare che in Italia tutto l'apparato burocratico, necessario per amministrare la giustizia, dipende dal Ministero della giustizia. Affinché i giudici possano esercitare la loro funzione in piena autonomia, la Costituzione stabilisce che essi siano «soggetti soltanto alla legge»: nessuno può impartire ordini ai magistrati, che devono amministrare la giustizia in assoluta libertà, senza ricevere premi o punizioni per le sentenze emesse.

La Magistratura è un ordinamento senza vertici

■ **L'assenza di gerarchia.** La Costituzione non garantisce solo l'autonomia della Magistratura dagli altri poteri dello Stato, ma tutela anche l'indipendenza di ogni magistrato all'interno dell'ordinamento giudiziario. «I magistrati si distinguono fra loro soltanto per diversità di funzioni» (**art. 107 Cost.**): l'ordinamento giudiziario non è organizzato in modo gerarchico, perché esistono giudici di grado diverso (è maggiore il prestigio di un giudice della Corte di cassazione rispetto a quello di un giudice di un Tribunale di provincia), ma nessun giudice di grado superiore può dare ordini a un giudice di grado inferiore.

Si dice che la Magistratura è un «potere diffuso», per indicare che i giudici non sono sottoposti ad alcuna gerarchia. Come vedremo, un'eccezione a quanto detto è rappresentata dal Pubblico Ministero.

I magistrati sono inamovibili, per tutelare la loro indipendenza

■ **L'inamovibilità.** Per tutelarne l'indipendenza, l'art. 107 Cost. stabilisce che «i magistrati sono inamovibili» e «non possono essere dispensati o sospesi dal servizio né destinati ad altre sedi o funzioni se non in seguito a decisione del Consiglio Superiore della Magistratura».

Come vedremo, le decisioni del Consiglio Superiore della Magistratura devono essere prese nel rispetto di determinate garanzie, stabilite dall'ordinamento giudiziario per tutelare l'indipendenza dei magistrati.

UN QUADRO

Bagno penale a Portoferraio di Telemaco Signorini

Il pittore e incisore Telemaco Signorini (Firenze, 1835-1901) fu una persona di grande sensibilità e cultura, anche grazie alla ricchezza e alla varietà delle esperienze vissute. Signorini fu una delle maggiori personalità del gruppo artistico dei Macchiaioli. In particolare, fu uno dei primi artisti che tentò di dipingere con lo stile della «macchia», già sperimentato in Francia dagli impressionisti.

Bagno penale a Portoferraio è un olio su tela (56 × 80 cm), dipinto nel 1894 e conservato nella Galleria d'Arte Moderna di Palazzo Pitti a Firenze.
Il quadro è ispirato da una visita fatta dall'artista al carcere di Portoferraio. Nell'opera Signorini si avvicina a una pittura psicologica, dove vi è un'attenzione particolare al ruolo dell'uomo all'interno della società. Nel dipinto la realtà viene rappresentata quasi con una violenza visiva. Signorini utilizza il colore e il gioco della luce, che definisce e maschera i volti dei carcerati, in modo da comunicare il disagio e la sofferenza della loro condizione.

La nomina per concorso. La Costituzione stabilisce che i giudici siano nominati per concorso, per evitare favoritismi e per assicurare che essi possiedano un'adeguata preparazione tecnico-giuridica. In particolare, dopo aver vinto il concorso, il neo-magistrato deve svolgere un tirocinio di 18 mesi.

I magistrati sono nominati per concorso

L'art. 106 Cost. ammette la presenza di *magistrati onorari*, che svolgono la loro attività in modo non professionale, come avviene nel caso dei Giudici di pace.

Diritto e giustizia. È necessario ribadire la differenza che esiste fra il diritto e la giustizia, di cui ci siamo già occupati nel volume per il secondo biennio.

I giudici devono applicare le leggi, anche se non le considerano giuste

Che cosa significa che «il giudice è soggetto solo alla legge»?

La Magistratura deve limitarsi ad applicare le norme dell'ordinamento giuridico: non spetta ai giudici decidere se queste norme siano giuste o ingiuste. Può quindi accadere che un giudice sia «costretto» ad applicare una legge che, in cuor suo, non approva, e quindi a emettere una sentenza che lui stesso trova ingiusta.

Si tratta di una conseguenza del principio della *certezza del diritto*. Ogni cittadino deve rispettare le norme dell'ordinamento giuridico, e deve essere sicuro che incorrerà in una sanzione solo se le viola: nessuno può essere condannato per aver compiuto un atto che per la legge è lecito, mentre è considerato «reato» solo nell'opinione personale di un giudice.

Per esempio, il giudice Stefano Neri pensa che il «consumo personale di droga» dovrebbe essere considerato un reato; poiché dal 1993 per il diritto italiano il consumo personale di sostanze stupefacenti è lecito, il giudice Neri non può condannare chi ha fatto uso personale di droga.

2 Il processo: accusa e difesa

Il diritto di azione. L'art. 24 Cost. afferma che «tutti possono agire in giudizio per la tutela dei propri diritti e interessi legittimi».

Ogni cittadino può esercitare il diritto di azione

Ogni parte deve avere la possibilità di esporre liberamente le proprie ragioni e di utilizzare tutti i mezzi leciti per provarle (testimonianze, documenti). Nel corso del processo, è necessario che le parti forniscano il maggior numero possibile di elementi, affinché il giudice sia in grado di accertare la verità.

Il diritto alla difesa. Ogni cittadino possiede il diritto alla difesa, che è un «diritto inviolabile in ogni stato e grado del procedimento» (art. 24 Cost.).

Ogni cittadino possiede il diritto alla difesa

Per dare la possibilità a tutti i cittadini di farsi rappresentare in giudizio da un avvocato, la Costituzione prevede che siano «assicurati ai non abbienti» i «mezzi per agire e difendersi davanti a ogni giurisdizione». A questo proposito bisogna distinguere fra:

- l'*avvocato d'ufficio*, che viene nominato dal giudice quando l'imputato non ha nominato il suo difensore di fiducia;
- il *gratuito patrocinio*, che si ha quando l'imputato ha scelto il suo difensore di fiducia ma, trovandosi in difficoltà economiche, chiede che l'avvocato venga pagato dallo Stato.

È legittima l'autodifesa? Un cittadino può difendersi da solo, senza avvocato? In Italia l'autodifesa non è ammessa, a differenza di quanto avviene in altri Paesi.

L'autodifesa non è ammessa

Alla fine degli anni Settanta del secolo scorso, in alcuni processi per terrorismo si pose il problema della legittimità dell'autodifesa, perché molti imputati si rifiutarono di nominare un avvocato (e di accettare quello d'ufficio nominato dallo Stato). In una sentenza del 1979 la Corte costituzionale confermò l'*irrinunciabilità del diritto di difesa*, aggiungendo che la presenza obbligatoria del difensore d'ufficio assicura la regolarità del dibattimento, nel caso in cui l'imputato rifiuti di essere difeso.

La responsabilità penale. L'art. 27 Cost. afferma che «la responsabilità penale è personale». Ognuno risponde solo dei propri comportamenti e nessuno può essere punito per reati commessi da altri.

In Italia si è penalmente responsabili al compimento dei 14 anni

In Italia si è penalmente responsabili al compimento dei 14 anni, per cui:

- il minore con un'età inferiore ai 14 anni non è imputabile; per esempio, non può essere giudicato un tredicenne accusato di un furto;
- il minore con un'età compresa fra i 14 e i 18 anni deve essere giudicato dal *Tribunale per i minori*; per esempio, se viene condannato a due anni per furto, un quindicenne deve scontare la pena in un *Istituto penale per minorenni* (il «carcere minorile»).

L'imputabilità penale varia da Paese a Paese; a questo proposito la legge britannica è molto severa: il minore è imputabile al compimento dei 10 anni!

In Italia si è penalmente responsabili a 14 anni

- Il minore con meno di 14 anni non è imputabile
- Il minore fra i 14 e i 18 anni è giudicato dal Tribunale per i minori

Una persona non è colpevole fino alla condanna definitiva

La presunzione di non colpevolezza. «L'imputato non è considerato colpevole fino alla condanna definitiva» (art. 27 Cost.). La presunzione di non colpevolezza rappresenta un pilastro dell'ordinamento giuridico italiano e di tutti gli ordinamenti democratici.

La sentenza di primo grado può sempre essere riesaminata da un diverso giudice

Il doppio grado di giurisdizione. Che cosa si intende per *sentenza definitiva*? Un altro principio fondamentale del diritto italiano è il *doppio grado di giurisdizione.*

Una volta terminato un processo (di primo grado) su una determinata causa, la parte che non si ritiene soddisfatta ha il diritto di «proporre appello» contro la sentenza, cioè può chiedere un nuovo processo sulla stessa questione. Va precisato che nessuna parte è obbligata a farlo: il processo può chiudersi anche dopo il primo grado.

Il processo d'appello (di secondo grado) deve svolgersi davanti a un giudice diverso, e può concludersi con una sentenza differente da quella del processo di primo grado, perché le parti possono fornire nuovi argomenti al magistrato. Va anche ribadito come ogni giudice dia sempre una propria interpretazione della legge, che finisce per condizionare l'esito del processo.

Il doppio grado di giurisdizione rappresenta una garanzia per le parti, anche se è inevitabile che si allunghino i tempi necessari per avere la sentenza definitiva.

Contro la sentenza d'appello è possibile ricorrere alla Corte di cassazione.

La Corte di cassazione effettua un controllo di legittimità sulle sentenze di secondo grado

La Corte di cassazione. La Corte di cassazione può giudicare, in materia sia civile sia penale, sui ricorsi contro le sentenze di secondo grado: non è possibile ricorrere alla Cassazione dopo il primo grado.

Il ricorso in Cassazione è possibile solo «per violazione di legge» (**art. 111 Cost.**). La Cassazione non può effettuare un controllo di merito (la ricostruzione dei fatti operata in appello è definitiva e immodificabile), ma deve effettuare un *controllo di legittimità*, verificando che il giudice di secondo grado abbia applicato correttamente la legge sia nello svolgimento del processo sia nella sentenza.

Se ritiene che il giudice di secondo grado non abbia interpretato correttamente la legge, la Cassazione provvede a *cassare* (annullare) la sentenza d'appello, e stabilisce qual è la giusta interpretazione da dare alla norma.

Può darsi che l'annullamento risolva la questione, ma spesso è necessario emettere una nuova sentenza in sostituzione di quella cassata; in questo caso, non potendo analizzare la causa nel merito, la Cassazione rinvia il processo a un nuovo giudice («giudice di rinvio»), che deve riesaminare la causa attenendosi ai princìpi di diritto enunciati dalla Cassazione stessa.

Le sentenze della Cassazione vincolano solo le parti di quel processo e l'eventuale giudice di rinvio. In teoria i magistrati che devono giudicare cause simili sono liberi di interpretare la legge in modo diverso, in realtà il prestigio della Cassazione è tale che i giudici, pur non essendo obbligati, tendono a uniformare le loro interpretazioni a quelle della Cassazione.

La giurisprudenza è l'insieme delle sentenze

■ **La giurisprudenza.** La giurisprudenza è l'insieme delle sentenze, contenenti le interpretazioni giudiziali. La *giurisprudenza* permette di conoscere l'orientamento che ha assunto la Magistratura nei singoli casi, e che probabilmente manterrà in futuro. Esistono numerose riviste giuridiche (anche online) che pubblicano e commentano le principali sentenze della Cassazione e degli altri giudici.

Esauriti tutti i gradi di giudizio la sentenza passa in giudicato

■ **La sentenza in giudicato.** La certezza del diritto impone che a un certo punto si arrivi a una sentenza definitiva, che potrebbe anche non essere giusta. Una volta esauriti tutti i gradi di giudizio (primo grado, secondo grado, Cassazione) la sentenza *passa in giudicato*, e la questione non può essere riproposta.

La sentenza passa in giudicato anche se le parti:

- hanno accettato il giudizio di primo grado, e non hanno proposto appello;
- hanno accettato il giudizio di secondo grado, e non hanno fatto ricorso alla Cassazione.

La custodia cautelare è il periodo di tempo fra l'arresto e la sentenza definitiva

■ **La custodia cautelare.** La *custodia cautelare* (o *carcerazione preventiva*) è il periodo di tempo fra l'arresto e la sentenza definitiva. Durante la custodia cautelare una persona subisce una restrizione della libertà personale, senza essere stata condannata con sentenza definitiva.

Per esempio Mario Rossi, detenuto in carcere, si trova in custodia cautelare:

- quando è in attesa del processo di primo grado;
- quando è stato condannato in primo grado ed è in attesa del processo di secondo grado;
- quando è stato condannato in secondo grado ed è in attesa della sentenza della Cassazione.

Le pene devono tendere alla rieducazione del condannato

■ **Una pena rieducativa?** In un ordinamento democratico le pene inflitte devono essere proporzionate al reato commesso. A questo proposito, va ricordato che in alcuni Paesi la pena di morte viene applicata anche per reati lievi.

«Le pene non possono consistere in trattamenti contrari al senso di umanità e devono tendere alla rieducazione del condannato» (art. 27 Cost.). Purtroppo la grave situazione del sistema carcerario italiano non favorisce la rieducazione dei detenuti; basta ricordare che, alla fine del 2018, i detenuti erano circa 56 000, mentre la capienza delle carceri non superava le 45 000 unità.

La sentenza definitiva di condanna può subire una revisione, mentre quella di assoluzione è immodificabile

■ **La revisione del processo.** Nella giurisdizione penale italiana, una volta esauriti tutti i gradi di giudizio, se intervengono fatti nuovi, prima sconosciuti, la sentenza definitiva di condanna può subire una revisione, mentre quella di assoluzione è immodificabile.

UN ARTICOLO

Un'assassina impunita

Nella giurisdizione penale, la sentenza definitiva di condanna può subire una revisione, mentre quella di assoluzione è immodificabile. L'articolo riprodotto (Paolo Cavallaro, *La Stampa*, 21 ottobre 1993) fa riferimento a un caso davvero inquietante!

LA STAMPA

Genova: assolta con sentenza definitiva, contro di lei ora ci sono prove schiaccianti

«E' l'assassina», ma resterà impunita

Avrebbe fatto uccidere il marito da due sicari drogati - Prima di morire di overdose uno di loro ha confessato

GENOVA. Quattro anni dopo la sentenza di assoluzione della Cassazione, assiste da donna libera alla riape **1** delle indagini che la accu **1** nuovamente di essere stata **1** dante dell'omicidio del marito.

Questa volta contro Carmela Fortunato, 55 anni, ex infermiera dell'ospedale San Martino, ci sarebbero prove schiaccianti. Gli ad istruire un processo. In primo grado Carmela Fortunato venne condannata a 27 anni. La sentenza della corte **2** ise d'appello capovolse il v **2** o: assoluzione per insuffi **2** di prove. Nel marzo dell'89 la Cassazione confermò la sentenza.

La chiave di volta per la soluzione del delitto è stata fornita involontariamente dal presunto pendenti una confidenza che si sarebbe rivelata di fondamentale importanza. Qualcuno riferì: «Caterina si è portata nella tomba un terribile segreto». Altri aggiunsero qualche particolare sul delitto commissionato anni addietro da un'infermiera di Sampierdarena. E poco alla volta il mosaico ha preso forma.

Caterina Battafarano era la il funzionario della sezione omicidi Giuseppe Gonan hanno ricostruito la scena del delitto, per il quale sarebbe stato concordato un compenso di dieci milioni.

«Abbiamo la certezza che nella stanza si trovassero Giuseppe Jentile, Caterina Battafarano e Carmela Fortunato. Jentile ha ucciso Banfo a colpi di martello, che non è mai stato trovato. Il davano più d'accordo. Sergio Banfo era malato di reni ed immobilizzato a letto. Lei, che era ancora una donna piacente, non lo sopportava più.

Sono trascorsi sette anni, Carmela Fortunato è andata in pensione e ha cambiato casa. E' una donna minuta, gentile, dall'aspetto rassicurante. Raggiunta nel suo nuovo appartamento, a ne e per quella della mia famiglia».

I nomi, Jentile e Battafarano, le dicono poco o nulla. «Lui non l'ho mai sentito, l'altra forse è stata una mia paziente. Mi sembra di ricordare una donna con quel nome ricoverata nel reparto di isolamento».

A distanza di tanti anni non si è formata alcuna idea sul delitto.

1 GENOVA. Quattro anni dopo la sentenza di assoluzione della Cassazione, si assiste a una donna libera alla riapertura delle indagini che la accusano nuovamente di essere stata la mandante dell'omicidio del marito.
Questa volta contro C.F. [...] ci sarebbero prove schiaccianti [*ma la sentenza di assoluzione è immodificabile*]. Gli investigatori della squadra mobile sono convinti di avere trovato il bandolo della matassa. Accusano la donna di aver pagato un killer per liberarsi del marito e forniscono nuovi e sconcertanti particolari del delitto: «Ha organizzato tutto ed era presente quando il marito veniva massacrato [...]».

2 All'epoca a carico della moglie erano stati raccolti solo indizi, sufficienti comunque a istruire un processo. In primo grado C.F. venne condannata a 27 anni. La sentenza della Corte d'assise d'appello capovolse il verdetto: assoluzione per insufficienza di prove. Nel marzo dell'89 la Cassazione confermò la sentenza.

Supponiamo che nel 2017 Mario Rossi sia stato condannato all'ergastolo per omicidio con sentenza definitiva; se nel 2018 emergono fatti nuovi (una testimonianza che lo scagiona), è possibile una revisione del processo. Invece, se nel 2017 Mario Rossi è stato assolto dall'accusa di omicidio e nel 2018 si trovano prove schiaccianti della sua colpevolezza, non è possibile una revisione del processo: Mario Rossi resta un assassino impunito.

3 L'amministrazione della giustizia

La legge può disporre solo per il futuro

■ L'irretroattività della legge. Come si è visto nel volume per il secondo biennio, l'ordinamento italiano stabilisce l'*irretroattività* della legge quando prevede che «nessuno può essere punito se non in forza di una legge che sia entrata in vigore prima del fatto commesso» (**art. 25 Cost.**). L'ordinamento giuridico italiano vieta la retroattività, e stabilisce che la legge può disporre solo per il futuro.

Le norme penali sono retroattive quando sono favorevoli all'imputato

Il principio dell'irretroattività presenta delle eccezioni, perché le norme penali sono retroattive quando sono favorevoli all'imputato: il diritto considera ingiusto punire chi ha commesso un reato, che non è più considerato tale dall'ordinamento giuridico. Per esempio, dal 1978 l'aborto non è più reato; se un ginecologo ha procurato un aborto nel 1977 ha violato una norma giuridica, ma sarebbe ingiusto punirlo oggi perché quell'atto non è più considerato reato.

Il giudice competente a giudicare un fatto deve essere individuato prima che quel fatto avvenga

■ Il giudice naturale. Secondo l'art. 25 Cost. «nessuno può essere distolto dal giudice naturale precostituito per legge»; per esempio, i magistrati che giudicano i cittadini accusati di aver commesso un furto nel Comune di Genova, devono essere individuati *prima* che tali furti avvengano.

Perché è così importante il principio del *giudice naturale*? Se il giudice fosse scelto dopo il verificarsi del fatto, sarebbe violato il principio d'imparzialità, perché tale scelta potrebbe essere condizionata dall'interesse di una delle parti.

Il popolo partecipa all'amministrazione della giustizia

■ Il popolo e l'amministrazione della giustizia. Secondo lo Statuto albertino la giustizia era amministrata in nome del sovrano, invece la Costituzione afferma che «la giustizia è amministrata in nome del popolo». L'**art. 102 Cost.** prevede la «partecipazione diretta del popolo all'amministrazione della giustizia»; la norma si riferisce alle *giurie popolari*, reintrodotte dopo il fascismo, che funzionano sia in Corte d'assise sia in Corte d'assise d'appello.

I giudici popolari vengono sorteggiati da appositi albi, dove possono iscriversi tutti i cittadini che possiedono determinati requisiti (età, diritti civili e politici).

Il giudice deve motivare ogni sua decisione

■ L'obbligo della motivazione. «Tutti i provvedimenti giurisdizionali devono essere motivati» (art. 111 Cost.), per garantire una maggiore trasparenza all'azione della Magistratura. L'obbligo della motivazione riguarda tutti i provvedimenti, e non solo le sentenze. Per esempio, se si trova in custodia cautelare, Mario Rossi ha il diritto di conoscere i motivi che hanno indotto il giudice a prendere quel provvedimento, in modo da organizzare la propria difesa.

La giuria popolare durante la lettura della sentenza del processo contro le Nuove Brigate Rosse a Milano.

■ La lentezza dei processi. Fra i problemi che affliggono la giustizia italiana, il più grave è senza dubbio la lentezza dei processi, nonostante la Costituzione parli di «ragionevole durata» dei procedimenti giudiziari.

La lentezza della *giustizia penale* italiana allunga i tempi della custodia cautelare, e questo fatto può portare a enormi ingiustizie (una persona può restare in carcere per anni, prima di essere giudicata in processo).

Per quanto riguarda la *giustizia civile*, la lunghezza e il costo dei processi sono tali da scoraggiare i cittadini dal tutelare i propri diritti (alla fine del 2018 erano più di 5 milioni le cause civili in attesa di sentenza). A questo proposito molte speranze sono riposte nell'introduzione del *processo civile telematico*, basato sulla digitalizzazione delle procedure.

4 La giurisdizione ordinaria

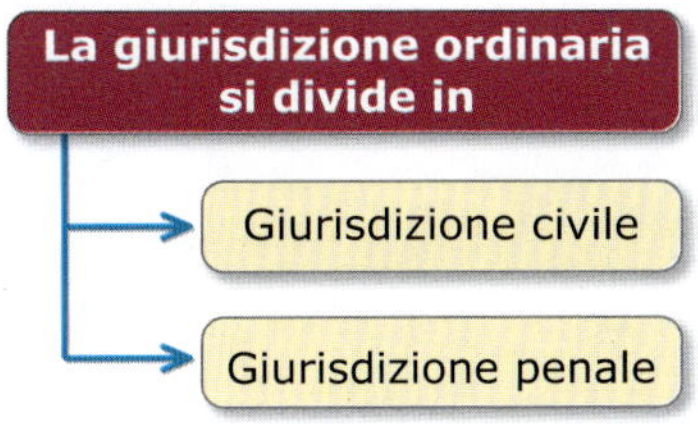

La giurisdizione ordinaria. A seconda della natura della controversia che viene sottoposta al giudice, si possono individuare due tipi di giurisdizione: la giurisdizione ordinaria e la giurisdizione amministrativa relativa agli atti della Pubblica Amministrazione (di cui ci occuperemo nell'unità C2).

In questa unità C1 ci occupiamo solo della giurisdizione ordinaria, che si divide in giurisdizione civile e giurisdizione penale.

La giurisdizione civile giudica sulle controversie fra privati, in caso di presunta violazione di un diritto soggettivo

La giurisdizione civile. La giurisdizione civile giudica sulle controversie fra privati, in caso di presunta violazione di un diritto soggettivo.

Sono numerose le materie che possono dar vita a un processo civile: la famiglia, la proprietà privata, i contratti, le successioni, le società, il rapporto di lavoro, il risarcimento per gli incidenti stradali.

L'azione civile è possibile solo su richiesta delle parti. Il *processo civile* inizia quando un soggetto (*attore*) chiama a giudizio un altro soggetto (*convenuto*) accusandolo di aver leso o minacciato un suo diritto soggettivo.

Dopo il contraddittorio, il giudice dichiara con sentenza se c'è stata (o meno) la lesione del diritto soggettivo e, in caso positivo, ristabilisce l'ordine giuridico violato.

Sintetizziamo gli organi e i gradi della giurisdizione civile nello schema che segue.

LA GIURISDIZIONE CIVILE

Primo grado	**Giudice di pace** (giudice unico) Per le controversie fino a 2583 euro e per quelle di risarcimento dei danni di circolazione fino a 15494 euro	**Tribunale** (giudice unico) Per le controversie non di competenza del Giudice di pace. È previsto un collegio formato da 3 giudici per determinate controversie indicate dalla legge (diritto di famiglia, società)
Secondo grado	**Tribunale** (collegio formato da 3 giudici)	**Corte d'appello** (collegio formato da 3 giudici)
Terzo grado	**Corte di cassazione**	

Per esempio, in una successione, l'attore Mario Rossi accusa il convenuto Marco Bianchi di essersi appropriato di 500000 euro che non gli spettavano.

PRIMO GRADO

Rossi deve presentare al Tribunale il ricorso contro Bianchi.
Ipotizziamo che il Tribunale dichiari con sentenza che Bianchi si è appropriato indebitamente dei 500 000 euro, che spettano all'erede Rossi.
La causa può finire con la restituzione dei 500 000 euro da Bianchi a Rossi.
Bianchi non è soddisfatto della sentenza del Tribunale...

SECONDO GRADO

Bianchi decide di fare ricorso in secondo grado presso la Corte d'appello.
Ipotizziamo che la Corte d'appello interpreti in modo diverso l'atto di successione e decida con sentenza che Bianchi aveva diritto ai 500 000 euro.
Rossi non è soddisfatto della sentenza della Corte d'appello...

TERZO GRADO

Contro la sentenza di secondo grado Rossi può fare ricorso alla Corte di cassazione, che decide solo sulla legittimità della sentenza della Corte d'appello.
Se la Cassazione non trova irregolarità, la sentenza passa in giudicato: Bianchi mantiene i 500 000 euro.

La giurisdizione penale giudica le persone accusate di aver commesso un reato

La giurisdizione penale. La giurisdizione penale giudica le persone accusate di aver commesso un reato.

L'ordinamento giuridico considera *reati* quei fatti che, per la loro gravità, non solo colpiscono i diritti soggettivi dei singoli, ma mettono in pericolo l'intera collettività; per esempio, l'omicidio è un reato perché non viola solo il diritto della persona uccisa, ma minaccia i valori fondamentali per la convivenza civile.

Anche nel processo penale sono presenti due parti: l'accusa e la difesa. L'*accusa* è sostenuta dal Pubblico Ministero (PM) in nome dello Stato, mentre la *difesa* è costituita dall'imputato (assistito da un avvocato). L'azione penale è obbligatoria e deve essere sostenuta dal PM quando ha notizia che è stato commesso un reato.

Dopo aver ascoltato le parti, il giudice può assolvere o condannare l'imputato a una pena.

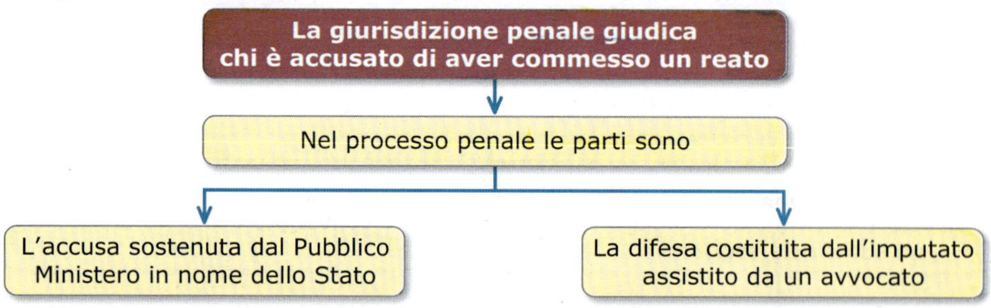

Sintetizziamo gli organi e i gradi della giurisdizione penale nello schema che segue.

LA GIURISDIZIONE PENALE

Primo grado	**Giudice di pace** (giudice unico) Per i reati in cui è prevista una pena detentiva fino a 4 mesi	**Tribunale** (giudice unico) Per i reati in cui è prevista una pena detentiva da 4 mesi a 10 anni	**Corte d'assise** (collegio formato da 2 giudici togati e da 6 giudici popolari) Per i reati in cui è prevista una pena detentiva superiore a 10 anni
Secondo grado	**Tribunale** (collegio formato da 3 giudici)	**Corte d'appello** (collegio formato da 3 giudici)	**Corte d'assise d'appello** (collegio formato da 2 giudici togati e da 6 giudici popolari)
Terzo grado	**Corte di cassazione**		

Supponiamo che Mario Rossi venga accusato di omicidio.

PRIMO GRADO

Il processo si svolge in Corte d'assise perché per il reato di omicidio è prevista una pena detentiva superiore a 10 anni.
Ipotizziamo che la Corte d'assise condanni Mario Rossi a una pena detentiva di 22 anni.
La causa può finire con Rossi che sconta la pena detentiva.
Rossi non è soddisfatto della sentenza della Corte d'assise...

SECONDO GRADO

Rossi decide di fare ricorso in secondo grado presso la Corte d'assise d'appello.
Ipotizziamo che emerga una fatto nuovo: un testimone che scagiona Rossi. Alla luce dei nuovi fatti emersi, la Corte d'assise d'appello assolve Rossi.
Il Pubblico Ministero non è soddisfatto della sentenza della Corte d'assise d'appello...

TERZO GRADO

Contro la sentenza di secondo grado il Pubblico Ministero può fare ricorso alla Corte di cassazione, che decide sulla legittimità della sentenza della Corte d'assise d'appello. La Cassazione, in particolare, controlla minuziosamente la legittimità degli atti relativi alla nuova testimonianza che scagiona Rossi.
Se la Cassazione non trova nulla di irregolare, la sentenza passa in giudicato: Mario Rossi è assolto.

Gli organi della giurisdizione ordinaria sono competenti nell'ambito di una determinata circoscrizione territoriale

■ **Gli organi della giurisdizione ordinaria.** La Magistratura ordinaria è formata dai seguenti organi: il Giudice di pace, il Tribunale, la Corte d'appello, la Corte d'assise, la Corte d'assise d'appello e la Corte di cassazione.

Questi organi sono competenti nell'ambito di una determinata circoscrizione territoriale, con la sola eccezione della Corte di cassazione.

■ **Il Giudice di pace.** Il Giudice di pace è competente, solo in primo grado, sia in materia civile (per le cause fino a 2583 euro e per quelle di risarcimento dei danni di circolazione fino a 15 494 euro) sia in materia penale (per i reati in cui è prevista una pena detentiva fino a 4 mesi).

■ **Il Tribunale.** Il Tribunale in primo grado è un organo prevalentemente monocratico, cioè formato da un solo giudice (salvo eccezioni), ed è competente sia in materia civile (per tutte le cause che non siano di competenza del Giudice di pace) sia in materia penale (per i reati in cui è prevista una pena detentiva da 4 mesi a 10 anni).

Il Tribunale in secondo grado è un collegio formato da tre giudici ed è competente (in materia civile e penale) solo per le cause trattate in primo grado dal Giudice di pace (con l'esclusione delle cause di lavoro).

Il Tribunale di Milano.

■ **La Corte d'appello.** La Corte d'appello è un collegio formato da tre magistrati, ed è esclusivamente giudice di secondo grado sia in materia civile (per le cause trattate in primo grado dal Tribunale o dal Giudice del lavoro) sia in materia penale (per le cause trattate in primo grado dal Tribunale).

■ **La Corte d'assise.** La Corte d'assise è un collegio composto da due giudici «togati» (appartenenti alla Magistratura ordinaria) e da sei giudici popolari.

È giudice di primo grado in materia penale per reati di particolare gravità, che prevedono una pena detentiva superiore a 10 anni.

■ **La Corte d'assise d'appello.** La Corte d'assise d'appello è un collegio composto da due giudici togati e da sei giudici popolari.

È giudice di secondo grado in materia penale per le cause di competenza della Corte d'assise in primo grado.

■ **La Corte di cassazione.** Della Corte di cassazione ci siamo occupati nel paragrafo 2.

Il Pubblico Ministero esercita l'azione penale per conto dello Stato

Il Pubblico Ministero. L'art. 112 Cost. afferma che il Pubblico Ministero (PM) «ha l'obbligo di esercitare l'azione penale» per conto dello Stato; in particolare, il PM deve avviare il processo penale contro gli indiziati di reato, e deve sostenere l'accusa contro di essi nel processo.

Il PM è un magistrato a tutti gli effetti, perché «gode delle garanzie stabilite nei suoi riguardi dalle norme sull'ordinamento giudiziario». Collocando il PM fra i magistrati, i Costituenti vollero riservare allo Stato la titolarità dell'azione penale e cercarono di escludere ogni ingerenza dell'esecutivo sul PM.

Va però sottolineato che il PM è un magistrato che non gode di completa indipendenza, perché i PM sono organizzati all'interno di uffici giudiziari, le *procure*, dove dipendono dai Procuratori della Repubblica; per esempio, il Procuratore della Repubblica di Milano è il superiore gerarchico di tutti i PM di Milano, chiamati appunto «Sostituti Procuratori della Repubblica».

Procuratore della Repubblica

- Sostituto Procuratore della Repubblica (A)
- Sostituto Procuratore della Repubblica (B)
- Sostituto Procuratore della Repubblica (C)

Nel processo penale l'accusa e la difesa hanno gli stessi diritti

Il «giusto processo». Fino al 1989, nel processo penale, l'imputato era posto in una condizione di netta inferiorità, perché molte decisioni sul suo conto erano prese direttamente dall'accusa, e non da un giudice imparziale.

Nel 1989 è entrato in vigore il nuovo *Codice di procedura penale*, che ha modificato le regole del processo penale, e ha adottato un modello simile a quello in vigore nei Paesi anglosassoni. Nel nuovo processo, l'accusa e la difesa hanno gli stessi diritti, perché tutte le decisioni riguardanti l'imputato sono prese da un giudice sopra le parti.

Il maxi processo contro «Cosa nostra», conclusosi nel dicembre del 1987. Il processo fu tenuto in una grandissima aula bunker, fatta costruire appositamente all'interno del carcere dell'Ucciardone a Palermo.

Questa tutela dell'imputato è stata ribadita da una riforma costituzionale del 1999, che ha introdotto il principio del *giusto processo*.

Le modifiche all'art. 111 Cost. si basano sui seguenti punti:

- ogni processo deve svolgersi «in condizioni di parità, davanti a un giudice terzo e imparziale», e deve avere una «ragionevole durata»;
- nel processo penale l'accusato «nel più breve tempo possibile» deve essere informato «riservatamente della natura e dei motivi dell'accusa»;
- l'accusato ha «la facoltà, davanti al giudice, di interrogare o di far interrogare le persone che rendono dichiarazioni a suo carico, di ottenere la convocazione e l'interrogatorio di persone a sua difesa»;
- «la colpevolezza dell'imputato non può essere provata sulla base di dichiarazioni rese da chi, per libera scelta, si è sempre volontariamente sottratto all'interrogatorio da parte dell'imputato o del suo difensore»: si tratta di una norma che cerca di regolamentare l'utilizzo dei collaboratori di giustizia (i cosiddetti «pentiti»).

La Magistratura dispone della polizia giudiziaria

La polizia giudiziaria. «L'autorità giudiziaria dispone direttamente della polizia giudiziaria» (art. 109 Cost.). Anche se dipendono dal Governo, le forze di polizia devono obbedire alla Magistratura quando agiscono in relazione a un processo in corso; per esempio, è il giudice a ordinare alla Polizia di effettuare un determinato arresto.

5 La responsabilità dei giudici

Quando il giudice sbaglia... Che cosa succede quando un giudice sbaglia? Nell'adempiere le loro funzioni, i giudici possono incorrere in responsabilità penali, disciplinari e civili.

I giudici possono incorrere in responsabilità
- Penali
- Disciplinari
- Civili

La responsabilità penale si ha quando un giudice commette un reato

La responsabilità penale. La responsabilità penale si ha quando un magistrato commette un reato; per esempio, il giudice Stefano Neri assolve un imputato in cambio di 500 000 euro. In questo caso il giudice, come qualsiasi cittadino, viene sottoposto a processo penale davanti a un altro magistrato.

UNA CANZONE

Hurricane di Bob Dylan

Nel 1966 negli Stati Uniti un clamoroso errore giudiziario seppellisce in carcere un futuro campione del mondo di pugilato

Bob Dylan.

Rubin «Hurricane» Carter.

Il cantautore statunitense Bob Dylan (nome d'arte di Robert Allen Zimmerman, nato a Duluth nel 1941) rappresenta una delle più importanti figure degli ultimi cinquant'anni nel campo musicale e in quello della cultura popolare; tanto da vincere il Premio Nobel per la letteratura nel 2016. Negli anni Sessanta l'artista è il simbolo del movimento di protesta americano, e le sue canzoni diventano veri e propri inni dei movimenti pacifisti e per i diritti civili.
Nel 1976 Dylan scrive *Hurricane*, una canzone dedicata alla storia del famoso pugile di colore Rubin Carter detto «Hurricane» (1937-2014), ingiustamente accusato di un triplice omicidio, che si trovava in carcere da alcuni anni. Rubin «Hurricane» Carter, che era stato condannato nel 1966, fu scarcerato nel 1985 (dopo 19 anni!), quando la Corte Federale sentenziò che non aveva avuto un processo equo, perché l'accusa era «basata su motivazioni razziali».

Hurricane

Testo e musica: Bob Dylan, Jacques Levy
Columbia Records, 1976

Pistol shots ring out in the barroom night
Enter Patty Valentine from the upper hall.
She sees the bartender in a pool of blood,
Cries out, «My God, they killed them all!»
Here comes the story of the Hurricane,
The man the authorities came to blame
For somethin' that he never done.
Put in a prison cell, but one time he could-a been
The champion of the world. [...]

Arthur Dexter Bradley said, «I'm really not sure.»
Cops said, «A poor boy like you
Could use a break
We got you for the motel job
End we're talkin' to your friend Bello
Now you don't wanta have to go back to jail, be a nice fellow.
You'll be doin' society a favor.
That son of a bitch is brave and gettin' braver.
We want to put his ass in stir
We want to pin this triple murder on him
He ain't no Gentleman Jim.»

«Rubin could take a man out with just one punch
But he never did like to talk about it all that much.
It's my work, he'd say, and I do it for pay
And when it's over I'd just as soon go on my way
Up to some paradise
Where the trout streams flow and the air is nice
And ride a horse along a trail.
But then they took him to the jail house
Where they try to turn a man into a mouse.
[...]

La responsabilità disciplinare è valutata dal Consiglio Superiore della Magistratura

La responsabilità disciplinare. La responsabilità disciplinare si ha quando i giudici commettono infrazioni meno gravi (indisciplina, negligenza).

In questo caso i magistrati sono sottoposti a procedimento disciplinare di fronte al Consiglio Superiore della Magistratura, che può infliggere loro determinate sanzioni prive di effetti penali (sospensione, destituzione dall'incarico).

La responsabilità civile si ha in caso di colpa grave o di comportamento negligente del giudice

La responsabilità civile. Una legge del 1988 ha introdotto la *responsabilità civile dei giudici*: il cittadino danneggiato deve essere risarcito con una somma di denaro dallo Stato, che si rivale poi sul giudice risultato colpevole. Va però chiarito che, in caso di errore giudiziario, il risarcimento è dovuto solo se questo deriva da colpa grave o da un comportamento negligente del giudice.

Per esempio:

- il 20 aprile 2014 una sentenza del giudice Stefano Neri condanna a 4 anni di reclusione Marco Bianchi, che viene giudicato colpevole di aver commesso una rapina;
- Bianchi sconta la pena detentiva e resta in carcere fino al 19 aprile 2018;
- il 20 maggio 2018 Carlo Verdi confessa di essere il vero colpevole: Bianchi è stato condannato ingiustamente e ha «trascorso» 4 anni della sua vita in carcere a causa della sentenza del giudice Neri.

Bianchi deve essere risarcito per l'errore giudiziario? Dipende. Bianchi può ottenere il risarcimento solo se dimostra che il giudice Neri, quando lo ha condannato, ha agito con negligenza; per esempio, ha trascurato di interrogare un testimone che avrebbe scagionato l'imputato Bianchi.

6 Il Consiglio Superiore della Magistratura

Il Consiglio Superiore della Magistratura deve garantire l'indipendenza dei magistrati

La composizione del CSM. Il *Consiglio Superiore della Magistratura* (CSM) è l'organo che deve garantire l'indipendenza dei magistrati da ogni altro potere (soprattutto dall'esecutivo). Anche in questo caso si è avuto un notevole ritardo nell'applicazione della Costituzione, perché il CSM è stato istituito solo nel 1958, e i suoi componenti sono stati eletti per la prima volta nel 1959.

Il CSM è presieduto dal Capo dello Stato, che ha anche il potere di scioglierlo anticipatamente. Fanno parte del CSM 2 membri di diritto (il Primo Presidente e il Procuratore Generale della Corte di cassazione) e 24 membri elettivi, dei quali:

- 16 sono eletti «da tutti i magistrati ordinari fra gli appartenenti alle varie categorie»;
- 8 sono eletti «dal Parlamento in seduta comune tra professori ordinari di università in materie giuridiche e avvocati dopo quindici anni di esercizio» (art. 104 Cost.);

appare evidente come i rappresentanti dei magistrati siano in netta maggioranza all'interno del CSM.

Il Consiglio Superiore della Magistratura si occupa della carriera dei giudici

Le attribuzioni del CSM. Il CSM si occupa di tutti gli aspetti relativi alla carriera dei giudici. In particolare, il CSM:

- provvede alle assunzioni dei magistrati deliberando sui bandi di concorso e sulle commissioni giudicatrici;
- decide sulle assegnazioni, sui trasferimenti e sulle promozioni dei giudici. Come si è visto, i magistrati sono inamovibili e possono essere sospesi o trasferiti solo su decisione del CSM;
- adotta «i provvedimenti disciplinari nei riguardi dei magistrati» (art. 105 Cost.); va precisato che il Ministro della giustizia ha il potere di promuovere l'azione disciplinare nei confronti dei magistrati, ma il giudizio finale è di esclusiva competenza del CSM.

Ogni quattro anni il CSM deve giudicare sulla professionalità dei magistrati. Va sottolineato che:

- chi non supera l'esame per la prima volta perde il diritto agli aumenti di stipendio;
- alla seconda «bocciatura» il magistrato viene allontanato dal servizio.

SINTESI

- La **Magistratura** ▶ **§1** esercita il potere giudiziario. La giustizia deve essere amministrata in modo imparziale: i giudici sono soggetti solo alla legge.

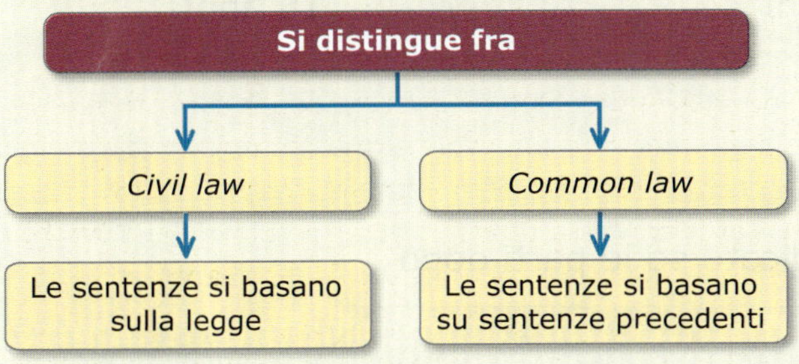

- **Diritto e giustizia** ▶ **§1** non vanno confusi: un giudice deve applicare una legge anche se la considera ingiusta.

- Ogni cittadino può esercitare sia il **diritto di azione** ▶ **§2** sia il **diritto alla difesa** ▶ **§2**. In Italia non è ammessa l'**autodifesa** ▶ **§2**.

- La **responsabilità penale è personale** ▶ **§2**. Ognuno risponde solo dei propri comportamenti e nessuno può essere punito per reati commessi da altri. In Italia si è penalmente responsabili al **compimento dei 14 anni** ▶ **§2**.

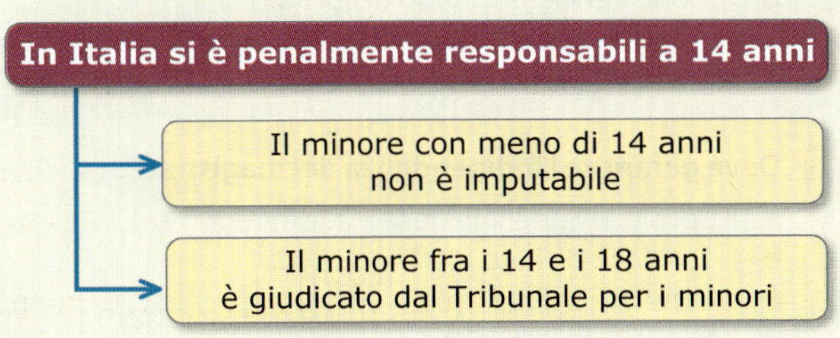

- Una persona è **non colpevole** ▶ **§2** fino alla sentenza definitiva di condanna.

- In base al **doppio grado di giurisdizione** ▶ **§2** la sentenza di primo grado può sempre essere riesaminata da un diverso giudice. Contro la sentenza d'appello è possibile ricorrere alla **Corte di cassazione** ▶ **§2**, che effettua un controllo di legittimità sulle sentenze di secondo grado.

- È possibile la **revisione del processo** ▶ **§2** per la sentenza definitiva di condanna ma non di assoluzione.

- In base al **principio del giudice naturale** ▶ **§3**, il giudice competente a giudicare un determinato fatto deve essere individuato prima che quel fatto avvenga.

- La **giurisdizione ordinaria** ▶ **§4** si divide in:
  - **giurisdizione civile** ▶ **§4** che giudica sulle controversie fra privati, in caso di presunta violazione di un diritto soggettivo; nel processo civile sono presenti due parti: l'attore e il convenuto;
  - **giurisdizione penale** ▶ **§4** che giudica le persone accusate di aver commesso un reato. Nel processo penale sono presenti due parti: l'accusa e la difesa. L'accusa è rappresentata in nome dello Stato dal **Pubblico Ministero** ▶ **§4**, mentre la difesa è costituita dall'imputato (assistito da un avvocato).

- I Pubblici Ministeri sono magistrati che non godono di completa indipendenza, perché dipendono dai **Procuratori della Repubblica** ▶ **§4**.

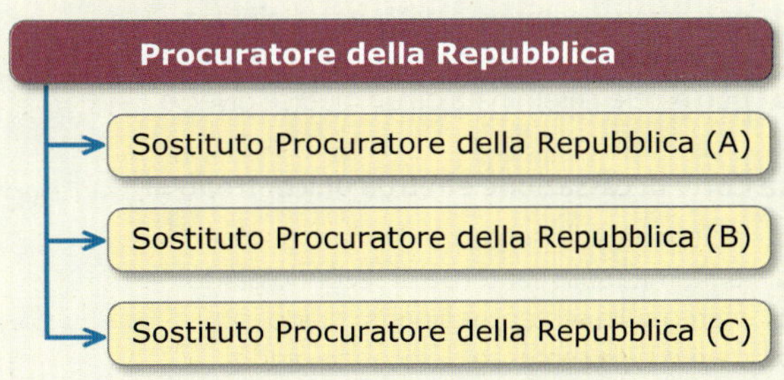

- Per il principio del **giusto processo** ▶ **§4** nel processo penale l'accusa e la difesa devono avere gli stessi diritti.

- Le **responsabilità dei giudici** ▶ **§5** possono essere penali, disciplinari e civili.

- Il **Consiglio Superiore della Magistratura** ▶ **§6** è l'organo in cui si esprime l'autogoverno dei giudici.

VERIFICA LE TUE CONOSCENZE

1 ***Risolvi le seguenti scelte multiple indicando la risposta esatta fra quelle possibili.***

A

In Italia si è penalmente responsabili al compimento dei

1. 14 anni
2. 16 anni
3. 18 anni

B

La sentenza passa in giudicato se le parti dopo

1. il primo grado non hanno proposto appello
2. il primo grado hanno proposto appello
3. il secondo grado hanno fatto ricorso alla Cassazione

1 **Il giudice deve essere scelto**

- **a** prima che si verifichi il fatto
- **b** dopo che si è verificato il fatto
- **c** a volte prima a volte dopo il verificarsi del fatto
- **d** in modo casuale

2 **Il principio del «doppio grado di giurisdizione» prevede che ogni sentenza**

- **a** deve essere riesaminata dallo stesso giudice
- **b** può essere riesaminata dallo stesso giudice
- **c** deve essere riesaminata da un giudice diverso
- **d** può essere riesaminata da un giudice diverso

3 **La Corte di cassazione effettua un controllo di**

- **a** legittimità sulle sentenze di primo grado
- **b** legittimità sulle sentenze di secondo grado
- **c** merito sulle sentenze di primo grado
- **d** merito sulle sentenze di secondo grado

4 **La giurisdizione civile giudica in caso di**

- **a** presunta violazione di un diritto soggettivo
- **b** presunta violazione di un interesse legittimo
- **c** presunta violazione di un diritto soggettivo o di un interesse legittimo
- **d** presunto reato

5 **Il Pubblico Ministero esercita**

- **a** l'azione civile per conto dello Stato
- **b** l'azione penale per conto dello Stato
- **c** l'azione civile per conto del Governo
- **d** l'azione penale per conto del Governo

6 **Deve garantire l'indipendenza dei magistrati**

- **a** il Consiglio Superiore della Magistratura
- **b** il Consiglio di Stato
- **c** il Consiglio dei ministri
- **d** il Ministro della giustizia

MISURA LE TUE ABILITÀ

2 ***Risolvi i seguenti quesiti vero o falso e motiva la tua risposta.***

1 **I giudici sono soggetti solo alla legge**

VERO ☐ FALSO ☐

PERCHÉ ____

____

2 **Il diritto coincide con la giustizia**

VERO ☐ FALSO ☐

PERCHÉ ____

____

3 In Italia l'autodifesa non è ammessa

VERO ☐ **FALSO** ☐

PERCHÉ ____________________

____

4 La custodia cautelare è il periodo di tempo fra l'arresto e la sentenza definitiva

VERO ☐ **FALSO** ☐

PERCHÉ ____________________

____

5 La sentenza passa in giudicato solo dopo la sentenza della Corte di cassazione

VERO ☐ **FALSO** ☐

PERCHÉ ____________________

____

6 È sempre possibile la revisione del processo

VERO ☐ **FALSO** ☐

PERCHÉ ____________________

____

3 ***Ricordando il Consiglio Superiore della Magistratura, completa la tabella che segue.***

Membri di diritto	(1)
Membri eletti dal Parlamento in seduta comune	(2)
Membri eletti dai magistrati	(3)
Anno di istituzione	(4)

ALLENA LE TUE COMPETENZE

4 ***Sulla base di quanto hai imparato in questa unità, rispondi ai seguenti «casi».***

1 **Individuare il principio dell'assenza di gerarchia nella Magistratura in un dialogo familiare.**

Dialogo in famiglia:
- Tuo padre: «Il giudice che abita all'ultimo piano sta traslocando. Ha avuto una promozione a Roma e si sta trasferendo!».
- Tua madre: «Ti sbagli. I giudici non possono fare carriera!».

▶ *I giudici possono fare carriera?*

____

____

2 **Verificare la differenza fra diritto e giustizia nel corso di un'assemblea scolastica.**

All'assemblea di istituto c'è un dibattito sulla pena di morte. Ecco due opinioni:
- «La pena di morte è necessaria in caso di reati gravi!».
- «La pena di morte è inutile. È un omicidio commesso dallo Stato!».

▶ *In quale delle due opinioni l'idea di giustizia coincide col diritto italiano?*

____

____

3 **Riconoscere il principio del doppio grado di giurisdizione, ascoltando un'amica.**

Una tua amica afferma: «La lentezza della giustizia italiana è causata dal doppio grado di giurisdizione: tutti i processi devono essere ripetuti!».

▶ *In quali casi si ha il doppio grado di giurisdizione?*

____

____

4 **Valutare le ipotesi di revisione del processo, ascoltando un amico.**

Un tuo amico sta leggendo il giornale: «Quell'assassino si è deciso a confessare due anni dopo la sentenza di assoluzione della Cassazione. Adesso, con la revisione del processo, andrà finalmente in carcere!».

▶ *Perché non ci sarà nessuna revisione del processo?*

____

____

Riprendiamo il dibattito

Dopo aver studiato l'unità, prepara il tuo punto di vista per continuare il dibattito iniziato in apertura di lezione (▶ *La parola a te!*).

Un politico in televisione dichiara: «Quella persona è stata condannata ingiustamente. È vittima di un errore giudiziario e sarà sicuramente risarcita per la sofferenza passata!».

▶ ***In questo caso è sicura la responsabilità civile del giudice?***

- Partendo da quanto sopra affermato, esegui a casa una ricerca online e consulta il tuo libro di testo per preparare una breve tabella che contenga gli elementi principali dell'argomento trattato e che ti aiuti a esporre il tuo punto di vista.

A CASA 1 ORA

IN AULA 20 MINUTI

- Con l'aiuto della tabella, partecipa al dibattito che il docente avvia in aula.

C2 La giustizia amministrativa

A te la parola!

Un tuo vicino è molto preoccupato: «L'Ufficio tecnico del Comune ha appena comunicato che il mio garage è considerato abusivo e deve essere demolito. C'è un errore! A cosa serve fare ricorso al TAR se la sentenza arriva dopo la demolizione?».

5 MINUTI

► *Che cosa deve chiedere il tuo vicino nel ricorso al TAR?*

Con l'aiuto dell'insegnante e in piccoli gruppi prova a esporre il tuo punto di vista.

1 I ricorsi amministrativi

Il privato può agire contro un atto della Pubblica Amministrazione
- Con i ricorsi amministrativi
- Con la difesa giurisdizionale

Il privato e la PA. In uno Stato di diritto la persona (fisica o giuridica) che si ritenga ingiustamente danneggiata da un atto della Pubblica Amministrazione (d'ora in poi anche PA) deve avere la possibilità di tutelare i propri diritti. Per far valere le proprie ragioni, il privato può seguire due strade diverse:

- i *ricorsi amministrativi*, quando il privato chiede alla PA di annullare o modificare un atto amministrativo che lo ha danneggiato;
- la *difesa giurisdizionale*, quando il privato decide di rivolgersi alla giurisdizione ordinaria o amministrativa. Stabilisce infatti l'**art. 113 Cost.** che «contro gli atti della Pubblica Amministrazione è sempre ammessa la tutela giurisdizionale» davanti «agli organi di giurisdizione ordinaria o amministrativa».

Coi ricorsi amministrativi la PA può riesaminare i suoi atti, prima di essere chiamata davanti al giudice

I ricorsi amministrativi. I ricorsi amministrativi possono essere presentati solo da coloro che hanno un interesse diretto e attuale alla rimozione di un atto amministrativo, ritenuto illegittimo o inopportuno.

Nel caso dei ricorsi amministrativi la PA ha la possibilità di riesaminare i suoi atti, prima di essere chiamata davanti al giudice (ordinario o amministrativo).

Si distinguono tre tipi di ricorsi amministrativi:

- l'opposizione;
- il ricorso gerarchico;
- il ricorso straordinario al Presidente della Repubblica.

L'opposizione. L'opposizione è diretta contro lo stesso organo che ha emanato l'atto impugnato, e deve contenere le motivazioni per cui l'interessato chiede alla PA di ritornare sulle proprie decisioni. L'*opposizione* è possibile per motivi sia di legittimità sia di merito. Si tratta di un rimedio previsto solo in determinate materie e nei casi stabiliti dalla legge (per esempio, nel caso di contestazioni sull'anzianità di servizio dei pubblici dipendenti).

Se l'opposizione viene respinta è sempre possibile ricorrere alla difesa giurisdizionale.

L'opposizione è diretta contro lo stesso organo che ha emanato l'atto

Il ricorso gerarchico. Il ricorso gerarchico si deve rivolgere all'organo immediatamente superiore rispetto a quello che ha emanato l'atto amministrativo, che un soggetto ritiene lesivo dei suoi diritti. Come l'opposizione, il *ricorso gerarchico* può essere relativo sia alla legittimità che al merito, e deve essere presentato entro 30 giorni dal momento in cui il soggetto è venuto a conoscenza dell'atto.

Il superiore gerarchico, valutate le argomentazioni del ricorrente, può o respingere il ricorso o, se lo accoglie, annullare l'atto.

Se l'organo a cui è stato presentato non comunica la sua decisione entro 90 giorni, il ricorso gerarchico si intende respinto a tutti gli effetti («silenzio rigetto»).

Il ricorso gerarchico non è ovviamente possibile quando l'atto è stato emanato da un organo che si trova al vertice della gerarchia (per esempio un ministro).

Se il ricorso gerarchico viene respinto è sempre possibile ricorrere alla difesa giurisdizionale.

Il ricorso gerarchico deve essere presentato al superiore gerarchico di chi ha adottato l'atto

Il ricorso straordinario al Presidente della Repubblica. A differenza dell'opposizione e del ricorso gerarchico, il *ricorso straordinario al Presidente della Repubblica* è ammesso solo per motivi di legittimità. In questo caso il ricorso deve essere presentato entro 120 giorni dal momento in cui il soggetto è venuto a conoscenza dell'atto.

Il ricorso viene deciso con Decreto del Presidente della Repubblica (D.P.R.), ma la partecipazione del Capo dello Stato è solo formale, perché la decisione viene presa dal ministro competente dopo aver sentito il parere del Consiglio di Stato.

Il D.P.R. può rigettare il ricorso oppure accoglierlo, provocando così l'annullamento dell'atto.

Se il ricorso straordinario al Presidente della Repubblica viene respinto non è possibile ricorrere alla difesa giurisdizionale.

Il ricorso straordinario al Presidente della Repubblica dipende dal parere del Consiglio di Stato

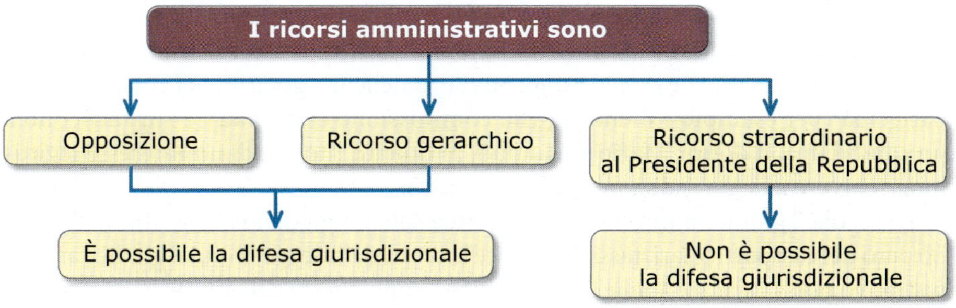

2 La giurisdizione ordinaria

La difesa giurisdizionale. Come detto, oltre ai ricorsi amministrativi, un soggetto che ritiene di essere stato leso da un atto amministrativo può ricorrere a un giudice. È opportuno premettere che la difesa giurisdizionale è ammessa solo per motivi di legittimità, salvo alcune eccezioni che analizzeremo tra poco.

La difesa giurisdizionale può essere di competenza o della giurisdizione ordinaria o di quella amministrativa:

- se il cittadino contesta la violazione di un diritto soggettivo può ricorrere alla *giurisdizione ordinaria*;
- se il cittadino contesta la violazione di un interesse legittimo può ricorrere alla *giurisdizione amministrativa*.

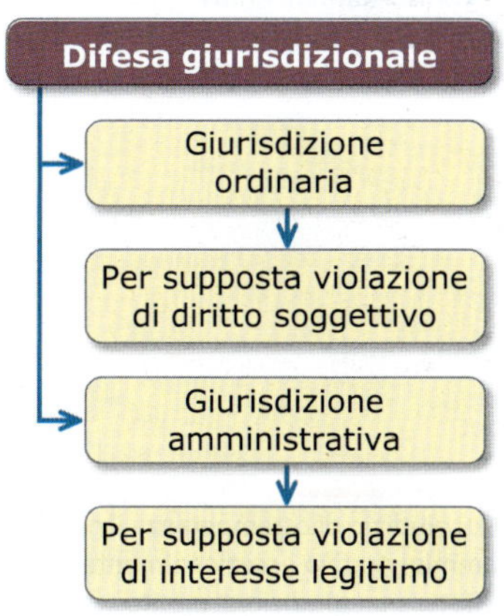

Un soggetto può ricorrere alla giurisdizione ordinaria quando contesta alla PA la violazione di un diritto soggettivo

La giurisdizione ordinaria. Come si è visto nel volume per il secondo biennio, il *diritto soggettivo* è il potere conferito a un soggetto di far valere un proprio diritto, espressamente tutelato da una norma giuridica. Il soggetto può ricorrere alla giurisdizione ordinaria solo quando contesta alla PA la violazione di un diritto soggettivo, che si può avere:

- per effetto di *inadempienza contrattuale*, per esempio l'imprenditore edile Mario Rossi non è stato ancora pagato per l'ospedale pubblico che ha costruito;
- per effetto di un *fatto illecito*, per esempio il pedone Marco Bianchi è stato investito da un mezzo pubblico;
- per effetto di un *atto amministrativo illegittimo*, per esempio il proprietario Carlo Verdi ha subito un'espropriazione illegittima.

Col ricorso alla giurisdizione ordinaria, il privato chiede che il giudice ordinario accerti l'illegittimità dell'atto della PA.

Il giudice ordinario non può annullare l'atto amministrativo illegittimo, che continua a essere efficace

Se il giudice accerta l'illegittimità dell'atto, al privato verrà riconosciuto il risarcimento dei danni subiti, ma il giudice ordinario non può annullare l'atto amministrativo: può solo disapplicarlo. In altri termini quell'atto amministrativo, che pure è stato riconosciuto illegittimo, continua a produrre i suoi effetti nei confronti degli altri soggetti. Riprendendo l'esempio dell'espropriazione illegittima subita da Carlo Verdi, il giudice può escludere Verdi dal decreto di esproprio, ma lo stesso tipo di espropriazione potrebbe poi colpire qualsiasi altro cittadino.

Si tratta di un aspetto fondamentale che si basa sul principio della separazione dei poteri: la Magistratura non può invadere la sfera di competenza della PA.

3 La giurisdizione amministrativa

Un soggetto può ricorrere alla giurisdizione amministrativa quando contesta alla PA la violazione di un interesse legittimo

La giurisdizione amministrativa. Come sappiamo, nel caso dell'*interesse legittimo* la norma giuridica tutela l'interesse collettivo e solo «di riflesso» quello del singolo. Il soggetto può ricorrere alla giurisdizione amministrativa quando contesta alla PA la violazione di un interesse legittimo.

Per esempio, la normativa che impone la regolarità dei concorsi pubblici ha l'obiettivo di scegliere le persone più preparate nell'interesse della PA e, solo di riflesso, tutela i singoli concorrenti. Ipotizziamo che si svolga un concorso per assumere un medico ospedaliero: il concorso deve essere regolare (deve vincere il più bravo nella prova), perché i cittadini hanno il diritto di essere curati dal medico «migliore» fra quelli che concorrono. Se rileva delle irregolarità nel concorso a cui partecipa (per esempio i membri della commissione esaminatrice suggeriscono a un candidato), il dottor Mario Rossi può, in quanto titolare di un interesse legittimo, ricorrere alla giurisdizione amministrativa.

Il giudice amministrativo può effettuare solo un giudizio di legittimità, a parte casi particolari

Di regola il giudice amministrativo effettua solo un giudizio di legittimità. Esistono però dei casi particolari, tassativamente indicati dalla legge, in cui il giudice amministrativo può sindacare anche il merito, cioè l'opportunità dell'atto amministrativo.

Il giudice amministrativo può annullare l'atto amministrativo illegittimo

L'annullamento dell'atto illegittimo. A differenza del giudice ordinario, il giudice amministrativo può annullare l'atto amministrativo illegittimo. Va precisato che il giudice amministrativo può annullare l'atto illegittimo, ma non può sostituirlo.

Il giudizio di ottemperanza. Finora abbiamo visto che:

- il giudice ordinario può solo disapplicare l'atto illegittimo nel caso concreto, ma questo continua a produrre i suoi effetti nei confronti degli altri soggetti;
- il giudice amministrativo può annullare l'atto illegittimo ma non può sostituirlo.

In entrambi i casi è necessario che la PA intervenga per sostituire l'atto illegittimo.

Col giudizio di ottemperanza il giudice amministrativo eccezionalmente effettua un giudizio di merito

Che cosa succede se la PA rimane inerte e non effettua alcuna sostituzione? In questo caso il soggetto interessato potrà promuovere un nuovo processo, chiamato *giudizio di ottemperanza*, davanti al giudice amministrativo. Nel giudizio di ottemperanza, eccezionalmente, il giudice amministrativo effettua un giudizio di merito, e si sostituisce all'amministrazione nell'emanare un atto che sostituisce quello annullato. Questo compito solitamente viene svolto da un funzionario appositamente delegato, chiamato *commissario ad acta*.

La composizione della giurisdizione amministrativa. La giurisdizione amministrativa è formata dalla giurisdizione generale di legittimità e dalle giurisdizioni speciali amministrative.

La giurisdizione generale di legittimità è formata dai TAR e dal Consiglio di Stato

La giurisdizione generale di legittimità. La giurisdizione generale di legittimità è formata dai Tribunali Amministrativi Regionali (TAR) e dal Consiglio di Stato. Si parla di *giurisdizione generale di legittimità* perché TAR e Consiglio di Stato devono giudicare su tutti gli atti che non siano di competenza delle giurisdizioni speciali amministrative.

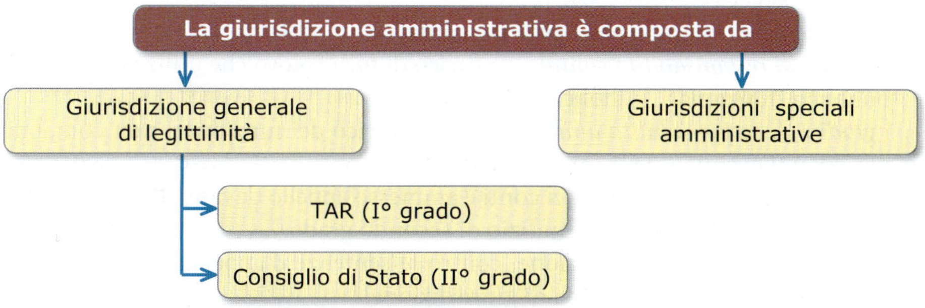

Il TAR rappresenta il primo grado della giurisdizione amministrativa

Il TAR. L'**art. 125 Cost.** stabilisce che nelle Regioni devono essere «istituiti organi di giustizia amministrativa di primo grado». I TAR, istituiti nel 1971, hanno sede in ogni capoluogo regionale.

Il TAR rappresenta il *primo grado* della giurisdizione amministrativa.

I giudici del TAR, come quelli del Consiglio di Stato, non fanno parte della Magistratura ordinaria e non sono quindi sottoposti alla tutela del Consiglio Superiore della Magistratura. Va comunque precisato che il TAR è un organo giurisdizionale statale, perché non esistono giudici regionali nel nostro ordinamento.

Il ricorso al TAR deve essere presentato entro 60 giorni dalla data di conoscenza dell'atto

Il ricorso al TAR. Il ricorso giurisdizionale al TAR deve essere presentato entro 60 giorni dalla data della conoscenza dell'atto, e deve essere notificato all'organo che lo ha emanato.

Il TAR conclude il processo con una sentenza, con la quale o respinge il ricorso oppure lo accoglie e dispone l'annullamento dell'atto.

In alcuni casi il privato può chiedere al TAR la sospensione dell'esecuzione dell'atto

Essendo assistiti dal principio di esecutorietà, gli atti della PA non possono essere sospesi solo perché un privato ha presentato ricorso al TAR. Però in alcuni casi il privato può chiedere al TAR la sospensione dell'esecuzione dell'atto (chiamata *sospensiva*), qualora questo possa causare un danno grave e irreparabile.

Supponiamo che la PA ordini la demolizione di un fabbricato di proprietà di Mario Rossi, che fa ricorso al TAR. È evidente che l'eventuale sentenza del TAR di annullamento dell'atto di demolizione sarebbe inutile se arrivasse dopo che la demolizione è stata effettuata; in questo caso Rossi può chiedere al TAR di pronunciare immediatamente la sospensiva con cui, in attesa della sentenza, si sospende temporaneamente l'esecutività dell'atto: la demolizione resta sospesa fino alla sentenza del TAR.

Il Consiglio di Stato. Come si è visto nell'unità B2, oltre a svolgere la funzione di organo consultivo, il Consiglio di Stato svolge anche la funzione giurisdizionale.

Le parti possono presentare appello al Consiglio di Stato contro le sentenze del TAR, entro limiti di tempo rigorosamente stabiliti. Il Consiglio di Stato rappresenta quindi il *secondo grado* della giurisdizione amministrativa.

Le sentenze del TAR sono esecutive e il ricorso in appello non ne sospende l'efficacia. Però anche il Consiglio di Stato può disporre la sospensione della sentenza, se da essa può derivare un danno grave e irreparabile.

Contro le sentenze del Consiglio di Stato è ammesso il ricorso alla *Corte di cassazione*, ma «per i soli motivi inerenti alla giurisdizione» (**art. 111 Cost.**). Per

Palazzo Spada, a Roma, sede del Consiglio di Stato, che rappresenta il secondo grado della giurisdizione amministrativa.

Contro le sentenze del Consiglio di Stato è ammesso il ricorso alla Corte di cassazione, ma solo per motivi di giurisdizione

esempio, il ricorso in Cassazione è possibile se il privato afferma che l'atto violava un diritto soggettivo (e non un interesse legittimo) e doveva quindi essere di competenza del giudice ordinario (e non di quello amministrativo).

Va precisato che la maggioranza delle controversie fra privati e PA è di competenza della giurisdizione amministrativa.

Le giurisdizioni speciali amministrative hanno una competenza specifica in particolari materie

Le giurisdizioni speciali amministrative... Mentre TAR e Consiglio di Stato hanno una competenza generale in campo amministrativo, le *giurisdizioni speciali amministrative* hanno una competenza specifica in particolari materie.

La Corte dei conti ha giurisdizione speciale in materia di contabilità pubblica

...la Corte dei conti... Fra le giurisdizioni speciali va ricordata la Corte dei conti, che «ha giurisdizione nelle materie di contabilità pubblica e nelle altre specificate dalla legge» (**art. 103 Cost.**).

In particolare, spettano alla Corte dei conti:

- i *giudizi di responsabilità contabile* a carico di tutti coloro che utilizzano denaro pubblico (funzionari, pubblici impiegati);
- i *giudizi di responsabilità amministrativa* a carico dei funzionari non contabili per i danni eventualmente arrecati alla PA.

Contro le sentenze della Corte dei conti è ammesso appello davanti alla stessa Corte, che effettua quindi anche il giudizio di secondo grado.

Al solito il ricorso in Cassazione, contro le sentenze d'appello della Corte dei conti, è ammesso solo per motivi di giurisdizione.

...le altre giurisdizioni speciali. Va sottolineato che sono tuttora in vigore alcune giurisdizioni speciali, che dovevano invece essere abolite «entro cinque anni dall'entrata in vigore della Costituzione» (**VI Disposizione transitoria Cost.**).

La mancata applicazione della VI Disposizione transitoria è stata in parte causata da una sentenza della Corte costituzionale, che ha accettato la tesi secondo cui il legislatore non poteva creare nuove giurisdizioni speciali, ma non aveva l'obbligo di abolire quelle esistenti.

Fra questi giudici speciali vanno ricordate le Commissioni tributarie, a cui compete il giudizio sui ricorsi dei cittadini in materia fiscale.

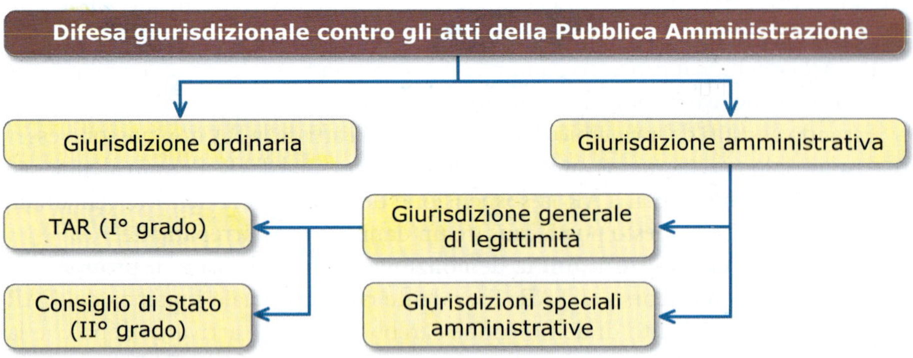

4 La *class action* nella Pubblica Amministrazione

Con la *class action* un gruppo di cittadini attiva un unico procedimento giudiziario

La *class action*. Con la *class action* (azione collettiva) un gruppo di cittadini danneggiati dallo stesso fatto, e quindi appartenenti alla stessa «classe», attiva un unico procedimento giudiziario. Si tratta di un'azione legale di origine anglosassone, che si sta affermando anche nel nostro Paese.

La *class action* è possibile anche contro un atto della PA

La *class action* contro la PA. È possibile agire attraverso la *class action* anche contro un atto della PA, grazie al decreto legislativo 20 dicembre 2009, n. 198, *Attuazione [...] in materia di ricorso per l'efficienza delle amministrazioni e dei concessionari di servizi pubblici* (d'ora in poi decreto legislativo n. 198 del 2009).

Il ricorso della *class action* va presentato al giudice amministrativo; stabilisce infatti il decreto legislativo n. 198 del 2009 che «il ricorso è devoluto alla giurisdizione esclusiva del giudice amministrativo» e che:

- «al fine di ripristinare il corretto svolgimento della funzione o la corretta erogazione di un servizio, i titolari di interessi giuridicamente rilevanti e omogenei per una pluralità di utenti e consumatori possono agire in giudizio» nei confronti «delle amministrazioni pubbliche e dei concessionari di servizi pubblici, se derivi una lesione diretta, concreta e attuale dei propri interessi»;
- «sono escluse dall'applicazione del presente decreto le autorità amministrative indipendenti, gli organi giurisdizionali, le assemblee legislative e gli altri organi costituzionali nonché la Presidenza del Consiglio dei ministri»;
- il ricorso non consente di ottenere il risarcimento del danno «cagionato dagli atti e dai comportamenti [*indicati*]», «a tal fine restano fermi i rimedi ordinari».

Il ricorso della *class action* non può ottenere il risarcimento del danno

SINTESI

- Per l'**azione contro gli atti della PA** ▶ **§1** il privato può scegliere i ricorsi amministrativi o la difesa giurisdizionale.
- I **ricorsi amministrativi** ▶ **§1** sono:
  - l'**opposizione** ▶ **§1**, relativa alla legittimità e al merito, è diretta contro lo stesso organo che ha emanato l'atto;
  - il **ricorso gerarchico** ▶ **§1**, relativo alla legittimità e al merito, deve essere presentato al superiore gerarchico di chi ha adottato l'atto;
  - il **ricorso straordinario al Presidente della Repubblica** ▶ **§1**, relativo solo alla legittimità, dipende dal parere del Consiglio di Stato.
- Per la difesa giurisdizionale un soggetto può ricorrere alla **giurisdizione ordinaria** ▶ **§2** o alla **giurisdizione amministrativa** ▶ **§3**.

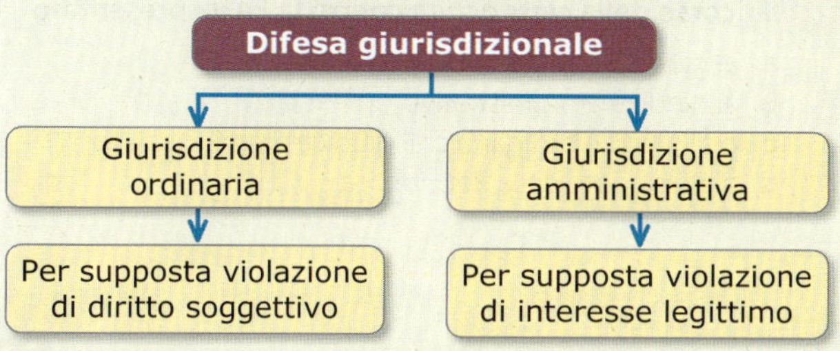

- Il **giudice amministrativo** ▶ **§3** può effettuare solo un **giudizio di legittimità** ▶ **§3**, a parte i casi indicati dalla legge.
- Col **giudizio di ottemperanza** ▶ **§3** il giudice amministrativo emana un atto che sostituisce quello annullato.
- La **giurisdizione amministrativa** ▶ **§3** è formata dalla giurisdizione generale di legittimità e dalle giurisdizioni speciali amministrative.
- La **giurisdizione generale di legittimità** ▶ **§3** è a sua volta formata:
  - dal **Tribunale Amministrativo Regionale, TAR** ▶ **§3**, che rappresenta il primo grado della giurisdizione amministrativa;
  - dal **Consiglio di Stato** ▶ **§3** che rappresenta il secondo grado della giurisdizione amministrativa.
- Le **giurisdizioni speciali amministrative** ▶ **§3** hanno una competenza specifica in particolari materie; per esempio la **Corte dei conti** ▶ **§3** ha giurisdizione speciale nelle materie di contabilità pubblica.

- Con la ***class action*** ▶ **§4** un gruppo di cittadini attiva un unico procedimento giudiziario. È possibile anche contro un atto della PA, ma non può portare al risarcimento del danno.

VERIFICA LE TUE CONOSCENZE

1 ***Risolvi le seguenti scelte multiple indicando la risposta esatta fra quelle possibili.***

A

Fa parte della giurisdizione generale di legittimità

1. il TAR
2. la Corte dei conti
3. la Commissione tributaria

B

La Corte dei conti ha una giurisdizione

1. ordinaria
2. amministrativa
3. speciale amministrativa

1 **Col ricorso gerarchico, il privato si rivolge**

a allo stesso organo amministrativo che ha emanato l'atto
b a un organo superiore a quello che ha emanato l'atto
c a un organo inferiore a quello che ha emanato l'atto
d al giudice amministrativo

2 **Non è possibile la difesa giurisdizionale dopo**

a l'opposizione
b il ricorso gerarchico
c il ricorso straordinario al Presidente della Repubblica
d il ricorso al TAR

3 **Contro un atto della PA, il privato può ricorrere al giudice ordinario**

a quando ritiene sia stato violato un interesse legittimo
b quando ritiene sia stato violato un diritto soggettivo
c quando ha ricevuto un danno dall'atto
d se l'atto è stato annullato

4 **Il TAR è giudice**

a amministrativo di primo grado
b amministrativo di secondo grado
c ordinario di primo grado
d ordinario di secondo grado

5 **È possibile ricorrere alla Corte di cassazione dopo**

a una sentenza del TAR
b una sentenza del Consiglio di Stato
c un ricorso gerarchico
d un ricorso straordinario al Presidente della Repubblica

6 **Il ricorso della *class action* contro la PA va presentato**

a al giudice ordinario
b al giudice amministrativo
c o al giudice ordinario o al giudice amministrativo
d al Presidente della Repubblica

MISURA LE TUE ABILITÀ

2 ***Risolvi i seguenti quesiti vero o falso e motiva la tua risposta.***

1 **Il privato può ricorrere al giudice ordinario quando ritiene sia stato violato un diritto soggettivo**

VERO ☐ **FALSO** ☐

PERCHÉ ______________________________

____

2 **Nel giudizio di ottemperanza il giudice amministrativo effettua un giudizio di merito**

VERO ☐ **FALSO** ☐

PERCHÉ ______________________________

____

3 Il Consiglio di Stato è giudice amministrativo di primo grado

VERO ☐ **FALSO** ☐

PERCHÉ ____

____

4 La *class action* è possibile anche contro un atto della PA

VERO ☐ **FALSO** ☐

PERCHÉ ____

____

5 Se un privato ricorre al TAR l'atto viene sempre sospeso

VERO ☐ **FALSO** ☐

PERCHÉ ____

____

6 L'opposizione è diretta contro il superiore gerarchico di chi ha emanato l'atto

VERO ☐ **FALSO** ☐

PERCHÉ ____

____

3 ***Completa la tabella che segue.***

Organo	Giurisdizione
TAR	(1)
Consiglio di Stato	(2)
Corte dei conti	(3)

ALLENA LE TUE COMPETENZE

4 ***Sulla base di quanto hai imparato in questa unità, rispondi ai seguenti «casi».***

1 **Distinguere i diversi ricorsi amministrativi, grazie all'esperienza di un'amica.**

Una tua amica è un'insegnante precaria: «Non ho ottenuto la supplenza annuale perché la graduatoria di quell'istituto era sbagliata. La responsabilità è del Dirigente scolastico. Farò opposizione all'Ufficio scolastico regionale».

▶ *Quale tipo di ricorso deve fare la tua amica all'Ufficio scolastico regionale?*

____

____

2 **Precisare i presupposti del ricorso al TAR, ascoltando l'errore di un politico.**

Un politico sta parlando con un «suo» elettore: «Se la Pubblica Amministrazione ha violato un suo diritto soggettivo, lei può fare ricorso al TAR!». L'affermazione non è corretta.

▶ *Come modifichi la frase per renderla giuridicamente corretta?*

____

____

3 **Riconoscere la funzione giurisdizionale della Corte dei conti, alla luce di un servizio televisivo.**

In un servizio televisivo un giornalista dichiara: «Sono emerse gravi responsabilità contabili da parte di alcuni funzionari del ministero!».

▶ *Quale organo sarà chiamato a giudicare questi pubblici funzionari?*

____

____

4 **Individuare i limiti della *class action* contro la PA, in base al discorso di un amico.**

Un tuo amico fa parte di un'associazione di consumatori: «Quest'anno il servizio della mensa scolastica è stato indecoroso. Avvieremo una *class action* contro il Comune perché i genitori ottengano il risarcimento del danno!».

▶ *Perché la* class action *non otterrà alcun risarcimento del danno?*

____

Riprendiamo il dibattito

Dopo aver studiato l'unità, prepara il tuo punto di vista per continuare il dibattito iniziato in apertura di lezione (▶ *La parola a te!*).

Un tuo vicino è molto preoccupato: «L'Ufficio tecnico del Comune ha appena comunicato che il mio garage è considerato abusivo e deve essere demolito. C'è un errore! A cosa serve fare ricorso al TAR se la sentenza arriva dopo la demolizione?».

▶ ***Che cosa deve chiedere il tuo vicino nel ricorso al TAR?***

- Partendo da quanto sopra affermato, esegui a casa una ricerca online e consulta il tuo libro di testo per preparare una breve tabella che contenga gli elementi principali dell'argomento trattato e che ti aiuti a esporre il tuo punto di vista.
- Con l'aiuto della tabella, partecipa al dibattito che il docente avvia in aula.

A CASA 1 ORA

IN AULA 20 MINUTI

C3 La giustizia sportiva

A te la parola!

5 MINUTI

Il contratto stipulato fra il calciatore Rossi e la società Beta prevede, oltre allo stipendio annuale, un premio di 10 000 euro per ogni rete segnata, da pagare entro 30 giorni. Rossi ha già segnato 9 reti, ma i 90 000 euro concordati non si vedono...

▶ *In questo caso la questione economica ha rilevanza giuridica?*

Con l'aiuto dell'insegnante e in piccoli gruppi prova a esporre il tuo punto di vista.

1 L'ordinamento sportivo e la giustizia sportiva

L'ordinamento sportivo rivendica la sua autonomia dall'ordinamento statale nel settore della giustizia sportiva

■ **L'ordinamento sportivo e la giustizia sportiva.** L'ordinamento sportivo rivendica la sua autonomia dall'ordinamento statale soprattutto nell'ambito della giustizia sportiva. Infatti, per risolvere al suo interno tutte le controversie derivanti dall'attività sportiva, l'ordinamento sportivo ha predisposto un articolato *sistema di giustizia sportiva*, in grado di fornire una risposta a tutte le questioni sportive.

Secondo la maggioranza dei giuristi, quindi, l'ordinamento sportivo manifesta la sua autonomia non solo quando approva le norme sportive, ma anche quando predispone un sistema di giustizia sportiva, costituito da un complesso di organi giudicanti (previsti dagli statuti e dai regolamenti federali) per dirimere le controversie che sorgono fra gli atleti e le loro associazioni e federazioni.

Le norme sportive sono immediatamente efficaci

Va ribadito che tutti i provvedimenti emanati dalle federazioni sportive sono immediatamente efficaci.

La giustizia sportiva è molto rapida ed è gestita da soggetti tecnicamente competenti ma, come vedremo, esistono dubbi sulla sua capacità di tutelare realmente i diritti dei soggetti sportivi.

2 Le norme sportive

Le norme sportive devono conformarsi alle norme statali

■ **Norme sportive e norme statali.** Come sappiamo, soltanto l'ordinamento statale possiede la potestà normativa primaria, mentre l'ordinamento sportivo ha una potestà normativa secondaria e può emanare solo norme regolamentari, che sono subordinate alle norme statali.

Poiché, in base al principio della gerarchia delle fonti, una norma di grado inferiore non può essere in contrasto con una norma di grado superiore, le norme regolamentari dell'ordinamento sportivo devono necessariamente conformarsi alle norme costituzionali e ordinarie dell'ordinamento statale. Ricordiamo a questo proposito la prel. 4: «i regolamenti non possono contenere norme contrarie alle disposizioni di legge».

Le norme sportive possono essere annullate solo dal giudice statale

■ **L'annullamento di una norma sportiva.** Va precisato che non è possibile impugnare una norma sportiva, per contestarne la legittimità, davanti alla giustizia sportiva: le norme sportive possono essere impugnate solo davanti all'ordinamento statale. In altri termini, il giudice sportivo non può annullare le norme del proprio ordinamento: una norma sportiva può essere annullata solo dal giudice statale.

Una norma sportiva può essere annullata quando è in contrasto con l'ordinamento statale

Che cosa succede quando una norma sportiva regolamentare viola i principi di una norma statale?

In questo caso il giudice statale può dichiarare illegittima la norma sportiva su iniziativa di un tesserato o di un affiliato, perché tale soggetto fa parte non solo dell'ordinamento sportivo ma anche dell'ordinamento statale: il «calciatore Mario Rossi» è anche il «cittadino Mario Rossi».

Per esempio, se l'ordinamento sportivo emette un provvedimento disciplinare (una sospensione di tre mesi) nei confronti del calciatore Mario Rossi, tale provvedimento potrebbe essere lesivo anche dei diritti del «cittadino Mario Rossi» perché potrebbe violare la sua libertà di espressione, il suo diritto al lavoro e così via.

In conseguenza di ciò, nell'esempio, a Mario Rossi si prospettano diverse possibilità:

- il «calciatore Mario Rossi» può semplicemente chiedere agli organi giudiziari interni alla Federazione Italiana Giuoco Calcio (FIGC) di annullare il provvedimento emanato nei suoi confronti (la sospensione di tre mesi);
- il «cittadino Mario Rossi» può chiedere alla giustizia statale solo l'annullamento del provvedimento emanato nei suoi confronti (la sospensione di tre mesi);
- il «cittadino Mario Rossi» può chiedere alla giustizia statale l'annullamento sia del provvedimento emanato nei suoi confronti (la sospensione di tre mesi) sia della norma sportiva che l'ha provocato. Tale norma può quindi essere annullata dal giudice statale se viene dichiarata in contrasto con i principi dell'ordinamento giuridico statale.

Prima di ricorrere alla giustizia statale, il calciatore Mario Rossi deve seguire una particolare procedura che approfondiremo nel paragrafo 6.

3 Il rapporto fra ordinamento sportivo e ordinamento statale

L'autonomia dell'ordinamento sportivo è in conflitto con la supremazia dell'ordinamento statale

■ **Un conflitto storico.** La richiesta di autonomia dell'ordinamento sportivo è da sempre in conflitto con la supremazia dell'ordinamento statale.

Nel nostro Paese i rapporti fra l'ordinamento sportivo e l'ordinamento statale sono sempre stati difficili: da una parte l'ordinamento sportivo ha sempre rivendicato la propria autonomia dall'ordinamento statale, in quanto soggetto affiliato all'ordinamento sportivo internazionale; dall'altra parte l'ordinamento statale ha sempre ribadito la propria supremazia sull'ordinamento sportivo (come su ogni altro ordinamento).

A questo proposito particolarmente significativi sono gli interventi di organi giurisdizionali statali in materia sportiva (a cui avevano fatto ricorso alcuni tesserati o affiliati); si tratta di interventi che il sistema sportivo ha sempre contestato, tanto da arrivare in diverse occasioni a «disconoscere» delle decisioni assunte da giudici statali in materia sportiva.

Fra i numerosi esempi in materia ricordiamo il caso Catania del 1993, la vicenda dei pallavolisti cubani del 2001 e, in campo internazionale, il caso Reynolds del 1992.

Il caso Catania del 1993. Nel 1993 la società calcistica Catania, accusata di illecito sportivo, venne esclusa dal Campionato di Serie C1. La società fece ricorso al Tribunale Amministrativo Regionale (TAR) della Sicilia, che emanò due ordinanze con le quali riammise il Catania al Campionato di Serie C1. La FIGC, però, si rifiutò di eseguire le due ordinanze del TAR della Sicilia, riescludendo di fatto il Catania.

Angel Dennis, uno dei sei pallavolisti cubani protagonisti della clamorosa fuga dalla loro Nazionale.

La vicenda dei pallavolisti cubani. Il 29 dicembre 2001 cinque pallavolisti cubani (Dennis, Gato, Hernandez, Marshall e Romeo) fuggirono dal ritiro della loro Nazionale in Belgio, e chiesero e ottennero «asilo politico» per ragioni umanitarie in Italia.

A seguito delle azioni giudiziarie di questi atleti, i tribunali italiani ordinarono alla Federazione Italiana di Pallavolo (FIPAV) e alla Federazione Internazionale di Pallavolo (FIVB) di consentirne il tesseramento nel nostro Paese, pur in mancanza del relativo *transfert* della Federazione cubana. A questo punto la FIVB minacciò la FIPAV di disconoscerla nel caso in cui avesse eseguito le decisioni dei giudici statali; intimorita dalle minacce, la FIPAV impedì il tesseramento dei pallavolisti cubani e, di fatto, si rifiutò di eseguire la sentenza dei giudici statali italiani.

Butch Reynolds sulla pista di atletica nel 1992.

Il caso Reynolds. Il problema non è solo nazionale ma internazionale, come dimostra il «caso Reynolds» del 1992.

Nel 1992 Butch Reynolds, un quattrocentista statunitense, venne squalificato per doping dalla Federazione internazionale di atletica leggera (IAAF – *International Association of Athletics Federations*). In seguito l'atleta fu riammesso a correre da un tribunale federale degli Stati Uniti. In realtà Reynolds non fu mai riammesso prima della fine della squalifica dalla IAAF che, anche in questo caso, sostenne di non essere tenuta a eseguire le decisioni dei giudici statunitensi, in nome dell'autonomia dell'ordinamento sportivo.

Il vincolo di giustizia impediva ai tesserati di ricorrere alla giustizia statale, senza autorizzazione della rispettiva federazione

Il vincolo di giustizia. Per approfondire questo problema bisogna ricordare anche il «vincolo di giustizia».

Su indicazione dell'ordinamento sportivo internazionale, l'ordinamento sportivo italiano aveva elaborato all'interno dei suoi regolamenti il cosiddetto *vincolo*

UN FILM

Lezioni di sogni

Il valore del *fair play* insegnato attraverso il calcio

Regia: Sebastian Grobler, Germania, 2011
Attori: Daniel Bruhl, Burghart Klaubner, Justus von Dohnanyi
Durata: 113 minuti

Lezioni di sogni è un film tedesco del 2011 diretto da Sebastian Grobel. È basato sulla storia del professor Konrad Koch, una persona realmente esistita, che introdusse il gioco del calcio in Germania durante l'epoca imperiale alla fine dell'Ottocento.

La trama. Dopo la fine del conflitto franco-prussiano, in Germania si afferma una forte spinta nazionalista, basata sul disprezzo verso tutto ciò che non è tedesco e sulla retorica della guerra. A Braunchsweig (Bassa Sassonia), in un esclusivo collegio riservato ai figli della buona società, viene assunto il professor Konrad Koch (Daniel Bruhl). Koch proviene dall'Inghilterra, dove ha vissuto alcuni anni a Oxford, e ha il compito di insegnare la lingua inglese agli studenti tedeschi del collegio.

L'inizio è difficile. Koch si scontra con i pregiudizi, il disprezzo e l'odio verso gli inglesi che i ragazzi hanno imparato dalle loro famiglie. Koch capisce che, per appassionare i suoi studenti, deve trovare una strada diversa, e la trova: i ragazzi giocheranno al calcio parlando in inglese. Il *football* (calcio) è appena nato in Inghilterra, dove sta incontrando un grande successo. È uno sport basato sul valore del *fair play* («gioco leale»), e insegna il rispetto delle regole, dei compagni e dell'avversario sul campo da gioco.

All'inizio la sua iniziativa è ostacolata dagli altri professori e dai genitori, legati alla tradizione nazionalista tedesca, ma il professor Koch insiste e raggiunge il suo scopo: si guadagna la stima e l'affetto degli studenti, che iniziano a parlare in inglese e ad appassionarsi alle regole del nuovo sport. Il calcio aiuta anche a far dimenticare ai ragazzi le differenze sociali e la dura disciplina del sistema educativo tedesco e diventa, col tempo, una grande passione per tutti.

Attraverso la storia del professor Koch, il film affronta i temi del pregiudizio, del classismo e del razzismo, mali che possono essere sconfitti dallo sport, che mette tutti sullo stesso piano e rappresenta la culla del *fair play*.

di giustizia. Si trattava di una normativa che impediva ai tesserati, senza autorizzazione della rispettiva federazione, di ricorrere agli organi di giustizia statale per la tutela dei propri interessi; in caso di violazione del vincolo di giustizia erano previste gravi sanzioni disciplinari.

Col vincolo di giustizia l'ordinamento sportivo cercava di affermare la propria autonomia dall'ordinamento statale, negando agli affiliati (le società e le associazioni sportive) e ai tesserati (gli atleti e i tecnici) la tutela dei propri diritti davanti all'ordinamento giudiziario statale.

Riprendiamo l'esempio del calciatore Mario Rossi che aveva subito un provvedimento disciplinare (una sospensione di tre mesi) dall'ordinamento sportivo (paragrafo 2). In presenza del vincolo di giustizia, il calciatore Mario Rossi:

- poteva fare liberamente ricorso agli organi della giustizia sportiva;
- poteva rivolgersi agli organi della giustizia statale solo dopo aver ottenuto l'autorizzazione della FIGC.

Come vedremo nei prossimi paragrafi, il vincolo di giustizia fu dichiarato illegittimo da una legge del 2003.

Una situazione di grave incertezza del diritto. Tra il vincolo di giustizia da una parte e il diritto alla tutela giurisdizionale dall'altra, il conflitto tra l'ordinamento sportivo e l'ordinamento statale portò a una situazione di grave incertezza del diritto.

Il conflitto tra l'ordinamento sportivo e l'ordinamento statale portò a una situazione di grave incertezza del diritto

In particolare venne messo in discussione il principio della tutela giurisdizionale dei diritti dei soggetti sportivi, a causa del conflitto fra l'autonomia dell'ordinamento sportivo e la supremazia dell'ordinamento statale.

Diventava sempre più importante stabilire regole certe in materia anche perché, durante gli anni Novanta, era aumentata la domanda di giustizia in sede statale da parte dei soggetti sportivi.

Finalmente nel 2003 venne emanato un decreto legge che venne poi convertito nella legge n. 280 del 2003.

4 La legge n. 280 del 2003

La legge n. 280 del 2003 ha dato certezza al diritto dello sport

I punti fondamentali della legge n. 280 del 2003. La legge 17 ottobre 2003, n. 280, *Conversione in legge, con modificazioni, del decreto-legge 19 agosto 2003, n. 220, recante disposizioni urgenti in materia di giustizia sportiva* (d'ora in poi legge n. 280 del 2003) ha fornito una risposta efficace al problema dell'incertezza del diritto in materia sportiva (a cui abbiamo fatto riferimento nel paragrafo precedente). In particolare la legge n. 280 del 2003:

- ha sancito che è possibile ricorrere alla giurisdizione statale in materia sportiva «nei casi di rilevanza giuridica degli interessi lesi», cioè nel caso di violazione dei diritti soggettivi e degli interessi legittimi dei tesserati;
- ha stabilito che, «nei casi di rilevanza giuridica degli interessi lesi», tutte le controversie relative ad atti del CONI e delle Federazioni sportive nazionali appartengono alla giurisdizione esclusiva del giudice amministrativo (analizzato nell'unità C2);
- nei casi in cui vi sia giurisdizione del giudice amministrativo, ha individuato la competenza esclusiva del TAR del Lazio con sede a Roma;
- ha stabilito che l'ordinamento sportivo non può rifiutarsi di eseguire le sentenze emanate dai giudici statali;
- ha istituito una «pregiudiziale sportiva» che regolamenta le modalità per proporre le azioni davanti alla giustizia statale;
- ha sancito l'illegittimità del già citato «vincolo di giustizia».

La legge n. 280 del 2003 ha ampliato l'area di intervento del giudice statale in materia sportiva a tutti i casi di rilevanza giuridica

La giurisdizione statale in materia sportiva. Pur ribadendo l'autonomia dell'ordinamento sportivo, la legge n. 280 del 2003 ha ampliato l'area di intervento del giudice statale in materia sportiva «a tutti i casi di rilevanza giuridica».

La legge ha risolto l'annosa diatriba tra l'autonomia dell'ordinamento sportivo e la supremazia dell'ordinamento statale, riconoscendo i limiti della prima. In particolare, l'autonomia dell'ordinamento sportivo trova un limite insormontabile laddove, nell'espletamento dell'attività sportiva, si incontrano «interessi giuridicamente rilevanti» anche per l'ordinamento statale.

I provvedimenti emanati dall'ordinamento sportivo non sono sindacabili soltanto nell'ipotesi in cui essi coinvolgano gli interessi «esclusivamente sportivi» dei tesserati. Invece quando essi coinvolgono diritti soggettivi o interessi legittimi dei tesserati, tali provvedimenti diventano impugnabili davanti al giudice statale, in particolare davanti al giudice amministrativo. Il principio è chiaro: in questo caso i provvedimenti non solo ledono gli interessi sportivi del tesserato, ma ledono anche gli interessi giuridicamente rilevanti del tesserato come «cittadino» dell'ordinamento statale.

La rilevanza giuridica tende a coincidere con la rilevanza economica

Il concetto di rilevanza giuridica tende a coincidere con quello di *rilevanza economica* degli interessi lesi, perché il provvedimento emanato da una Federazione sportiva nei confronti di un proprio tesserato va a ledere non solo gli interessi sportivi del tesserato, ma anche quelli economici. Per esempio, se il cestista Stefano Neri subisce una squalifica ingiusta subisce danni non solo giuridici ma anche economici (riduzione dei premi partita, danno all'immagine sportiva e così via).

Per questo motivo, d'ora in poi, parleremo indifferentemente di «rilevanza giuridica» o di «rilevanza giuridico-economica».

Il giudice amministrativo ha una giurisdizione esclusiva in materia sportiva

La giurisdizione amministrativa in materia sportiva. Come sappiamo nell'ordinamento giuridico, a seconda della natura della controversia che viene sottoposta al giudice, si possono individuare due tipi di giurisdizione: la giurisdizione ordinaria (che si divide in giurisdizione civile e giurisdizione penale, come si è visto nell'unità C1) e la giurisdizione amministrativa (analizzata nell'unità C2).

Secondo la legge n. 280 del 2003 il giudice amministrativo ha una giurisdizione esclusiva in materia sportiva. In altri termini, possiamo affermare che la giurisdizione esclusiva in materia sportiva è rappresentata in primo grado dai TAR e in secondo grado dal Consiglio di Stato.

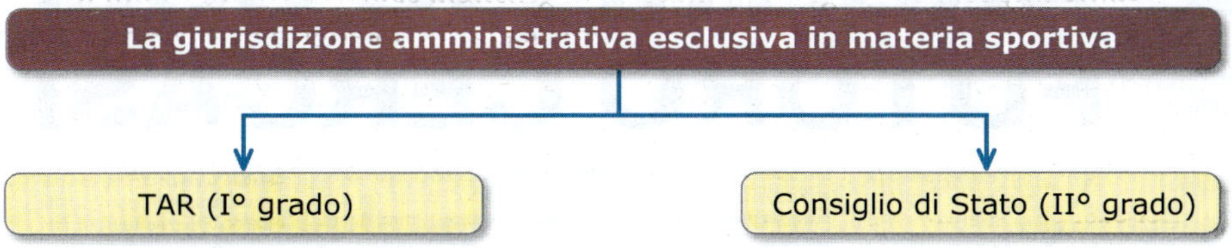

5 I casi di rilevanza giuridica

La legge n. 280 del 2003 analizza la «rilevanza giuridica» distinguendo diverse tipologie: tecniche, disciplinari, amministrative ed economiche

■ **La questione della rilevanza giuridica.** Come si è visto, la legge n. 280 del 2003 ha ribadito l'autonomia dell'ordinamento sportivo, salvo i casi di rilevanza giuridica.

Quali sono questi casi? Per rispondere alla domanda, la legge analizza la questione della *rilevanza giuridica* distinguendo quattro serie di tipologie nell'ambito del diritto dello sport:

- le questioni tecniche;
- le questioni disciplinari;
- le questioni amministrative;
- le questioni economiche.

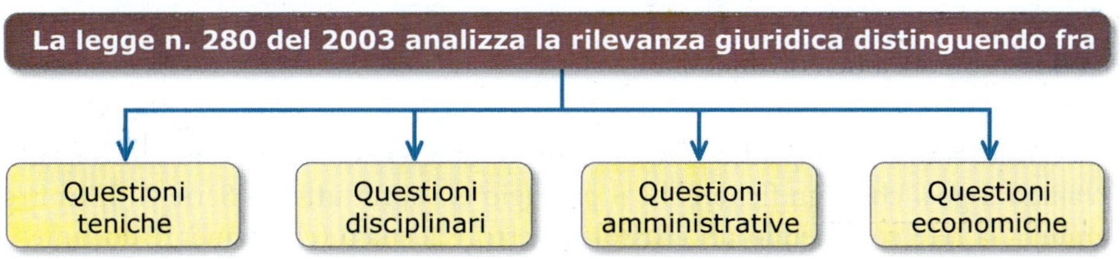

Le questioni tecniche hanno una presunzione di irrilevanza giuridica e non sono quindi sottoposte al giudice amministrativo

■ **Le questioni tecniche.** Le *questioni tecniche* sono relative all'applicazione delle regole tecnico-sportive; il tipico esempio è rappresentato dalle decisioni dell'arbitro sul campo di calcio (per esempio la concessione o meno di un calcio di rigore).

La legge n. 280 del 2003 stabilisce che per le questioni tecniche esiste una *presunzione di irrilevanza giuridica*. Le questioni tecniche rientrano nella sfera dell'«indifferente giuridico» per l'ordinamento statale; essendo «questioni non giuridicamente rilevanti», per esse non si può invocare il ricorso giurisdizionale al giudice statale (d'ora in poi anche «giudice amministrativo»).

Una precisazione. Perché abbiamo parlato di «presunzione di irrilevanza giuridica» e non solo di «irrilevanza giuridica»?

In realtà, alla luce dei forti interessi economici nel settore dello sport, non si può negare che le questioni tecniche possano assumere, in certi casi, una potenziale rilevanza anche per l'ordinamento statale. Si pensi che un'errata valutazione tecnica, per esempio la mancata convalida di un goal, può determinare conseguenze dirette e determinanti, oltre che sotto il profilo tecnico-agonistico (l'assegnazione o meno di un titolo sportivo), anche sotto il profilo giuridico-economico (la mancata partecipazione a un campionato superiore o a una competizione internazionale).

Ipotizziamo che si stia giocando la partita di calcio tra la squadra Alfa e la squadra Beta decisiva dei *play off* di Serie B: per raggiungere la Serie A, la squadra Alfa può o vincere o pareggiare, mentre la squadra Beta deve necessariamente vincere.

UN ARTICOLO

La solitudine degli arbitri

Gli arbitri rivestono un ruolo fondamentale nel «pianeta calcio» e devono partecipare e contribuire a tutte le decisioni più importanti.
L'articolo riprodotto (Edmondo Pinna, *Corriere dello Sport-Stadio*, 18 agosto 2018) è relativo a un momento di «solitudine» della classe arbitrale, dovuta alla grave crisi che sta attraversando la FIGC che deve rieleggere al più presto i suoi organi federali, per tornare a essere pienamente operativa.

Corriere dello Sport STADIO

ARBITRI PIÙ SOLI FUTURO CERCASI

Non c'era nessuno, a Coverciano, a parte loro, gli arbitri di serie A e B. Il presidente dell'Aia in versione "maestr 1 scuola", ha preso il registro e ha fatto l'appello degli assenti, parlando di «coincidenze» che hanno portato a defezioni clamorose se non storiche, visto che non c'era nessuno della Figc. In un momento come questo, non il massimo, visto che gli scontri "politici" (e anche legislativi) risuonano più dell'avvio del campionato. Con il presidente dell'Assocalciatori, Tommasi, che ha confermato (in attesa della riunione di lunedì) come ci sia la to», coinvolgendo anche il collega Rizzoli. Insieme, hanno pianificato un progetto «esperienza», perché tecnicamente l'Aia rischia di trovarsi senz 2 uro, perdendo altra esperienza a fine anno (Rocchi, Banti e Mazzoleni): ad oggi, -1612 gare d'esperienza nelle ultime tre stagioni. Ecco, su questo bisognerebbe aver già lavorato o comunque lavorare, lasciando la politica al secondo posto. Invece....

BUFERA. Invece la polemica ha avuto il proscenio. «Non ci sono le istituzioni federali. Non c'è Fabbricini, non c'è il dg Uva (che però ha mandato un messaggio priva- c'è Brunelli e non c'è il presidente, per la B non c'è Balata, del quale non ho notizie». Prima, il presidente dell'Aia aveva ribadito come «oggi più che p 3 re di calcio si parla tutti i gio tribunali. Penso che non sia possibile andare avanti così. Ci aspettiamo di ricostruire presto la Figc, noi non abbiamo rapporti con la Federazione e non è pensabile: chiediamo, vogliamo, dobbiamo ed abbiamo diritto di andare a fare le elezioni, eleggere un presidente, ricostituire un consiglio federale e parlare di calcio. Questi arbitri, per quello che fanno, meriterebbero di avere il 4% e non il 2%».

CRITICITA'. Ma c'è un dato che, pur noto da tempo (la carta d'identità è inesorabile come il tempo), non è mai stato affrontato. E i risultati, in termini di qualità medio-bassa di chi dovrebbe essere il futuro, si vede. Al termine di questa stagione dovrebbero lasciare Rocchi (ma già ieri si parlava di deroga per l'arbitro mondiale), Banti e Mazzoleni. Ovvero, ad oggi (dunque senza le gare di quest'anno), 630 partite in A che andranno in pensione). Se uniamo anche quelle delle ultime due annate (-464 con l'addio di Tagliavento, Damato e Gavilucci; -518 con le dismissioni di Rizzoli, Celi e Russo), in

1 Non c'era nessuno a Coverciano, a parte loro, gli arbitri di Serie A e B. Il presidente Marcello Nicchi dell'AIA [*Associazione Italiana Arbitri*], in versione «maestro di scuola», ha preso il registro e ha fatto l'appello degli assenti, parlando di «coincidenze» che hanno portato a defezioni clamorose se non storiche, visto che non c'era nessuno della FIGC. In un momento come questo, non il massimo, visto che gli scontri «politici» [...] risuonano più dell'avvio del campionato. Con il presidente dell'Assocalciatori [*Associazione Italiana Calciatori*], Damiano Tommasi, che ha confermato [...] come ci sia la voglia di scioperare per bloccare l'inizio della Serie B [...].

2 Insieme, hanno pianificato un progetto «esperienza», perché tecnicamente l'AIA rischia di trovarsi senza futuro, perdendo altra esperienza a fine anno (Rocchi, Banti e Mazzoleni): ad oggi, –1612 gare d'esperienza nelle ultime tre stagioni. Ecco, su questo bisognerebbe aver già lavorato o comunque lavorare, lasciando la politica al secondo posto. Invece...

3 Prima, il presidente dell'AIA aveva ribadito come «oggi più che parlare di calcio si parla tutti i giorni di tribunali. Penso che non sia possibile andare avanti così. Ci aspettiamo di ricostruire presto la FIGC: noi non abbiamo rapporti con la Federazione e non è pensabile; chiediamo, vogliamo, dobbiamo ed abbiamo diritto di andare a fare le elezioni, eleggere un presidente, ricostituire un consiglio federale e parlare di calcio [...].

All'ultimo minuto la squadra Alfa è «sotto» di una rete quando il suo centroavanti realizza il goal che significherebbe il pareggio e, soprattutto, la Serie A. L'arbitro annulla la rete compiendo un grossolano errore tecnico (chiaramente documentato dalle immagini video): la squadra Beta sale in Serie A mentre la squadra Alfa resta in Serie B!

È evidente che l'errore tecnico compiuto dall'arbitro (con conseguente omologazione del risultato «fasullo» del campo) provoca un notevole danno economico alla società Alfa, che deve disputare il campionato di Serie B invece del campionato di Serie A: riduzione degli incassi, minori diritti televisivi, danni alle sponsorizzazioni, svalutazione del parco giocatori e così via.

La giurisprudenza ha riconosciuto la potenziale rilevanza giuridica delle questioni disciplinari che sono quindi sottoposte al giudice amministrativo

Le questioni disciplinari. Le *questioni disciplinari* sono relative all'applicazione, da parte del sistema sportivo (cioè delle federazioni), delle sanzioni disciplinari nei confronti dei tesserati e affiliati (atleti, tecnici e società) che abbiano violato le regole; per esempio la squalifica di un tesserato, la penalizzazione di una società e così via. Esse possono essere di carattere:

- pecuniario (una multa);
- penalizzativo (la sottrazione di punti in classifica o la retrocessione a un campionato inferiore);
- temporaneamente interdittivo (una squalifica);
- definitivamente interdittivo (la radiazione o la revoca dell'affiliazione).

Secondo la legge n. 280 del 2003 le questioni disciplinari sono prive di rilevanza giuridica e, quindi, non «dovrebbero» essere sottoposte al giudice amministrativo.

L'irrilevanza delle questioni disciplinari ha però destato grande perplessità fra gli studiosi, che hanno ritenuto inammissibile sottrarre al controllo statale alcune

9 settembre 2006: esordio della Juventus in Serie B sul campo sportivo del Rimini. La partita finì in pareggio (1-1).

questioni che spesso rivestono una notevole rilevanza giuridico-economica. Partendo da queste considerazioni, la giurisprudenza parla di *potenziale rilevanza* delle questioni disciplinari, e ammette l'impugnabilità davanti al giudice amministrativo anche delle sanzioni disciplinari sportive nei casi in cui esse assumono una rilevanza giuridico-economica.

Un tipico esempio è rappresentato dai provvedimenti disciplinari subiti dalla società Juventus, nel giugno 2006, nell'ambito del cosiddetto «illecito Calciopoli»:

- la revoca del titolo di Campione d'Italia per il campionato 2004/2005;
- l'assegnazione d'ufficio dell'ultimo posto in classifica per il campionato 2005/2006 (la Juventus si era classificata al primo posto);
- la conseguente retrocessione in Serie B per la stagione 2006/2007 (con penalizzazione di 9 punti).

La revoca di fatto di due scudetti e la retrocessione in Serie B provocò alla Juventus s.p.a. e agli azionisti un danno quantificabile in più di 100 milioni di euro. Fu il TAR del Lazio a occuparsi del caso, essendo evidente la rilevanza giuridico-economica della sanzione disciplinare.

Le questioni amministrative. Le *questioni amministrative* sono relative al mantenimento dello status di associato e del livello di tale status; in particolare si tratta delle questioni relative al tesseramento di atleti e tecnici, all'affiliazione delle società e delle associazioni, all'ammissione delle società ai campionati e così via.

Le questioni amministrative sono giuridicamente rilevanti e sono quindi sottoposte al giudice amministrativo

La legge n. 280 del 2003 ha riconosciuto le questioni amministrative come *rilevanti* per l'ordinamento generale e, in quanto tali, sottoposte al giudice amministrativo.

Particolarmente interessanti, a questo proposito, sono le questioni amministrative relative agli arbitri di calcio. Si pensi a un arbitro di calcio di Serie A, assegnatario di una discreta indennità economica, che viene destituito per presunti demeriti: è evidente che la destituzione ha una rilevanza giuridico-economica.

Le questioni economiche. Le *questioni economiche* sono relative alle controversie di carattere patrimoniale tra soggetti posti allo stesso livello all'interno del sistema sportivo. Alcuni esempi: l'azione di un allenatore contro la propria società per il mancato pagamento dello stipendio, l'azione di una società contro un'altra per il mancato pagamento dell'«indennizzo» per il trasferimento di un calciatore e così via.

Le questioni economiche sono giuridicamente rilevanti e sono quindi sottoposte al giudice amministrativo

La legge n. 280 del 2003 riconosce esplicitamente la giurisdizione del giudice amministrativo su tutte le questioni economiche, sia che esse intercorrano fra società o associazioni sportive, sia che esse intercorrano fra una società e un proprio tesserato (un atleta, un tecnico, un direttore sportivo).

Per esempio Stefano Neri, direttore sportivo della società ciclistica Gamma, ha stipulato con la società un contratto annuale che prevedeva il rinnovo automatico nel caso in cui un ciclista della Gamma avesse vinto il Giro d'Italia. Essendosi verificata questa condizione, Verdi ha inutilmente aspettato il rinnovo poi, amareggiato, ha fatto ricorso.

Sintetizzando, la legge n. 280 del 2003 ha riconosciuto:

- la presunzione di irrilevanza giuridica delle questioni tecniche;
- l'irrilevanza giuridica delle questioni disciplinari, anche se poi la giurisprudenza ne ha riconosciuto la potenziale rilevanza giuridica;
- la rilevanza giuridica delle questioni amministrative;
- la rilevanza giuridica delle questioni economiche.

6 La pregiudiziale sportiva e l'illegittimità del vincolo di giustizia

Con la pregiudiziale sportiva i soggetti sportivi possono ricorrere al giudice amministrativo solo dopo aver esaurito tutti i gradi di giustizia sportiva

La pregiudiziale sportiva. La legge n. 280 del 2003 istituisce la *pregiudiziale sportiva*, che stabilisce che i soggetti dell'ordinamento sportivo possono ricorrere in sede giurisdizionale amministrativa solo dopo aver esaurito tutti i gradi di giustizia sportiva.

Per esempio il calciatore Carlo Verdi, che vuole agire contro la sua società per il mancato pagamento dello stipendio, deve seguire il seguente percorso:

- dapprima deve fare ricorso al giudice federale di primo grado della FIGC, da cui ipotizziamo riceva un giudizio negativo;
- in un secondo tempo deve ricorrere al giudice federale di secondo grado della FIGC, che ipotizziamo confermi il giudizio negativo;
- solo a questo punto il calciatore Carlo Verdi può fare ricorso al giudice amministrativo.

I soggetti legittimati ad agire contro un provvedimento federale sono i soggetti tesserati e i soggetti esterni lesi dal provvedimento

I soggetti legittimati ad agire. La legge n. 280 del 2003 prevede che i soggetti legittimati ad agire contro un provvedimento federale siano:

- i *soggetti tesserati* dell'ordinamento sportivo che si distinguono in:
  a) i *destinatari diretti* del provvedimento; per esempio la società a cui è stata negata l'ammissione a un campionato;

b) i *destinatari indiretti* del provvedimento. Per esempio, la società Alfa rischia di non essere ammessa al campionato e, al suo posto, dovrebbe essere «ripescata» la società Beta; contrariamente alle previsioni la società Alfa viene ammessa: è evidente l'interesse ad agire della società Beta, destinataria indiretta del provvedimento che le impedisce il ripescaggio;

- i *soggetti esterni* dell'ordinamento sportivo, che vengono comunque lesi da un provvedimento federale avente come destinatario un soggetto dell'ordinamento sportivo. È evidente che in questo caso il soggetto esterno, non essendo tesserato, non ha l'obbligo di richiedere la pregiudiziale sportiva e può ricorrere direttamente al giudice amministrativo. Per esempio, nel 2007 il campo della società calcistica Catania fu squalificato per alcuni turni; in seguito il TAR accolse il ricorso degli abbonati del Catania (soggetti esterni) che erano stati privati del diritto di assistere alle partite pur avendo pagato l'abbonamento.

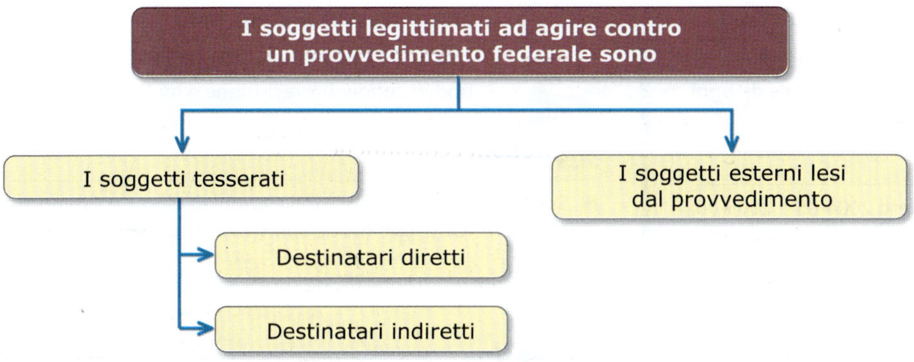

I ritardi della giustizia sportiva. Va ricordato che tutti i provvedimenti emanati dalle federazioni sportive sono immediatamente efficaci (ed eventualmente lesivi) non appena emanati. In conseguenza di ciò, a causa della pregiudiziale sportiva, il ricorso al giudice amministrativo potrebbe avvenire con grave ritardo per il tesserato o l'affiliato leso dal provvedimento sportivo.

A causa della lentezza della giustizia sportiva, il ricorso al giudice amministrativo può avvenire con grave ritardo

In alcuni casi la giustizia sportiva non riesce a garantire in tempo utile la definizione di certe controversie, e non riesce quindi ad assicurare una piena tutela dei diritti di affiliati e sportivi.

Un esempio significativo è rappresentato dal già citato caso «Juventus/Calciopoli» nel giugno del 2006. La Juventus venne lesa da un provvedimento sportivo che, tra l'altro, prevedeva la retrocessione in Serie B per la stagione 2006/2007.

Nel giugno 2006 la Juventus presentò alla giustizia sportiva un ricorso, in cui chiedeva l'annullamento del provvedimento di retrocessione e, di conseguenza, l'accertamento del titolo a partecipare al campionato di Serie A, che iniziava nel settembre 2006.

La giustizia sportiva decise in via definitiva soltanto a novembre 2006, quando i campionati erano iniziati da oltre due mesi! A causa della lunghezza dei tempi, alla Juventus fu di fatto precluso il diritto di fare ricorso al giudice amministrativo, perché questo era diventato ormai inutile.

Verso il ricorso diretto al giudice amministrativo? Nel prevedere la pregiudiziale sportiva, la legge n. 280 del 2003 esclude l'ipotesi che il ricorso possa essere presentato direttamente al giudice amministrativo.

Per tutelare maggiormente i diritti di affiliati e tesserati sarebbe opportuno, in alcuni casi, ricorrere direttamente al giudice amministrativo

Secondo molti studiosi la necessità di esaurire tutti i gradi della giustizia sportiva porta a gravi problemi. Per tutelare maggiormente i diritti di affiliati e tesserati sarebbe quindi opportuno che, in alcuni casi, fosse possibile ricorrere direttamente al giudice amministrativo, prima di esaurire tutti i gradi della giustizia sportiva, senza tenere in considerazione la pregiudiziale sportiva.

Colpevole o no? Giustizia sportiva e ordinaria a confronto

Come hai imparato in questa unità, la giustizia sportiva segue modalità e tempistiche diverse da quelle della giustizia ordinaria: di conseguenza, è possibile che tribunali diversi possano giudicare in maniera differente gli stessi fatti. Vediamo ad esempio una parte degli esiti processuali sportivi e ordinari di uno dei più grandi scandali sportivi avvenuti in Italia: la cosiddetta "Calciopoli", una serie di illeciti compiuti durante le stagioni 2004/05 e 2005/06 della Serie A di calcio.

Giustizia sportiva

Tempistiche e sanzioni

- Sentenze definitive: Ottobre 2006-Luglio 2007.
- Tipo di condanna: inibizione temporanea da ogni attività della FIGC.

Juventus

- Società: revoca degli scudetti 2004-05 e 2005-06; retrocessione in Serie B; 9 punti di penalità nella stagione 2006-07.
- Luciano Moggi, Antonio Giraudo (dirigenti): 5 anni.

Fiorentina

- Società: 30 punti di penalizzazione nella stagione 2005-06, 15 in quella 2006-07.
- Andrea Della Valle (presidente): 1 anno e 1 mese
- Diego Della Valle (dirigente): 8 mesi.
- Sandro Mencucci (dirigente): 1 anno e 5 mesi.

Milan

- Società: 30 punti di penalizzazione nella stagione 2005-06, 8 in quella 2006-07.
- Adriano Galliani (vicepresidente): 5 mesi.
- Leonardo Meani (tesserato): 2 anni e 2 mesi.

Lazio

- Società: 30 punti di penalizzazione nella stagione 2005-06, 3 in quella 2006-07.
- Claudio Lotito (presidente): 4 mesi.

Dirigenti arbitrali e FIGC

- Franco Carraro: multa di 80,000 Euro.
- Tullio Lanese: 1 anno.
- Gennaro Mazzei: 2 anni.
- Innocenzo Mazzini: 5 anni.
- Pierluigi Pairetto: 2 anni e 6 mesi.

Giustizia ordinaria

Tempistiche e sanzioni

- Sentenze definitive: Marzo 2015.
- Tipo di condanna: reclusione o multa.

Juventus

- Società: non responsabile delle azioni di Moggi e Giraudo.
- Moggi: prescrizione (frode sportiva e associazione a delinquere).
- Giraudo: prescrizione (frode sportiva e associazione a delinquere).

Fiorentina

- A. Della Valle, D. Della Valle, Mencucci: prescrizione (frode sportiva).

Milan

- Galliani (vicepresidente): non indagato.
- Meani (tesserato): prescrizione (frode sportiva).

Lazio

- Lotito: prescrizione (frode sportiva).

Dirigenti arbitrali e FIGC

- Carraro: prosciolto.
- Lanese: assolto.
- Mazzei: prescrizione (frode sportiva).
- Mazzini, Pairetto: prescrizione (frode sportiva e associazione a delinquere).

Legenda

- Assolto/prosciolto
- Reato prescritto
- Condanna definitiva

PALLA AL CENTRO

Eri a conoscenza dello scandalo Calciopoli? Cerca *online* un riassunto delle sentenze definitive della Camera di Conciliazione (per la Giustizia sportiva) e della Corte di Cassazione (per quella ordinaria) e discutine in classe, concentrandoti in particolare modo su similitudini e differenze.

L'auspicio è che, in futuro, il giudice amministrativo ammetta l'*impugnazione diretta*, «saltando» la pregiudiziale sportiva, almeno nei casi in cui la giustizia sportiva fatica a prendere una decisione in tempi utili a soddisfare i diritti del soggetto leso. In caso contrario continueranno a verificarsi situazioni antigiuridiche e, sotto certi aspetti, paradossali.

Il «vincolo dei motivi». Poiché i ricorsi in sede di giustizia sportiva devono precedere il ricorso in sede amministrativa, in base al cosiddetto *vincolo dei motivi* possono essere presentati davanti al giudice amministrativo solo i motivi proposti davanti alla giustizia sportiva e risulta, quindi, preclusa la proposizione di motivi nuovi.

Possono essere presentati davanti al giudice amministrativo solo i motivi proposti davanti alla giustizia sportiva

Secondo alcuni giuristi questo principio è di dubbia legittimità, perché limita il diritto alla tutela giurisdizionale sancito dall'art. 24 Cost. In conseguenza di ciò, la giurisprudenza cerca di non applicare in modo rigoroso il vincolo dei motivi in materia sportiva.

L'illegittimità del vincolo di giustizia. Come si è visto nel paragrafo 3, col vincolo di giustizia l'ordinamento sportivo impediva ai tesserati, senza autorizzazione della relativa federazione, di ricorrere agli organi di giustizia statale per la tutela dei propri diritti, e prevedeva sanzioni disciplinari in caso di violazioni (si poteva arrivare fino all'espulsione dallo stesso ordinamento sportivo).

La legge n. 280 del 2003 ha sancito l'illegittimità del vincolo di giustizia

La legge n. 280 del 2003 sancisce l'*illegittimità del vincolo di giustizia*, e riconosce esplicitamente anche ai tesserati sportivi il diritto di ricorrere agli organi di giustizia statale per la tutela dei propri diritti.

7 Il Codice di giustizia sportiva del CONI

La riforma della giustizia sportiva. La riforma della giustizia sportiva varata dal CONI si muove in una duplice direzione:

- l'adozione nel 2014 del nuovo *Codice di giustizia sportiva*;
- l'istituzione nel 2016 di due nuovi organi di giustizia sportiva operanti presso il CONI: il Collegio di garanzia dello sport e la Procura generale dello sport.

Il *Codice di giustizia sportiva*. Il Consiglio nazionale del CONI ha emanato nel 2014 il nuovo *Codice di giustizia sportiva*, composto da 67 articoli, che deve essere rispettato dalle Federazioni sportive nazionali, dalle Discipline sportive associate e dagli Enti di promozione sportiva.

Il Consiglio nazionale del CONI ha emanato nel 2014 il nuovo *Codice di giustizia sportiva*

I Giudici federali. Ogni Federazione (e Disciplina associata) è dotata di *Giudici sportivi*, nazionali e territoriali, che si pronunciano su fatti avvenuti durante la gara e sulla regolarità della competizione.

In ogni Federazione sono previsti due gradi di giustizia federale: il Tribunale federale (primo grado) e la Corte federale d'appello (secondo grado)

Al fianco dei Giudici sportivi, il *Codice di giustizia sportiva* prevede l'istituzione di Giudici federali presso ciascuna Federazione (e Disciplina associata).

In ogni singola Federazione (e Disciplina associata) sono previsti due gradi di giustizia federale: il Tribunale federale in primo grado e la Corte federale d'appello in secondo grado. Abbiamo quindi un Tribunale federale FIGC e una Corte federale d'appello FIGC, un Tribunale federale FIDAL e una Corte federale d'appello FIDAL e così via.

Come vedremo, questi organi giudicano sui deferimenti presentati dalle varie Procure federali e su tutte le altre controversie diverse da quelle riservate ai Giudici sportivi.

Il «terzo grado» è costituito solamente dal Collegio di garanzia dello sport che, come vedremo, valuta solo la legittimità del percorso della giustizia federale.

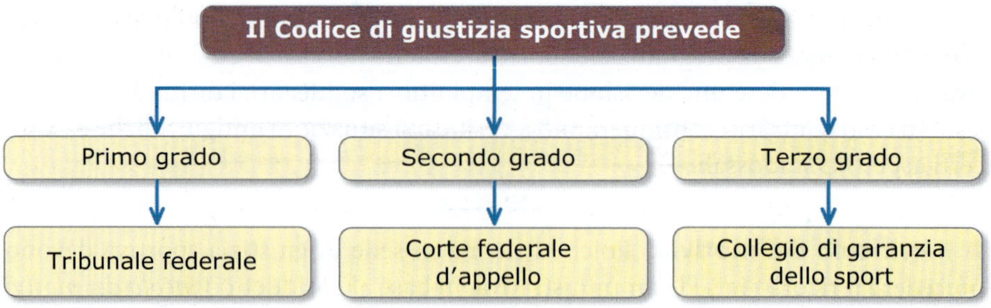

Un processo sportivo uniforme... Il processo sportivo deve essere uniforme, veloce e giusto.

Il *Codice di giustizia sportiva* prevede un processo uniforme per le Federazioni nazionali e le Discipline associate

Il *Codice di giustizia sportiva* nasce dalla necessità di stabilire regole uniformi per tutte le Federazioni nazionali e le Discipline associate. Il processo sportivo, dunque, deve svolgersi secondo le stesse regole in tutti i diversi ordinamenti federali.

Le Federazioni nazionali e le Discipline associate mantengono ciascuna un proprio codice di giustizia, collegato alla particolarità della disciplina sportiva di riferimento, ma tutte sono assoggettate alla disciplina univoca prevista dal Codice di giustizia sportiva.

Il *Codice di giustizia sportiva* vuole assicurare la «ragionevole durata» dei processi sportivi

...veloce... Il *Codice di giustizia sportiva* vuole assicurare la massima velocità possibile dei tempi dei processi sportivi. Sono infatti previsti limiti rigorosi rispetto ai rinvii delle udienze, in modo da garantire la «ragionevole durata» dei procedimenti e la certezza dei tempi di giudizio (analogamente a quanto visto nell'unità C1 per la giustizia ordinaria).

...e giusto. Come detto, le Federazioni sportive nazionali e le Discipline sportive associate devono adeguare i propri statuti e regolamenti ai principi contenuti nel *Codice di giustizia sportiva*.

Il *Codice di giustizia sportiva* prevede una corretta organizzazione delle attività sportive

Gli statuti e i regolamenti federali devono assicurare la corretta organizzazione delle attività sportive, il rispetto del *fair play* e una decisa opposizione a ogni forma di illecito sportivo, di frode sportiva o corruzione, di violenza fisica e verbale.

Per garantire la trasparenza degli atti, il *Codice di giustizia sportiva* stabilisce che le sentenze federali devono essere «motivate e pubbliche» e «redatte in maniera chiara e sintetica».

8 Il sistema di giustizia sportiva del CONI

I nuovi organi di giustizia sportiva del CONI. La riforma della giustizia varata dal CONI si basa anche su due nuovi organi di giustizia sportiva, istituiti nel 2016, operanti presso il CONI: il Collegio di garanzia dello sport e la Procura generale dello sport,

Stabilisce infatti lo Statuto: «Sono istituiti presso il CONI, in piena autonomia e indipendenza, il Collegio di garanzia dello sport e la Procura generale dello sport», la cui disciplina «si applica a tutte le Federazioni sportive nazionali, le Discipline sportive associate e agli Enti di promozione sportiva» (articolo 12 dello Statuto del CONI, d'ora in poi **art. 12 Statuto CONI**).

I nuovi organi di giustizia sportiva del CONI sono

- Il Collegio di garanzia dello sport
- La Procura generale dello sport

Il Collegio di garanzia dello sport è l'organo di terzo grado della giustizia sportiva

■ Il Collegio di garanzia dello sport... Il *Collegio di garanzia dello sport* (d'ora in poi anche Collegio) è «l'organo di ultimo [*terzo*] grado della giustizia sportiva», che deve risolvere le controversie decise in secondo grado in ambito federale, con l'esclusione di quelle:

- in materia di doping (come si è visto nel volume per il secondo biennio);
- che hanno comportato sanzioni tecnico-sportive di durata inferiore a 90 giorni o pecuniarie fino a 10 000 euro.

Il ricorso al Collegio di garanzia dello sport è ammesso solamente per motivi di legittimità

Il ricorso al Collegio di garanzia dello sport è ammesso contro tutte le decisioni emesse dagli organi di giustizia federale solamente per *motivi di legittimità*. In altri termini, il Collegio di garanzia dello sport non può effettuare un controllo di merito (la ricostruzione dei fatti operata dalla Corte federale d'appello è definitiva e immodificabile), ma può solo verificare che in secondo grado la legge sia stata applicata correttamente.

Quando il Collegio di garanzia dello sport riforma la decisione impugnata «decide, in tutto o in parte, la controversia», oppure «la rinvia all'organo di giustizia federale competente, che dovrà pronunciarsi definitivamente entro sessanta giorni applicando il principio di diritto dichiarato dal Collegio» (**art. 12 bis Statuto CONI**).

La composizione e le funzioni del Collegio di garanzia dello sport

■ ...la composizione e le funzioni. Il Collegio di garanzia dello sport è articolato in sezioni, con competenze diversificate per materia, ed è composto da un Presidente, dai Presidenti di sezione e dai consiglieri.

Il Presidente e i componenti del Collegio di garanzia dello sport:

- sono eletti dal Consiglio nazionale del CONI, su proposta della Giunta nazionale, «con la maggioranza dei due terzi degli aventi diritto al voto»;
- durano in carica quattro anni e sono rinnovabili per due soli mandati consecutivi;
- sono scelti «tra soggetti esperti di diritto sportivo tra i professori ordinari in materie giuridiche, gli avvocati abilitati all'esercizio della professione dinanzi alle magistrature superiori, gli avvocati dello Stato, i magistrati in servizio o a riposo» (art. 12 bis Statuto CONI).

Il Collegio di garanzia dello sport svolge anche funzioni consultive per il CONI e per le singole federazioni sportive.

In ogni Federazione sportiva nazionale è istituita una Procura federale per la repressione degli illeciti sportivi

■ Le Procure federali. Il *Codice di giustizia sportiva* stabilisce che: «presso ogni federazione [*sportiva nazionale*] è costituito l'ufficio del Procuratore federale per promuovere la repressione degli illeciti sanzionati dallo Statuto [*della Federazione*] e dalle norme federali. Il Procuratore federale esercita le proprie funzioni davanti agli organi di giustizia della rispettiva federazione».

La riforma conferma quindi l'istituzione di una Procura federale presso ciascuna federazione sportiva nazionale. Esiste quindi una Procura federale FIGC, una Procura Federale FIDAL, una Procura federale FIP e così via.

Sui deferimenti presentati da ciascuna Procura federale giudicano gli organi federali. Per esempio sui deferimenti della Procura federale FIGC giudicano il Tribunale federale FIGC (primo grado) e la Corte federale d'appello FIGC (secondo grado); va ricordato che il Collegio di garanzia dello sport effettua un controllo di legittimità (terzo grado) sull'operato delle Corti federali d'appello di tutte le federazioni.

Sintetizziamo gli organi e i gradi della giustizia sportiva nello schema che segue.

Per esempio, durante una partita di calcio, l'allenatore Mario Rossi accusa l'arbitro di aver negato un rigore alla sua squadra. Le proteste di Rossi continuano e si trasformano in pesanti insulti per il direttore di gara. A fine partita Rossi cerca anche di aggredire l'arbitro, ma viene fortunatamente bloccato dai suoi calciatori.

Su quanto è accaduto l'arbitro compila un rigoroso referto, in seguito al quale la Procura federale della FIGC deferisce l'allenatore Mario Rossi al Tribunale federale della FIGC.

PRIMO GRADO

La Procura federale della FIGC deferisce l'allenatore Mario Rossi al Tribunale federale della FIGC.
Ipotizziamo che il Tribunale federale della FIGC dichiari con sentenza la sospensione per 1 anno e 8 mesi di Rossi, che si è reso colpevole di «insulti e minacce all'arbitro».
La causa sportiva può finire con l'allenatore Rossi che sconta la sospensione di 1 anno e 8 mesi.
L'allenatore Rossi non è soddisfatto della sentenza del Tribunale federale della FIGC...

SECONDO GRADO

L'allenatore Rossi decide di fare ricorso in secondo grado presso la Corte federale d'appello della FIGC.
Ipotizziamo che la Corte federale d'appello della FIGC interpreti in modo diverso il comportamento di Rossi e, pur confermando la sua colpevolezza, diminuisca con sentenza la sospensione di Rossi a 10 mesi.
La Procura federale della FGCI non è soddisfatta della sentenza della Corte federale d'appello della FIGC...

TERZO GRADO

Contro la sentenza di secondo grado, la Procura federale della FIGC può fare ricorso al Collegio di garanzia dello sport, che decide solo sulla legittimità della sentenza della Corte federale d'appello della FIGC.
Se il Collegio di garanzia dello sport non trova nulla di irregolare, la sentenza sportiva diventa definitiva: l'allenatore Rossi viene definitivamente condannato a 10 mesi di sospensione.

9 La Procura generale dello sport

La Procura generale dello sport deve coordinare e vigilare l'attività svolta dalle Procure federali

■ La Procura generale dello sport... Analizziamo ora il secondo organo di giustizia sportiva istituito presso il CONI nel 2016: la Procura generale dello sport.

«Allo scopo di tutelare la legalità dell'ordinamento sportivo, è istituita, presso il CONI, in posizione di autonomia e indipendenza, la Procura generale dello sport con il compito di coordinare e vigilare le attività inquirenti e requirenti svolte dalle Procure federali» (art. 12 bis Statuto CONI).

La composizione della Procura generale dello sport

■ ...la composizione... La *Procura generale dello sport* è composta dal Procuratore generale dello sport e dai Procuratori nazionali dello sport.

Il *Procuratore generale dello sport* è eletto dal Consiglio nazionale del CONI, su proposta della Giunta nazionale, con la maggioranza dei due terzi degli aventi diritto al voto. Il Procuratore generale dello sport è scelto «tra i professori ordinari in materie giuridiche, gli avvocati abilitati all'esercizio della professione dinanzi alle magistrature superiori, gli avvocati dello Stato, i magistrati ordinari e amministrativi in servizio o a riposo, gli alti ufficiali delle forze di polizia, in servizio o a riposo». Il Procuratore generale dello sport dura in carica quattro anni ed è rinnovabile per due soli mandati consecutivi.

I *Procuratori nazionali dello sport* sono nominati dal Presidente del CONI, su proposta del Procuratore generale dello sport, in numero non superiore a trenta e sono scelti «tra i professori e i ricercatori in materie giuridiche, gli avvocati e i dottori commercialisti con almeno cinque anni di iscrizione all'ordine o tre anni di servizio nell'ambito degli organi di giustizia sportiva, gli avvocati dello Stato, i magistrati in servizio o a riposo, i funzionari delle forze di polizia, in servizio o a riposo» (art. 12 bis Statuto CONI).

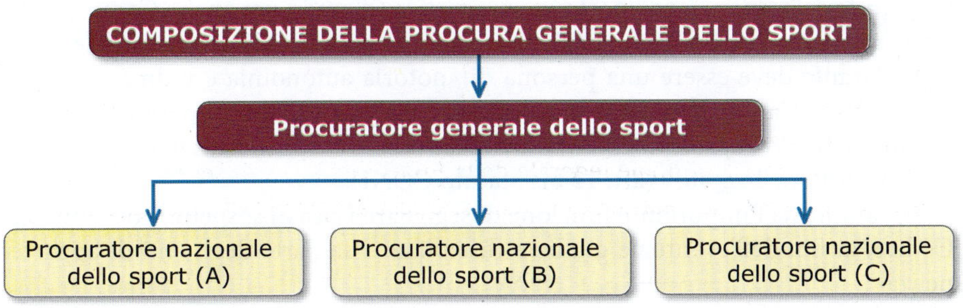

Le funzioni della Procura generale dello sport

■ ...e le funzioni. Rispetto alle funzioni, la Procura generale dello sport deve soprattutto vigilare sull'attività delle Procure federali. In particolare il capo della Procura federale:

- deve inviare alla Procura generale dello sport una relazione periodica sull'attività della Procura federale e «su tutti i procedimenti pendenti, sia in fase di indagine sia in fase dibattimentale»;
- deve avvisare la Procura generale dello sport «di ogni notizia di illecito sportivo ricevuta, dell'avvio dell'azione disciplinare, della conclusione delle indagini, della richiesta di proroga, del deferimento di tesserati e affiliati e dell'intenzione di procedere all'archiviazione».

La Procura generale dello sport, anche su segnalazione di singoli tesserati e affiliati, può invitare il capo della Procura federale ad aprire un fascicolo di indagine su uno o più fatti specifici.

Nei casi in cui emerga un'omissione che può compromettere l'esercizio dell'azione disciplinare o se emerge un'archiviazione non ritenuta ragionevole, la Procura generale dello sport «potrà avocare a sé il processo, senza però ledere l'autonomia della singola Federazione» (art. 12 ter Statuto CONI).

Nelle gare di motociclismo e di automobilismo, la bandiera nera, accompagnata da un cartello con il numero di gara, ordina al pilota di rientrare ai box entro il giro successivo e di presentarsi immediatamente ai Giudici di Gara, di solito perché è stato squalificato.

Il *Codice di comportamento sportivo* definisce i doveri di lealtà e correttezza sportiva

Il *Codice di comportamento sportivo*. Il *Codice di comportamento sportivo* (d'ora in poi anche Codice) definisce i doveri di lealtà e correttezza sportiva sulla base dei principi e delle prassi riconosciute dall'ordinamento sportivo.

Il Codice è approvato dal Consiglio nazionale, su proposta della Giunta nazionale [*del CONI*], sentito il Garante del Codice di comportamento sportivo.

Sono tenuti all'osservanza del Codice «i tesserati alle Federazioni sportive nazionali, alle Discipline sportive associate, agli Enti di promozione sportiva e alle Associazioni benemerite, in qualità di atleti, tecnici, dirigenti, ufficiali di gara» (**art. 13 bis Statuto CONI**).

Il *Garante del Codice di comportamento sportivo* segnala i casi di sospetta violazione del Codice, ai fini del giudizio disciplinare

Il *Garante del Codice di comportamento sportivo*. È istituito presso il CONI il *Garante del Codice di comportamento sportivo* (d'ora in poi anche Garante), che viene nominato dal Consiglio nazionale, su proposta della Giunta nazionale.

Il Garante deve essere una persona di «notoria autonomia e indipendenza» e viene scelto «tra i magistrati anche a riposo delle giurisdizioni superiori ordinaria e amministrative, i professori universitari di ruolo o a riposo in materie giuridiche e gli avvocati dello Stato» (art. 13 bis Statuto CONI).

Il Garante ha l'importante funzione di segnalare i casi di sospetta violazione del Codice, ai fini dell'eventuale giudizio disciplinare da parte degli enti di appartenenza».

La *Commissione di garanzia* deve indicare alla Giunta nazionale i membri da nominare negli organi di giustizia e di controllo

La *Commissione di garanzia*. La *Commissione di garanzia degli organi di giustizia, di controllo e di tutela dell'etica sportiva* (d'ora in poi Commissione di garanzia) ha il compito di indicare alla Giunta nazionale [*del CONI*] i nominativi dei membri che dovranno essere nominati negli organi di giustizia, di controllo e di tutela dell'etica sportiva, in modo che la Giunta stessa formuli le relative proposte al Consiglio nazionale. La Commissione di garanzia deve anche formulare pareri e proposte alla Giunta nazionale in materia di organizzazione e funzionamento degli organi di giustizia, di controllo e di tutela dell'etica sportiva.

«La Commissione di garanzia opera in piena autonomia e con indipendenza di giudizio e di valutazione, al fine di rafforzare i caratteri di terzietà, autonomia e indipendenza degli organi citati».

La Commissione di garanzia è composta da tre membri (di cui uno con funzioni di Presidente), nominati dal Consiglio nazionale su proposta della Giunta nazionale, «tra i magistrati, anche a riposo, delle giurisdizioni superiori ordinaria e amministrativa, i professori universitari di prima fascia, anche a riposo, e gli avvocati dello Stato, con almeno quindici anni di anzianità» (art. 13 ter Statuto CONI). I componenti della Commissione di garanzia durano in carica sei anni e non possono essere riconfermati.

SINTESI

- L'ordinamento sportivo rivendica la sua autonomia dall'ordinamento statale soprattutto nell'ambito della **giustizia sportiva** ▶ **§1**.

- Le **norme sportive** ▶ **§2** devono conformarsi alle norme statali, e possono essere annullate solo dal giudice statale quando sono in contrasto con l'ordinamento statale.

- Il **vincolo di giustizia** ▶ **§3** (abolito nel 2003) impediva ai tesserati di ricorrere agli organi di giustizia statale per la tutela dei propri interessi, senza autorizzazione della rispettiva federazione.

- La **legge n. 280 del 2003** ▶ **§4** ha sancito la possibilità di ricorrere alla giurisdizione statale in materia sportiva, nel caso di violazione dei diritti soggettivi e degli interessi legittimi dei tesserati.

- Il **giudice amministrativo** ▶ **§4** ha una giurisdizione esclusiva in materia sportiva.

La giurisdizione amministrativa esclusiva in materia sportiva
- TAR (I° grado)
- Consiglio di Stato (II° grado)

- La legge n. 280 del 2003 analizza la questione della **rilevanza giuridica** ▶ **§5** distinguendo diverse tipologie:
  - la presunzione di irrilevanza giuridica delle **questioni tecniche** ▶ **§5**;
  - la potenziale rilevanza giuridica delle **questioni disciplinari** ▶ **§5**;
  - la rilevanza giuridica delle **questioni amministrative** ▶ **§5**;
  - la rilevanza giuridica delle **questioni economiche** ▶ **§5**.

- Con la **pregiudiziale sportiva** ▶ **§6** i soggetti sportivi possono ricorrere al giudice amministrativo solo dopo aver esaurito tutti i gradi di giustizia sportiva.

- In base al **vincolo dei motivi** ▶ **§6** possono essere presentati davanti al giudice amministrativo solo i motivi proposti davanti alla giustizia sportiva.

- Il Consiglio nazionale del CONI ha emanato nel 2014 il nuovo ***Codice di giustizia sportiva*** ▶ **§7**, che deve essere rispettato dalle Federazioni sportive nazionali, dalle Discipline sportive associate e dagli Enti di promozione sportiva.

- In ogni Federazione sono previsti **due gradi di giustizia federale** ▶ **§7**: il Tribunale federale (primo grado) e la Corte federale d'appello (secondo grado).

- Il «terzo grado» è costituito dal **Collegio di garanzia dello sport** ▶ **§8**, che valuta solo la legittimità del percorso della giustizia federale.

Il Codice di giustizia sportiva prevede
- Primo grado → Tribunale federale
- Secondo grado → Corte federale d'appello
- Terzo grado → Collegio di garanzia dello sport

- In ogni Federazione sportiva nazionale è istituita una **Procura federale** ▶ **§8** per la repressione degli illeciti sportivi.

- La **Procura generale dello sport** ▶ **§9**, composta dal Procuratore generale dello sport e dai Procuratori nazionali dello sport, deve coordinare e vigilare l'attività svolta dalle Procure federali.

- Il ***Codice di comportamento sportivo*** ▶ **§9** del CONI definisce i doveri di lealtà e correttezza sportiva. In caso di violazione del Codice deve intervenire un apposito **Garante** ▶ **§9**.

VERIFICA LE TUE CONOSCENZE

1 ***Risolvi le seguenti scelte multiple indicando la risposta esatta fra quelle possibili.***

A

Con la pregiudiziale sportiva gli atleti possono ricorrere al giudice statale dopo aver esaurito

1. il primo grado di giustizia sportiva
2. il secondo grado di giustizia sportiva
3. tutti i gradi di giustizia sportiva

B

Il *Codice di giustizia sportiva* del CONI è stato emanato

1. dal Consiglio nazionale del CONI
2. dalla Giunta nazionale del CONI
3. dal Presidente del CONI

1 **Può agire solo per motivi di legittimità**

a il Tribunale federale
b la Corte d'appello federale
c il Collegio di garanzia dello sport
d la Procura generale dello sport

2 **La legge n. 280 del 2003 ha stabilito che in materia sportiva è possibile ricorrere alla**

a giustizia amministrativa in ogni caso
b giustizia amministrativa solo per violazione dei diritti soggettivi e degli interessi legittimi
c giustizia sportiva in ogni caso
d giustizia sportiva solo per violazione dei diritti soggettivi e degli interessi legittimi

3 **Le norme sportive**

a possono essere annullate dal giudice statale
b possono essere annullate dal giudice sportivo
c possono essere annullate sia dal giudice statale sia dal giudice sportivo
d non possono essere annullate

4 **La giurisdizione amministrativa esclusiva in materia sportiva è rappresentata**

a in primo grado dai TAR e in secondo grado dal Consiglio di Stato
b in primo grado dal Consiglio di Stato e in secondo grado dai TAR
c in primo e in secondo grado dai TAR
d in primo e in secondo grado dal Consiglio di Stato

5 **Il ricorso diretto al giudice amministrativo**

a è sempre possibile
b non è possibile
c è possibile solo per le società di Serie A
d è possibile solo per i tesserati di Serie A

6 **La Procura generale dello sport è composta dal Procuratore generale dello sport e da non più di**

a 10 Procuratori nazionali dello sport
b 20 Procuratori nazionali dello sport
c 30 Procuratori nazionali dello sport
d 40 Procuratori nazionali dello sport

MISURA LE TUE ABILITÀ

2 ***Risolvi i seguenti quesiti vero o falso e motiva la tua risposta.***

1 **Il vincolo di giustizia impediva ai tesserati di ricorrere alla giustizia statale, senza autorizzazione della federazione**

VERO ☐ **FALSO** ☐

PERCHÉ ____________________

____

2 **Si ha la giurisdizione esclusiva del giudice amministrativo nei casi di violazione dei diritti soggettivi e degli interessi legittimi dei tesserati**

VERO ☐ **FALSO** ☐

PERCHÉ ____________________

____

3 La giurisdizione esclusiva in materia sportiva è rappresentata in primo grado dal TAR del Lazio

VERO ☐ **FALSO** ☐

PERCHÉ ____________________

____

4 Le questioni tecniche hanno una presunzione di rilevanza giuridica

VERO ☐ **FALSO** ☐

PERCHÉ ____________________

____

5 In ogni Federazione sportiva nazionale sono previsti due organi di giustizia federale

VERO ☐ **FALSO** ☐

PERCHÉ ____________________

____

6 Il *Codice di comportamento sportivo* definisce i doveri di lealtà e correttezza sportiva

VERO ☐ **FALSO** ☐

PERCHÉ ____________________

____

3 ***Completa la tabella che segue.***

Evento	Anno
Introduzione della pregiudiziale sportiva	(1)
Abolizione del vincolo di giustizia	(2)
Nuovo *Codice di giustizia sportiva*	(3)
Vicenda dei pallavolisti cubani	(4)
Caso «Calciopoli»	(5)

ALLENA LE TUE COMPETENZE

4 ***Sulla base di quanto hai imparato in questa unità, rispondi ai seguenti «casi».***

1 **Riconoscere la cancellazione del vincolo di giustizia, prendendo spunto dall'errore di un dirigente sportivo.**

I presidenti di due club cestistici di Serie A si sono picchiati nel dopo-partita.
Ecco le loro dichiarazioni in sala stampa:

- Presidente Rossi: «Lei, Bianchi, è un violento. Farò immediatamente ricorso alla FIP [*Federazione Italiana Pallacanestro*] perché vengano presi provvedimenti nei suoi confronti!».
- Presidente Bianchi: «Sono io che denuncio lei, Rossi. Ma io non perdo tempo. Dopo aver ottenuto l'autorizzazione dalla FIP, la porto subito in Tribunale!».

▶ ***Sia Rossi che Bianchi hanno sicuramente bisogno di un corso di buona educazione. Quale dei due ha bisogno anche di un corso di diritto sportivo?***

____

____

____

2 **Valutare che il Collegio di garanzia dello sport può giudicare solo sulla legittimità, ascoltando le vicende di un tesserato.**

Alla fine di un derby calcistico, l'allenatore Marco Bianchi ha pesantemente insultato l'arbitro, senza però toccarlo. Bianchi è pentito e racconta: «Ho sbagliato ed è giusto che paghi. Ma è una vera odissea: dopo il deferimento della Procura federale della FIGC, in primo grado il Tribunale federale della FIGC mi ha sospeso per 8 mesi. Poi, in secondo grado, la Corte federale d'appello della FIGC mi ha ridotto la sospensione a 6 mesi. Sto aspettando il giudizio finale del Collegio di garanzia dello sport: spero che mi riduca ancora la sospensione!».

▶ ***La speranza dell'allenatore Bianchi è fondata? Quale tipo di giudizio può dare il Collegio di garanzia dello sport?***

____

Riprendiamo il dibattito

Dopo aver studiato l'unità, prepara il tuo punto di vista per continuare il dibattito iniziato in apertura di lezione (▶ *La parola a te!*).

Il contratto stipulato fra il calciatore Rossi e la società Beta prevede, oltre allo stipendio annuale, un premio di 10 000 euro per ogni rete segnata, da pagare entro 30 giorni. Rossi ha già segnato 9 reti, ma i 90 000 euro concordati non si vedono...

▶ ***In questo caso la questione economica ha rilevanza giuridica?***

A CASA 1 ORA — **IN AULA** 20 MINUTI

- Partendo da quanto sopra affermato, esegui a casa una ricerca online e consulta il tuo libro di testo per preparare una breve tabella che contenga gli elementi principali dell'argomento trattato e che ti aiuti a esporre il tuo punto di vista.
- Con l'aiuto della tabella, partecipa al dibattito che il docente avvia in aula.

IL CASO TORTORA

Enzo Tortora: un **innocente** in prigione

La vergognosa vicenda giudiziaria di un uomo famoso fra i pregiudizi e le inefficienze del sistema giudiziario italiano

Enzo Tortora (Genova, 30 novembre 1928-Milano, 18 maggio 1988) è stato un famoso giornalista, un conduttore di successo (radiofonico e televisivo) e, suo malgrado, anche un politico. È stato infatti deputato per il Partito radicale al Parlamento europeo, candidatura arrivatagli in segno di sostegno per una vergognosa vicenda giudiziaria dalla quale è uscito completamente riabilitato pochi mesi prima di morire.
Passiamo ai fatti.

17 giugno 1983 *Tortora viene arrestato*
La brillante carriera di Enzo Tortora viene bruscamente interrotta il 17 giugno 1983, quando viene arrestato a Roma con l'accusa di «associazione per delinquere di stampo camorristico» (Tortora viene accusato di far parte della Nuova camorra organizzata di Raffaele Cutolo), avanzata dalla Procura di Napoli in seguito alle dichiarazioni di pregiudicati, assassini e camorristi (Giovanni Pandico, Giovanni Melluso e Pasquale Barra).
L'accusa si basa unicamente su un'agendina trovata nell'abitazione di un camorrista, con sopra scritto a penna un nome che sembra essere, all'inizio, quello di «Tortora», con a fianco un numero di telefono; nome che, a una perizia calligrafica, risulterà non essere il suo bensì quello di tale «Tortona». Nemmeno il recapito telefonico risulterà appartenere al presentatore! Tortora sconta 7 mesi di carcere, poi continua la detenzione agli arresti domiciliari per motivi di salute.

17 giugno 1984 *Tortora viene eletto al Parlamento europeo*
Il 17 giugno 1984 Enzo Tortora viene eletto deputato al Parlamento europeo nelle liste del Partito radicale. In quanto eurodeputato, Tortora riacquista immediatamente la libertà grazie all'immunità parlamentare.

17 settembre 1985 *Tortora viene condannato a 10 anni (sentenza di primo grado)*
Il 17 settembre 1985 si conclude il processo di primo grado: Enzo Tortora viene condannato a 10 anni di carcere, principalmente a causa delle accuse di altri pentiti e camorristi.

9 dicembre 1985 *il Parlamento europeo respinge all'unanimità la richiesta di autorizzazione a procedere nei confronti di Tortora*
Il 9 dicembre 1985 il Parlamento europeo respinge all'unanimità la richiesta di autorizzazione a procedere nei confronti dell'eurodeputato Enzo Tortora per «oltraggio a magistrato in udienza».

> Il pubblico ministero afferma ... «Tortora è diventato deputato con i voti della camorra!»

I fatti contestati sono relativi all'udienza del processo alla Nuova camorra organizzata del 26 aprile 1985, in occasione della quale il pubblico ministero Diego Marmo, rivolgendosi al legale di Tortora, afferma: «Il suo cliente è diventato deputato con i voti della camorra!»
Di fronte a questa accusa Enzo Tortora grida: «È un'indecenza!».
Nella motivazione della decisione del Parlamento europeo si legge tra l'altro:
«Il fatto che un organo della magistratura voglia incriminare un deputato del Parlamento per aver protestato contro un'offesa commessa nei confronti suoi, dei suoi elettori e, in ultima analisi, del Parlamento del quale fa parte, non fa pensare soltanto al *fumus persecutionis*: in questo caso vi è più che un sospetto, vi è la certezza che, all'origine dell'azione penale, si collochi l'intenzione di nuocere all'uomo e all'uomo politico».
[*È doveroso ricordare che il pubblico ministero Marmo si scuserà con la famiglia Tortora trenta anni dopo…*]

31 dicembre 1985 *Tortora si dimette da europarlamentare*
Il 31 dicembre 1985 Enzo Tortora si dimette da europarlamentare e, rinunciando di fatto all'immunità parlamentare, torna agli arresti domiciliari.

15 settembre 1986 *Tortora viene assolto (sentenza di secondo grado)*
Il 15 settembre 1986 Enzo Tortora viene assolto con formula piena dalla Corte d'appello di Napoli: i giudici smontano finalmente le accuse rivolte dai camorristi, per i quali inizia un processo per calunnia.

20 febbraio 1987 *Tortora torna in televisione*
Enzo Tortora torna in televisione il 20 febbraio 1987, riprendendo la conduzione della trasmissione *Portobello*, un grande successo di quegli anni. Il ritorno in video è toccante, il pubblico in studio lo accoglie con una lunga *standing ovation*. Tortora, fisicamente molto provato dalla terribile vicenda passata, con evidente commozione pronuncia serenamente una frase diventata famosa: «Dunque, dove eravamo rimasti?».

17 giugno 1987 *Tortora viene assolto definitivamente dalla Corte di cassazione*
Enzo Tortora viene assolto definitivamente dalla Corte di cassazione il 17 giugno 1987, a quattro anni esatti dal suo arresto.

Enzo Tortora muore la mattina del 18 maggio 1988 nella sua casa di Milano a causa di un tumore polmonare, aggravato dall'enorme stress psicologico sofferto per le terribili vicende giudiziarie subite: non ha ancora compiuto sessant'anni.

In **difesa** di Enzo Tortora

di Enzo Biagi

Enzo Tortora viene attaccato anche nell'ambiente giornalistico. Enzo Biagi, un popolare giornalista, prende invece le difese di Tortora

Dopo l'arresto, Enzo Tortora viene duramente attaccato anche nell'ambiente giornalistico, dove c'è chi cerca di infangarne l'immagine umana e professionale. Enzo Biagi (1920-2007), uno dei giornalisti più popolari del secondo dopoguerra, prende invece le difese di Enzo Tortora scrivendo al Presidente della Repubblica Sandro Pertini.

«Signor Presidente della Repubblica, non Le sottopongo il caso di un mio collega, ma quello di un cittadino. Non auspico un Suo intervento, ma non saprei perdonarmi il silenzio. Vicende come quella che ha portato in carcere Enzo Tortora possono accadere a chiunque. E questo mi fa paura. Lei è il massimo esponente dell'organo supremo dei Magistrati: e deve sapere. Ho un sincero e profondo rispetto per i giudici che, come i giornalisti, hanno pagato, e pagano, un duro conto con il crimine. [...] Credo nell'onestà e nel sacrificio di quelli che lottano, a Napoli e ovunque, contro la camorra e la mafia.

> Signor Presidente (Pertini), chi risarcirà Tortora di queste calunnie?

Ma ci sono aspetti del «blitz» contro i cutoliani che lasciano perplessi [...]. Dalle conferenze-stampa trionfalistiche, alla caccia all'uomo con cineprese al seguito, dal segreto istruttorio largamente violato, al numero degli arrestati e dei dimessi. [...]
Tortora è denunciato da un tale Pandico, che fa il suo nome dopo tre interrogatori: guarda caso, un personaggio così popolare non gli viene in mente subito. Le conferme vengono da un certo Barra, conosciuto nell'ambiente come "O'animale" [...].
Gli avvocati che difendono il presentatore non hanno potuto leggere neppure i verbali degli interrogatori del loro assistito; ci sono periodici che hanno pubblicato i testi delle deposizioni dei due camorristi accusati. Chi glieli ha dati? Ogni mattina la stampa ha ricevuto la sua dose di indiscrezioni: Tortora fu iniziato col taglio di una vena, Tortora ha spacciato droga e non ha consegnato l'incasso, Tortora ha riciclato denaro sporco [...].
Signor Presidente, chi risarcirà Tortora di queste calunnie? Col pappagallo [*mascotte di Portobello*] dovrà forse andare a distribuire i pianeti della fortuna? Del resto, visto come va la giustizia, a chi si dovrebbe affidare?».

■ Enzo Biagi, *la Repubblica*, 4 agosto 1983.

1 Qual è l'accusa rivolta a Tortora? Chi sono i testimoni? Come si svolge il processo?
2 Perché l'eurodeputato Tortora riacquista la libertà?
3 Tortora è stato condannato in primo grado e assolto in appello: esiste una verità processuale?
4 Su quali argomentazioni si basa la difesa di Enzo Biagi?

Commenta e rifletti intorno alla (o alle) tesi di fondo avanzate nei due testi proposti, facendo emergere il tuo punto di vista.

TEMA

D L'IMPRESA E L'AZIENDA

D1 L'imprenditore e l'impresa

A te la parola!

La tua famiglia vive in campagna ed esercita un'impresa agricola, basata sulla coltivazione del fondo. Da qualche tempo tua madre ha iniziato a produrre vasetti di marmellata che «vanno a ruba».

5 MINUTI

▶ *La vostra impresa può trasformarsi da agricola in commerciale?*

Con l'aiuto dell'insegnante e in piccoli gruppi prova a esporre il tuo punto di vista.

1 La nozione di imprenditore

«È imprenditore chi esercita professionalmente un'attività economica organizzata al fine della produzione o dello scambio di beni o di servizi» (art. 2082 c.c.)

■ **La nozione giuridica di imprenditore.** Secondo l'articolo 2082 del Codice civile (d'ora in poi **art. 2082 c.c.**) «è imprenditore chi esercita professionalmente un'attività economica organizzata al fine della produzione o dello scambio di beni o di servizi».

Dalla definizione emerge che, per essere considerati imprenditori, bisogna possedere quattro requisiti essenziali. Sintetizziamoli:

- l'attività deve avere il «fine della produzione o dello scambio di beni o di servizi»;
- l'imprenditore deve «organizzare» i fattori produttivi;
- si deve trattare di un'«attività economica» a carattere patrimoniale;
- l'imprenditore deve esercitare l'attività «professionalmente» e non occasionalmente.

Approfondiamo questi punti.

L'attività dell'imprenditore deve avere la finalità di produrre o di scambiare beni o servizi

■ **L'attività diretta alla produzione o allo scambio.** L'attività dell'imprenditore deve avere la finalità di produrre o di scambiare beni o servizi. La produzione di nuova ricchezza avviene solo aumentando i beni (o i servizi) presenti sul mercato oppure scambiando i beni (o i servizi) già esistenti. L'imprenditore deve agire nel mercato e per il mercato. Per esempio, Mario Rossi non è imprenditore se coltiva un orto e consuma con la famiglia tutti gli ortaggi che produce.

Estate (1573), opera del pittore milanese Giuseppe Arcimboldi detto «Arcimboldo» (1527-1553).

L'imprenditore deve organizzare i fattori della produzione e creare ricchezza

■ **L'organizzazione dell'attività.** È imprenditore solo chi organizza i tipici fattori della produzione (lavoro e capitale). Per svolgere la propria attività l'imprenditore deve organizzare locali, impianti, personale e così via. Questa organizzazione può assumere forme diverse, perché la legge non richiede all'imprenditore di raggiungere determinati livelli. Per esempio, Rossi è sicuramente imprenditore quando organizza il lavoro di 200 dipendenti, ma lo è anche quando gestisce da solo una piccola libreria in cui acquista i libri dal grossista, li dispone negli scaffali, stabilisce i prezzi e le modalità di vendita.

■ **L'esercizio di un'attività economica.** Quando parla di «attività economica» l'art. 2082 c.c. vuole sottolineare che l'imprenditore deve creare ricchezza: l'imprenditore deve sopportare dei costi per ottenere dei ricavi. Ovviamente, l'imprenditore Rossi cerca di ottenere ricavi superiori ai costi, per avere un profitto. L'esistenza del profitto non è però una condizione necessaria perché l'attività sia considerata «economica»: Rossi resta imprenditore anche in presenza di perdite (quando i costi superano i ricavi).

A questo proposito, va ricordato che il Codice di commercio del 1882 inseriva fra gli elementi essenziali anche «lo scopo di lucro». Il Codice civile del 1942 l'ha tolto. Perché? È vero che la maggioranza degli imprenditori esercita l'attività a scopo di lucro; non c'è nulla di male: nessuno ci vuole rimettere.

Il lucro è stato però tolto dagli elementi essenziali, perché nulla vieta che l'imprenditore Rossi eserciti la sua attività allo scopo di dare in beneficienza tutti i suoi profitti. Non è «fantadiritto»: Rossi potrebbe aver perso una persona cara per una grave malattia, e potrebbe aver deciso di dedicare il resto della sua vita ad aiutare la ricerca scientifica.

A questo proposito non dobbiamo dimenticare la sempre maggiore rilevanza delle imprese del Terzo settore (di cui ci siamo occupati nel volume per il secondo biennio).

L'imprenditore deve esercitare professionalmente la sua attività

■ **L'attività esercitata professionalmente.** L'imprenditore è tale quando la sua attività è esercitata in modo sistematico, cioè «professionalmente» e non «occasionalmente». Supponiamo che Rossi acquisti un appartamento per 200 000 euro e, dopo tre mesi, lo rivenda per 300 000 euro: Rossi ha fatto un ottimo affare (ha guadagnato 100 000 euro in tre mesi), ma non per questo è imprenditore; nell'esempio, Rossi è imprenditore solo se abitualmente compra e vende appartamenti.

Altra precisazione: «professionalmente» non significa «365 giorni all'anno». Pensiamo all'albergatore Rossi che, ogni anno, apre il suo albergo a Rimini dal 1° maggio al 30 settembre: Rossi è a tutti gli effetti imprenditore, nonostante la sua attività si svolga per 5 mesi su 12.

Gli elementi essenziali dell'imprenditore sono
- Attività diretta alla produzione o allo scambio
- Organizzazione dell'attività
- Esercizio di un'attività economica
- Attività esercitata professionalmente

■ **E il rischio?** Fra gli elementi essenziali non abbiamo trovato il *rischio*. Anche se il rischio non è inserito nell'art. 2082 c.c., la maggioranza degli studiosi concorda nel ritenerlo un elemento fondamentale: se non c'è il rischio non esiste l'imprenditore. Tutte le conseguenze (positive o negative) dell'attività economica ricadono per forza sull'imprenditore, e non su altri.

■ **Imprenditore e impresa.** Finora abbiamo sempre parlato di «imprenditore». E l'impresa? Il Codice civile non dà una definizione di impresa, che possiamo quindi identificare con lo svolgimento dell'attività dell'imprenditore: la nozione di impresa si ricava da quella di imprenditore.

D'ora in poi, utilizziamo come sinonimi i due termini e parliamo indifferentemente dell'«imprenditore Rossi» o dell'«impresa di Rossi».

La nozione di impresa si ricava da quella di imprenditore

L'azienda è costituita dai beni necessari per l'esercizio dell'impresa

■ **Impresa e azienda.** Leggiamo attentamente queste due frasi:
- Mario Rossi ha un'*impresa* di sedie;
- Mario Rossi ha un'*azienda* di sedie.

Nel linguaggio corrente possiamo usare indifferentemente queste espressioni: tutti capiscono «che cosa fa Rossi». Il diritto è più rigoroso: esiste una netta differenza fra l'impresa e l'azienda, di cui ci occuperemo ampiamente nell'unità D2.

Dell'impresa già sappiamo; nell'esempio è l'attività di produrre sedie svolta dall'imprenditore Rossi.

«L'azienda è il complesso dei beni organizzati dall'imprenditore per l'esercizio dell'impresa» (art. 2555 c.c.). L'azienda è quindi «lo strumento» di cui si serve l'imprenditore per la sua attività. Nell'esempio fanno parte dell'azienda di Rossi il magazzino, i macchinari, le scorte e così via.

Il professionista intellettuale non è imprenditore

■ **Il professionista intellettuale.** I liberi professionisti (avvocati, medici, architetti, notai), o più precisamente i «prestatori d'opera intellettuale», non sono considerati imprenditori.

Il professionista intellettuale diventa imprenditore solo «se l'esercizio della professione costituisce elemento di un'attività organizzata in forma d'impresa» (art. 2238 c.c.). Per esempio, il dottor Marco Bianchi non è un imprenditore, ma lo diventa nel momento in cui gestisce una casa di cura privata (dove pure il dottor Bianchi continua a esercitare come medico): il dottor Bianchi è imprenditore perché è anche il responsabile della clinica.

2 Il piccolo imprenditore

È piccolo imprenditore chi esercita un'attività professionale, organizzata prevalentemente con il lavoro proprio e dei componenti della famiglia

■ **La nozione di piccolo imprenditore.** L'art. 2083 c.c. afferma che «sono piccoli imprenditori i coltivatori diretti del fondo, gli artigiani, i piccoli commercianti», insieme a tutti «coloro che esercitano un'attività professionale organizzata prevalentemente con il lavoro proprio e dei componenti della famiglia». Per semplificare dividiamo in due parti questo articolo.

Nella prima parte l'art. 2083 c.c. stabilisce che sono piccoli imprenditori «i coltivatori diretti del fondo, gli artigiani, i piccoli commercianti». A una prima lettura, non sembrano esistere dubbi su queste tre figure:
- Mario Rossi è un piccolo imprenditore se coltiva personalmente il suo terreno (*coltivatore diretto del fondo*);
- Mario Rossi è un piccolo imprenditore se fa il sarto (*artigiano*);
- Mario Rossi è un piccolo imprenditore se ha un modesto negozio di frutta (*piccolo commerciante*).

Non è così semplice, perché alcune leggi successive al Codice civile hanno sensibilmente modificato lo stato giuridico di queste tre figure:
- la figura del «coltivatore diretto» è stata notevolmente ampliata, perché è considerato tale chi contribuisce anche solo per 1/3 alla coltivazione del suo fondo. Possiamo considerarlo un piccolo imprenditore?
- in base a una legge del 1985 un artigiano del settore dell'abbigliamento può assumere fino a 40 dipendenti. Possiamo considerarlo un piccolo imprenditore?
- recentemente un gioielliere ha speso centinaia di migliaia di euro per ristrutturare il suo negozio. Possiamo considerarlo un piccolo imprenditore?

A questa domanda (*possiamo considerarlo un piccolo imprenditore?*) risponde, o almeno tenta di farlo, il Codice civile.

Secondo il Codice civile un sarto è un piccolo imprenditore anche se può assumere per legge fino a 40 dipendenti.

Se proseguiamo la lettura, la seconda parte dell'art. 2083 c.c. stabilisce che sono piccoli imprenditori «coloro che esercitano un'attività professionale organizzata prevalentemente con il lavoro proprio e dei componenti della famiglia». Soffermiamoci su quel *prevalentemente*. Nel caso del piccolo imprenditore Rossi, la prevalenza del suo lavoro e di quello dei familiari deve essere intesa non solo rispetto al numero dei dipendenti, ma anche rispetto al capitale impiegato nell'attività. Supponiamo che nella «gioielleria Rossi» lavorino Mario Rossi, la moglie Luisa, il figlio Luca e due dipendenti: Rossi è piccolo imprenditore? Non è detto. Se fattura centinaia di migliaia di euro ogni anno, il gioielliere Rossi non può essere considerato un piccolo imprenditore, perché si ha la prevalenza del suo lavoro e di quello dei familiari rispetto al numero dei dipendenti (3 membri della famiglia Rossi e 2 dipendenti), ma non rispetto al capitale impiegato nell'attività.

La norma resta comunque un po' oscura. Secondo alcuni giuristi sarebbe necessaria una nuova stesura dell'art. 2083 c.c. che sostituisse il termine «prevalentemente» con dati oggettivi, misurabili e incontestabili.

Il piccolo imprenditore nella legge del 2006. Una legge del 2006 risponde a questo bisogno di oggettività e di chiarezza, laddove stabilisce che il piccolo imprenditore, per essere considerato tale, deve:

- aver investito nell'azienda meno di 300 000 euro;
- aver avuto un fatturato medio degli ultimi tre anni inferiore a 200 000 euro annui.

Il problema non è ancora del tutto risolto, ma la direzione è quella giusta.

Una legge del 2006 definisce con maggior precisione la figura del piccolo imprenditore

L'imprenditore ordinario. Finora ci siamo occupati solo del piccolo imprenditore. Il Codice civile non definisce né il «medio imprenditore» né il «grande imprenditore»; per questo motivo ricaviamo la nozione di *imprenditore ordinario* per esclusione: chi non è piccolo imprenditore è imprenditore ordinario (sia medio sia grande).

La distinzione fra il piccolo imprenditore e l'imprenditore ordinario ha una grande importanza perché, come vedremo, gli obblighi previsti dal Codice civile per il piccolo imprenditore sono meno gravosi rispetto a quelli dell'imprenditore ordinario.

È imprenditore ordinario chi non è piccolo imprenditore

3 L'impresa familiare

La nozione di impresa familiare. Supponiamo di entrare in un negozio di abbigliamento, dove lavorano da 25 anni solo due persone: Mario Rossi e la moglie Luisa. L'imprenditore è Mario Rossi, che è il titolare del negozio. Quel negozio era di suo padre, che lo aveva ereditato da suo nonno. Mario Rossi ci lavora da sempre, prima ancora di sposarsi.

Nell'impresa familiare collaborano i familiari dell'imprenditore in modo continuativo, senza altro tipo di contratto

Qual è il ruolo della moglie Luisa? Non esiste nulla che «ufficializzi» il suo lavoro nel negozio: il marito Mario Rossi non ha mai assunto la moglie Luisa, non ha mai pensato di cointestarle l'impresa...

Siamo sicuramente di fronte a un'impresa familiare. Secondo l'**art. 230-bis c.c.** si ha l'*impresa familiare* quando collaborano i familiari dell'imprenditore, che prestano «in modo continuativo la loro attività», senza avere un contratto con l'imprenditore stesso, e senza essere legati da un rapporto di società. L'impresa è familiare quando «collaborano il coniuge, i parenti entro il terzo grado, gli affini entro il secondo». L'impresa familiare è di piccole dimensioni, e la troviamo frequentemente nel commercio al dettaglio.

Per semplificare, riprendiamo in esame il negozio di abbigliamento dei coniugi Rossi dove, oltre al titolare, lavora solo la moglie. Quali sono i diritti della signora Luisa?

I diritti dei familiari dopo la riforma del 1975. Prima di rispondere, ricordiamo che l'art. 230-bis c.c. è stato introdotto dalla legge 19 maggio 1975, n. 151, *Riforma del diritto di famiglia*: non è un caso. Dal 1975 l'art. 230-bis c.c. stabilisce, fra l'altro, che «il familiare che presta in modo continuativo la sua attività di lavoro nell'impresa familiare» (nell'esempio la signora Luisa):

- ha diritto «al mantenimento secondo la condizione patrimoniale della famiglia»;
- partecipa agli utili dell'impresa familiare e ai beni acquistati con essi;
- partecipa agli incrementi dell'azienda, «in proporzione alla quantità e qualità del lavoro prestato»;
- ha diritto a decidere insieme al titolare «sull'impiego degli utili e degli incrementi», e partecipa alle decisioni «sugli indirizzi produttivi» dell'impresa stessa;
- deve «essere liquidato in danaro» in caso di cessazione dell'impresa, o di vendita dell'azienda.

La vetrina di un negozio di abbigliamento, che è spesso gestito da un'impresa familiare.

Con la riforma del diritto di famiglia del 1975 nell'impresa familiare vengono tutelati i diritti dei familiari del titolare

L'art. 230-bis c.c. si sente in dovere di ribadire che «il lavoro della donna è considerato equivalente a quello dell'uomo», come stabilito dall'art. 37 Cost.

Prima della riforma del diritto di famiglia del 1975, per la legge «esisteva» solo il titolare dell'impresa (solitamente il marito), e i familiari che lavoravano nell'impresa della famiglia (per esempio la moglie) erano privi di qualsiasi tutela giuridica. Questa normativa non portava necessariamente ad abusi ma, nel caso, non era in grado di evitarli.

4 L'imprenditore agricolo

Un imprenditore agricolo.

Rispetto alla natura dell'attività esercitata, il diritto distingue fra imprenditore agricolo e imprenditore commerciale.

La nozione di imprenditore agricolo. Secondo l'art. 2135 c.c. è imprenditore agricolo chi esercita una delle seguenti attività:
- «coltivazione del fondo;
- selvicoltura;
- allevamento di animali e attività connesse».

Approfondiamo questi punti.

Per coltivazione del fondo si intende qualsiasi produzione di beni agricoli

La coltivazione del fondo. Per «coltivazione del fondo» si intende qualsiasi produzione di beni agricoli, effettuata utilizzando la terra. L'imprenditore agricolo resta tale anche se assume dipendenti e usa macchinari. Per esempio, Mario Rossi è imprenditore agricolo perché produce ogni anno centinaia di quintali di grano, coltivando il suo podere insieme a tre dipendenti.

La selvicoltura è la coltivazione del bosco

La selvicoltura. La selvicoltura è la coltura della «selva». Ripensiamo a Dante e alla *Divina Commedia* («...mi ritrovai per una *selva* oscura...»): la selva è il bosco.

La selvicoltura è quindi la coltivazione del bosco; per esempio, Rossi ha ereditato dei boschi, da cui ricava del legname che vende a un mobilificio.

L'allevamento di animali deve essere inteso in senso ampio

L'allevamento di animali. L'espressione «allevamento di animali» deve essere intesa in un senso più ampio rispetto a quanto avviene nel linguaggio corrente. È imprenditore agricolo sia chi alleva «bestiame» (bovini, equini, suini, ovini), sia chi si occupa di itticoltura e così via.

L'attività agricola deve essere prevalente rispetto alle attività connesse

Le attività connesse. Si chiamano *connesse* quelle attività, esercitate dall'imprenditore agricolo, «dirette alla manipolazione, conservazione, trasformazione, commercializzazione e valorizzazione, che abbiano a oggetto prodotti ottenuti prevalentemente dalla coltivazione del fondo o del bosco o dall'allevamento di animali» (art. 2135 c.c.).

Supponiamo che il viticoltore Rossi non si limiti a coltivare i suoi vigneti e a vendere l'uva, ma produca anche del vino che poi rivende: Rossi è un imprenditore agricolo o un imprenditore commerciale? Dipende. Riprendiamo il concetto di «attività prevalente»:
- il viticoltore Rossi resta un imprenditore agricolo se vende modeste quantità di vino ad amici e conoscenti;
- il viticoltore Rossi diventa un imprenditore commerciale se ricava più dalla vendita del vino che dalla coltivazione dei suoi vigneti.

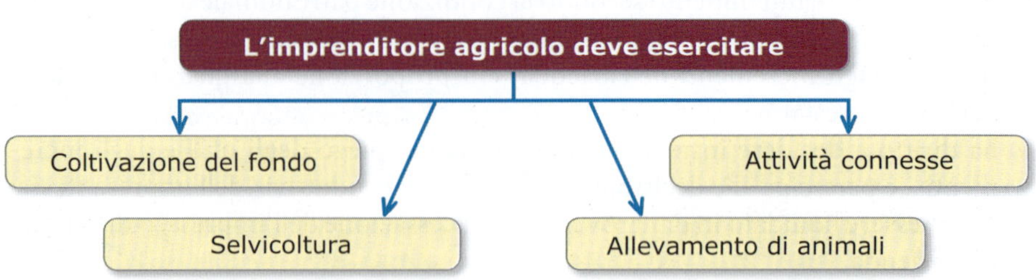

5 L'imprenditore commerciale

■ **L'imprenditore commerciale.** La parola «commerciale» non ci deve ingannare: l'imprenditore commerciale non è solo il negoziante o il grossista. In base all'**art. 2195 c.c.**, è imprenditore commerciale chi esercita una di queste attività:

- «un'attività industriale diretta alla produzione di beni o di servizi;
- un'attività intermediaria nella circolazione dei beni;
- un'attività di trasporto per terra, per acqua o per aria;
- un'attività bancaria o assicurativa;
- altre attività ausiliarie delle precedenti».

Al solito, approfondiamo queste attività.

L'attività industriale comprende la produzione di beni o servizi

■ **L'attività industriale diretta alla produzione di beni o di servizi.** L'«attività industriale diretta alla produzione di beni o di servizi» esclude ovviamente i beni agricoli, che sono prodotti dall'imprenditore agricolo. Rientrano invece tutte le attività dirette a produrre beni (di consumo, strumentali) o servizi; il Codice civile utilizza l'aggettivo «industriale» in senso ampio per contrapporlo ad «agricolo». Per esempio, Mario Rossi è imprenditore commerciale se produce camicie (o macchinari industriali), se gestisce un'impresa di pulizie (o un villaggio turistico) e così via.

■ **L'attività intermediaria nella circolazione dei beni.** Nel caso dell'«attività intermediaria nella circolazione dei beni» siamo di fronte al commerciante in senso stretto. Non importano le dimensioni dell'impresa: Rossi è imprenditore commerciale sia se è titolare di un piccolo negozio di calzature, sia se rivende all'ingrosso dei generi alimentari, sia se gestisce un ipermercato.

Un taxista, esercitando «un'attività di trasporto per terra», è un imprenditore commerciale.

■ **L'attività di trasporto.** È imprenditore commerciale chi esercita «un'attività di trasporto per terra, per acqua o per aria». Anche in questo caso gli esempi sono numerosi: Rossi è imprenditore commerciale se fa il taxista, se trasporta merci con un furgone, se organizza dei traghetti per portare le persone dalla terraferma a un'isola, se gestisce una compagnia aerea e così via.

L'attività bancaria o assicurativa è controllata dallo Stato

■ **L'attività bancaria o assicurativa.** È imprenditore commerciale anche chi esercita «un'attività bancaria o assicurativa». Si tratta di settori decisamente «delicati», che sono sottoposti a rigorosi controlli da parte dello Stato, per tutelare i consumatori. Comunque, sia le banche sia le assicurazioni sono imprese commerciali a tutti gli effetti.

■ **Le attività ausiliarie delle precedenti.** L'art. 2195 c.c. si conclude affermando che è imprenditore commerciale chi esercita «altre attività ausiliarie delle precedenti»; in questo caso gli esempi non sono agevoli. È comunque indubbio, per esempio, che è imprenditore commerciale chi esercita l'attività di mediatore; per esempio Rossi è titolare di un'agenzia immobiliare che compra e vende immobili.

L'incapace di agire può proseguire un'impresa commerciale, ma non può iniziarla

■ **Un imprenditore commerciale incapace di agire?** Ricordiamo che la capacità di agire è l'idoneità a esercitare sia i propri diritti sia i propri doveri, e che si acquista, di regola, a 18 anni. È *incapace assoluto* chi è totalmente privo della capacità di agire (il minore e l'interdetto), mentre è *incapace relativo* chi è privo solo parzialmente della capacità di agire (il minore emancipato e l'inabilitato).

È possibile che un imprenditore commerciale sia incapace di agire? Il buon senso ci fa dire di no. Il diritto, invece, distingue due ipotesi:

- l'incapace di agire non può iniziare un'impresa commerciale;
- l'incapace di agire può proseguire un'impresa commerciale già avviata.

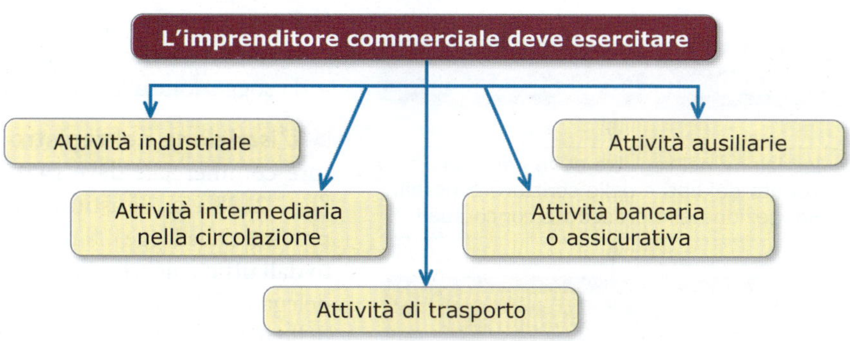

UN QUADRO

La falegnameria a Honjoo di Katsushika Hokusai

Il giapponese Katsushika-Hokusai (Edo, 1760-1849) fu un pittore e incisore molto famoso, che affascinò anche gli impressionisti francesi. Hokusai mantenne sempre una sua indipendenza stilistica, basata sull'Arte dell'Ukiyo («mondo fluttuante»). L'Arte dell'Ukiyo, tipica del Giappone, prevede una tecnica piuttosto complessa articolata in diverse fasi: si inizia creando un disegno che viene poi inciso su un blocco di legno, in seguito si dipinge il blocco di legno che servirà poi per la stampa.

L'opera più importante di Hokusai è *La grande onda*, una serie di 46 xilografie policrome che rappresentano il Monte Fuji nelle varie stagioni e nelle più diverse condizioni meteorologiche, in modo da cogliere la fragilità dell'uomo di fronte alla forza della natura.

Fra queste xilografie riproduciamo *La falegnameria a Honjoo* (*The timberyard at Honjoo*), pubblicata nel 1830 e conservata nel British Museum di Londra.

La falegnameria a Honjoo è uno splendido esempio della tecnica dello Ukiyo, in cui ritroviamo in lontananza il Monte Fuji, mentre la scena principale è rappresentata dal lavoro dei falegnami di Honjoo: di fronte alla fatica e all'abilità degli operai, anche la natura sembra passare in secondo piano!

Prendiamo il caso del minore. Se cercasse di iscriversi al registro delle imprese, la sua domanda sarebbe rifiutata; invece l'**art. 320 c.c.** afferma che l'esercizio di un'impresa commerciale può essere continuato dal minore «con l'autorizzazione del Tribunale, su parere del giudice tutelare».

Per esempio i coniugi Rossi, che gestiscono un'impresa commerciale, muoiono in un incidente, e lasciano come unico erede il figlio dodicenne Luca Rossi. In questo caso il Tribunale dei minorenni, su parere del giudice tutelare, può nominare tutore lo zio Marco Bianchi. Il tutore Bianchi, sotto il controllo dal giudice, gestisce l'impresa per conto del minore fino alla maggiore età, quando Luca Rossi diventerà imprenditore commerciale a tutti gli effetti, e prenderà il posto del tutore Bianchi (nell'esempio il dodicenne Luca Rossi diventerà maggiorenne dopo 6 anni). Se l'impresa fosse stata liquidata alla morte dei genitori, il minore Luca Rossi avrebbe subito un grave danno economico.

6 Lo statuto dell'imprenditore commerciale

Perché queste classificazioni? Che cosa importa se Rossi è un piccolo imprenditore o un imprenditore ordinario? Che cosa cambia se Rossi coltiva grano o produce camicie?

C'è una notevole differenza. Il Codice civile riserva un «trattamento particolare» all'imprenditore commerciale (non piccolo), che possiamo definire come lo «statuto dell'imprenditore commerciale».

L'imprenditore commerciale ha degli obblighi di fronte alla legge

■ Gli obblighi dell'imprenditore commerciale. L'imprenditore commerciale ha degli obblighi di fronte alla legge, che non ha né il piccolo imprenditore né l'imprenditore agricolo.

In particolare, l'imprenditore commerciale (non piccolo) ha tre obblighi:

- l'iscrizione nel registro delle imprese;
- la tenuta dei libri e delle scritture contabili;
- la soggezione alle procedure concorsuali.

L'imprenditore commerciale (non piccolo) ha questi obblighi
↓
- Iscrizione nel registro delle imprese
- Tenuta dei libri e delle scritture contabili
- Soggezione alle procedure concorsuali

↑
L'imprenditore agricolo non ha questi obblighi

■ L'iscrizione nel registro delle imprese. Anzitutto l'imprenditore commerciale deve iscriversi al registro delle imprese. Secondo l'**art. 2188 c.c.**, «è istituito il registro delle imprese per le iscrizioni previste dalla legge». Il registro delle imprese «è pubblico», ed è «tenuto dall'ufficio del registro delle imprese sotto la vigilanza di un giudice delegato dal presidente del Tribunale». Va ricordato che il registro delle imprese è entrato in funzione solo nel 1996.

La pubblicità dichiarativa. L'iscrizione al registro delle imprese conferisce solo una *pubblicità dichiarativa* all'attività dell'imprenditore, nel senso che porta solamente a conoscenza dei terzi i fatti più importanti della vita dell'impresa. Diversa è la funzione della «pubblicità costitutiva», che vale per le società di capitali (società per azioni, società a responsabilità limitata, società in accomandita per azioni) che si costituiscono solo con l'iscrizione al registro delle imprese.

L'iscrizione al registro delle imprese conferisce una pubblicità dichiarativa all'attività dell'imprenditore

La procedura di iscrizione. Entro 30 giorni dall'inizio dell'attività, «l'imprenditore che esercita un'attività commerciale deve chiedere l'iscrizione all'ufficio del registro delle imprese nella cui circoscrizione stabilisce la sede, indicando fra l'altro:

- il cognome e il nome, il luogo e la data di nascita, la cittadinanza;
- la ditta;
- l'oggetto dell'impresa;
- la sede dell'impresa» (art. 2196 c.c.).

Per esempio, l'imprenditore Mario Rossi, che inizia la sua attività di produzione di camicie in un comune della provincia di Torino, deve recarsi all'ufficio del registro delle imprese di Torino, e fare la domanda per chiedere l'iscrizione.

L'imprenditore deve iscrivere nel registro delle imprese tutti i dati relativi alla sua attività

«Prima di procedere all'iscrizione, l'ufficio del registro deve accertare l'autenticità della sottoscrizione, e il concorso delle condizioni richieste dalla legge per l'iscrizione». Nell'esempio, l'ufficio del registro delle imprese di Torino verifica che quanto dichiarato da Rossi nella domanda sia vero, e che non esistono quindi motivi per rifiutare l'iscrizione; da questo momento l'attività dell'imprenditore Rossi si presume conosciuta da chiunque.

Nella vita di un'impresa tante cose si modificano; in questi casi, l'imprenditore deve «chiedere l'iscrizione delle modificazioni» entro 30 giorni «da quello in cui le modificazioni si verificano». Per esempio, se Rossi sposta la sede in un altro comune del torinese, deve darne comunicazione all'ufficio del registro delle imprese di Torino.

La macchina da scrivere (1917) del pittore portoghese Amedeo de Souza Cardoso (1887-1918).

L'efficacia dell'iscrizione. L'iscrizione al registro delle imprese ha sia efficacia positiva sia efficacia negativa:

- l'iscrizione ha *efficacia positiva* perché tutti i fatti iscritti nel registro delle imprese si presumono conosciuti dai terzi, senza possibilità di prova contraria. Stabilisce infatti l'art. 2193 c.c. che «l'ignoranza dei fatti dei quali la legge prescrive l'iscrizione non può essere opposta dai terzi»;
- l'iscrizione ha *efficacia negativa* perché l'imprenditore non può opporre ai terzi i fatti che avrebbero dovuto essere iscritti e che lui non ha iscritto, a meno che l'imprenditore stesso «provi che i terzi ne abbiano avuto conoscenza».

L'iscrizione al registro delle imprese ha sia efficacia positiva sia efficacia negativa

Analizziamo questo articolo, prendendo come esempio il trasferimento della sede dell'impresa di Rossi:

- se Rossi ha iscritto il trasferimento della sede, si presume che tutti lo sappiano: in nessun caso Marco Bianchi può invocare la sua ignoranza al riguardo (Bianchi potrebbe essere in buona fede, ma al diritto non interessa);
- se Rossi non ha iscritto il trasferimento della sede, Bianchi può controbattere che non lo sapeva; però l'art. 2193 c.c. concede a Rossi un'altra opportunità: Rossi può dimostrare che Bianchi era a conoscenza del trasferimento nonostante la mancata iscrizione.

Due pesi e due misure? Forse...

La tenuta delle scritture contabili. Il secondo obbligo a cui è tenuto l'imprenditore commerciale è quello di tenere regolarmente i libri e le scritture contabili.

L'imprenditore commerciale deve tenere regolarmente i libri e le scritture contabili

Le scritture di cui ci occupiamo sono relative solo all'aspetto civilistico dell'attività dell'imprenditore, e non vanno quindi confuse con le scritture obbligatorie per la normativa fiscale.

Le scritture contabili obbligatorie. L'art. 2214 c.c. stabilisce che «l'imprenditore che esercita un'attività commerciale deve tenere»:

- il libro giornale, che indica, giorno per giorno, le operazioni dell'impresa;
- il libro degli inventari, che contiene l'attivo e il passivo dell'impresa;
- le altre scritture contabili «che siano richieste dalla natura e dalle dimensioni dell'impresa».

L'imprenditore commerciale deve tenere
- Il libro giornale
- Il libro degli inventari
- Le altre scritture contabili eventualmente richieste

L'imprenditore deve inoltre «conservare ordinatamente, per ciascun affare, gli originali delle lettere, dei telegrammi e delle fatture ricevute, nonché le copie delle lettere, dei telegrammi e delle fatture spedite». Le scritture contabili devono essere tenute rispettando certe regole; per esempio, se è necessaria una cancellazione, questa deve essere eseguita in modo che le parole cancellate siano leggibili.

Le scritture devono essere conservate per almeno dieci anni dalla data dell'ultima registrazione.

L'obbligo di tenuta delle scritture contabili vuole tutelare i creditori

■ **Uno strumento a tutela dei creditori.** La tenuta di una corretta contabilità è anzitutto nell'interesse dell'imprenditore, che in questo modo riesce sempre ad avere sotto controllo l'andamento della sua impresa.

Ma la vera ragione dell'obbligo è un'altra: tutelare i creditori. La tenuta della contabilità è per legge obbligatoria perché consente di ricostruire, in ogni momento, la situazione patrimoniale dell'imprenditore. Per esempio, nell'ipotesi estrema del fallimento, è possibile scoprire se l'imprenditore ha compiuto degli atti per favorire alcuni creditori e per danneggiarne altri; una volta accertati, questi atti vengono annullati dal giudice.

Le scritture contabili sono mezzi di prova contro l'imprenditore e, più raramente, a suo favore

■ **L'efficacia probatoria delle scritture contabili.** Nei processi civili le scritture contabili hanno «efficacia probatoria contro l'imprenditore»; in particolare «i libri e le altre scritture contabili delle imprese soggette a registrazione» fanno prova «contro l'imprenditore» (art. 2709 c.c.). Per esempio, in un processo civile, il dipendente Marco Bianchi sostiene di avere un credito di 12 000 euro nei confronti dell'imprenditore Mario Rossi; se quel debito di 12 000 euro risulta dalla contabilità di Rossi, il dipendente Bianchi vince sicuramente la causa: l'imprenditore Rossi ha, di fatto, ammesso il suo debito.

Essendo «prove documentali», le scritture fanno *prova contro l'imprenditore*, anche se non sono tenute regolarmente. Nell'esempio, Rossi non può sostenere di non dover pagare i 12 000 euro al dipendente Bianchi perché nelle scritture ci sono delle irregolarità, di cui lui stesso è responsabile!

Le scritture contabili possono essere utilizzate come mezzi di *prova a favore dell'imprenditore*, anche se questo avviene raramente. Per esempio, «i libri bollati e vidimati nelle forme di legge, quando sono regolarmente tenuti, possono fare prova tra imprenditori per i rapporti inerenti all'esercizio dell'impresa» (art. 2710 c.c.).

Ipotizziamo che sia Rossi sia Neri siano imprenditori: Rossi vanta un credito di 230 000 euro nei confronti di Neri; se quei 230 000 euro risultano dalla contabilità di Rossi (che deve essere assolutamente regolare), rappresentano un mezzo di prova a favore dell'imprenditore Rossi e contro l'imprenditore Neri.

L'imprenditore commerciale è soggetto alle procedure concorsuali

■ **La soggezione alle procedure concorsuali.** L'ultimo obbligo dell'imprenditore commerciale è la «soggezione alle procedure concorsuali». Semplificando, le procedure concorsuali, in particolare il fallimento, sono procedimenti giudiziari con cui, una volta accertato lo stato di insolvenza dell'imprenditore, si liquida l'intero patrimonio del debitore-imprenditore, per distribuirlo fra i creditori in base a un principio di equità.

Le *procedure concorsuali* sono:

- il fallimento;
- il concordato preventivo;
- la liquidazione coatta amministrativa;
- l'amministrazione straordinaria.

7 I rappresentanti dell'imprenditore commerciale

Sono rappresentanti dell'imprenditore commerciale
- L'institore ha un potere di rappresentanza generale
- Il procuratore ha un potere di rappresentanza speciale
- Il commesso ha un potere di rappresentanza molto limitato

■ **La rappresentanza dell'imprenditore.** L'imprenditore commerciale ha bisogno di collaboratori per poter esercitare la sua attività; si tratta di persone che possono o trovarsi alle sue dipendenze o avere un rapporto di lavoro autonomo.

Va sottolineato che alcuni di questi ausiliari hanno il potere di rappresentare l'imprenditore stesso, seppur a diversi livelli. Fra questi rappresentanti dell'imprenditore ricordiamo l'institore, il procuratore e il commesso.

■ **L'institore.** L'institore (dal latino *instare* = sovrastare) ha un potere di «rappresentanza generale» ed è preposto «all'esercizio di un'impresa commerciale», o di un ramo particolare di questa, o «di una sede secondaria» (**art. 2203 c.c.**); non ha superiori gerarchici e l'unica persona a cui deve rispondere è l'imprenditore stesso.

L'institore può compiere «tutti gli atti pertinenti all'esercizio dell'impresa a cui è preposto», ma «non può alienare o ipotecare i beni immobili» dell'imprenditore «se non è stato a ciò espressamente autorizzato». L'institore è dotato di grande autonomia: può dare ordini, assumere, licenziare, promuovere, acquistare, vendere e così via.

Per esempio Mario Rossi, institore dell'impresa Alfa, ha la direzione generale della sede di Napoli e, recentemente, ha fatto licenziare un centralinista per scarso rendimento.

Il cameriere di un ristorante è un «commesso» secondo il Codice civile.

■ **Il procuratore.** Il procuratore ha un potere di «rappresentanza speciale», cioè più limitato rispetto all'institore, da cui solitamente dipende. Il procuratore è a capo di un preciso settore dell'impresa (marketing, vendite, personale), all'interno del quale decide con la massima autonomia.

Nell'esempio Marco Bianchi, procuratore dell'impresa Alfa, è il direttore dell'ufficio del personale della sede di Napoli, ed è stato proprio lui a proporre il licenziamento del centralinista all'institore Rossi.

■ **Il commesso.** Il commesso è un ausiliario minore dell'imprenditore e può compiere solo gli atti relativi alle sue mansioni. Il commesso è dotato di poteri di rappresentanza molto limitati. È, per esempio, il caso dei camerieri dei ristoranti, dei commessi dei negozi, degli impiegati di sportello e così via.

Nell'esempio Carlo Verdi, commesso dell'impresa Alfa, è... il centralinista licenziato dall'institore Rossi su proposta del procuratore Bianchi!

8 La disciplina della concorrenza

La libertà di concorrenza favorisce i consumatori

■ **La concorrenza.** L'**art. 41 Cost.**, nell'affermare che «l'iniziativa economica privata è libera», vuole anche aumentare la concorrenza, incentivando la presenza di una molteplicità di imprese sul mercato. La concorrenza stimola le imprese a migliorare la propria efficienza per ridurre i costi, e consente un abbassamento dei prezzi. Ipotizziamo che sia l'impresa Alfa sia l'impresa Beta vendano un televisore al prezzo di 200 euro; se l'impresa Alfa riesce ad abbassare i suoi costi in modo da ridurre il prezzo a 180 euro, subito l'impresa Beta la vorrà imitare e, se riesce a ridurre i costi, abbasserà il suo prezzo a 170 euro: la libertà di concorrenza ha favorito il consumatore che, nell'esempio, paga un televisore 170 euro (invece dei 200 euro iniziali).

La libertà di scegliere una professione va intesa come assenza di vincoli giuridici

Anche nell'Unione europea è riconosciuta la libertà di concorrenza; in particolare l'articolo 15 della *Carta dei diritti fondamentali dell'Unione europea* (d'ora in poi **art. 15 Carta UE**), dedicato alla libertà professionale e al diritto di lavorare, estende il concetto affermando che «ogni persona ha il diritto di lavorare e di esercitare una professione liberamente scelta o accettata». In questo caso la parola «libertà» deve essere intesa solo come assenza di obbligo giuridico; per esempio, nessuno può obbligare Lorenzo Verdi, laureato in giurisprudenza, ad aprire uno studio d'avvocato. Spesso però una persona è «costretta» a iniziare una professione che non trova gratificante, solo perché ne ha bisogno; nell'esempio, Verdi decide di aprire lo studio d'avvocato perché, nel frattempo, è diventato papà.

La concorrenza deve essere esercitata in modo corretto e leale

■ **I limiti legali alla concorrenza.** La concorrenza deve essere esercitata in modo corretto e leale. Anzitutto «la concorrenza deve svolgersi in modo da non ledere gli interessi dell'economia nazionale», e deve rispettare i «limiti stabiliti dalla legge» (**art. 2595 c.c.**).

Con gli atti di concorrenza sleale gli imprenditori vogliono danneggiarsi a vicenda

■ **Il divieto della concorrenza sleale.** Nell'unità D2 ci occuperemo della normativa sulla tutela dei segni distintivi dell'azienda e dei diritti di brevetto. L'obiettivo di questa normativa è quello di mantenere la correttezza nel cinico «mondo degli affari».

Il Codice civile elenca gli atti di concorrenza sleale, raggruppandoli in tre categorie:

Sono atti di concorrenza sleale
- Gli atti in grado di creare confusione nei consumatori
- Gli atti tali da denigrare i prodotti delle altre imprese
- Gli altri atti contrari alle regole della correttezza professionale

- atti in grado di creare confusione nei consumatori;
- atti tali da denigrare i prodotti delle altre imprese;
- altri atti contrari alle regole della correttezza professionale.

Questi atti di concorrenza sleale possono essere compiuti dagli imprenditori per danneggiarsi a vicenda.

Gli atti in grado di creare confusione nei consumatori. Compie atti in grado di creare confusione nei consumatori chiunque «usa nomi o segni distintivi idonei a produrre confusione con i nomi o con i segni distintivi legittimamente usati da altri» (art. 2598 c.c.).

Come consumatori, e come cittadini, siamo sommersi dal mercato dei «beni firmati contraffatti» soprattutto nel settore della moda (abbigliamento, borse, calzature). Sotto questo aspetto, fermo restando il rigore da utilizzare contro i falsari, sarebbe opportuno un maggior senso critico da parte dei consumatori: spesso chi non può avere l'abito «firmato» ne compra uno simile col marchio contraffatto. Perché? Bisogna ricordare che commette un illecito non solo chi produce e vende i «falsi firmati», ma anche chi li acquista. A volte questa forma di concorrenza sleale viene «giustificata» con gli alti prezzi dei beni originali: «poiché il prezzo delle scarpe originali è troppo alto, io le compro "false"». Non sarebbe meglio acquistare altre scarpe, diverse sia dalle originali (che sono troppo costose) sia da quelle contraffatte (che sono illegali)?

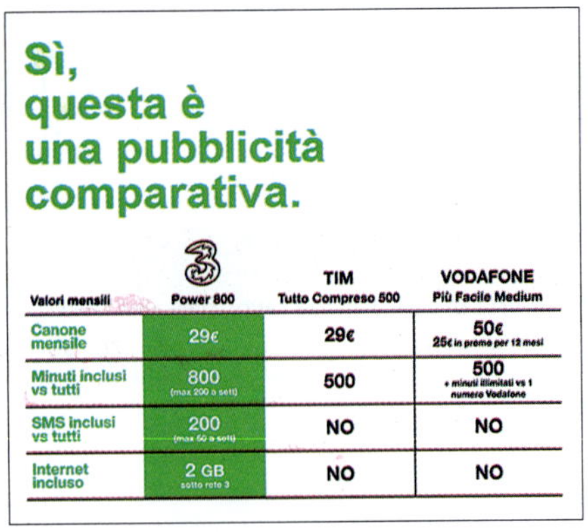

Una pubblicità comparativa.

Gli atti tali da denigrare i prodotti delle altre imprese. Compie atti di denigrazione chi «diffonde notizie e apprezzamenti sui prodotti e sull'attività di un concorrente, idonei a determinarne il discredito».

Il discredito sul prodotto o sull'attività altrui avviene solitamente attraverso notizie non verificate: «sembra che l'impresa Alfa metta in circolazione generi alimentari di dubbia provenienza», oppure «si dice che l'impresa Beta sia in gravi difficoltà coi fornitori», oppure «pare che i cioccolatini Gamma abbiano causato dei ricoveri ospedalieri per intossicazione».

Sotto questo aspetto è invece assolutamente lecita la *pubblicità comparativa*, che è basata su un verificato confronto fra il proprio prodotto (e il relativo prezzo) e quelli delle imprese concorrenti; oggi si fa largo uso della pubblicità comparativa nella telefonia fissa e mobile, nei beni alimentari e negli elettrodomestici. La pubblicità comparativa deve essere ben gestita per non diventare denigratoria.

Gli altri atti contrari alle regole della correttezza professionale. Compie atti di concorrenza sleale anche chi «si vale direttamente o indirettamente di ogni altro mezzo non conforme ai princìpi della correttezza professionale e idoneo a danneggiare l'altrui azienda». Si tratta di una categoria residuale, perché comprende tutti gli atti di concorrenza sleale non compresi nelle precedenti due categorie. Un esempio può essere dato da chi utilizza lo «spionaggio industriale» per appropriarsi dei risultati della ricerca dei concorrenti.

La tutela giudiziaria contro la concorrenza sleale. Chiunque si ritenga vittima di atti di concorrenza sleale può agire in giudizio contro l'autore. Se accerta gli atti di concorrenza sleale, il giudice «ne inibisce la continuazione e dà gli opportuni provvedimenti affinché ne vengano eliminati gli effetti» (art. 2599 c.c.).

La sentenza del giudice ha:
- *effetto inibitorio*, perché proibisce la continuazione degli atti di concorrenza sleale;
- *effetto riparatorio*, perché il giudice adotta tutti gli strumenti possibili per eliminare i danni provocati dalla concorrenza sleale (per esempio ordina il sequestro e la distruzione dei prodotti contraffatti);
- *effetto risarcitorio*, perché se il concorrente sleale ha agito con dolo o con colpa è tenuto al risarcimento del danno nei confronti dell'imprenditore danneggiato; «in tale ipotesi può essere ordinata la pubblicazione della sentenza».

La sentenza che accerta atti di pubblicità sleale provoca
- Un effetto inibitorio
- Un effetto riparatorio
- Un effetto risarcitorio

SINTESI

- L'**imprenditore sotto il profilo giuridico** ▶ **§1** deve possedere quattro requisiti essenziali:
  - l'attività deve avere il «fine della produzione o dello scambio di beni o di servizi»;
  - l'imprenditore deve «organizzare» i fattori produttivi;
  - si deve trattare di un'«attività economica» avente carattere patrimoniale;
  - l'attività deve essere esercitata «professionalmente» e non occasionalmente.

- La nozione di **impresa** ▶ **§1** si ricava da quella di imprenditore.
- Il **professionista intellettuale** ▶ **§1** non è imprenditore.
- È **piccolo imprenditore** ▶ **§2** chi esercita un'attività professionale, organizzata prevalentemente con il lavoro proprio e dei componenti della sua famiglia.
- È **imprenditore ordinario** ▶ **§2** chi non è piccolo imprenditore.
- Nell'**impresa familiare** ▶ **§3** collaborano i familiari dell'imprenditore, che lavorano in modo continuativo, senza altro tipo di contratto. Con la **riforma del diritto di famiglia del 1975** ▶ **§3** nell'impresa familiare sono tutelati i diritti dei familiari del titolare.
- È **imprenditore agricolo** ▶ **§4** chi esercita un'attività di coltivazione del fondo, di selvicoltura, di allevamento (o connessa a queste).
- È **imprenditore commerciale** ▶ **§5** chi esercita un'attività diretta alla produzione di beni o servizi, intermediaria nella circolazione dei beni, di trasporto, bancaria o assicurativa (o ausiliaria a queste).
- L'**incapace di agire** ▶ **§5** può proseguire un'impresa commerciale, ma non può iniziarla.
- Lo **statuto dell'imprenditore commerciale** ▶ **§6**, che non deve essere piccolo, prevede tre obblighi:
  - l'**iscrizione nel registro delle imprese** ▶ **§6**, che conferisce una pubblicità dichiarativa all'attività dell'imprenditore;
  - la **tenuta dei libri e delle scritture contabili** ▶ **§6**, che ha il fine di tutelare i creditori. Solitamente le scritture contabili sono mezzi di prova contro l'imprenditore;
  - la **soggezione alle procedure concorsuali** ▶ **§6**, che sono il fallimento, il concordato preventivo, la liquidazione coatta amministrativa e l'amministrazione straordinaria.

- Sono **rappresentanti dell'imprenditore commerciale** ▶ **§7** l'institore, il procuratore e il commesso.

- La **libertà di concorrenza** ▶ **§8** favorisce i consumatori.
- Compie atti di **concorrenza sleale** ▶ **§8** chi:
  - mette in commercio beni contraffatti in grado di creare confusione nei consumatori;
  - mette in circolazione voci denigratorie sui concorrenti o sui loro prodotti;
  - compie atti non conformi alla correttezza professionale.

VERIFICA LE TUE CONOSCENZE

1 ***Risolvi le seguenti scelte multiple indicando la risposta esatta fra quelle possibili.***

A

Per essere piccolo imprenditore è necessario che ci sia prevalenza

1. del lavoro personale su lavoro e capitale
2. del lavoro familiare su lavoro e capitale
3. del lavoro personale e familiare su lavoro e capitale

B

La nozione di impresa si ricava da quella di

1. azienda
2. ditta
3. imprenditore

1 **È un elemento essenziale dell'imprenditore**

a il rischio
b il lucro
c l'organizzazione
d l'onestà

2 **È imprenditore ordinario chi non è**

a imprenditore commerciale
b imprenditore agricolo
c piccolo imprenditore
d grande imprenditore

3 **L'incapace di agire**

a può esercitare un'impresa commerciale
b non può esercitare un'impresa commerciale
c può iniziare un'impresa commerciale ma non può proseguirla
d può proseguire un'impresa commerciale ma non può iniziarla

4 **Nell'impresa familiare sono più tutelati i diritti dei familiari del titolare dopo**

a la legge sul divorzio del 1970
b il referendum sul divorzio del 1974
c la riforma del diritto di famiglia del 1975
d la legge sulle unioni civili del 2016

5 **Ha un potere di rappresentanza speciale**

a l'institore
b il procuratore
c il commesso
d il delegato

6 **Non è un atto di concorrenza sleale**

a abbassare i prezzi
b creare confusione nei consumatori
c denigrare i prodotti di altre imprese
d compiere atti contrari alla correttezza professionale

MISURA LE TUE ABILITÀ

2 ***Risolvi i seguenti quesiti vero o falso e motiva la tua risposta.***

1 **L'imprenditore deve creare ricchezza**

VERO ☐ **FALSO** ☐

PERCHÉ ____________________

____

2 **Una banca privata è un'impresa commerciale**

VERO ☐ **FALSO** ☐

PERCHÉ ____________________

____

3 Il coltivatore del fondo è un imprenditore agricolo

VERO ☐ FALSO ☐

PERCHÉ ____________________

____

4 L'attività agricola deve essere prevalente rispetto alle attività connesse

VERO ☐ FALSO ☐

PERCHÉ ____________________

____

5 L'obbligo di tenuta delle scritture contabili vuole tutelare i creditori

VERO ☐ FALSO ☐

PERCHÉ ____________________

____

6 La pubblicità comparativa è illecita

VERO ☐ FALSO ☐

PERCHÉ ____________________

____

3 ***Completa la tabella che segue.***

Attività	Imprenditore
Bancaria	(1)
Trasporto	(2)
Selvicoltura	(3)
Allevamento di animali	(4)
Assicurativa	(5)

ALLENA LE TUE COMPETENZE

4 ***Sulla base di quanto hai imparato in questa unità, rispondi ai seguenti «casi».***

1 **Individuare le caratteristiche del piccolo imprenditore, ascoltando il discorso di un amico.**

Un tuo amico è indignato: «Ho appena saputo che la più famosa impresa di abbigliamento della città è considerata una "piccola impresa". È chiaramente un'illegalità visto che i dipendenti sono una ventina!»

▶ ***Una piccola impresa può assumere venti dipendenti?***

____

2 **Riconoscere quando l'attività è esercitata professionalmente, osservando un imprenditore di tua conoscenza.**

Un amico di famiglia è criticato per la sua «non eccessiva» voglia di lavorare. Da poco tempo ha aperto un'agenzia immobiliare, che riceve il pubblico solo il lunedì mattina e il mercoledì pomeriggio.

▶ ***Sotto il profilo giuridico si può considerare un imprenditore?***

____

3 **Sottolineare la differenza fra impresa e azienda, attraverso l'errore di un politico.**

Un politico in televisione afferma: «Quest'anno sono nate molte nuove aziende. È un segno di ripresa della nostra economia!». L'affermazione non è corretta.

▶ ***Come modifichi la frase per renderla giuridicamente corretta?***

____

4 **Distinguere fra la pubblicità comparativa (legale) e la denigrazione dei prodotti delle altre imprese (illegale), leggendo una pubblicità su un quotidiano.**

La Deltaphone, importante gestore di telefonia fissa e mobile, ha pubblicato su un quotidiano questo messaggio promozionale: «La Deltaphone ti offre 500 minuti di chiamate e 500 sms verso tutti i telefoni (cellulari e fissi) di tutte le compagnie al prezzo di 15 euro per un mese; invece la Gammaphone, per lo stesso prezzo, ti offre 700 minuti di chiamate e 700 sms ma solo verso i telefoni (cellulari e fissi) della Gammaphone.»

▶ ***È una pubblicità comparativa o una denigrazione dei prodotti della concorrenza?***

____

Riprendiamo il dibattito

Dopo aver studiato l'unità, prepara il tuo punto di vista per continuare il dibattito iniziato in apertura di lezione (▶ *La parola a te!*).

La tua famiglia vive in campagna ed esercita un'impresa agricola, basata sulla coltivazione del fondo. Da qualche tempo tua madre ha iniziato a produrre vasetti di marmellata che «vanno a ruba».

▶ ***Pensi che vi trasformerete in un'impresa commerciale?***

- Partendo da quanto sopra affermato, esegui a casa una ricerca online e consulta il tuo libro di testo per preparare una breve tabella che contenga gli elementi principali dell'argomento trattato e che ti aiuti a esporre il tuo punto di vista.
- Con l'aiuto della tabella, partecipa al dibattito che il docente avvia in aula.

A CASA 1 ORA

IN AULA 20 MINUTI

D2 L'azienda

A te la parola!

Il tuo vicino ha venduto il suo negozio di abbigliamento. È amareggiato e pentito: «A causa del divieto di concorrenza, non potrò più aprire un negozio di abbigliamento in questa città!».

5 MINUTI

▶ *Perché il tuo vicino esagera?*

Con l'aiuto dell'insegnante e in piccoli gruppi prova a esporre il tuo punto di vista.

1 La nozione di azienda

■ **L'impresa e l'azienda.** Nel linguaggio corrente i termini «impresa» e «azienda» sono considerati sinonimi, invece per il diritto sono due concetti ben distinti.

Come si è visto nell'unità D1, l'impresa è l'attività esercitata dall'imprenditore. E l'azienda? Dedichiamo questa unità D2 all'analisi dell'azienda sotto il profilo giuridico ed economico.

«L'azienda è il complesso dei beni organizzati dall'imprenditore per l'esercizio dell'impresa» (art. 2255 c.c.)

■ **L'azienda è...** L'azienda è «il complesso dei beni organizzati dall'imprenditore per l'esercizio dell'impresa» (**art. 2255 c.c.**). L'azienda è lo strumento indispensabile per esercitare l'attività di impresa: l'azienda è il mezzo e l'impresa è il fine.

L'azienda è quindi composta da tutti i fattori produttivi che l'imprenditore utilizza nel processo produttivo.

L'azienda comprende beni materiali, beni immateriali e servizi

■ **...il complesso dei beni organizzati...** I beni che compongono l'azienda possono essere:

- *beni materiali*, come, per esempio, gli edifici, gli impianti, i macchinari, le merci, le scorte di magazzino, il denaro e così via;
- *beni immateriali*, come, per esempio, i segni distintivi (ditta, insegna, marchio) e i brevetti industriali (che analizziamo fra poco);
- *servizi*, che si coordinano e si organizzano nell'azienda (per esempio le energie dei prestatori di lavoro).

Questi beni non devono essere considerati nella loro singolarità, ma sono appunto «organizzati» per un unico scopo: lo svolgimento dell'attività di impresa.

■ ...per l'esercizio dell'impresa. Non è necessario che l'imprenditore sia anche il proprietario dei beni (cioè dell'azienda), che possono appartenere anche a terzi.

L'importante è che l'imprenditore (come proprietario, come affittuario) possa utilizzare i beni che formano l'azienda per l'esercizio dell'impresa. Per esempio, fa parte dell'azienda il laboratorio in cui viene svolta l'attività di impresa anche se l'imprenditore l'ha preso in affitto.

L'imprenditore utilizza i beni che formano l'azienda per l'esercizio dell'impresa

2 L'avviamento dell'azienda

■ La clientela. La clientela è l'insieme dei consumatori convinti di acquistare un dato bene o un certo servizio offerto da una determinata azienda.

La *clientela* è un elemento fondamentale per l'azienda, perché da essa dipende il profitto che l'imprenditore ricava dalla sua attività; per esempio, nel caso del negoziante di abbigliamento Rossi, avere «una clientela di prestigio» è sinonimo di vendita e di guadagno.

La clientela è l'insieme dei consumatori convinti di acquistare un certo bene offerto da una determinata azienda

■ L'avviamento. L'avviamento indica la capacità dell'azienda di produrre ricchezza e reddito: l'avviamento è la potenzialità economica dell'azienda. Si può quindi dire che la clientela è un indice dell'avviamento.

Approfondiamo il concetto di *avviamento* utilizzando un esempio. Immaginiamo, in un primo momento, di avere quattro macchinari accatastati in uno stabile: il loro valore sarà esclusivamente quello dei singoli beni e del locale che li contiene.

Ora immaginiamo che quei quattro macchinari siano disposti in modo da consentire una produzione rapida ed efficiente, con un'organizzazione dell'attività tale da permettere guadagno e clientela. I beni sono gli stessi ma, in questo secondo caso, la predisposizione ordinata e produttiva dei beni consente di aumentare il valore economico all'azienda. Questo maggior valore economico costituisce l'avviamento, che possiamo quindi definire come l'aumento di valore dell'azienda che nasce dal fatto che i beni che la compongono sono organizzati e coordinati per l'esercizio dell'impresa.

Un'azienda durante la rivoluzione industriale.

L'avviamento è l'aumento di valore dell'azienda, che nasce dal fatto che i beni che la compongono sono organizzati per l'esercizio dell'impresa

■ L'avviamento soggettivo... Bisogna distinguere tra l'avviamento soggettivo e l'avviamento oggettivo.

L'*avviamento soggettivo* indica l'abilità operativa dell'imprenditore sul mercato e, in particolare, la sua capacità di creare, conservare e accrescere la clientela. Per esempio, nel negozio di abbigliamento Alfa «non si vedeva mai nessuno», ma da quando lo gestisce Luisa Neri la clientela è notevolmente aumentata, grazie all'educazione e alla competenza della signora Neri.

L'avviamento soggettivo è dato dall'abilità operativa dell'imprenditore

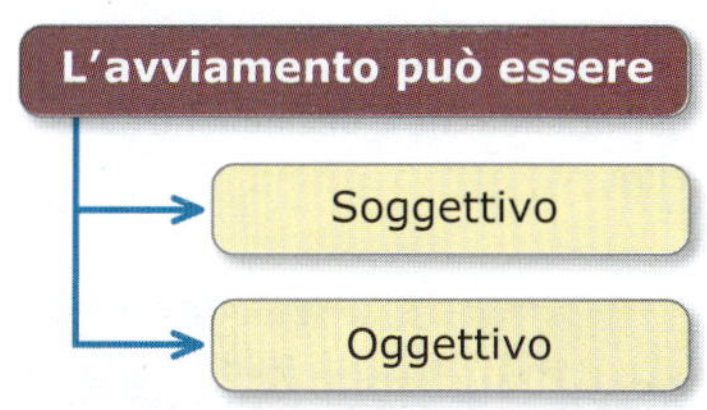

■ ...e l'avviamento oggettivo. L'*avviamento oggettivo* è ricollegabile agli elementi dell'azienda e al luogo in cui si svolge l'attività. L'avviamento oggettivo fa parte del funzionamento dell'azienda, perché rimane anche se cambia il titolare. Per esempio, il barista Marco Bianchi faceva «affari d'oro» quando gestiva un bar nel centro storico, invece adesso che si è trasferito in periferia Bianchi ha pochissimi clienti.

L'avviamento oggettivo è ricollegabile agli elementi dell'azienda e al luogo di ubicazione

3 Il trasferimento dell'azienda

■ Il trasferimento dell'azienda. L'azienda può essere trasferita da un imprenditore a un altro. «Trasferire un'azienda» non significa necessariamente «venderla», perché è possibile mantenerne la proprietà e trasferirne solo il godimento: l'azienda può essere affittata, può essere concessa in usufrutto e così via.

È possibile vendere anche un solo bene dell'azienda, ma il legislatore ha previsto una normativa dettagliata per favorire la circolazione dell'intero complesso aziendale. Analizziamo quindi il *trasferimento dell'azienda* e non il trasferimento dei

L'azienda può essere trasferita da un imprenditore a un altro

singoli beni aziendali. Va precisato che può essere ceduta anche una parte dell'azienda, in questo caso si parla di cessione di un «ramo aziendale» che deve essere dotato di autonomia operativa.

I contratti di trasferimento dell'azienda devono osservare le norme per il trasferimento dei singoli beni aziendali

La forma del trasferimento. I contratti che hanno per oggetto il trasferimento dell'azienda sono validi se vengono osservate «le forme stabilite dalla legge per il trasferimento dei singoli beni che compongono l'azienda» (**art. 2556 c.c.**). Ai fini della validità del contratto, il legislatore non ha quindi stabilito una forma specifica per la vendita dell'azienda, ma solo per i singoli beni del complesso aziendale.

D'ora in poi, per semplificare, ipotizziamo che l'azienda sia stata venduta dal venditore Mario Rossi (*alienante*) al compratore Marco Bianchi (*acquirente*); nel nostro caso il trasferimento dell'azienda coincide con la vendita dell'azienda.

È previsto un divieto di concorrenza quinquennale per chi vende l'azienda

Il divieto di concorrenza dell'alienante. L'**art. 2557 c.c.** stabilisce che «chi aliena l'azienda deve astenersi dal compimento, per il periodo di cinque anni dal trasferimento, dall'iniziare una nuova impresa che per l'oggetto, l'ubicazione o altre circostanze sia idonea a sviare la clientela dell'azienda ceduta». La norma tutela la speranza del nuovo proprietario dell'azienda di godere dell'avviamento soggettivo (che ha sicuramente inciso sul prezzo di vendita), che può essere acquisito solo se l'alienante si astiene per un certo periodo dal far concorrenza all'acquirente.

Per esempio, Mario Rossi vende a Marco Bianchi il suo avviato bar nel centro di Bologna; Rossi, per 5 anni, non potrà iniziare la stessa attività nella stessa zona.

Va però precisato che Rossi in quei 5 anni:

- può aprire un bar in un quartiere periferico di Bologna;
- può intraprendere nel centro storico un'attività diversa; per esempio Rossi può aprire un negozio di abbigliamento nel centro di Bologna.

Il legislatore ha voluto tutelare anche l'alienante, che non può veder compromessa la sua libertà di iniziativa economica oltre certi limiti.

La violazione del divieto di concorrenza (per esempio Rossi dopo un anno apre un bar nel centro storico di Bologna) comporta un inadempimento contrattuale, con conseguente risoluzione del contratto e risarcimento del danno.

4 I segni distintivi dell'azienda: la ditta e l'insegna

I segni distintivi sono beni immateriali dell'azienda che la distinguono dalle altre

I segni distintivi dell'azienda. I segni distintivi dell'azienda rientrano tra i beni che costituiscono il complesso aziendale, e fanno parte della categoria dei beni immateriali.

Sono segni distintivi:

- la *ditta*, che permette di distinguere i vari imprenditori presenti sul mercato;
- l'*insegna*, che permette di distinguere i locali dell'azienda;
- il *marchio*, che contraddistingue i prodotti dell'azienda dagli altri.

In questo paragrafo ci occupiamo della ditta e dell'insegna, mentre dedicheremo al marchio il prossimo paragrafo.

La ditta è il nome sotto il quale l'imprenditore svolge la sua attività

La ditta... La ditta è il nome sotto il quale l'imprenditore svolge la sua attività. In particolare si parla:

- di «ditta» per le imprese individuali;
- di «ragione sociale» per le società di persone (società semplice, società in nome collettivo, società in accomandita semplice);
- di «denominazione sociale» per le società di capitali (società per azioni, società a responsabilità limitata, società in accomandita per azioni).

I requisiti essenziali della ditta sono la verità, la novità e la liceità.

La ditta può essere di pura fantasia, ma deve indicare il cognome o la sigla dell'imprenditore

...la verità... La ditta può essere di pura fantasia, ma deve necessariamente contenere il cognome o la sigla dell'imprenditore; un esempio può essere *Il peschereccio - Strumenti per la pesca di Mario Rossi*.

UNA SENTENZA

L'uso della stessa ditta è concorrenza sleale

Secondo la Corte di cassazione, l'impresa che «copia» la ditta di un'altra impresa compie un atto di concorrenza sleale

Riportiamo alcuni stralci della sentenza n. 1731 della Corte di cassazione del 5 marzo 1990 (Cass., 5 marzo 1990, n. 1731), con cui la Corte di cassazione configura nell'uso della stessa ditta un caso di «concorrenza sleale».

«[...] l'inserimento, nella ditta dell'impresa, di un nome geografico o di località, che non si esaurisca in un mero richiamo del luogo nel quale è ubicata l'impresa stessa o dal quale provengono i suoi prodotti, ma assuma attitudine a contraddistinguere l'una e gli altri nel rapporto con la clientela, in relazione alle modalità di uso di un toponimo o al suo collegamento con altre espressioni (nella specie, si trattava di allevatore e venditore di cavalli da corsa, che aveva adottato la ditta «Razza del Pian del Lago»), rende qualificabile come concorrenza sleale, ai sensi dell'art. 2598 c.c., il comportamento dell'imprenditore concorrente, che successivamente faccia analogo uso del medesimo toponimo, sempre che tale uso sia pedissequo, senza ulteriori indicazioni od accorgimenti, atti a differenziare, alla stregua delle circostanze del caso concreto, le due attività imprenditoriali. [...]»

Se è priva del requisito della verità la ditta è irregolare e non potrà essere considerata come un diritto esclusivo dell'imprenditore.

...la novità... La ditta non può essere uguale (o troppo simile) a un'altra già operante nel mercato. La ditta deve essere nuova per non creare confusione fra i consumatori; in caso contrario sarà necessaria una modificazione o un'integrazione. In questo caso si applica il principio della priorità dell'uso (cosiddetto «preuso»), perché l'obbligo di modificare o integrare la ditta spetta all'imprenditore che l'ha adottata per secondo.

La ditta non può essere uguale a un'altra operante nel mercato

Una precisazione. Il principio della novità della ditta non deve essere inteso in modo assoluto: lo si applica solo quando deve tutelare i consumatori; per esempio, possono tranquillamente coesistere una ditta *F.lli Bianchi* che gestisce un ristorante a Torino e una ditta *F.lli Bianchi* che vende abiti a Venezia.

...e la liceità. La ditta non può essere contraria alla legge, all'ordine pubblico o al buon costume, pena la sua inutilizzabilità.

La ditta deve essere lecita

Il diritto all'uso della ditta. Se presenta questi tre requisiti la ditta è valida, e l'imprenditore ha «diritto all'uso esclusivo della ditta da lui prescelta» (**art. 2563 c.c.**).

L'imprenditore ha diritto all'uso esclusivo della ditta prescelta

La ditta derivata. Come ogni altro bene aziendale, la ditta può essere trasferita; si parla in questo caso di *ditta derivata*. L'**art. 2565 c.c.** stabilisce però che «la ditta non può essere trasferita separatamente dall'azienda». In questo caso la legge vuole tutelare quei consumatori che hanno avuto rapporti con l'imprenditore originario e che potrebbero essere ingannati da un cambiamento delle caratteristiche dei beni e dei servizi prodotti. In altre parole, tutti devono sapere che dietro la ditta *Il peschereccio - Strumenti per la pesca di Mario Rossi* si trova quella determinata azienda.

La ditta non può essere trasferita separatamente dall'azienda

L'insegna può servire a tanti scopi...

L'insegna. L'insegna è il segno distintivo che permette di individuare i locali («i muri») nei quali si svolge l'attività dell'imprenditore e dove si trova materialmente l'azienda. L'insegna può essere:
- *nominativa*, se è costituita solo da determinate parole (*Pizzeria La Bella Napoli*);
- *figurativa*, se è costituita solo da disegni e figure (il disegno di un pizza fumante);
- *mista*, se costituita sia da parole sia da figure (la scritta *Pizzeria La Bella Napoli* sopra al disegno di una pizza fumante).

Come la ditta, l'insegna deve possedere i requisiti della liceità e della novità, non quello della verità, perché non è necessario che contenga il nome o la sigla dell'imprenditore. Anche sull'insegna l'imprenditore ha un diritto esclusivo all'uso, che acquista mediante l'utilizzo.

L'insegna è il segno distintivo che individua i locali nei quali si trova l'azienda

5 Il marchio

Il marchio è il segno distintivo dell'azienda che ne contraddistingue i prodotti e i servizi

■ **La nozione di marchio.** Il marchio è il più importante dei segni distintivi, perché contraddistingue i prodotti e i servizi dell'azienda da quelli dei concorrenti. In questo modo i consumatori riconoscono con facilità i prodotti di una data azienda, e possono fare le loro scelte in modo consapevole. Oltre che nel Codice civile, la disciplina sul marchio è contenuta nel *Codice della proprietà industriale* del 2005.

Il marchio può consistere in qualunque segno grafico in grado di distinguere i prodotti e i servizi e può quindi essere rappresentato da parole, lettere, cifre, disegni, ritratti, colori e loro combinazioni.

Un marchio inconfondibile e noto in tutto il mondo: quello della Ferrari.

Il marchio può coincidere con la ditta e deve presentare gli stessi requisiti (verità, novità e liceità); a questi si deve aggiungere il requisito dell'*originalità*, perché il marchio deve esprimere la capacità distintiva del prodotto, non essendo sufficienti denominazioni generiche come «latte» oppure «dentifricio». L'assenza di uno di questi requisiti comporta la nullità del marchio.

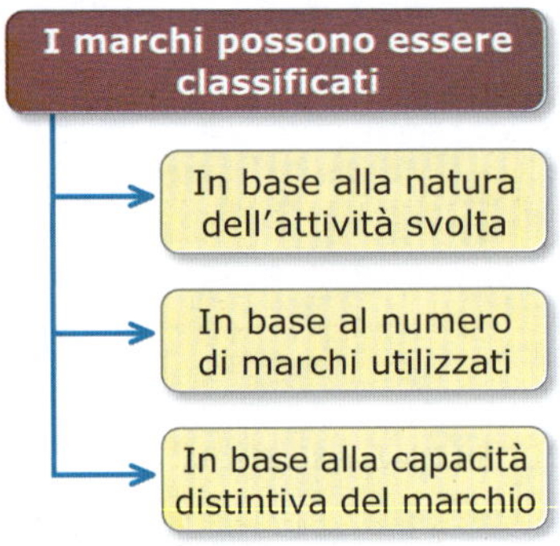

■ **I tipi di marchio.** I marchi possono essere classificati secondo diversi criteri:

- in base alla natura dell'attività svolta dal titolare del marchio, si distingue tra *marchi di fabbrica* (apposti dal fabbricante) e *marchi di commercio* (apposti dal venditore); va detto che il marchio di commercio può solo affiancare il marchio di fabbrica senza sostituirlo;
- in base al numero di marchi utilizzati, si distingue tra *marchio generale* (se l'imprenditore utilizza un solo marchio per tutti i prodotti) e *marchi speciali* (se l'imprenditore utilizza più marchi per differenziare i prodotti);
- in base alla capacità distintiva del marchio, si distingue tra marchi forti e marchi deboli. Il *marchio forte* è dotato di un'accentuata capacità distintiva e di una protezione molto intensa perché è frutto di pura fantasia (per esempio un cioccolatino chiamato *Lunetta*), invece i *marchi deboli* sono costituiti da parole di uso comune (nell'esempio un cioccolatino chiamato *Chocolate*).

Il marchio registrato dà diritto all'uso esclusivo su tutto il territorio nazionale

■ **Il marchio registrato.** L'**art. 2569 c.c.** stabilisce che «chi ha registrato nelle forme stabilite dalla legge un nuovo marchio, idoneo a distinguere prodotti o servizi, ha diritto di valersene in modo esclusivo per i prodotti o servizi per i quali è stato registrato».

Nel momento in cui il marchio presenta i già citati requisiti di validità, è opportuno che l'imprenditore proceda alla sua registrazione all'*Ufficio italiano brevetti e marchi*, istituito presso il Ministero dello sviluppo economico.

Il marchio registrato dà diritto all'uso esclusivo su tutto il territorio nazionale. La registrazione dura 10 anni ed è rinnovabile per un numero illimitato di volte.

In caso di contraffazione il titolare del marchio ha diritto al risarcimento del danno

■ **La contraffazione del marchio.** Il marchio viene tutelato sia civilmente sia penalmente.

Si ha la *contraffazione* quando i concorrenti fanno uso indebitamente di un segno quasi uguale all'originale; in questo caso il titolare del marchio può promuovere contro questi l'«azione di contraffazione», che è diretta a ottenere sia l'inibitoria (il divieto) alla continuazione dei comportamenti lesivi del proprio diritto sia la rimozione degli effetti degli stessi. Per esempio, possono essere distrutti quei beni col marchio contraffatto ed è possibile chiedere che della contraffazione venga data pubblica notizia ai consumatori con un'inserzione della sentenza sui giornali. Il titolare del marchio ha anche diritto al risarcimento del danno causato dal contraffattore.

Il marchio non registrato gode solo della tutela del preuso

■ **Il marchio non registrato.** La legge tutela anche chi utilizza un marchio senza averlo registrato (marchio di fatto), ma si tratta di una tutela minore perché chiunque può registrarne uno identico e acquisire così il diritto a utilizzarlo. In questo caso la legge tutela il diritto di *preuso* perché chi ha fatto uso di un marchio non registrato «ha la facoltà di continuare a usarne, nonostante la registrazione da altri ottenuta, nei limiti in cui anteriormente se ne è valso» (**art. 2571 c.c.**).

Sintetizziamo le differenze sulla tutela tra marchio registrato e marchio non registrato (preuso):

- il marchio registrato è tutelato su tutto il territorio nazionale, mentre il preuso è tutelato solo all'interno della zona in cui è in effetti avvenuto;
- la situazione di preuso deve essere provata dall'imprenditore che la vuol far valere, mentre con la registrazione il diritto di marchio non necessita di alcuna prova.

Il trasferimento del marchio. Il marchio può essere trasferito. In particolare si distingue fra:

- la *cessione del marchio*, cioè il trasferimento a titolo definitivo;
- la *licenza di marchio*, cioè la concessione in godimento temporaneo.

Il marchio può essere ceduto o concesso in licenza anche solo parzialmente, cioè solo per una parte dei prodotti o dei servizi per i quali è stato registrato. È però necessario che questi atti non siano tali da ingannare o confondere i consumatori.

Il marchio può essere trasferito a titolo definitivo (cessione) o concesso in godimento temporaneo (licenza)

La perdita del marchio. Le cause che possono portare alla perdita del diritto al marchio sono varie. Fra queste:

- il trasferimento ad altro imprenditore;
- la scadenza della registrazione che, come si è visto, ha una durata di 10 anni, senza che sia intervenuto il rinnovo;
- il non uso per 5 anni consecutivi (anche se il marchio è registrato);
- la rinuncia da parte dell'avente diritto.

Le cause che possono portare alla perdita del diritto al marchio sono varie

La volgarizzazione del marchio. Un altro modo per perdere il marchio è la *volgarizzazione*, che si verifica quando un marchio ha troppo successo e perde la sua capacità distintiva. In questo caso il marchio è diventato talmente noto e diffuso da non permettere più di identificare il singolo prodotto, ma solo la categoria a cui appartiene. Per esempio è ciò che è accaduto con il marchio *biro*, che in passato indicava una determinata impresa e oggi viene utilizzato per indicare una comune penna.

Si ha la volgarizzazione quando un marchio ha troppo successo e perde la sua capacità distintiva

6 Il brevetto industriale

Le invenzioni industriali. Le invenzioni industriali sono idee creative che appartengono al campo della tecnica; esse consistono nella soluzione originale di un problema tecnico, applicabile nel settore della produzione di beni o servizi.

Le invenzioni industriali sono disciplinate dal Codice civile e dal *Codice della proprietà industriale*.

Le invenzioni industriali consistono nella soluzione originale di un problema tecnico applicabile alla produzione

Il brevetto industriale. Le invenzioni industriali acquistano il diritto di utilizzazione economica solo dopo la concessione del relativo brevetto da parte dell'*Ufficio italiano brevetti e marchi*.

Il brevetto industriale è, quindi, un atto amministrativo che attribuisce al titolare il diritto di esclusiva sull'invenzione. Stabilisce infatti l'**art. 2584 c.c.** che «chi ha ottenuto un brevetto per un'invenzione industriale ha il diritto esclusivo di attuare l'invenzione e di disporne entro i limiti e alle condizioni stabilite dalla legge». Tale diritto si estende anche al commercio del prodotto e si esaurisce con la messa in commercio.

Il brevetto industriale attribuisce al titolare il diritto di esclusiva sull'invenzione

L'oggetto del brevetto. Possono formare oggetto di brevetto:

- le *invenzioni di prodotto*, che hanno per oggetto un nuovo prodotto materiale (per esempio un nuovo utensile);
- le *invenzioni di procedimento*, che consistono in un nuovo metodo di produzione industriale ottenuto grazie a un nuovo dispositivo tecnico (per esempio un nuovo procedimento per l'estrazione del petrolio dovuto a un macchinario innovativo).

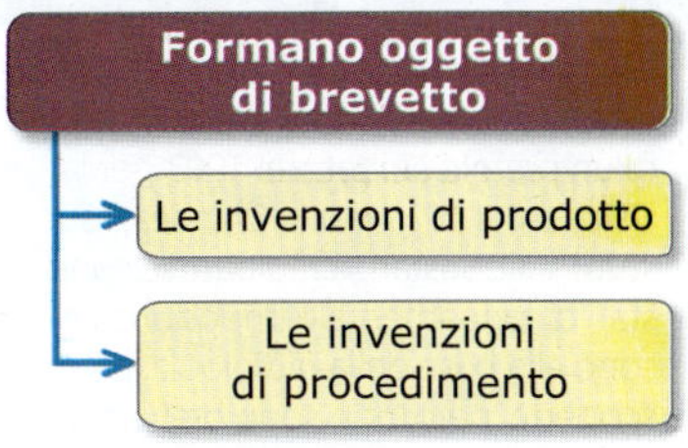

Sono riconducibili alle invenzioni industriali:

- i *modelli di utilità*, cioè invenzioni che aumentano l'efficacia e la funzionalità

UN EVENTO STORICO

«Il cinema è un'invenzione senza futuro!» di Louis Jean Lumière

I fratelli Lumière inventarono il cinematografo, considerandolo «un'invenzione senza futuro». La storia ci racconta invece che...

«Il cinema è un'invenzione senza futuro!» così Louis Jean Lumière salutò la nascita della scoperta che aveva fatto insieme al fratello Auguste.
Auguste Lumière (1862-1954) e Louis Jean Lumière (1864-1948) nacquero a Besançon. Figli dell'imprenditore e fotografo Antoine Lumière, i due fratelli lavorarono a lungo per il padre. Quando il padre cessò l'attività, i fratelli Lumière iniziarono a lavorare alacremente per creare la pellicola cinematografica. Brevettarono un numero significativo di procedimenti, fra cui la creazione del foro di trascinamento nella pellicola, come mezzo per trascinarla attraverso la camera e il proiettore. Ma la grande invenzione fu la produzione di un singolo strumento che funzionava sia da camera sia da proiettore, il *cinématographe*, che i Lumière brevettarono il 13 febbraio 1894. La prima pellicola venne girata con questo strumento il 19 marzo 1895; il film era *L'uscita dalle officine Lumière* (*La sortie des usines Lumière*), il primo documentario della storia.
Il primo spettacolo a pagamento si tenne il 28 dicembre 1895, a Parigi, al *Grand Café* sul Boulevard des Capucines. Fu un successo e i Lumière andarono in tour con il *cinématographe* nel 1896, visitando Londra e New York. Le immagini in movimento ebbero un'immediata e significativa influenza sulla cultura popolare con *L'arrivo di un treno alla stazione di La Ciotat* (*L'arrivée d'un train en gare de la Ciotat*) e *La colazione del bimbo* (*Le Repas de bébé*), oltre al primo esempio di commedia con la farsa *L'innaffiatore innaffiato* (*L'arroseur arrosé*). Dopo la presentazione del cinematografo i Lumière vendettero numerosi apparecchi, che vennero portati in giro per il mondo creando la nuova professione dei «cinematografasti».

Manifesto che reclamizza L'arroseur arrosé *(1895).*

I due fratelli ritenevano il cinema «un'invenzione senza futuro», perché pensavano che presto il pubblico si sarebbe stancato dello spettacolo del movimento; per questo motivo decisero presto di occuparsi d'altro, rendendo la loro comparsa nella storia del cinema piuttosto breve.
I Lumière spostarono così la loro attenzione sulla fotografia a colori e, nel 1903, brevettarono il processo *Autochrome Lumière*. La società dei Lumière fu una delle maggiori produttrici in Europa, finché il marchio *Lumière* non scomparve dal mercato.

---

dell'impiego di macchinari, strumenti o utensili (per esempio un nuovo manico per impugnare una pentola);
- i *disegni ornamentali*, che danno uno speciale ornamento a determinate categorie di prodotti industriali (per esempio una nuova linea di divani con un design assolutamente innovativo).

Alcune scoperte non sono brevettabili nell'interesse della collettività

Le scoperte non brevettabili. Alcune scoperte non sono brevettabili nell'interesse della collettività. Non possono essere brevettabili, in modo che tutti possano liberamente usufruirne:
- le scoperte, le teorie scientifiche e i metodi matematici;
- i piani, i princìpi e i metodi per attività intellettuali, per gioco o per attività commerciali;
- i nuovi metodi sia di diagnosi sia di trattamento chirurgico e terapeutico del corpo umano.

Maria Sklodovska, più nota come Marie Curie, è l'unica donna che ha vinto più di un premio Nobel: nel 1903 per la Fisica e nel 1911 per la Chimica. I suoi studi sulle sostanze radioattive sono stati di fondamentale importanza e sono alla base della radiologia. Le sue scoperte, però, non sono brevettabili.

I requisiti per l'invenzione brevettabile. Perché un'invenzione sia brevettabile sono necessari i seguenti requisiti:
- la *novità*: quando l'invenzione non fa parte del patrimonio tecnologico esistente;
- l'*originalità*: quando l'invenzione necessita di una creatività tale che nessuna persona esperta del settore possa ricavarla dalle tecniche più sofisticate già conosciute;
- l'*industrialità*: quando l'oggetto dell'invenzione può essere fabbricato o utilizzato in qualsiasi genere di industria;
- la *liceità*: quando l'invenzione non è contraria all'ordine pubblico e al buon costume, come sarebbe invece l'invenzione di un nuovo macchinario per fabbricare euro falsi.

Il brevetto è nullo se l'invenzione manca di questi requisiti, e la dichiarazione di nullità può essere richiesta da chiunque vi abbia interesse.

Il procedimento e la durata del brevetto. Come detto, il brevetto viene concesso dall'*Ufficio italiano brevetti e marchi* su domanda corredata da una precisa descrizione dell'invenzione. La domanda può riguardare una sola invenzione. Il brevetto dura 20 anni dalla data di deposito della domanda e non è possibile un rinnovo (per i modelli di utilità e i disegni ornamentali il periodo è limitato a 10 anni); una volta trascorsi i 20 anni l'utilizzo dell'invenzione è libero per chiunque.

Il brevetto ha una durata di 20 anni e non è rinnovabile

La tutela giuridica del brevetto. La tutela giuridica del brevetto ha carattere sia morale sia patrimoniale.

L'unico diritto morale riconosciuto all'inventore è il diritto di paternità dell'invenzione

L'unico diritto *morale* riconosciuto all'inventore è il diritto di paternità dell'invenzione: egli ha diritto a essere riconosciuto come autore dell'invenzione. Tale diritto si acquista per il solo fatto dell'invenzione ed è personale, perpetuo, inalienabile e imprescrittibile.

Lo sfruttamento economico esclusivo dell'invenzione si acquista solo con la brevettazione

Per quanto riguarda l'aspetto *patrimoniale*, come si è visto, l'inventore ha il diritto di conseguire il brevetto, che costituisce un elemento indispensabile ai fini dello sfruttamento economico esclusivo dell'invenzione. Il brevetto è trasferibile sia per atto tra vivi sia per causa di morte, per cui l'inventore può concedere ad altri l'utilizzo del brevetto dietro compenso; in tal caso si ha un contratto di licenza.

L'invenzione brevettata è tutelata sia civilmente sia penalmente. Il titolare del brevetto può esercitare l'azione contro la contraffazione nei confronti di chi abusivamente sfrutti la sua invenzione. La sentenza che accerta la contraffazione vieta sia la fabbricazione sia l'uso dell'oggetto del brevetto.

Il rilascio del brevetto per invenzione industriale attribuisce il diritto di esclusiva solo sul territorio nazionale. Il brevetto può godere di una tutela internazionale se l'esclusiva viene conseguita anche in altri Stati: alcuni trattati internazionali agevolano il conseguimento di questo risultato.

Esiste anche un *brevetto comunitario*, regolato dalla Convenzione di Lussemburgo del 1975, che può essere rilasciato per tutti i Paesi dell'Unione europea.

7 L'azienda come operatore economico

L'azienda è un operatore economico che soddisfa i bisogni umani

L'operatore economico azienda. Dobbiamo ora spostare la nostra analisi dell'azienda dall'aspetto giuridico a quello economico.

L'azienda è un'organizzazione economica, costituita da beni e risorse, che riesce a soddisfare i bisogni umani. Per farlo, l'*operatore economico azienda* compie una serie di operazioni allo scopo di ottenere beni e servizi.

L'azienda opera in un sistema aperto e finalizzato

L'azienda e il sistema ambiente. L'azienda opera nel *sistema ambiente* che, a sua volta, è un «sistema aperto e finalizzato». Analizziamo questa espressione:

- il termine «sistema» fa riferimento a un insieme di parti e di relazioni che intercorrono tra le parti stesse;
- l'aggettivo «aperto» esprime le relazioni e gli stimoli che arrivano all'azienda dal sistema ambiente, e che poi l'azienda gli rimanda;
- si dice che il sistema è «finalizzato», per esprimere l'idea che tutte le azioni tra loro coordinate non sono occasionali, ma sono rivolte al raggiungimento degli obiettivi fissati dall'imprenditore.

L'azienda di consumo. Le aziende possono perseguire diversi scopi e, sulla base di questo criterio, si possono distinguere in aziende di consumo, aziende di produzione e aziende composte.

L'azienda di consumo procura e consuma i beni e i servizi necessari ai suoi bisogni

L'*azienda di consumo* è chiamata anche *azienda di erogazione*. L'azienda di consumo ha lo scopo di procurare e consumare, al suo interno, i beni e i servizi necessari al soddisfacimento diretto dei suoi bisogni. Le aziende di erogazione realizzano dei processi di acquisizione delle risorse necessarie al soddisfacimento dei bisogni; esse consumano (appunto «erogano») queste risorse e risparmiano i beni non consumati. L'azienda di erogazione più semplice è la famiglia, mentre quella più complessa è lo Stato.

Possiamo mettere sullo stesso piano l'azienda-famiglia e l'azienda-Stato perché entrambe hanno come scopo finale il soddisfacimento dei bisogni umani e, per farlo, utilizzano la ricchezza che perviene loro da varie fonti (dai redditi nel caso della famiglia, dai tributi nel caso dello Stato).

L'azienda di produzione realizza beni e servizi destinati allo scambio

L'azienda di produzione. L'*azienda di produzione*, o azienda *profit oriented*, altro non è che l'impresa che ha lo scopo di realizzare beni e servizi destinati allo scambio (come si è visto nell'unità D1).

Le aziende creano ricchezza quando producono beni o servizi, che indirettamente soddisfano i bisogni umani. L'utilità-valore dei beni ottenuti è superiore all'utilità-valore dei fattori produttivi utilizzati, e la differenza positiva che ne deriva costituisce la ricchezza creata. È per questo che le aziende soddisfano i bisogni dei consumatori solo in modo indiretto, mentre la ricchezza ottenuta è la remunerazione dell'imprenditore, chiamata *profitto*, per l'attività di organizzazione e di gestione che svolge: l'azienda opera con scopo di lucro.

Un Comune che gestisce alcuni servizi per i cittadini (per esempio il trasporto pubblico o la pulizia delle strade) svolge contemporaneamente sia un'attività di erogazione sia un'attività di produzione.

L'azienda composta. L'*azienda composta* svolge un'attività sia di consumo sia di produzione.

Le aziende composte sono molto diffuse nella realtà e, in esse, è quasi impossibile distinguere fra il processo di erogazione e quello di produzione. Pensiamo, per esempio, al Comune di Firenze che, oltre a un'attività produttiva di servizi pubblici collettivi (per esempio garantisce la pulizia delle strade), svolge anche un'attività di consumo (nell'esempio i cittadini fiorentini usufruiscono delle strade pulite).

8 La classificazione delle aziende

Esistono numerosi criteri per classificare le aziende: vediamone alcuni.

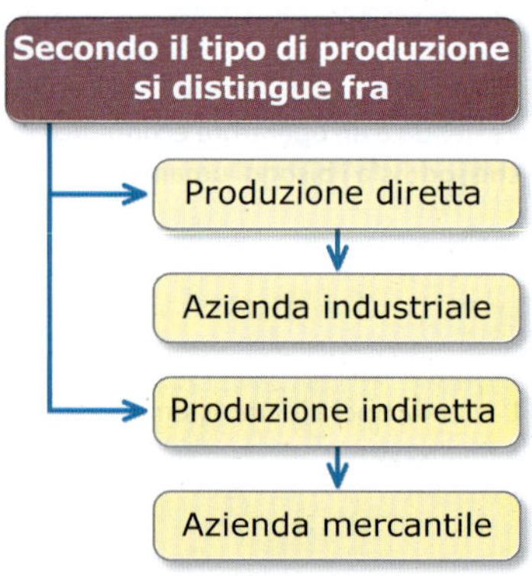

Azienda industriale e azienda mercantile. L'azienda può essere classificata in base al tipo di produzione: l'*azienda industriale* effettua una produzione diretta, mentre l'*azienda mercantile* svolge una produzione indiretta.

Si ha la *produzione diretta* quando l'azienda industriale trasforma fisicamente le materie prime in beni o servizi; per esempio, un mobilificio trasforma la materia prima (il legno) per costruire il bene finale armadio.

Si ha la *produzione indiretta* quando l'azienda mercantile (chiamata anche «commerciale») si occupa dell'intermediazione e dei trasferimenti di beni nello spazio e nel tempo. Supponiamo che l'azienda industriale Alfa produca vestiti, e svolga la sua attività a Modena; il consumatore Rossi vive a Rimini, ma vuole acquistare un «abito Alfa». Come fare? È necessaria l'attività dell'azienda mercantile Beta, che si occupa di distribuzione e che trasferisce quell'abito da Modena al dettagliante di Rimini.

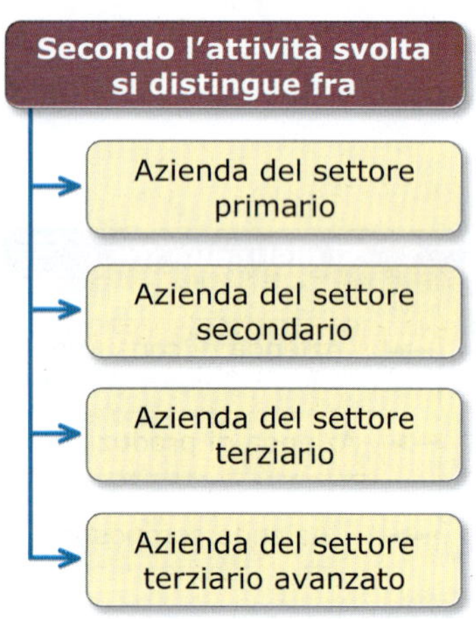

Azienda e settori produttivi. Possiamo distinguere le aziende in base all'attività svolta, ricordando che i settori produttivi sono il primario, il secondario, il terziario e il terziario avanzato (come si è visto nel volume per il secondo biennio). Avremo:

- *aziende del settore primario*, che si occupano del reperimento delle risorse esistenti in natura (imprese estrattive, agricole);
- *aziende del settore secondario*, che svolgono un'attività di produzione diretta di beni (imprese metalmeccaniche, siderurgiche, chimiche, edili);
- *aziende del settore terziario*, che producono servizi oppure svolgono un'attività di produzione indiretta di beni (imprese bancarie, assicurative, finanziarie, di trasporto);
- *aziende del settore terziario avanzato*, che forniscono servizi sfruttando tecnologie informatiche, elettroniche o telematiche. Sono le imprese della *new economy*, che producono software, centri di elaborazione dati e così via.

Azienda indivisa e azienda divisa. La distinzione fra aziende indivise e aziende divise nasce dalla possibilità che esse hanno di svolgere la loro attività in un unico luogo o in più luoghi.

L'attività dell'*azienda indivisa* deve svolgersi in un unico luogo. Il piccolo negozio sotto casa (di 20 metri quadrati) è la tipica azienda indivisa, perché tutta l'attività produttiva è collocata fisicamente in quei 20 metri quadrati: dalle scorte di magazzino alla vendita dei beni.

L'*azienda divisa* ripartisce la sua attività in luoghi diversi. Per esempio, le catene di supermercati hanno punti vendita localizzati in diverse città, e in diverse zone della stessa città. Fra le aziende indivise ricordiamo:

- i complessi industriali di grandi dimensioni, che hanno stabilimenti in diverse zone o addirittura in diversi Stati, come nel caso delle aziende multinazionali (unità G1);
- le aziende che gestiscono catene di grandi magazzini;
- le banche che sono articolate in sedi centrali, filiali e agenzie;
- le assicurazioni che operano in diversi rami o settori di attività (ramo incendi, furti, responsabilità civile).

9 Gli elementi costitutivi dell'azienda

Gli elementi costitutivi. Gli elementi costitutivi dell'azienda sono:

- le persone che vi lavorano;
- i beni utilizzati;
- le operazioni che si effettuano;
- il fine che si vuole realizzare.

Si tratta di elementi con caratteristiche diverse, ma che sono collegati e coordinati tra loro, in relazione agli obiettivi che si vogliono raggiungere.

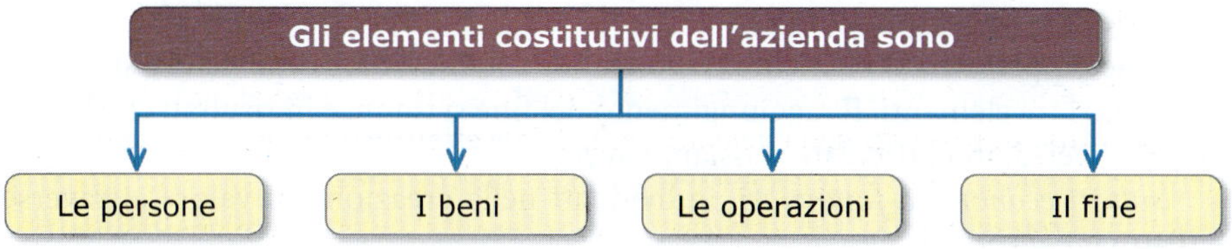

Le persone che svolgono l'attività dell'azienda sono gli imprenditori, i manager e i lavoratori

Le persone. Le persone partecipano, a diverso titolo, allo svolgimento dell'attività dell'azienda. In particolare, distinguiamo fra:

- gli *imprenditori*, che investono il capitale nell'azienda;
- i *manager*, che svolgono un'attività di tipo gestionale e direttiva;
- i *lavoratori subordinati* (o *dipendenti*) che prestano la loro opera, che può essere sia manuale sia intellettuale.

Le persone che operano all'interno dell'azienda hanno la stessa importanza (dall'operaio al manager), perché a ognuno spetta un compito definito, che è strettamente collegato a quello dell'altro: se non ci sono operai, chi esegue le disposizioni del manager?

È la collaborazione fra queste diverse figure che consente la produzione di quei beni o servizi per cui l'azienda si è costituita.

Il patrimonio dell'azienda è formato dai beni, dai crediti e dai debiti

I beni. L'azienda ha un *patrimonio* che è formato principalmente dai beni, a cui vanno aggiunti non solo i crediti, ma anche i debiti dell'azienda nei confronti di terzi; va ribadito che l'azienda possiede un patrimonio anche se ha solo debiti.

A seconda del tipo di azienda, i beni sono ovviamente diversi. Per esempio:

- nelle imprese industriali i beni sono rappresentati da impianti, macchinari, attrezzature, scorte di materie prime, crediti, denaro in cassa e così via;
- nelle imprese mercantili, che non trasformano fisicamente le materie prime, i beni sono costituiti da scorte di merci, imballaggi, crediti, denaro in cassa e così via.

Come vengono valutati i beni? Secondo un'analisi quantitativa, gli elementi del patrimonio sono distinti in attività e in passività:

Stato patrimoniale
↓
Attività – Passività = Patrimonio netto

- le *attività* rappresentano i beni e i diritti, e più in generale tutto ciò su cui un'azienda fa affidamento per svolgere la propria attività;
- le *passività* indicano gli obblighi che l'azienda ha assunto nei confronti di terzi.

Il patrimonio dell'azienda è rappresentato in un prospetto, chiamato *Stato patrimoniale*, da cui emerge che il *patrimonio netto* è dato dalla differenza fra le attività e le passività.

Le operazioni sono quei comportamenti che l'azienda mette in atto, per raggiungere degli obiettivi specifici

Le operazioni. Le operazioni sono quei comportamenti che l'azienda mette in atto, per raggiungere degli obiettivi specifici.

Le operazioni possono essere distinte in tre categorie:

- l'*attività di direzione strategica* che, sulla base degli indirizzi di fondo, consente la definizione degli obiettivi di medio-lungo termine dell'azienda;
- l'*attività di direzione operativa*, che si occupa di realizzare la strategia dell'azienda, attraverso la definizione di modalità coerenti con gli obiettivi fissati;
- l'*attività esecutiva*, che concretizza quanto è stato stabilito a livello direzionale.

L'imprenditore deve coordinare queste operazioni, in modo da evitare sprechi e produrre ricchezza.

Gli effetti dell'attività svolta sono definiti dal *risultato economico conseguito*, che deve essere rappresentato in un prospetto.

Le operazioni dell'azienda consistono nelle attività

Di direzione strategica | Di direzione operativa | Esecutiva

Il fine è la ragione per cui l'azienda si costituisce

Il fine. Perché nasce un'azienda? La risposta sta nel fine, cioè nella ragione per cui l'azienda si costituisce.

Il fine rappresenta «l'elemento trasversale». È il fine a dare organicità e significato agli altri tre elementi. Il raggiungimento del fine si traduce in risultati che hanno natura diversa; in particolare possiamo avere:

- *risultati economico-finanziari*, individuati nella creazione di valore attraverso l'attività gestionale;
- *risultati sociali*, che soddisfano gli stakeholder (la collettività, i lavoratori, i finanziatori);
- *risultati competitivi*, che definiscono la capacità dell'azienda di porsi in una posizione di vantaggio rispetto alle imprese concorrenti.

Il raggiungimento del fine dell'azienda si traduce in

Risultati economico-finanziari | Risultati sociali | Risultati competitivi

10 I fattori della produzione

I fattori produttivi sono i beni e i servizi acquistati dall'azienda, per svolgere la sua attività

I fattori produttivi... Dopo aver individuato gli elementi costitutivi, dobbiamo chiarire quali sono le risorse acquisite e utilizzate dall'azienda, per produrre beni e servizi da destinare al mercato.

I *fattori produttivi* sono i beni e i servizi che l'azienda acquista per svolgere la sua attività, e sono già stati in parte indicati tra gli elementi costitutivi dell'azienda quando abbiamo parlato dei beni e del lavoro (nel paragrafo precedente).

Gli economisti classici classificavano i fattori produttivi in natura, lavoro e capitale (come si è visto nel volume per il secondo biennio). Attualmente gli economisti concordano sul fatto che è necessario aggiungere un quarto fattore produttivo: la capacità organizzativa.

■ **...la natura...** La natura è un fattore originario ed costituita dall'ambiente fisico in cui si svolge la produzione. Il compenso per l'utilizzo del fattore natura è la *rendita*.

■ **...il lavoro...** Altro fattore produttivo originario è il *lavoro*, che consiste nella destinazione delle risorse umane, fisiche e psichiche, all'attività produttiva. Il lavoro viene pagato con il *salario*.

■ **...il capitale...** Il capitale è un fattore derivato dalla produzione. Usiamo la parola «derivato» per indicare che il capitale è un insieme di beni prodotti dall'uomo, che viene a sua volta utilizzato per la produzione di altri beni. L'impiego del capitale viene remunerato con l'*interesse*.

■ **...la capacità organizzativa.** La capacità organizzativa è l'abilità tecnica di combinare nel miglior modo possibile gli altri fattori produttivi, in modo da ottenere il risultato più vantaggioso. La capacità organizzativa viene compensata con il *profitto*.

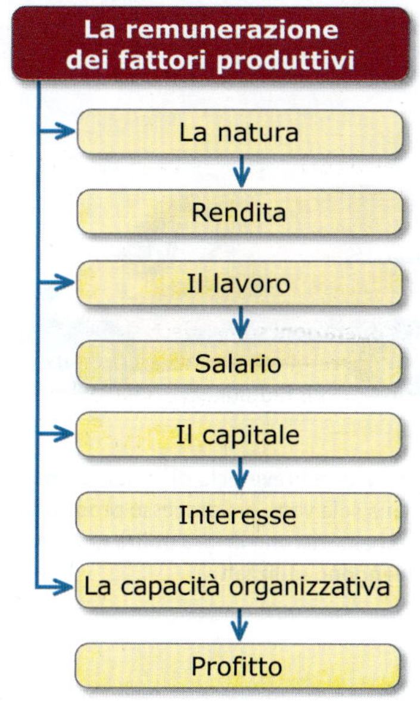

■ **L'*input* e l'*output*.** Entriamo ora nell'azienda. I fattori produttivi sono quegli elementi essenziali utilizzati dall'imprenditore (*input*) al fine di ottenere una determinata quantità di beni e servizi (*output*).

I fattori produttivi sono gli elementi utilizzati dall'imprenditore (*input*) al fine di ottenere una determinata quantità di beni e servizi (*output*)

I fattori produttivi vengono acquistati dall'imprenditore, che effettua così un investimento, con il capitale in quel momento disponibile. Per iniziare e, successivamente, continuare l'attività, l'imprenditore deve organizzare adeguatamente questi fattori, in modo da ottenerne beni e servizi.

Se li consideriamo per il ruolo che rivestono nell'azienda, i fattori produttivi si distinguono in:

- fattori a medio-lungo ciclo di utilizzo;
- fattori a breve ciclo di utilizzo.

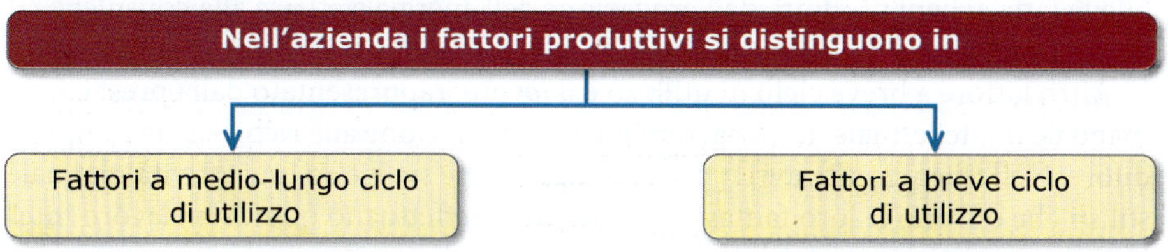

■ **I fattori a medio-lungo ciclo di utilizzo.** I *fattori a medio-lungo ciclo di utilizzo*, o beni strumentali, vengono usati più volte nel processo produttivo, e la loro utilità è ripetuta nel tempo. Si tratta di fabbricati, impianti, automezzi, arredi, attrezzature; per esempio, l'automezzo che l'azienda Alfa acquista per fare le consegne ai clienti, verrà utilizzato per diversi anni e per numerosi viaggi.

I fattori a medio-lungo ciclo di utilizzo vengono usati più volte nel processo produttivo

Si dice che i fattori a medio-lungo ciclo vengono ammortizzati. Che cosa significa?

■ **L'ammortamento.** I beni strumentali si consumano nell'arco di diversi anni. È quindi necessario che il loro costo iniziale, chiamato *costo storico*, venga suddiviso per tutti quegli anni in cui danno il loro contributo all'attività produttiva: questo procedimento viene chiamato *ammortamento*. In altri termini, si ha l'ammortamento quando un costo pluriennale viene ripartito in quote annue.

L'ammortamento è l'operazione di ripartizione di un costo pluriennale in quote annue

Ipotizziamo che un automezzo acquistato dall'azienda Alfa sia utilizzato per 4 anni; il costo inizialmente sostenuto per l'acquisto dal concessionario (*costo storico*) dovrà essere ripartito in 4 quote (*quote di ammortamento*), seguendo procedimenti matematici di calcolo (*ammortamento*). Ovviamente l'automezzo si consuma, a causa dell'uso che se ne fa, e quindi il suo valore diminuisce; se vogliamo ottenere il valore che ha il bene dopo essere stato utilizzato per un certo periodo (*valore residuo*), dobbiamo togliere dal costo storico la somma delle quote di ammortamento (*consumo del bene*).

Per esempio:

costo storico dell'automezzo = 20 000 euro
durata dell'automezzo = 4 anni
numero delle quote di ammortamento = 4
valore della quota di ammortamento = 20 000 euro/4 = 5000 euro

valore residuo del bene dopo un anno di utilizzo = 20 000 euro – 5000 euro = = 15 000 euro

Sintetizzando:

Anni	Costo storico	Quota di ammortamento	Consumo del bene	Valore residuo
1° anno	20 000 euro	5000 euro	5000 euro	15 000 euro
2° anno	20 000 euro	5000 euro	10 000 euro	10 000 euro
3° anno	20 000 euro	5000 euro	15 000 euro	5000 euro
4° anno	20 000 euro	5000 euro	20 000 euro	0

I fattori a breve ciclo di utilizzo entrano una sola volta nel processo produttivo, ed esauriscono la loro utilità quando vengono utilizzati

I fattori a breve ciclo di utilizzo. I *fattori a breve ciclo di utilizzo* entrano una sola volta nel processo produttivo, ed esauriscono la loro utilità quando vengono utilizzati. Essi sono diversi a seconda del tipo di azienda che ne fa uso:

- nelle *imprese industriali*, che attuano una produzione diretta, sono presenti materie prime (tessuti, filati) e prodotti finiti, che sono il risultato del processo di lavorazione (per esempio un capo di abbigliamento);
- nelle *imprese mercantili*, che svolgono una produzione indiretta di trasferimento nello spazio e/o nel tempo, si trovano delle merci che vengono acquistate e vendute, senza subire alcun processo di trasformazione fisico-chimica; per esempio, il maglione che l'azienda Beta prende a Modena per consegnarlo a Rimini, non cambia colore nel viaggio da Modena a Rimini!

Nei fattori a breve ciclo di utilizzo rientrano i servizi, che sono prestazioni effettate da diversi soggetti, o da altre aziende, a cui l'azienda si rivolge. I servizi hanno la caratteristica di essere immateriali e intangibili: dal trasporto delle merci alla pubblicità fatta ai beni prodotti, dall'erogazione dell'energia elettrica alla consulenza di un professionista.

Altro fattore a breve ciclo di utilizzo è il *lavoro*, rappresentato dalla prestazione, manuale o intellettuale, fatta dal dipendente in relazione alle richieste dell'imprenditore. Nell'azienda Alfa avremo sarte e operai che svolgono una attività manuale, stilisti che offrono la loro fantasia e creatività ed effettuano quindi un lavoro intellettuale e così via.

Microambiente e macroambiente. Come sappiamo, l'ambiente in cui l'azienda agisce può essere visto da due diverse angolazioni: come microambiente e come macroambiente.

Prima di concludere questa unità D2, è opportuno richiamare le nozioni di microambiente e macroambiente, che abbiamo analizzato nel volume per il secondo biennio.

Il microambiente è formato dagli stakeholder che hanno rapporti con l'azienda

Il *microambiente* è l'insieme dei soggetti con cui l'azienda interagisce.

Fanno parte del microambiente gli stakeholder con cui l'azienda crea rapporti nei vari mercati. Fra questi:

- i fornitori nel mercato di approvvigionamento;
- i lavoratori e le associazioni sindacali nel mercato del lavoro;
- i clienti nel mercato di sbocco;
- le imprese concorrenti;
- le banche nel mercato dei capitali;
- la Pubblica Amministrazione.

Il macroambiente è una combinazione di elementi di varia natura, che influiscono sulle scelte dell'azienda

Il *macroambiente* ha caratteristiche particolari, che nascono dalla combinazione di elementi legati sia all'ambiente geografico sia al contesto sociale ed economico.

L'azienda è fortemente condizionata dagli elementi naturali e artificiali del territorio in cui opera: la conformazione geografica, il clima, le risorse presenti. Non solo. L'insieme dei soggetti che formano la collettività, e il loro modo di essere, determinano la possibilità di sopravvivenza dell'azienda stessa. Come sappiamo è possibile sintetizzare le caratteristiche del macroambiente facendo riferimento a cinque aree: l'area demografica, l'area socio-culturale, l'area politico-economica, l'area politico-istituzionale e l'area tecnologica.

SINTESI

■ «L'**azienda** ▶ §1 è il complesso dei beni organizzati dall'imprenditore per l'esercizio dell'impresa» (art. 2255 c.c.). L'azienda comprende beni materiali, beni immateriali e servizi.

■ L'**avviamento dell'azienda** ▶ §2 è l'aumento di valore dell'azienda, che nasce dal fatto che i beni che la compongono sono organizzati per l'esercizio dell'impresa.

L'avviamento può essere
- Soggettivo
- Oggettivo

■ I contratti che hanno per oggetto il **trasferimento dell'azienda** ▶ §3 sono validi se vengono osservate le norme per il trasferimento dei singoli beni.

■ La **vendita dell'azienda** ▶ §3 comporta il divieto di concorrenza quinquennale per chi vende l'azienda.

■ I **segni distintivi dell'azienda** ▶ §4 sono:
- la **ditta** ▶ §4 che permette di distinguere i vari imprenditori;
- l'**insegna** ▶ §4 che permette di distinguere i locali dell'azienda;
- il **marchio** ▶ §5 che contraddistingue i prodotti dell'azienda dagli altri.

■ Il **marchio registrato** ▶ §5 dà diritto all'uso esclusivo su tutto il territorio nazionale. In caso di **contraffazione del marchio** ▶ §5 il titolare ha diritto al risarcimento del danno.

■ Le **invenzioni industriali** ▶ §6 acquistano il diritto di utilizzazione economica solo dopo la concessione del **brevetto industriale** ▶ §6 da parte dell'*Ufficio italiano brevetti e marchi*, che ha una durata di 20 anni. Alcune scoperte non sono brevettabili nell'interesse della collettività (nuove cure, terapie mediche).

■ L'**operatore economico azienda** ▶ §7 soddisfa i bisogni umani e opera in un sistema aperto e finalizzato.

Si distingue fra
- Azienda di consumo
- Azienda di produzione
- Azienda composta

■ La **classificazione delle aziende** ▶ §8 può seguire diversi criteri.

■ Gli **elementi costitutivi dell'azienda** ▶ §9 sono:
- le **persone** ▶ §9, che operano all'interno dell'azienda (gli imprenditori, i manager e i lavoratori);
- i **beni dell'azienda** ▶ §9, che comprendono i crediti e i debiti;
- le **operazioni** ▶ §9, cioè quei comportamenti che l'azienda mette in atto per raggiungere degli obiettivi specifici;
- il **fine** ▶ §9, che è la ragione per cui l'azienda si costituisce.

■ I **fattori produttivi** ▶ §10 sono beni e servizi acquistati dall'azienda, per svolgere la sua attività: la natura, il lavoro, il capitale e la capacità organizzativa.

■ I fattori produttivi sono gli elementi utilizzati dall'imprenditore (***input*** ▶ §10) al fine di ottenere una determinata quantità di beni e servizi (***output*** ▶ §10).

■ I **fattori a medio-lungo ciclo di utilizzo** ▶ §10 sono i beni strumentali.

■ L'**ammortamento** ▶ §10 è l'operazione di ripartizione di un costo pluriennale in quote annue.

■ I **fattori a breve ciclo di utilizzo** ▶ §10 entrano una sola volta nel processo produttivo, ed esauriscono la loro utilità quando vengono utilizzati.

VERIFICA LE TUE CONOSCENZE

1 ***Risolvi le seguenti scelte multiple indicando la risposta esatta fra quelle possibili.***

A

L'azienda è un complesso di

- beni — **1**
- beni materiali — **2**
- beni organizzati — **3**

B

Entrano una sola volta nel processo produttivo i fattori

- a breve ciclo di utilizzo — **1**
- a medio ciclo di utilizzo — **2**
- a lungo ciclo di utilizzo — **3**

1 **L'avviamento soggettivo è dato**

a dall'abilità dell'imprenditore
b dall'ubicazione dell'azienda
c dal numero di dipendenti dell'azienda
d da quanto l'azienda produce nel primo mese

2 **L'azienda è**

a l'attività esercitata dall'imprenditore
b il complesso di beni utilizzati dall'imprenditore
c il nome utilizzato dall'imprenditore
d il nome del bene prodotto dall'imprenditore

3 **Il marchio registrato dà diritto all'uso esclusivo su tutto**

a il territorio comunale
b il territorio provinciale
c il territorio regionale
d il territorio nazionale

4 **L'azienda di consumo è chiamata anche**

a azienda di erogazione
b azienda *profit oriented*
c azienda di produzione
d azienda composta

5 **Si occupano del reperimento delle risorse esistenti in natura le aziende del**

a settore primario
b settore secondario
c settore terziario
d settore terziario avanzato

6 **Rappresenta/Rappresentano l'elemento trasversale dell'azienda**

a le persone
b i beni
c il fine
d le operazioni

MISURA LE TUE ABILITÀ

2 ***Risolvi i seguenti quesiti vero o falso e motiva la tua risposta.***

1 **L'avviamento è la capacità dell'azienda di produrre ricchezza**

VERO ☐ **FALSO** ☐

PERCHÉ ____________________

____

2 **Si ha la volgarizzazione quando un marchio ha troppo successo**

VERO ☐ **FALSO** ☐

PERCHÉ ____________________

____

3 Un automezzo è un fattore produttivo a medio-lungo ciclo di utilizzo

VERO ☐ FALSO ☐

PERCHÉ ____________________

____

4 L'azienda ha un patrimonio che è formato principalmente dai beni

VERO ☐ FALSO ☐

PERCHÉ ____________________

____

5 L'attività dell'azienda divisa deve svolgersi in un unico luogo

VERO ☐ FALSO ☐

PERCHÉ ____________________

____

6 L'*input* è la quantità di beni e servizi finali ottenuta dall'azienda

VERO ☐ FALSO ☐

PERCHÉ ____________________

____

3 ***Completa la tabella che segue.***

Caratteristica	Segno distintivo
Nome dell'attività dell'imprenditore	(1)
Locali dell'azienda	(2)
Registrazione	(3)
Può essere derivata	(4)

ALLENA LE TUE COMPETENZE

4 ***Sulla base di quanto hai imparato in questa unità, rispondi ai seguenti «casi».***

1 **Distinguere fra l'avviamento soggettivo e l'avviamento oggettivo, in base a un episodio successo a una parente.**

Tua zia era la lavorante di una parrucchiera. Coi suoi risparmi ha rilevato l'attività. Nel primo anno le clienti sono raddoppiate, grazie alla gentilezza e alle «mani d'oro» di tua zia.

▶ ***Si tratta di avviamento soggettivo o di avviamento oggettivo?***

____

____

____

2 **Valutare, grazie a un'esperienza familiare, l'importanza della ditta come segno distintivo dell'azienda.**

I tuoi nonni hanno gestito per 40 anni il famoso ristorante *Da Zia Nina*. Quando hanno venduto il ristorante, i nuovi proprietari hanno mantenuto la ditta.

▶ ***I nuovi proprietari potevano farlo?***

____

____

____

3 **Individuare il problema della contraffazione del marchio in un dialogo scolastico.**

Dialogo fra due amiche durante la ricreazione:

– «Ho pagato questa borsa solo 20 euro. Lo so che è un'imitazione, ma il prezzo dell'originale supera i 200 euro!»

– «In questo modo contribuisci ad aumentare la contraffazione! È meglio comprare una borsa non firmata!».

▶ ***Qual è la tua opinione?***

____

____

____

Riprendiamo il dibattito

Dopo aver studiato l'unità, prepara il tuo punto di vista per continuare il dibattito iniziato in apertura di lezione (▶ *La parola a te!*).

Il tuo vicino ha venduto il suo negozio di abbigliamento. È amareggiato e pentito: «A causa del divieto di concorrenza, non potrò più aprire un negozio di abbigliamento in questa città!».

▶ ***Perché il tuo vicino esagera?***

- Partendo da quanto sopra affermato, esegui a casa una ricerca online e consulta il tuo libro di testo per preparare una breve tabella che contenga gli elementi principali dell'argomento trattato e che ti aiuti a esporre il tuo punto di vista.

  A CASA 1 ORA — **IN AULA** 20 MINUTI

- Con l'aiuto della tabella, partecipa al dibattito che il docente avvia in aula.

D3 Le strategie e l'organizzazione dell'azienda

A te la parola!

Un amico di famiglia è disoccupato a causa del fallimento della sua azienda, che produceva DVD per conto di una multinazionale cinematografica americana.

5 MINUTI

▶ *Quali prodotti sostitutivi hanno provocato questa crisi aziendale?*

Con l'aiuto dell'insegnante e in piccoli gruppi prova a esporre il tuo punto di vista.

1 La mission aziendale

Quando si costituisce l'azienda crea un valore

■ **L'azienda crea valore.** Oggi le aziende si trovano a operare in un ambiente turbolento, in un mercato in cui la concorrenza è agguerrita, in cui entrano continuamente nuove aziende, in cui i «colpi bassi» sono all'ordine del giorno…

Per poter crescere e sopravvivere in un tale contesto l'azienda deve costantemente soddisfare le aspettative degli stakeholder, cioè di coloro che dall'interno o dall'esterno hanno un interesse nei confronti dell'azienda stessa.

Quando si costituisce l'azienda crea un valore. Questo valore è ovviamente diverso per i vari soggetti che si rapportano con l'azienda: per i soci il valore è l'utile, per i lavoratori il valore è un'attività gratificante e adeguatamente remunerata, per i clienti il valore è la soddisfazione che ricavano dai prodotti acquistati e così via.

La mission aziendale è la definizione della cultura, dei valori e della filosofia di ogni azienda

■ **Ogni azienda ha la sua mission.** Quanto più l'azienda crea valore, tanto più si pone in una posizione di vantaggio sulle aziende concorrenti, e si fa conoscere attraverso la definizione della sua mission aziendale.

La mission indica l'obiettivo primario di un'azienda, la sua autentica ragione di esistere. È con la mission che l'azienda comunica ai suoi interlocutori l'immagine che vuole dare di sé, dei suoi prodotti, della sua filosofia imprenditoriale. Con la mission l'azienda vuole farsi apprezzare dai suoi stakeholder. A volte, qualche azienda tende col tempo a dimenticare e a tradire la sua mission… È un grave errore: il mercato è «geloso» e non sopporta i tradimenti.

Per esempio, la mission dell'azienda alimentare Gamma è quella di mantenere vive le tradizioni del territorio dove opera; per questo l'azienda Gamma offre prodotti realizzati in maniera artigianale, in cui la qualità delle materie prime e il procedimento di lavorazione consentono una produzione di alta qualità. L'obiettivo della mission è articolato: chi mangia i «biscotti Gamma» deve non solo apprezzarne il gusto, ma deve anche «sentire un sapore di naturale», deve «allontanare lo smog della città», deve «ricordare la nonna che cucinava quando era bambino»...

Anche un'azienda artigianale di modeste dimensioni può avere una mission di alto profilo.

■ **Mission e strategia.** La strategia dell'azienda nasce nel momento stesso in cui si stabilisce la mission: la strategia e la mission sono «gemelle»!

Quello che contraddistingue l'azienda moderna è quindi un atteggiamento attivo nei confronti dell'ambiente in cui è inserita. Tutto questo si traduce nell'individuazione di una strategia, che è un comportamento imprenditoriale di lungo periodo, finalizzato all'indirizzo e al coordinamento degli obiettivi della gestione. Gli obiettivi strategici che si dà l'imprenditore nascono dal suo modo di «fare impresa», e ne influenzano le scelte riguardo all'assetto organizzativo, alla struttura patrimoniale e così via.

La strategia è il comportamento seguito dall'azienda per indirizzare e coordinare gli obiettivi della gestione aziendale

In sostanza, la strategia dell'azienda deve rispondere a tre domande fondamentali:

1. *Perché fare?*

L'azienda deve definire i suoi obiettivi generali. Deve analizzare l'ambiente, esterno e interno, e deve cercare di ottenere un vantaggio competitivo sulle aziende concorrenti, che si realizza attraverso una redditività più elevata.

2. *Che cosa fare?*

L'azienda deve definire i rapporti con il suo microambiente, sfruttando le opportunità ed evitando le minacce che sono presenti.

3. *Come fare?*

L'azienda deve stabilire le modalità di svolgimento della sua attività, tenendo conto dei punti di forza e di debolezza che, a loro volta, sono legati alla disponibilità delle risorse e al modo migliore per organizzarle e coordinarle.

■ **L'orientamento strategico di fondo.** La combinazione di questi tre momenti consente di realizzare un *orientamento strategico di fondo*, che viene comunicato attraverso la mission, e che rappresenta, appunto, quella filosofia e quei valori che sono alla base del comportamento dell'azienda, e che rappresentano l'azienda-valore all'interno del sistema in cui opera.

L'orientamento strategico di fondo rappresenta l'azienda-valore

Risponderemo approfonditamente alle tre domande nel corso di questa unità D3, per arrivare a definire gli obiettivi e le strategie dell'azienda.

2 Gli obiettivi dell'azienda

Iniziamo a rispondere alla prima domanda:

1. *Perché fare?*

■ **Dalla mission agli obiettivi.** Come sappiamo, la mission è un elemento di coesione fra le risorse umane che operano all'interno dell'azienda (dal vertice strategico all'ultimo apprendista), che si riconoscono nei suoi valori e nella sua cultura.

La mission aziendale si concretizza con la definizione degli obiettivi sia economici sia sociali

La mission non può restare «sulla carta», ma si concretizza con la definizione degli obiettivi, che devono esplicitare i risultati che l'azienda vuole ottenere.

Obiettivo od obiettivi? Il plurale è d'obbligo, perché ogni azienda possiede un insieme di obiettivi, intermedi o tattici, che vanno da quelli economici dell'ottenimento di un profitto, a quelli sociali che soddisfano gli interessi degli stakeholder: solo il raggiungimento di entrambi consente all'azienda di continuare a vivere.

Possiamo sintetizzare due gruppi di obiettivi:

- il primo gruppo è rappresentato dal *vantaggio competitivo*, cioè dalla ricerca di condizioni di superiorità, rispetto alle altre aziende, nell'offerta di prodotti e di servizi;
- il secondo gruppo è il soddisfacimento dei bisogni sociali degli stakeholder.

L'azienda cerca di raggiungere il vantaggio competitivo (di costo, di differenziazione o di focalizzazione)

Il vantaggio competitivo... Raggiungere il *vantaggio competitivo* vuol dire essere migliori dei concorrenti di quel determinato settore. Quando un'azienda è in grado di soddisfare al meglio le richieste dei consumatori, può ottenere una redditività più elevata, grazie al prestigio acquisito o a una quota maggiore di mercato detenuta.

Il vantaggio competitivo può essere raggiunto attraverso una politica di costo o di differenziazione o di focalizzazione.

Il vantaggio competitivo di costo si realizza quando l'azienda risparmia nei costi rispetto alla concorrenza

...di costo... Il *vantaggio competitivo di costo* si realizza quando l'azienda è in grado di risparmiare nei costi rispetto alla concorrenza. Questo risultato si può ottenere attraverso una maggiore efficienza sia nel processo produttivo sia nella vendita; in pratica si ha quando l'azienda riesce a commercializzare il medesimo prodotto a un costo (e quindi a un prezzo) più basso della concorrenza. Per esempio, ogni paio di jeans dell'azienda Alfa viene confezionato a un costo inferiore di 5 euro rispetto alla concorrenza: anche il prezzo sarà più conveniente!

I fattori chiave per realizzare un vantaggio competitivo di costo sono molteplici: l'individuazione di una corretta dimensione degli impianti, la razionalizzazione e la standardizzazione del processo produttivo, la limitazione delle spese generali, l'investimento nella ricerca e nello sviluppo.

Il vantaggio competitivo di differenziazione si ottiene offrendo un «prodotto unico»

...di differenziazione... Il *vantaggio competitivo di differenziazione* si ottiene offrendo un «prodotto unico», o comunque riconosciuto come tale, per il quale i consumatori sono disposti a pagare un prezzo più elevato rispetto ad altri beni. I consumatori riconoscono a quel bene un maggior valore, o lo ritengono insostituibile; nell'esempio «solo l'azienda Alfa produce quei jeans così confortevoli!».

Il vantaggio competitivo di differenziazione si basa su elementi chiave di successo quali l'alta qualità, i servizi aggiuntivi post-vendita, la progettazione del prodotto, la promozione del marchio.

Il vantaggio competitivo di focalizzazione nasce quando l'azienda individua un segmento di mercato in cui concretizza i vantaggi competitivi (di costo o di differenziazione)

...di focalizzazione. Una volta ottenuto un vantaggio competitivo (di costo o di differenziazione), l'azienda deve «trovare il posto» dove sfruttarlo.

Il *vantaggio competitivo di focalizzazione* dell'Offerta nasce quando si riesce a individuare uno specifico segmento di mercato, in cui l'azienda può concretizzare i vantaggi competitivi (di costo o di differenziazione). Nell'esempio l'azienda Alfa, che produce jeans a basso prezzo (vantaggio competitivo di costo) e/o considerati unici (vantaggio competitivo di differenziazione), ha investito molto denaro in una campagna pubblicitaria rivolta agli adolescenti (vantaggio competitivo di focalizzazione).

Queste tre modalità indicate per raggiungere il vantaggio competitivo non sono comunque alternative, in quanto, per porsi in una posizione di predominio, bisogna conciliare le politiche di costo con quelle di differenziazione e di focalizzazione. Non solo. Il vantaggio competitivo non è mai definitivo, perché potrebbe diminuire per effetto dei comportamenti dei concorrenti: una volta conquistato, va mantenuto.

L'azienda deve conseguire degli obiettivi sociali, soddisfando bisogni non economici

Il soddisfacimento dei bisogni sociali. Come sappiamo, gli stakeholder sono soggetti che influenzano l'attività produttiva, in quanto portatori di bisogni sociali. Quando l'azienda soddisfa questi bisogni, consegue degli obiettivi sociali.

I bisogni sociali possono essere sia interni sia esterni all'azienda:
- fra i *bisogni sociali interni* grande importanza hanno il miglioramento della qualità del lavoro, le condizioni adeguate di sicurezza, la realizzazione di ambienti sani e protetti dall'inquinamento acustico;
- fra i *bisogni sociali esterni* ricordiamo la creazione di dispositivi a protezione dell'ambiente, la trasparenza nei processi di produzione e la comunicazione di informazioni veritiere e corrette sui prodotti.

I bisogni sociali esprimono delle istanze che nascono da interessi personali, ed è inevitabile che, a volte, siano in contrasto fra loro. Per esempio i lavoratori sono interessati a un ambiente di lavoro protetto, che spesso fa aumentare i costi e contrasta quindi con l'interesse dell'imprenditore.

Un ambiente di lavoro protetto è un obiettivo sociale importante per un'impresa, anche se può essere in contrasto con l'interesse economico dell'imprenditore.

3 L'azienda fra opportunità e minacce

Seconda domanda:

2. *Che cosa fare?*

Il primo aspetto da prendere in considerazione per la definizione di una strategia è l'analisi dell'ambiente esterno. In questo modo è possibile sia cogliere le opportunità presenti, che costituiscono occasioni favorevoli da sfruttare, sia percepire le minacce, che rappresentano ostacoli da rimuovere, per evitare che compromettano l'attività dell'azienda.

Nell'analizzare l'ambiente esterno, l'azienda deve sfruttare le opportunità ed evitare le minacce

■ Il modello di Porter. Esistono diversi modelli interpretativi, che vengono usati per individuare l'ambiente in cui l'azienda vuole operare. Questi modelli mirano ad analizzare la composizione della struttura competitiva, e puntano quindi l'attenzione sia su alcuni soggetti del microambiente (gli stakeholder), sia su altri aspetti.

Noi utilizziamo il *modello di Porter*, detto delle «cinque forze», che parte dal presupposto che in ogni forma di mercato in cui l'azienda è collocata, o potrebbe collocarsi, esistono diverse forze competitive che condizionano le scelte di investimento. Queste cinque forze devono essere analizzate, in modo da valutare se all'azienda conviene entrare, ed eventualmente rimanere, nel mercato.

Secondo il modello di Porter la strategia dell'azienda dipende dalla concorrenza esistente, dai concorrenti potenziali, dai clienti, dai fornitori e dai prodotti sostitutivi

Le cinque forze di Porter sono:
- la concorrenza esistente;
- i concorrenti potenziali;
- i clienti;
- i fornitori;
- i prodotti sostitutivi.

Nella figura 1 (pagina seguente) riportiamo il modello di Porter.

■ La concorrenza esistente. La concorrenza esistente all'interno del settore dipende dalla forma di mercato. La rivalità fra le aziende assume una diversa intensità, e anche le modalità variano, a seconda delle condizioni presenti.

Un'azienda è tanto più attratta da un mercato, quanto minore è la concorrenza

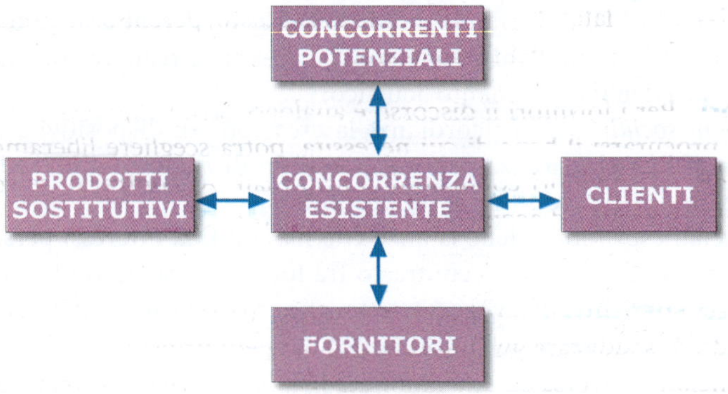

FIGURA 1 Il modello di Porter

Per esempio, se le aziende che si trovano in un determinato mercato sono poche, la concorrenza dovrebbe essere meno ostica, a patto che quelle poche aziende non detengano un'elevata quota di mercato. Altre ipotesi: la concorrenza sarà minore se il prodotto offerto può essere differenziato, sarà maggiore se i prezzi che si praticano sono bassi e così via.

Ipotizziamo che l'azienda Gamma produca pomodori pelati in scatola; l'azienda Gamma incontra una forte concorrenza se i suoi pomodori sono uguali agli altri (o se così la pensano i consumatori), la concorrenza sarà invece minore se l'azienda Gamma riesce a offrire un prodotto che si differenzia dagli altri per produzione selezionata, coltivazioni biologiche e procedure di conservazione naturali.

Naturalmente un'azienda è più attratta da un mercato in cui la concorrenza è minore, perché tendono ad aumentare le vendite e, di conseguenza, i profitti.

I concorrenti potenziali entrano nel mercato se le barriere d'entrata sono basse

I concorrenti potenziali. Accanto ai concorrenti esistenti ci sono quelli «potenziali», cioè quelle aziende che operano in un altro settore, ma che potrebbero decidere di cambiare e inserirsi nel mercato. In quali casi i concorrenti potenziali diventano concorrenti esistenti? Queste aziende devono fronteggiare le cosiddette *barriere d'entrata*, che sono rappresentate:

- o dalla presenza di altre aziende che possiedono marchi già affermati;
- o da protezioni legali che limitano la concorrenza in un determinato settore;
- o dalla mancanza di un efficiente apparato distributivo;
- o da costi eccessivamente elevati.

Al diminuire delle barriere d'entrata, aumenta la possibilità che i concorrenti potenziali diventino reali.

Una precisazione. Se un mercato ha barriere d'entrata limitate, è di solito fortemente concorrenziale (molte aziende «ci provano»), e quindi i profitti potrebbero essere bassi. Per esempio, se vuole entrare nel mercato dei detersivi per lavatrici, l'azienda Delta dovrà tener conto che i diversi concorrenti, già presenti in quel mercato, possiedono un'immagine ben consolidata; per questo l'azienda Delta dovrà costruirsene una propria attraverso notevoli investimenti in pubblicità.

L'azienda deve valutare attentamente sia il numero sia le caratteristiche dei clienti

I clienti. I clienti sono un'altra variabile che stabilisce l'attrattiva, o meno, di un determinato mercato: se i clienti sono tanti l'azienda è invogliata a entrare (e viceversa).

Soffermiamoci sul caso in cui i clienti siano pochi. La scelta sembra ovvia: non conviene entrare. Non sempre è così. Nel mercato potrebbero esserci pochi clienti di grandi dimensioni, che assicurano uno sbocco ai prodotti dell'azienda: si può entrare!

Altra valutazione. Se sono pochi e di grandi dimensioni, questi clienti hanno un notevole potere contrattuale, e l'azienda potrebbe essere costretta a subire condizioni poco vantaggiose. Per esempio, le aziende che producono contatori per la lettura dei consumi di acqua potabile hanno pochi clienti (solitamente sono aziende municipalizzate) che, oltre a definire le caratteristiche qualitative del prodotto, tendono a fissare unilateralmente il prezzo di acquisto, perché si sentono forti della loro posizione di clienti unici sul mercato.

I fornitori. Per i fornitori il discorso è analogo. Se ci sono molti fornitori, l'azienda, per procurarsi il bene di cui necessita, potrà scegliere liberamente il fornitore che offre le migliori condizioni contrattuali. Al contrario, se sono pochi, l'azienda sarà costretta ad acquistare alle condizioni imposte dai fornitori «dominanti»: l'attrazione di quel mercato è molto minore.

L'azienda entra più facilmente in un mercato dove ci sono molti fornitori

I prodotti sostitutivi. I prodotti sostitutivi (o succedanei) sono quelli che sono in grado di soddisfare gli stessi bisogni dei beni principali. Pensiamo alle bibite; un'aranciata è diversa da una limonata ma, quando il consumatore ha sete, le differenze tendono a svanire: «Vorrei un'aranciata! C'è solo una limonata? Va bene ugualmente, perché ho molta sete!».

La presenza dei prodotti sostitutivi scoraggia l'azienda a entrare nel mercato

In questo caso, la Domanda viene dirottata verso questi prodotti sostitutivi (non molto diversi rispetto ai principali); è ovvio che all'aumentare dei prodotti sostitutivi, cresce anche la concorrenza (e viceversa).

Nell'esempio, se l'azienda Gamma produce aranciate dovrà valutare quanti sono sul mercato non solo i produttori di aranciate, ma anche quelli di limonate, di succhi di frutta e così via.

Bisogna guardare lontano... L'attrazione che esercita un mercato per un'azienda è determinato, secondo il modello di Porter, da queste cinque forze, che esprimono sia le opportunità sia le minacce dell'ambiente esterno.

Queste forze non devono però essere valutate solo nel presente, ma anche nel futuro. Bisogna considerare questi elementi in prospettiva, e tener conto del ciclo di vita del prodotto, della tecnologia che si evolverà, della fase di sviluppo del settore. È necessario essere indovini? No. Basta fare previsioni attente e documentate sulle aspettative future.

4 Punti di forza e punti di debolezza

Rispondiamo adesso alla terza domanda:

3. *Come fare?*

Dopo aver analizzato l'ambiente esterno, dobbiamo entrare «dentro all'azienda».

Le risorse dell'azienda. Le risorse di un'azienda non sono solo i fattori produttivi, ma anche quei *beni immateriali* che restano nascosti e, per questo, sono più difficili da riconoscere e da quantificare.

Le risorse di un'azienda sono sia i fattori produttivi sia i beni immateriali

Supponiamo di entrare nell'azienda Beta in un momento di massima attività. Cosa ne sappiamo dell'esperienza dei lavoratori? Cosa ne sappiamo dell'abilità decisionale dell'imprenditore? Cosa ne sappiamo di come avviene la distribuzione? Cosa ne sappiamo di quanto il marchio sia affermato?

Punti di forza o di debolezza? L'azienda invece deve essere in grado di rispondere a queste domande. In particolare, l'azienda deve individuare sia le risorse che sono *punti di forza*, sia le problematiche che rappresentano *punti di debolezza* nei confronti delle altre aziende.

L'azienda deve individuare i suoi punti di forza e di debolezza

I punti di forza devono essere utilizzati per avere successo e raggiungere il vantaggio competitivo, mentre i punti di debolezza devono essere corretti e, se possibile, trasformati in punti di forza.

Per esempio, l'azienda mercantile Beta ha certamente un punto di forza nella distribuzione dei prodotti se possiede un personale addetto alle vendite esperto, motivato, in grado di conquistare la clientela; al contrario, la distribuzione rappresenta un punto di debolezza se l'azienda Beta non ha un'immagine riconosciuta dai consumatori.

Un marchio inconfondibile e noto in tutto il mondo: quello di Giorgio Armani.

Ogni azienda deve saper riconoscere, in ogni momento, i suoi punti di forza e i suoi punti di debolezza. Partendo da questo dato, l'azienda deve sia individuare le attività su cui puntare valorizzando al meglio le sue competenze, sia agire sul suo «tallone d'Achille» per trasformare la debolezza in forza.

L'analisi *SWOT* prende in considerazione sia i punti di forza e di debolezza, sia le opportunità e le minacce

L'analisi *SWOT*. I punti di forza e di debolezza comportano un'analisi *interna*, perché sono legati al tipo di prodotto o di servizio da realizzare (la struttura organizzativa, la cultura aziendale, il livello delle competenze, la rete di partner); invece, come si è visto, le opportunità e le minacce arrivano dall'*esterno* (dal livello tecnologico del settore, dalla forza dei concorrenti, dai fattori ambientali).

È necessario valutare la posizione complessiva dell'azienda sia all'interno del settore sia all'esterno, ed elaborare quelle strategie in grado di raggiungere il vantaggio competitivo. Come fare?

Per affrontare questo problema è stato elaborato uno strumento chiamato *analisi SWOT*, che è l'acronimo dalle iniziali di *Strenghts* (punti di forza), *Weaknesses* (punti di debolezza), *Opportunities* (opportunità) e *Threats* (minacce). Lo *SWOT*, in un prospetto, riassume e mette a confronto i dati raccolti per poter trarre le conclusioni operative adeguate.

Al solito, chiariamo con un esempio l'uso che si può fare dell'analisi *SWOT*.

Un esempio pratico di analisi *SWOT*

Prendiamo in esame l'azienda tessile Alfa che decide di differenziare la produzione, entrando nel mercato dell'abbigliamento per bambini. Ipotizziamo un possibile contesto in cui agisce l'azienda Alfa.

La situazione esterna che si presenta all'azienda Alfa è quella di un mercato in cui sono presenti molte aziende concorrenti, che possiedono marchi più forti e ampiamente conosciuti (*minacce*); d'altro canto, esistono sia una clientela che richiede prezzi non elevati sia la possibilità di avere una ampia scelta di prodotto (*opportunità*).

All'interno si trova una struttura produttiva a ciclo completo (*punto di forza*); in particolare, il confezionamento può essere un'arma decisiva per il successo del nuovo prodotto, e l'azienda Alfa ha la possibilità di raggiungere un adeguato livello qualitativo perché da 20 anni opera nel settore dell'abbigliamento. Non solo. La presenza di personale esperto garantisce la possibilità di ottenere un buon prodotto in tempi e modi adeguati. La nuova produzione presuppone però il cambiamento di alcuni impianti, in quanto alcuni di quelli esistenti sono obsoleti (*punto di debolezza*); altro problema: la catena distributiva è debole, perché i rapporti con i distributori sono poco solidi (*punto di debolezza*).

Sintetizziamo la situazione dell'azienda Alfa:

Minacce	Opportunità	Punti di forza	Punti di debolezza
• Imprese concorrenti con marchi forti e diffusi	• Richiesta della clientela di convenienza e varietà nell'assortimento	• Ciclo completo della struttura produttiva • Presenza di personale affidabile e con esperienza	• Impianti obsoleti • Debole catena distributiva

L'azienda Alfa deve:

- valutare l'opportunità offerta dal mercato;
- mettere a punto una strategia basata sull'avvicinamento alle esigenze del cliente;
- fornire una notevole varietà nell'assortimento;
- limitare il prezzo di vendita;
- cercare di offrire prodotti personalizzati.

L'azienda deve valorizzare i punti di forza e correggere i punti di debolezza

Quando definisce la sua strategia, l'azienda Alfa deve da un lato far leva sui punti di forza, dall'altro correggere i punti di debolezza. Giocare sui punti di forza significa valorizzare sia la struttura produttiva esistente sia il personale, con mirate attività promozionali.

E i punti di debolezza? Poiché gli impianti sono inadeguati, si potrebbe pensare di non fare nuovi investimenti, ma scegliere di gestire in *outsourcing* alcune fasi

PER SAPERNE DI PIÙ

I nativi digitali in azienda

Nel 2020 la prima generazione di nativi digitali entrerà in azienda: sarà una vera rivoluzione!

Innovazione, cultura digitale, valorizzazione dei giovani di talento: il confronto su questi temi è oggi sempre più attuale all'interno dei contesti aziendali. Ne parla in questa intervista Luisa Arienti, amministratore delegato di SAP Italia.

«DOMANDA: *Chi sono i nativi digitali? Possiamo tracciarne un identikit? Che cosa si aspettano dall'azienda che li assume?*
Sono coloro che, nati direttamente nel pieno della rivoluzione social, si affacceranno nel giro di pochissimi anni al mondo del lavoro portando con sé un orizzonte di nuove potenzialità. Sono i cosiddetti *nativi digitali*, o *millennials*: manager e dirigenti di domani, nati quando l'analogico è andato in pensione e che entro il 2030 rappresenteranno il 75% della forza lavoro. I *millennials* sono anche coloro per i quali il raggiungimento di un equilibrio tra vita personale e professionale è molto più importante rispetto alle generazioni passate. Le aziende dovrebbero puntare su di loro e sul loro potenziale di innovazione per restare sempre un passo avanti.

DOMANDA: *Che impatto avrà l'ingresso dei nativi digitali sulle aziende?*
Quando, intorno al 2020, entrerà in azienda la prima generazione di *millenials*, le imprese di tutte le dimensioni si troveranno a dover gestire in modo nuovo persone creative, dinamiche, flessibili, e consapevoli che la tecnologia è in grado di sfumare i confini e rendere possibile ciò che oggi è nemmeno pensabile.

DOMANDA: *Quali sono le linee guida per valorizzarne il talento e il potenziale?*
Se vorranno trattenere questi nuovi talenti, le imprese dovranno creare ambienti lavorativi adatti a loro, che siano flessibili e consentano di esprimere la loro creatività secondo le loro regole. La vera sfida sarà, poi, quella di saper riconoscere i migliori, ovunque essi siano, anche grazie alla tecnologia che abbatte i confini fisici e permette di creare un unico spazio professionale globale. È per questo che bisogna coltivare relazioni strategiche con le università in tutto il mondo [...]. I *millennials* desiderano costruirsi una carriera, per cui dobbiamo iniziare presto a coltivarli e aiutarli a porne le basi. [...] Oggi le più grandi sfide che ci troviamo di fronte sono anche le nostre più grandi opportunità: se saremo in grado di offrire ai *millennials* i migliori strumenti tecnologici e daremo loro il permesso di osare, vedremo le nuove generazioni portarci verso orizzonti inimmaginabili.»

[www.manageritalia.it, *Intervista a Luisa Arienti*, 7 gennaio 2014.]

del ciclo produttivo (vedi paragrafo 9), riducendo così il costo di produzione; allo stesso tempo si potrebbe migliorare e modificare la catena distributiva, puntando sulla vendita diretta, utilizzando anche l'*e-commerce*.

5 Le strategie dell'azienda

Le strategie sono le attività stabilite dall'azienda per raggiungere gli obiettivi, partendo dalle risorse disponibili

L'imprenditore è uno stratega... L'*orientamento strategico di fondo* rappresenta quell'orizzonte in cui l'azienda-valore evidenzia il suo ruolo nel mercato, la sua immagine, i valori che ritiene importanti e la sua mission.

Come raggiungere quell'orizzonte? L'unico mezzo è rappresentato dalle strategie, intese come le scelte e le attività definite dall'azienda, in relazione alle risorse disponibili.

Le *strategie* possono essere individuate su due diversi livelli:
- le strategie complessive;
- le strategie funzionali.

Va precisato che questi due livelli di strategia devono essere coerenti fra loro, e devono rappresentare i principi indicati nell'orientamento strategico di fondo, per fare in modo che tutti gli sforzi consentano il raggiungimento del fine istituzionale dell'azienda.

Le strategie complessive riguardano le scelte globali dell'azienda e possono essere indirizzate o al consolidamento o allo sviluppo dell'azienda

Le strategie complessive. Le strategie complessive riguardano le scelte globali dell'azienda, definiscono i mercati in cui inserirsi e gli obiettivi generali, la combinazione delle risorse e le modalità di coordinamento delle diverse componenti del sistema-azienda. Normalmente, le strategie complessive sono riferite a un periodo di tempo medio-lungo, anche se vengono opportunamente articolate in periodi di tempo più brevi.

In particolare, queste strategie possono essere indirizzate o al consolidamento o allo sviluppo della posizione di mercato che l'azienda possiede.

Con la strategia di consolidamento l'azienda opera solo lievi modifiche, per mantenere la sua posizione sul mercato

Le strategie di consolidamento. Se punta al consolidamento, vuol dire che l'azienda riconosce valido in generale l'orientamento strategico di fondo, e valuta che siano necessari solo aggiustamenti o lievi modifiche.

Di solito, le aziende che attuano la *strategia di consolidamento* sono quelle che detengono una posizione dominante, e che vogliono difenderla rispetto a una concorrenza sempre agguerrita. I loro interventi sono quindi mirati alla riduzione dei costi di produzione o al miglioramento dell'efficienza produttiva o distributiva. Per esempio, l'azienda tessile Alfa decide di offrire ai propri distributori l'opportunità di effettuare riassortimenti più frequenti, durante la stagione di vendita.

Con la strategia di sviluppo l'azienda vuole ampliare la sua quota di mercato

Le strategie di sviluppo... Il discorso cambia completamente nell'ipotesi in cui l'azienda voglia svilupparsi. In questo caso l'azienda vuole modificare l'orientamento strategico di fondo e, di solito, deve modificare anche la struttura organizzativa, perché vuole ampliare la sua quota di mercato.

La *strategia di sviluppo* è aggressiva, e si realizza attraverso i processi di specializzazione, di diversificazione o di integrazione.

Lo sviluppo attraverso la specializzazione avviene con l'aumento delle vendite nei mercati tradizionali, la ricerca di nuovi mercati o la realizzazione di prodotti innovativi

...la specializzazione... Quando ricorre alla *specializzazione*, l'azienda può mantenere la produzione dei prodotti preesistenti, ma deve o aumentare le vendite nei mercati tradizionali, o individuare nuovi mercati oppure sostituire i vecchi prodotti con altri innovativi. Vediamo queste tre ipotesi:

- l'aumento delle vendite nei mercati tradizionali può essere realizzato o sfruttando una Domanda che ancora non ha raggiunto la sua massima potenzialità, o attraverso interventi di *restyling* (riammodernamento) dei prodotti. Ne sono un esempio tipico le case automobilistiche che, prima di sostituire completamente un modello, lo modificano cambiando solo alcuni aspetti estetici;
- la ricerca di nuovi mercati è possibile grazie al fenomeno della globalizzazione, che permette di offrire nel Terzo Mondo quei prodotti che hanno già saturato i mercati dei Paesi sviluppati (come vedremo nell'unità G1);
- la sostituzione dei vecchi prodotti con altri innovativi avviene sui mercati tradizionali, dove il prodotto è già presente, ma viene modificato grazie a nuove tecnologie; un esempio è rappresentato dai computer che si sono evoluti dapprima nei computer portatili, e poi nei palmari.

Lo sviluppo attraverso la diversificazione avviene immettendo nel mercato nuovi prodotti

...la diversificazione... La *diversificazione* si realizza con la realizzazione di nuovi prodotti; questo presuppone l'inserimento nell'azienda di nuove attività pubblicitarie e di nuove tecnologie. Chiariamo con un esempio:

- l'azienda Alfa, che produce abbigliamento per adulti e vuole creare capi per bambini, deve fare una campagna pubblicitaria per informare i nuovi potenziali consumatori, ma non deve modificare la struttura produttiva esistente;
- l'azienda Delta, che opera nel settore dell'arredamento e decide di realizzare anche biancheria per la casa, deve invece attrezzarsi di nuove tecniche e strumenti di produzione.

Lo sviluppo attraverso l'integrazione avviene con l'incremento della filiera produttiva

...l'integrazione. L'*integrazione* è legata all'allargamento a fasi precedenti, o successive, del processo produttivo; in questo caso si dice che l'azienda incrementa la sua «filiera produttiva».

Per esempio l'azienda Gamma, che produce scarpe, decide di iniziare anche la lavorazione delle pelli (fase precedente) o di occuparsi direttamente della distribuzione al consumatore finale del prodotto (fase successiva).

Le strategie funzionali indicano dei piani d'azione, mirati per ogni funzione aziendale

Le strategie funzionali. L'attività dell'azienda si articola in funzioni aziendali (come vedremo nell'unità E1).

Le *strategie funzionali* sono legate a scelte che riguardano la gestione delle singole funzioni aziendali; esistono quindi strategie di produzione, strategie di vendita, strategie di marketing e così via.

La strategia di produzione, per esempio, deve definire le caratteristiche del processo produttivo, individuando gli impianti, la loro collocazione, le fasi e i tempi coerenti, e la possibile flessibilità di utilizzo. Un discorso analogo vale per la strategia di vendita che deve prestare attenzione alla distribuzione, alla promozione e alla pubblicità del prodotto.

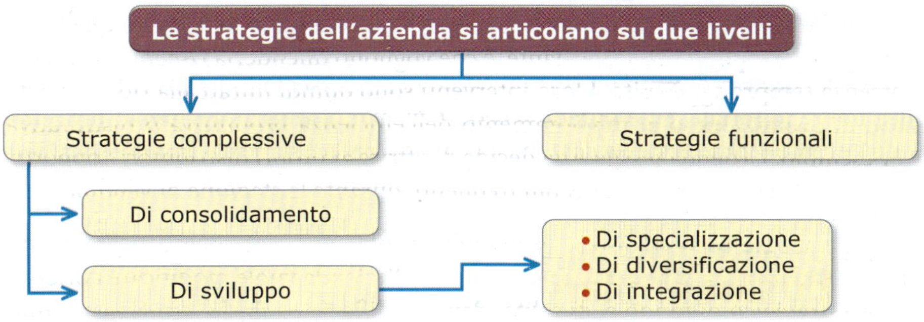

6 La pianificazione aziendale

La pianificazione aziendale concretizza la strategia dell'azienda

■ **Dalla strategia alla pianificazione.** Le strategie che definiscono le scelte e gli obiettivi generali dell'azienda devono passare dalla teoria alla pratica. Bisogna quindi individuare quei mezzi, quegli strumenti e quelle azioni che permettono di raggiungerli: questo è possibile attraverso la pianificazione aziendale.

Alla luce della strategia scelta dall'azienda, la *pianificazione aziendale* definisce le politiche più idonee a conseguire gli obiettivi prestabiliti, organizza le mansioni principali e individua quali devono essere i comportamenti da assumere dalle diverse aree dell'attività d'azienda. In particolare si elaborano dei piani di medio-lungo periodo, nei quali vengono sia attribuite le risorse, sia definiti i compiti dei componenti della struttura organizzativa.

Il budget di esercizio, solitamente annuale, ipotizza l'andamento futuro dell'attività d'azienda

■ **Il budget di esercizio.** I piani aziendali sono suddivisi in *programmi operativi*, che definiscono nel dettaglio i mezzi necessari a tutte le attività da svolgere e individuano le persone coinvolte e i tempi di attuazione per il conseguimento degli obiettivi. A loro volta questi programmi operativi si traducono in un prospetto, chiamato *budget di esercizio*, che si riferisce a un arco di tempo più breve, di solito un anno.

Le analisi da fare sono numerose e complesse; per questo il budget viene articolato in diversi *budget settoriali*, riguardanti le diverse *funzioni aziendali*; il budget resta comunque un documento unitario e i vari budget settoriali devono essere strettamente collegati fra di loro.

Al termine di ciascun anno, attraverso un procedimento di controllo, si verifica in quale misura il programma è stato effettivamente realizzato.

Questo controllo viene effettuato anche durante lo svolgimento del programma, cioè nel corso dell'esercizio, per poter immediatamente cogliere gli eventuali scostamenti tra quanto è stato previsto e quello che si è effettivamente realizzato. L'analisi degli scostamenti consente di mettere in atto azioni correttive, per rimuovere quelle inefficienze che impediscono il raggiungimento degli obiettivi.

Possiamo quindi affermare che la pianificazione aziendale è un susseguirsi di budget di esercizio annuali che, per successive approssimazioni, consente la realizzazione degli obiettivi generali individuati attraverso la strategia.

■ **Una pianificazione creativa...** Non bisogna pensare che la pianificazione aziendale sia solo un'attività passiva di registrazione di fatti o di eventi. La pianificazione aziendale è invece un momento creativo di ricerca, di previsione, che deve tener conto di tutte le possibili variabili che possono influenzare il successo di un'azienda.

Il processo di pianificazione evidenzia la capacità di adattamento dell'azienda alle modificazioni che avvengono nell'ambiente esterno, e assume particolare rilevanza in certi periodi della vita dell'azienda stessa. In questi «momenti particolari», il piano d'azienda diventa un documento che rappresenta e definisce una nuova idea imprenditoriale, ed è quindi in grado di pianificare sia un singolo progetto, sia un evento (come la stessa costituzione dell'azienda): siamo di fronte al business plan (di cui ci occupiamo nel paragrafo successivo).

7 Il business plan

Il business plan è un piano d'azienda che parte da un'idea imprenditoriale e sviluppa uno studio di fattibilità dell'idea stessa

Ci vorrebbe un'idea... Il business plan è un documento in cui viene sintetizzata un'idea imprenditoriale e la sua possibile realizzazione. Il business plan si compone di diverse parti che riguardano:

1. l'idea che sta alla base del progetto imprenditoriale;
2. l'area in cui l'azienda intende operare;
3. la descrizione del processo produttivo del bene o del servizio;
4. l'individuazione di quali e quanti possano essere i potenziali consumatori del bene o del servizio ideato;
5. la determinazione del prezzo di vendita.

Fra i tanti «momenti particolari» scegliamo quello più importante: la costituzione di una nuova azienda. Ogni nuova azienda nasce da un'intuizione che si deve poi concretizzare.

Un esempio di business plan: il progetto imprenditoriale di Anna e Giulia

Dalla teoria alla pratica: inventiamoci un business plan! L'ipotesi di partenza è quella di due ragazze di 28 anni, Anna Bianchi e Giulia Rossi, che vivono a Bologna e sono dipendenti di un'azienda di costumi da bagno femminili. Anna e Giulia sono convinte che ci sia una fascia di consumatrici adolescenti, che non riceve dalle aziende esistenti una risposta personale e mirata alle loro richieste. Dopo discussioni e ripensamenti («ma chi ce lo fa fare?»), Anna e Giulia si licenziano, e decidono di mettere a frutto le loro competenze tecniche e professionali per costituire una nuova azienda che produrrà costumi da bagno: la Delta.

Anzitutto, Anna e Giulia devono procedere alla redazione del business plan, per indicare la strada (lunga e piena di insidie) che devono seguire, per arrivare a svolgere la loro attività. Anna e Giulia seguono quindi i cinque punti a cui abbiamo fatto riferimento.

Anna e Giulia descrivono l'idea che sta alla base del loro progetto imprenditoriale

L'idea. Come è nata l'idea? Qual è la mission dell'azienda Delta? «Che cosa» dovrà vendere e «a chi»?

Anna e Giulia sono da tempo convinte che i capi eleganti e impegnativi, prodotti dallo loro ex-azienda, non possono rispondere alle esigenze di ragazze giovani, che ricercano invece capi simpatici e colorati, con cui poter svolgere anche attività sportiva, in grado di offrire una sensazione di benessere. La mission dell'azienda Delta si può identificare nello slogan «noi non offriamo solo un costume, ma anche il piacere di indossarlo!»; Anna e Giulia puntano sull'immagine di un'azienda che vuole farsi riconoscere e identificare dal pubblico, per l'attenzione che presta al «benessere emotivo» delle sue giovani consumatrici.

Già in questa prima parte del progetto viene delineato in dettaglio il prodotto.

Descrivere il nuovo costume vuol dire parlare di colori, tessuti, modelli simpatici con qualcosa di diverso (balze, pizzi), ma soprattutto significa offrire l'immagine di un prodotto unico, che consente a chi lo indossa di «uscire dal coro».

L'area. Qual è il mercato di riferimento dell'azienda Delta? Quali sono le caratteristiche particolari dell'ambiente geografico e sociale? Chi sono i concorrenti?

Non si può ignorare il contesto in cui si andrà a operare, per cui Anna e Giulia devono fare analisi approfondite sia sul macroambiente sia sul microambiente.

Anna e Giulia analizzano in modo approfondito sia il macroambiente sia il microambiente

Nel macroambiente le caratteristiche geografiche o climatiche del territorio sono elementi di grande importanza (è più difficile vendere costumi da bagno in alta montagna), ma lo sono anche i comportamenti socio-culturali (le ragazze di religione musulmana non saranno interessate all'acquisto).

Nel microambiente, Anna e Giulia devono studiare il mercato di riferimento, e prestare attenzione non solo ai concorrenti potenziali diretti (le aziende che producono costumi da bagno), ma anche a quelli indiretti, cioè a quelle aziende che offrono beni simili al loro (per esempio, i costumi per svolgere attività sportiva o agonistica).

Conoscere le regole del gioco del mercato di riferimento, e farle proprie, consente di ottenere un vantaggio rispetto alla concorrenza. È assolutamente necessario avere dati sulle caratteristiche degli altri prodotti offerti, dei prezzi praticati, delle politiche promozionali e distributive. Se ben utilizzate, queste informazioni possono aiutare l'idea a essere vincente.

Anna e Giulia definiscono il processo organizzativo dell'attività, specificando ruoli e responsabilità

■ **Il processo produttivo.** Quanto produrre? Con che cosa produrre? «Chi» fa «che cosa»?

Ancor prima di iniziare, Anna e Giulia devono definire i processi organizzativi dell'attività, i ruoli e le responsabilità di chi lavora all'interno dell'impresa, oltre alle risorse tecniche necessarie.

Sicuramente, nell'azienda Delta, Anna e Giulia rappresentano risorse umane con competenze tecniche e gestionali. Sono due «ragazze in gamba», ma non sanno fare tutto! Anna e Giulia possono decidere di coinvolgere altre persone o, con l'*outsourcing*, di delegare all'esterno lo svolgimento di quella parte di lavoro che non sono in grado di fare (vedi paragrafo 9).

Va ricordato che le risorse materiali sono rappresentate dagli impianti, dalle attrezzature e dai luoghi in cui fisicamente si svolge l'attività produttiva, mentre quelle immateriali sono costituite dai brevetti e dalle licenze, che servono per l'avvio dell'azienda.

Anna e Giulia devono descrivere il processo di produzione e organizzare nel dettaglio le varie aree di attività:

- da chi si effettuano gli acquisti di materie prime (per esempio i tessuti), a quali prezzi e con quali condizioni di pagamento;
- come si realizza il processo di trasformazione per ottenere i prodotti finiti, in quali tempi e in quali quantità (quanti costumi produrre al giorno?) e chi, fra Anna e Giulia, si occupa delle varie fasi di lavorazione (disegno del modello, taglio, cucito, rifinitura);
- a chi si vende e a quali condizioni contrattuali, specificando se si intende fare ricorso a rappresentanti;
- chi si occupa degli aspetti economici-gestionali (Anna e Giulia lo faranno insieme);
- chi realizza il coordinamento imprenditoriale (sarà Anna, che ha già fatto un'esperienza in passato);
- dove si svolge fisicamente l'attività; in questa fase è sufficiente prendere in affitto un locale di piccole dimensioni.

L'organizzazione interna, che inizialmente è basata sul lavoro di Anna e Giulia, non può essere svincolata dalla *forma giuridica dell'azienda*. Quale scegliere? Dopo aver consultato un amico commercialista, Anna e Giulia scelgono la società in nome collettivo (s.n.c.).

Anna e Giulia individuano i potenziali consumatori dell'azienda Delta

■ **I potenziali consumatori.** Chi sono i clienti o, meglio, le clienti?

La cliente dell'azienda Delta desidera un costume da bagno simpatico, originale, ben fatto, comodo, che sia immediatamente riconoscibile rispetto ad altri; non deve essere troppo costoso perché la capacità di spesa di un'adolescente è limitata, e deve diventare un oggetto in cui identificarsi come appartenenti a un certo gruppo.

Dove collocare geograficamente il mercato? Anna e Giulia non hanno dubbi: il loro obiettivo è la riviera romagnola, dove sono presenti molti potenziali consumatori.

È anche opportuno, sulla base dei dati raccolti, cercare di individuare le prospettive di sviluppo del mercato nel medio-lungo periodo; su questo punto Anna e Giulia sono ottimiste: il mare da Rimini non lo porta via nessuno!

Anna e Giulia determinano il prezzo del bene

Il prezzo di vendita. Qual è il «giusto» prezzo di vendita?

La definizione del prezzo di vendita è condizionato dai costi fissi (affitto dei locali, impianti, attrezzature) e dai costi variabili (materie prime, energia elettrica), ma anche dai prezzi normalmente praticati dalla concorrenza, e da quanto i consumatori sono disposti a spendere per i costumi dell'azienda Delta.

Dopo aver passato molti giorni (e molte notti...) a fare calcoli, Anna e Giulia hanno deciso: il prezzo di ogni costume da bagno è di 25 euro.

Nelle considerazioni finali Anna e Giulia esaminano i punti di forza e di debolezza del loro progetto imprenditoriale

Considerazioni finali. Attraverso i dati raccolti e individuati nel business plan, Anna e Giulia devono essere in grado di rispondere alla domanda: nascerà questa azienda Delta? Prima di decidere, Anna e Giulia devono individuare i punti di forza e di debolezza.

Fra i *punti di forza* dell'azienda Delta, Anna e Giulia sottolineano:

- il loro entusiasmo, la loro competenza e la loro abilità professionale (se non ci credono loro!);
- la Domanda che arriva da una fascia ben precisa di consumatori;
- l'idea di un prodotto fortemente innovativo;
- la possibilità di lavorare in spazi limitati (riducendo i costi di affitto dei locali).

Fra i *punti di debolezza*, Anna e Giulia inseriscono:

- il fornire un prodotto sconosciuto al mercato;
- la presenza di concorrenti che vantano una posizione consolidata sul mercato;
- il dover costruire una rete di distribuzione.

I punti di forza, ma soprattutto i punti di debolezza, non devono «trapelare» all'esterno perché, assieme a quelli individuati nel business plan, servono ad Anna e Giulia per decidere se vale la pena di intraprendere questa nuova avventura, che è un po' pericolosa ma è tanto affascinante!

8 L'organizzazione dell'azienda

L'organizzazione definisce sia la struttura sia il funzionamento dell'azienda

Un'organizzazione efficace ed efficiente. L'*organizzazione* è l'attività che definisce sia la struttura dell'azienda, cioè gli elementi che ne fanno parte, sia il processo che ne regola il funzionamento.

L'organizzazione rappresenta uno degli elementi fondamentali della gestione e deve essere efficace ed efficiente. Se l'organizzazione è *efficace* l'azienda raggiunge risultati migliori a parità di risorse impiegate, mentre solo un'organizzazione *efficiente* permette all'azienda di conseguire gli stessi risultati, ma con un minor utilizzo di risorse.

Il termine «organizzazione» è quindi riferito all'attività dell'imprenditore, che coordina i beni disponibili e le risorse umane con le strutture, coi rapporti e con le varie procedure operative.

L'organizzazione può essere
- Tecnica
- Umana

La struttura organizzativa cambia a seconda delle situazioni, ma deve essere sempre adeguata a svolgere il processo produttivo, per realizzare la strategia scelta.

L'organizzazione può quindi essere tecnica o umana. È *tecnica* quando analizza le risorse fisiche e materiali del sistema produttivo, mentre l'organizzazione *umana* si occupa dei ruoli, dei compiti, delle gerarchie, delle responsabilità e della divisione del lavoro delle persone che operano nell'azienda.

Le scelte organizzative iniziali... Nella fase di costituzione, cioè quando l'azienda inizia la sua attività, è necessario fare alcune scelte fondamentali che spettano all'imprenditore e che caratterizzano l'azienda stessa. Queste scelte riguardano il settore economico, la localizzazione, la forma giuridica, le dimensioni e l'assetto organizzativo.

■ **...il settore economico...** La prima scelta è quella del settore economico in cui l'azienda deve collocarsi. Quale tipo di attività deve svolgere l'azienda? Vuole realizzare un'attività agricola o industriale? Ha intenzione di entrare nel mondo del terziario? Spera di sfondare nell'universo della *new economy*?

La prima scelta riguarda il settore economico dell'azienda

■ **...la localizzazione...** Il secondo passo è l'individuazione del luogo, o dei luoghi, in cui insediare l'attività produttiva. Nel valutare queste scelte, ogni azienda tiene conto sia della sua attività, sia del contesto in cui opera.

La localizzazione ottimale è quella che massimizza la differenza fra i ricavi e i costi

I fattori che possono influenzare le decisioni dell'azienda sono diversi: la vicinanza con i mercati di approvvigionamento di materie prime e coi mercati di sbocco, l'esistenza di agevolazioni fiscali (o creditizie) concesse in base all'ubicazione dell'insediamento, la disponibilità di infrastrutture e così via. A questo proposito, molto importante è la scelta della *manodopera*: deve essere altamente qualificata o non specializzata? Quest'ultima variabile è strettamente legata al tipo di processo produttivo; se non si richiede personale specializzato, per l'azienda è conveniente insediarsi in una località dove è possibile reperire manodopera a basso costo.

Spesso le decisioni relative all'insediamento sono condizionate dalla volontà di minimizzare i costi di trasporto, in modo da rendere più efficiente la distribuzione, senza aumentare i costi di produzione.

Dopo aver considerato tutti gli elementi che condizionano la scelta del «luogo ideale», l'azienda decide sulla base di precisi calcoli di convenienza economica. In particolare, l'azienda mette «sul piatto della bilancia» sia i ricavi realizzabili (potenzialmente), sia i costi che quella determinata ubicazione comporta: la localizzazione ottimale è quella che determina la massima differenza fra i ricavi e i costi.

Non sempre le scelte sulla localizzazione sono dettate da criteri di economicità. Infatti lo Stato può favorire l'insediamento di impianti industriali in particolari

Gioia Tauro è un centro sulla costa tirrenica della provincia di Reggio Calabria. All'inizio degli anni Settanta, questa località era stata scelta per la realizzazione di un grande polo siderurgico, con ingenti investimenti. Dopo una serie di appalti e subappalti finiti sotto il controllo di associazioni mafiose, il progetto fu prima ridimensionato e poi definitivamente abbandonato, complice la crisi economica che aveva colpito la siderurgia e una localizzazione non certo ottimale per il bacino di utenza. Successivamente, negli anni Novanta, una nuova iniziativa imprenditoriale ha trasformato il porto, che è diventato uno dei più importanti del Mediterraneo.

aree, per stimolare lo sviluppo economico di quella zona. Nel nostro Paese questa politica è stata perseguita al fine di incentivare lo sviluppo economico del Mezzogiorno, ma non sempre sono stati raggiunti i risultati sperati.

Bisogna scegliere tra impresa individuale e società

■ **...la forma giuridica...** Altra decisione. L'azienda deve nascere come impresa individuale? Come società in nome collettivo? Come società per azioni?

La forma giuridica è un'altra difficile decisione dell'imprenditore: deve gestire da solo l'azienda, o è meglio condividerne i rischi e i benefici con altri? Nel primo caso verrà scelta l'impresa individuale, nel secondo si formerà una società (analizzata nel volume per il secondo biennio).

Le dimensioni dell'azienda dipendono anzitutto dal settore produttivo

■ **...le dimensioni...** Ancora scelte. È meglio che l'azienda sia piccola, media o grande? Le dimensioni da assumere dipendono ovviamente dal settore produttivo in cui l'azienda opera (non si possono costruire navi in una piccola azienda). Non solo. Mentre in alcuni comparti è preferibile la nascita di piccole aziende, in altri la presenza delle economie di scala condiziona la costituzione di imprese di grandi dimensioni.

Le economie di scala sono vantaggi economici ottenuti aumentando le dimensioni di impianti e prodotti

Le *economie di scala* sono vantaggi economici ottenuti grazie all'aumento della dimensione degli impianti e del volume dei beni prodotti; in questo caso il costo unitario medio di produzione diminuisce, perché si ha una minore incidenza proporzionale dei costi fissi, che possono distribuirsi su un maggior numero di unità prodotte: si hanno costi gestionali più bassi. In molti settori, sia i costi di investimento sia quelli gestionali non aumentano in relazione diretta all'*ouptut* ottenuto; per esempio, il raddoppio della capacità produttiva di una raffineria richiede soltanto un aumento del 60% degli investimenti e del 35% del personale. Si parla di *economie di scala congiunte* quando queste sono ottenute con impianti flessibili, che producono prodotti diversi, utilizzando la stessa tecnologia di base. I prodotti sono flessibili e la commercializzazione dell'intera gamma di produzione, ottenuta con questa tecnologia, è economicamente molto conveniente per l'azienda.

L'assetto organizzativo iniziale indica la composizione del personale

■ **...l'assetto organizzativo.** L'assetto organizzativo iniziale stabilisce quali sono i soggetti che compongono il personale, e quali regole bisogna applicare per coordinare e dirigere il lavoro svolto. È meglio assumere solo dipendenti? È opportuno ricorrere a collaboratori autonomi? È preferibile una manodopera giovane o più esperta?

L'azienda può modificare le scelte organizzative iniziali

■ **L'azienda si muove...** Dopo la costituzione, nella fase di funzionamento, nascono altri problemi organizzativi, poiché l'azienda è un sistema dinamico che cresce e subisce continui cambiamenti. Per rispondere in modo adeguato alle nuove situazioni operative, bisogna valutare se modificare nel tempo le scelte organizzative fatte al momento della costituzione: spostare lo stabilimento, passare da società in nome collettivo a società a responsabilità limitata e così via. Nel corso degli anni, accade spesso che l'imprenditore modifichi o la localizzazione, o l'assetto organizzativo, o la forma giuridica, o le dimensioni, o il tipo di produzione.

Non tutte queste modifiche avvengono con la stessa facilità. Il cambiamento di luogo o di assetto organizzativo è tanto più agevole quanto più flessibile è la struttura dell'azienda, cioè se questa è modificabile in tempi brevi e, soprattutto, con costi contenuti. La flessibilità dell'azienda deve riguardare sia il capitale sia il lavoro: i beni strumentali devono essere facilmente adattabili alle nuove produzioni e il personale deve essere in grado di rispondere rapidamente ai cambiamenti.

La forma giuridica è sempre legata alle dimensioni; per esempio, se l'attività produttiva viene ampliata, è necessaria la trasformazione da impresa individuale a società, per reperire nuovi capitali in grado di finanziare ulteriori investimenti.

È più difficile che l'azienda modifichi il tipo di produzione; per esempio è raro il passaggio dal settore agricolo a quello industriale. È più frequente che alla produzione originaria vengano affiancate nuove attività, collegate a essa; per esempio, l'azienda Delta, che produce aspiratori industriali, inizia a produrre aspiratori domestici.

Va' dove ti porta il business: i trasferimenti delle franchigie professionistiche statunitensi

In Italia, le squadre sportive sono per tradizione anzitutto espressione di una città, e anche il tifo è in molti casi campanilistico («sono nato a Bologna, tifo Bologna»). Diversa è la situazione nelle leghe professionistiche statunitensi, dove i proprietari delle squadre hanno la facoltà di trasferire la propria "franchigia" da una città all'altra, di solito motivati da migliori opportunità economiche. Vediamo assieme alcuni esempi di trasferimenti avvenuti nel recente passato in NFL (la lega del football americano) e NBA (lega della pallacanestro).

Green Bay Packers

Fondati nel 1919, i Green Bay Packers non si sono mai mossi dalla piccola città del Wisconsin, la meno popolosa (103.000 abitanti) ad ospitare una squadra professionistica statunitense. I Packers sono anche l'unica squadra professionistica non-profit negli USA, e appartengono a oltre 360.000 tifosi-azionisti.

Il fascino di LA

Tra il 2016 e il 2017 ben due squadre NFL hanno deciso di trasferirsi nella ricca Los Angeles da città più piccole (e quindi meno redditizie per i proprietari dei team): i Rams, da Saint Louis, in Missouri, e i Chargers, dalla vicina San Diego.

Le migrazioni dei calabroni

Negli ultimi venti anni, la franchigia NBA degli Hornets ha visitato tre città: nel 2002 da Charlotte si è trasferita a New Orleans, per poi spostarsi temporaneamente a Oklahoma City, a causa dei danni causati a New Orleans dall'uragano Katrina nel 2005. Tornata nel 2007 a New Orleans, la squadra si è ribattezzata Pelicans nel 2013, mentre il nome Hornets è tornato alla squadra di Charlotte nel 2014. Insomma, tanto rumore per nulla…

PALLA AL CENTRO

Nell'estate 2018 anche il calcio italiano ha avuto un caso di trasferimento di franchigia: l'imprenditore Renzo Rosso, già proprietario della Bassano Virtus, militante in Serie C, ha rilevato il ramo d'azienda del più prestigioso Vicenza Calcio, appena fallito, cambiando il nome al Bassano in L.R. Vicenza Virtus. Cerca online le reazioni a questa iniziativa. Tu cosa ne pensi?

9 L'azienda e la rete

L'organizzazione in rete si basa su due livelli
- L'azienda principale che ha un ruolo guida
- Le aziende satelliti

L'organizzazione in rete. L'organizzazione in rete si basa su una suddivisione del processo produttivo in aziende satelliti, guidate da un'azienda principale.

Le aziende tendono a concentrare la propria attività nel core business, cioè nella produzione di quel particolare bene da cui ottengono i migliori risultati. In conseguenza di ciò, negli ultimi anni sono aumentati gli accordi con altre aziende dello stesso settore, a cui affidare determinate fasi del ciclo produttivo.

Si crea in questo modo un'organizzazione in rete, che si basa su due livelli:
- l'azienda principale che ha un ruolo guida, stabilisce il tipo di produzione ed è il nucleo centrale della rete;
- le aziende satelliti che realizzano parti del processo produttivo, sulla base di precisi accordi con l'impresa principale.

L'*outsourcing* è il trasferimento di alcune fasi produttive all'esterno dell'azienda

L'outsourcing. L'*outsourcing* (esternalizzazione) è il trasferimento di alcune fasi produttive all'esterno dell'azienda. Con l'*outsourcing* il processo produttivo è condiviso con altre aziende specializzate, a cui vengono affidate alcune fasi della produzione che, in origine, venivano svolte all'interno dell'impresa. Per esempio, l'azienda Beta di Torino produce mobili, e reputa più conveniente trasferire il lavoro di rifinitura e di imballo all'azienda Delta di Biella.

L'*outsourcing* non riguarda più solo un Paese, ma rappresenta uno dei numerosi aspetti della mondializzazione: l'*outsourcing* è diventato globale. Negli Stati Uniti l'*outsourcing* ha assunto proporzioni notevoli; si pensi che, nel 2015, quasi il 50% delle imprese americane si basava su aziende estere (soprattutto asiatiche) per gestire alcuni processi informatici. Il nostro Paese è ancora lontano da questi livelli, ma l'imprenditoria italiana è sempre più attenta ai vantaggi dell'*outsourcing*, in termini di costi e di produttività.

Una riflessione. Il principale vantaggio dell'*outsourcing* globale è dato dalla diminuzione del costo del lavoro (un operaio asiatico costa meno di un operaio europeo); per questo alcuni economisti «accusano» l'*outsourcing* di aver aggravato il problema della disoccupazione nei Paesi industrializzati.

Il distretto industriale è formato da molte piccole aziende della stessa area che producono lo stesso bene

Il distretto industriale. Il distretto industriale è un raggruppamento di piccole aziende dello stesso settore, collocate nella stessa area geografica, che hanno sviluppato in comune un prodotto.

I distretti industriali sono un fenomeno in crescita, soprattutto nel Nord-Est; basta pensare al distretto industriale tessile di Prato, a quello delle piastrelle di Sassuolo (Modena), a quello delle rubinetterie di Novara, a quello degli occhiali di Belluno.

UN ARTICOLO

L'*outsourcing*

L'*outsourcing* rappresenta uno dei tanti aspetti della globalizzazione. Mentre negli Stati Uniti è un fenomeno ormai diffusissimo, in Italia e nell'Unione europea esistono ancora forti resistenze nei confronti dell'outsourcing, come risulta dall'articolo riprodotto (Paolo Conti, *Il Sole-24 Ore*, 14 luglio 2005).

Il Sole 24 ORE

L'outsourcing diventa globale

Le previsioni indicano che un terzo delle grandi aziende europee ricorrerà ai servizi offshore entro la fine dell'anno

1 Entro il 2015 gli Stati Uniti perderanno più di tre milioni di posti di lavoro a vantaggio di Paesi emergenti, come la Cina, l'India e l'Est europeo. [...] Un trend che sta ormai diventando un fenomeno globale: l'outsourcing offshore, ovvero l'attitudine delle imprese a cercare fuori dai confini nazionali le risorse informatiche e intellettuali per gestire i propri processi informatici. Negli Stati Uniti questa forma di affidamento tecnologico a distanza ha assunto ormai proporzioni macroscopiche. Quasi il 50% delle grandi imprese d'Oltreoceano si basa ormai su fornitori esteri per gestire alcuni processi informatici. [...]

2 Gli imprenditori italiani, come anche quelli di altri Paesi europei, sono culturalmente portati all'autosufficienza. Ecco perché non vedono ancora di buon occhio questa forma di collaborazione. [...] Questa situazione è destinata a cambiare. [...] Secondo alcune stime internazionali, il 30% delle grandi aziende europee ricorrerà ai servizi offshore entro la fine del 2005.

SINTESI

- Ogni azienda si fa conoscere attraverso la **mission aziendale** ▶ **§1**, che è la definizione della cultura, dei valori e della filosofia dell'azienda stessa.

- La **strategia** ▶ **§1** è il comportamento seguito dall'azienda, per indirizzare e coordinare gli obiettivi della gestione aziendale.

- La strategia dell'azienda deve rispondere a **tre domande fondamentali** ▶ **§1**:

  1. ***Perché fare***
  2. ***Che cosa fare?***
  3. ***Come fare?***

- La mission aziendale si concretizza con la definizione degli **obiettivi economici e sociali** ▶ **§2**. L'azienda deve infatti conseguire anche degli obiettivi sociali, soddisfando bisogni non economici.

- Nell'analizzare l'ambiente esterno, l'azienda deve sfruttare le **opportunità** ▶ **§3** e percepire le **minacce** ▶ **§3** per evitarle.

- Secondo il **modello di Porter** ▶ **§3** la strategia dell'azienda dipende dalla concorrenza esistente, dai concorrenti potenziali, dai clienti, dai fornitori e dai prodotti sostitutivi.

- L'**analisi *SWOT*** ▶ **§4**, oltre alle opportunità e alle minacce, prende in considerazione i **punti di forza e di debolezza** ▶ **§4**: l'azienda deve valorizzare i punti di forza e correggere i punti di debolezza.

- Le strategie possono essere individuate su due diversi livelli:
  - le **strategie complessive** ▶ **§5** di consolidamento e di sviluppo;
  - le **strategie funzionali** ▶ **§5**.

- Alla luce della strategia scelta dall'azienda, la **pianificazione aziendale** ▶ **§6** definisce le politiche più idonee a conseguire gli obiettivi prestabiliti, organizza le mansioni principali e individua quali devono essere i comportamenti da assumere dalle diverse aree dell'attività d'azienda.

- Il **budget di esercizio** ▶ **§6**, solitamente annuale, ipotizza l'andamento futuro dell'attività d'azienda, attraverso la programmazione economico-finanziaria della gestione e il controllo dei risultati conseguiti.

- Il **business plan** ▶ **§7** è un documento in cui viene sintetizzata un'idea imprenditoriale e la sua possibile realizzazione.

- Le diverse **parti del business plan** ▶ **§7** riguardano:
  - l'idea che sta alla base del progetto imprenditoriale;
  - l'area in cui l'azienda intende operare;
  - la descrizione del processo produttivo del bene o del servizio;
  - l'individuazione dei potenziali consumatori;
  - la determinazione dei costi e del prezzo di vendita.

- Le **scelte organizzative iniziali** ▶ **§8** riguardano il settore economico, la localizzazione, la forma giuridica, le dimensioni e l'assetto organizzativo.

- La forma organizzativa **a rete** ▶ **§9** assume anche la forma dell'*outsourcing* e del distretto industriale.

VERIFICA LE TUE CONOSCENZE

1 ***Risolvi le seguenti scelte multiple indicando la risposta esatta fra quelle possibili.***

A

Analizza le «cinque forze»

1	2	3
il modello di Porter	l'analisi *SWOT*	il business plan

B

L'organizzazione in rete ha portato alla nascita

1	2	3
dei distretti industriali	dell'*e-commerce*	del marketing

1 **Definisce l'immagine dell'azienda**
- **a** la strategia
- **b** la mission
- **c** il budget di esercizio
- **d** l'organizzazione

2 **La strategia dell'azienda nasce**
- **a** prima della mission
- **b** insieme alla mission
- **c** dopo la mission
- **d** indipendentemente dalla mission

3 **Gli obiettivi di ogni azienda sono**
- **a** solo economici
- **b** solo sociali
- **c** sia economici sia sociali
- **d** né economici né sociali

4 **Lo *SWOT* permette un'analisi**
- **a** dei punti di forza e di debolezza
- **b** dell'ambiente interno
- **c** dell'ambiente esterno
- **d** dell'ambiente sia interno sia esterno

5 **I clienti sono**
- **a** solo un'opportunità
- **b** solo una minaccia
- **c** sia un'opportunità sia una minaccia
- **d** né un'opportunità né una minaccia

6 **Le strategie di consolidamento fanno parte delle**
- **a** strategie complessive
- **b** strategie funzionali
- **c** strategie di sviluppo
- **d** strategie produttive

MISURA LE TUE ABILITÀ

2 ***Risolvi i seguenti quesiti vero o falso e motiva la tua risposta.***

1 **L'azienda deve nascondere i suoi punti di forza**

VERO ☐ **FALSO** ☐

PERCHÉ ____________________

____

2 **Ogni azienda ha un orientamento strategico di fondo**

VERO ☐ **FALSO** ☐

PERCHÉ ____________________

____

3 **Il modello di Porter permette un'analisi dell'ambiente interno**

VERO ☐ **FALSO** ☐

PERCHÉ ______________________________

____

4 **La localizzazione ottimale massimizza i ricavi dell'azienda**

VERO ☐ **FALSO** ☐

PERCHÉ ______________________________

____

5 **La pianificazione aziendale è un susseguirsi di budget annuali**

VERO ☐ **FALSO** ☐

PERCHÉ ______________________________

____

6 **L'*outsourcing* è il trasferimento di alcune fasi produttive all'esterno dell'azienda**

VERO ☐ **FALSO** ☐

PERCHÉ ______________________________

____

3 ***Completa la tabella che segue.***

Elemento	Punto di forza o di debolezza
Impianti obsoleti	(1)
Ciclo completo della struttura produttiva	(2)
Personale inesperto	(3)
Rete distributiva capillare	(4)
Costi fissi elevati	(5)

ALLENA LE TUE COMPETENZE

4 ***Sulla base di quanto hai imparato in questa unità, rispondi ai seguenti «casi».***

1 **Individuare un vantaggio competitivo raggiunto da un'azienda in cui lavora un tuo familiare.**

Tuo padre lavora in un grande calzaturificio. Recentemente l'azienda ha prodotto un mocassino unisex che ha conquistato il mercato.

► ***Si tratta di un vantaggio competitivo di costo o di differenziazione?***

____

____

2 **Individuare un punto di forza di un'azienda che conosci.**

Tuo zio è un piccolo imprenditore che opera nel settore tessile. Considera che:

- esiste una concorrenza agguerrita;
- i rapporti con i distributori sono poco solidi;
- i dipendenti dell'azienda sono pochi ma molto esperti;
- la clientela è buona ma richiede continuamente prodotti diversi.

► ***Qual è un punto di forza dell'azienda?***

____

____

3 **Redigere un business plan per valutare l'opportunità di un tuo piccolo sogno imprenditoriale.**

Hai un sogno: aprire un pub nel centro storico della tua città. Redigi il business plan indicando:

- l'idea da cui nasce il progetto;
- l'area in cui collocheresti il pub;
- i potenziali consumatori;
- i beni necessari per l'avviamento;
- una stima del denaro necessario.

► ***Le informazioni del business plan sono sufficienti per effettuare la tua scelta?***

____

____

Riprendiamo il dibattito

Dopo aver studiato l'unità, prepara il tuo punto di vista per continuare il dibattito iniziato in apertura di lezione (► *La parola a te!*).

Un amico di famiglia è disoccupato a causa del fallimento della sua azienda, che produceva DVD per conto di una multinazionale cinematografica americana.

► ***Quali prodotti sostitutivi hanno provocato questa crisi aziendale?***

- Partendo da quanto sopra affermato, esegui a casa una ricerca online e consulta il tuo libro di testo per preparare una breve tabella che contenga gli elementi principali dell'argomento trattato e che ti aiuti a esporre il tuo punto di vista.
- Con l'aiuto della tabella, partecipa al dibattito che il docente avvia in aula.

A CASA 1 ORA

IN AULA 20 MINUTI

Il discorso di **Steve Jobs** alla Stanford University

Steve Jobs: un grande imprenditore diventato un mito per intere generazioni

Steve Jobs (San Francisco, 24 febbraio 1955-Palo Alto, 5 ottobre 2011), è stato sicuramente un imprenditore, ma è stato anche un informatico, un inventore, un divulgatore: semplicemente un genio. Cofondatore di Apple Inc., ne è stato amministratore delegato fino al 24 agosto 2011, quando si è dimesso per motivi di salute. Jobs ha introdotto al grande pubblico il primo personal computer con il mouse (Apple Lisa) e prodotti di successo come iPod, iPhone e iPad. Jobs fu considerato l'uomo d'affari più potente per il 2007 da *Fortune* e «persona dell'anno 2010» dal *Financial Times*.

Al di là delle genialità creative e imprenditoriali, Jobs ha rappresentato (e rappresenta) un mito per intere generazioni.

Riportiamo la parte finale dello storico discorso tenuto ai neolaureati della Stanford University il 12 giugno 2005, quando Steve Jobs stava già lottando contro il cancro.

> Your time is limited, so don't waste it living someone else's life

«[...] My third story is about death.

When I was 17, I read a quote that went something like: "If you live each day as if it was your last, someday you'll most certainly be right." It made an impression on me, and since then, for the past 33 years, I have looked in the mirror every morning and asked myself: "If today were the last day of my life, would I want to do what I am about to do today?" And whenever the answer has been "No" for too many days in a row, I know I need to change something.

Remembering that I'll be dead soon is the most important tool I've ever encountered to help me make the big choices in life. Because almost everything – all external expectations, all pride, all fear of embarrassment or failure – these things just fall away in the face of death, leaving only what is truly important. Remembering that you are going to die is the best way I know to avoid the trap of thinking you have something to lose. You are already naked. There is no reason not to follow your heart.

About a year ago I was diagnosed with cancer. I had a scan at 7.30 in the morning, and it clearly showed a tumor on my pancreas. I didn't even know what a pancreas was. The doctors told me this was almost certainly a type of cancer that is incurable, and that I should expect to live no longer than three to six months. My doctor advised me to go home and get my affairs in order, which is doctor's code for prepare to die. It means to try to tell your kids everything you thought you'd have the next 10 years to tell them in just a few months. [...]

I lived with that diagnosis all day. Later that evening I had a biopsy, where they stuck an endoscope down my throat, through my stomach and into my intestines, put a needle into my pancreas and got a few cells from the tumor. I was sedated, but my wife, who was there, told me that when they viewed the cells under a microscope the doctors started crying because it turned out to be a very rare form of pancreatic cancer that is curable with surgery. I had the surgery and I'm fine now.

This was the closest I've been to facing death, and I hope it's the closest I get for a few more decades. Having lived through it, I can now say this to you with a bit more certainty than when death was a useful but purely intellectual concept.

No one wants to die. Even people who want to go to heaven don't want to die to get there. And yet death is the destination we all share. No one has ever escaped it. And that is as it should be, because Death is very likely the single best invention of Life. It is Life's change agent. It clears out the old to make way for the new. Right now the new is you, but someday not too long from now, you will gradually become the old and be cleared away. Sorry to be so dramatic, but it is quite true.

Your time is limited, so don't waste it living someone else's life. Don't be trapped by dogma, which is living with the results of other people's thinking. Don't let the noise of others' opinions drown out your own inner voice. And most important, have the courage to follow your heart and intuition. They somehow already know what you truly want to become. Everything else is secondary. [...]
Stay hungry! Stay foolish!
Thank you all very much.»

Una Apple da **suicidio**

I «gioiellini» della Apple sono prodotti nella gigantesca fabbrica cinese Foxconn, dove i ritmi di lavoro disumani hanno spinto alcuni operai al suicidio

La Foxconn International Holdings Ltd. è una gigantesca azienda, situata a Shenzhen (Cina), che fa parte della multinazionale taiwanese Hon Hai Precision Industry Company.
La Foxonn è la prima impresa al mondo di componenti elettrici ed elettronici e produce principalmente per conto dei «colossi» del settore (Apple, HP, Microsoft, Motorola, Nintendo, Nokia, Samsung, Sony).
Purtroppo i ritmi di lavoro disumani della Foxconn hanno già causato alcuni suicidi, come risulta dall'articolo riportato (*larepubblica.it*, 20 maggio 2013).

«Ancora insanguinata la gigantesca fabbrica elettronica Foxconn di Shenzhen, nella Cina del Sud, dove una giovane dipendente, Niu Xiaobei, si è schiantata sul selciato precipitando dal sesto piano del dormitorio aziendale. Anche se le autorità minimizzano, sostenendo che si è trattato di un "incidente", forte è il sospetto che si tratti dell'ultimo di una serie di suicidi che imperversano nella fabbrica "maledetta" da ormai un paio d'anni. Il dubbio è d'obbligo, considerando che ben 13 dipendenti si sono tolti la vita solo nell'ultimo anno, in quello che è forse il complesso industriale più grande del mondo.
La Foxconn di Shenzhen impiega 330 000 persone; è un "mostro" di proprietà del miliardario taiwanese Terry Gou, in cui è concentrato circa un quarto dei dipendenti totali del gruppo Foxconn. È un mostro anche in quanto a produttività, dato che sforna i componenti di tutta la linea di prodotti Apple, dall'I-phone all'I-pad, oltre a vari altri aggeggi per Sony o Nokia. [...]
Un successo economico ottenuto, però, attraverso uno sfruttamento e un clima aziendale capace di spingere molta gente al gesto estremo. [...]
E via così, in un crescendo minimizzato dai dirigenti, alimentato dai turni massacranti di 14 ore, pagati la miseria di 900 renminbi al mese (appena 109 euro). Ma non è solo questione di soldi. È anche colpa della militarizzazione interna alla fabbrica-prigione, in cui convergono migliaia di migranti sradicati dalle provincie agricole dell'entroterra continentale cinese. Ragazzi di 20-30 anni lontani dalle famiglie e tramutati in robot!».

> Nella fabbrica-prigione, in cui convergono ragazzi di 20-30 anni ... tramutati in robot!

1 Quali sono state le tappe fondamentali del successo di Steve Jobs?
2 «If today were the last day of my life, would I want to do what I am about to do today?». Qual è la risposta di Jobs?
3 Che cosa significa la frase «Stay hungry. Stay foolish»?
4 Consideri la *Apple* responsabile, anche solo indirettamente, dei suicidi nella fabbrica cinese Foxconn a Shenzen?

Commenta e rifletti intorno alla (o alle) tesi di fondo avanzate nei due testi proposti, facendo emergere il tuo punto di vista.

Un business plan sportivo a staffetta!

TRAGUARDI DI COMPETENZA

COMPETENZE CHIAVE PER L'APPRENDIMENTO PERMANENTE

- Competenza alfabetica funzionale
- Competenza matematica e competenza in scienze, tecnologie e ingegneria
- Competenza digitale
- Competenza personale, sociale e capacità di imparare a imparare
- Competenza imprenditoriale

COMPETENZE DISCIPLINARI

- Conoscere le caratteristiche e la disciplina dell'impresa e dell'azienda e saper distinguere le diverse tipologie di imprenditore
- Saper distinguere i diversi tipi di produzione e le fasi del processo produttivo
- Saper valutare la mission, gli obiettivi, i punti di forza e di debolezza di un'azienda
- Sapersi esprimere nel linguaggio tecnico dell'Economia
- Trasferire le conoscenze acquisite nel tema in competenze digitali

MATERIE COINVOLTE

- Italiano
- Diritto ed economia dello sport

CONTESTO DI REALTÀ

La tua classe ha il compito di realizzare un business plan per la costituzione di una nuova azienda che opera nel mondo dello sport.

Sarà quindi necessario, sotto la supervisione dell'insegnante, definire in classe l'idea che sta alla base del piano aziendale e la relativa area di riferimento. Successivamente, dividere la classe in due gruppi e affidare a ciascun gruppo un compito diverso che abbia come risultato finale:

- la stesura del documento contenente il business plan;
- una breve presentazione in PowerPoint (non più di 8-10 slide) che ne descriva gli elementi rilevanti.

FASE 1

LAVORO PRELIMINARE IN AULA: INDIVIDUAZIONE DELL'IDEA IMPRENDITORIALE E DIVISIONE DEI COMPITI

Consegne operative

- L'insegnante divide la classe in quattro gruppi e affida a ciascun gruppo il compito di individuare un'idea alla base della nuova attività imprenditoriale e la relativa area di riferimento, ovvero il mercato di riferimento, l'ambiente geografico/sociale e la concorrenza.
- Ogni gruppo svolge il compito assegnato leggendo le relative pagine del libro e svolgendo una ricerca su Internet per individuare un esempio di settore produttivo in ambito sportivo e l'idea di business da cui partire (per esempio un circolo di tennis e paddle, una palestra che coniughi sport e fisioterapia, una nuova stazione sciistica ecc.).
- L'intera classe sceglie a maggioranza dei voti l'idea più «competitiva» e innovativa.
- L'insegnante divide la classe in due gruppi (gruppo A e gruppo B) a ciascuno dei quali saranno affidati compiti diversi.

Vincoli di realizzazione: durata 1 ora.

Risorse: libro di testo e consultazione online.

FASE 2

LAVORO A CASA E IN CLASSE PER I GRUPPI A E B

Consegne operative

- Il gruppo A dovrà definire il processo produttivo dell'attività, precisando ruoli e responsabilità, individuando i potenziali clienti della nuova azienda e il prezzo di vendita. Il gruppo A dovrà sintetizzare quanto deciso in 4-5 slide.
- Il gruppo B, una volta ricevute le informazioni definite dal gruppo A, esaminerà i punti di forza e di debolezza del progetto imprenditoriale (attraverso una vera e propria analisi SWOT) e preparerà 4 slide che saranno la seconda parte della presentazione in aula.
- In aula, l'insegnante coordina le due fasi del business plan e le slide preparate dai due gruppi.

Vincoli di realizzazione: durata 2 ore a casa per l'attività di ciascun gruppo e 30 minuti in classe per l'attività di coordinamento.

Risorse: libro di testo e consultazione online, PPT.

FASE 3

PRESENTAZIONE DEL BUSINESS PLAN E CONFRONTO IN CLASSE

Consegne operative

- Il gruppo A illustra alla classe la prima parte del business plan che ha predisposto.
- Il gruppo B illustra alla classe l'analisi SWOT realizzata sul piano imprenditoriale ideato dal gruppo A.
- Il docente è il coordinatore del dibattito e il supervisore delle attività.

Vincoli di realizzazione: durata 15 minuti per la presentazione di ciascun gruppo, 30 minuti per il dibattito.

Risorse: pc, tablet e videocamera per eventuale registrazione.

CRITERI DI VALUTAZIONE

1	Conoscenza delle caratteristiche e disciplina dell'impresa, dell'azienda e delle diverse tipologie di imprenditore
2	Saper distinguere i diversi tipi di produzione e le fasi del processo produttivo
3	Padronanza linguistica, anche in relazione al linguaggio tecnico dell'Economia
4	Trasferimento delle conoscenze acquisite nel corso delle unità in competenze digitali
5	Padronanza degli strumenti espressivi per gestire la comunicazione in vari contesti
6	Capacità di iniziativa, di gestire le complessità, di lavorare in modo autonomo e in team
7	Rispetto dei vincoli
8	Utilizzo delle risorse esterne

TABELLA DI AUTOVALUTAZIONE

	Sì	No	In parte	Perché?
Ho eseguito le consegne in modo autonomo ed efficace				
Ho gestito le relazioni con i compagni seguendo le regole e nel rispetto reciproco				
Ho progettato il lavoro autonomamente				
Ho saputo lavorare in gruppo				
Ho rispettato i tempi di consegna				

TEMA **E**

IL MARKETING DELLO SPORT

E1 Il marketing

A te la parola!

Una tua amica è reduce dal solito shopping pomeridiano. Dichiara: «Adoro fare marketing! Anche se poi giro tutto il pomeriggio per i negozi del centro e non compro nulla!».

5 MINUTI

▶ *Che cosa ha fatto in realtà la tua amica?*

Con l'aiuto dell'insegnante e in piccoli gruppi prova a esporre il tuo punto di vista.

1 Le funzioni aziendali

Le funzioni aziendali possono essere raggruppate in categorie omogenee

■ **Le funzioni aziendali.** Le attività dell'azienda rappresentano specifiche *funzioni aziendali* quando vengono raggruppate in categorie omogenee, che hanno la stessa natura e uno stesso oggetto operativo.

Le persone che lavorano all'interno dell'azienda devono svolgere precisi compiti, nell'ambito delle funzioni a cui sono state assegnate.

L'assetto organizzativo dell'azienda prevede che le persone siano collocate in base a rapporti di tipo gerarchico.

Al vertice della gerarchia sta l'imprenditore (o il manager), che coordina tutta l'attività dell'azienda; al livello sottostante abbiamo la linea intermedia, dove si trovano i dirigenti che sono a capo di ogni singola funzione e ne sono responsabili; a un livello inferiore ci sono gli uffici e i reparti che rappresentano l'area operativa.

Ogni persona deve svolgere un'attività specifica, e di questa risponde al responsabile della funzione o dell'area operativa.

Le principali funzioni che si possono individuare all'interno dell'azienda sono:

- la funzione acquisti/approvvigionamento;
- la funzione produzione;

- la funzione vendite;
- la funzione marketing (che approfondiremo a partire dal prossimo paragrafo);
- la funzione amministrazione;
- la funzione programmazione e controllo.

La funzione acquisti/approvvigionamento... La funzione *acquisti/approvvigionamento* deve procurare i fattori produttivi necessari per l'attività dell'azienda. Essa si interessa sia dell'acquisto delle materie prime e dei beni di consumo, sia dell'acquisizione dei beni strumentali. Per svolgere l'attività di produzione, bisogna definire esattamente la quantità e la qualità dei beni e dei servizi da acquistare, stabilire i tempi di acquisto e di consegna e così via.

La funzione acquisti/approvvigionamento deve procurare i fattori produttivi necessari per l'attività dell'azienda

In sintesi, le attività caratteristiche della funzione acquisti/approvvigionamento sono la scelta del mercato e dei fornitori e la gestione del magazzino.

...la scelta del mercato e dei fornitori... La prima attività è l'individuazione del mercato di approvvigionamento, e dei fornitori che vi operano.

Dopo aver stabilito quali sono i beni necessari, l'azienda sceglie i fornitori. Si tratta di una decisione molto importante; i criteri di scelta del fornitore dipendono da diverse variabili: i fornitori devono offrire i beni richiesti al prezzo migliore, ma devono anche essere puntuali nel rispettare i tempi di consegna. Per esempio, l'azienda Alfa potrebbe preferire come fornitore l'azienda Gamma che pure pratica prezzi più alti dell'azienda Beta, perché quest'ultima è spesso in ritardo nelle consegne.

Per cercare di evitare «sorprese», i tempi e i modi di consegna e di pagamento vengono definiti in contratti di acquisto; in questo in modo, il mancato rispetto degli accordi presi ricade economicamente sul fornitore inadempiente.

La gestione del magazzino richiede un attento controllo, in quanto le scorte devono essere in quantità sufficiente da assicurare continuità alla produzione, preservandola anche da eventuali imprevisti nel rifornimento, e comunque tale da evitarne un accumulo eccessivo (scorte ferme).

...e la gestione del magazzino. In attesa dell'impiego, i fattori produttivi a breve ciclo di utilizzo (analizzati nell'unità D2) vengono collocati in *magazzino*, che è quello spazio fisico dove si trovano le merci, le materie prime e i prodotti finiti, prima del loro impiego nell'attività produttiva.

I beni presenti in magazzino devono garantire la continuità del processo di trasformazione tecnico-economica, indipendentemente dall'andamento dei mercati di approvvigionamento. Una corretta gestione del magazzino è assolutamente indispensabile.

Ipotizziamo che uno sciopero nei trasporti impedisca la fornitura di tessuti per produrre abiti all'azienda Alfa. Se mancano scorte di tessuti in magazzino, l'azienda Alfa è costretta a interrompere il processo produttivo, ma i costi fissi restano: l'azienda Alfa deve pagare comunque i dipendenti, i suoi macchinari restano inutilizzati, le rate del mutuo per l'acquisto del magazzino scadono regolarmente. A questi costi fissi non corrispondono però ricavi, perché gli abiti non vengono né prodotti né venduti.

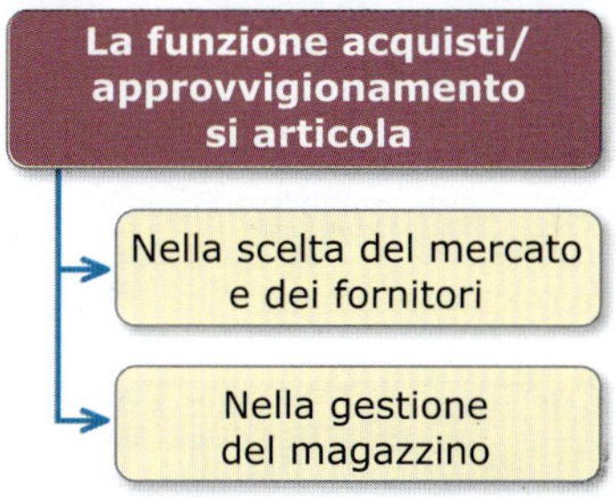

Nello stesso tempo una corretta gestione del magazzino deve evitare il problema delle «scorte ferme». Nell'esempio, un eccessivo approvvigionamento riempirebbe di tessuti il magazzino dell'azienda Alfa, perché l'attività produttiva non riuscirebbe a utilizzarli tutti; dopo qualche tempo quei tessuti diventerebbero «fuori moda» e sarebbero, quindi, inutilizzabili nel processo produttivo.

La funzione produzione. La *funzione produzione* controlla lo svolgimento del processo produttivo.

La funzione produzione controlla lo svolgimento del processo produttivo

Le modalità di realizzazione dipendono dal tipo di attività svolta, dalle dimensioni dell'azienda e così via.

Come sappiamo, bisogna distinguere fra:

- le imprese industriali, che realizzano una trasformazione tecnica di materie in prodotti (*produzione diretta*);

- le imprese mercantili, che trasferiscono i prodotti finiti dalle imprese industriali ai consumatori; queste imprese attuano una trasformazione economica (*produzione indiretta*) che può essere identificata con la conservazione delle merci nel magazzino.

La funzione produzione è più complessa nelle imprese industriali, che cercano di individuare le migliori tecniche di lavorazione (e quindi gli impianti e i macchinari più idonei allo scopo), di scegliere la migliore combinazione possibile dei fattori produttivi e di valutare attentamente la qualità dei prodotti ottenuti.

La funzione ricerca e sviluppo studia nuovi prodotti e nuove tecniche di produzione

La funzione ricerca e sviluppo. Soprattutto nelle imprese industriali, all'interno della funzione produzione, si individua la *funzione ricerca e sviluppo*, che è dedicata allo studio di nuovi prodotti e di nuove tecniche di produzione.

Per esempio l'azienda tessile Alfa, che trasforma le materie prime in prodotti finiti, deve:

- migliorare le tecniche di taglio e di lavorazione dei tessuti;
- scegliere delle macchine da cucire adeguate alla quantità di abiti che vuole ottenere;
- organizzare il lavoro degli stilisti, dei modellisti, delle sarte e di coloro che rifiniscono il capo finito;
- verificare che l'abito finito non sia fallato o rovinato.

Tutto questo non deve avvenire in modo approssimativo, ma deve essere il frutto di un accurato lavoro di ricerca degli esperti dell'azienda Alfa.

La funzione vendite cerca di soddisfare la Domanda dei consumatori

La funzione vendite. La funzione vendite svolge una serie di operazioni che hanno come scopo finale la soddisfazione della Domanda che proviene dal mercato, in modo che l'azienda possa offrire i prodotti o i servizi al consumatore.

La *funzione vendite* è alla ricerca della modalità migliore per far sì che i clienti acquistino i beni prodotti dall'azienda; questo obiettivo non è facile da raggiungere, soprattutto nel mercato globalizzato, in cui esiste una forte concorrenza tra produttori sparsi in tutto il mondo; basta pensare alla Cina o all'India.

A causa di questa complessità, la funzione vendite viene suddivisa in ulteriori funzioni con competenze e attività più limitate, mirate alla realizzazione di attività specifiche:

- la funzione distribuzione (di cui ci siamo occupati nel volume per il secondo biennio);
- la funzione marketing (di cui ci occupiamo a partire dal prossimo paragrafo).

I documenti contabili vanno archiviati in modo ordinato per poter essere facilmente reperibili.

La funzione amministrazione si articola

- Nella funzione contabilità
- Nella funzione finanza
- Nella funzione gestione del personale

La funzione amministrazione. La *funzione amministrazione* svolge un ruolo trasversale a tutte le attività dell'azienda: rileva, raccoglie e registra i dati contenuti nei documenti originari (fatture, bonifici), che sono emessi e ricevuti in relazione a tutte le operazioni di gestione dell'azienda.

I dati reperiti vengono classificati ed elaborati dal *sistema informativo aziendale*, sia perché tutti i soggetti dell'azienda possano ottenere le informazioni necessarie, sia per definire e controllare i risultati che l'azienda ha ottenuto in un determinato periodo di tempo.

A loro volta, le attività della funzione amministrazione sono attribuite a funzioni più specifiche, quali la contabilità, la finanza e la gestione del personale.

La *funzione contabilità* ha il compito di rilevare le operazioni svolte dall'azienda, seguendo le indicazioni date dalla legge. I dati rilevati dalla contabilità vengono poi elaborati in un documento fondamentale: il *bilancio di esercizio*.

La *funzione finanza* deve procurare all'azienda i mezzi monetari necessari agli investimenti, in modo che possa essere svolta la normale attività di gestione. La scelta deve essere attentamente ponderata: bisogna valutare quali sono le fonti più convenienti. È necessario anche controllare che le entrate e le uscite di denaro in cassa siano in equilibrio, cioè verificare che ci sia sempre una liquidità sufficiente per effettuare i pagamenti.

La *funzione gestione del personale* si occupa dei rapporti con i lavoratori dipendenti, in particolare dell'assunzione/dimissione, della modalità di impiego, del pagamento delle retribuzioni e della tenuta dei rapporti con gli istituti previdenziali.

■ **La funzione programmazione e controllo.** La funzione programmazione e controllo definisce gli obiettivi generali dell'azienda, mette in atto le decisioni prese e confronta i risultati programmati con quelli ottenuti, per individuare gli scarti tra le ipotesi previste e la realtà.

La funzione programmazione e controllo definisce gli obiettivi e verifica i risultati dell'azienda

La *funzione programmazione e controllo* effettua:

- la stesura di piani preventivi sia di medio-lungo periodo, che indicano le linee principali che l'azienda dovrà seguire negli anni futuri, sia di breve periodo (i *budget*) che stabiliscono in dettaglio gli strumenti e le modalità con cui ogni funzione aziendale deve realizzare i suoi obiettivi;
- il controllo di gestione che verifica la coerenza delle operazioni effettuate con quelle ipotizzate nei piani preventivi. Se questa verifica dà esito negativo, è necessario adottare delle misure correttive e modificare le scelte inizialmente fatte.

■ **Tante funzioni, ma una sola azienda...** Le funzioni aziendali sono strettamente collegate fra di loro e si influenzano a vicenda. Per esempio, se viene scelta accuratamente la qualità delle materie prime si può migliorare il processo produttivo, oppure un'adeguata motivazione del personale incrementa la produttività. Ancora. La riduzione dei costi o il miglioramento della qualità dei prodotti consente all'azienda di essere competitiva.

L'organizzazione aziendale deve coordinare le diverse funzioni

Tutto questo si può ottenere realizzando il collegamento e l'integrazione fra le varie funzioni aziendali: è questo il compito dell'*organizzazione aziendale*.

Riprendiamo l'esempio dell'azienda Alfa che vuole produrre una nuova linea di abbigliamento per bambini, e collochiamo le attività più significative all'interno di ogni singola funzione:

Un esempio pratico delle varie attività connesse alle funzioni aziendali

- *funzione marketing*: ipotizzare i gusti dei clienti interessati a un nuovo articolo di abbigliamento per bambini;
- *funzione produzione (ricerca e sviluppo)*: studiare un prodotto che risponda a queste esigenze;
- *funzione approvvigionamento/acquisti*: acquistare le stoffe e i materiali necessari dai fornitori;
- *funzione amministrazione*: registrare i documenti di acquisto;
- *funzione produzione*: realizzare la produzione dei capi di abbigliamento;
- *funzione vendite*: distribuire ai clienti il prodotto finito;
- *funzione amministrazione*: registrare i documenti di vendita;
- *funzione programmazione e controllo*: controllare il volume delle vendite, confrontandolo con quello ipotizzato.

Le principali funzioni aziendali

↓

- Funzione acquisti/approvvigionamento
- Funzione produzione (comprende la funzione ricerca e sviluppo)
- Funzione vendite
- Funzione marketing
- Funzione amministrazione
- Funzione programmazione e controllo

2 Il marketing analitico

■ **Il marketing.** Il *marketing* (dall'inglese *market* = mercato) svolge un'analisi del mercato e delle motivazioni del consumatore. L'obiettivo è quello di utilizzare questi dati per realizzare un prodotto che corrisponda il più possibile alle esigenze dell'acquirente, in modo da consolidare la posizione dell'impresa nel mercato stesso, a scapito delle imprese concorrenti.

Il marketing analizza sia il mercato sia il consumatore, per realizzare un prodotto che abbia le caratteristiche richieste

È necessario che i prodotti e i servizi offerti siano quelli che effettivamente il mercato richiede, e soprattutto che il cliente resti fedele all'impresa, cioè che si abbia la *fidelizzazione*.

I mercati sono in continua evoluzione: da statici a dinamici, da turbolenti a complessi, a causa dell'internazionalizzazione delle imprese e della globalizzazione. Non solo. Oggi i consumatori richiedono la soddisfazione di bisogni sempre più sofisticati e voluttuari, avendo ormai appagato i bisogni primari. Per questo, se vuole incrementare le vendite e ottenere il massimo reddito possibile, l'impresa deve soddisfare i desideri dei consumatori e vincere la concorrenza conservando la clientela. Da qui nasce il concetto che il valore di un'impresa è misurato da ciò che i clienti sono disposti a spendere per poter avere i suoi prodotti; si raggiunge l'obiettivo della redditività solo se questo valore è superiore ai costi sostenuti per crearlo.

Il marketing vuole creare un'immagine di qualità dei prodotti e dei servizi dell'impresa, e deve rispondere a tre domande fondamentali:

1. *A chi vendere?*
2. *Che cosa vendere?*
3. *Come vendere?*

Per far fronte alle necessità dell'impresa, il marketing deve agire in tre direzioni:
- come marketing analitico;
- come marketing strategico;
- come marketing operativo.

Microambiente e macroambiente. Prima di affrontare il marketing analitico, è opportuno richiamare le nozioni di microambiente e macroambiente (viste nell'unità D2):
- il *microambiente* è formato dagli stakeholder con cui l'impresa interagisce (fornitori, lavoratori, clienti, concorrenti e così via);
- il *macroambiente* ha caratteristiche particolari, che nascono dalla combinazione di elementi legati sia all'ambiente geografico sia al contesto sociale ed economico.

Il marketing analitico attiva una fase di ricerca basata sul reperimento di dati e di informazioni

Il marketing analitico. Il *marketing analitico* attiva una fase di ricerca basata sul reperimento di dati e di informazioni, al fine di indirizzare le scelte di mercato verso la competitività e l'efficienza.

Il marketing analitico si basa sull'analisi sia del macroambiente sia del microambiente.

È nel *macroambiente* che si individuano quelle variabili (demografiche, economiche, legislative e sociali) che condizionano la Domanda di beni o di servizi. Per esempio, bisogna scoprire se la Domanda, in termini sia quantitativi sia qualitativi, dipende dalla presenza di famiglie poco (o molto) numerose, dal miglioramento (o dal peggioramento) dei livelli di reddito, dagli stili di vita, dalla normativa a tutela del consumatore.

Il *microambiente* permette di avere informazioni sulle caratteristiche e sugli operatori del mercato in cui si intende operare. Il microambiente va studiato attraverso:
- l'analisi della Domanda, che si fonda sulla individuazione del comportamento del consumatore. Bisogna rispondere alle «6 W» (*What?*, *Who?*, *Where?*, *Why?*, *How?*, *When?*), per avere tutte le informazioni utili sui mutamenti che si realizzano sul mercato. Spesso l'impresa va oltre. Non si limita a individuare i bisogni, ma ne crea dei nuovi, che può soddisfare solo attraverso la continua innovazione dei prodotti;
- l'analisi della concorrenza, che permette di realizzare efficaci strategie concorrenziali e consiste nella ricerca di informazioni sulla quota di mercato, sulle caratteristiche dei prodotti e sulle politiche scelte dalle imprese concorrenti;

- l'analisi della distribuzione, che serve per poter sfruttare al meglio i benefici che derivano dalle diverse formule distributive.

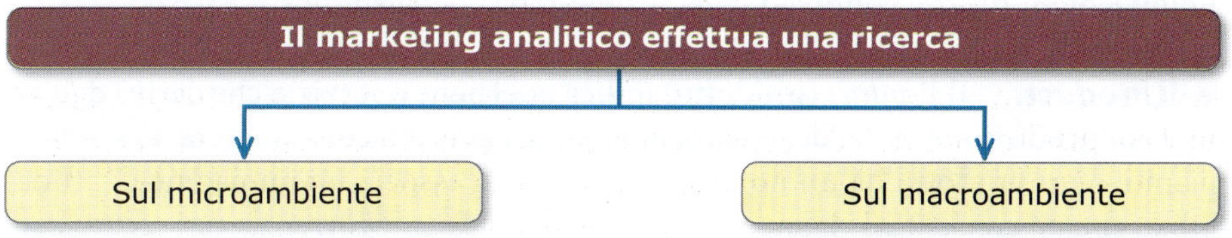

3 Il marketing strategico

Il marketing strategico... Il marketing strategico stabilisce gli obiettivi dell'impresa e pianifica il modo come raggiungerli.

Il marketing strategico definisce gli obiettivi dell'impresa e pianifica il modo come raggiungerli

Il *marketing strategico* si articola in due fasi:
- la definizione della strategia;
- il controllo.

...la definizione della strategia... I dati raccolti con il marketing analitico, nel marketing strategico servono alla *definizione della strategia* che deve stabilire con quali obiettivi e con quali strumenti si vuole operare.

La definizione di una strategia stabilisce gli obiettivi e gli strumenti con cui operare

Gli obiettivi sono di solito definiti o come volume delle vendite, o come quota di mercato, o come penetrazione in nuovi mercati. Per esempio, alcuni anni fa un'impresa di latticini tedesca decise di entrare nel mercato italiano, dopo aver conquistato quello tedesco, offrendo yogurt con caratteristiche tali da soddisfare i gusti dei consumatori italiani, stabilendo il volume delle vendite desiderato e il tempo entro cui realizzarlo: obiettivi che furono raggiunti.

Per realizzare la strategia vengono utilizzate le *leve del marketing* che, dopo essere state coordinate fra loro, costituiscono quel marketing operativo che verrà approfondito nel prossimo paragrafo.

...e il controllo. La fase di controllo serve per verificare la coerenza fra quanto previsto e quanto effettivamente realizzato: fra il «dire» e il «fare».

La fase di controllo mette a confronto quanto previsto con quanto realizzato

È assolutamente necessario verificare se gli obiettivi di marketing sono stati realizzati. Attraverso specifiche indagini, si potrà stabilire se si è raggiunta la quota di mercato prefissata, o se il nuovo prodotto lanciato sul mercato soddisfa le esigenze dei consumatori; nel caso esistano scostamenti fra gli obiettivi e i risultati, è necessario individuare le opportune azioni correttive.

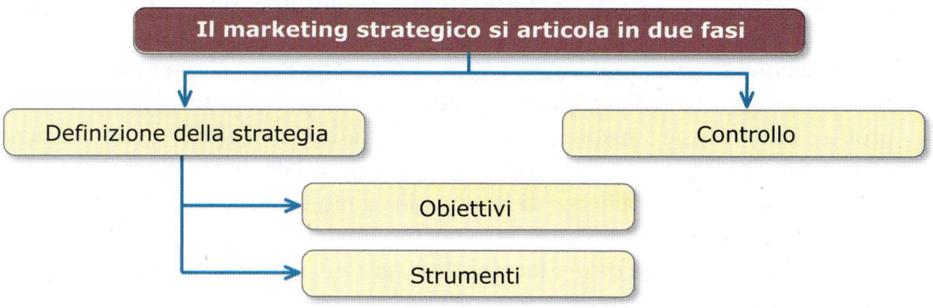

4 Il marketing operativo

Il marketing operativo. Il *marketing operativo* (o *marketing mix*) è composto da quegli strumenti che, adeguatamente combinati, consentono la realizzazione di una politica di marketing.

Il marketing operativo combina le quattro leve del marketing: *Product*, *Price*, *Promotion* e *Place*

Per realizzare una politica di marketing operativo, l'impresa deve combinare le quattro *leve del marketing* (chiamate «4 P»): il *Product* (prodotto), il *Price* (prezzo), la *Promotion* (promozione) e il *Place* (segmento di mercato).

Una precisazione. Va precisato che esistono diverse teorie sulle leve del marketing operativo, ma noi restiamo fedeli alla «teoria delle 4 P» dello statunitense Philip Kotler, tuttora condivisa dalla maggioranza degli studiosi.

Il prodotto deve soddisfare un bisogno del consumatore

Il *Product*... Il *Product* (prodotto) indica quel bene o servizio che deriva dall'attività di produzione, e che deve soddisfare un bisogno del consumatore. Come sappiamo, ogni prodotto ha un nome, a cui spesso si associa un'immagine di affidabilità, che ne consente il riconoscimento rispetto alla concorrenza; per esempio, al «biscotto Gamma» si associa l'idea di un prodotto naturale e di qualità che ricorda tanto quelli che faceva la nonna.

Il ciclo di vita del prodotto attraversa diverse fasi: introduttiva, di espansione, di maturità e di declino

Per meglio operare le scelte strategiche si analizza il *ciclo del prodotto*, che distingue le fasi della «vita» del prodotto stesso: la nascita (fase introduttiva), la crescita (fase di espansione), lo sviluppo (fase di maturità) e la morte (fase di declino).

Nella *fase introduttiva* bisogna far conoscere il prodotto, e spingere i consumatori all'acquisto. È ancora presente il supporto della ricerca con elevati costi di produzione, che fanno innalzare il prezzo di vendita, per cui solo alcuni «pionieri» sono disposti all'acquisto.

Nella *fase di espansione*, se il prodotto ha successo, si incrementano le vendite. All'aumento dei profitti si affianca una maggiore concorrenza, per cui la strategia di marketing tende a convincere i consumatori a preferire quel prodotto rispetto agli altri.

Nella *fase di maturità*, il prodotto è accessibile a tutti e la concorrenza è agguerrita. Per mantenere il livello dei profitti bisogna operare scelte strategiche quali la riduzione di prezzo, o la differenziazione del prodotto, o l'intensificazione della pubblicità e delle offerte promozionali.

Nella *fase di declino* il prodotto è tecnologicamente superato (è diventato obsoleto); le vendite cominciano a diminuire, e l'impresa è di fronte a un bivio: o ritirare il bene dal mercato o cercare di rivitalizzarlo.

È evidente che l'impresa assume diversi comportamenti, utilizzando le altre leve del marketing, a seconda del tipo di prodotto, del momento di vita dello stesso e della posizione che ha nel mercato.

Il prezzo deve essere il risultato di una scelta accurata

...il *Price*... Una politica di *Price* (prezzo) consente la realizzazione di diversi obiettivi. Per esempio:

- stabilire un prezzo relativamente basso all'inizio, serve per penetrare nel mercato;
- fissare un prezzo elevato porta a una scrematura del mercato, nel senso che solo pochi possono permettersi l'acquisto di quel prodotto e, spesso, è proprio per questo che lo comprano!;
- l'applicazione di *prezzi multipli* su beni che differiscono solo per elementi secondari porta a una diversificazione dei consumatori e a un incremento dei profitti. Basta pensare ai «prezzi stagionali» (alta/bassa stagione), praticati dagli albergatori nei diversi periodi dell'anno, che hanno l'obiettivo di massimizzare le vendite; nello stesso albergo di Rimini si pagano 40 euro al giorno in giugno e 90 euro in agosto: i clienti sarebbero pochissimi se si pagassero 90 euro in giugno, e sarebbe un grave errore far pagare 40 euro in agosto quando con 90 euro si fa il «tutto esaurito».

Il prezzo non è mai una variabile completamente libera da condizionamenti: la sua determinazione è strettamente legata al costo di produzione, e deve tener conto sia della Domanda sia della concorrenza.

...la *Promotion*... La *Promotion* (promozione) serve per informare e per cercare di convincere i potenziali consumatori all'acquisto. La comunicazione commerciale si realizza secondo diverse modalità: la pubblicità, l'attività promozionale e le relazioni esterne.

La pubblicità è la forma di comunicazione più importante

La *pubblicità* è una forma impersonale di comunicazione a pagamento, che si avvale di mezzi di comunicazione di massa (televisione, radio, giornali, Internet).

I messaggi pubblicitari devono suscitare interesse e attenzione, e devono spingere alla decisione di acquisto. Per questo, possono essere diretti al consumatore sotto diverse forme:

- come *pubblicità informativa* quando prevale il «consiglio». Un esempio è la presentazione di un prodotto alimentare di cui si descrivono le caratteristiche: «solo la merendina Alfa è ricca di latte, è buona, e fa bene!»;
- come *pubblicità emotiva* se è basata sull'immagine di situazioni che attraggono (a livello conscio o inconscio). In questo caso, la pubblicità è di solito riferita a un bene non essenziale, e deve far immaginare qualcosa di positivo: «solo il bagnoschiuma Beta ti colora la vita, nessuno potrà resisterti!».

Ogni messaggio pubblicitario ha un suo pubblico-obiettivo, cioè ha una sua audience, nel senso che questo varia a seconda del potenziale consumatore che si intende raggiungere. Per esempio, nella pubblicità delle automobili, certe marche si rivolgono a un pubblico giovane, con limitate possibilità economiche, che cerca un mezzo vivace e scattante; invece altre imprese indirizzano i loro messaggi a un pubblico meno giovane, con maggiori possibilità economiche, che ricerca un prodotto con elevate prestazioni tecniche, ma soprattutto «di prestigio». Un'altra riflessione. Non sempre una pubblicità «bella» è anche efficace; spesso capita che il fascino dello spot colpisca troppo il consumatore, in modo tale da far dimenticare il prodotto reclamizzato: quello spot è bello, ma è inefficace.

Il messaggio pubblicitario deve avere una sua audience

L'*attività promozionale* è un'azione, a carattere temporaneo, che consiste nell'offrire un vantaggio economico rispetto alle normali condizioni di vendita, in modo da stimolare il consumatore a comprare; questa attività può ricorrere a vari strumenti: dalla distribuzione di campioni alle dimostrazioni informative. Molto interessanti sono le iniziative che spingono il consumatore alla ripetizione dell'acquisto: le offerte speciali, i «buoni sconto» sul prezzo o sul prodotto (il «3 per 2»), i concorsi, i premi, i regali. L'attività promozionale è efficace solo se ha una durata limitata sia per ragioni di costi, sia perché esercita una maggiore attrattiva l'evento che il consumatore vede come occasionale («quel prodotto lo compro, perché non è mai stato in offerta speciale!»).

L'attività promozionale è uno stimolo all'acquisto

Le *relazioni esterne* sono indirizzate a migliorare i rapporti con l'ambiente esterno, e a creare e rafforzare, nella mente dei consumatori, una miglior immagine dell'impresa e dei suoi prodotti. Come vedremo, la forma più nota di relazione esterna è la *sponsorizzazione*, che garantisce all'impresa-sponsor un'ampia pubblicità, mediante il finanziamento di eventi sportivi, di spettacoli, di attività culturali, o di singoli atleti che si assumono l'obbligo di reclamizzare un certo prodotto.

Le relazioni esterne mirano a consolidare l'immagine dell'impresa e dei suoi prodotti

New York: pubblicità urbana a Times Square.

■ **...il *Place*.** Il *Place* (segmento di mercato) a cui l'impresa si rivolge, e le modalità che adotta per raggiungerlo attraverso la distribuzione, rappresenta un ulteriore elemento del marketing operativo.

Il *segmento di mercato*, o più comunemente *target*, rappresenta un gruppo omogeneo di consumatori con comportamenti e gusti comuni, che può essere individuato secondo diversi criteri: geografici, socio-demografici, culturali, comportamentali. Per esempio, i single sono un segmento di mercato che ha determinato un cambiamento nelle confezioni dei prodotti alimentari (surgelati in piccole vaschette da inserire nel forno a microonde), mentre i salutisti sono una cospicua fascia di consumatori che ha provocato un'espansione della produzione di alimenti biologici.

Il target deve essere scelto facendo riferimento a specifici gruppi di consumatori

Non è possibile accontentare tutti. A causa dell'estrema differenziazione dei gusti e delle esigenze dei consumatori, nessuna impresa riesce a soddisfare tutti i bisogni del mercato. Si impone la scelta di uno o più segmenti di mercato specifici, a cui offrire i propri prodotti: bisogna scegliere il target!

UNA LETTURA

Micromarketing e *macromarketing* di Giorgio Pellicelli

Il micromarketing si contrappone al macromarketing

L'economista Giorgio Pellicelli ha approfondito molte tematiche relative al marketing.
Nel brano che segue, Pellicelli evidenzia la stimolante contraddizione fra il micromarketing e il macromarketing.

«Il micromarketing è contrapposto al macromarketing.
Il *micromarketing* riguarda le attività della singola organizzazione, miranti a soddisfare le esigenze dei clienti attuali e potenziali. Tale organizzazione può avere per obiettivo il profitto, oppure un obiettivo diverso da questo; oppure il profitto, ma in seconda istanza rispetto ad altri obiettivi. [...] Quando si parla di micromarketing la prospettiva è quella del direttore commerciale di un'organizzazione che ha a disposizione una serie di "leve" con le quali cerca di soddisfare le esigenze dei clienti e contemporaneamente raggiungere un obiettivo. Pirelli, Fiat Auto, IBM e le altre imprese a capitale privato sono esempi di organizzazioni che hanno come obiettivo il profitto. Per queste organizzazioni, marketing significa in sintesi studiare le esigenze dei potenziali compratori e realizzare un insieme di politiche (prodotto, prezzo, comunicazione e distribuzione) che consentano di soddisfarle. Tutto ciò avendo come obiettivo di fondo il conseguimento di un profitto. [...]
Il *macromarketing* è un insieme di organizzazioni e di politiche, mediante le quali le risorse di una nazione sono distribuite tra più obiettivi, secondo una certa priorità. A volte tali risorse sono destinate a consumi di utilità pubblica, altre volte sono destinate ad aumentare il reddito disponibile da parte dei cittadini, i quali a loro volta sono poi liberi di scegliere la destinazione dei consumi. Come è regolata la distribuzione di queste risorse? Tale distribuzione è conforme agli obiettivi della società? Come sono utilizzate le risorse del Paese? Deve lo Stato intervenire per regolare la concorrenza fra le imprese che hanno come obiettivo il profitto? Come proteggere il consumatore? Come distribuire i servizi pubblici puntando sull'obiettivo dell'efficienza e contemporaneamente proteggere le classi più deboli? [...] Nella tradizione italiana "macromarketing" corrisponde alla espressione più generale di politica economica e sociale. [...] È difficile per un uomo politico accettare l'idea di fare macromarketing quando decide le tariffe dei trasporti urbani. Tuttavia i sostenitori di questa tesi osservano che, se si accetta la definizione più ampia di marketing, anche lo Stato fa uno scambio con gli utenti. Da un lato il pagamento di tasse proporzionali al reddito, dall'altro servizi pubblici efficienti.»

[G. Pellicelli, *Il marketing*, Utet, Torino, 1979, pp. 7-9.]

5 Il co-marketing

Il co-marketing definisce un accordo fra due o più operatori, che svolgono in partnership una serie di iniziative di marketing

■ **Il co-marketing.** Il *co-marketing* (abbreviativo dell'inglese *cooperative marketing*) definisce una collaborazione fra due o più operatori (persone, imprese private, enti pubblici), che svolgono in partnership una serie di iniziative (organizzate, programmate, controllate) nell'ambito del marketing, al fine di aumentare la soddisfazione dei consumatori.

Il co-marketing, chiamato anche *marketing partnership*, utilizza iniziative di tipo diverso; per esempio un'iniziativa di marketing si concentra sulla contrattazione, un'altra sulla comunicazione e così via. A questo proposito non sempre è facile identificare un motivo univoco per un accordo di co-marketing, perché possono coesistere contemporaneamente diversi obiettivi di marketing.

Va precisato che per il co-marketing deve essere stipulato un vero e proprio *contratto*, che deve assumere la forma scritta per evitare che tra le parti possano nascere equivoci.

Gli obiettivi che spingono un'impresa a fare co-marketing sono numerosi

Gli obiettivi del co-marketing. Gli obiettivi che spingono un'impresa a fare co-marketing sono numerosi, fra essi:
- sviluppare un nuovo prodotto;
- condividere le spese per promuovere il nuovo prodotto;
- ridurre i costi per supportare la rete di vendita;
- condividere i costi per effettuare l'analisi di mercato;
- aumentare la capacità di competere con le imprese concorrenti;
- differenziare l'Offerta;
- ampliare il mercato.

Il successo di una politica di co-marketing dipende dalla capacità dell'impresa di instaurare relazioni proficue col partner (o coi partner) e di chiarire gli obiettivi comuni che l'impresa intende raggiungere.

Le operazioni di co-marketing possono essere tattiche o strategiche

Operazioni tattiche e strategiche. Le operazioni di co-marketing possono essere tattiche o strategiche.

Le *operazioni tattiche* cercano di incrementare i consumi in un breve arco di tempo, mentre le *operazioni strategiche* prevedono effetti importanti sul core business dei partner e necessitano quindi di una strategia di lungo periodo.

Partnership verticali e orizzontali. Nel co-marketing si possono distinguere partnership verticali e partnership orizzontali:
- le *partnership verticali* sono accordi che mirano all'integrazione verticale delle imprese che costituiscono i vari anelli della catena del valore: dal produttore al distributore al consumatore finale (e viceversa);
- le *partnership orizzontali* sono accordi fra attori situati allo stesso livello nella catena del valore. Possono essere imprese di settori diversi o dello stesso settore che decidono di unire la loro forza commerciale per affrontare il mercato con una strategia di co-marketing.

Il co-marketing può coinvolgere una o più leve del marketing

Tante forme di co-marketing... Gli accordi di co-marketing non sono fissi e univoci, ma possono essere molteplici e variare a seconda delle situazioni.

Il co-marketing può coinvolgere una o più delle quattro *leve del marketing* («4 P»): il *Product* (prodotto), il *Price* (prezzo), la *Promotion* (promozione) e il *Place* (segmento di mercato).

In particolare il co-marketing può interessare:
- il *prodotto*: nel caso in cui la cooperazione riguardi la creazione di nuovi prodotti o l'innovazione nella commercializzazione dei prodotti stessi.

ESEMPIO

L'impresa di liquori Alfa produce l'amaro *Salus* in bottiglie da un litro che vende a 10 euro l'una, mentre l'impresa Beta produce bicchieri di ogni genere. Col co-marketing il consumatore può acquistare la bottiglia di amaro Salus al prezzo invariato di 10 euro e avere in omaggio due graziosi bicchierini da liquore offerti dall'impresa Beta.

Entrambe le imprese hanno un vantaggio: l'impresa Alfa aumenta la sua Offerta allo stesso prezzo, mentre l'impresa Beta può aver interesse a pubblicizzare quella nuova linea di bicchierini da liquore.

- il *prezzo*: quando si ha l'integrazione della gamma di prodotti con altri di differenti caratteristiche e prezzi.

ESEMPIO

L'impresa Alfa produce motociclette, mentre Beta è un'impresa di assicurazioni. Col co-marketing il consumatore può acquistare un prodotto integrato, formato da una motocicletta Alfa con assicurazione Beta per tre anni, usufruendo di una riduzione complessiva di prezzo del 10% (operata da entrambe le imprese).

PER SAPERNE DI PIÙ

Concorso a premi: se il regalo non arriva?

Sono tanti i concorsi a premi che promettono un regalo. Che cosa fare se il regalo non arriva?

Sono tanti i «concorsi a premi con raccolta punti» che promettono un regalo. Che cosa fare se il regalo non arriva?
La risposta la troviamo nel documento riportato del *Codacons* (Coordinamento delle associazioni per la difesa dell'ambiente e dei diritti degli utenti e dei consumatori), che dal 1986 agisce per tutelare i consumatori e l'ambiente.

«Siamo costantemente "bombardati" dai concorsi a premi con raccolta punti e dal conseguente irrefrenabile desiderio di ricevere – dopo tanta fatica e tanti bollini! – il meritato regalo... Ma non sempre l'agognato dono arriva nelle case del meticoloso consumatore. Come è successo alla signora X che, dopo aver inviato, a mezzo posta ordinaria, i punti previsti dal concorso a premi indetto da una nota azienda di assorbenti igienici, non si è vista recapitare il regalo.
La signora ha lamentato l'accaduto alla società che gestisce il concorso attraverso numerose e-mail, sino a quando le è stato risposto che il servizio clienti non aveva ricevuto alcuna raccolta punti a suo nome. Cosa fare? [...]
[*La signora si è poi rivolta al Codacons*]
Il diritto del consumatore a ricevere il premio si trova nell'art. 1989 del Codice civile che tratta della *promessa al pubblico* [...]. Nella *promessa al pubblico* l'obbligazione sorge direttamente ed esclusivamente dalla dichiarazione del promittente (la società che gestisce il concorso), il quale con la sua promessa assume un impegno verso una persona indeterminata. Ne consegue che la promessa fatta dalla società che indice il concorso di elargire il premio, la obbliga per il solo fatto che il consumatore sia in possesso dei bollini necessari. [...]
Ciò premesso, il primo suggerimento è quello di spedire sempre i punti raccolti a mezzo raccomandata [*per avere un efficace mezzo di prova*].
Tuttavia, nell'ipotesi in cui il regalo non arrivi, occorre:

- o rivolgersi al Giudice di pace [...] potendo chiunque stare in giudizio personalmente, senza costi e senza l'ausilio di legali;
- o, nei casi più gravi, qualora il consumatore tema che non si tratti di un possibile smarrimento dei punti inviati, ma di una possibile truffa o tentativo di truffa ai suoi danni, potrebbe fare un esposto all'Autorità competente: prima di procedere a una denuncia in sede penale si dovrebbe comunque utilizzare ogni cautela data la gravità del reato in questione».

[*Codacons* Piemonte.]

- la *promozione*: quando vengono sfruttati i vantaggi competitivi della promozione dei prodotti, dei servizi e dell'immagine.

ESEMPIO

L'impresa Alfa produce detersivi, l'impresa Beta produce biancheria, l'impresa Gamma produce profumi da uomo mentre la Delta è una catena di ipermercati. Col co-marketing le quattro imprese organizzano un concorso per cui il consumatore, all'interno della catena commerciale Delta, può vincere un televisore se compila una cartella coi punti ottenuti acquistando i prodotti Alfa, i prodotti Beta e i prodotti Gamma.

- il *segmento di mercato*: quando si ha l'acquisizione di nuovi clienti cooperando nella condivisione dell'esperienza imprenditoriale e dei clienti stessi.

ESEMPIO

L'impresa Alfa gestisce dei negozi di fiori in alcune grandi città, mentre l'impresa Beta produce abiti da sposa in serie. Col co-marketing le due imprese possono condividere conoscenze e raggiungere più facilmente clienti nuovi, interessati a rendere davvero speciale il giorno del matrimonio.

6 Il marketing territoriale

Il marketing territoriale vuole aumentare la visibilità e garantire lo sviluppo di un comprensorio nel lungo periodo

Il marketing territoriale. Per *marketing territoriale* si intende quel complesso di attività che hanno come finalità la definizione di progetti, programmi e strategie volte ad aumentare la visibilità e garantire lo sviluppo di un comprensorio territoriale nel lungo periodo.

Il marketing territoriale ha l'obiettivo di definire e guidare lo sviluppo dei comprensori territoriali, in funzione delle specifiche caratteristiche ed esigenze degli stessi, producendo una stretta simbiosi tra i potenziali consumatori e i mercati.

Marketing territoriale e marketing di prodotto... Esiste quindi una sostanziale differenza tra il «marketing di prodotto», visto finora, e il «marketing territoriale». Possiamo sintetizzare così le due attività: il marketing di prodotto vuole vendere un prodotto, mentre il marketing territoriale vuole valorizzare un territorio.

Marketing di prodotto → vuole vendere un prodotto
Marketing territoriale → vuole valorizzare un territorio

...le similitudini... Nel dettaglio, possiamo tracciare alcune similitudini tra il marketing territoriale e il marketing di prodotto:
- la «vendita» o la «promozione» di una città/territorio;
- l'uso delle quattro leve del marketing e delle relative azioni promozionali;
- la misurabilità di buona parte degli effetti.

...e le differenze. Le differenze tra il marketing territoriale e il marketing di prodotto possono essere così sintetizzate:
- il target del marketing territoriale non è il singolo consumatore, ma sono i cittadini, i turisti e gli investitori da attrarre sul territorio;
- il fine del marketing territoriale non è la massimizzazione del profitto;
- nel marketing territoriale l'orizzonte temporale di raggiungimento degli obiettivi è necessariamente di medio-lungo termine.

Il marketing territoriale si basa sulla concertazione

La concertazione. Dietro ogni strategia di marketing territoriale deve esistere un'idea condivisa del territorio da parte di tutti i soggetti pubblici e privati interessati alla sua valorizzazione (i cosiddetti stakeholder). Questa unitarietà di intenti va sotto il nome di *concertazione*, e ha segnato profondamente l'attività istituzionale e amministrativa degli ultimi anni in Italia, imponendosi anche a livello locale.

Il marketing territoriale è... Il marketing territoriale è:
- la progettazione di un adeguato mix di beni e servizi territoriali;
- la predisposizione di incentivi per gli utenti, attuali e potenziali, di beni e servizi locali;
- il miglioramento dell'accessibilità dei beni territoriali;
- la promozione dei valori e dell'immagine della città o del territorio, affinché i potenziali utenti siano pienamente consapevoli dei vantaggi distintivi offerti.

Il marketing territoriale non è... È importante avere ben chiaro che il marketing territoriale non è e non può rappresentare né la costruzione di nuove infrastrutture, né la gestione dei servizi pubblici, né la pianificazione del territorio.

Le quattro leve decisionali del marketing territoriale

Le leve decisionali del marketing territoriale. Rispetto alle leve decisionali del marketing operativo, possiamo schematizzare così il dettaglio delle attività legate alle 4 P proprie del marketing territoriale:

Product →	Beni e servizi pubblici territoriali
Price →	Costo di accesso e incentivi
Promotion →	Comunicazione e gestione dell'immagine del territorio
Place →	Modalità di accesso al territorio

7 Un piano di marketing territoriale

Un piano di marketing territoriale è un insieme di attività integrate fra loro, destinate alla valorizzazione di uno specifico territorio

Un piano territoriale. Un piano di marketing territoriale ha lo scopo di formulare e pianificare una strategia di sviluppo competitivo, organico e integrato per uno specifico territorio, accentuando l'attenzione sulle sue tipicità e sulle sue risorse. Una precisazione: un piano territoriale deve essere inteso come un

punto di partenza, e non come la «soluzione» per i problemi di una determinata zona.

Un piano di marketing territoriale comprende un insieme di attività integrate fra loro, destinate alla valorizzazione di uno specifico comprensorio territoriale. Queste attività sono nel dettaglio: l'analisi del territorio, la ricerca di mercato, il *marketing plan*, le azioni di comunicazione e la *marketing promotion*.

L'analisi del territorio è il punto di partenza di ogni piano di marketing territoriale

L'analisi del territorio. L'analisi del territorio è il punto di partenza di ogni piano di marketing territoriale, perché serve a censire ed evidenziare il patrimonio complessivo del territorio di riferimento in merito:

- alle risorse ambientali e paesaggistiche;
- alle risorse artistiche e culturali;
- alle risorse economiche e sociali;
- alla struttura e alla dinamica demografica;
- al tessuto socioeconomico specifico del territorio;
- alla presenza di adeguate infrastrutture e alla disponibilità del contesto urbano e degli strumenti urbanistici;
- all'offerta ricettiva e turistica del territorio;
- alle risorse economiche e strutturali degli enti territoriali.

La ricerca di mercato è la raccolta, analisi e conservazione dei dati relativi al marketing

La ricerca di mercato. Secondo la definizione dell'*American Marketing Association* (AMA), la ricerca di mercato è «la sistematica raccolta, analisi e conservazione dei dati relativi a problemi connessi al marketing dei beni e/o dei servizi». Le ricerche di mercato si occupano principalmente dello studio e dell'analisi delle motivazioni dei consumatori o della definizione della struttura di un mercato. Sono una fondamentale fonte di informazione per chi, all'interno di un'azienda, deve prendere decisioni di marketing.

Il *marketing plan* è il vero e proprio documento di pianificazione

Il *marketing plan*. Il *marketing plan* è il vero e proprio documento di pianificazione, i cui contenuti sono:

- l'analisi dello scenario competitivo: comprende l'analisi del mercato, della concorrenza e dei consumatori;
- l'analisi SWOT: deve considerare sia i punti di forza e di debolezza (*Strenght-Weakness*), sia le opportunità e i rischi di mercato (*Opportunities-Threats*);
- gli obiettivi: sono risultati da raggiungere (giro d'affari e profitti) che devono essere dettagliati, realistici e quantificabili;
- le strategie: sono rappresentate dal complesso di azioni da effettuare per raggiungere gli obiettivi;
- il piano di azione: costituisce l'elenco specifico di cosa verrà fatto, di chi lo farà, di quando sarà fatto e di quanto costerà;
- il budget: contiene tutti i documenti finanziari preventivi;
- il piano di controllo: indica le modalità di monitoraggio delle attività;
- i piani di emergenza: sono le alternative da attuare in caso di problemi.

Le azioni di comunicazione devono utilizzare Internet

Le azioni di comunicazione. Fra le azioni di comunicazione ricordiamo:

- la campagna pubblicitaria per la costruzione dell'immagine del prodotto turistico;
- l'attività di ufficio stampa e pubbliche relazioni;
- l'impostazione e realizzazione di materiali di comunicazione da inviare direttamente ai clienti potenziali;
- la comunicazione online; a questo proposito va ribadito come tutte le azioni di comunicazione debbano utilizzare Internet.

Le più importanti azioni di *marketing promotion*

La *marketing promotion*. Le più importanti azioni di *marketing promotion* sono:

- la promozione delle vendite e la commercializzazione di pacchetti turistici;
- la fidelizzazione dei clienti finali anche mediante appositi strumenti, per esempio la *fidelity card*;
- l'incentivazione dei venditori attraverso opportuni benefit.

SINTESI

- Le principali **funzioni aziendali** ▶ **§1** sono:
  - la funzione **acquisti/approvvigionamento** ▶ **§1** che deve procurare i fattori produttivi necessari per l'attività dell'azienda;
  - la funzione **produzione** ▶ **§1** che controlla lo svolgimento del processo produttivo, al suo interno si trova la funzione **ricerca e sviluppo** ▶ **§1**;
  - con la funzione **vendite** ▶ **§1** l'azienda cerca di soddisfare la Domanda dei consumatori;
  - la funzione **marketing** ▶ **§2** (vedi poi);
  - la funzione **amministrazione** ▶ **§1** che registra tutti i dati dei documenti originari;
  - la funzione **programmazione e controllo** ▶ **§1** che definisce gli obiettivi e verifica i risultati dell'azienda.

- Il **marketing** ▶ **§2** analizza sia il mercato sia il consumatore, per realizzare un prodotto che abbia le caratteristiche richieste.
  Il marketing deve rispondere a tre domande fondamentali:

  1. ***A chi vendere?***
  2. ***Che cosa vendere?***
  3. ***Come vendere?***

Il marketing agisce in tre direzioni
- → Come marketing analitico
- → Come marketing strategico
- → Come marketing operativo

- Il **marketing analitico** ▶ **§2** attiva una fase di ricerca basata sul reperimento di dati e di informazioni.

- Il **marketing strategico** ▶ **§3** definisce gli obiettivi dell'impresa e pianifica il modo come raggiungerli.

Il marketing strategico si articola in due fasi
- Definizione della strategia
- Controllo

- Per realizzare una politica di **marketing operativo** ▶ **§4**, l'impresa deve combinare le **quattro leve del marketing** ▶ **§4** (chiamate «4 P»):
  - il ***Product*** **(prodotto)** ▶ **§4** deve soddisfare un bisogno del consumatore;
  - il ***Price*** **(prezzo)** ▶ **§4** deve essere il risultato di una scelta accurata;
  - la ***Promotion*** **(promozione)** ▶ **§4** serve per informare e per cercare di convincere i potenziali consumatori all'acquisto. Di questa leva fa parte la **pubblicità** ▶ **§4**: è una forma impersonale di comunicazione a pagamento, che si avvale di mezzi di comunicazione di massa (televisione, radio, giornali, Internet);
  - il ***Place*** **(segmento di mercato)** ▶ **§4** a cui l'impresa si rivolge per scegliere il suo **target** ▶ **§4**.

- Il **co-marketing** ▶ **§5** definisce un accordo fra due o più operatori, che svolgono in partnership una serie di iniziative di marketing.

Nel co-marketing si distingue fra
- → Partnership verticali
- → Partnership orizzontali

- Il **marketing territoriale** ▶ **§6** vuole aumentare la visibilità e garantire lo sviluppo di un comprensorio territoriale nel lungo periodo.

- Un **piano di marketing territoriale** ▶ **§7** è un insieme di attività integrate fra loro, destinate alla valorizzazione di uno specifico territorio. Queste attività sono: l'analisi del territorio, la ricerca di mercato, il *marketing plan*, le azioni di comunicazione e la *marketing promotion*.

VERIFICA LE TUE CONOSCENZE

1 ***Risolvi le seguenti scelte multiple indicando la risposta esatta fra quelle possibili.***

A

Combina le quattro leve del marketing

1. il marketing analitico
2. il marketing strategico
3. il marketing operativo

B

La pubblicità fa parte della funzione

1. acquisti/approvvigionamento
2. vendite
3. marketing

1 **Con la funzione vendite l'impresa cerca di soddisfare**
- **a** l'Offerta dei consumatori
- **b** la Domanda dei consumatori
- **c** l'Offerta dei produttori
- **d** la Domanda dei produttori

2 **Il marketing analitico si basa sull'analisi**
- **a** solo del macroambiente
- **b** solo del microambiente
- **c** sia del macroambiente sia del microambiente
- **d** né del macroambiente né del microambiente

3 **È una fase del marketing strategico**
- **a** la promozione
- **b** il controllo
- **c** il prezzo
- **d** il prodotto

4 **Nel marketing operativo l'impresa deve combinare le**
- **a** 6 W
- **b** 3 L
- **c** 4 P
- **d** 4 C

5 **La pubblicità fa parte della leva**
- **a** prodotto
- **b** prezzo
- **c** promozione
- **d** target

6 **Definisce un accordo fra due o più operatori**
- **a** il marketing territoriale
- **b** il co-marketing
- **c** il marketing strategico
- **d** il marketing operativo

MISURA LE TUE ABILITÀ

2 ***Risolvi i seguenti quesiti vero o falso e motiva la tua risposta.***

1 **La funzione ricerca e sviluppo fa parte della funzione marketing**

VERO ☐ **FALSO** ☐

PERCHÉ ______________________________

____

2 **Si ha la fidelizzazione quando i dipendenti sono fedeli all'impresa**

VERO ☐ **FALSO** ☐

PERCHÉ ______________________________

____

3 Il marketing strategico si divide in due fasi: la strategia e il controllo

VERO ☐ FALSO ☐

PERCHÉ ______________________________

____

4 Il marketing operativo combina le quattro leve del marketing

VERO ☐ FALSO ☐

PERCHÉ ______________________________

____

5 Il target rappresenta un gruppo omogeneo di consumatori

VERO ☐ FALSO ☐

PERCHÉ ______________________________

____

6 Il marketing territoriale vuole garantire lo sviluppo di un territorio nel breve periodo

VERO ☐ FALSO ☐

PERCHÉ ______________________________

____

3 ***Completa la tabella che segue.***

Attività	Funzione aziendale
Individuare i canali di distribuzione	(1)
Gestire il magazzino	(2)
Elaborare budget di breve periodo	(3)
Gestire il personale	(4)
Studiare innovazioni tecnologiche	(5)

ALLENA LE TUE COMPETENZE

4 ***Sulla base di quanto hai imparato in questa unità, rispondi ai seguenti «casi».***

1 **Valutare l'importanza di scegliere il target in base a un ben definito gruppo di consumatori, ascoltando un'esperienza familiare.**

Tua madre è commessa in un negozio di scarpe da donna del centro, rinomato per la clientela selezionata e per i prezzi molto alti.

Tua madre non è però d'accordo con le scelte della titolare: «Oggi pomeriggio ho venduto solo un paio di scarpe. Sono entrate varie ragazze che cercavano una scarpa più sportiva e più economica, ma la titolare ha fatto finta di niente: "Non possiamo accontentare tutti. Noi vendiamo solo scarpe di lusso!"».

▶ *Cosa ne pensi delle scelte di marketing effettuate dalla titolare? Cercare di restringere il bacino dei consumatori è sempre conveniente?*

____

____

____

2 **Riconoscere che lo spot pubblicitario deve avere la vendita come unico obiettivo, partendo da un racconto familiare.**

Tua sorella è sempre stata bravissima e molto sicura di sé. Sembra però aver perso il suo carisma, da quando è stata assunta in un importante studio di marketing. È appena rientrata a casa ed è nervosissima: «Abbiamo fatto una riunione per decidere lo spot di un nuovo profumo da uomo. Io ero favorevole a uno spot bello e sofisticato, forse non agevole da cogliere a una prima visione, ma di grande respiro culturale. La maggioranza ha bocciato la mia idea e ha scelto uno spot decisamente provinciale, con una canzonetta sciocca che ripete continuamente il nome del profumo. La cultura non conta più nulla?».

▶ *Uno spot «troppo bello» può essere inefficace? Per quale motivo?*

____

____

____

Riprendiamo il dibattito

Dopo aver studiato l'unità, prepara il tuo punto di vista per continuare il dibattito iniziato in apertura di lezione (▶ *La parola a te!*).

Una tua amica è reduce dal solito shopping pomeridiano. Dichiara: «Adoro fare marketing! Anche se poi giro tutto il pomeriggio per i negozi del centro e non compro nulla!».

▶ ***Che cosa ha fatto in realtà la tua amica?***

- Partendo da quanto sopra affermato, esegui a casa una ricerca online e consulta il tuo libro di testo per preparare una breve tabella che contenga gli elementi principali dell'argomento trattato e che ti aiuti a esporre il tuo punto di vista.

A CASA 1 ORA — **IN AULA** 20 MINUTI

- Con l'aiuto della tabella, partecipa al dibattito che il docente avvia in aula.

E2 Il marketing sportivo

A te la parola!

Stai guardando con tuo padre una gara di sci.
Il nostro slalomista però «inforca» un paletto e viene squalificato. Tuo padre esplode: «Negli anni Settanta la "Valanga azzurra" vinceva tutto e dappertutto.
Io compravo i pullover del *Pool*...».

5 MINUTI

▶ *Quali furono gli effetti sul marketing sportivo della «Valanga azzurra»?*

Con l'aiuto dell'insegnante e in piccoli gruppi prova a esporre il tuo punto di vista.

1 Dal marketing al marketing sportivo

Il marketing sportivo si afferma alla fine degli anni Ottanta negli Stati Uniti

■ **Dal marketing al marketing sportivo.** Alla fine degli anni Ottanta, negli Stati Uniti il marketing dei servizi si allarga al settore sportivo e diventa anche un vero e proprio *marketing sportivo*.

Il marketing è una funzione aziendale (unità E1) che ha l'obiettivo di instaurare un rapporto con il consumatore, identificare i suoi bisogni e approntare specifiche azioni volte al loro soddisfacimento.

Le politiche di marketing nascono per le imprese industriali che producono beni di consumo; col tempo si estendono alle imprese di beni strumentali e di servizi, e fra queste grande importanza viene assunta dal settore sportivo. Il marketing caratterizza in modo sempre crescente il business delle imprese di ogni settore, compreso il settore sportivo.

Come sappiamo, lo sport nel corso degli anni si è gradualmente trasformato da un semplice hobby a una vera e propria impresa. Oggi si parla di sport dal punto di vista «professionistico» e «aziendalistico», tanto che in Italia lo sport si colloca fra le maggiori industrie, con un volume d'affari che nel 2016 incide sul Prodotto Interno Lordo (PIL) per l'1,6% (nel 2008, prima della crisi economica, lo sport rappresentava il 2,8% del PIL), mentre nell'Unione europea l'incidenza media dello sport sul PIL oggi supera il 2%.

Lo sport si fonda su valori condivisi, sulla competizione, sulle sfide e sulle emozioni di chi lo vive e lo segue, catalizza l'interesse del mondo intero, superando le tradizionali barriere culturali e linguistiche. Lo sport è anche un mezzo vincente per comunicare perché raggiunge quotidianamente una audience planetaria, come dimostrano le principali emittenti televisive mondiali che dedicano alle discipline sportive un numero di ore sempre crescente.

«Il mantenimento, lo sviluppo e il miglioramento del livello raggiunto dallo sport, oggi, non possono prescindere da una metodica programmazione manageriale fondata su specifiche strategie operative e sull'utilizzo di adeguate tecniche di marketing e comunicazione» (Sergio Cherubini, 2010).

■ **Il marketing sportivo è...** L'impresa di marketing sportivo cerca di vendere un suo prodotto oppure un prodotto sportivo, utilizzando lo sport come mezzo di comunicazione.

L'impresa di marketing sportivo cerca di vendere un suo prodotto oppure un prodotto sportivo, utilizzando lo sport come mezzo di comunicazione

Il marketing sportivo vuole soddisfare specifiche esigenze di consumo nel mercato dello sport, fornendo una serie di benefici a soggetti come gli spettatori, gli atleti e gli sponsor.

Per risultare efficace e di successo, il marketing sportivo deve svolgersi nel rispetto di determinate modalità. È infatti necessario non solo un marketing sportivo condotto in maniera professionale, ma anche un vero e proprio management professionale in ambito sportivo.

■ **Il Customer Relationship Management (CRM).** Il marketing sportivo è strettamente connesso col concetto di Customer Relationship Management (cioè «la gestione delle relazioni con i clienti», d'ora in poi abbreviato nell'acronimo CRM); si tratta di un'azione di marketing sportivo che deve portare alla *fidelizzazione* dei consumatori/sportivi.

Il CRM è un'azione di marketing sportivo che deve portare alla fidelizzazione dei consumatori/sportivi

Nell'impresa contemporanea il mercato non è più rappresentato solo dai clienti, ma anche dall'ambiente circostante, con il quale l'impresa deve stabilire relazioni durevoli tenendo conto dei valori del consumatore, della società e dell'ambiente. Col CRM l'attenzione verso il consumatore/sportivo diventa determinante.

Per questo motivo il *marketing management* dell'impresa sportiva deve pianificare le opportune strategie per gestire una risorsa così importante.

■ **Le tipologie del marketing sportivo.** Esistono diverse tipologie di marketing sportivo, a seconda dell'ambiente e dei soggetti di riferimento. In questa unità E2 analizziamo:

Esistono diverse tipologie di marketing sportivo, a seconda dei soggetti di riferimento

- il marketing degli eventi sportivi;
- il marketing delle federazioni sportive;
- il marketing delle società sportive;
- il marketing dei singoli atleti.

2 Le fasi del marketing sportivo

Come si è visto nell'unità E1, per far fronte alle necessità dell'impresa, il marketing deve agire in tre direzioni:

- come marketing analitico;
- come marketing strategico;
- come marketing operativo.

Applichiamo questi concetti al marketing sportivo.

■ **Il marketing analitico sportivo.** Il *marketing analitico sportivo* presuppone una fase di ricerca preliminare, relativa allo studio del mercato sportivo e alla definizione dei profili più rilevanti, rappresentati dalle varie tipologie di stakeholder: i tifosi, le società sportive, le istituzioni sportive e politiche e così via.

Il marketing analitico sportivo presuppone una fase di ricerca preliminare relativa allo studio del mercato sportivo

L'obiettivo principale è conoscere in modo approfondito le peculiarità dei tifosi, che sono i principali fruitori dell'evento sportivo, con l'intento di individuare le possibili opportunità di fidelizzazione degli attuali supporter e di acquisirne di nuovi.

Gli aspetti di maggiore interesse riguardano quindi la figura del consumatore/tifoso. L'esistenza di fattori psicologici e sociologici porta il fruitore di sport a identificarsi con un particolare atleta o una particolare squadra, rendendo assai difficile un possibile cambio di preferenza. Per esempio un tifoso del team calcistico X difficilmente cambierà nel tempo la propria squadra del cuore e, nella maggioranza dei casi, resterà fedele a quest'ultima per tutta la durata della propria vita. Questo aspetto comporta conseguenze significative dal punto di vista del marketing, perché si può intuire come l'immagine di un atleta o di una squadra abbia un ruolo determinante nello sviluppo delle strategie di mercato.

Lo sport è un efficace strumento promozionale perché le imprese pagano gli atleti o le squadre come testimonial per promuovere i propri prodotti; dall'altra parte questi soggetti sportivi, oltre al compenso finanziario, promuovono a loro volta la propria immagine nei confronti del grande pubblico: entrambe le parti hanno un beneficio dal punto di vista comunicazionale.

Il marketing strategico sportivo individua gli obiettivi e predispone le strategie per cercare di raggiungerli

Il marketing strategico sportivo. Il *marketing strategico sportivo* individua gli obiettivi e predispone le strategie per cercare di raggiungerli.

Dopo la fase preliminare analitica, il marketing sportivo stabilisce una pianificazione strategica del mercato di riferimento. Il fine ultimo di tale fase del processo è rappresentato dalla identificazione delle attività relative allo sviluppo del mercato e delle modalità con cui conseguire gli obiettivi di medio-lungo termine.

Anche nel caso del marketing strategico sportivo, occorre anzitutto individuare gli obiettivi, ambiziosi ma perseguibili, e successivamente predisporre attività di marketing coerenti con la possibilità di raggiungerli.

Ogni azione di marketing strategico sportivo deve essere mirata al rafforzamento della struttura commerciale in relazione alle dimensioni della società sportiva, alla categoria di appartenenza e al bacino di utenza verso cui indirizzare le iniziative progettate.

Nel marketing operativo sportivo si concretizzano le attività in grado di realizzare le strategie formulate in precedenza

Il marketing operativo sportivo. Come sappiamo, nel *marketing operativo sportivo* si concretizzano le attività in grado di realizzare le strategie formulate in precedenza.

Nello sport in generale, e in particolare nel calcio, stiamo attraversando un momento di svolta, nel quale le società italiane iniziano a rendersi conto del fatto che gli introiti legati alla vendita dei diritti televisivi, seppur notevoli, non possono bastare al sostentamento di quella che è un'impresa a tutti gli effetti e, come tale, deve differenziare le fonti di ricavo.

Pertanto, una scrupolosa e attenta gestione del marketing sportivo da parte delle società sta alla base dell'individuazione di nuove fonti di ricavo e di quelle opportunità di business innovative ancora inesplorate.

Ogni azione di marketing è rappresentata dall'obiettivo, sempre valido, di migliorare la percezione esterna della propria immagine e di sviluppare le relazioni con gli stakeholder nell'interesse reciproco.

Quali sono le nuove opportunità di ricavo?

Prendiamo come esempio una società di calcio professionistica che si relaziona con numerosi stakeholder: i tifosi, gli atleti, i dirigenti, i dipendenti, le istituzioni, gli azionisti, le aziende sponsor, le aziende *advisor* (di consulenza finanziaria), le emittenti televisive, la stampa qualificata e così via.

Per individuare nuove fonti di ricavo bisogna rivolgersi verso i potenziali introiti derivanti sia dalle sponsorizzazioni (come vedremo nell'unità E3), sia dal contributo fornito da uno stadio di proprietà che, se costruito in ottica commerciale in grado di valorizzare la struttura sette giorni su sette, può risultare redditizio anche al di fuori dell'evento sportivo (come vedremo nell'unità E4).

3 Il brand sportivo

La differenza fra brand e marchio. Il *marchio* è costituito da un simbolo o dalla rappresentazione grafica di un nome o di un acronimo che prevede l'uso di immagini e font ben definiti; il marchio è il segno distintivo di un'azienda che ne contraddistingue i prodotti e i servizi e li differenzia da quelli della concorrenza (come si è visto nell'unità D2). Il marchio rappresenta solo una parte del brand.

Il marchio fa parte del brand di un'azienda

Il brand rappresenta molto più del semplice marchio di un'azienda. Sintetizzando: il marchio non è il brand, anche se il brand comprende il marchio.

La nozione di brand. Il brand può essere identificato in un insieme di fattori che esercitano un forte impatto valoriale e sociale. Si può dire che il brand «abiti» nella mente dei consumatori e si identifichi nell'idea che gli stakeholder hanno di quel particolare prodotto o di quella particolare azienda.

Il brand rappresenta la storia dell'azienda e si identifica nell'idea che i consumatori hanno di quel prodotto o di quella azienda

Il brand include l'anima stessa del prodotto, che viene reputato «di marca» per la sua spendibilità a livello sociale, per il significato attribuitogli dagli stakeholder, per lo status che conferisce a chi lo possiede, per l'opinione che il mercato ha maturato su quel prodotto e per la reputazione di cui gode l'azienda produttrice: oltre ai segni distintivi, il brand «contiene» anche la storia dell'azienda.

La *brand equity*. Prima di concludere sul brand in generale, è necessario definire un altro concetto strettamente collegato a quello di brand: la *brand equity*, che è l'effetto positivo che la conoscenza di una determinata marca esercita sulla scelta del consumatore. Si tratta di un valore economico-finanziario addizionale, che dipende dalla politica di marketing e si aggiunge a quello commerciale del prodotto.

La *brand equity* è l'effetto positivo che la conoscenza di una marca esercita sulla scelta del consumatore

In particolare, la *brand equity* dipende da numerosi fattori:

- la leadership dell'azienda;
- l'internazionalità dell'azienda;
- la fedeltà alla marca del prodotto;
- l'importanza del brand nel mercato di riferimento;
- il tasso di sviluppo del mercato;
- il livello degli investimenti di marketing a supporto del brand;
- la protezione legale del prodotto.

Il brand sportivo. Le considerazioni sul brand esposte finora sono di carattere generale e si prestano a delineare qualsiasi azienda tradizionalmente intesa.

Sono poche le società sportive che cercano di valorizzare il brand sportivo

Dobbiamo ora trasferire questi concetti al settore sportivo per occuparci del *brand sportivo*.

Va ribadito che le grandi aziende «non sportive» (ma anche molte piccole e medie aziende) perseguono quotidianamente strategie di valorizzazione, protezione e sviluppo del brand, invece nel settore sportivo le società e le federazioni hanno «scarsa dimestichezza» con il brand sportivo.

A questo proposito è significativo che un ruolo di assoluta importanza come quello del *brand manager* non sia contemplato negli organigrammi della maggioranza delle società sportive.

Al momento, solo nel settore calcistico le più importanti squadre italiane ed europee prevedono nel loro organico una o più figure che si occupano di gestire e valorizzare il brand del club, per esportarlo con successo nel mondo con l'obiettivo di essere identificati e scelti dalle aziende potenziali sponsor.

Solo le principali società calcistiche prevedono il ruolo del brand manager nel loro organico

Il *brand value*. Il *brand value* (valore del brand sportivo) rappresenta una parte importante del valore complessivo di una società sportiva. Esso non dipende direttamente da variabili di mercato o dal campionato di appartenenza, ma dipende invece sia dal grado di rinomanza del brand del club in ambito nazionale e internazionale, sia dalla qualità e dalla portata delle strategie di brand management predisposte.

Il *brand value* rappresenta una parte importante del valore di una società sportiva

Il *brand value* nel calcio. Da questo momento restringiamo la nostra analisi al settore calcistico.

Grazie ai dati pubblicati dalla rivista statunitense *Forbes*, analizziamo l'indice relativo al *brand value* dei club di calcio europei.

Nella tabella 1 è riportato il ranking (classifica) con le prime dieci posizioni relative al 2014.

Tabella 1 La classifica del *brand value* dei club di calcio europei nel 2014

Posizione 2014	Posizione 2013	Club	*Brand value* 2014 (milioni di euro)
1	1	FC Bayern Monaco	657
2	3	Real Madrid CF	568
3	2	Manchester United FC	542
4	4	FC Barcellona	456
5	8	Manchester City FC	374
6	6	Arsenal FC	370
7	5	Chelsea FC	368
8	7	Liverpool FC	344
9	10	Borussia Dortmund	240
10	24	Paris Saint-Germain FC	237

Fonte: Forbes.com.

Qualche riflessione sulla tabella 1.

Nel 2014 al primo posto della classifica si trova il Bayern Monaco, che conferma la posizione dell'anno precedente (2013). Nessun brand di squadra di calcio vale più del rinomato brand tedesco. Oltre al successo di una società lungimirante e coscienziosa, il primato riflette anche quello di un intero sistema, il sistema calcio tedesco, che negli ultimi anni ha raggiunto livelli eccezionali per la programmazione, la qualità del prodotto offerto e i risultati economici, culminando con il trionfo del team tedesco ai Mondiali in Brasile nel 2014. A questo proposito va sottolineata anche la reazione positiva che ha seguito il deludente risultato dei Mondiali in Russia nel 2018, che è stato vissuto solo come un incidente di percorso.

Il *brand value* delle prime quattro potenze calcistiche è irraggiungibile dalla concorrenza

Le prime quattro potenze calcistiche (Bayern Monaco, Barcellona, Real Madrid e Manchester United) sono irraggiungibili dal punto di vista della valorizzazione del brand e occupano stabilmente i primi posti, alternandosi di anno in anno in funzione soprattutto dei risultati sportivi. Alle loro spalle, il quartetto inglese (formato da Manchester City, Arsenal, Chelsea e Liverpool) prova ad avvicinarsi, ma le due spagnole, il Bayern e lo United rimangono di un altro pianeta.

La squadra del Paris Saint-Germain 2018/2019.

Molto interessante è il caso del Paris Saint-Germain. Il club parigino si è reso protagonista di una rimonta straordinaria che lo ha portato dal ventiquattresimo al decimo posto in un solo anno. I motivi di questa innaturale ascesa sono da ricercarsi nella intraprendenza e nella «sfrontatezza» della ricca proprietà araba del club, che con una serie di campagne acquisti faraoniche, senza rispetto per il *fair play* finanziario, ha riportato il Paris Saint Germain a vincere in patria e a raggiungere buoni livelli di competitività in Europa. I migliori risultati sportivi, uniti a un parco giocatori diventato di primissimo ordine, hanno fatto il resto, contribuendo ad accrescere il valore di un brand la cui risalita non accenna a fermarsi.

Il declino calcistico italiano deriva anche dalla scarsa consapevolezza della valorizzazione del brand da parte di squadre e istituzioni calcistiche

Il ritardo italiano. Nella tabella 1, relativa alle società calcistiche europee con il più alto *brand value*, trovano spazio club appartenenti soprattutto ai campionati della *Premier League* inglese, della *Liga* spagnola e della *Bundesliga* tedesca, ma non troviamo nessuna squadra appartenente alla Serie A italiana, segno sintomatico di un ritardo accumulato negli anni.

L'Italia viene estromessa dalla top ten mondiale dei club di calcio col brand di maggior valore. Un'amara considerazione che conferma uno scenario deludente

UN ARTICOLO

La Juventus è la più ricca d'Europa

La Juventus guida la top ten degli incassi della Champions League 2016/2017.
L'articolo riprodotto (Federico D'Ascoli, *Il Resto del Carlino*, 21 ottobre 2017) spiega il complesso meccanismo, che permette alla Juventus di primeggiare in questa particolare classifica, pur non avendo vinto la Coppa.

Il Resto del Carlino

La Signora più ricca d'Europa: 110 milioni dalla Champions

LA COPPA dalle Grandi Orecchie resta un miraggio inseguito da oltre vent'anni **1** ma almeno la Juventus quest'anno ha messo le mani sul premio di consolazione. Nulla che possa rimarginare la ferita delle sette finali perse nella storia bianconera ma il presidente Andrea Agnelli, almeno, si frega le mani: nell'ultima edizione della Champions League ha incassato oltre 110 milioni di euro. Una cifra record che ridicolizza il risultato di tutti gli altri top club: i campioni del Real Madrid arrivano addirittura terzi, dietro anche al Leicester, fermandosi a 81 milioni. Al quarto posto si trova addirittura il Napoli (fuori agli ottavi) con 66 milioni e spiccioli, mentre la Roma (uscita nel preliminare) si ferma a quota 13,6.
Secondo il report dell'Uefa le squadre che hanno partecipato alla fase a gironi di Champions League 2016-17 e le dieci eliminate agli spareggi hanno ricevuto oltre 1,396 miliardi di euro dalla federazione europea.
La Juventus è anche la prima squadra nella storia della Champions ad aver superato quota 100 milioni in una sola stagione e negli ultimi cinque anni svetta con 380 milioni complessivi.
Ma perché i bianconeri svettano [...] e alle partite giocate nel corso della competizione europea. Quindi se un'italiana **2** viene eliminata, quella che va avanti guadagna di più. Si spiega così l'altro dato bizzarro, il Leicester, unica inglese arrivata ai quarti, che ha incassato più del Real.

IN VISTA della partita in casa dell'Udinese di domani alle 18 c'è una buona notizia, quella del ritorno in gruppo di Claudio Marchisio. L'altra faccia della medaglia è l'assenza di Stefano Sturaro per un un risentimento muscolare ai flessori della coscia sinistra accusato durante la gara di Champions. Oltre all'ex giocatore del Genoa, non si è allenato anche

LA TOP TEN DEGLI INCASSI CHAMPIONS
(in milioni di euro)

1 Juventus	**110,434**
2 Leicester	**81,681**
3 Real Madrid	**81,051**
4 Napoli	**66,009**
5 Monaco	**64,685**

1 La Coppa dalle Grandi Orecchie [*Champions League*] resta un miraggio inseguito da oltre vent'anni, ma almeno la Juventus quest'anno ha messo le mani sul premio di consolazione. Nulla che possa rimarginare la ferita delle sette finali perse nella storia bianconera, ma il presidente Andrea Agnelli, almeno, si frega le mani: nell'ultima edizione della Champions League ha incassato oltre 110 milioni di euro. Una cifra record che ridicolizza il risultato di tutti gli altri top club [*vedi tabella di lato*].

2 Ma perché i bianconeri svettano su tutte le altre squadre europee anche se non hanno vinto la Coppa? Il segreto è nascosto in un parametro, il cosiddetto «market pool». Quello per cui la Juve (e tutte le altre squadre) devono tifare contro le connazionali. Una parte importante del montepremi Uefa relativa ai diritti tv viene divisa tra le società di ogni nazione, in maniera proporzionale alla posizione in campionato e alle partite giocate nel corso della competizione europea. Quindi se un'italiana viene eliminata, quella che va avanti guadagna di più. Si spiega così l'altro dato bizzarro, il Leicester, unica inglese arrivata nei quarti, che ha incassato più del Real Madrid.

sul calcio di casa nostra. Non è un caso che a questo si affianchi la clamorosa esclusione della nazionale dai Campionati mondiali di Russia del 2018, un'assenza che non si verificava dal lontano 1958.

Questo declino nasce dal fatto che nella maggioranza delle squadre italiane e nella filosofia degli enti ai vertici calcistici, non esiste la consapevolezza che il *brand value* deve essere considerato l'elemento più importante di ogni organizzazione sportiva. Il sistema calcistico italiano non ha tenuto conto del fatto che la valorizzazione del brand impone anzitutto la conoscenza di soggetti in grado di percepire il brand, di intercettarlo e interpretarlo.

L'attenzione ritorna quindi, inevitabilmente, sulla figura del brand manager e sulla carenza di dirigenti di questo tipo nell'organico sia delle squadre italiane sia della Federazione Italiana Giuoco Calcio (FIGC) e della Lega Serie A.

I club di calcio sono aziende con un'organizzazione che esula dal risultato meramente sportivo, che operano in mercati complessi e competitivi, in cui giorno per giorno si fronteggia una concorrenza sempre più agguerrita.

Per ricominciare si può prendere esempio dalla *Premier League* inglese, che in soli vent'anni è diventato il brand più riconosciuto e vincente tra le varie leghe calcistiche a livello mondiale, grazie a un'opera tenace e costante di valorizzazione e organizzazione del brand.

■ **Il caso Juventus.** Prima di concludere va sottolineata l'eccezione rappresentata dalla Juventus che, nel 2017, era al primo posto di un'altra classifica, quella degli incassi (comprensivi dei diritti televisivi) percepiti dall'UEFA per la *Champions League*. Si tratta di un risultato importante che attenua, ma non contraddice, quanto detto sul ritardo del calcio italiano nella valorizzazione del brand.

4 Il marketing degli eventi sportivi

■ **L'evento sportivo.** Il nucleo pulsante dell'intero marketing sportivo ruota attorno all'*evento sportivo*, motore dell'intero sistema, che a sua volta coinvolge tutti gli attori del mercato dello sport. Ne consegue che l'evento sportivo è il nucleo centrale del marketing sportivo, attorno a cui ruotano il marketing delle federazioni sportive, delle società sportive e dei singoli atleti.

L'evento sportivo è il nucleo centrale del marketing sportivo

Una particolarità del marketing sportivo va individuata nella natura stessa dell'evento sportivo, che si esaurisce attorno a un arco spaziale e temporale ben circoscritto, diversamente da quanto prevede la concezione tradizionale di marketing.

Nel marketing sportivo, dunque, si ha la contemporaneità della produzione e del consumo, che porta all'inevitabile deperibilità del prodotto stesso (l'evento sportivo).

L'evento sportivo è una forma di intrattenimento intangibile

I requisiti dell'evento sportivo. L'evento sportivo deve possedere una serie di requisiti: l'intangibilità, l'inseparabilità, la variabilità, la deperibilità e la proprietà.

L'*intangibilità* è un elemento predominante dell'evento sportivo, perché il consumatore ha la possibilità di valutare l'evento sportivo solo dopo la sua intera fruizione.

L'evento sportivo ha la caratteristica dell'*inseparabilità*, perché lo spettatore concorre in molti casi nella produzione dell'evento, divenendo così co-produttore. Basta pensare a una partita di calcio, dove gli spettatori allo stadio sono parte integrante dello spettacolo, perché coi loro cori creano un'atmosfera ancora più spettacolare e coinvolgente.

I requisiti dell'evento sportivo

↓

- Intangibilità
- Inseparabilità
- Variabilità
- Deperibilità
- Proprietà

La *variabilità* dell'evento sportivo nasce dal fatto che il risultato finale di una partita o di una gara è sempre incerto. Non solo. Gli organizzatori non sempre sono in grado di fornire uno spettacolo adeguato alle richieste dei consumatori.

L'evento sportivo è soggetto a *deperibilità*, perché non può essere «immagazzinato», anche se esiste la possibilità di fruirne indirettamente attraverso la visione in differita in televisione o in Internet.

L'evento sportivo ha il carattere della *proprietà* perché, come in ogni tipo di servizio, non esiste alcun passaggio di proprietà; col pagamento del biglietto non si acquista l'evento ma solo la possibilità di beneficiare dello spettacolo.

Con la standardizzazione l'organizzatore dell'evento sportivo mantiene degli standard di qualità costanti

La standardizzazione dell'evento sportivo. La *standardizzazione* è la possibilità da parte dell'organizzatore dell'evento sportivo di mantenere degli standard di qualità costanti.

L'evento sportivo è però caratterizzato da un basso livello di standardizzazione da parte dell'organizzatore; per esempio in una partita di calcio la standardizzazione è resa difficile da molti elementi, fra cui:

- la prestazione alterna degli atleti;
- le decisioni prese dall'arbitro di gara;
- l'incertezza del risultato finale;
- la quantità di pubblico presente allo stadio, che rende l'evento più o meno coinvolgente e scenicamente affascinante;
- le condizioni meteorologiche avverse o favorevoli.

La customizzazione è la personalizzazione dell'evento sportivo

La customizzazione dell'evento sportivo. La *customizzazione* (dall'inglese *customization*) è la personalizzazione dell'evento sportivo, in modo tale da permettere l'intervento diretto del singolo sportivo nell'evento stesso.

La possibilità dell'organizzatore di customizzare un evento sportivo in base alle esigenze dei consumatori è molto bassa per due motivi fondamentali:

- ogni sport deve rispettare una serie di regolamenti definiti dagli organi federali nazionali e internazionali. Per esempio, se la maggioranza del pubblico manifestasse il desiderio che una sfida di calcio fosse suddivisa in quattro tempi (invece che due) l'organizzatore non potrebbe modificare direttamente il regolamento della FIFA (*Federation International Football Association*);
- il pubblico sportivo è molto vasto e ha opinioni diverse. Riprendendo il nostro esempio su una diversa suddivisione dei tempi in una partita di calcio, ogni spettatore ha la sua idea (meglio tre tempi, meglio quattro tempi…) ed è praticamente impossibile per l'organizzatore prendere decisioni che soddisfino tutti i consumatori/spettatori.

Il luogo dell'evento sportivo condiziona l'affluenza e lo stato d'animo del pubblico

Il luogo dell'evento sportivo. Grande importanza ha il luogo (*place*) dove l'evento sportivo viene presentato al pubblico (stadio, palazzetto dello sport, all'aperto).

Attraverso la sua struttura architettonica il luogo può creare (o meno) un più ampio coinvolgimento da parte del pubblico presente. A questo proposito bisogna considerare l'accessibilità, la capienza, la comodità dei posti a sedere, la vicinanza degli spalti al terreno di gioco, l'acustica, l'illuminazione e così via.

Non solo. La storia di un particolare palazzetto o stadio, legata solitamente a uno specifico team, può creare all'interno del pubblico particolare eccitazione, favorendo l'afflusso di spettatori e innescando particolari stati d'animo nei tifosi coinvolti.

Il velodromo Vigorelli, a Milano, in una foto degli anni Settanta. È un impianto sportivo storico, dedicato in origine al ciclismo su pista, oggi utilizzato soprattutto per il football americano.

Gli attori dell'evento sportivo... Sono numerosi gli attori che forniscono il loro apporto alla creazione di un evento sportivo.

In particolare è possibile identificare i seguenti attori: gli *event manager*, i media, gli atleti, l'*entourage*, gli arbitri e i giudici di gara, i *suppliers* e gli *staffing*, i VIP e gli spettatori.

Gli *event manager* rendono possibile lo svolgersi di una sfida sportiva

...gli *event manager*... Gli *event manager* (organizzatori dell'evento sportivo) rendono possibile in senso stretto lo svolgersi di una sfida sportiva, e comprendono al loro interno le società sportive e, più in dettaglio, i proprietari e i dirigenti delle stesse. In questo ambito vanno ricordati sia coloro che controllano le strutture dove l'evento si svolge (a volte di proprietà delle società), sia gli organi di controllo federale che predispongono i calendari delle competizioni.

Per esempio, nel Campionato mondiale di Formula 1 i vari team automobilistici danno vita alle gare, strutturate e regolamentate sia da organi quali la FIA (Federazione Internazionale dell'Automobile) e la FOM (*Formula One Management*), sia da coloro che controllano i vari circuiti utilizzati per il campionato.

Approfondiremo il ruolo degli *event manager* nell'unità F2.

Una gara di Formula 1 sul circuito di Monza.

I media rendono possibile la visione e la fruizione dell'evento sportivo da parte del pubblico

...i media... I *mass media* rendono possibile la visione e la fruizione dell'evento sportivo da parte del pubblico, superando le problematiche geografiche e temporali.

Riprendiamo l'esempio del Campionato mondiale di Formula 1. Oltre agli spettatori presenti nel circuito dove si svolge una particolare gara, esistono emittenti televisive e siti Internet sparsi per il mondo che, acquistando i diritti di trasmissione, rendono la gara visibile a chi non può assistere in prima persona alla corsa, in modo tale da aumentare il bacino d'utenza dell'evento.

I media hanno un ruolo fondamentale nell'alimentare un certo clima tra il pubblico ancor prima che l'evento abbia luogo. Si pensi alle notizie sulla stampa oppure alle interviste e ai programmi di intrattenimento in televisione.

Approfondiremo il ruolo dei media nello sport nell'unità F1.

La performance sportiva dipende dagli atleti e dall'*entourage*

...la performance sportiva: gli atleti... La performance sportiva dipende dagli atleti e dall'*entourage*.

La performance sportiva coinvolge anzitutto gli atleti (*competitors*) che, attraverso le loro prestazioni, rendono lo spettacolo dal punto di vista tecnico più o meno interessante e piacevole per lo spettatore che osserva.

...e l'*entourage*... La performance sportiva viene influenzata anche dall'*entourage* che supporta una squadra o un atleta, come per esempio gli allenatori, i preparatori atletici, lo staff medico e così via. Secondo gli esperti un bravo allenatore può influire positivamente sui risultati di una squadra, con almeno tre o quattro vittorie addizionali rispetto alla norma.

Una performance sportiva vincente consente a una squadra (o a un atleta) di aumentare il proprio *brand value*

Fondamentale a tal proposito è il fatto che una performance sportiva vincente in maniera continuativa nel tempo consente a una squadra (o a un atleta) di aumentare il proprio *brand value*, ottenendo vantaggi da un punto di vista della *awareness* (riconoscibilità) e, di conseguenza, maggiori introiti sotto il profilo economico (ingaggi più elevati, contratti di sponsorizzazione più vantaggiosi).

Gli arbitri e i giudici di gara hanno un ruolo più o meno determinante sul risultato a seconda del tipo di sport

■ **...gli arbitri e i giudici di gara...** L'evento sportivo viene influenzato anche dagli arbitri e dai giudici di gara (*officials*) che, a seconda del tipo di sport, possono avere un ruolo più o meno determinante sul risultato.

Per esempio, nell'ambito degli sport in piscina, esiste una notevole differenza fra il nuoto, dove il risultato è determinato soprattutto dalla bravura del nuotatore, e i tuffi, in cui il risultato è legato in gran parte alla valutazione della giuria tecnica.

«Il tuffatore» una celebre immagine del fotografo bolognese Nino Migliori, scattata sul molo di Rimini nel 1951.

■ **...i *suppliers* e gli *staffing*...** All'interno dell'evento sportivo esistono prodotti e servizi complementari «attesi», nel senso che lo spettatore si aspetta di trovarli in quel particolare tipo di manifestazione sportiva.

I soggetti coinvolti in queste attività sono i *suppliers* e gli *staffing*.

I *suppliers* sono fornitori di prodotti (cibi, bevande, gadget) che vengono venduti in spazi predisposti all'interno della struttura sportiva.

Gli *staffing*, stipendiati o volontari, forniscono il loro apporto in attività come il servizio d'ordine, il front office biglietteria, il parcheggio, la somministrazione di cibi e bevande e così via.

La presenza di VIP a un evento sportivo aumenta l'interesse degli spettatori

■ **...i VIP...** I VIP (*Very Important Person*) sono personalità che, in qualità di spettatori, possono trovarsi tra il pubblico che assiste all'evento sportivo. La loro presenza contribuisce a creare un'atmosfera di maggiore curiosità e interesse da parte degli spettatori.

In questo modo i VIP, seppur involontariamente, svolgono un ruolo da testimonial, amplificando l'attenzione sull'evento sportivo.

Gli spettatori creano una particolare atmosfera attorno a un evento sportivo

■ **...e gli spettatori.** L'atmosfera è l'aspetto che coinvolge la maggior parte dei soggetti che partecipano a un evento sportivo. Come sappiamo, questa in parte è dovuta al luogo dove si svolge l'incontro, perché il contenitore dell'evento funge da catalizzatore alla creazione di un certo clima intorno all'incontro; per esempio l'apertura di un nuovo stadio porta sicuramente all'aumento di partecipazione del pubblico.

Sono però soprattutto gli *spettatori* a creare una particolare atmosfera attorno a un evento sportivo: col loro tifo, possono influire in maniera positiva o negativa sullo stato mentale degli atleti in campo.

La partecipazione del pubblico è essenziale per il marketing sportivo, perché permette di ottenere notevoli vantaggi dal punto di vista economico: elevata quantità di biglietti venduti, sponsorizzazioni più redditizie, maggiore interesse da parte dei media e così via.

Il clima creato dal pubblico viene alimentato da altri soggetti, per esempio:

- gli *event manager* e le società sportive coinvolte che, in base alla loro storia, importanza e bacino di tifo, hanno più o meno potere di creare nel pubblico interesse e coinvolgimento emotivo;
- gli atleti sono in grado con il loro comportamento di influenzare gli stati d'animo e il comportamento dei propri fan. A questo proposito, molti studi anno evidenziato che i comportamenti aggressivi e violenti in campo producono atteggiamenti analoghi sugli spalti. In altri termini, un atleta ha una grande influenza nei confronti del pubblico, che lo vede come un proprio rappresentante; si tratta

UN FILM

Invictus – L'invincibile

In Sudafrica, dopo l'*apartheid*, il Presidente Nelson Mandela capisce che la riconciliazione fra le razze passa anche attraverso il rugby

Regia: Clint Eastwood, Stati Uniti, 2009
Attori: Morgan Freeman, Matt Dillon, Adjoa Andoh, Tony Kgoroge, Matt Stern
Durata: 133 minuti

Invictus – L'invincibile (*Invictus*) è un film del 2009, diretto da Clint Eastwood.

Il film è un adattamento cinematografico del romanzo *Ama il tuo nemico* (*Playing the Enemy: Nelson Mandela and the Game that Made a Nation*) di John Carlin, a sua volta ispirato a fatti realmente accaduti. Il film ottenne due *nomination* al Premio Oscar 2010 (migliore attore protagonista e non protagonista).

Il film è ambientato in Sudafrica, nel periodo immediatamente successivo alla caduta dell'*apartheid*, alla liberazione dopo 27 anni di carcere di Nelson Mandela e alla sua elezione alla presidenza del Paese. Mandela è il primo presidente di colore del Sudafrica e, appena entrato in carica, si pone l'obiettivo di riappacificare la popolazione del Paese, ancora divisa dall'odio fra i neri e i bianchi (*afrikaner*).

Simbolo di questa spaccatura diventa la nazionale di rugby degli *Springboks*, simbolo dell'orgoglio bianco afrikaner (è composta da bianchi con un solo nero) e per questo detestata dai neri. Dopo un decennio di esclusione, gli *Springboks* sono stati riammessi nelle competizioni internazionali proprio grazie alla caduta del regime dell'*apartheid*.

In vista della Coppa del mondo del 1995, ospitata proprio dal Sudafrica, Nelson Mandela (Morgan Freeman) si interessa delle sorti della squadra, con la speranza che un'eventuale vittoria contribuisca a rafforzare l'orgoglio nazionale e lo spirito di unità del Paese. In particolare, entra in contatto con il capitano François Pienaar (Matt Damon), facendogli capire la grande importanza politica della imminente competizione sportiva. Il pieno accordo fra Pienaar e Mandela dà luogo a una serie di eventi che rafforzano il morale degli *Springboks*, reduci da un lungo periodo di sconfitte, e li conducono in un fortunato cammino nella Coppa del mondo, fino a una insperata vittoria in finale contro i fortissimi *All Blacks* neozelandesi.

Il successo della nazionale diventa così il simbolo del riavvicinamento della popolazione nera alla popolazione bianca: due «popoli» che compiono un primo importante passo per diventare una Nazione, nel pieno e moderno senso del termine.

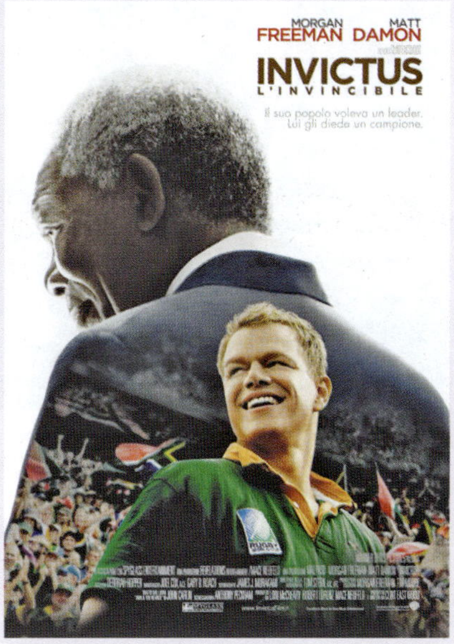

di un aspetto fondamentale nel marketing sportivo, perché molte imprese utilizzano sportivi come testimonial per la promozione dei loro prodotti.

Gli attori dell'evento sportivo

- Gli *event manager*
- I media
- Gli atleti
- L'*entourage*
- Gli arbitri e i giudici di gara
- I *suppliers* e gli *staffing*
- I VIP
- Gli spettatori

5 Il marketing delle federazioni sportive

Il marketing delle federazioni sportive. Le federazioni sportive nazionali devono promuovere la loro disciplina usando il marketing.

Le federazioni sportive nazionali devono promuovere la loro disciplina usando il marketing

Il valore di una disciplina sportiva si concretizza nel numero di atleti iscritti a una specifica federazione: più sono le persone a praticare uno sport e maggiore è il mercato di riferimento.

A conferma di questa affermazione basta osservare che alla FIGC aderiscono più di un quarto degli sportivi italiani, che fanno del calcio il principale sport del nostro Paese sia dal punto di vista sociale, sia nella gestione del marketing sportivo.

Il marketing di una federazione sportiva: il caso della scherma. Spostiamo ora l'analisi sul marketing di una federazione sportiva, utilizzando come esempio la *Federazione Italiana Scherma* (FIS o Federscherma).

I tesserati alla *Federazione Italiana Scherma* sono notevolmente aumentati negli ultimi anni

Partiamo dai dati. La scherma negli ultimi anni ha avuto un notevole incremento nel numero di atleti tesserati, che sono quasi raddoppiati nell'arco di dieci anni (dai 9000 del 2003 ai 16 500 del 2012).

Questa crescita della scherma è stata possibile attraverso tre azioni di marketing, comuni a tutte le federazioni sportive: la *brand equity*, i testimonial e le sponsorizzazioni.

La valorizzazione del brand della scherma si basa sulle vittorie ottenute in competizioni internazionali da atleti italiani

La *brand equity* nella scherma. La valorizzazione del brand della scherma si basa sulle vittorie ottenute in importanti competizioni internazionali da schermitrici e schermitori italiani.

Valentina Vezzali, Arianna Errigo, Elisa Di Francisca e Ilaria Salvadori, medaglie d'oro nel fioretto femminile a squadre alle Olimpiadi di Londra del 2012.

Come sappiamo la *brand equity* è l'effetto positivo che la conoscenza del brand esercita al momento della scelta del consumatore. La Federscherma da anni sta valorizzando il proprio brand grazie a una serie continua di vittorie di schermitrici e schermitori italiani nelle più importanti competizioni internazionali (Giochi Olimpici, Campionati mondiali e Campionati europei). Nello sport l'essere vincenti è il miglior modo per fare marketing; infatti queste vittorie hanno innescato una crescente attenzione dei media per la scherma, con maggiore spazio ed evidenza su televisione e giornali.

Non solo. Questi successi hanno permesso alla scherma di acquistare notorietà presso il grande pubblico, che ha cominciato a interessarsi a questo sport e a conoscerlo meglio, superando stereotipi e luoghi comuni.

Il marketing della Federscherma si è basato su una comunicazione verso il consumatore/sportivo rivolta in diverse direzioni:

- il superamento della convinzione che la scherma sia uno sport riservato alle élite, perché la spesa necessaria per praticarla non supera quella di tante altre discipline sportive. Il considerare la scherma come «uno sport per tutti» ha aumentato il bacino di spettatori e, di conseguenza, il numero di potenziali praticanti;
- il fatto che la scherma porta un notevole benessere fisico e psichico a chi la pratica; basta pensare alla accurata preparazione atletica e alla concentrazione necessaria per l'esercizio di questo sport;
- la messa in luce degli importanti valori contenuti nella disciplina: l'eleganza, la lealtà e il grande rispetto per l'avversario.

I social media sono un importante strumento di marketing sportivo

I social media. Da qualche anno la Federscherma utilizza per il suo marketing i social media, in particolar modo Facebook. I fan iscritti alla pagina Facebook della FIS sono oltre 80 000 con un'età compresa tra i 15 e i 35 anni (dati dicembre 2018); in questo modo esperti e appassionati di scherma dialogano, scambiano opinioni, rivedono vecchi filmati e così via.

Per tutte le federazioni sportive i social media rappresentano un importante veicolo promozionale non invasivo, dove gli iscritti soddisfano le loro richieste e contribuiscono allo sviluppo del brand dello sport interessato.

Va sottolineato che questo strumento di marketing ha un costo praticamente nullo per le federazioni e per tutti gli operatori sportivi (come approfondiremo nell'unità F1).

Analizziamo ora altri due strumenti che rivestono un ruolo fondamentale nel marketing delle federazioni sportive: i testimonial e le sponsorizzazioni sportive.

Il marketing delle federazioni si basa sull'utilizzo di testimonial naturali, rappresentati da grandi campioni del passato

I testimonial naturali. Il marketing si basa anche sull'utilizzo di testimonial (*celebrity endorser*). Si tratta di personalità famose che, abbinate alla promozione di un dato prodotto o servizio, trasferiscono in esso la loro celebrità, favorendone il gradimento da parte del *consumatore*.

Nel marketing delle federazioni sportive esistono i *testimonial naturali*: sono grandi campioni del passato che, attraverso la loro storia e i loro successi, sono diventati vere e proprie «icone» per il pubblico. Grazie alle imprese di questi personaggi le varie discipline sportive aumentano la loro *awareness*, creando interesse nelle persone e aumentando la possibilità che altri si avvicinino alla pratica sportiva.

A differenza di quanto avviene in altri settori, dove i testimonial vengono lautamente pagati dalle imprese, le federazioni sportive godono di questo vantaggio solo per il fatto che questi grandi campioni esistono, senza alcun esborso finanziario; per questo motivo si parla di «testimonial naturali».

Le sponsorizzazioni facilitano il raggiungimento degli obiettivi di marketing delle federazioni sportive

Le sponsorizzazioni sportive. Un altro strumento di marketing utilizzato dalle federazioni è quello delle *sponsorizzazioni sportive.*

Un elemento fondamentale per attrarre potenziali sponsor è l'affluenza di pubblico che un dato sport è in grado di richiamare, perché è un'azione che le imprese utilizzano come supporto e potenziamento nello loro compagne promozionali.

Riprendendo come esempio il caso della scherma, la Federscherma stipula dei veri e propri contratti di collaborazione con importanti sponsor (per esempio Kappa e Kinder), a cui l'ufficio marketing della FIS fornisce consulenze attraverso l'invio continuativo di report, rassegne stampa e aggiornamenti di vario genere. La Federscherma in cambio ottiene vantaggi importanti per il raggiungimento dei suoi obiettivi strategici: una maggiore visibilità nella comunicazione, entrate finanziarie, forniture di materiale tecnico e così via.

Approfondiremo le sponsorizzazioni sportive nell'unità E3.

Il marketing delle federazioni sportive si basa su

- *Brand equity*
- Testimonial naturali
- Sponsorizzazioni sportive

6 Il marketing delle società sportive e degli atleti

La mission delle società sportive e dei singoli atleti porta a una *brand equity* in termini di marketing sportivo

Mission e marketing sportivo. La mission fondamentale delle società sportive o dei singoli atleti (a seconda che si tratti di sport di squadra o individuali) è sicuramente l'essere vincenti all'interno delle varie competizioni.

Dal punto di vista del marketing, invece, l'obiettivo primario è legato all'affluenza di pubblico, e cioè al numero di fan che sostengono una determinata squadra o un particolare atleta.

Colleghiamo questi due aspetti. La mission primaria di società e atleti, tradotta in termini specifici di marketing, sta a significare la creazione di un brand riconosciuto, forte e socialmente accettato dal pubblico; in altri termini siamo nuovamente di fronte alla creazione di una *brand equity.*

È soprattutto nell'ambito delle società sportive professionistiche che la *brand equity* è di importanza nevralgica, perché rappresenta il punto di partenza per ottenere una serie di vantaggi e benefici, come un alto afflusso di pubblico agli incontri, accordi di sponsorizzazione più redditizi e contratti sui diritti televisivi più vantaggiosi.

Il marketing delle società e degli atleti... Secondo alcuni studiosi, la politica di marketing delle società sportive e degli atleti è come un mosaico composto dai diversi tasselli: l'attrattività dei giocatori, l'accettazione sociale, la ricerca di varietà, il grado di coinvolgimento verso un dato sport e la performance sportiva.

La presenza di giocatori famosi aumenta la notorietà delle squadre e l'appeal verso i tifosi

...l'attrattività dei giocatori... Rispetto all'*attrattività dei giocatori*, la presenza di atleti famosi aggiunge ulteriore notorietà a squadre più o meno affermate. Un esempio è dato dalla squadra di calcio spagnola del Barcellona, un team famo-

L'argentino Lionel Messi, attaccante del Barcellona, è ritenuto uno dei più grandi calciatori di tutti i tempi.

so in tutto il mondo, che grazie all'acquisto di giocatori famosi ha aumentato l'interesse dei media e dei tifosi, che hanno acquistato una maggior quantità di biglietti e abbonamenti. A loro volta, grazie all'appartenenza a società importanti, questi giocatori aumentano la loro visibilità e ottengono contratti di sponsorizzazione più elevati. Da questo punto di vista il marketing della società e del singolo giocatore si supportano a vicenda, creando benefici per entrambi.

Oltre ad acquistare giocatori affermati da altri team, una squadra può aumentare l'appeal del proprio organico con massicci investimenti nel settore giovanile, in modo da agevolare la crescita di nuovi talenti all'interno della squadra fino alla loro completa affermazione. È evidente che l'acquisto di giocatori famosi è più veloce e presenta minori rischi, mentre il coltivare giovani talenti occupa più tempo e comporta maggiore incertezza sul risultato finale.

Si ha l'accettazione sociale quando una squadra (o un atleta) viene percepita come parte di una comunità, da cui riceve aiuto e sostegno

■ ...l'accettazione sociale... L'*accettazione sociale* riguarda il grado di appartenenza che un consumatore di sport sente nei confronti di una data società o di un certo atleta. Infatti più una squadra (o un atleta) viene percepita come parte di una comunità, più riceverà aiuto e sostegno dalla collettività locale. Più un gruppo sociale sente un team (o un atleta) come proprio, più il grado di coinvolgimento e divertimento sarà elevato durante lo svolgimento di un incontro o di una gara.

Una volta creata l'accettazione sociale, si creano delle barriere quasi invalicabili all'entrata di possibili concorrenti; infatti l'accettazione sociale si radica in modo permanente all'interno di una persona, soprattutto perché viene a formarsi in giovane età.

Sono varie le azioni di marketing sportivo volte a favorire l'accettazione sociale: la costruzione di uno stadio all'interno della comunità interessata, l'utilizzo di giocatori che abbiano un legame con quella comunità (per esempio per molti anni i calciatori dell'Athletic Bilbao erano tutti baschi), una campagna pubblicitaria che sottolinei il tema dell'appartenenza e azioni di CRM per dar modo ai tifosi locali di far sentire la propria voce.

La ricerca di varietà riguarda gli spettatori che non sono fan di una squadra, ma che assistono a un evento per provare qualcosa di diverso

■ ... la ricerca di varietà... La *ricerca di varietà* riguarda gli spettatori che non sono fan di una squadra (o di un atleta), ma che assistono a un evento sportivo per provare qualcosa di diverso.

Più la ricerca di varietà è elevata, minore è il grado di identificazione verso una società o un atleta, soprattutto perché gli spettatori non sono coinvolti; per esempio, diventa più facile tifare per la squadra di un'altra città.

In questo caso le azioni di marketing sportivo sono sia campagne pubblicitarie volte a creare *awareness* per la squadra locale, sia sconti sul biglietto d'entrata per agevolare l'ingresso della comunità non tifosa. Queste manovre sono però estremamente delicate per una società sportiva, perché potrebbero essere accolte in maniera negativa dal pubblico dei «veri tifosi». In ogni modo, affinché si mantenga un accettabile livello di identificazione fra la squadra e la comunità locale, questo tipo di consumatore/spettatore deve rappresentare una parte limitata del pubblico complessivo.

Le squadre e gli atleti di un dato sport attirano pubblico e interesse in relazione alla diffusione di quello sport in una data realtà

■ ...il grado di coinvolgimento verso un dato sport... Il *grado di coinvolgimento verso un dato sport* è strettamente collegato al marketing delle federazioni sportive, già analizzato nel paragrafo precedente. Più uno sport è diffuso all'interno di una data realtà, maggiori sono le possibilità che le squadre e gli atleti di quella disciplina attirino un vasto pubblico.

Come sappiamo, nel nostro Paese il calcio è lo sport maggiormente praticato ed ottiene quindi una maggiore attenzione da parte dei media. A questo proposito esistono delle eccezioni, relative a discipline strettamente connesse con le realtà

Oltre le barriere: Vio e Zanardi, atleti e personaggi

Come hai imparato in questa unità, uno dei segreti di una campagna di marketing di successo è la presenza di un volto riconoscibile e amato dal pubblico. Lo sport paralimpico italiano, per esempio, ha potuto recentemente contare su due testimonial d'eccezione: Bebe Vio e Alex Zanardi. Grazie ai loro successi sportivi e al loro carisma, Vio e Zanardi hanno avvicinato il grande pubblico alle storie dello sport paralimpico. Vediamo assieme alcuni indicatori del loro successo, in gara e fuori.

Beatrice "Bebe" Vio	Alessandro "Alex" Zanardi
Nata a Venezia il 4 marzo 1997	Nato a Bologna il 23 ottobre 1966
Fioretto individuale e a squadre	Paraciclismo (*handbike*), *ironman*
Paralimpiadi: un oro e un bronzo (Rio 2016) **Mondiali**: 3 ori	**Paralimpiadi**: 4 ori e 2 argenti (Londra 2012, Rio 2016). **Mondiali**: 10 ori, 4 argenti, un bronzo (2011-2018).
Facebook: 448.000 **Instagram**: 670.000 **Twitter**: 43.000	**Facebook**: 95.000 **Instagram**: 10.500 **Twitter**: 287.000
Le Iene co-conduttrice di un episodio, Italia 1, 2016 **La vita è una figata** conduttrice, Rai 1, 2017	**E se domani** conduttore, Rai 3, 2010 **Sfide** Rai 3, 2012
Doppiatrice in *Gli Incredibili 2* (2018)	**Doppiatore** in *Cars* (2006), *Cars 2* (2011), *Cars 3* (2017)
Mi hanno regalato un sogno (BUR 2017) *Se sembra impossibile, allora si può fare* (Rizzoli2017)	*Però, Zanardi da Castel Maggiore!* (Baldini e Castoldi, 2003) *Volevo solo pedalare* (Rizzoli, 2016)

PALLA AL CENTRO

Vio e Zanardi sono i volti più noti del movimento paralimpico italiano, ma non gli unici. Scegli un altro o un'altra paratleta azzurra e scrivi un breve riassunto della sua storia, ispirandoti alle schede che hai appena letto.

Una partita del Torneo Agordino di Hockey.

locali; basta pensare al grande coinvolgimento provocato dall'hockey su ghiaccio in Val d'Aosta o in Trentino-Alto Adige.

La performance sportiva è fondamentale per la *brand equity*, perché ottenere importanti risultati sportivi aumenta la visibilità

■ ...e la performance sportiva. La *performance sportiva* è un fattore fondamentale nella creazione della *brand equity*, perché ottenere importanti risultati sportivi aumenta la visibilità presso il pubblico sia per le società sportive sia per i singoli atleti.

Per quanto riguarda le società sportive basta osservare che nel calcio esistono alcune squadre (Real Madrid, Barcellona, Bayern Monaco, Manchester United, Juventus, Milan e Inter) che si trovano da sempre ai vertici nazionali e internazionali di questo sport. Queste squadre presentano ampi bacini di pubblico e sono oggetto di grande interesse da parte di sponsor e partner commerciali.

Un discorso analogo vale per i singoli atleti. Per esempio, nel tennis, atleti come lo svizzero Roger Federer e lo spagnolo Rafael Nadal negli ultimi anni hanno dominato i tornei internazionali, attirando su di loro grande interesse da parte dei media e facendosi conoscere in tutto il mondo.

Creare una forte *brand equity* è quindi il compito primario del marketing delle società sportive e degli atleti, poiché porta a una serie di benefici come afflusso di pubblico agli eventi, interesse dei mass media, sponsorizzazioni più vantaggiose e così via.

Questi vantaggi permettono di ottenere maggiori introiti finanziari che, a loro volta, possono essere reinvestiti consentendo l'attuazione di piani di sviluppo futuri.

La politica di marketing delle società sportive e degli atleti si basa su

↓

- Attrattività dei giocatori
- Accettazione sociale
- Ricerca di varietà
- Grado di coinvolgimento verso un dato sport
- Performance sportiva

7 La comunicazione nel marketing sportivo

La comunicazione nel marketing deve creare un brand forte, tale da incrementare la *brand equity*

■ La comunicazione nel marketing... La *comunicazione nel marketing* oggi è essenziale per qualsiasi impresa e organizzazione, poiché permette di interagire con varie tipologie di stakeholder attraverso diversi canali e metodologie comunicative.

È attraverso la comunicazione che le organizzazioni costruiscono una loro «identità», un termine che riconduce immediatamente al concetto di brand. È quest'ultimo, infatti, che permette di dare una personalità a un'impresa e a ciò che produce, di incanalare e capitalizzare il valore che crea nel tempo.

L'obiettivo principale di una campagna di comunicazione nel marketing nel lungo periodo deve quindi essere la creazione di un brand forte, tale da incrementare la *brand equity*.

La comunicazione nel marketing sportivo è complessa, perché anche lo sport è un media attraverso cui vengono diffusi i messaggi

■ ...e nel marketing sportivo. Nell'ambito sportivo l'obiettivo della comunicazione rimane la creazione di un brand forte, che in questo contesto diventa assolutamente determinante.

Il problema è identificare i soggetti della comunicazione sportiva e i confini del mercato entro cui viene svolta, data l'importanza che oggi lo sport riveste a livello economico, sociale e mediatico. La *comunicazione nel marketing sportivo* è complessa, perché anche lo sport è un media attraverso cui vengono diffusi numerosi messaggi.

Il marketing sportivo deve essere inteso come l'insieme di tutte le componenti individuate nei paragrafi precedenti; questi elementi possono racchiudere al loro interno una grande varietà di soggetti e di possibili combinazioni: una federazione sportiva può organizzare manifestazioni aperte al pubblico per aumentare la *awareness* di uno specifico sport, un club sportivo può effettuare donazioni a scopo benefico a organizzazioni umanitarie per ottenere benefici di immagine per il proprio marchio, un'impresa può promuovere i suoi prodotti attraverso testimonial naturali così da conferire ai beni una maggiore evidenza, un evento sportivo può essere sponsorizzato da imprese dal forte brand, in modo che entrambi i soggetti possano godere di vantaggi dal punto di vista promozionale.

Questi sono solo alcuni degli infiniti casi che si possono verificare quando viene trattata la comunicazione nel marketing sportivo.

Ogni forma di comunicazione sportiva si svolge all'interno di uno specifico contesto sociale ed economico

■ Il contesto della comunicazione sportiva. Ogni forma di comunicazione sportiva si svolge all'interno di uno specifico contesto sociale ed economico. Per esempio, la famiglia e gli amici sono figure determinanti nel creare il ricordo e il riconoscimento di un determinato brand tra i giovani: è più facile che un ragazzo pratichi il nuoto se anche un fratello o un amico lo ha praticato. Ne consegue che più uno sport è riconosciuto nel tempo nella vita delle persone, più alta sarà la probabilità che un giovane scelga di seguirlo o praticarlo.

Nel mondo dello sport si crea un rapporto stretto e duraturo tra le parti coinvolte; il tipico esempio è il legame fra una squadra sportiva e i propri tifosi, che diventa determinante nell'organizzazione di un evento sportivo, perché la presenza dei consumatori/spettatori è un elemento costitutivo dell'evento stesso.

La comunicazione sportiva deve rivolgersi soprattutto ai giovani

■ I destinatari della comunicazione sportiva: i giovani. La pratica sportiva è più diffusa nella fascia dei giovani compresi fra gli 8 e i 14 anni e, di conseguenza, anche l'interesse verso lo sport è molto elevato in questa età.

È in questa fase della vita che nascono le preferenze verso una o più discipline sportive; ne consegue che le campagne di comunicazione delle varie federazioni, per aumentare i praticanti, devono rivolgersi soprattutto verso questo target di popolazione.

Il punto focale della comunicazione sportiva è comprendere quali sono i *fattori motivazionali* che spingono un giovane a scegliere uno specifico sport rispetto a un altro.

■ I fattori motivazionali della comunicazione sportiva... I fattori motivazionali della comunicazione sportiva possono essere distinti in fattori interni e fattori esterni.

La comunicazione sportiva agisce su fattori motivazionali

- Interni
- Esterni

■ ...i fattori motivazionali interni... I fattori interni riguardano la sfera personale e intima del giovane; fra essi ricordiamo: la creazione di legami sociali, la ricerca del divertimento, il benessere fisico e lo sviluppo di specifiche competenze.

La *creazione di legami sociali*, in particolar modo nella giovane età, è un aspetto fondamentale dello sviluppo interiore di ogni persona. Anche la pratica sportiva porta alla creazione di forti legami sociali, perché solo confrontandosi con gli altri si vengono a creare quei presupposti di condivisione che stanno alla base di ogni rapporto umano.

I fattori motivazionali interni della comunicazione sportiva sono

- La creazione di legami sociali
- La ricerca del divertimento
- Il benessere fisico
- Lo sviluppo di specifiche competenze

Un incontro di karate femminile.

Ogni essere umano è alla *ricerca del divertimento* per scaricare la propria tensione interna. Questo bisogno è più forte nella gioventù, quando si hanno più energie da spendere e minori responsabilità. Per questo la ricerca del divertimento è uno dei fattori cardine nel motivare (o demotivare) un giovane nella pratica di un determinato sport.

Il *benessere fisico* è uno dei tratti distintivi dello sport, perché il praticare attività fisica in maniera regolare permette di avere riscontri positivi in termini di salute e di aspetto, soprattutto tra i giovani nell'età dello sviluppo. Non solo. L'essere atleti rinforza nei ragazzi la volontà e il desiderio di condurre uno stile di vita sano.

Lo *sviluppo di specifiche competenze* è un fattore da considerare soprattutto in discipline, come le arti marziali, dove le competenze acquisite possono rivelarsi utili non solo durante la pratica sportiva, ma anche come mezzo di autodifesa in caso di pericoli che possono presentarsi nella vita di tutti i giorni. Spesso i ragazzi vengono a conoscenza di questo attraverso i media (televisione e Internet), dove rimangono affascinati da certe prestazioni atletiche, tanto da decidere di impararle e praticarle. Il continuo esercizio e il raggiungimento di queste competenze permette di aumentare il livello di autostima dei giovani atleti, contribuendo quindi al loro benessere psichico.

I fattori motivazionali esterni della comunicazione sportiva sono

- Il supporto
- La pressione
- La comparazione
- La condivisione
- L'emulazione

■ **...e i fattori motivazionali esterni.** I fattori esterni analizzano le diverse influenze che il giovane riceve dall'ambiente circostante; fra essi ricordiamo il supporto, la pressione, la comparazione, la condivisione e l'emulazione.

Il *supporto* riguarda l'aiuto che il giovane riceve da parte di soggetti esterni come, per esempio, i genitori, i parenti, gli amici e l'allenatore. È evidente che un ragazzo è tanto più motivato nella pratica sportiva, quanto più viene seguito, consigliato e incoraggiato da questi soggetti esterni.

La *pressione* è esercitata nella maggior parte dei casi dai genitori, che a volte possono spingere un figlio a praticare un determinato sport in maniera più o meno invadente. Attraverso questo comportamento assillante, decisamente sbagliato, i genitori diventano una variabile fondamentale nel processo decisionale del giovane che, col tempo, è portato a ribellarsi alla forzatura subita.

Oggetto della *comparazione* sono i risultati sportivi degli atleti professionisti, che solitamente vengono analizzati, spiegati e giudicati dall'allenatore. Il maggiore responsabile di questo processo è quindi l'allenatore che, attraverso le sue parole e i suoi commenti, può influenzare in maniera positiva o negativa la volontà di un giovane nel proseguire la pratica di una determinata attività sportiva.

La *condivisione* riguarda la possibilità del ragazzo di poter comunicare ad altri soggetti la gioia per i risultati sportivi raggiunti. In questo caso entrano in gioco tutte le persone che fanno parte della sfera sociale del ragazzo (i genitori, gli amici, l'allenatore), che permettono l'aumento dell'autostima del giovane attraverso il loro comportamento ricettivo.

L'*emulazione* è determinante nella scelta del giovane atleta: l'avere eroi e modelli da imitare è uno dei fattori motivazionali alla base di questo processo decisionale. Va precisato che questi soggetti possono essere non solo atleti famosi, ma anche soggetti vicini al ragazzo come un amico o un familiare.

La comunicazione sportiva deve rivolgersi anche ai tifosi

■ **I destinatari della comunicazione sportiva: i tifosi.** I *tifosi* (o fan) hanno un forte coinvolgimento verso una specifica squadra o un singolo atleta. I tifosi nutrono per lo sport una fortissima passione e per questo rappresentano la fascia di consumatori più fedele in assoluto; come sappiamo, un fan di una certa squadra difficilmente cambierà fede e tiferà per una squadra avversaria nel corso degli anni.

Per ogni federazione sportiva l'insieme dei tifosi rappresenta un fondamentale bacino di pubblico, essendo loro stessi promotori di quello specifico sport, per esempio tramite il passaparola. Grazie all'avvento dei social network e dei blog presenti sul Web, il passaparola ha un ruolo determinante nell'influenzare le abitudini dei consumatori/sportivi.

■ Dallo spettatore al tifoso... Per un'efficace azione di marketing sportivo è necessario definire con precisione il target, e delineare un profilo del tifoso dal punto di vista motivazionale, per differenziarlo dal comune spettatore.

A questo proposito è possibile identificare tre diversi tipi di consumatore/spettatore: lo spettatore occasionale, l'appassionato e il tifoso.

■ ...lo spettatore occasionale... Lo spettatore occasionale assiste a un particolare evento sportivo solo per fare qualcosa di diverso dal solito, senza particolari interessi.

Sotto l'aspetto motivazionale fanno parte di questa particolare categoria una serie di bisogni non strettamente collegati allo sport; per esempio la volontà dello spettatore di rompere la routine quotidiana e intrattenere rapporti sociali con altre persone, che come lui condividono la stessa esperienza.

Lo spettatore occasionale assiste a un evento sportivo per fare qualcosa di diverso, senza particolari interessi

■ ...l'appassionato... L'appassionato è amante di uno o più sport. In questo caso le motivazioni che stanno alla base della scelta sono strettamente legate all'evento sportivo; per esempio, il piacere che l'appassionato prova nell'assistere all'eleganza e alla padronanza del gesto atletico e all'atmosfera che si crea intorno a un particolare evento sportivo.

L'appassionato è amante dello sport e assiste a particolari eventi per osservare l'agonismo e l'atmosfera che si crea

■ ...e il tifoso. Il tifoso si identifica in una particolare squadra (o atleta), gioisce dei successi e soffre per le sconfitte, ed è quindi particolarmente coinvolto dal risultato della gara.

A livello motivazionale, il tifoso vuole fare propri i successi raggiunti in campo sportivo da un particolare soggetto (la squadra, l'atleta, l'allenatore, la comunità di riferimento) in cui finisce per identificarsi completamente.

Agli operatori del marketing sportivo interessa soprattutto la categoria dei tifosi, che può garantire una continuità nel consumo; per aumentare il numero dei tifosi è necessario riuscire a comunicare i punti di forza di un determinato sport attraverso le giuste modalità di comunicazione.

Il tifoso si identifica in una particolare squadra (o atleta) ed è quindi coinvolto dal risultato della gara

Il marketing sportivo distingue tre tipi di consumatore/spettatore

- Lo spettatore occasionale
- L'appassionato
- Il tifoso

8 La pubblicità nel marketing sportivo

■ La pubblicità nel marketing... Nel marketing è fondamentale la scelta della forma in cui il messaggio viene trasmesso al consumatore: a seconda di ciò che si vuole divulgare e ottenere, deve essere scelta la forma comunicazionale più adeguata. Come si è visto nell'unità E1, la più efficace forma di comunicazione nel marketing è rappresentata dalla pubblicità.

■ ...e nel marketing sportivo. Anche nel marketing sportivo la pubblicità è la forma più diffusa ed efficace di comunicazione. La pubblicità è presente in maniera massiccia nell'ambito sportivo, perché molte imprese usano lo sport come media per la creazione di campagne pubblicitarie: cartelloni pubblicitari presenti allo stadio, spot pubblicitari con soggetti sportivi al loro interno, pagine pubblicitarie nelle pubblicazioni sportive e così via.

Nel marketing sportivo la pubblicità è la forma più diffusa ed efficace di comunicazione

In questo contesto tratteremo la pubblicità con specifico riferimento al marketing degli eventi sportivi, delle federazioni sportive e delle società sportive e degli atleti.

Gli obiettivi pubblicitari possono essere classificati in base alla finalità primaria, che può essere l'informazione, la persuasione o il ricordo.

La pubblicità informativa è strettamente legata al marketing degli eventi sportivi

La pubblicità informativa. La *pubblicità informativa* è strettamente legata al marketing degli eventi sportivi. In questo caso la pubblicità ha il compito di informare il consumatore/sportivo sul tipo di manifestazione, sul luogo, sulla data e sui partecipanti. Un esempio è rappresentato dai numerosi spot presenti in televisione riguardanti gli incontri sportivi, in particolar modo le partite di calcio. Altre forme di pubblicità informativa sono la cartellonistica, il volantinaggio, gli annunci sulla stampa e su Internet. La decisione sul tipo di media da utilizzare dipende dall'importanza dell'evento, dal pubblico che si vuole raggiungere e dalle risorse disponibili.

La pubblicità informativa è particolarmente efficace nel caso degli sport che hanno un vasto bacino di pubblico sia reale sia potenziale, perché in questo caso l'informazione fornisce un prezioso supporto a un prodotto già diffuso e affermato.

La pubblicità persuasiva si basa sul raggiungimento di importanti risultati sportivi

La pubblicità persuasiva. Per quanto riguarda la *pubblicità persuasiva* va ribadito che l'essere vincenti è la migliore pubblicità. La vittoria nelle competizioni è la comunicazione più efficace esistente in campo sportivo. Per esempio, nel caso di una federazione sportiva le vittorie in campo internazionale sono un determinante veicolo pubblicitario; basta pensare al calcio, dove la nazionale italiana rimane fra le più titolate al mondo, avendo vinto quattro campionati mondiali, alla nazionale di pallavolo (maschile e femminile), che ha ottenuto brillanti risultati a livello mondiale e olimpico, alle performance della scherma italiana (di cui ci siamo occupati nel paragrafo 5) e così via.

Questi risultati sono la forma di pubblicità più efficace, che aumenta l'*awareness* tra il pubblico e contribuisce a innalzare il numero dei praticanti e degli appassionati verso un determinato sport.

Un discorso analogo vale naturalmente per le squadre di club e per i singoli atleti; più una squadra (o un atleta) vince, più la comunicazione che si crea attorno contribuirà a rafforzarne il *brand value*. È attraverso questo meccanismo che si creano i testimonial sportivi, che sono portavoce dello sport presso il pubblico.

La pubblicità di ricordo vuole mantenere nella memoria dei consumatori/sportivi un particolare prodotto

La pubblicità di ricordo. La *pubblicità di ricordo* si propone di mantenere nella memoria dei consumatori/sportivi un particolare prodotto, utilizzando nuove forme di comunicazione come il *product placement* e l'*advertainment*.

Il *product placement* consiste nell'inserimento di un particolare prodotto all'interno di un film o di una fiction televisiva, con lo scopo di creare un ricordo nella mente dello spettatore. Questa forma di comunicazione è efficace anche nel contesto sportivo; basta pensare ai film su campioni del passato e del presente, alle fiction su squadre leggendarie, oppure al fatto che ex atleti famosi a volte si trasformano in attori.

L'*advertainment* invece propone una pubblicità di tipo interattivo, dove il consumatore non è più un semplice spettatore. Questo tipo di pratica è oggi molto frequente grazie alla diffusione di console elettroniche di gioco e di Internet. Per esempio esiste una moltitudine di videogiochi sportivi per piattaforme quali Playstation e X-bo e di flashgames gratuiti presenti in molti siti Internet. A questo proposito va ribadito che il pubblico giovane detiene la fetta più importante nel mercato dello sport.

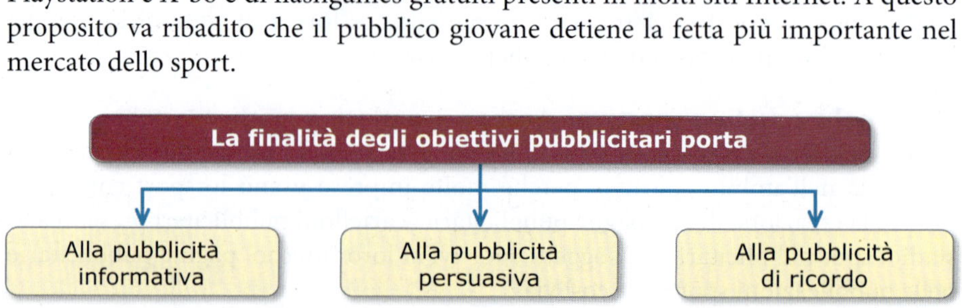

SINTESI

- Il **marketing sportivo** ▶ **§1** cerca di vendere un suo prodotto oppure un prodotto sportivo, utilizzando lo sport come mezzo di comunicazione.

- Il **Customer Relationship Management (CRM)** ▶ **§1** è un'azione di marketing sportivo che deve portare alla fidelizzazione dei consumatori/sportivi.

- Le **fasi del marketing sportivo** ▶ **§2** sono tre:
  - il **marketing analitico sportivo** ▶ **§2** presuppone una fase di ricerca preliminare relativa allo studio del mercato sportivo;
  - il **marketing strategico sportivo** ▶ **§2** individua gli obiettivi e predispone le strategie per cercare di raggiungerli;
  - nel **marketing operativo sportivo** ▶ **§2** si concretizzano le attività per la realizzazione delle strategie formulate in precedenza.

- Il **brand** ▶ **§3**, che comprende il marchio, rappresenta la storia dell'azienda e si identifica nell'idea che i consumatori hanno di quel prodotto o di quella azienda.

- La ***brand equity*** ▶ **§3** è l'effetto positivo che la conoscenza di una marca esercita sulla scelta del consumatore.

- In Italia sono poche le società sportive che valorizzano il **brand sportivo** ▶ **§3**. È significativo che il fondamentale ruolo del **brand manager** ▶ **§3** sia presente solo nelle principali società calcistiche.

- L'**evento sportivo** ▶ **§4** è il nucleo centrale del marketing sportivo.

- Il **marketing degli eventi sportivi** ▶ **§4** si basa su numerosi attori che forniscono il loro apporto alla creazione dell'evento: gli *event manager*, i media, gli atleti, l'*entourage*, gli arbitri e i giudici di gara, i *suppliers* e gli *staffing*, i VIP e gli spettatori.

- Il **marketing delle federazioni sportive** ▶ **§5** serve a promuovere le discipline delle diverse federazioni sportive nazionali.

Il marketing delle federazioni sportive si basa su
- *Brand equity*
- Testimonial naturali
- Sponsorizzazioni sportive

- Il **marketing delle società sportive e degli atleti** ▶ **§6** è un mosaico composto da diversi tasselli: l'attrattività dei giocatori, l'accettazione sociale, la ricerca di varietà, il grado di coinvolgimento verso un dato sport e la performance sportiva.

- La **comunicazione nel marketing sportivo** ▶ **§7** è complessa, perché anche lo sport è un media attraverso cui vengono diffusi numerosi messaggi. La comunicazione sportiva deve comprendere quali sono i **fattori motivazionali** ▶ **§7** che spingono un giovane a scegliere uno specifico sport rispetto a un altro.

- Per un'efficace azione di marketing sportivo è necessario definire con precisione il target, e delineare un profilo del **tifoso** ▶ **§7** dal punto di vista motivazionale.

Il marketing sportivo distingue tre tipi di consumatore/spettatore
- Lo spettatore occasionale
- L'appassionato
- Il tifoso

- Nel marketing sportivo la **pubblicità** ▶ **§8** è la forma più diffusa ed efficace di comunicazione.

La finalità degli obiettivi pubblicitari porta
- Alla pubblicità informativa
- Alla pubblicità persuasiva
- Alla pubblicità di ricordo

VERIFICA LE TUE CONOSCENZE

1 ***Risolvi le seguenti scelte multiple indicando la risposta esatta fra quelle possibili.***

A

Il brand di un'azienda

1. coincide col marchio
2. è una parte del marchio
3. comprende il marchio

B

L'intero marketing sportivo ruota attorno al

1. marketing degli eventi sportivi
2. marketing delle federazioni sportive
3. marketing delle società sportive degli atleti

1 **Il CRM è un'azione di marketing sportivo che deve portare**

a all'aumento dei consumatori/sportivi
b all'aumento delle società sportive
c alla fidelizzazione dei consumatori/sportivi
d alla fidelizzazione delle società sportive

2 **Si basa su una fase di ricerca preliminare sul mercato sportivo il**

a marketing analitico sportivo
b marketing strategico sportivo
c marketing operativo sportivo
d marketing sintetico sportivo

3 **Rappresenta la storia dell'azienda**

a la ditta
b l'insegna
c il marchio
d il brand

4 **Gestiscono prodotti e servizi complementari all'interno dell'evento sportivo**

a i media
b i *suppliers* e gli *staffing*
c gli *event manager*
d l'*entourage*

5 **Solitamente diventano testimonial naturali di una federazione sportiva**

a famosi attori contemporanei
b famosi attori del passato
c grandi campioni contemporanei
d grandi campioni del passato

6 **È strettamente legata al marketing degli eventi sportivi la**

a pubblicità informativa
b pubblicità persuasiva
c pubblicità di ricordo
d pubblicità emotiva

MISURA LE TUE ABILITÀ

2 ***Risolvi i seguenti quesiti vero o falso e motiva la tua risposta.***

1 **L'impresa di marketing sportivo vende un suo prodotto o un prodotto sportivo, usando lo sport come mezzo di comunicazione**

VERO ☐ **FALSO** ☐

PERCHÉ ____

____

2 **Il marketing strategico sportivo effettua una ricerca preliminare sul mercato sportivo**

VERO ☐ **FALSO** ☐

PERCHÉ ____

____

3 **Il brand fa parte del marchio dell'azienda**

VERO ☐ **FALSO** ☐

PERCHÉ ______________________________

____

4 **La *brand equity* è l'effetto positivo di una marca sulla scelta del consumatore**

VERO ☐ **FALSO** ☐

PERCHÉ ______________________________

____

5 **La customizzazione permette l'intervento diretto del singolo nell'evento sportivo**

VERO ☐ **FALSO** ☐

PERCHÉ ______________________________

____

6 **I social media sono un importante strumento di marketing sportivo**

VERO ☐ **FALSO** ☐

PERCHÉ ______________________________

____

3 ***Completa la tabella che segue.***

Caratteristica	Tipologia di marketing
Standardizzazione	(1)
Testimonial naturali	(2)
Customizzazione	(3)
Accettazione sociale	(4)
Ricerca di varietà	(5)

ALLENA LE TUE COMPETENZE

4 ***Sulla base di quanto hai imparato in questa unità, rispondi ai seguenti «casi».***

1 **Precisare la differenza fra marchio e brand sportivo, in base all'errore di un negoziante.**

La tua famiglia ogni anno partecipa al torneo dei bar della zona con scarsi risultati. Quest'anno tuo padre vuole vincere ed è stato categorico: «Io penso alla squadra, tu pensa alla divisa sportiva: senza badare a spese!». Il negoziante di articoli sportivi è fornitissimo e la divisa è davvero bella. Resta un dubbio: mettere sulle maglie il nome del bar o uno stemma col marchio del locale? Il negoziante non ha dubbi: «In quel marchio c'è tutto quello che la vostra attività rappresenta per la zona!».

▶ ***La vittoria al torneo dei bar valorizzerebbe il brand dell'attività? Qual è la differenza fra marchio e brand?***

____

____

____

____

2 **Valutare gli effetti della scelta del «luogo» nel marketing degli eventi sportivi, analizzando un torneo particolare.**

Sei un grande tifoso della squadra di basket della tua città che milita in Serie A. Recentemente è venuto a mancare il «Supercapitano», che ha trascinato il club alla conquista del suo unico scudetto. A un anno dalla scomparsa, la società decide di ricordarlo con un torneo che inaugurerà anche il nuovo palazzo dello sport. Molti tifosi non sono d'accordo: la nuova struttura è sicuramente più funzionale, ma il vecchio «palazzetto» ha ospitato le mitiche sfide dello scudetto…

▶ ***Si tratta di una scelta difficile, perché entrambi gli impianti presentano vantaggi e svantaggi sotto l'aspetto del marketing sportivo. Cosa ne pensi?***

____

____

Riprendiamo il dibattito

Dopo aver studiato l'unità, prepara il tuo punto di vista per continuare il dibattito iniziato in apertura di lezione (▶ *La parola a te!*).

Stai guardando con tuo padre una gara di sci. Il nostro slalomista però «inforca» un paletto e viene squalificato. Tuo padre esplode: «Negli anni Settanta la "Valanga azzurra" vinceva tutto e dappertutto. Io compravo i pullover del Pool…».

▶ ***Quali furono gli effetti sul marketing sportivo della «Valanga azzurra»?***

- Partendo da quanto sopra affermato, esegui a casa una ricerca online e consulta il tuo libro di testo per preparare una breve tabella che contenga gli elementi principali dell'argomento trattato e che ti aiuti a esporre il tuo punto di vista.

A CASA 1 ORA

IN AULA 20 MINUTI

- Con l'aiuto della tabella, partecipa al dibattito che il docente avvia in aula.

E3 Le sponsorizzazioni sportive

A te la parola!

L'impresa Alfa produce gelati ed è il *main sponsor* della *Libertas Volley*, una squadra di pallavolo di Serie A, che ha come sponsor tecnico l'impresa Beta.

5 MINUTI

▶ *La Libertas Volley guadagna più dalla sponsorizzazione con l'impresa Alfa o con l'impresa Beta?*

Con l'aiuto dell'insegnante e in piccoli gruppi prova a esporre il tuo punto di vista.

1 La convergenza sportiva

Si ha la convergenza sportiva quando le organizzazioni sportive vengono integrate da altri soggetti di varia natura

■ **La convergenza sportiva.** Si ha la convergenza sportiva quando le organizzazioni sportive vengono integrate da altri soggetti di varia natura.

Nei decenni passati la gestione di un'organizzazione sportiva si basava soprattutto sull'aspetto tecnico-agonistico, perché si trattava solamente o di costituire una squadra o di organizzare un evento sportivo o di far funzionare una palestra, un centro sportivo, una piscina e così via. Negli ultimi anni questo tipo di gestione sportiva non è riuscita ad adeguarsi all'impetuoso cambiamento sociale, economico e tecnologico del mondo sportivo.

Oggi nessun settore economico può sopravvivere solo con una buona conoscenza tecnica, perché questa deve essere unita con altri segmenti di conoscenza, per ottenere risultati apprezzabili.

Lo stesso principio deve essere applicato nello sport, dove questa evoluzione ha portato a una vera e propria *convergenza sportiva* in cui le organizzazioni sportive, pur rimanendo al centro del fenomeno, sono integrate da altri soggetti di varia natura che interagiscono fra di loro.

Il settore sportivo allargato comprende i soggetti e i settori produttivi che operano all'interno della convergenza sportiva

■ **Il settore sportivo allargato.** Le varie organizzazioni (sportive e no) costituiscono una rete basata sulla collaborazione, che è formata dai partner commerciali e tecnici, dai soggetti della distribuzione e della comunicazione, dai fruitori dei servizi sportivi e dalle organizzazioni amministrative.

Il *settore sportivo allargato* comprende i soggetti e i settori produttivi che si trovano a operare all'interno della convergenza sportiva: le imprese che investono nelle sponsorizzazioni sportive (che analizziamo in questa unità E3), i produttori di abbigliamento sportivo e di attrezzature sportive, il mondo del merchandising, la Pubblica Amministrazione, la gestione degli impianti sportivi e così via.

Approfondiremo il settore sportivo allargato nell'unità E4.

2 Il contratto di sponsorizzazione sportiva

Il contratto di sponsorizzazione sportiva. Col *contratto di sponsorizzazione sportiva* una società sportiva o un atleta (sponsorizzato o *sponsee*) si obbliga a consentire nelle varie manifestazioni della sua attività l'accostamento del nome (o del marchio o di un prodotto) di un'impresa commerciale o industriale (sponsor), in cambio di un corrispettivo in denaro (o in beni).

Con la sponsorizzazione una società sportiva o un atleta (sponsorizzato o *sponsee*), in cambio di denaro (o beni), si obbliga ad accostare nella sua attività il nome (o il marchio o un prodotto) dello sponsor

Le parti del contratto di sponsorizzazione sportiva sono:

- lo *sponsorizzato* (o sponsee), che si obbliga ad accostare nella sua attività il nome (o il marchio o il prodotto) dello sponsor e che può essere un singolo sportivo, una squadra sportiva, una federazione sportiva o un evento sportivo;
- lo *sponsor*, che si obbliga a pagare una somma di denaro (o a fornire determinati beni).

Alcuni esempi:

- il velocista Mario Rossi (singolo sportivo sponsorizzato), in occasione di un famoso meeting internazionale, si obbliga a portare sulla maglietta il logo dell'ultima bevanda messa sul mercato dall'impresa Alfa (sponsor), in cambio di 100 000 euro;
- la società calcistica Beta (squadra sportiva sponsorizzata) si obbliga a portare sulle maglie il nome e il marchio dell'impresa Gamma (sponsor), in cambio di 2 milioni di euro per un campionato;
- la Federazione Italiana Pallacanestro-FIP (federazione sportiva sponsorizzata) si obbliga a utilizzare le tute dell'impresa Delta (sponsor), in cambio di 500 000 euro per tutta la durata dei Campionati europei;
- la società organizzatrice del Giro d'Italia (evento sportivo sponsorizzato) si obbliga a esporre il marchio dell'impresa Zeta (sponsor) sullo striscione di arrivo di tutte le tappe della manifestazione, in cambio di 600 000 euro.

Le parti del contratto di sponsorizzazione sportiva sono

- Lo sponsorizzato (o *sponsee*)
- Lo sponsor

Una nuova forma di pubblicità. Il termine sponsor deriva dal verbo latino *spondeo*, cioè «promettere solennemente, garantire, assicurare» che, a sua volta, deriva dal termine *sponsio*, che è un'antica forma di contratto. Come si è visto, oggi questa forma di comunicazione è un vero e proprio contratto bilaterale che prevede obblighi per entrambe le parti, che devono rispettare la normativa attenendosi agli obblighi di fedeltà, diligenza e buona fede.

La sponsorizzazione ha spesso sostituito altre forme di pubblicità e procura vantaggi sia allo sponsor sia allo sponsorizzato

La scelta di numerose imprese di legare il proprio nome a quello di società sportive ha comportato un rilevante spostamento degli investimenti, perché la sponsorizzazione si è spesso sostituita alle forme tipiche di pubblicità.

La sponsorizzazione è fondamentalmente uno scambio tra due parti, che ottengono vantaggi di diversa natura.

La squadra di calcio AS Roma ha come sponsor di maglia, fino al termine della stagione 2020-2021, la compagnia aerea Qatar Airways.

Lo sponsor è un'organizzazione che fornisce beni tangibili, come per esempio denaro o attrezzature sportive, in cambio della possibilità di legare il proprio nome (o marchio o prodotto) a un soggetto (o a un evento) che abbia una vasta potenzialità dal punto di vista comunicazionale. In questo modo lo sponsor si garantisce vantaggiosi ritorni dal punto di vista commerciale e di *brand equity*.

Lo *sponsee* è il beneficiario dei finanziamenti dello sponsor. Grazie a questo contratto lo sponsorizzato è in grado di reperire le risorse necessarie per lo svolgimento della propria attività sportiva.

Il contratto di sponsorizzazione sportiva è

- Atipico
- Consensuale
- Oneroso
- A prestazioni corrispettive
- Non formale
- Prevede un'obbligazione di mezzi

Le caratteristiche del contratto di sponsorizzazione. Il contratto di sponsorizzazione sportiva ha determinate caratteristiche: è atipico, consensuale, oneroso, a prestazioni corrispettive, non formale e prevede un'obbligazione di mezzi:

- è un contratto *atipico*, perché non è previsto dal Codice civile. Non essendo specificatamente regolata dalla legge, la sponsorizzazione sportiva viene disciplinata dalle disposizioni sui contratti in generale stabilite dal Codice civile;
- è un contratto *consensuale*, che si conclude con il semplice consenso manifestato dalle parti; per esempio, il contratto è concluso quando la società sportiva Beta e l'impresa Gamma hanno raggiunto l'accordo, anche se le prestazioni della società sportiva Beta e il finanziamento dell'impresa Gamma sono previsti per un periodo successivo;
- è un contratto a titolo *oneroso*, perché il sacrificio patrimoniale grava su entrambe le parti. I contratti a titolo oneroso sono caratterizzati da uno scambio di prestazioni, per questo sono anche chiamati contratti *a prestazioni corrispettive*: al sacrificio patrimoniale e al vantaggio per una parte corrisponde rispettivamente il vantaggio e il sacrificio patrimoniale per l'altra. Per esempio, se la società sportiva Beta stipula un contratto di sponsorizzazione per 2 milioni di euro annui con l'impresa Gamma, la società sportiva Beta compie un sacrificio patrimoniale obbligandosi a cedere l'uso della sua immagine pubblica per un anno, ma ottiene un vantaggio economico rappresentato dai 2 milioni di euro; invece l'impresa Gamma ottiene un vantaggio usufruendo dell'immagine pubblica della società sportiva Beta per un anno, ma compie un sacrificio patrimoniale pagando i 2 milioni di euro;
- è un contratto *non formale*, perché non richiede alcuna forma specifica in base al principio generale della libertà della forma (come si è visto nel volume per il secondo biennio). Non essendo prevista alcuna forma determinata, il contratto di sponsorizzazione può essere concluso anche oralmente, ma solitamente si utilizza la *scrittura privata autenticata*, che deve precisare le prestazioni delle parti in modo da rappresentare un efficace mezzo di prova;
- è un contratto che prevede un'*obbligazione di mezzi* e non di risultato, perché lo sponsorizzato è tenuto a svolgere le attività previste contrattualmente, senza dover garantire allo sponsor il cosiddetto «ritorno pubblicitario».

Gli elementi essenziali del contratto di sponsorizzazione sportiva

Il contenuto del contratto. Il contratto di sponsorizzazione sportiva deve contenere:

- l'indicazione delle parti che stipulano il contratto, in particolare la denominazione, la sede sociale o la residenza delle parti stesse;
- la descrizione dettagliata del nome (o del marchio o del prodotto) da diffondere;
- l'elencazione degli obblighi promozionali che gravano sul soggetto sponsorizzato;
- l'indicazione del corrispettivo economico dovuto dallo sponsor, la precisazione dei tempi e delle modalità del pagamento e/o delle forniture di materiale tecnico;

- la determinazione della durata del contratto e le modalità dell'eventuale rinnovo;
- la data e il luogo della sottoscrizione del contratto;
- il foro e l'eventuale arbitrato in caso di controversie.

Il recesso unilaterale dalla sponsorizzazione. Il *recesso unilaterale* si ha quando una sola parte si scioglie dal contratto di sponsorizzazione. Il recesso unilaterale di regola è vietato, a meno che sia permesso dalla legge o sia stato espressamente previsto dalle parti (come si è visto nel volume per il secondo biennio).

Il recesso unilaterale si ha quando una sola parte si scioglie dal contratto di sponsorizzazione

Per esempio è possibile inserire nel contratto una clausola che prevede il recesso unilaterale dello sponsor in caso di squalifica dello sponsorizzato, per un comportamento tale da generare un'immagine negativa nello sponsor.

A questo proposito, ricordiamo il già citato caso del marciatore Alex Schwazer, che era sponsorizzato dall'impresa Kinder. Alla vigilia delle Olimpiadi di Londra del 2012, Schwazer risultò positivo al controllo antidoping dell'Epo e venne squalificato per 3 anni e 8 mesi. Lo sponsor Kinder, che aveva ricevuto un notevole danno di immagine, non esitò a sciogliere il contratto con Schwazer ricorrendo al recesso unilaterale.

Il marciatore Alex Schwazer.

3 Le tipologie di sponsorizzazione

I principali tipi di sponsorizzazione sportiva sono: la sponsorizzazione esclusiva, la sponsorizzazione principale, la sponsorizzazione tecnica, la sponsorizzazione di eventi sportivi, la sponsorizzazione di impianti sportivi, la sponsorizzazione di trasmissioni radiotelevisive e la sponsorizzazione del singolo sportivo.

Lo sponsor esclusivo. Lo *sponsor esclusivo* è l'unico sostenitore dello sponsorizzato. Lo sponsor esclusivo ottiene un importante ritorno di immagine, ma deve sopportare un notevole impegno economico.

Lo sponsor esclusivo è l'unico sostenitore dello sponsorizzato

Lo sponsor principale (*main sponsor*). Lo *sponsor principale* (o *main sponsor*) è l'impresa che garantisce il finanziamento più importante allo sponsorizzato. Come vedremo, nel caso dell'abbinamento esistono sport (basket, pallavolo, ciclismo) in cui la società sponsorizzata può sostituire la denominazione sociale assumendo quella del *main sponsor*.

Lo sponsor principale è l'impresa che garantisce il finanziamento più importante allo sponsorizzato

Il *main sponsor* è generalmente rappresentato da un'impresa industriale, commerciale o di servizi, che realizza con lo *sponsee* una transazione economica; per esempio, promuovendo il proprio marchio ed esponendolo sull'abbigliamento e sul materiale tecnico della squadra. A sua volta la società sportiva (*sponsee*) deve:

- apporre il marchio dello sponsor sul pullman sociale, sulle divise e sulle tute (anche dei raccattapalle), sugli abbonamenti e sui biglietti di ingresso alle partite;
- disporre striscioni pubblicitari a bordo campo;
- diffondere e distribuire il materiale pubblicitario e promozionale dello sponsor;
- inserire il marchio dello sponsor all'interno del sito Internet della società;
- partecipare con gli atleti a iniziative di pubbliche relazioni organizzate dallo sponsor nell'ambito di determinate manifestazioni sportive.

Lo sponsor tecnico. Lo *sponsor tecnico* fornisce allo sponsorizzato l'attrezzatura sportiva necessaria per l'attività agonistica (scarpette e tute nel calcio, racchette nel tennis, cronometri nell'atletica leggera), più un'eventuale somma di denaro; in cambio lo sponsorizzato si impegna a utilizzare esclusivamente questi materiali per tutta la durata del contratto.

Lo sponsor tecnico fornisce l'attrezzatura sportiva necessaria allo sponsorizzato, che si impegna a utilizzarla in esclusiva

Lo sponsor tecnico è un'impresa che decide di fornire la sua competenza tecnologica a una squadra (o a un atleta) per mettere in evidenza la qualità dei suoi prodotti sportivi. Basta pensare a grandi aziende come Nike, Adidas e Puma, che forniscono attrezzature sportive a squadre e singoli atleti di varie discipline in tutto il mondo.

In questo caso, il target che lo sponsor tecnico vuole raggiungere è più ristretto, ed è soprattutto «mirato» a raggiungere i praticanti sportivi.

Se gli sponsor tecnici sono più di uno, i maggiori vantaggi vanno al brand più forte; in questo caso lo *sponsee* dovrà valutare attentamente quanti e quali sponsor tecnici adottare, per non creare insoddisfazione e contrasti.

Lo sponsor tecnico assume una notevole importanza nella sponsorizzazione delle varie squadre nazionali. La sponsorizzazione di una federazione è simile a quella di una qualsiasi società sportiva, con la sola differenza che il messaggio dello sponsor viene veicolato attraverso la squadra nazionale.

Lo sponsor di eventi sportivi finanzia una manifestazione dello sponsorizzato, in cambio di una grande visibilità nell'evento

■ **Lo sponsor di eventi sportivi.** Lo sponsor di eventi sportivi fornisce allo sponsorizzato (il soggetto organizzatore) dei fondi per organizzare una particolare manifestazione; in cambio lo sponsor ottiene una grande visibilità per il proprio marchio all'interno della manifestazione e nelle relative campagne comunicazionali.

È opportuno che esista una relazione fra la grandezza dell'evento e l'importanza dello sponsor. Per esempio i Giochi Olimpici, il più importante evento sportivo esistente, vengono solitamente sponsorizzati dalla Coca Cola, che possiede uno dei brand più famosi nel mondo. Naturalmente la Coca Cola gode di grande visibilità alle Olimpiadi: è presente a bordo campo e sugli spalti con cartelloni e animazioni pubblicitarie, ma anche nelle interviste degli atleti, negli spot pubblicitari fra una gara e l'altra e così via.

Lo sponsor di un impianto sportivo sostituisce il suo nome commerciale a quello di uno stadio o di un palazzo dello sport (*naming*)

■ **Lo sponsor di impianti sportivi.** Si ha la sponsorizzazione di un impianto sportivo, chiamata *naming*, quando lo sponsor sostituisce il suo nome commerciale a quello di uno stadio o di un palazzo dello sport.

In questo caso il contratto è stipulato o dalla amministrazione (pubblica o privata) proprietaria della struttura o dall'impresa privata che la gestisce.

Approfondiremo questo argomento nell'unità E4.

Con la sponsorizzazione radiotelevisiva, un'emittente si obbliga a mostrare il nome dello sponsor durante una trasmissione (sportiva e no)

■ **Lo sponsor radiotelevisivo.** Con la sponsorizzazione radiotelevisiva, un'emittente si obbliga a nominare e a mostrare il nome dello sponsor durante lo svolgimento di una trasmissione.

Questo tipo di sponsorizzazione avviene frequentemente nel mondo dello sport, basta pensare alla trasmissione di incontri in televisione, ma può riguardare anche trasmissioni o personaggi al di fuori del mondo sportivo.

La Coca Cola è uno sponsor storico delle Olimpiadi: l'immagine mostra l'ingresso al Parco Olimpico nelle Olimpiadi di Londra (2012).

Da campione a marchio: Roger Federer

Forti della propria popolarità e dei loro successi sportivi, gli atleti sono ormai da tempo figure estremamente appetibili per gli sponsor, che se li contendono a suon di contratti milionari. Nel 2018, l'atleta più pagato dai propri sponsor è stato il tennista svizzero Roger Federer, che ha incassato 65 milioni di dollari.
Vediamo assieme alcune delle aziende che lo supportano, e quanto hanno pagato per associare il proprio nome a quello del campione svizzero.

Penne alla Roger

Tra i dodici sponsor di Federer troviamo anche un marchio italiano: si tratta dell'azienda alimentare Barilla, che nel 2017 ha firmato con lo svizzero un accordo quinquennale da 40 milioni di dollari in cinque anni.

Mercedes-Benz

Wilson

Atleta di lusso

A torto o a ragione, il tennis ha fama di sport "da ricchi". Diversi degli sponsor di Federer sembrano confermare questa idea: si va dagli orologi allo champagne, passando per una compagnia di aerei privati.

UNI QLO Un accordo storico

Nell'estate 2018 Federer ha lasciato il suo partner tecnico storico, Nike, per legarsi ai giapponesi di Uniqlo.
Le cifre del contratto sono da record: 300 milioni di dollari per dieci anni, per una *partnership* destinata a proseguire anche dopo il ritiro di Federer.

PALLA AL CENTRO

Cerca online la classifica dei 100 sportivi più ricchi e discutine coi tuoi compagni di classe, usando se vuoi alcuni di questi spunti: quanti degli atleti in classifica conosci? Ti aspettavi di trovarne qualcuno che invece non c'è? Quali sono gli sport più amati dagli sponsor? Quanti italiani ci sono? E quante atlete?

La sponsorizzazione può riguardare un singolo sportivo, che può diventare testimonial dello sponsor

Lo sponsor del singolo sportivo. La sponsorizzazione può riguardare un singolo sportivo, che può diventare testimonial dello sponsor.

Nel caso in cui venga sponsorizzato soltanto il singolo atleta, lo sponsor utilizza due strumenti:

- acquista spazi sugli indumenti indossati dall'atleta per apporvi il proprio nome (o marchio o prodotto);
- fornisce all'atleta una serie di propri prodotti sportivi, affinché l'atleta li utilizzi durante le competizioni sportive (per esempio un paio di scarpette da calcio) e in pubblico (per esempio una tuta da jogging).

In questo modo il singolo atleta può trasformarsi in un vero e proprio testimonial (*celebrity endorser*) dello sponsor stesso.

Va precisato che l'atleta sponsorizzato ha il *divieto di concorrenza*, che gli impone di non accettare altri incarichi da parte di operatori commerciali che intendono promuovere beni o servizi che possono entrare in conflitto con quelli dello sponsor.

Si distingue fra

- Sponsor esclusivo
- Sponsor principale (*main sponsor*)
- Sponsor tecnico
- Sponsor di eventi sportivi
- Sponsor di impianti sportivi (*naming*)
- Sponsor di trasmissioni televisive
- Sponsor del singolo sportivo

4 Sponsorizzazione, abbinamento e mecenatismo

Il contratto di sponsorizzazione sportiva deve portare vantaggi sia per lo sponsor sia per lo sponsorizzato

Un vantaggio reciproco. Il presupposto fondamentale per una buona riuscita del contratto di sponsorizzazione sportiva è il raggiungimento di vantaggi sia per lo sponsor sia per lo sponsorizzato.

I benefici di cui gode lo *sponsor* sono riconducibili a una maggiore visibilità del brand dell'azienda e al conseguente incremento delle vendite. Le aziende sponsor vogliono farsi riconoscere in fase di acquisto dai consumatori di sport, e cercano di incrementare la loro reputazione con il trasferimento di passioni e valori relativi allo sponsorizzato. Quando decide di associare il proprio nome (o marchio o prodotto) a quello di una società sportiva, lo sponsor valuta sempre la coerenza tra i valori della squadra sponsorizzata e l'immagine che l'azienda vuole veicolare.

Il principale obiettivo che si pone lo sponsorizzato (società sportiva o singolo atleta) consiste nell'aumento delle entrate economiche che, nel caso della società sportiva, è un fattore strategico che permette il consolidamento tecnico della squadra e, di conseguenza, il raggiungimento di obiettivi agonistici sempre più ambiziosi.

La scelta di una specifica forma di sponsorizzazione si basa quindi sul tipo di soggetti coinvolti e sugli obiettivi che intendono realizzare, trovando un punto di incontro fra le parti e trasformandolo in un contratto. Quando il rapporto tra sponsor e sponsorizzato sarà consolidato nel tempo, entrambi i marchi si potenzieranno, tanto da essere accostati nell'immaginario collettivo.

I vantaggi della sponsorizzazione... Sintetizziamo ora i vantaggi che il contratto di sponsorizzazione procura allo sponsor e allo *sponsee*.

...per lo sponsor... I benefici ricercati dalle aziende sponsor sono strettamente connessi ai loro obiettivi, che sono:

- valorizzare e migliorare l'immagine aziendale agli occhi dei consumatori e dell'opinione pubblica;
- aumentare la conoscenza dei prodotti e dei servizi;
- posizionare o riposizionare un prodotto o un servizio in uno specifico segmento di mercato;
- aumentare la riconoscibilità in una determinata area geografica;
- creare, mantenere e migliorare i rapporti con la comunità locale e con il personale interno;
- acquisire nuovi contatti commerciali;
- cambiare la percezione dell'azienda stessa da parte del pubblico;
- aumentare le vendite.

...e per lo *sponsee*. Come sappiamo, il principale obiettivo dello *sponsee* è il reperimento di fondi, per avere un ammontare di risorse adeguate alla strategia sportiva da attuare (acquisto di nuovi giocatori, mantenimento e ampliamento delle strutture sportive, forniture di nuovi materiali).

Altri vantaggi per la società sportiva, o per l'atleta sponsorizzato, sono:

- la creazione di nuove relazioni attraverso il rapporto con lo sponsor;
- una maggiore credibilità, soprattutto nel caso in cui lo sponsor sia un'impresa importante e apprezzata dai consumatori.

L'abbinamento. L'*abbinamento* è la sostituzione della denominazione sociale con il nome (o il marchio o un prodotto) di uno sponsor; si tratta di un contratto che è tipico di alcuni sport come il basket, il ciclismo, la pallavolo e il rugby. Per esempio, nel regolamento federale della FIP (Federazione Italiana Pallacanestro) si legge che «l'abbinamento è l'accoppiamento o la sostituzione della denominazione sociale con quella di una ditta, ente o organizzazione commerciale con evidente scopo pubblicitario».

L'abbinamento è la sostituzione della denominazione sociale con quella di uno sponsor

Il cambio di denominazione non ha alcun effetto sugli assetti societari e sull'autonomia dell'ente sponsorizzato, che alla scadenza del contratto riacquisterà la propria denominazione originaria.

L'obiettivo dell'abbinamento è lo stesso della sponsorizzazione: divulgare il messaggio promozionale dello sponsor che però, in questo caso, aumenta la sua rilevanza.

La principale differenza fra l'abbinamento e la sponsorizzazione sta nel fatto che la squadra abbinata appare col nome dello sponsor anche in tutti i notiziari sportivi e negli articoli di stampa, traendo un notevole vantaggio per i potenziali contatti pubblicitari. Infatti ogni citazione (in televisione, in radio, sulla stampa) è pubblicità gratuita per lo sponsor.

L'eccessiva penetrazione dello sponsor nella società può portare ad equivoci. Significativo fu quanto avvenne negli anni Sessanta, quando la Società Pallacanestro Olimpia Milano stipulò un abbinamento con lo sponsor Simmenthal, un'impresa che produceva (e produce) carne di manzo in scatola. Grazie (o forse a causa) dei grandi successi sportivi nazionali e internazionali della «squadra di pallacanestro Simmenthal», molti consumatori associavano il «marchio Simmenthal» più a una squadra di pallacanestro che a un'impresa di carne in scatola!

La squadra di basket Simmenthal della stagione 1961-1962, campione d'Italia.

Il mecenatismo. Il *mecenatismo* vuole soltanto sostenere un'attività, senza l'obiettivo di un ritorno economico.

Il mecenatismo vuole solo sostenere un'attività, senza l'obiettivo di un ritorno economico

Il termine «mecenate» nasce da Gaio Clinio Mecenate (Arezzo, 68 a.C.-8 a.C.), di origine etrusca, che fu consigliere dell'imperatore Augusto. Mecenate formò un circolo di intellettuali e poeti che protesse, incoraggiò e sostenne nella loro pro-

PER SAPERNE DI PIÙ

Una sponsorizzazione di beni culturali: il restauro del Colosseo

Una nota impresa italiana ha sponsorizzato il restauro del Colosseo

La sponsorizzazione di beni culturali è «ogni forma di contributo in beni o servizi da parte di soggetti privati [*sponsor*] alla progettazione o all'attuazione di iniziative del Ministero, delle Regioni e degli altri enti pubblici territoriali, nel campo della tutela e valorizzazione del patrimonio culturale con lo scopo di promuovere il nome, il marchio, l'immagine, l'attività o il prodotto dell'attività [*dello sponsor*]» (art. 120 *Codice dei beni culturali*).
Lo sponsor ottiene questa promozione grazie al diritto di associare il suo nome (o il suo marchio o un suo prodotto) all'iniziativa culturale che finanzia, ricavandone vantaggi pubblicitari e di immagine. Per esempio, i soggetti privati possono diventare sponsor di lavori di restauro o di pulizia o di riqualificazione di beni culturali.
A questo proposito va sottolineato che la promozione dello sponsor deve avvenire «in forme compatibili con il carattere artistico o storico, l'aspetto e il decoro del bene culturale da tutelare o valorizzare, da stabilirsi con il contratto di sponsorizzazione».
Le parti del contratto di sponsorizzazione di beni culturali sono:

- lo *sponsor* che ha l'obbligo di erogare il finanziamento culturale;
- lo *sponsorizzato* (o *sponsee*) rappresentato dalla Pubblica Amministrazione, che si obbliga ad associare il nome (o il marchio o un prodotto) dello sponsor al bene culturale da tutelare o valorizzare.

Il contratto di sponsorizzazione consente alla Pubblica Amministrazione di acquisire i finanziamenti necessari per recuperare o valorizzare un bene culturale, in cambio di una pubblicità indiretta per lo sponsor che promuove la sua immagine agli occhi dei consumatori e dell'opinione pubblica.

Un esempio
L'anfiteatro Flavio di Roma, famoso come Colosseo, è uno dei monumenti italiani più conosciuti nel mondo. Essendo l'area dei Fori Imperiali solcata da un'ampia strada di transito, che collega Piazza Venezia con il Colosseo, l'anfiteatro richiedeva un'accurata opera di restauro e riqualificazione a causa dell'inquinamento e dello smog depositatisi durante il corso degli anni.
Nel gennaio 2011 il restauro è stato sponsorizzato da un noto marchio di scarpe *made in Italy* con un contributo di 25 milioni di euro. Oltre al restauro dei prospetti, degli ambulacri e dei sotterranei, la riqualificazione comprende la completa messa a norma degli impianti e la creazione di un nuovo centro-servizi posto fuori dal monumento. Nell'ottobre 2014 è terminata una prima fase dei lavori.

duzione artistica, tanto che il suo nome è diventato sinonimo di protettore degli artisti.

Oggi il mecenate è una persona, dotata di potere e risorse, che sostiene concretamente non solo la produzione creativa di letterati e artisti, ma anche attività come il restauro di monumenti o il finanziamento di una società sportiva.

Il mecenatismo non può essere confuso con la sponsorizzazione, da cui si differenzia per l'assenza dell'aspetto economico dell'operazione. Per esempio:

- siamo di fronte a una *sponsorizzazione* nel caso in cui venga finanziato il restauro di un palazzo o un'attività sportiva con il preciso scopo di avere un ritorno di immagine economicamente quantificabile;
- siamo di fronte a un caso di *mecenatismo* se si effettua la stessa operazione senza attendersi alcun risultato economico (che potrebbe anche arrivare).

5 Le fasi della sponsorizzazione

Il processo di sponsorizzazione. Il processo che porta a un contratto di sponsorizzazione tra una società sportiva (o un singolo sportivo) e un'impresa rappresenta un momento di grande importanza, che deve essere gestito in modo tale da soddisfare le esigenze di entrambe le parti.

Gli studiosi hanno evidenziato i passaggi fondamentali che una società sportiva deve affrontare nella realizzazione di un contratto di sponsorizzazione:

- l'identificazione del potenziale (o dei potenziali) sponsor;
- la proposta di sponsorizzazione;
- il piano di sponsorizzazione;
- la valutazione dei risultati della sponsorizzazione (di cui ci occupiamo nel paragrafo 6).

L'identificazione del potenziale sponsor. Anzitutto la società sportiva deve identificare il potenziale sponsor (o i potenziali sponsor), in modo tale che gli obiettivi di entrambi i soggetti siano compatibili tra loro.

La società sportiva deve quindi definire le tipologie dei potenziali finanziatori, pensando a quali possono essere le motivazioni che spingono gli eventuali futuri sponsor.

Va ribadito che il pubblico dell'azienda sponsor deve essere omogeneo a quello della squadra *sponsee*. È necessaria, quindi, un'analisi del target di riferimento dell'azienda sponsor e dei contenuti della sua comunicazione.

Il pubblico dell'azienda sponsor deve essere omogeneo a quello dello sponsorizzato

A seconda dei casi, la società sportiva deve selezionare o un «grande sponsor» o un «piccolo sponsor».

La scelta di un grande sponsor. Un importante *sponsee* deve selezionare un grande sponsor.

Un importante *sponsee* deve selezionare un grande sponsor con un brand affermato

Un'impresa di grandi dimensioni e con un marchio affermato ha il vantaggio di essere *top of mind* (l'apice della notorietà di una marca o di un brand) sia nella mente di una squadra sportiva alla ricerca sponsorizzazioni, sia nel mercato dei consumatori. Un grande sponsor possiede un brand di grande riconoscibilità, ha una forte presenza sul mercato e gestisce un notevole potenziale di investimento.

Questi sponsor trasmettono una sensazione di potenza ed energia che tende a riflettersi positivamente sull'immagine di uno *sponsee* rappresentato, per esempio, da un grande club calcistico di fama internazionale. In altri termini, una squadra importante deve puntare su uno sponsor di peso, con grandi possibilità di investimento, interessato ad apparire su giornali e televisioni per raggiungere un vasto pubblico.

La scelta di un piccolo sponsor. Uno *sponsee* di basso livello deve selezionare un piccolo sponsor.

Uno *sponsee* di basso livello deve selezionare un piccolo sponsor interessato a colpire un target di consumatori limitato

Analizziamo ora una squadra di livello medio-basso. In questo caso sono da preferire potenziali sponsor che godono di una minore visibilità e che, accostandosi a questi *sponsee* piccoli ma di forte appeal per il pubblico, riescono a incrementare il livello della propria *brand equity*.

Un piccolo *sponsee* deve ricercare il suo sponsor puntando maggiormente su quelle imprese locali di piccole e medie dimensioni, che occupano però una posizione leader nel territorio e che necessitano di presentarsi all'opinione pubblica in modo autorevole e istituzionale.

Sintetizzando, possiamo affermare che le squadre di livello medio-basso devono individuare sponsor di piccole dimensioni, interessati a colpire un target di consumatori limitato e circoscritto a specifici ambiti territoriali.

La ricerca dello sponsor. Dopo aver identificato le tipologie di sponsor più adatte, la società sportiva passa alla fase della *ricerca dello sponsor*, solitamente condotta da un team composto da persone qualificate, che ha il compito di avviare i contatti con il management dell'impresa identificata.

La ricerca dello sponsor da parte dello *sponsee* è solitamente condotta da un team di persone qualificate

Il metodo delle conoscenze dirette è sicuramente il più semplice per individuare i finanziatori ma, per captare le aziende propense a farsi conoscere, è opportuno monitorare anche la stampa economico-finanziaria e consultare gli elenchi, le guide e gli annuari che riportano una descrizione dettagliata delle attività delle diverse aziende.

Terminata la ricerca, lo *sponsee* si occupa di contattare i potenziali sponsor. A questo proposito è consigliabile utilizzare un database informatico che riporti il nome del contatto, la data in cui si è svolto, la modalità di contatto (telefono, lettera, fax, mail, incontro), il suo esito (positivo, negativo, sospeso) e i prodotti inviati (brochure, report, cartelle, immagini, video).

La società sportiva deve presentare al potenziale sponsor una proposta di sponsorizzazione basata su un'accurata documentazione

La proposta di sponsorizzazione. Una volta individuato il potenziale sponsor (o i potenziali sponsor), si passa alla vera e propria negoziazione, che prevede la proposta di sponsorizzazione: la società sportiva deve presentare al potenziale sponsor un'accurata documentazione da mettere sul tavolo della trattativa. Predisporre del materiale informativo significa, infatti, aiutare l'eventuale sponsor a comprendere i vantaggi e le potenzialità della sponsorizzazione proposta.

La *proposta di sponsorizzazione* deve contenere i seguenti punti:

1. La descrizione dell'organizzazione sportiva dello *sponsee.*
2. La durata del rapporto di sponsorizzazione.
3. L'ammontare finanziario (o di altra natura) richiesto allo sponsor.
4. Il tipo di sponsorizzazione richiesta (principale, tecnica…).
5. Una stima dei rischi connessi con il rapporto. Questo punto deve essere valutato attentamente dallo sponsor prima della decisione finale. Nell'unità E2 abbiamo evidenziato come l'immagine di una squadra agli occhi del pubblico venga influenzata negativamente da performance insoddisfacenti. Una volta legata dal contratto di sponsorizzazione, l'azienda sponsor potrebbe subire gravi danni di immagine a causa dei risultati negativi dello *sponsee*; per questo il futuro sponsor deve predisporre delle apposite clausole per preservare la sua *brand equity*; per esempio, in un contratto triennale, lo sponsor potrebbe riservarsi il diritto di risoluzione del contratto dopo un anno, nel caso in cui lo *sponsee* retroceda in una serie inferiore.
6. L'analisi sulla compatibilità tra l'immagine e i valori della società sportiva e quelli dello sponsor.
7. L'analisi sul target raggiungibile attraverso la sponsorizzazione, evidenziando le caratteristiche sociodemografiche del club da incrociare con quelle del potenziale sponsor.
8. L'indice di visibilità, un parametro che viene costruito basandosi sulle proiezioni dei dati degli anni precedenti, che permette la valutazione della visibilità dello sponsor attraverso varie documentazioni (video, stampa, radio e digitale).
9. Un listino prezzi ufficiale che prevede sconti e incentivi; questo listino deve comprendere anche i prezzi degli spazi all'interno dell'impianto sportivo e dei posti destinati agli incontri con la stampa.

Le auto di Formula 1 non possono ignorare l'importanza degli sponsor.

La società sportiva deve trasmettere il valore del suo brand, che può trasferirsi in una sponsorizzazione vincente

Una proposta vincente. Una buona proposta offre dei benefici in grado di soddisfare i bisogni dei potenziali sponsor, e deve essere personalizzata in base ai diversi finanziatori. Non solo. Per garantire il successo della sponsorizzazione, la proposta deve fornire una lista di co-sponsor stimabili e noti, in modo che il futuro sponsor possa incrementare gli accordi commerciali anche al di fuori del club.

Nella proposta di sponsorizzazione la società sportiva deve essere in grado di trasmettere la forza e il valore del suo brand, mettendo in risalto quegli elementi e quelle caratteristiche che la contraddistinguono e che possono trasferirsi in una sponsorizzazione vincente.

UN FILM

Rocky

Un pugile fallito arriva a combattere per il titolo mondiale dei pesi massimi

Regia: John G. Avildsen, Stati Uniti, 1976
Attori: Silvester Stallone, Talia Shire, Carl Weathers, Burgess Meredith, Burt Young
Durata: 116 minuti

Nel 1976 Sylvester Stallone, un attore sconosciuto, scrive e interpreta *Rocky* (diretto da John G. Avildsen), grazie al quale Stallone diventa uno degli attori più famosi di Hollywood. Nel 1977 il film vince tre premi Oscar, tra cui quelli per il miglior film e per la miglior regia.
Rocky ebbe uno straordinario successo di pubblico e di critica, tanto da dar vita a cinque seguiti: *Rocky II* (1979), *Rocky III* (1982), *Rocky IV* (1985), *Rocky V* (1990), *Rocky Balboa* (2006), oltre allo *spin-off Creed – Nato per combattere* (2015).

Filadelfia 1975, Rocky Balboa (Silvester Stallone) è un pugile italo-americano trentenne che non riesce a sfondare sul ring, nonostante i preziosi consigli del suo anziano allenatore Mickey Goldmill (Burgess Meredith).
Rocky abita in un piccolo fatiscente monolocale e, per sopravvivere, fa l'«esattore» per conto di un gangster.
Un giorno entra in un negozio di animali e vede Adriana Pennino (Talia Shire), una ragazza timidissima, che Rocky inizia a corteggiare con grande pazienza, finché riesce a convincere Adriana a fidanzarsi.
Nel frattempo, l'imbattuto campione del mondo dei pesi massimi Apollo Creed (Carl Weathers) giunge a Filadelfia, disposto a mettere in palio il suo titolo mondiale con un pugile sconosciuto. Fra i tanti, Apollo sceglie Rocky Balboa, soprannominato «lo stallone italiano», e decide di sfidarlo pubblicamente.
Incredulo per la notizia, Rocky torna nella vecchia palestra per allenarsi duramente sotto la guida di Mickey, rinfrancato dall'amore di Adriana e circondato dall'affetto della gente del suo quartiere, dove è diventato un mito.
La notte prima dell'incontro, Rocky capisce di non poter riuscire a battere Apollo e comunica ad Adriana il suo obiettivo: rimanere in piedi fino all'ultimo round, cosa che nessun avversario di Apollo è riuscito a fare.
Inizia il match. Rocky mostra subito la sua forza ad Apollo che, sorpreso, si trova KO già al primo round: quello che doveva essere solo un incontro-farsa si trasforma in un vero e proprio combattimento. Dopo essersi ripreso dal conteggio, Apollo tempesta di colpi Rocky, che dimostra però di essere un grande incassatore. L'incontro continua con Apollo sempre più stupito dalla caparbietà di Rocky che, a sua volta, continua a resistere e a colpire l'avversario. Nel 14° round Rocky cade esausto al tappeto, ma riesce a rialzarsi facendo appello a tutte le sue energie.

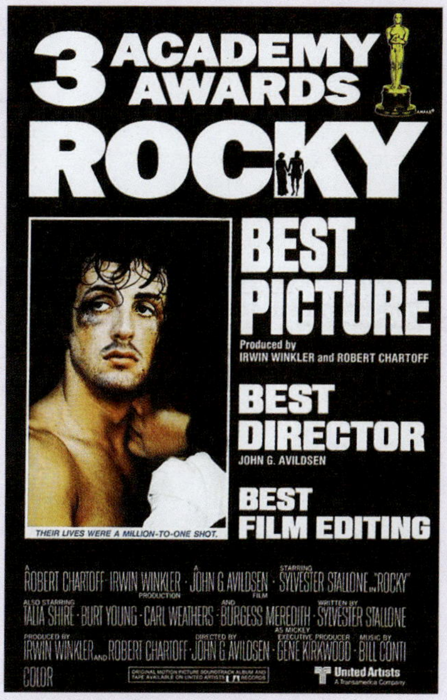

L'ultimo round è drammatico, i pugili sono sfiniti e sanguinanti e il pubblico è stupito e ammirato dal loro coraggio e dalla loro resistenza. Alla fine dell'incontro viene letto il verdetto finale: Apollo vince giustamente ai punti e conserva il titolo di campione del mondo, mentre la folla acclama Rocky.
La scena finale è ormai passata alla storia: Rocky chiama a gran voce Adriana, che lo raggiunge sul ring per un grande abbraccio.

■ **Il piano di sponsorizzazione.** Una volta raggiunto l'accordo fra lo *sponsee* e lo sponsor (o gli sponsor), si procede con la stipulazione del contratto di sponsorizzazione (vedi paragrafo 2), in modo da rendere ufficiale il rapporto di collaborazione tra la società sportiva e l'impresa.

Il piano di sponsorizzazione deve controllare l'attuazione degli obiettivi dello *sponsee* e dello sponsor

Dopo la firma del contratto si procede alla stesura di un *piano di sponsorizzazione*, che deve controllare l'attuazione degli obiettivi dello *sponsee* e dello sponsor ricorrendo a opportuni parametri di valutazione. In alcuni casi viene nominato un *project manager* che deve seguire in prima persona il piano, comunicando periodicamente con tutti i soggetti coinvolti.

Il *project manager* è particolarmente importante quando gli sponsor sono più di uno; il suo contributo, basato su una continua attività di monitoraggio, è utile perché deve:

- informare lo sponsor sull'andamento della sponsorizzazione;
- conoscere per tempo eventuali problemi e anomalie, in modo da porvi rimedio;
- creare una mentalità di lavoro in team, facendo da collante tra *sponsee* e sponsor.

6 La valutazione della sponsorizzazione

■ **La valutazione dei risultati.** L'ultima fase è relativa alla valutazione, che fornisce allo sponsor una misurazione precisa dei risultati ottenuti dalla sponsorizzazione.

La valutazione fornisce allo sponsor una misurazione precisa dei risultati ottenuti dalla sponsorizzazione

La *fase della valutazione* si colloca temporalmente alla fine del contratto, ma sono opportune anche valutazioni in corso d'opera, soprattutto quando la sponsorizzazione copre un arco di tempo abbastanza lungo.

Quando sceglie di investire ingenti somme per una sponsorizzazione, l'impresa solitamente vuole avere un feedback sul ritorno (economico e di immagine) dell'investimento effettuato.

È importante che i parametri e i sistemi di misurazione vengano predisposti prima della valutazione, e che si basino su dati oggettivi e verificabili.

L'azienda sponsor deve analizzare i punti di forza e di debolezza riscontrati nella sponsorizzazione

I punti di forza e di debolezza. L'azienda sponsor non può fermarsi all'esecuzione della campagna di sponsorizzazione, ma deve proseguire oltre nell'analisi per sviscerarne gli aspetti positivi e negativi, i punti di forza e i punti di debolezza riscontrati.

Non solo. Lo sponsor deve analizzare in modo approfondito e critico sia quello che ha funzionato al meglio e per quali motivi, sia quello che invece si deve migliorare e come questo miglioramento vada attuato. Si tratta di interrogativi che viene del tutto naturale porsi alla fine di ogni sponsorizzazione.

A volte le imprese ignorano la fase della valutazione per motivi economici

Il costo della valutazione. Alcune imprese sottovalutano l'importanza della fase di valutazione, e considerano concluso il percorso una volta arrivate al termine della sponsorizzazione. In questo modo si rinuncia a un riscontro oggettivo e, di conseguenza, a un'autovalutazione del proprio lavoro che può essere molto utile per il futuro.

A volte le imprese ignorano la fase della valutazione per motivi economici, perché la maggior parte delle aziende deve affidare tale compito ad agenzie esterne specializzate, che richiedono un prezzo elevato per i loro studi.

Una valutazione complessa... La valutazione è un'operazione complessa basata su elementi quantitativi e qualitativi.

Fra gli elementi quantitativi il più agevole da misurare è la visibilità dell'evento

...gli elementi quantitativi... Fra gli *elementi quantitativi* il più agevole da misurare è la visibilità dell'evento. In questo caso la visibilità viene misurata chiedendosi quante persone hanno visto l'evento sponsorizzato e dove l'hanno visto. A questo proposito si distingue fra:

- l'*audience diretta*, formata dagli spettatori presenti, per esempio i paganti allo stadio per una partita di calcio, che rappresentano una minoranza degli spettatori totali;
- l'*audience indiretta*, formata dagli spettatori che hanno seguito l'evento attraverso i media (televisione, stampa, radio, Internet), che rappresentano la maggioranza degli spettatori totali.

L'aspetto quantitativo non è però sufficiente a garantire una valutazione di qualità.

Per analizzare gli elementi qualitativi è necessaria una valutazione della visibilità dello sponsor basata su diversi documenti

...e gli elementi qualitativi. Per un'analisi accurata degli *elementi qualitativi*, è necessaria una valutazione della visibilità dello sponsor basata su diversi documenti:

- la *documentazione video*: è il dato cronometrico di visibilità del marchio, che viene suddiviso in sotto-categorie qualitative (primi piani, secondi piani, situazioni dinamiche, diciture), accompagnate dal dato numerico delle citazioni delle partite in telecronache, in rubriche sportive e in servizi (locali e nazionali);
- la *documentazione stampa*: è una millimetratura che tiene conto della presenza del marchio nelle foto, nel titolo, nell'occhiello, nel sommario e nel testo dei quotidiani e dei periodici sportivi (locali e nazionali), ma anche dei report presentati dall'ufficio stampa in occasione di conferenze e incontri;
- la *documentazione radio*: è il numero di citazioni audio di radiogiornali sportivi (locali e nazionali), di rubriche sportive e di servizi (locali e nazionali);

- la *documentazione digitale*: misura sia il numero dei visitatori del sito ufficiale della società, sia il tempo medio di permanenza in siti sportivi, generalisti e portali, oltre alla presenza nei social media con il numero dei collegamenti e dei like.

Il costo contatto e il costo contatto utile. È particolarmente interessante valutare quanto costa allo sponsor ogni contatto su Internet; a questo proposito è opportuno distinguere le nozioni di costo contatto e di costo contatto utile.

Il *costo contatto* valuta il costo di ogni singolo contatto ottenuto dallo sponsor; si calcola dividendo il costo di sponsorizzazione per il numero di contatti con il pubblico che lo sponsor ritiene di aver avuto o di poter avere.

Il *costo contatto utile* valuta il costo di ogni singolo contatto ottenuto dallo sponsor, ma solo con le persone che sono nel target dell'azienda sponsor; si calcola dividendo il costo di sponsorizzazione per il numero di contatti con il pubblico che fa parte del target che lo sponsor ritiene di aver avuto o di poter avere.

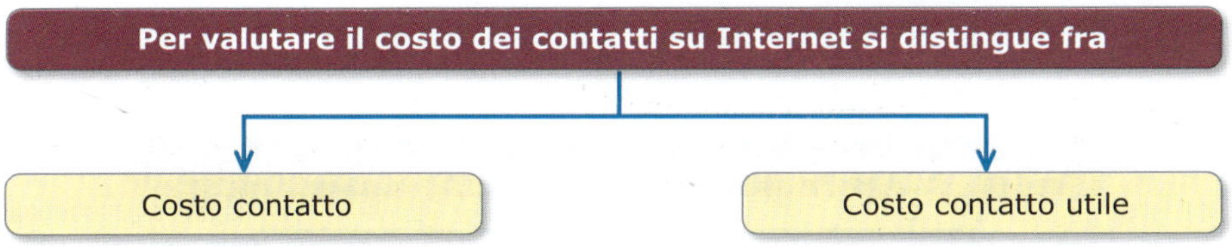

7 Le sponsorizzazioni nelle organizzazioni pubbliche

La PA e la convergenza sportiva. Nell'unità B2 abbiamo analizzato la Pubblica Amministrazione sotto il profilo giuridico.

Le organizzazioni pubbliche fanno parte della convergenza sportiva

A questo punto prendiamo in considerazione il fatto che la Pubblica Amministrazione (d'ora in poi anche PA) è un altro soggetto che fa parte della «convergenza sportiva» (di cui ci siamo occupati nel paragrafo 1).

A partire dagli anni Novanta, per le organizzazioni pubbliche l'attivazione di strategie di marketing diventa un'esigenza impellente, perché la PA è ormai coinvolta in una dinamica di continuo cambiamento.

La strategia di marketing sportivo della PA si basa su due punti fondamentali:
- il frequente ricorso alle sponsorizzazioni nelle organizzazioni pubbliche;
- l'utilizzo dello sport per attivare strategie di marketing territoriale da parte degli enti locali (di cui ci occupiamo nell'unità E4).

Le sponsorizzazioni nella PA. I vari ministeri, che negli ultimi anni si sono succeduti alla guida della PA, hanno sempre raccomandato di valutare la possibilità di ricorrere ai contratti di sponsorizzazione e agli accordi di collaborazione con soggetti pubblici e privati, disciplinati dalla legge n. 449 del 1997. I vertici ministeriali hanno precisato che questi accordi coi privati devono avere per oggetto delle attività rientranti nei compiti istituzionali propri dell'amministrazione, e devono

La PA può stipulare contratti di sponsorizzazione con soggetti privati per realizzare economie di spesa consentire di reperire beni o servizi in modo da realizzare economie di spesa, oltre a favorire l'innovazione organizzativa della PA e il miglioramento dei servizi pubblici prestati.

Il decreto legislativo n. 267 del 2000 sottolinea la necessità di ricercare risorse autonome creando sinergie con i soggetti privati, e ribadisce che «al fine di favorire una migliore qualità dei servizi prestati, i Comuni, le Province e gli altri enti locali [*Città metropolitane e Regioni*] possono stipulare contratti di sponsorizzazione e accordi di collaborazione, nonché convenzioni con soggetti pubblici o privati diretti a fornire consulenze o servizi aggiuntivi».

Le parti del contratto di sponsorizzazione della PA sono lo sponsorizzato (appartenente alla PA) e lo sponsor (che è un soggetto privato)

Il contratto di sponsorizzazione della PA. In particolare, una circolare del Ministero della Funzione pubblica del 2006 precisa che «la sponsorizzazione è subordinata alla sottoscrizione di un contratto a prestazioni corrispettive mediante il quale l'ente locale (sponsorizzato) offre a un terzo (sponsor), che si obbliga a pagare un determinato corrispettivo, la possibilità di pubblicizzare in appositi determinati spazi nome, logo, marchio o prodotti».

Le parti del contratto di sponsorizzazione della PA sono quindi:

- lo *sponsorizzato* (o *sponsee*) che, nella sua attività istituzionale, si obbliga ad accostare il nome (o il marchio o il prodotto) dello sponsor e che deve essere o un ente istituzionale o un ente autonomo territoriale come il Comune, la Provincia, la Città metropolitana e la Regione (visti nell'unità B4);
- lo *sponsor* che si obbliga a pagare una somma di denaro (o a fornire determinati beni) alla PA, e che deve essere un soggetto privato o un'associazione senza fini di lucro.

Il contratto di sponsorizzazione della PA deve contenere:

- il diritto dello sponsor alla utilizzazione degli spazi pubblicitari;
- la durata del contratto;
- gli obblighi a carico dello sponsor;
- le clausole di tutela per la PA rispetto alle eventuali inadempienze dello sponsor.

Il contratto di sponsorizzazione della PA deve essere preceduto da un avviso pubblico

L'avviso pubblico. Prendendo come esempio il Comune, la scelta dello sponsor è effettuata mediante il regolamento dei contratti previsto dal Comune, preceduta dalla pubblicazione di un apposito *avviso pubblico* nell'albo pretorio comunale, che deve contenere:

- l'indicazione del bene o servizio che è oggetto della sponsorizzazione e i conseguenti obblighi dello sponsor, secondo i contenuti del capitolato di sponsorizzazione;
- l'esatta determinazione dello spazio pubblicitario disponibile;
- le modalità e i termini di presentazione dell'offerta di sponsorizzazione, che deve essere presentata in forma scritta con l'accettazione delle condizioni previste nel capitolato.

Le offerte di sponsorizzazione sono valutate dall'ufficio preposto che, tramite una commissione esaminatrice, procede alla verbalizzazione delle operazioni di valutazione delle offerte.

Successivamente il dirigente competente prende atto dei risultati della commissione esaminatrice e assegna la sponsorizzazione.

La sponsorizzazione viene infine regolata con la sottoscrizione del vero e proprio contratto di sponsorizzazione, sottoscritto dal dirigente competente.

Va ribadito che il contratto di sponsorizzazione non ha alcun collegamento (diretto o indiretto) con la realizzazione di opere pubbliche, perché non comporta alcun onere economico per la PA ma, piuttosto, un risparmio di spesa.

SINTESI

■ Si ha la **convergenza sportiva** ▶ **§1** quando le organizzazioni sportive vengono integrate da altri soggetti di varia natura.

■ Il **settore sportivo allargato** ▶ **§1** comprende i soggetti e i settori produttivi che operano all'interno della convergenza sportiva.

■ Col **contratto di sponsorizzazione sportiva** ▶ **§2** una società sportiva o un atleta (sponsorizzato o *sponsee*), in cambio di denaro (o beni), si obbliga ad accostare nella sua attività il nome (o il marchio o un prodotto) dello sponsor. Il contratto è atipico, consensuale, oneroso, a prestazioni corrispettive, non formale e prevede un'obbligazione di mezzi.

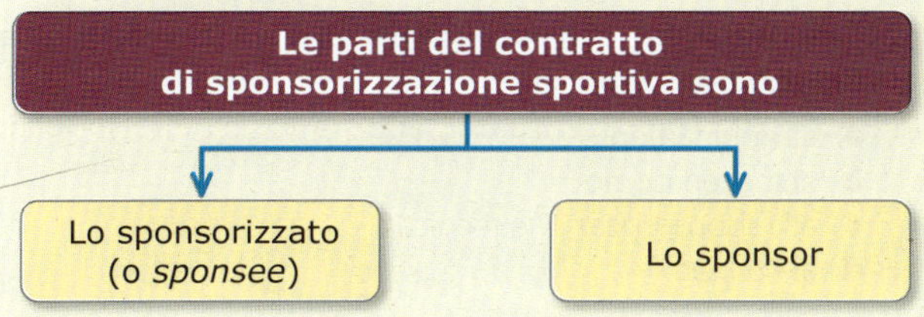

■ I principali **tipi di sponsorizzazione sportiva** ▶ **§3** sono:
- lo **sponsor esclusivo** ▶ **§3**, che è l'unico sostenitore dello sponsorizzato;
- lo **sponsor principale** (***main sponsor***) ▶ **§3**, che è l'impresa che garantisce il finanziamento più importante allo sponsorizzato;
- lo **sponsor tecnico** ▶ **§3**, che fornisce l'attrezzatura sportiva necessaria per l'attività agonistica allo sponsorizzato che, a sua volta, si impegna a utilizzarla in esclusiva;
- lo **sponsor di eventi sportivi** ▶ **§3**, che finanzia una manifestazione dello sponsorizzato in cambio di una grande visibilità nell'evento;
- lo **sponsor di un impianto sportivo** ▶ **§3**, che sostituisce il suo nome commerciale a quello di uno stadio o di un palazzo dello sport (***naming*** ▶ **§3**);
- lo **sponsor radiotelevisivo** ▶ **§3** quando un'emittente si obbliga a mostrare il nome dello sponsor durante una trasmissione (sportiva e no);
- lo **sponsor del singolo sportivo** ▶ **§3**, che può diventare testimonial dello sponsor.

■ Il contratto di sponsorizzazione sportiva deve portare **vantaggi** ▶ **§4** sia per lo sponsor sia per lo sponsorizzato.

■ L'**abbinamento** ▶ **§4** è la sostituzione della denominazione sociale con quella di uno sponsor.

■ Il **mecenatismo** ▶ **§4** vuole solo sostenere un'attività, senza l'obiettivo di un ritorno economico.

■ Esistono determinate **fasi della sponsorizzazione** ▶ **§5** che devono essere affrontate da una società sportiva per la realizzazione di un contratto di sponsorizzazione.

■ La **valutazione della sponsorizzazione** ▶ **§6** fornisce allo sponsor una misurazione precisa dei risultati ottenuti dalla sponsorizzazione.

■ Le parti del **contratto di sponsorizzazione della PA** ▶ **§7** sono lo sponsorizzato (appartenente alla PA) e lo sponsor (che è un soggetto privato).

VERIFICA LE TUE CONOSCENZE

1 ***Risolvi le seguenti scelte multiple indicando la risposta esatta fra quelle possibili.***

A

Nel contratto di sponsorizzazione sportiva, lo sponsor può essere

- un singolo sportivo **1**
- una squadra sportiva **2**
- un'impresa commerciale **3**

B

Fornisce allo sponsorizzato l'attrezzatura sportiva necessaria

- lo sponsor esclusivo **1**
- lo sponsor principale **2**
- lo sponsor tecnico **3**

1 **Quando le organizzazioni sportive vengono integrate da altri soggetti si ha**

a la conoscenza sportiva
b la conoscenza tecnica
c la convergenza sportiva
d la convergenza tecnica

2 **Si ha il *naming* quando lo sponsor sostituisce il proprio nome commerciale a quello di**

a una squadra di basket
b un singolo sportivo
c un palazzo dello sport
d una fornitura annuale di materiale tecnico

3 **Se la sponsorizzazione riguarda un singolo sportivo, questo**

a diventa inevitabilmente testimonial dello sponsor
b può diventare testimonial dello sponsor
c può diventare testimonial dello sponsor per non più di tre anni
d non può diventare testimonial dello sponsor

4 **La sostituzione della denominazione sociale con quella di uno sponsor porta**

a all'abbinamento
b al mecenatismo
c alla sponsorizzazione tecnica
d al *naming*

5 **Una società di basso-medio livello deve selezionare**

a un grande sponsor con un brand affermato
b un grande sponsor che vuole rilanciare il suo brand
c un piccolo sponsor interessato a un target di consumatori ampio
d un piccolo sponsor interessato a un target di consumatori limitato

6 **Il piano di sponsorizzazione deve essere firmato**

a prima del contratto di sponsorizzazione
b insieme al contratto di sponsorizzazione
c dopo il contratto di sponsorizzazione
d entro sei mesi dal contratto di sponsorizzazione

MISURA LE TUE ABILITÀ

2 ***Risolvi i seguenti quesiti vero o falso e motiva la tua risposta.***

1 **La sponsorizzazione procura più vantaggi allo sponsor che allo sponsorizzato**

VERO ☐ **FALSO** ☐

PERCHÉ ____________________

____

2 **Il contratto di sponsorizzazione prevede un'obbligazione di risultato**

VERO ☐ **FALSO** ☐

PERCHÉ ____________________

____

3 Col *naming* lo sponsor sostituisce il suo nome a quello di un impianto sportivo

VERO ☐ **FALSO** ☐

PERCHÉ ____________________

____

4 Il singolo atleta sponsorizzato ha il divieto di concorrenza

VERO ☐ **FALSO** ☐

PERCHÉ ____________________

____

5 Un grande club deve scegliere un grande sponsor

VERO ☐ **FALSO** ☐

PERCHÉ ____________________

____

6 La PA può stipulare contratti di sponsorizzazione con soggetti pubblici e privati

VERO ☐ **FALSO** ☐

PERCHÉ ____________________

____

3 ***Completa la tabella che segue.***

Caratteristica	Tipologia di sponsor
Appone il suo nome sugli indumenti dell'atleta	(1)
È l'unico sostenitore dello sponsorizzato	(2)
Fornisce allo sponsorizzato l'attrezzatura sportiva necessaria	(3)
Garantisce il finanziamento più importante allo sponsorizzato	(4)

ALLENA LE TUE COMPETENZE

4 ***Sulla base di quanto hai imparato in questa unità, rispondi ai seguenti «casi».***

1 **Riconoscere la differenza fra sponsorizzazione e abbinamento, partendo da un episodio familiare.**

Con la sua impresa metalmeccanica Epsilon, tuo padre è il secondo sponsor della *Salus Basket* che milita nel campionato di Serie B.
Una sera tuo padre convoca la famiglia: «Ho avuto un'offerta interessante. Il Presidente della *Salus Basket* mi ha proposto di trasformare il contratto di sponsorizzazione sportiva in un vero e proprio abbinamento, in cambio di una cifra decisamente abbordabile. Pensate a quando lo speaker del palazzetto dello sport griderà a tutta voce "Ed ecco a voi la *Epsilon Basket*!". Sono già emozionato!».

▶ *In termini di messaggio promozionale, quali sono i vantaggi dell'abbinamento rispetto alla sponsorizzazione?*

____

____

____

2 **Valutare l'importanza dello sponsor, analizzando una scelta discutibile della tua squadra del cuore.**

Sei un accanito tifoso della squadra di calcio della tua città, che milita nel campionato di Serie B da un decennio. Per la prossima stagione, il Presidente ha deciso di fare «le cose in grande», a partire dallo sponsor della squadra. All'assemblea dei soci ha infatti dichiarato: «È ora di invertire la rotta. Per crescere dobbiamo partire da un "supersponsor" con un brand affermato: è una spesa notevole, ma avremo un grande ritorno in termini di visibilità!».

▶ *Cosa ne pensi della scelta del Presidente?*

____

____

____

Riprendiamo il dibattito

Dopo aver studiato l'unità, prepara il tuo punto di vista per continuare il dibattito iniziato in apertura di lezione (▶ *La parola a te!*).

L'impresa Alfa produce gelati ed è il main sponsor *della Libertas Volley, una squadra di pallavolo di Serie A, che ha come sponsor tecnico l'impresa Beta.*

▶ ***La Libertas Volley guadagna più dalla sponsorizzazione con l'impresa Alfa o con l'impresa Beta?***

- Partendo da quanto sopra affermato, esegui a casa una ricerca online e consulta il tuo libro di testo per preparare una breve tabella che contenga gli elementi principali dell'argomento trattato e che ti aiuti a esporre il tuo punto di vista.

A CASA 1 ORA
IN AULA 20 MINUTI

- Con l'aiuto della tabella, partecipa al dibattito che il docente avvia in aula.

E4 Il settore sportivo allargato

A te la parola!

La squadra di calcio della tua città milita in Serie B. Nella segreteria lavora tua cugina: «Il Presidente ha deciso che la nuova politica di merchandising sarà gestita dalla sottoscritta. È una grande responsabilità!».

5 MINUTI

▶ *Il Presidente vuole promuovere una politica di merchandising diretto o indiretto?*

Con l'aiuto dell'insegnante e in piccoli gruppi prova a esporre il tuo punto di vista.

1 Il merchandising

Il merchandising è un'attività di vendita al dettaglio che utilizza il marchio di un club per commercializzare dei prodotti legati (o meno) allo sport

■ **Il merchandising.** Il merchandising è un'attività promozionale di vendita al dettaglio, finalizzata ad attirare l'attenzione del consumatore su un prodotto attraverso le modalità di esposizione nei punti vendita, ricorrendo anche a omaggi e buoni sconto.

Se circoscriviamo la nostra analisi al mondo dello sport, e del calcio in particolare, il *merchandising* è un'attività promozionale di vendita al dettaglio che utilizza il marchio di un club per commercializzare sia prodotti legati al calcio (magliette da gara, t-shirt, polo, camicie, cappellini, sciarpe), sia gadget di qualsiasi genere (articoli di cancelleria, agende, portachiavi, portafogli, orologi, occhiali, articoli per la casa).

Il merchandising crea un notevole indotto nel settore sportivo allargato, e rappresenta un elemento fondamentale della convergenza sportiva (analizzata nell'unità E3).

Per semplificare la nostra analisi distinguiamo fra:
- il merchandising diretto;
- il merchandising indiretto.

Il merchandising diretto si ha quando l'attività di merchandising è svolta direttamente dalla società sportiva

■ **Il merchandising diretto.** Il merchandising diretto si ha quando l'attività di merchandising è svolta direttamente dalla società sportiva.

Solitamente la gestione diretta del merchandising da parte del club avviene attraverso la creazione di un settore della società sportiva, che si occupa in prima persona di produrre, pubblicizzare, distribuire e vendere sia i «prodotti ufficiali» (prodotti sportivi col marchio del club), sia gli articoli in settori diversi da quello sportivo (sempre col marchio del club).

Fra i *vantaggi* del merchandising diretto ricordiamo:

- si ha un controllo più approfondito sulla qualità, sulla distribuzione e sulla valorizzazione dei prodotti col marchio del club;
- i margini di guadagno sono più elevati, perché la vendita diretta può essere effettuata sia attraverso *store* propri, sia attraverso negozi dati in *franchising* in Italia e all'estero, sia attraverso l'*e-commerce*.

L'importanza economica del merchandising calcistico è indirettamente evidenziata dal proliferare di prodotti contraffatti.

Fra gli *svantaggi* del merchandising diretto, oltre al rischio imprenditoriale tipico di ogni attività, va sottolineata la presenza dei costi fissi collegati alla produzione e l'eventualità che restino scorte di magazzino invendute, a causa di una distribuzione più limitata del previsto.

Per esempio, la società calcistica Beta ha creato un settore merchandising, che gestisce direttamente:

- la produzione di magliette col marchio Beta;
- una campagna televisiva per pubblicizzare le «magliette Beta»;
- una rete di negozi affiliati «Beta Forever», che gestiscono in *franchising* su tutto il territorio nazionale la vendita dei prodotti della Beta (compresa la «maglietta Beta») a tifosi e simpatizzanti del club.

Il merchandising indiretto. Il merchandising indiretto si ha quando la società sportiva decide di affidare l'attività di merchandising a un'impresa esterna, stipulando un vero e proprio contratto di merchandising.

Il merchandising indiretto si ha quando la società sportiva affida l'attività a un'impresa esterna, stipulando un contratto di merchandising

Il contratto di merchandising. Con il *contratto di merchandising* una società sportiva, titolare in esclusiva di un marchio sportivo (*merchandisor*), in cambio di un corrispettivo in denaro, concede temporaneamente l'uso del marchio a un'impresa (*merchandisee*), che lo utilizza per contraddistinguere, pubblicizzare e vendere i suoi prodotti. Va infatti ricordato che la legge permette di registrare, come marchi di impresa, i colori sociali con le denominazioni delle società sportive.

Col merchandising una società sportiva (*merchandisor*), in cambio di denaro, concede temporaneamente l'uso del suo marchio a un'impresa (*merchandisee*), che lo utilizza per vendere i suoi prodotti

Dopo la stipulazione del contratto di merchandising, la società sportiva può mantenere (o meno) il diritto all'uso del suo marchio e può cederlo temporaneamente ad altre imprese (come si è visto nell'unità D2).

La società sportiva titolare del marchio, oltre al ritorno economico immediato, ottiene il vantaggio di ampliare il bacino dei suoi tifosi, che acquisteranno in misura maggiore i prodotti con il marchio della squadra del cuore come simbolo di riconoscimento.

È evidente che il guadagno dell'impresa che utilizza il marchio è direttamente proporzionale al numero dei tifosi.

Le parti del contratto di merchandising sono:

- il *merchandisor*, che concede temporaneamente l'uso del suo marchio sportivo e che può essere una società sportiva, un singolo sportivo o un evento sportivo;
- il *merchandisee*, che si obbliga a pagare una somma di denaro per utilizzare il marchio.

Per esempio, la società calcistica Beta (*merchandisor*) concede l'uso temporaneo del suo marchio all'impresa Omega (*merchandisee*), in cambio di 500 000 euro per la durata di un campionato. L'impresa Omega produce un kit formato da sciarpa e cuffia col marchio Beta, che viene pubblicizzato e venduto a tifosi e simpatizzanti della società Beta.

Le parti del contratto di merchandising sono

- Il *merchandisor*
- Il *merchandisee*

Le caratteristiche del contratto di merchandising. Il contratto di merchandising ha determinate caratteristiche: è atipico, oneroso, a prestazioni corrispettive e non formale:

Il contratto di merchandising è

- Atipico
- Oneroso
- A prestazioni corrispettive
- Non formale

- è un contratto *atipico*, perché non è previsto dal Codice civile. Non essendo specificatamente regolato dalla legge, il merchandising fa riferimento alle disposizioni sui contratti in generale previste dal Codice civile;
- è un contratto a titolo *oneroso*, perché il sacrificio patrimoniale grava su entrambe le parti. I contratti a titolo oneroso sono caratterizzati da uno scambio di prestazioni, per questo sono anche chiamati contratti *a prestazioni corrispettive*: al sacrificio patrimoniale e al vantaggio per una parte corrisponde rispettivamente il vantaggio e il sacrificio patrimoniale per l'altra. Per esempio, se la società calcistica Beta stipula un contratto di merchandising per 500 000 euro annui con l'impresa Omega, la società calcistica Beta compie un sacrificio patrimoniale obbligandosi a concedere l'uso temporaneo del suo marchio per un anno, ma ottiene un vantaggio economico rappresentato dai 500 000 euro; invece l'impresa Beta ottiene un vantaggio usufruendo del marchio della società calcistica Beta per un anno (per svolgere l'attività di merchandising), ma compie un sacrificio patrimoniale pagando 500 000 euro;
- è un contratto *non formale*, perché non richiede alcuna forma specifica in base al principio generale della libertà della forma (come si è visto nel volume per il secondo biennio). Pur non essendo prevista alcuna forma determinata, per il contratto di merchandising solitamente si utilizza la *scrittura privata autenticata*, che rappresenta un efficace mezzo di prova.

Il merchandising mette in contatto l'immagine della società con i tifosi, che aumentano la loro passione sportiva per il club

Il merchandising e i tifosi. Il merchandising (diretto e indiretto) mette in contatto i tifosi con i giocatori e con l'immagine della società.

Il valore di una società calcistica è tanto maggiore quanto più il suo brand genera un sentimento di «amore incondizionato» verso i colori del club. Il marchio, che viene riprodotto su capi di abbigliamento e su altri articoli, è facilmente riconosciuto dagli appassionati sportivi e ha una funzione evocativa e suggestiva, in grado di attivare componenti emotive: col merchandising i tifosi aumentano la loro passione sportiva per il club.

In Italia esistono problemi che ostacolano lo sviluppo del merchandising

I problemi del merchandising. Il merchandising è nato in Inghilterra, dove è ancora molto diffuso; basta pensare che il fatturato del merchandising del Manchester United nel 2014 superava i 240 milioni di euro.

In Italia esistono notevoli problemi che ostacolano lo sviluppo del merchandising; fra questi ricordiamo:

- la qualità e la distribuzione dei prodotti sono difficili da controllare, anche per le notevoli dimensioni raggiunte dal mercato dei *prodotti contraffatti* e dai suoi canali di distribuzione e vendita;

- la scarsa applicazione della normativa a tutela del marchio d'impresa (come si è visto nell'unità D2);
- la tendenza culturale degli italiani a preferire capi di abbigliamento non identificabili in maniera diretta con un particolare club, anche per il timore di subire episodi di violenza e teppismo;
- l'arretratezza che per anni ha caratterizzato le società sportive italiane nei confronti del marketing sportivo in generale.

Un negozio di merchandising del Manchester United.

2 I piccoli club e il marketing territoriale

Il limitato bacino di utenza dei piccoli club impedisce l'attuazione di molte strategie di marketing sportivo

Il bacino di utenza dei piccoli club. Finora abbiamo fatto riferimento soprattutto a squadre importanti che muovono milioni di tifosi. In realtà, questi grandi club rappresentano solo una piccola percentuale delle società appartenenti al mondo del calcio professionistico, che è composto per la maggior parte da squadre piccole o medie.

Naturalmente i piccoli club non hanno le capacità, le competenze e l'organico necessari per poter «ragionare in grande», e si devono confrontare con una realtà ben diversa da quella descritta per il Real Madrid, il Barcellona, il Bayern Monaco, la Juventus... Le cosiddette «piccole piazze» (Chievo, Verona, Crotone, Empoli, Ferrara...) difficilmente riescono a uscire del contesto della propria città, con tutti i problemi e le difficoltà che questo fatto comporta. Il loro bacino di utenza è limitato, mentre molte delle strategie di marketing di successo sono legate a un pubblico vasto, che ne aumenta la risonanza.

UN ARTICOLO

La violenza nel calcio giovanile

Si aggrava sempre di più il problema della violenza nello sport giovanile, in particolare nel calcio.
L'articolo riprodotto (Giuseppe Andriani-Marco Errico, *La Gazzetta dello Sport*, 2 novembre 2017) fa riferimento a una vera e propria rissa fra calciatori sedicenni, avvenuta nel dopo-partita in provincia di Lecce. Naturalmente le versioni delle due società sono diametralmente opposte...

La Gazzetta dello Sport

Violenza fra sedicenni: che rissa dopo la partita!

Quando la violenza sfregia anche il calcio giovanile. Succede a Monteroni, a 13 chilometri da Lecce, in un incontro del campionato Allievi Regionali (cl 1 2001)tra la Futura Monteroni e l'Eurosport Academy Brindisi. L'episodio si è consumato a margine della partita, terminata 2-1 in favore dei padroni di casa, vittoriosi con un calcio di rigore a pochi secondi dal termine. La scuola calcio brindisina poche ore dopo l'accaduto, tramite un post scatenato una rissa tra i componenti delle due squadre.

CONSEGUENZE Sul posto la compagnia locale dei Carabinieri e il 118 pe 2 estare le cure mediche a tre ragazzi dell'Eurosport Brindisi, presentatisi spontaneamente al Pronto Soccorso dell'Ospedale Perrino di Brindisi qualche ora dopo. Quattro giorni di prognosi per V.P. (trauma facciale), cinque giorni per F.F. (trauma facciale, escoriazioni mano e polso de- Vanzanelli il preannuncio di reclamo, lamentando l'utilizzo di spranghe da parte dei calciatori della squadra avversaria.

E ORA? Il tutto, adesso, finirà nelle mani della Procura Federale e già oggi potrebbe esserci un incontro tra le parti e Vito Tisci, presidente del settore giovanile e scolastico della Figc, per far luce sull'accaduto. La denuncia della scuola calcio brindisina, vincitrice tra l'altro a giugno scorso della Gazzetta Cup 2017, ha scatenato subito le prime reazioni sui social. A difesa della società leccese interviene Massimo Manca, 40 anni, ex calciatore, partner d'attacco di Fabrizio Miccoli nel Casarano, con 71 presenze in Serie B tra Avellino, Fidelis Andria, e oggi dirigente della scuola calcio di Monteroni: «Non ero presente, ma mi hanno raccontato una versione completamente differente da quella espressa tramite social dall'Eurosport. Mi preme sotto-

1 Quando la violenza sfregia anche il calcio giovanile. Succede a Monteroni, a 13 chilometri da Lecce, in un incontro del campionato Allievi Regionali (classe 2001) tra la Futura Monteroni e l'Eurosport Academy Brindisi. L'episodio si è consumato a margine della partita, terminata 2-1 in favore dei padroni di casa, vittoriosi con un calcio di rigore a pochi secondi dal termine. La scuola calcio brindisina poche ore dopo l'accaduto, tramite un post sulla propria pagina Facebook, denunciava violenza e ferocia: «Quattro giocatori della squadra avversaria [...] hanno pensato di seguire negli spogliatoi i nostri ragazzi e picchiarli con spranghe di ferro».
Completamente diversa, invece, la versione della società leccese, anche questa affidata a Facebook: i padroni di casa denunciano che gli ospiti, infuriati per il gol subito nel finale, hanno distrutto la porta d'ingresso del proprio spogliatoio e scatenato una rissa tra i componenti delle due squadre.

2 CONSEGUENZE. Sul posto la Compagnia locale dei Carabinieri e il 118 per prestare le cure mediche a tre ragazzi dell'Eurosport Brindisi [...].
A fine partita l'allenatore dell'Eurosport, F.M., ha presentato all'attenzione dell'arbitro M.V. il preannuncio di reclamo, lamentando l'utilizzo di spranghe da parte dei calciatori della squadra avversaria.

3 E ORA? Il tutto, adesso, finirà nelle mani della Procura Federale e già oggi potrebbe esserci un incontro tra le parti e Vito Tisci, presidente del settore giovanile e scolastico della Figc, per far luce sull'accaduto.

In conseguenza di ciò, quando la dirigenza di un piccolo club implementa le azioni di marketing, è opportuno accantonare grandi progetti, per concentrare l'attenzione su ciò che di concreto e visibile si interpone tra i tifosi e la squadra.

È un percorso difficile, ma è il percorso che può dare maggiori soddisfazioni in termini di crescita. Se le attività sono ben programmate, infatti, è più facile ottenere risultati tangibili partendo da una società piccola e poco strutturata, mentre è più difficile vedere miglioramenti consistenti in un club già all'apice del successo.

Quali sono gli «appigli» a cui i piccoli club possono aggrapparsi, per strutturare una campagna di marketing sportivo tale da massimizzare i ricavi commerciali?

Ne esistono diversi e, fra gli altri, ne ricordiamo uno: il marketing territoriale.

Il marketing territoriale è un valido strumento per migliorare il brand delle piccole società

Il marketing territoriale dei piccoli club. Come si è visto nell'unità E1, il marketing territoriale vuole aumentare la visibilità di un comprensorio territoriale.

Il *marketing territoriale* è un valido strumento per migliorare il brand delle piccole e medie società di calcio professionistico.

L'identificazione del tifoso con i valori e la cultura di un territorio è un elemento più importante di quanto si possa immaginare. Per le persone appartenenti a una certa popolazione o di una certa cultura, ritrovare i valori ispiratori della propria vita e della propria quotidianità, anche nella condotta del club di calcio, risulta di grande impatto e di grande effetto. Per esempio, la società sportiva potrebbe riunire le eccellenze imprenditoriali del territorio, in particolare le realtà operanti nel campo dell'artigianato e dell'enogastronomia, senza tralasciare l'importanza del mondo dell'associazionismo e delle istituzioni locali, al fine di completare l'offerta dei servizi proposti.

Piano piano, qualcosa si sta muovendo. Le cosiddette «provinciali» stanno via via intensificando il loro legame con il territorio e coi relativi abitanti, che nella maggior parte dei casi rappresenta lo «zoccolo duro» dei tifosi più fedeli.

Da qualche anno gli uffici marketing dei piccoli club si occupano di nuove attività: le campagne abbonamenti improntate sui tifosi locali e sui loro dialetti, le iniziative di *entertainment* e gli eventi creati *ad hoc* per avvicinare la squadra alle tradizioni paesane e agli scorci più importanti della città e così via.

Qualcosa si muove, ma la strada da percorrere è ancora lunga.

La squadra dell'Athletic Bilbao.

Il caso dell'Athletic Bilbao. Va detto che questa tendenza è più avvertita all'estero che in Italia. Un caso limite, nato da particolari ragioni storiche e politiche, è rappresentato dalla squadra spagnola dell'Athletic Club di Bilbao, conosciuto come Athletic Bilbao. A rigore non si tratta di una piccola squadra, perché l'Athletic Bilbao è uno dei tre club spagnoli a non essere mai retrocesso e ad aver partecipato a tutte le edizioni della *Liga*, record condiviso con il Real Madrid e con il Barcellona.

I tifosi dell'Athletic Bilbao hanno un fortissimo senso di appartenenza con la popolazione dei Paesi Baschi

I tifosi dell'Athletic Bilbao hanno un fortissimo senso di appartenenza con la popolazione dei Paesi Baschi, e si identificano completamente nella cultura e nelle tradizioni di questa regione della Spagna. Basta un esempio: tutti i giocatori spagnoli che approdano in prima squadra o sono baschi, o sono di origine basca o sono ragazzi cresciuti a Bilbao.

3 Il Giro d'Italia come strumento di marketing territoriale

Col marketing territoriale la PA, utilizzando lo sport, cerca di valorizzare il territorio di un ente locale

Il marketing territoriale sportivo della PA. Come si è visto nell'unità E3, la Pubblica Amministrazione (d'ora in poi anche PA) utilizza lo sport per attivare strategie di marketing territoriale.

Per *marketing territoriale sportivo delle organizzazioni pubbliche* si intende quel complesso di attività che, utilizzando lo sport, hanno come finalità la definizione di progetti, programmi e strategie volte ad aumentare la visibilità del territorio di un'organizzazione pubblica nel lungo periodo. In altri termini, anche gli enti locali (i Comuni, le Province, le Citta metropolitane e le Regioni) possono attivare politiche di marketing territoriale sportivo per aumentare la loro visibilità.

Ogni strategia di marketing territoriale sportivo della PA deve basarsi sulla *concertazione*, cioè su un'idea condivisa del territorio da parte di tutti i soggetti pubblici e privati interessati alla sua valorizzazione.

Il Giro d'Italia e il marketing territoriale. Un efficace strumento di marketing territoriale sportivo è rappresentato dal Giro d'Italia che, ogni anno, contribuisce ad aumentare la visibilità delle organizzazioni pubbliche direttamente coinvolte nell'evento.

Il Giro d'Italia è un efficace strumento di marketing territoriale sportivo

Basta ricordare che l'edizione del centenario del Giro d'Italia, svoltasi nel 2017, prevedeva 21 tappe spettacolari, ha coinvolto quasi 2000 media, tra siti Web, agenzie di stampa e fotografiche, televisioni e testate giornalistiche (locali, nazionali e internazionali), una *community* di milioni di persone raggiunte attraverso i social network, con un pubblico che ha toccato 194 Paesi, perché le principali emittenti televisive di tutto il mondo hanno trasmesso questo grande evento sportivo.

Prendiamo ora in esame il Giro d'Italia per sottolinearne i positivi effetti sul marketing territoriale del nostro Paese. In particolare, analizzeremo tre zone molto diverse fra loro per ubicazione e dimensioni che, grazie all'azione di marketing territoriale dei rispettivi enti locali, hanno aumentato la loro visibilità per il fatto di essere state scelte come tappe del Giro negli ultimi anni.

Sulla base di fonti giornalistiche, riportiamo le opinioni degli amministratori locali sugli effetti del passaggio del Giro d'Italia sui loro territori. In particolare, prendiamo in esame le tappe che hanno coinvolto due piccoli Comuni pugliesi (nel 2017), alcuni Comuni modenesi (nel 2016) e le Dolomiti trentine (nel 2017).

Le tappe pugliesi di Alberobello e Peschici. «La Puglia si tinge di rosa. I trulli di Alberobello, i trabucchi di Peschici, il Duomo di Molfetta, da alcuni giorni sono illuminati dal colore simbolo del Giro d'Italia, la cui settima e ottava tappa si svolgerà il prossimo 12 e 13 maggio [*2017*].

12 maggio 2017
***Tappa 7*: Castrovillari-Alberobello di 220 km**

13 maggio 2017
***Tappa 8*: Molfetta-Peschici di 189 km**

"Noi – ha esordito il Presidente della Regione Puglia Michele Emiliano presentando in conferenza stampa le tappe pugliesi del Giro – vogliamo utilizzare questo media, il ciclismo, giacché è un mezzo di comunicazione straordinario, per mostrare al mondo le nostre bellezze. Investire, come ha fatto la Regione Puglia, su un'attrazione di **marketing territoriale** legata al ciclismo è una scelta che mira anche a sollecitare la comunità a un diverso modello di mobilità. Fare un investimento di questo tipo significa avere la consapevolezza che oggi farsi conoscere fuori dai confini ordinari delle proprie relazioni è il segreto della competizione globale".

Il Presidente della Regione Puglia ha poi ringraziato i Sindaci delle città coinvolte, il gruppo La Gazzetta dello Sport-Rizzoli Corriere della Sera [*organizzatore del Giro d'Italia*] e il CONI-Puglia, che "è stato capace in questi anni di suggerire e proporre il **marketing territoriale** legato allo sport come pochi hanno saputo fare".

"Oggi, accogliendo questa grande carovana del Giro d'Italia, facciamo anche un lavoro di comunicazione con il resto del Mezzogiorno (la tappa che arriva ad Alberobello parte dalla Calabria), e per noi è importante rivalutare la nostra capacità di collegamento tra le regioni del Sud, anche a livello sportivo. In questo modo riusciremo a dare a noi stessi quello che lo sport da sempre ci regala: l'amicizia, il rispetto delle regole, la sicurezza in sé stessi e l'autostima".

"Nelle tappe pugliesi di Alberobello e Peschici – ha dichiarato l'Assessore all'Industria Turistica e Culturale, Loredana Capone – vi è un grande fermento di iniziative or-

Vista panoramica di Peschici.

ganizzate per questa centesima edizione del Giro d'Italia, che conserva un fascino intramontabile. La carovana rosa sarà seguita con emozione da tanti pugliesi, ma sarà seguita soprattutto dagli appassionati di oltre 190 Paesi nel mondo che amano questo sport, coinvolgendo media, sportivi e semplici spettatori. Una occasione importante per la Puglia di farsi conoscere sulla ribalta internazionale anche dal punto di vista turistico. 'Pugliapromozione' [*Agenzia Regionale del Turismo*] affianca le tappe del Giro con una serie di azioni di promozione prima, durante e dopo. La Puglia è anche presente sul sito del Giro d'Italia e sulle app con una pagina di informazioni turistiche, foto gallery e un focus su cucina, vino, storia, eventi. Striscioni promozionali saranno posizionati sul percorso degli arrivi e la Puglia avrà un suo desk turistico nelle sale stampa di Alberobello e Peschici".

"Come Giunta regionale – ha dichiarato l'Assessore allo Sport, Raffaele Piemontese – stiamo lavorando per promuovere il segmento del turismo sportivo, che è uno degli assi fondamentali su cui il governo regionale intende investire. Con il turismo sportivo noi concretizziamo un meccanismo di **marketing territoriale**".

"Per noi – ha dichiarato Michele Longo, Sindaco di Alberobello – si tratta di un'opportunità incredibile di promozione del nostro territorio. La Puglia è lunga e bella e attraverso una corsa ciclistica congiungiamo e valorizziamo per intero la nostra regione".

"La nostra intenzione – ha commentato Francesco Tavaglione, Sindaco di Peschici – è quella di coniugare la pratica sportiva e la promozione delle nostre città. Questa intuizione, oggi, viene ampiamente confermata grazie al fondamentale sostegno del governo regionale"».

[*Comunicato stampa della Giunta regionale della Puglia*, 5 maggio 2017.]

16 maggio 2016
***Tappa 10*: Campi Bisenzio-Sestola di 216 km**

La tappa dei Comuni modenesi. «Per cogliere al meglio l'opportunità del passaggio del Giro d'Italia del 2016 nel territorio modenese, i 16 Comuni interessati hanno deciso di condividere un progetto di promozione unico, coordinato dalla Provincia, con iniziative che partiranno già in occasione delle prossime feste di Natale.

Le modalità del progetto sono state presentate il 5 novembre [*2015*], nel corso di un incontro al quale hanno partecipato Gian Carlo Muzzarelli, Presidente della Provincia di Modena, Sindaci e rappresentanti dei Comuni.

"Il Giro d'Italia – ha sottolineato il Presidente della Provincia – rappresenta un'occasione unica di **marketing territoriale**. Per questo abbiamo pensato di condividere un piano di iniziative coordinate tra tutti i Comuni, anche con un unico marchio, da sviluppare in vista del passaggio del Giro; le iniziative rappresentano tante tappe di avvicinamento all'evento con l'obiettivo di mettere in sinergia risorse e potenzialità di un territorio che con il ciclismo ha da sempre un rapporto molto profondo. A questo progetto – ha aggiunto Muzzarelli – si affianca anche un Piano della Provincia dedicato alla viabilità percorsa dal Giro".

"Il Giro d'Italia è una meravigliosa festa di popolo – conferma Giulio Guerzoni, Assessore allo Sport del Comune di Modena – e anche un formidabile strumento di **marketing territoriale**. Grazie al Giro si possono infatti ammirare le bellezze dei nostri territori e, più in generale, la corsa rosa rappresenta uno dei grandi eventi che, insieme a tante manifestazioni, fanno dello sport una delle leve sulle quali puntiamo per l'ulteriore sviluppo del turismo regionale".

Sestola, importante centro turistico dell'Appennino Modenese.

Come illustrato nel progetto [*della Provincia*] troveranno spazio incontri pubblici con i campioni del ciclismo, mostre itineranti, eventi sportivi dedicati ai ciclisti amatoriali lungo il tracciato del Giro, iniziative di promozione dell'uso della bicicletta e concorsi fino al 'Giro smartphone' dove il pubblico sarà coinvolto nel raccontare la propria esperienza del passaggio del Giro tramite lo smartphone.

La decima tappa del Giro d'Italia 2016, con arrivo nel centro di Sestola il 17 maggio, partirà da Campi Bisenzio e prevede un percorso di 216 chilometri, con quattro Gran premi della montagna, di cui due in territorio modenese a Pian del Falco e a Sestola. Il Giro entrerà nel territorio modenese a Montese e attraverserà Ponte di Samone, Marano, San Dalmazio, Serramazzoni, Pavullo, Polinago, Lama Mocogno, il ponte di Strettara, Montecreto e Fanano».

[subpanaro.net, *I Comuni si preparano alla promozione*, 6 novembre 2015.]

Le tappe delle Dolomiti trentine. «Quando la corsa rosa arriva tra le montagne, il Trentino risponde. La corsa più amata dagli italiani quest'anno farà tappa in Val di Fassa e, come già avvenuto nel 1978 e nel 1987, il traguardo finale sarà posto a Canazei. Il giorno dopo si ripartirà da Moena per affrontare una delle giornate più impegnative di questo centesimo Giro d'Italia [*2017*], la Moena-Ortisei. Il programma delle due tappe trentine è stato presentato in una conferenza stampa dagli amministratori locali.

24 maggio 2017
Tappa 17: Tirano-Canazei di 219 km

"Utilizzare gli strumenti di comunicazione predisposti per il Giro per portare nel mondo il brand del Trentino è una opportunità che non potevamo lasciarci sfuggire – ha detto l'Assessore provinciale al Turismo e Promozione, Michele Dallapiccola – nel turismo, la valutazione dei risultati del **marketing territoriale** è sempre ex post, ma in questo caso in termini di pernottamenti e di flussi finanziari sul territorio questo ritorno sarà immediato".

25 maggio 2017
Tappa 18: Moena-Ortisei/St. Urlich di 137 km

Filippo Debertol, Presidente del Comitato organizzatore locale, ha quindi presentato i più significativi eventi del ricco calendario organizzati dal Comitato, al lavoro da mesi, sottolineando ancora "la grande risposta degli operatori che hanno capito lo sforzo compiuto e l'importanza dell'appuntamento, tanto che in valle avremo il 70% delle strutture aperte".

Hanno quindi preso la parola i Sindaci dei due comuni coinvolti. "È un grande motivo di orgoglio per noi – ha detto Silvano Parmesani, Sindaco di Canazei – rappresentare il Trentino in occasione del Giro numero 100. Ci stiamo impegnando al massimo e sono convinto che otterremo un buon risultato".

Edoardo Felicetti, Sindaco di Moena, ha aggiunto che "in valle l'entusiasmo è alle stelle e noi vogliamo presentarci nella veste migliore".

Ortisei, il centro più importante della Val Gardena.

L'Assessore provinciale allo Sport, Tiziano Mellarini, ha concluso gli interventi ricordando che "non poteva mancare la montagna nel centenario del Giro d'Italia e quindi non poteva mancare il Trentino. Oltre al Giro il nostro territorio sarà interessato prossimamente da una importante kermesse, i Campionati giovanili, palestra dei futuri protagonisti del Giro d'Italia".

Per il Trentino ancora due giorni sotto i riflettori e le telecamere, le cui immagini andranno in tutto il mondo: nel 2016 l'audience complessiva mondiale relativa alla corsa rosa ha toccato gli 827 milioni di spettatori, mentre la copertura relativa all'Italia ha fatto registrare una media giornaliera di 1 milione e 753 mila telespettatori».

[Ufficio stampa Trentino marketing,
La corsa rosa nel cuore delle Dolomiti trentine, 15 maggio 2017.]

4 La gestione degli impianti sportivi

L'impianto sportivo. L'*impianto sportivo* è un luogo opportunamente attrezzato per lo svolgimento dell'attività sportiva; basta pensare a un campo da calcio, a una palestra, a una piscina, a un circolo tennis e così via.

L'impianto sportivo è un luogo opportunamente attrezzato per lo svolgimento dell'attività sportiva

Gli impianti sportivi comprendono le seguenti parti funzionali:
- gli spazi per l'attività sportiva (campi, piste, vasche);
- i servizi di supporto (spogliatoi, pronto soccorso, deposito attrezzi, uffici amministrativi);

- gli impianti tecnici (idrosanitario, riscaldamento, refrigerazione, ventilazione, illuminazione, emergenza, segnalazione, depurazione);
- gli spazi per il pubblico (posti per gli spettatori, servizi igienici, locale di pronto soccorso, parcheggi).

Nell'impianto sportivo possono essere previsti spazi finalizzati all'organizzazione sportiva come, per esempio, sedi di società o associazioni, aule didattiche, laboratori, sale da riunione, foresterie e uffici vari.

Inoltre, possono essere previsti spazi complementari per il ristoro, le attività ricreative o commerciali; si tratta di spazi non necessari allo svolgimento delle attività sportive ma, come vedremo, di fondamentale importanza per la gestione dell'impianto.

Il gestore di impianti sportivi dirige il funzionamento della struttura in modo manageriale

Il gestore di impianti sportivi. Oggi l'impianto sportivo deve essere gestito secondo regole manageriali; infatti, negli ultimi anni, il marketing, la gestione delle risorse e i meccanismi di fidelizzazione degli spettatori sono diventati elementi fondamentali in un contesto sempre più concorrenziale.

Il gestore di impianti sportivi dirige e coordina il funzionamento della struttura sportiva, in modo da garantirne l'efficienza organizzativa e assicurare il buon andamento del servizio. In particolare, il *gestore di impianti sportivi* sovrintende la gestione amministrativa, l'organizzazione del lavoro e il coordinamento del personale, la manutenzione dei locali e dell'attrezzatura, l'efficacia delle attività proposte e dei servizi. Garantisce inoltre che l'impianto risponda alle norme igienico-sanitarie e di sicurezza.

Il gestore di impianti sportivi può lavorare nell'ambito di strutture sportive di tutte le dimensioni, permanenti o stagionali, in qualità di imprenditore, collaboratore o dipendente, nel settore privato (per esempio nelle palestre) ma anche nel pubblico (per esempio negli impianti sportivi comunali).

Gli impianti sportivi possono essere di proprietà pubblica o privata

Impianti sportivi pubblici e privati. Gli impianti sportivi possono essere di proprietà pubblica o privata; ne consegue che:

- se l'impianto sportivo è di proprietà pubblica, si può avere la gestione pubblica o la gestione convenzionata degli impianti sportivi;
- se l'impianto sportivo è di proprietà privata, si può avere solo la gestione privata degli impianti sportivi.

La gestione pubblica degli impianti sportivi può essere una gestione pubblica diretta o con appalti

La gestione pubblica degli impianti sportivi. La gestione pubblica degli impianti sportivi può essere una gestione pubblica diretta o una gestione pubblica con appalti.

Con la *gestione pubblica diretta* l'intero programma di gestione è realizzato dalla PA, soprattutto dal Comune, con risorse finanziarie e con personale pubblico, mentre il servizio è erogato ai diversi soggetti che lo richiedono, senza che questi siano coinvolti nella gestione. Il soggetto pubblico provvede, quindi, a tutte le operazioni di conduzione, come per esempio, la guardiania, la pulizia, il funzionamento degli impianti tecnici, la manutenzione ordinaria e straordinaria. Con la gestione pubblica diretta provvede direttamente la PA sia a gestire la parte amministrativa, sia a decidere le forme di utilizzo dell'impianto (quale utenza servire, quali costi affrontare e così via).

Nel caso della *gestione pubblica con appalti* l'ente pubblico, proprietario e gestore dell'impianto sportivo, può avvalersi di appalti esterni per funzioni che non riesce ad assolvere con personale proprio. In questo caso, per esempio, il Comune continua a essere il proprietario e il gestore in prima persona e con piena responsabilità, ma decide di ricorrere a personale esterno o imprese esterne per attività come la conduzione degli impianti tecnici, la guardiania o le pulizie.

Con la gestione convenzionata degli impianti sportivi l'ente pubblico resta il proprietario dell'impianto, ma ne affida la gestione a un privato

La gestione convenzionata degli impianti sportivi. Si ha la *gestione convenzionata degli impianti sportivi* quando l'ente pubblico resta il proprietario dell'impianto ma, attraverso una specifica convenzione, ne affida la gestione a un soggetto privato con cui concorda le forme d'uso e di conduzione.

UNA LETTURA

Livelli di gioco di John McPhee

Il racconto di una partita vista dalle menti dei tennisti

John Angus McPhee, nato a Princeton (Stati Uniti) nel 1931, è un famoso scrittore e giornalista. È stato per quattro volte finalista del Premio Pulitzer, che ha vinto nel 1999.

Arthur Robert Ashe Jr. (Richmond, 10 luglio 1943 – New York, 6 febbraio 1993) è stato un tennista statunitense «di colore». Dotato di grandissimo talento, fra gli anni Sessanta e Settanta Ashe fu considerato il miglior tennista americano. Ashe vinse tre tornei dello Slam, tra cui Wimbledon nel 1975, e fu il primo afroamericano a giocare nella squadra statunitense di Coppa Davis, che vinse nel 1969. Ashe fu impegnato nelle lotte per i diritti civili e contro l'*apartheid* ed è ricordato anche per il grande contributo dato al volontariato.
Dopo alcuni gravi problemi cardiaci, la vita di Ashe subì una svolta tragica nel 1988 quando scoprì di aver contratto il virus HIV durante una trasfusione di sangue.
Arthur Ashe morì di AIDS il 6 febbraio 1993.

Clark Graebner (Cleveland, 4 novembre 1943) è stato un tennista statunitense «bianco». Dotato di un'eccezionale potenza fisica, Graebner si collocò sempre ai primi posti nei tornei e nelle classifiche dell'epoca. Fra i suoi successi vanno ricordati il doppio maschile al Roland Garros nel 1966 e la Coppa Davis nel 1968.

Arthur Ashe e Clark Graebner giocarono la semifinale del 5 settembre 1968 nell'US Open di Forest Hills. Fu una partita normalissima e per niente epica, ma diventò famosa perché, nel 1969, John McPhee scrisse *Livelli di gioco* (*Levels of the Game*) in cui racconta «quello» che veramente accadde quel giorno nelle menti dei due tennisti.
Livelli di gioco, di cui riportiamo un brano, ebbe un grande successo di pubblico e di critica.

«I piedi divaricati, le ginocchia leggermente flesse, Arthur Ashe lancia la pallina in alto e in avanti. Se la lasciasse scendere troppo, dice, "disegnerebbe una parabola, e ricadrebbe sull'erba a un metro dalla linea di fondo". [...] Dall'altra parte del campo il servizio tocca l'erba, si impenna e viene intercettato dal rovescio di Clark Graebner. Graebner ha già deciso che tattica adottare. Non forzerà più di tanto. Non cercherà la luna, si farà bastare le stelle. Intende limitarsi a "mandarla di là", e lasciar giocare Arthur. Tanto Arthur si abbassa le percentuali da solo, rischia sempre, spara tutto. Magari tira fuori un colpo pazzesco, poi ne sbaglia uno facile facile. Quindi l'unico modo per scuotere le sue certezze è tenere la palla in campo e aspettare che sbagli. [...] Graebner è nervoso. Si guarda i piedi con aria torva. Siamo a Forest Hills e stiamo guardando una semifinale del primo US Open della storia. Graebner e Ashe sono americani. Graebner è bianco e Ashe è nero. [...] Sono entrambi del 1943 e si conoscono da quando hanno tredici anni. Fra tornei, esibizioni e sedute di allenamento in giro per il mondo si sono trovati di fronte un numero non ricostruibile di volte. [...]
Nei turni di servizio dell'avversario, [*Graebner*] si fa da parte come per lasciare strada a una macchina più veloce: poi mantiene i suoi. Sia lui che Ashe parlano da soli. I tennisti lo fanno sempre, spesso ad alta voce, e a volte quello che dicono si sente anche dalle tribune. [...]
Dritto molto profondo sul rovescio di Ashe, che gli oppone un incrociato magnifico: incredibilmente fluido, finito in punta di piedi, con la massima apertura di braccia. Il rovescio di Ashe è una pietra miliare del tennis moderno. Graebner si innervosisce. "Eccoci. Arhur colpisce a tutto braccio". E quando Ashe lo fa, i suoi avversari, chiunque essi siano, cominciano ad agitarsi. [...]
Ashe pensa: "Santo cielo, Clark è un muro, a rete". [...]
[*Graebner pensa*] "Secondo me intorno ai ventotto anni Arthur si sposa e fa tre figli. Penso sia troppo intelligente per sposare una bianca. Sarebbe una seccatura e basta. Mettiamo che lo faccia, poi mi spieghi chi gli affitta una casa? Immagino che si troverà un posto molto carino, ma non riesco a capire dove. Non so dove vivono i manager neri, a New York. Non ne ho proprio idea. Boh".
[*Ashe pensa*] "Mi piacerebbe vivere per un po' in Europa. In Spagna o in Svezia. Sto uscendo con una tennista svedese. [...] Però in linea di principio preferirei una ragazza nera. È più semplice. Chissà dove sarò, di qui a vent'anni. In compenso, so dove sarà Graebner: a New York dove avrà iscritto i ragazzi alle scuole più esclusive".
"Match point" pensa Ashe. "Non forzare". Servizio micidiale di Graebner in rete, seconda [*palla*] sul rovescio di Ashe. Quella palla è la partita. Ashe apre. La tentazione è troppo forte. Colpisce con tutta la forza che ha. Gioco, partita, incontro per Ashe. Che finisce il colpo in punta di piedi, con le braccia aperte, verso il cielo».

[J. McPhee, *Livelli di gioco*, Adelphi, Milano, 2013, pp. 11-51 e 105-148.]

Lo scrittore John McPhee.

Arthur Robert Ashe.

Clark Graebner.

La *convenzione* è un atto contrattuale attraverso cui il proprietario (per esempio il Comune) e il gestore regolamentano le forme della gestione e concordano i reciproci livelli di responsabilità. In particolare, il gestore privato si assume il rischio economico della gestione stessa.

La convenzione deve regolamentare l'uso dell'impianto, gli oneri e i ricavi, le responsabilità, i tempi, i controlli, le penali e altre clausole particolari. La legge n. 289 del 2002 prevede che se un ente pubblico proprietario di un impianto sportivo vuole affidarne la gestione a terzi deve ricorrere, «in via preferenziale, a società sportive dilettantistiche delegando alle Regioni le modalità di affidamento». Il gestore convenzionato deve assicurare la piena fruibilità dell'impianto sportivo come strumento di servizio pubblico. La società sportiva, in questo modo, assume il duplice ruolo di utilizzatore dell'impianto e di responsabile della sua gestione.

La gestione privata degli impianti sportivi è relativa solo agli impianti privati

■ **La gestione privata degli impianti sportivi.** La *gestione privata degli impianti sportivi* è relativa solo agli impianti di proprietà privata. Va premesso che, per il momento, ci occupiamo solo degli impianti sportivi di modeste dimensioni, di cui sono proprietarie piccole società sportive.

Solitamente le società sportive gestiscono direttamente le loro strutture, che sono aperte ai giovani del territorio senza particolari formalità amministrative, tecniche o economiche. Come detto, si tratta quasi sempre di piccoli impianti, con limitati costi di costruzione e di gestione.

La gestione e l'organizzazione dell'attività sono svolte direttamente dalle società proprietarie, che gestiscono i loro impianti in modo da agevolare l'attività sportiva a tutti i livelli: formativo, agonistico, spettacolare e di mantenimento.

I ricavi degli impianti derivano dagli iscritti ai corsi, dalle tariffe applicate ad altre società che utilizzano l'impianto, dai biglietti del pubblico pagante, dalla pubblicità, dalla gestione dell'eventuale posto di ristoro e così via.

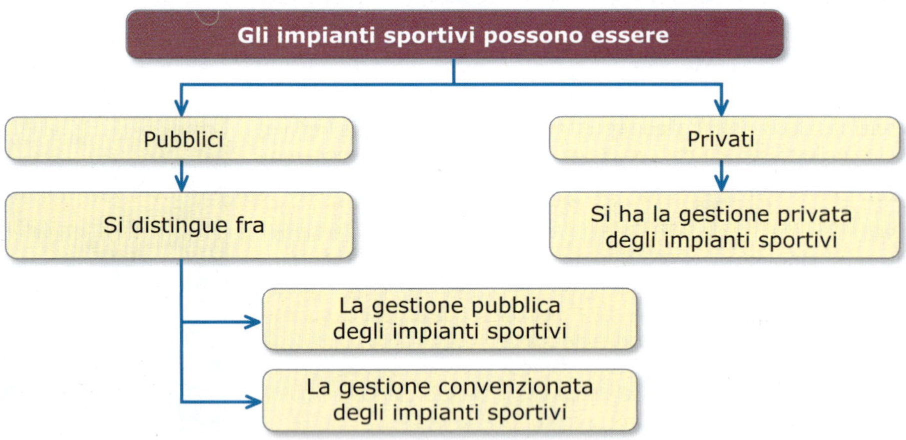

5 Lo stadio di proprietà

Lo stadio di proprietà è un indicatore fondamentale per determinare le potenzialità economiche di una società calcistica

■ **Un indicatore economico fondamentale.** L'impianto sportivo di proprietà, in particolare lo stadio, è uno dei principali indicatori per determinare le potenzialità economiche di una società sportiva.

Lo stadio di proprietà rappresenta per una società calcistica sia un modo per incrementare in modo esponenziale il brand, sia una risorsa fondamentale per aumentare le entrate.

Anzitutto, con lo stadio di proprietà, la società ottiene notevoli vantaggi sul bilancio, perché il valore economico dello stadio viene iscritto in bilancio nell'attivo dello stato patrimoniale e viene regolarmente ammortizzato.

Non solo. Lo stadio di proprietà permette alla società di acquistare un'autentica autonomia finanziaria e gestionale, perché sfrutta l'impianto in diversi modi: con l'affitto delle infrastrutture, con le entrate delle numerose attività commerciali, con l'aumento delle attività di marketing, con le sponsorizzazioni e il *naming*, con la pubblicità e così via.

Oltre allo svolgimento della gara, lo stadio di proprietà deve offrire anche numerosi servizi ausiliari che portano un notevole ritorno economico: bar, ristoranti, centri commerciali, ludoteche, servizi sanitari ed estetici, parcheggi e così via.

È significativo che i più importanti club calcistici europei abbiano il «loro» stadio: dal Barcellona al Bayern Monaco, dal Machester United al Real Madrid.

Fra questi, approfondiamo un caso decisamente virtuoso: l'*Emirates Stadium* dell'Arsenal di Londra.

CLIL **SPORT**

What is going on behind the scenes of a World Cup?

L'*Emirates Stadium* dell'Arsenal. Rispetto allo stadio di proprietà, uno dei maggiori esempi di successo è rappresentato dall'Arsenal, lungimirante club londinese che nel 2006 ha spostato la propria «casa» dallo storico stadio di Highbury al magnifico *Emirates Stadium*.

Come sappiamo il *naming* si ha quando lo sponsor sostituisce il proprio nome commerciale a uno stadio; in questo caso nel 2004 la società Arsenal ha venduto i diritti del nome dello stadio alla compagnia aerea *Emirates* dell'Emirato Arabo di Dubai, la più grande compagnia aerea del Medio Oriente e una delle più grandi al mondo.

Vista aerea dell'Arsenal Emirates Stadium.

Il club londinese ha realizzato il proprio impianto di proprietà grazie a un investimento di 391 milioni di sterline (oltre 450 milioni di euro), e ha saputo creare uno stadio modello che riesce a produrre reddito in modo continuativo grazie alla sua polifunzionalità; infatti, oltre alle partite di calcio, l'impianto ospita anche numerosi concerti, riunioni aziendali ed eventi di aziende sponsor, che pagano un affitto elevato per usufruire dell'ambita location.

L'*Emirates* è attualmente lo stadio più *sold out* d'Inghilterra, perché è sempre esaurito in ogni ordine di posti, nonostante i prezzi abbastanza alti, con i conseguenti ricavi che ne derivano.

Oltre che dall'aumento della capienza (dai 38 400 posti di Highbury ai 60 300 dell'*Emirates*), l'incremento dei ricavi da stadio è stato spinto anche dalla particolare attenzione riposta nella creazione di zone *hospitality* e di sedi di affari, alle quali è stato dedicato l'intero secondo anello dell'impianto. Si pensi che i soli ricavi annuali, derivanti da queste tipologie di posti, superano ampiamente la somma che il club riusciva a incassare ogni anno da tutti i posti a sedere del vecchio Highbury.

Ma l'abilità del management dell'Arsenal non si ferma qui; infatti il club ha costruito una zona residenziale e alcune palazzine adibite a uffici proprio dove, fino al 2004, sorgeva il vecchio stadio. La vendita e l'affitto di queste location, molto ambite perché si trovano in un «luogo sacro» per i tifosi dell'Arsenal, contribuisce di anno in anno a tenere attivo e costante quel flusso di ricavi ancora riconducibili al vecchio impianto.

Sintetizzando. L'*Emirates Stadium* dell'Arsenal è un esempio di lungimiranza strategica, abbinata a un investimento sicuramente oneroso ma altrettanto redditizio.

Gli stadi di proprietà in Italia. Nel calcio italiano, alla fine del 2018, le società con stadi di proprietà sono solo cinque:

- la Juventus;
- l'Udinese;
- l'Atalanta;
- il Frosinone;
- il Sassuolo (in realtà lo stadio non è del club ma dei suoi proprietari).

Nel calcio italiano le società proprietarie dello stadio sono solo cinque: Juventus, Udinese, Atalanta, Frosinone e Sassuolo

È evidente che esiste un divario da colmare con i maggiori movimenti calcistici europei, un divario non solo economico e strutturale, ma anche relativo alla fruizione dello stadio e all'ottimizzazione dei ricavi del *match day* e delle attività collaterali. Tutto questo è possibile solo in caso di stadio (e aree adiacenti) di proprietà.

A questo proposito, va ricordato che la FIGC e il Credito Sportivo hanno firmato nel 2016 una convenzione che mette a disposizione di «club, Comuni o privati proprietari o concessionari degli stadi» finanziamenti per 80 milioni di euro, con tassi di interesse agevolati nell'intento di riqualificare gli impianti. Tra l'altro la convenzione prevede:

- la concessione ai club del diritto di superficie a pagamento per 99 anni sull'area interessata da parte dei Comuni;
- che gli stadi siano ricostruiti a spese dei club senza la pista di atletica, completamente coperti e con capienza ridotta per migliorare la visibilità;
- la comodità garantita per gli spettatori e dotazioni di sicurezza all'avanguardia.

Questa iniziativa ha portato a un'infinità di idee, di percorsi e di progetti che, si spera, vengano concretizzati in un futuro prossimo.

Analizziamo ora il caso dello Juventus Stadium di Torino.

Lo Juventus Stadium. Lo Juventus Stadium di Torino è stato inaugurato l'8 settembre 2011, all'inizio della stagione 2011/2012.

In occasione dei Campionati mondiali di calcio del 1990, a Torino venne costruito il nuovo stadio Delle Alpi, capace di oltre 60 000 posti, esteticamente notevole ma con una visuale decisamente scadente al suo interno (anche a causa della pista di atletica).

Interno dello Juventus Stadium, in grado di ospitare 41 500 spettatori.

Il Delle Alpi è durato meno di vent'anni e al suo posto, mantenendo pochi elementi originari, è stato costruito lo *Juventus Stadium*, per il quale la società torinese ha sostenuto un investimento di 120 milioni (più 25 milioni per il diritto di superficie pagati al Comune di Torino).

Lo Juventus Stadium prevede una drastica riduzione dei posti, che permette di ottenere l'*effetto bomboniera*. I 40 000 posti dello Juventus Stadium sono un terzo in meno degli oltre 60 000 del Delle Alpi; in conseguenza di ciò, la prima fila di spettatori è a soli 7 metri dal campo di gioco e anche chi ha i posti più lontani si trova a meno di 50 metri dalla linea di porta.

Per quanto riguarda il *naming*, la società Juventus (per il periodo dal 1° luglio 2017 al 30 giugno 2023) ha venduto i diritti del nome dello stadio alla *Allianz*, cioè alla prima compagnia assicurativa del mondo (con sede a Monaco di Baviera) che ha già stipulato *naming* per gli stadi di Monaco, Sydney, Nizza, San Paolo e Vienna.

La Juventus sta usufruendo di notevoli benefici economici grazie alla costruzione del nuovo stadio. In particolare, con lo Juventus Stadium;

- la società bianconera può vantare una percentuale di riempimento che sfiora il 90% dell'impianto;
- sono notevolmente aumentati i ricavi da biglietti, passati dagli 11 milioni all'anno del 2010/2011 (ultima stagione col vecchio stadio) ai 58 milioni della stagione 2016/2017. A questo proposito va ribadito che, nonostante il notevole incremento delle entrate legate al nuovo stadio, il «botteghino» è solo la terza voce per ordine di importanza fra i ricavi della Juventus, perché pesa solo per un 15%. La «parte del leone» la fanno i «diritti tv e media» con il 55% del fatturato, seguiti dagli «introiti della pubblicità» che superano il 16%;
- sono aumentate le performance sportive; basta pensare che da quando è entrata nel nuovo impianto la Juventus ha sempre vinto il campionato, tanto da raggiungere nel 2018 il settimo scudetto consecutivo.

Il caso della Juventus conferma che più campionati si giocano con lo stadio di proprietà, più tende ad aumentare la distanza economica e sportiva con le altre società. Anche perché accanto agli stadi di proprietà crescono cittadelle commerciali, hotel, merchandising: un flusso di denaro che permette una migliore campagna acquisti e, di conseguenza, migliori risultati sportivi.

SINTESI

- Il **merchandising** ▶ **§1** è un'attività promozionale di vendita al dettaglio che utilizza un marchio sportivo per commercializzare sia prodotti legati allo sport, sia gadget di qualsiasi genere.

- Il **merchandising diretto** ▶ **§1** si ha quando l'attività di merchandising è svolta direttamente dalla società sportiva.

- Il **merchandising indiretto** ▶ **§1** si ha quando la società sportiva affida l'attività a un'impresa esterna, stipulando un contratto di merchandising.

- Con il **contratto di merchandising** ▶ **§1** una società sportiva, titolare in esclusiva di un marchio sportivo (*merchandisor*), in cambio di un corrispettivo in denaro, concede temporaneamente l'uso del marchio a un'impresa (*merchandisee*), che lo utilizza per vendere i suoi prodotti. Il contratto è atipico, oneroso, a prestazioni corrispettive e non formale.

- Il **marketing territoriale** ▶ **§2** è un valido strumento per migliorare il brand delle piccole e medie società di calcio professionistico.

- Per **marketing territoriale sportivo della PA** ▶ **§3** si intende quel complesso di attività che, utilizzando lo sport, cercano di aumentare la visibilità del territorio di un ente locale nel lungo periodo.

- Molti territori hanno aumentato la loro visibilità per essere stati scelti come **tappe del Giro d'Italia** ▶ **§3**. In particolare, abbiamo preso in esame le tappe che hanno coinvolto due piccoli Comuni pugliesi, alcuni Comuni modenesi e le Dolomiti trentine.

- L'**impianto sportivo** ▶ **§4** è un luogo opportunamente attrezzato per lo svolgimento dell'attività sportiva.

- Il **gestore di impianti sportivi** ▶ **§4** dirige il funzionamento della struttura in modo manageriale.

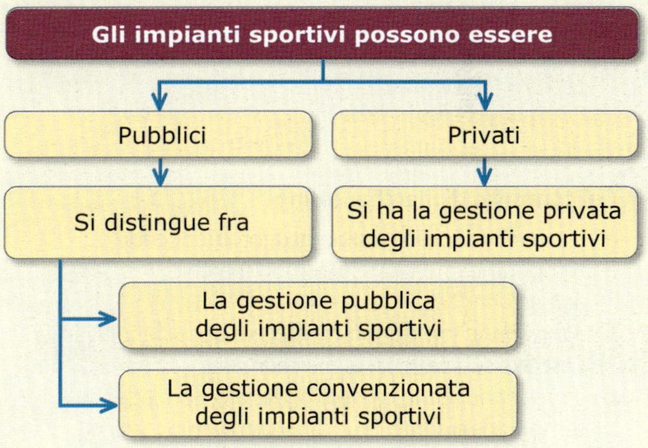

- Lo **stadio di proprietà** ▶ **§5** è un indicatore fondamentale per determinare le potenzialità economiche di una società calcistica. È significativo che i più importanti club calcistici europei abbiano il «loro» stadio; fra questi l'***Emirates Stadium* dell'Arsenal** ▶ **§5**.

- Le **società italiane proprietarie dello stadio** ▶ **§5** sono solo cinque: Juventus, Udinese, Atalanta, Frosinone e Sassuolo.

- Per lo **Juventus Stadium** ▶ **§5**, inaugurato nel 2011, la società torinese ha sostenuto un investimento di 120 milioni. Lo Juventus Stadium ha fatto anche aumentare le performance della Juventus.

VERIFICA LE TUE CONOSCENZE

1 ***Risolvi le seguenti scelte multiple indicando la risposta esatta fra quelle possibili.***

A Quando l'attività di merchandising è svolta dalla società sportiva si ha

- il merchandising diretto **1**
- il merchandising indiretto **2**
- il contratto di merchandising **3**

B È una squadra proprietaria dello stadio

- il Milan **1**
- l'Inter **2**
- la Juventus **3**

1 **Col contratto di merchandising**

a il *merchandisor*, in cambio di denaro, concede temporaneamente l'uso del suo marchio al *merchandisee*
b il *merchandisor*, gratuitamente, concede definitivamente l'uso del suo marchio al *merchandisee*
c il *merchandisee*, in cambio di denaro, concede temporaneamente l'uso del suo marchio al *merchandisor*
d il *merchandisee*, gratuitamente, concede definitivamente l'uso del suo marchio al *merchandisor*

2 **Il merchandising è nato**

a negli Stati Uniti
b in Inghilterra
c in Francia
d in Germania

3 **Il contratto di merchandising è**

a gratuito
b oneroso
c tipico
d formale

4 **Per migliorare la visibilità delle piccole società è opportuno**

a il co-marketing
b il marketing strategico
c il marketing operativo
d il marketing territoriale

5 **Gli impianti sportivi di proprietà privata devono avere una gestione**

a pubblica
b pubblica convenzionata
c pubblica con appalti
d privata

6 **Il valore economico dello stadio di proprietà viene iscritto in bilancio**

a nell'attivo dello stato patrimoniale
b nel passivo dello stato patrimoniale
c nell'attivo del conto economico
d nel passivo del conto economico

MISURA LE TUE ABILITÀ

2 ***Risolvi i seguenti quesiti vero o falso e motiva la tua risposta.***

1 **Il merchandising diretto si ha quando l'attività è svolta dalla società sportiva**

VERO ☐ **FALSO** ☐

PERCHÉ ______________________________

____

2 **Nel merchandising il *merchandisee* concede l'uso del suo marchio al *merchandisor***

VERO ☐ **FALSO** ☐

PERCHÉ ______________________________

____

3 In Italia il merchandising è ostacolato dal mercato dei prodotti contraffatti

VERO ☐ FALSO ☐

PERCHÉ ______________________________

____

4 Il marketing territoriale migliora il brand delle piccole società calcistiche

VERO ☐ FALSO ☐

PERCHÉ ______________________________

____

5 La PA può attivare politiche di marketing territoriale sportivo per aumentare la visibilità

VERO ☐ FALSO ☐

PERCHÉ ______________________________

____

6 Il valore economico dello stadio di proprietà viene iscritto in bilancio nell'attivo

VERO ☐ FALSO ☐

PERCHÉ ______________________________

____

3 ***Completa la tabella che segue.***

Società	Stadio di proprietà
Udinese	(1)
Milan	(2)
Atalanta	(3)
Inter	(4)
Frosinone	(5)

ALLENA LE TUE COMPETENZE

4 ***Sulla base di quanto hai imparato in questa unità, rispondi ai seguenti «casi».***

1 **Riconoscere l'importanza del Giro d'Italia come strumento di marketing territoriale, in base all'errore di un politico.**

Si sta svolgendo il Consiglio comunale di una splendida cittadina affacciata sul mare. Il leader dell'opposizione è agguerrito: «Voi della maggioranza non siete mai riusciti a fare arrivare una tappa del Giro d'Italia sul nostro lungomare. Un evento che farebbe aumentare la visibilità del luogo con positivi effetti sul turismo».
Il Sindaco risponde: «Basta polemiche. Non abbiamo bisogno di ostentare la bellezza del nostro paesaggio. I turisti ci conoscono e le spiagge e gli alberghi sono sempre pieni!».

▸ ***Il Sindaco sottovaluta l'importanza del Giro d'Italia come strumento di marketing territoriale. Cosa ne pensi?***

____

____

____

2 **Valutare l'importanza economica dello stadio di proprietà della tua squadra del cuore, riflettendo su un'opinione discutibile.**

Sei tifoso dalla nascita di uno dei club più prestigiosi del calcio italiano. Finalmente la società ha deciso di costruire il suo stadio di proprietà. Stai guardando un servizio televisivo che illustra il progetto, e resti dubbioso su una frase dell'architetto responsabile dei lavori: «La capienza dello stadio aumenterà notevolmente rispetto all'impianto attuale. Naturalmente questo comporterà un sensibile aumento delle entrate societarie!».

▸ *Perché un aumento della capienza dello stadio non comporta necessariamente un aumento degli incassi?*

____

____

____

Riprendiamo il dibattito

Dopo aver studiato l'unità, prepara il tuo punto di vista per continuare il dibattito iniziato in apertura di lezione (▸ *La parola a te!*).

La squadra di calcio della tua città milita in Serie B. Nella segreteria lavora tua cugina: «Il Presidente ha deciso che la nuova politica di merchandising sarà gestita dalla sottoscritta. È una grande responsabilità!».

▸ ***Il Presidente vuole promuovere una politica di merchandising diretto o indiretto?***

- Partendo da quanto sopra affermato, esegui a casa una ricerca online e consulta il tuo libro di testo per preparare una breve tabella che contenga gli elementi principali dell'argomento trattato e che ti aiuti a esporre il tuo punto di vista.
- Con l'aiuto della tabella, partecipa al dibattito che il docente avvia in aula.

A CASA 1 ORA
IN AULA 20 MINUTI

What Is Going on Behind the Scenes of a World Cup?

«Develop the game, touch the world, build a better future» (the three pillar of FIFA's mission)

IN THIS MODULE YOU WILL

- **Learn** some keywords of the sport marketing world
- **Understand** how FIFA promotes and protects its brand
- **Practice** your English through oral and written exercises

WARM UP

PAIR WORK

Answer the following questions.

- What is the FIFA World Cup and why is it so important?
- In your opinion, is marketing a strategic field for FIFA or not?

KEYWORDS

Associate the following keywords with their definitions.

Brand **marketing** **ambush marketing** **sport business industry**

a .... It is the management process through which people are encouraged to buy a product or a service or, simply, the sales promotion of a product.

b .... It is the totality of the companies and the activities involved in the process of organizing sport competitions, in order to sale related goods.

c .... Talking about sport, it is the name, logo, anthem, emblem given to a team or a sport organization that asserts its own identity.

d .... A marketing technique in which products are connected with a brand in the customers' minds, without paying sponsorship fees to the brand owner.

READING

1 *In the following text you will find out how FIFA promotes its marketing and protects its brands. Complete the text with the keywords.*

The FIFA World Cup represents one of the most effective global .... platforms, offering sponsors huge opportunities to connect with consumers. In fact, according to a study conducted by FIFA itself on a sample of 1.5 billion people, the 64 percent claims to be FIFA World Cup fans (even if only the 46 percent say they are football fans). But the most attractive aspect for market players all over the world is that FIFA World Cup reaches audience of such a size and diversity which are unrivalled by any other major international event.

In order to meet the needs of sponsors, partners and regional supporters, FIFA constituted a special division, named «FIFA Marketing», in which sixty professionals, covering a wide range of fields of expertise within the sport .... , work on five objectives: a) defining sponsors rights packages; b) promoting FIFA events; c) managing premium hospitality at FIFA events; d) developing innovative marketing programmes; e) managing brand identity, ensuring a consistent and aspirational brand image.

Concerning this latter aspect, it is marketing division's responsibility to give the corporate .... a visual identity that is instantly recognizable in all corners of the world: this is why the .... has continuously evolved, driven by the changing role that football plays in the world. In addition to the corporate .... , the marketing team also works on developing unique and distinctive event brands, including official trophy, emblem, slogan and mascot.
Marketing doesn't concern only creation and innovation but includes also brand protection: since the FIFA World Cup is the world's largest single sporting event and its key brands are universally known, investing time and resources to protect them is of paramount importance. For this reason, one of the major aims of the marketing team is to prevent the so-called .... , a practice that can be defined as prohibited marketing activities which try to take advantage of the huge interest of an event by creating a commercial association without the event organizer's authorization.

2 *Mark the following sentences as true or false.*

- **a** All FIFA World Cup fans are also football supporters.
- **b** «FIFA Marketing» involves sixty professionals with different expertise.
- **c** Brand identity is of secondary importance in nowadays global market.
- **d** FIFA had to take measures to protect its own brands from misuse.

LISTENING

TRACK 3

In the following audio file, you will hear about FIFA licensing and its two longest partners. Listen to the file and then complete the following sentences.

- **a** Panini and Electronic Arts are the two .... FIFA partners.
- **b** A copy of the 1970 FIFA World Cup sticker album, signed by .... , has been sold for more than £ 10.000.
- **c** Electronic Arts was the first video games company that bought .... from FIFA.
- **d** Licensing is a .... of the FIFA marketing division.

SPEAKING

PAIR WORK

Answer the following questions.

- **a** Why is FIFA World Cup so attractive for market players?
- **b** What is ambush marketing and why does FIFA work hard to prevent it?
- **c** Which are the two long-time partners of FIFA and which is the way they promote the World Cup brand all around the world?
- **d** How many people works in «FIFA Marketing» and what are they focused on?

INTERESTING FACT

It is perhaps not generally known that the FIFA world cup, which is the trophy that all the national football teams strive to win just once, exists in a single original (crafted by the Italian artist Silvio Gazzaniga in 1972) and can only be seen in very special occasions, such as the final award ceremony: not even the winner is allowed to get it home, but receives a copy instead, simply engraved with the details of the tournament.
It has been not always so, though: following a rule not applied to the current cup, the previous tournament trophy, known as the Jules Rimet Cup, had been permanently awarded to Brazil for their historic third FIFA World Cup victory in 1970.

La **pubblicità** è al servizio del **consumatore**?

La pubblicità deve essere uno strumento di informazione, che aiuta il consumatore nelle scelte d'acquisto

Come sappiamo, le imprese ricorrono alla pubblicità per incrementare le vendite e ampliare la loro quota di mercato; solitamente questo avviene senza tenere in considerazione gli interessi dei consumatori.
L'articolo che riportiamo (Marco Morino, *Il Sole-24 Ore*, 30 marzo 1994) sottolinea la nascita del primo «polo» italiano della creatività, che auspica un'evoluzione della pubblicità in modo che questa diventi uno strumento di informazione per il consumatore.

1 MILANO – Il mondo della pubblicità sta entrando nella Terza Repubblica: la prima era quella di Carosello, la seconda quella dei favolosi anni Ottanta con il boom dei consumi e l'esplosione delle tv commerciali che hanno avuto un effetto moltiplicatore sulla pubblicità, la terza costringerà a un profondo ripensamento della comunicazione pubblicitaria. «Basta con le favolette camuffate da spot; bisogna avvicinarsi alla realtà di tutti i giorni».
Aldo Biasi e Gavino Sanna, due campioni della creatività *made in Italy*, provano a leggere nella sfera di cristallo della pubblicità. E si accorgono che il mondo è cambiato e che ai pubblicitari è richiesta maggiore responsabilità che in passato. Perché i consumatori sono più attenti e smaliziati e i produttori più coscienziosi.
Nel mondo delle agenzie Sanna e Biasi hanno provocato un vero e proprio terremoto: dopo aver abbandonato i rispettivi posti di comando [...], hanno deciso di unire le forze e di fondare un'agenzia tutta loro: la Sanna & Biasi. La nuova struttura fa parte di un grande *network* internazionale (6 mila addetti, agenzie sparse in oltre 40 Paesi del mondo) specializzato nella comunicazione d'impresa. «Con la nostra unione – commenta Biasi – è nato il primo "polo" italiano della creatività. Ci siamo accorti che il pubblico è stufo di imbonitori e di venditori di fumo. Con la nostra agenzia abbiamo voluto lanciare un messaggio molto chiaro al mercato (aziende e consumatori): la Sanna & Biasi sarà un marchio di qualità, una sorta di certificazione per lo spot da lanciare in tv o per l'inserzione da pubblicare sul giornale. Il pubblicitario diventerà garante della bontà della comunicazione».

> Il pubblicitario deve vendere un prodotto correttamente

2 «Il compito dei pubblicitari – osserva Sanna – e soprattutto dei creativi, cioè di coloro che "inventano" le campagne, non è quello di far divertire gli spettatori o di far parte del grande spettacolo dei media come è accaduto in passato. Il pubblicitario deve vendere un prodotto correttamente».
E i valori attorno ai quali dovrà ruotare la pubblicità classica sono tre: «Trasparenza, responsabilità e vicinanza al consumatore, che non si deve sentire accerchiato dagli spot. E in questo processo di cambiamento diventa essenziale il ruolo del creativo. Ecco perché abbiamo deciso di lavorare insieme».

3 «E invece – prosegue Biasi – la pubblicità deve essere vissuta come uno strumento d'informazione che aiuta il consumatore nelle scelte d'acquisto. È chiaro che anche la comunicazione pubblicitaria, e i pubblicitari che la realizzano, devono sforzarsi di presentare messaggi più seri, rigorosi. Ma anche questo rientra tra gli obiettivi della nostra nuova agenzia».

4 «Se poi guardiamo le cifre – aggiunge Biasi – scopriamo che gli investimenti complessivi in attività di comunicazione (pubblicità classica, promozioni, sponsorizzazioni, *direct marketing*) sfiorano i 20 mila miliardi di lire [*più di 10 miliardi di euro*]. E questa torta resta costante negli anni. Semmai si è registrato uno spostamento di risorse dalla pubblicità alle altre forme di comunicazione. E allora possiamo concludere così: il compito del "polo" creativo Sanna & Biasi sarà quello di riportare entro i confini della pubblicità classica quelle risorse che sono state destinate altrove».

Quando la **pubblicità** mise d'accordo **Bartali** e **Coppi**

La leggendaria rivalità fra Bartali e Coppi viene superata dalla pubblicità, che riesce a far pace fra i due campioni

Gino Bartali (Ponte a Ema, 1914-Firenze, 2000), professionista dal 1934 al 1954, vinse tre Giri d'Italia e due Tour de France, oltre a numerose corse in linea, fra cui quattro Milano-Sanremo e tre Giri di Lombardia. Famosa è rimasta la sua vittoria al Tour de France del 1948 che, secondo molti storici, contribuì ad allentare il clima di tensione sociale nel Paese dopo l'attentato subito da Palmiro Togliatti (segretario del Partito comunista italiano).

> La rivalità fra Bartali e Coppi divise l'Italia del dopoguerra

Angelo Fausto Coppi (Castellania, 1919-Tortona, 1960), professionista dal 1939 al 1959, vinse cinque volte il Giro d'Italia e due volte il Tour de France. Fra i suoi numerosi successi nelle gare in linea vanno ricordate le tre vittorie alla Milano-Sanremo e le cinque al Giro di Lombardia. Coppi fu campione del mondo su strada nel 1953 e ottenne grandi risultati anche nel ciclismo su pista, dove fu primatista dell'ora (con 45,798 chilometri) dal 1942 al 1956.

La leggendaria rivalità fra Gino Bartali e Fausto Coppi divise l'Italia del secondo dopoguerra, anche per le presunte diverse posizioni politiche incarnate dai due campioni.
Negli anni Cinquanta, soltanto la pubblicità riuscì a mettere d'accordo i due campioni, che facevano persino fatica a parlarsi. Un vero e proprio miracolo, reso possibile dal «dado per brodo Arrigoni», come mostra lo spot pubblicitario *Un amichevole incontro tra due compagni*, che in quegli anni veniva trasmesso nelle sale cinematografiche.

Lo spot pubblicitario

Bartali e Coppi sono seduti al tavolo di un ristorante insieme a un amico.
Anche a tavola inizia lo scontro verbale fra i due eterni rivali, che si rinfacciano vittorie ed episodi ciclistici. Il clima si surriscalda, tanto che il malcapitato amico deve subire di tutto: prima Coppi gli butta una torta in faccia, poi Bartali gli versa una bottiglia di vino addosso…
Mentre i due campioni sono ormai vicini alla rissa, arriva il cameriere con una zuppiera contenente del brodo preparato col «dado Arrigoni», che viene offerto a Bartali e Coppi.
Miracoli della pubblicità!
Bartali inizia ad assaggiare il brodo: «Però… è buono… è davvero buono!».
Coppi col cucchiaio ancora in mano: «Sarà sicuramente una porcheria se piace a te!». Poi assaggia il brodo: «Però devo dirlo… è veramente buono … è squisito!».
L'amico si rivolge al cameriere: «Ma cosa c'è in questo brodo che finalmente è riuscito a metterli d'accordo?».
Il cameriere: «Il nostro brodo è fatto con il famoso dado di carne Arrigoni!».
Parte poi lo slogan finale:
Brodo per campioni con dadi Arrigoni!

A. Delli Colli e A. Giovannini, *Un amichevole incontro tra due compagni*.

1. Nell'articolo si afferma che «i consumatori sono più attenti e smaliziati e i produttori più coscienziosi». Cosa ne pensi?
2. La pubblicità si serve di vari strumenti: televisione, radio, giornali, Internet. A tuo parere qual è il più efficace?
3. Ti ritieni condizionato, e se sì in che misura, dalla pubblicità?
4. Uno spot semplicissimo, ma con due grandi personaggi. Pensi che lo spot di Bartali e Coppi sarebbe efficace ancora oggi?

Commenta e rifletti intorno alla (o alle) tesi di fondo avanzate nei due testi proposti, facendo emergere il tuo punto di vista.

L'organizzazione di un evento sportivo

TRAGUARDI DI COMPETENZA

COMPETENZE CHIAVE PER L'APPRENDIMENTO PERMANENTE

- Competenza alfabetica funzionale
- Competenza digitale
- Competenza personale, sociale e capacità di imparare a imparare
- Competenza in materia di cittadinanza
- Competenza imprenditoriale

COMPETENZE DISCIPLINARI

- Conoscere le caratteristiche del marketing degli eventi sportivi
- Saper collegare il tema del marketing a quello della comunicazione e delle sponsorizzazioni
- Sapersi esprimere nel linguaggio tecnico del Diritto e dell'Economia
- Trasferire le conoscenze acquisite nel corso del tema in competenze digitali

MATERIE COINVOLTE

- Italiano
- Diritto ed economia dello sport

CONTESTO DI REALTÀ

La tua classe ha il compito di organizzare e pubblicizzare un evento sportivo che sostenga la raccolta fondi a favore di un ente no profit.

Sarà quindi necessario, con l'aiuto dell'insegnante, delineare la tipologia dell'evento (per esempio, giochi a squadre, un torneo di tennis, una corsa) per scegliere, di conseguenza, la location in proporzione all'evento e al budget a disposizione, gli sponsor che dovranno garantire la copertura economica e delineare il programma che verrà condiviso con i diversi media tramite un comunicato stampa.

FASE 1

LAVORO PRELIMINARE

Consegne operative

- Sotto la supervisione dell'insegnante si decide il nome e la tipologia dell'evento sportivo e l'associazione no profit a favore della quale l'evento si svolgerà.
- L'insegnante divide la classe in due gruppi (gruppo A e gruppo B), a ciascuno dei quali saranno affidate alcune fasi dell'organizzazione dell'evento, e invita ciascun gruppo a ricercare in rete alcune *best practice* che possano offrire gli spunti utili per svolgere la parte di progetto affidata.

Vincoli di realizzazione: durata 1 ora.

Risorse: libro di testo e consultazione online.

FASE 2

LAVORO A CASA E PREDISPOSIZIONE DELLE PRESENTAZIONI DA MOSTRARE IN AULA

Consegne operative

- Il gruppo A provvede alla scelta della location di cui dovrà descrivere pregi ed elementi che hanno fatto optare per tale scelta in funzione del tipo di evento da organizzare (preparando 2-3 slide utili alla presentazione in aula).
- Il gruppo A inoltre sceglie lo sponsor in linea con l'evento organizzato (preparando 2-3 slide utili alla presentazione in aula).
- Il gruppo B prepara il programma dell'evento e stila una lista di potenziali ospiti in linea con l'evento creato (preparando 2-3 slide utili alla presentazione in aula).
- Il gruppo B inoltre prepara il comunicato stampa da far pervenire ai giornali e alle TV locali e da diffondere attraverso i social media (preparando un file word che contenga il comunicato stampa).

Vincoli di realizzazione: durata 2 ore per l'attività di ciascun gruppo.

Risorse: libro di testo e consultazione online, PPT, word.

FASE 3

PRESENTAZIONE DEL PRODOTTO DA REALIZZARE E CONFRONTO IN CLASSE

Consegne operative

- In aula, l'insegnante coordina l'attività dei due gruppi e organizza la presentazione delle diverse fasi di organizzazione dell'evento.
- Il gruppo A illustra alla classe la location e gli sponsor scelti, mettendo in luce, attraverso la presentazione in PPT, gli elementi che hanno fatto optare per un luogo e uno sponsor specifico.
- Il gruppo B illustra alla classe il programma dell'evento, completo degli ospiti e presenta il comunicato stampa da far pervenire ai media.
- Il docente modera un breve confronto e dibattito sui prodotti realizzati.

Vincoli di realizzazione: durata 15 minuti per la presentazione di ciascun gruppo, 30 minuti per l'attività di coordinamento e il dibattito.

Risorse: pc, tablet o videocamera per eventuale registrazione.

CRITERI DI VALUTAZIONE

1	Conoscenza delle caratteristiche del marketing degli eventi sportivi
2	Saper collegare il tema del marketing a quello della comunicazione e delle sponsorizzazioni
3	Padronanza linguistica, comprensiva dei linguaggi tecnici del diritto e dell'economia
4	Trasferimento delle conoscenze acquisite nelle unità in competenze digitali
5	Padronanza degli strumenti espressivi per gestire la comunicazione in vari contesti
6	Capacità di iniziativa, di gestire le complessità, di lavorare in modo autonomo e in team
7	Rispetto dei vincoli
8	Utilizzo delle risorse esterne

TABELLA DI AUTOVALUTAZIONE

	Sì	No	In parte	Perché?
Ho eseguito le consegne in modo autonomo ed efficace				
Ho gestito le relazioni con i compagni seguendo le regole e nel rispetto reciproco				
Ho progettato il lavoro autonomamente				
Ho saputo lavorare in gruppo				
Ho rispettato i tempi di consegna				

TEMA **F**

I MEDIA E LE PROFESSIONI NELLO SPORT

F1 I media nello sport

A te la parola!

Prima della diffusione dei social media, ci si trovava nei bar e locali per lunghe discussioni sportive. Adesso navighi nel tuo social preferito e interagisci con gli altri tifosi, scambiando aneddoti, pareri, previsioni e scommesse.

5 MINUTI

▶ *Cosa ne pensi dello sport sui social?*

Con l'aiuto dell'insegnante e in piccoli gruppi prova a esporre il tuo punto di vista.

1 La nascita della radio

L'invenzione della radio è frutto di una serie di esperimenti, realizzati alla fine dell'Ottocento

La nascita della radio. L'invenzione della radio è frutto di una serie di esperimenti, realizzati alla fine dell'Ottocento, che dimostravano la possibilità di trasmettere informazioni tramite le onde elettromagnetiche. A questo proposito vanno ricordate le scoperte dello scozzese James Maxwell, che studiò il carattere ondulatorio della luce, l'elettricità e il magnetismo, e del tedesco Heinrich Hertz, che riuscì a produrre sperimentalmente le onde elettromagnetiche.

Guglielmo Marconi.

Utilizzando le onde hertziane, Guglielmo Marconi (1874-1937), Premio Nobel per la fisica nel 1909, effettuò una serie di esperimenti a Sasso Marconi (Bologna) fra il 1894 e il 1895, grazie ai quali riuscì a scoprire la telegrafia senza fili via onde radio.

In breve tempo vengono poi impiantate le stazioni radio di Roma, Napoli, Milano e Palermo. Con la nascita della radio diventa possibile una rivoluzionaria forma di comunicazione, dispersa nello spazio ma immediata nel tempo.

■ **L'EIAR e la «diretta».** In seguito a un regio decreto del 1923, il 27 agosto 1924 a Torino nacque l'Unione Radiofonica Italiana, che nel 1927 venne trasformata dal governo fascista in *Ente Italiano per le Audizioni Radiofoniche* (EIAR).

Nel 1927 nasce l'EIAR mentre già vengono trasmesse le prime radiocronache dirette

Con la diffusione della radio vennero trasmesse anche le prime trasmissioni sportive e, ben presto, una grande novità: la *radiocronaca diretta*, che permetteva agli appassionati di seguire le competizioni in tempo reale. Risale al 25 ottobre 1928 la prima radiocronaca diretta di una partita di calcio (Italia-Ungheria).

La radio è uno straordinario veicolo di comunicazione per lo sport, e la «diretta» rappresenta una rivoluzione in termini di fruizione dell'evento sportivo: le notizie, le opinioni e i punti di vista vengono raccontati al momento. Per la prima volta l'ascoltatore viene messo direttamente a contatto con ciò che sta accadendo ai protagonisti, all'interno della manifestazione.

■ **L'uso propagandistico della radio.** Negli anni Trenta la radio vive la sua stagione d'oro, e sembra ormai netta la supremazia della radio sulla stampa, dovuta a diversi fattori.

Negli anni Trenta la radio viene utilizzata come strumento di propaganda politica anche in campo sportivo

Anzitutto, la velocità con cui l'informazione radiofonica può coprire un fatto politico, di cronaca o di sport, fino a raggiungere la simultaneità con lo svolgersi dell'evento stesso.

In secondo luogo, non va dimenticato l'uso propagandistico della radio da parte del potere politico, che lo utilizza come mezzo per collegare governanti e cittadini; un esempio è rappresentato dalle storiche «conversazioni al caminetto» del Presidente Franklin D. Roosevelt con il popolo americano.

Anche lo sport rientra in questa propaganda ideologica, basta ricordare le radiocronache delle Olimpiadi di Berlino del 1936, che furono organizzate dal nazismo per mostrare al mondo la presunta superiorità della razza ariana (come si è visto nell'unità A4).

■ **La radio emoziona...** Soprattutto nello sport la radio è un mezzo di comunicazione «caldo», dotato di una grande forza di coinvolgimento, grazie a una narrazione dei fatti caratterizzata dal suono e dal tono della voce di chi racconta l'evento.

La radio trasmette un grande coinvolgimento emotivo soprattutto nello sport

Fortissima è l'emotività che viene trasmessa nel raccontare l'evento sportivo. «Emozione» è una voce che emerge dagli effetti di uno stadio gremito, «emozione» è il calore e il ritmo con cui la cronaca si sviluppa. Naturalmente l'emozione può essere trasmessa solo se è vissuta. Un radiocronista emoziona solo se è a sua volta emozionato, dunque coinvolto nell'evento narrato.

Un altro aspetto tipico della radiocronaca è che l'ascoltatore non vede l'evento sportivo, ma lo «sente»: il presupposto di una radiocronaca sportiva è sollecitare l'immaginario dell'ascoltatore, trasferirlo idealmente su una tribuna, rendendo il racconto aderente alla realtà. La voce che narra quindi assolve più compiti: inquadra la zona di campo interessata dall'azione (come un operatore televisivo), può allargare il suo sguardo sugli spalti e dunque operare una scelta (come un regista), può trasformare la sequenza in racconto (come un montatore), oppure può tornare indietro con la descrizione includendo più dettagli o un gesto tecnico, spiegando il tutto come se ci fosse una moviola immaginaria.

Oltre a raccontare lo sviluppo della gara, il radiocronista sportivo deve trasferire agli ascoltatori l'atmosfera che si respira in uno stadio, per esempio nel caso di un'azione particolarmente entusiasmante.

Va sottolineato che, attraverso la radio, lo sport viene impiegato anche per scopi pubblicitari, perché il binomio «prodotto-racconto del gesto atletico» diventa un abbinamento vincente.

■ **La RAI.** Nel 1954 nasce la *Radio Televisione Italiana* (RAI) che unisce l'informazione radiofonica con quella televisiva.

Nel 1954 nasce la RAI che unisce l'informazione radiofonica con quella televisiva

Enrico Ameri, la prima voce della trasmissione radiofonica *Tutto il calcio minuto per minuto* dal 1960 al 1991.

L'avvento della televisione affianca ma non cancella l'importanza dell'informazione radiofonica, soprattutto in campo sportivo.

Facendo un viaggio a ritroso nella radiofonia sportiva italiana, vanno ricordati numerosi programmi sportivi di grande successo. Fra questi, nel 1960 su Radiouno prese vita uno spazio radiofonico chiamato *Tutto il calcio minuto per minuto*, che trasmetteva in diretta le partite del Campionato di calcio di Serie A con veloci e simultanei collegamenti dai campi di gioco. Quelle radiocronache, opportunamente interrotte da ogni cambiamento di risultato sugli altri campi, hanno segnato lungamente la domenica pomeriggio degli italiani e le «voci storiche» della trasmissione (Nicolò Carosio, Enrico Ameri, Sandro Ciotti, Roberto Bortoluzzi) vengono tuttora ricordate con grande affetto dai radioascoltatori dell'epoca.

2 La televisione e lo sport

Il rapporto fra sport e televisione inizia nel 1939

Sport e televisione. Il rapporto fra sport e televisione inizia il 17 maggio 1939, quando negli Stati Uniti viene teletrasmesso per la prima volta un incontro di baseball, mentre risale alla fine degli anni Cinquanta il boom del sistema televisivo europeo.

Il calcio è tra le attrazioni di grande richiamo nelle prime trasmissioni televisive in bianco e nero.

Successivamente l'Eurovisione e la Mondovisione, inaugurata in occasione delle Olimpiadi di Tokyo nel 1964, sanciscono l'affermazione definitiva del mezzo di comunicazione televisivo.

Lo sport si presta in maniera eccellente all'uso televisivo: se lo sport garantisce il massimo di telegenia, la televisione garantisce il massimo di spettacolarità. Gli avvenimenti sportivi, per le loro peculiarità, come gli spazi ben delimitati dei campi di gioco e i tempi predeterminati delle manifestazioni, si rivelano ottimali per sviluppare ed esaltare la caratteristica fondamentale della televisione: la visione diretta.

Lo sport come veicolo pubblicitario. All'inizio il rapporto tra televisione e sport è paritetico: la televisione rappresenta uno strumento di promozione dello sport, mentre lo sport è uno dei tanti avvenimenti da teletrasmettere. L'interesse reciproco fa sì che, inizialmente, le cifre pagate per assicurarsi i diritti per la trasmissione di manifestazioni sportive siano decisamente modeste.

Negli anni Sessanta aumenta l'audience dello sport, che diventa un formidabile veicolo pubblicitario

Solo negli anni Sessanta il sistema televisivo si rende conto che lo sport costituisce un formidabile veicolo di audience. Da quel momento in poi lo sport diventa una vera e propria attività economica. Le imprese produttrici di beni e servizi, appartenenti ai settori più disparati, si accorgono che le riprese televisive sportive consentono una prolungata e ripetuta esposizione di denominazioni, marchi e immagini, con effetti di risonanza ben più efficaci delle tradizionali tecniche di promozione. Lo sport diventa quindi uno degli interlocutori privilegiati dalle imprese come veicolo pubblicitario, ottenendone in cambio un notevole guadagno economico.

La connessione tra sport e televisione dà origine a un nuovo complesso produttivo che agisce su altri settori economici

Un nuovo complesso produttivo. Il rapporto economico tra sport e televisione si estende così ad altri mercati attraverso una molteplicità di legami. La connessione tra sport e televisione dà origine a un nuovo e unico *complesso produttivo*, da cui scaturiscono effetti economici per molti altri settori dell'economia.

I settori economici coinvolti possono essere raggruppati in due grandi categorie:

- i *mercati della trasmissione*, cioè il mercato pubblicitario e il mercato degli spettacoli televisivi e dei diritti televisivi;
- i *mercati correlati*, cioè il mercato delle sponsorizzazioni delle società e dei singoli atleti, il mercato degli articoli sportivi, dell'abbigliamento e dei beni e servizi

connessi all'attività sportiva, il mercato degli spettacoli sportivi e degli impianti sportivi.

Riconoscendo nello sport un eccellente veicolo pubblicitario, le televisioni fanno a gara per acquistare in esclusiva il *diritto di trasmissione*. In conseguenza di ciò si ha un aumento delle entrate delle società sportive per i diritti televisivi che, a sua volta, si riflette sul mercato degli atleti professionisti che percepiscono retribuzioni maggiori.

CLIL SPORT
Premier League TV's rights

La connessione tra sport e televisione provoca effetti economici sui

Mercati della trasmissione | Mercati correlati

Con la pay-TV il consumatore-spettatore paga un abbonamento a tema sportivo

La pay-TV. Alla metà degli anni Ottanta, nella maggior parte dei Paesi dell'Europa occidentale nascono le televisioni private, spesso come pay-TV, che spezzano il monopolio della televisione pubblica. Da quel momento la concorrenza fra reti televisive fa lievitare i prezzi per i diritti di trasmissione dei principali eventi sportivi.

La televisione (pubblica e privata) a sua volta migliora la qualità e la quantità della sua offerta sportiva per «fidelizzare» il consumatore-spettatore, che paga o un canone televisivo nel caso della RAI oppure un abbonamento a tema sportivo nel caso delle pay-TV.

Il binomio televisione-sport produce quindi un numero sempre maggiore di telespettatori che, influenzati dal messaggio televisivo, diventano acquirenti di beni e servizi e mettono in moto un meccanismo espansivo dei consumi. In altri termini, l'efficacia della campagna di marketing sportivo aumenta le vendite delle imprese inserzioniste e sponsorizzatrici sui loro mercati finali.

Il settore televisivo modifica sia i regolamenti sia i calendari sportivi

Lo sport e le «esigenze televisive». Le pressioni delle emittenti televisive sulle federazioni sportive nazionali modificano sia i regolamenti sia i calendari sportivi: le discipline e gli avvenimenti sportivi dipendono ormai dalle «esigenze televisive».

Fra le trasformazioni dei regolamenti sportivi ricordiamo l'introduzione del *tie break* nel tennis e nella pallavolo, per ridurre la lunghezza delle gare che diventano così più avvincenti.

Fra le modifiche degli orari dei singoli avvenimenti sportivi basta ricordare che, alle Olimpiadi di Seoul nel 1988, di Sydney nel 2000 e di Pechino nel 2008, la maggior parte delle finali di atletica leggera venne disputata di mattina per esigenze televisive, in contrasto con le esigenze degli atleti che, per motivi fisiologici, realizzano i loro migliori risultati nel pomeriggio.

A questo proposito non va dimenticato il cosiddetto «spezzatino», con cui le televisioni allungano la durata degli eventi. Per esempio, fino qualche anno fa, le nove partite di una giornata del campionato della Serie A di calcio si svolgevano tutte alle 15.00 della domenica, e rappresentavano un unico spettacolo di un paio d'ore; attualmente le esigenze televisive hanno «moltiplicato» tali eventi, perché la giornata di campionato si spalma sull'intero week-end. Si gioca alle 18.00 e alle 21.00 del sabato, alle 12.30, alle 18.00 e 21.00 della domenica e solo le restanti gare si disputano al «vecchio» orario delle 15.00 della domenica.

Il passaggio dalla televisione analogica a quella digitale ha ulteriormente aumentato la domanda di sport televisivo

Dall'analogico al digitale. Anche il progresso tecnologico ha aumentato la concorrenza televisiva: il passaggio dalla televisione analogica a quella digitale ha portato alla nascita di una moltitudine di nuove emittenti nell'Unione europea.

Il nuovo contesto audiovisivo, e in particolare la televisione pagata «a consumo», ha accentuato l'interesse per i grandi eventi sportivi portando a un ulteriore aumento della domanda di sport televisivo.

UN ARTICOLO

La riforma della distribuzione dei diritti televisivi nella Serie A

La distribuzione dei diritti televisivi fra le squadre della Serie A di calcio è da sempre oggetto di forti tensioni fra i vari club.
L'articolo riprodotto (Federico D'Ascoli, *Il Resto del Carlino*, 14 ottobre 2017) fa riferimento a una proposta di riforma, che dovrebbe avvantaggiare i piccoli club rispetto alle squadre più ricche e titolate. Un'autentica rivoluzione per il calcio italiano!

Il Resto del Carlino

Diritti tv della serie A: c'è la riforma
Più soldi alle piccole, meno alle big

La questione è quella, delicatissima, dei diritti televisivi: una torta che da noi vale poco meno di 1,2 miliardi di euro e che da sola rappresenta il 58% del fatturato dei club. Finora la spartizione delle risorse ha seguit [1] principi della legge Melandri. [1] a parte fissa e una serie di percentuali legate a varie caratteristiche dei club, dai meriti sportivi al bacino d'utenza. Una legge che dalla settimana prossima sarà modificata con la riforma voluta dal ministro per lo Sport Lotti e che sarà inserita nel Def, il Documento di economia e finanza del governo.

L'OBIETTIVO è ridimensionare nettamente la sproporzione tra chi punta allo scudetto e chi, più modestamente, sogna la salvezza. Il differenziale tra la prima e l'ultima in classifica in Italia oggi è di 4,7 a 1. In pratic [2] vince il tricolore dai diritti tv [2] assa quasi cinque volte più di quello che tocca a chi lascia la serie A con la maglia nera. Oltre Manica, invece, tra i campioni del Chelsea e i retrocessi del Sunderland il rapporto, nella scorsa stagione, è stato appena di 1,6 a 1. La riforma Lotti dovrebbe uniformare la parte fissa a quella dei campionati top portando chi non ha una bacheca piena di trofei ma indovina la grande stagione.
Togliere ai ricchi per dare ai poveri, dicevamo. Volendo quantificare, in base agli ultimi bilanci disponibili, la Ju [3] tus (che quest'anno percepir [3] 07 milioni) potrebbe rinunciare a una cifra vicina ai 14 milioni, quasi 10 invece quelli «tagliati» a Inter e Milan (che oscillano intorno agli 80 milioni). A guadagnarci tutte le piccole, naturalmente, a partire dall'Atalanta che grazie alla qualificazione in Europa League si sarebbe trovata oltre 6 milioni in che grazie a risultati e spettatori allo stadio riscuoterebbero oltre 3 milioni in più.

PIÙ IN GENERALE una distribuzione più omo [4] a delle risorse televisive pot [4] e mettere in condizione le squadre meno titolate di giocarsela con i giganti del calcio globalizzato. Un campionato con più equilibrio, più incertezza che punta anche a solleticare l'interesse del mercato estero: di recente i diritti sono stati ceduti per 370 milioni a stagione, quasi il doppio dell'accordo precedente. Ma Premier e Liga spagnola,

1 La questione è quella, delicatissima, dei diritti televisivi: una torta che da noi vale poco meno di 1,2 miliardi di euro e che da sola rappresenta il 58% del fatturato dei club. Finora la spartizione delle risorse [...] prevedeva una parte fissa e una serie di percentuali legate a varie caratteristiche dei club, dai meriti sportivi al bacino d'utenza. Una legge che dalla settimana prossima sarà modificata con la Riforma Lotti [*Ministro per lo sport*].

2 L'obiettivo è ridimensionare nettamente la sproporzione tra chi punta allo scudetto e chi, più modestamente sogna la salvezza. Il differenziale tra la prima e l'ultima in classifica in Italia oggi è di 4,7 a 1. In pratica chi vince il tricolore dai diritti tv incassa quasi cinque volte più di quello che tocca a chi lascia la serie A con la maglia nera [*ultimo posto*]. In Inghilterra, invece, tra i campioni del Chelsea e i retrocessi del Sunderland il rapporto, nella scorsa stagione, è stato appena di 1,6 a 1.
[*In Italia*] il totale diviso tra le venti squadre non sarà più il 40% ma il 50%, restano invariati i meriti sportivi che valgono il 30% ma dando meno peso alla storia e ai titoli dei club e più ai risultati dell'ultimo campionato. Completamente rivoluzionato il concetto di bacino di utenza, che oltre ad avere un'incidenza minore, il 20%, sarà legato a criteri oggettivi come gli ascolti televisivi e le presenze allo stadio.

3 Togliere ai ricchi per dare ai poveri dicevamo. Volendo quantificare, in base agli ultimi bilanci disponibili, la Juventus (che quest'anno percepirà 107 milioni) potrebbe rinunciare a una cifra vicino ai 14 milioni, quasi 10 invece quelli «tagliati» a Inter e Milan (che oscillano intorno agli 80 milioni). A guadagnarci tutte le piccole, naturalmente [...].

4 [...] una distribuzione più omogenea delle risorse televisive potrebbe mettere in condizione le squadre meno titolate di giocarsela con i giganti del calcio globalizzato. Un campionato con più equilibrio, più incertezza che punta anche a solleticare l'interesse del mercato estero: di recente i diritti [*della Serie A*] sono stati ceduti per 370 milioni a stagione [...]. Ma Premier inglese e Liga spagnola, tanto per fare due esempi, ricevono 1,3 miliardi e 680 milioni.

3 Lo sport nella carta stampata

Negli ultimi decenni del XIX secolo nascono i primi giornali e le prime riviste sportive

I primi giornali sportivi. Negli ultimi decenni del XIX secolo nascono i primi giornali e le prime riviste sportive.

Lo sport inizia a rappresentare oggetto di interesse nell'Italia unita intorno al 1880, quando si assiste a una crescita della dimensione della corporeità fisica, della natura sociale dell'esercizio fisico e delle innovative tecniche di allenamento. Nascono le prime scuole di ginnastica e, nel 1878, l'Educazione fisica diventa una materia obbligatoria nella scuola elementare (come si è visto nell'unità A4).

Connesse con il diffondersi di questa nuova passione, ecco le prime riviste sportive. Più che di riviste sportive sarebbe meglio parlare di manuali. Si tratta infatti di giornali di Educazione fisica: *La Ginnastica* è il primo, nel 1861, a cui seguiranno *La Ginnastica in Italia* e *Il Ginnasta*. Sotto un altro versante sportivo, con la nascita del *Bollettino Trimestrale del Club Alpino di Torino*, nel 1865, vengono sottolineate le imprese più nobili e pure dell'alpinismo.

Nel 1890 *Il Resto del Carlino* di Bologna costituisce un'autonoma redazione sportiva, e nello stesso anno escono i primi esempi di foglio sportivo, tutti dedicati al ciclismo, lo sport più in voga dell'epoca: *Il Ciclo* e *Il Ciclista* a Milano, *La Tripletta* a Torino. Dalla fusione di questi ultimi due, il 3 aprile 1896, nasce a Milano *La Gazzetta dello Sport*, il primo giornale in Europa a trattare tutte le discipline sportive. Il primo numero uscì in 20 000 copie, costava 5 centesimi di lira ed era stampato su carta verde, che diventerà rosa nel 1899. Il giornale aveva cadenza bisettimanale (lunedì e venerdì) pronto a raccontare gli avvenimenti del fine set-

La prima pagina della *Gazzetta dello Sport* del 15 aprile 1918.

timana e del giovedì, i giorni più ricchi di eventi sportivi. Lo sport dominante del giornale era naturalmente il ciclismo, in seguito trovarono spazio anche il calcio, la pallacanestro, il nuoto, la ginnastica, l'atletica e il tennis.

Durante il ventennio fascista i giornali sportivi ebbero un grande successo

La stampa sportiva nell'era fascista. Con l'avvento della Prima guerra mondiale la produzione della stampa sportiva subì una frenata, ma non un arresto: cambiarono i toni e gli argomenti dei giornali sportivi, che continuarono però a uscire.

Nel primo dopoguerra si ebbe il boom dei giornali e delle riviste sportive; in particolare, durante il fascismo, uscirono numerosi mensili di nuova edizione, tanto che ogni sport cominciò a trovare i propri protagonisti nella carta stampata. Le gesta di Alfredo Binda, Gino Bartali e Fausto Coppi nel ciclismo, di Tazio Nuvolari nel motociclismo e nell'automobilismo, di Primo Carnera nel pugilato venivano raccontate con accurate analisi tecniche da parte delle prime «grandi firme del giornalismo sportivo», esperti dell'arte di raccontare lo sport come Leone Boccali, considerato anche il primo «statistico» dello sport.

Nel secondo dopoguerra la carta stampata si afferma come il primo media a livello mondiale anche nello sport

Le potenzialità della carta stampata. Nel secondo dopoguerra la carta stampata si afferma come il primo media a livello mondiale anche nello sport.

Va infatti sottolineata la grande potenzialità dell'*approfondimento* all'interno delle pagine di un quotidiano o di un periodico. È vero che anche la radio e la televisione hanno questa possibilità, ma raramente viene sfruttata pienamente, a causa dei problemi legati ai tempi tecnici (i programmi televisivi e radiofonici hanno una durata prestabilita).

Nel mondo della carta stampata l'oggetto della notizia non è più l'avvenimento in sé, ma ciò che esso significa nell'immaginario del pubblico; questo fatto determina l'impiego di tecniche in grado di valorizzare questo immaginario, prima fra tutte lo stile della scrittura. Potremmo anche dire che, nella carta stampata, il giornalista sportivo racconta delle illusioni e deve trovare la giusta armonia fra i dati e le immagini, fra le classifiche e gli eventi sportivi. Si tratta di un esercizio di equilibrio, per fare conoscere ai lettori degli «eventi» che questi hanno già sentito alla televisione o alla radio, ma che sulla stampa devono apparire come nuovi.

È vero che l'evento sportivo, raccontato su carta, è più debole rispetto all'immediatezza di un'appassionata radiocronaca o delle immagini televisive, ma è altrettanto vero che la semplice cronaca di una partita o di un evento sportivo non soddisfa pienamente il lettore di un giornale sportivo, che non vuole solo leggere, ma vuole sapere il punto di vista del giornalista (per identificarsi o per criticare).

A partire dagli anni Cinquanta fra le notizie sportive prevalgono quelle relative al calcio

La «calcistizzazione». Lo sport acquista così sempre più importanza all'interno del panorama delle news italiane e, soprattutto al lunedì, le sezioni sportive dei quotidiani non specializzati diventano sempre più corpose.

A partire dagli anni Cinquanta, nel nostro Paese, fra le notizie sportive prevalgono quelle relative al calcio; in questi anni inizia un vero e proprio processo di «calcistizzazione» nella società italiana.

Non solo carta... Per semplificare, in questo paragrafo abbiamo identificato il giornale con la «carta stampata». In seguito all'evoluzione tecnologica, oggi i giornali cartacei sono affiancati dai giornali online, facilmente consultabili sulla rete (come vedremo nei prossimi paragrafi).

4 Il giornalista sportivo

Il giornalista sportivo riferisce sugli eventi sportivi utilizzando diversi media (radio, televisione, carta stampata e Internet)

Il giornalista sportivo. Il giornalista sportivo riferisce sugli argomenti e gli eventi sportivi utilizzando diversi media (radio, televisione, carta stampata e Internet).

La figura professionale del giornalista assume un ruolo sempre più importante nell'industria sportiva, in particolare in quella calcistica. Si può affermare che il calcio è diventato un fenomeno di costume dopo che il giornalismo lo ha introdotto nelle nostre case, con un'abile e sempre più curata comunicazione, raccontando aneddoti e leggende, in un intreccio quasi epico, affascinante e altamente coinvolgente.

Il giornalista sportivo deve avere una profonda conoscenza delle discipline sportive, perché è impossibile raccontare lo sport senza conoscerlo, e deve possedere ottime competenze relazionali e linguistiche, a livello di comunicazione scritta e parlata.

Non solo. Il giornalista deve costruire un suo «stile» che gli permette di «trasformare la cronaca dell'avvenimento in retorica dell'avvenimento», facendo emergere i diversi significati di un evento e offrendoli all'immaginario collettivo dei lettori.

In particolare, il giornalista sportivo si occupa di:

- seguire gli eventi sportivi per tracciare il resoconto e farne la cronaca per il pubblico;
- intervistare gli sportivi e raccogliere informazioni;
- riferire i resoconti sugli avvenimenti sportivi, i rapporti con i rappresentanti dei mass media, le relazioni pubbliche e la promozione delle attività sportive;
- organizzare dibattiti e incontri pubblici.

Per diventare giornalista professionista è necessario superare un esame di idoneità professionale

Come si diventa giornalista? È naturale che un ruolo professionale così delicato necessiti di un percorso di formazione pensato per soddisfare le esigenze del mercato dell'informazione.

Per diventare *giornalista professionista* (sportivo o no) è necessario superare un esame di idoneità composto da una prova scritta e una orale. Una volta superato l'esame è possibile iscriversi all'Ordine dei giornalisti professionisti.

Per accedere all'esame di stato, l'aspirante deve prima compiere un periodo di preparazione professionale detto *praticantato*, che si può svolgere in due modi:

- il primo tipo di praticantato dura 18 mesi, richiede il possesso di un diploma di scuola media superiore, e prevede l'assunzione presso la redazione di un giornale quotidiano o periodico, un telegiornale, un giornale-radio, un sito di informazione, un ufficio stampa e così via. Oltre al lavoro-studio in redazione, il praticante deve frequentare un corso di formazione riconosciuto dall'Ordine dei giornalisti;
- il secondo tipo di praticantato viene svolto frequentando una delle Scuole di giornalismo biennali a numero chiuso riconosciute dall'Ordine dei giornalisti. Queste Scuole sono, di fatto, master universitari che richiedono il possesso preliminare di una laurea triennale. Frequentare una Scuola di giornalismo biennale ha il vantaggio di affiancare alla preparazione «pratica» un approfondimento teorico-professionale più strutturato e una preparazione di livello universitario anche in materie come l'Economia e il Diritto.

UNA LETTURA

La finale Italia-Brasile del 1970 di Gianni Brera

Gianni Brera, il giornalista che reinventò il linguaggio del calcio

Gianni Brera, all'anagrafe Giovanni Luigi (San Zenone al Po, 1919-Codogno, 1992), è stato un grande giornalista sportivo italiano, famoso per l'abilità nell'assegnare soprannomi e per aver introdotto numerosi neologismi in ambito calcistico. Brera reinventò il linguaggio del calcio con vocaboli come «contropiede», «goleada», «forcing», «incornare», «rifinitura» e così via.

Nel brano che segue Brera racconta, o meglio «narra», una partita storica: la finale di Coppa del Mondo Rimet vinta dal Brasile sull'Italia per 4 a 1, giocata allo Stadio Azteca di Città del Messico il 21 giugno 1970.

Gianni Brera.

«Signori, siamo per la terza volta in finale alla Coppa del Mondo Rimet. L'altra finalista è il Brasile, che di finali ne ha già disputate tre vincendone due. Italia e Brasile possono dunque aggiudicarsi la Coppa intitolata all'ideatore francese del campionato mondiale [*la Coppa Rimet venne definitivamente assegnata nel 1970 al Brasile, vincitore di tre campionati del mondo*]. [...]

Nel primo tempo segnano i brasiliani con Pelè al 18' e pareggia Boninsegna al 37'. La nostra difesa è visibilmente smarrita per la mancanza di un apprezzabile filtro a centrocampo. Pelè si lascia cadere da un ramo di mango al quale sembrava appeso per incornare un traversone di Rivelino da sinistra. Lo stacco è tale che Burgnich arriva appena alla sua faccia con il pugno destro buttato all'indietro. L'impatto di Pelè è invece normale e dicono i tecnici più severi che un portiere deve uscire, sui cross, oppure trovare il piazzamento per salvarsi da un'incornata alta: solo se l'avversario schiaccia la palla a terra è scusabile un portiere. Ma questo si dice dopo, e prima si sapeva benissimo che Albertosi era cotto. [...]

Il gol di Pelè nella partita Italia-Brasile.

Il pareggio di Boninsegna è casuale. Il confidente Piazza si lascia toglier palla e Boninsegna deve quasi dribblare Riva per infilare Felix.

Finisce 1 a 1 e si insiste a sperare. [...]

Ahimè, nella ripresa la squadra affonda pian piano. La silura Gerson da fuori al 66': e Albertosi è decisamente nelle nuvole. Poco dopo, al 71', Pelè scarta tutti e porge benignamente di lato a Jairzinho, che non può esimersi dal 3 a 1. Poi parte Carlos Alberto e nessuno lo affronta: arriva a tiro e spara un destro omicida, che Albertosi non vede neanche. [...]

Un istante prima del 4 a 1 è entrato Rivera con l'animo del rassegnato. Ovviamente non ha potuto nulla. Eravamo già in clima di melina. Giusto così, pensavamo noi tutti. Per i poveretti che noi siamo, è già molto essere arrivati così in alto».

[G. Brera, *Storia critica del calcio italiano*, Bompiani, Milano, 1975, pp. 404-406.]

Va precisato che, a fianco del giornalista professionista, un importante ruolo è svolto dal *pubblicista*, che scrive articoli su quotidiani e riviste senza aver mai affrontato l'esame di giornalista professionista.

Il giornalista sportivo è un *opinion leader* nel mondo dello sport

■ **Il ruolo di *opinion leader*.** Il giornalista sportivo è un vero e proprio *opinion leader* nel mondo dello sport.

Attraverso i suoi interventi su quotidiani, riviste specializzate, siti Internet, blog e trasmissioni televisive, il giornalista esprime opinioni e giudizi relativi al mondo sportivo e ai suoi protagonisti.

Con il suo comportamento il giornalista sportivo ha la capacità di influenzare masse di appassionati, sia nel bene sia nel male. Va sottolineato come il vero tifoso, di una squadra o di un singolo atleta, sia meno recettivo alle opinioni negative espresse rispetto ai semplici spettatori sportivi.

Il giornalismo sportivo funge anche da catalizzatore rispetto alla *pubblicità* che si basa sulle performance sportive, perché le opinioni espresse dal giornalista possono esaltare o sminuire uno specifico risultato raggiunto, con inevitabili conseguenze sul mercato pubblicitario (come si è visto nell'unità E2).

Il fotografo sportivo è specializzato nella ripresa di eventi sportivi

Il fotografo sportivo. Il fotografo sportivo è specializzato nella ripresa di eventi sportivi, nella realizzazione di servizi fotografici per singoli atleti e squadre e nella creazione di book fotografici sportivi.

Il fotografo sportivo deve conoscere bene lo sport che vuole fotografare, per sapere quali sono le angolazioni e gli scatti migliori. Per un fotografo entusiasta sarà più facile catturare la vera essenza del gesto sportivo, perché l'istinto naturale aiuta a riconoscere i momenti che meritano di essere «immortalati».

Un fotografo sportivo sa che la velocità è tutto. Il momento in cui il pallone gonfia la rete, il ringhio sul volto di un cestista mentre schiaccia, la plasticità di un ginnasta al culmine di un'evoluzione, sono i momenti che un bravo professionista deve essere in grado di «fermare», per riprendere nel modo migliore l'evento a cui assiste.

La fotografia sportiva richiede non solo eccellenti competenze fotografiche, ma anche notevoli capacità relazionali perché il fotografo interagisce con diverse persone: dagli atleti che deve fotografare ai professionisti con cui collabora (per esempio i giornalisti sportivi).

Durante le manifestazioni esistono delle zone riservate ai fotografi. Per potervi accedere, occorre ottenere un'autorizzazione da parte dell'organizzazione, che fornisce pass e pettorine. Più è importante l'evento sportivo, maggiore è la difficoltà di ottenere l'accredito. Per esempio, occorre essere in possesso del tesserino da giornalista più l'iscrizione all'USSI (Unione Stampa Sportiva Italiana) per la richiesta di accredito come fotografo per le gare di Formula 1 o per le partite di calcio di Serie A.

5 Lo sport in Internet

Internet permette di assistere agli eventi sportivi in una nuova forma

Internet e lo sport. Oggi il rapporto fra sport e media non riguarda solo la radio, la televisione e i giornali, che vengono affiancati da altri mezzi di diffusione digitali (computer, smartphone, tablet e così via).

Lo sviluppo di Internet è tale che lo spettatore della rete non solo può vedere in diretta partite e gare online di alta qualità, ma assiste a tali eventi in una forma del tutto nuova.

Esistono decine di portali dedicati non solo al calcio, ma a ogni sport (basket, ciclismo, tennis, motociclismo, automobilismo...). Per esempio, alcune discipline poco seguite dal pubblico italiano si sono conquistate, grazie a Internet, un loro spazio e un numero di appassionati in continua crescita.

Una premessa: il Web 2.0. È opportuno fare una premessa, per chiarire che cosa si intende con frasi del tipo «generazione 2.0», «scuola 2.0», «sport 2.0»...

Il Web 1.0 (diffuso durante gli anni Novanta) era composto prevalentemente da siti Web statici, senza alcuna possibilità di interazione con l'utente, a parte la normale navigazione ipertestuale tra le pagine, l'uso delle e-mail e dei motori di ricerca.

Il termine *Web 2.0* (apparso nel 2005) indica la seconda fase di sviluppo e diffusione di Internet, caratterizzata da una forte interazione tra sito e utente: si ha una maggiore partecipazione dei fruitori, che spesso diventano anche autori (blog, chat, forum), una più efficiente condivisione delle informazioni e, soprattutto, l'affermazione dei social media.

La diffusione di Internet ha reso inscindibile il binomio fra sport e digitale

Il binomio fra sport e digitale. La diffusione di Internet e dei suoi servizi interattivi ha rappresentato una vera e propria rivoluzione tecnologica e socioculturale, nonché uno dei motori dello sviluppo economico mondiale nell'ambito dell'*Information Communication Technology* (ICT).

Questa rivoluzione ha reso inscindibile il binomio fra sport e digitale. I nuovi strumenti di comunicazione online (i siti Web, i blog, le chat, i social media) hanno favorito una nuova trasmissione dei messaggi, che si caratterizzano per essere condivisi in tempo reale, interattivi e senza filtri tra mittente e destinatario.

Anche nello sport è nato un nuovo modo di comunicare: interattivo, immediato, dal forte impatto emotivo e ottimizzato dal Web, perché i contenuti vengono resi facilmente fruibili dagli utenti sportivi.

Attraverso i suoi applicativi, per esempio, il Web consente alle società sportive di relazionarsi efficacemente con interlocutori diversificati. In particolare, ogni società sportiva può realizzare un «avvicinamento» personalizzato nei confronti di molteplici soggetti. In questo senso, quindi, il Web non è soltanto un mezzo di comunicazione, ma un vero e proprio strumento di marketing per la fidelizzazione dei tifosi (come si è visto nell'unità E2).

Oltre alla normale trasmissione dell'evento sportivo, Internet è infatti in grado di creare uno «spettacolo nello spettacolo». Per esempio, in attesa o dopo il fischio d'inizio, si può utilizzare la rete per accedere agli ultimi aggiornamenti, per leggere le news sul proprio campione preferito, per consultare statistiche e classifiche, per vedere foto e filmati.

La struttura del sito Web sportivo si compone di alcune sezioni standard

■ **Il sito Web sportivo.** Seppur con alcune variabili di tipo grafico o di layout, la struttura del tipico *sito Web sportivo* si compone di alcune sezioni standard, che andiamo a esaminare utilizzando come esempio il sito di una società calcistica.

Home page. È la prima pagina che si apre quando si digita l'indirizzo Web; questa schermata offre una panoramica dell'intero sito, aiutando il tifoso nelle prime ricerche.

News. È l'area dinamica del sito, all'interno della quale, per esempio, sono raccolte le principali notizie riguardanti la società calcistica.

Area acquisti. È l'area in cui l'utente sportivo può servirsi della biglietteria online oppure effettuare acquisti attraverso l'*e-commerce.*

Area statistiche. È la sezione del sito contenente tutte le statistiche relative alla squadra e ai singoli giocatori: risultati storici, presenze individuali, squalifiche, reti fatte e subite, assist e così via.

Organico. È l'area del sito in cui viene inserito, oltre allo staff tecnico, l'organico della prima squadra e del settore giovanile.

Organigramma societario. È una sezione che precisa sia la forma giuridica del club calcistico (società per azioni, società a responsabilità limitata), sia il curriculum dei membri che rivestono cariche sociali.

Contatti. Attraverso questa sezione il tifoso può comunicare direttamente con la società, naturalmente attraverso opportuni filtri di sicurezza.

Angolo community. È l'area con il più alto coefficiente di interazione, costituita da portali di discussione (come forum e live chat, direttamente inseriti nella struttura del sito) o dalla connessione diretta con i profili social ufficiali della società.

L'informazione sportiva digitale comporta la partecipazione diretta dei tifosi

■ **L'informazione nel «Calcio 2.0».** Internet permette una grande interattività, che rende protagonisti gli amanti dello sport, trasformandoli da spettatori a commentatori. Pensiamo ai numerosi blog sportivi, nei quali gli appassionati possono raccontare le proprie impressioni su sportivi, tecnici e... arbitri. I tifosi possono scambiare le opinioni non solo con amici e conoscenti, ma anche con persone che vivono in altri continenti e che condividono la passione per lo sport.

Ai giorni nostri, in cui il Web rappresenta il principale veicolo di interconnessione tra le persone, il mondo della comunicazione, specialmente in ambito calcistico, comporta una «nuova» informazione sportiva. Questa, infatti, si configura come marcatamente partecipativa e, di conseguenza, porta l'utente-tifoso a seguire le vicende sportive della squadra del cuore (e non solo), proiettandolo direttamente all'interno di quello che può essere definito il «Calcio 2.0».

■ **Alcuni siti sportivi.** Ricordiamo alcuni siti sportivi generalisti presenti nel panorama italiano.

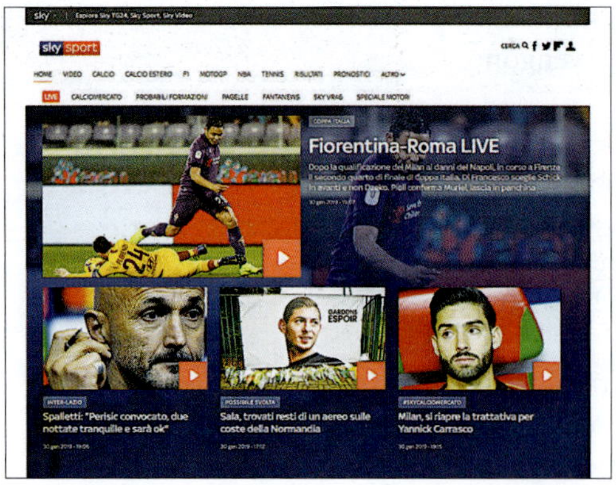

Home page del sito Sport.Sky.it.

- Eurosport.Yahoo.com: è un sito molto intuitivo, veloce e facilmente navigabile. Approfondisce tutti gli sport, con articoli scritti dalla competente redazione di Eurosport e con notizie sempre aggiornate in tempo reale.
- Gazzetta.it: riporta gratuitamente tutte le notizie de *La Gazzetta dello Sport* in versione online, con articoli scritti dai migliori giornalisti sportivi italiani, oltre che con video aggiornati e il Fantacalcio.
- Datasport.it: contiene numerose notizie e opinioni, organizzate in un'interfaccia di agevole comprensione e utilizzazione.
- Sport.it: è interessante soprattutto per la semplicità della navigazione, con un'interfaccia davvero intuitiva.
- Sport.Sky.it: è un sito ricco di contenuti, consigliabile a tifosi esperti in cerca di notizie particolari.

A questi siti vanno naturalmente affiancati quelli relativi alle singole discipline.

Le scommesse online sugli eventi sportivi sono una forma di intrattenimento molto diffusa

Le scommesse online. Le *scommesse online* sugli eventi sportivi sono una forma di intrattenimento molto diffusa su Internet.

In Italia, già da alcuni anni le scommesse (*betting* in inglese) sono legali, e il settore continua a essere in forte espansione sul Web, grazie all'offerta dei bookmaker online.

Rispetto alle giocate in agenzia, le scommesse online presentano numerosi vantaggi per lo scommettitore che, fra l'altro, può accedere al *betting* in tutta riservatezza, in ogni momento e occasione, e sempre lontano da sguardi indiscreti.

6 I social media nello sport

I social media permettono di condividere su Internet dei testi, delle immagini, degli audio e dei video anche relativi allo sport

I social media. I *social media* (d'ora in poi anche solo *social*) permettono di condividere su Internet dei testi, delle immagini, degli audio e dei video anche relativi allo sport.

In particolare, lo sport nei social media è in grado di coinvolgere milioni di utenti; per esempio, attraverso i social, una società sportiva può trasmettere l'idea di un brand di forte impatto emotivo a cui l'appassionato può affezionarsi.

Facebook, Twitter e Instagram sono i più importanti social media nello sport in grado di attrarre milioni di *follower*

I principali social media nello sport. Facebook, Twitter e Instagram sono i più importanti social media nello sport, in grado di attrarre milioni di *follower* per condividere contenuti sportivi. Questi canali sono infatti strumenti privilegiati per aggregare *community* di tifosi online. Oggi gli appassionati vogliono avere la possibilità di seguire gli eventi in diretta, di ricevere news e aggiornamenti sul loro team preferito, di vedere gli *highlights* e le clips della gara in qualunque momento. È possibile affermare che quelle discussioni, che una volta avvenivano nel cosiddetto «Bar dello sport», oggi si sono trasferite sulle piattaforme digitali, dove chiunque ha la possibilità di esprimersi e confrontarsi con gli atri utenti, scambiando pareri e interagendo direttamente con gli atleti o con le società. Coi social media gli appassionati possono dialogare non solo sul risultato agonistico ma anche, per esempio, sui valori profondi che lo stemma di una società di calcio evoca fin dalla tenera età.

Naturalmente gli approcci comunicativi di questi tre social media sono diversi:

- Facebook è un social media generalista, che lascia molto spazio alla discussione tra gli utenti (sportivi e no);
- Twitter è caratterizzato da un approccio più giornalistico, è un *microblogging* che permette un tipo di giornalismo «partecipativo»;
- Instagram ha una natura più intima e confidenziale, e viene quindi utilizzato per la diffusione di contenuti particolari, per esempio foto in momenti ludici e scherzosi.

facebook

Facebook. Per rendere l'idea di quanto i social media stiano condizionando il modo di interagire con determinati ambiti della vita quotidiana, anche sportiva, iniziamo a prendere in considerazione Facebook, il più influente dei social.

Lanciato da Mark Zuckerberg il 4 febbraio 2004 all'Università di Harvard (Stati Uniti), il social è disponibile in oltre 100 lingue (in italiano dal 14 maggio 2008) e nel giugno del 2017 ha raggiunto 2 miliardi di utenti attivi mensilmente (più di

Tra tifo e "Mi piace": lo sport nel mondo *social*

In un mondo in cui tutto evolve continuamente, anche il racconto dello sport «non è più quello di una volta». I *social media* hanno cambiato il modo in cui squadre e atleti interagiscono col proprio pubblico, eliminando la mediazione di giornali e televisioni, e si propongono ormai apertamente come concorrenti delle televisioni stesse. Vediamo assieme qualche cifra relativa a questi fenomeni.

312.000

I "mi piace" ottenuti dal *tweet* pubblicato dal profilo dell'AS Roma nell'aprile 2018 per celebrare l'inattesa vittoria sul Barcellona nei quarti di Champions League. In quel mese, cinque dei dieci tweet a tema calcistico più apprezzati appartenevano ai profili della squadra giallorossa, grazie soprattutto all'approccio poco convenzionale e ironico adottato dall'*account* in lingua inglese.

145.000.000

I follower di Cristiano Ronaldo su Instagram ad ottobre 2018, quando il calciatore portoghese è diventato le persona più seguita del *social network*, superando la cantante Selena Gomez.

200.000.000 £

La cifra pagata da Facebook per aggiudicarsi i diritti di trasmissione delle partite di Premier League, la principale lega calcistica inglese, in Cambogia, Laos, Thailandia e Vietnam. L'accordo durerà dal 2019 fino al 2022.

PALLA AL CENTRO

«No al calcio moderno, no alla pay TV»: così cantano gli ultras in molti stadi italiani. Condividi la loro nostalgia o sei contento di vivere nell'era dello sport online? Discutine col resto della classe.

30 milioni solo in Italia), classificandosi come primo servizio di rete sociale per numero di utenti attivi.

Twitter. A differenza dell'impostazione social di Facebook, l'idea alla base di Twitter è quella di creare un servizio che permetta a una persona di comunicare con una ristretta cerchia di persone attraverso un sistema simile agli SMS.

Quando è nato dalla mente di Jack Dorsey, il 21 marzo 2006, Twitter si chiamava «Twittr» ispirandosi al termine inglese *twit* (che significa «cinguettio»), perché la caratteristica principale di questo social è la possibilità di utilizzare, nei post che vengono condivisi, un massimo di 140 caratteri.

Nell'ambito della comunicazione sportiva, Twitter è un ottimo social per rendere protagonisti i tifosi: i club spesso ritwittano i commenti degli appassionati, un'azione che aiuta a costruire un forte senso di *community* tra i fan e che si traduce, ancora una volta, in un efficace strumento di marketing sia per il club sia per gli sponsor.

I club calcistici italiani più seguiti su Twitter sono, nell'ordine, il Milan, la Juventus e l'Inter.

Una corretta comunicazione sportiva su Twitter prevede:

- di mantenere il profilo più aggiornato possibile, al fine di aumentare la popolarità del brand, tweet dopo tweet;
- di usare hashtag personalizzati e relativi al brand (per esempio #NIKExNBA, #JustDoIt #WeAreAcMilan);
- di utilizzare hashtag relativi a una specifica disciplina (#running, #volleyball, #allenamento);
- di ritwettare i tweet dei fan e di citare chiunque parli di un argomento correlato al tema del proprio profilo;
- di seguire, commentare e mettere *like*; interagire con gli altri è sempre importante ed è alla base della comunicazione e di ogni strategia di social media marketing.

Instagram. Con un approccio semplice, amichevole e fondato sull'immediatezza dell'immagine, anche Instagram racconta lo sport in modo coinvolgente e appassionante.

Questo social media permette agli utenti di scattare foto, applicarvi filtri e condividerle in rete. L'applicazione Web, sviluppata da Kevin Systrom e Mike Krieger, è stata lanciata il 6 ottobre 2010 e nel 2012 l'azienda è stata comprata per 1 miliardo di dollari da Facebook Inc.

Tra le funzioni del social, *Instagram Stories* è sicuramente uno dei trend principali nel mondo del social media. Oltre il 50% degli utenti giornalieri di Instagram utilizza le *Stories* quotidianamente.

Anche le squadre di calcio di Serie A hanno scoperto le potenzialità di Instagram, che si propone di connettere tra loro club, tifosi, sponsor e calciatori. Instagram viene ormai utilizzato dalla gran parte delle società.

Una delle caratteristiche di Instagram è l'utilizzo dell'hashtag, che permette agli account e quindi ai follower di raggruppare nonché aggregare le foto per argomento. Le foto scattate con Instagram contribuiscono alla creazione di un'esperienza condivisa, che rafforza la memoria collettiva e l'attaccamento dei tifosi al brand e ai propri idoli sportivi. Di conseguenza, Instagram può essere l'applicazione ideale per lo sviluppo della comunicazione sui social media per le squadre di calcio, grazie alla sua naturale capacità di fare branding, coinvolgendo i tifosi più giovani.

I social media rappresentano il futuro della comunicazione sportiva

■ Il futuro è nei social media? Secondo gli studiosi, i social media rappresentano il futuro della comunicazione sportiva.

Il quadro appena analizzato fa emergere il profondo carattere globalizzante dei social in ambito calcistico e sportivo, perché permettono di mettere in contatto realtà diverse e lontane, semplicemente grazie a un click.

Va ribadito che i tifosi richiedono soprattutto un ambiente dove si possa creare «fratellanza», in cui si abbia la possibilità di comunicare senza barriere, dove ci si possa riconoscere e che risulti accessibile sempre, in qualsiasi luogo e in qualsiasi momento della giornata. Non ci sono dubbi: i social media sono in grado di rispondere a tutte queste esigenze.

SINTESI

- La **nascita della radio** ▶ **§1** è frutto di una serie di esperimenti, realizzati alla fine dell'Ottocento. In particolare **Guglielmo Marconi** ▶ **§1**, Premio Nobel per la fisica nel 1909, riuscì a scoprire la telegrafia senza fili via onde radio.
- Nel 1927 nasce l'***Ente Italiano per le Audizioni Radiofoniche*** **(EIAR)** ▶ **§1**, mentre già vengono trasmesse le prime **radiocronache dirette** ▶ **§1**.
- Negli anni Trenta la radio viene utilizzata come **strumento di propaganda politica** ▶ **§1** anche in campo sportivo, basta ricordare le radiocronache delle **Olimpiadi di Berlino del 1936** ▶ **§1**.
- Nel 1954 nasce la ***Radio Televisione Italiana*** **(RAI)** ▶ **§1** che unisce l'informazione radiofonica con quella televisiva.
- Il **rapporto fra sport e televisione** ▶ **§2** inizia nel 1939, quando negli Stati Uniti viene teletrasmesso per la prima volta un incontro di baseball.
- Negli anni Sessanta aumenta l'**audience televisiva dello sport** ▶ **§2**, che diventa un formidabile veicolo pubblicitario.

La connessione tra sport e televisione provoca effetti economici sui
- Mercati della trasmissione
- Mercati correlati

- Con la **pay-TV** ▶ **§2** il consumatore-spettatore paga un abbonamento a tema sportivo.
- Le **esigenze televisive** ▶ **§2** modificano sia i regolamenti sia i calendari sportivi.
- Negli ultimi decenni del Novecento nascono i primi **giornali e riviste sportive** ▶ **§3**.
- Durante il **ventennio fascista** ▶ **§3** i giornali sportivi ebbero un grande successo.
- Nel secondo dopoguerra la carta stampata si afferma come il **primo media a livello mondiale** ▶ **§3** anche nello sport.
- Il **giornalista sportivo** ▶ **§4** riferisce sugli eventi sportivi, soprattutto calcistici, utilizzando diversi media (radio, televisione, carta stampata e Internet). Il giornalista sportivo è un ***opinion leader*** ▶ **§4** nel mondo dello sport.
- Il **fotografo sportivo** ▶ **§4** è specializzato nella ripresa di eventi sportivi e nella realizzazione di servizi fotografici per atleti e squadre.
- **Internet** ▶ **§5** permette di assistere agli eventi sportivi in una nuova forma.
- L'**informazione sportiva digitale** ▶ **§5** comporta la partecipazione diretta dei tifosi, che si trasformano da spettatori a commentatori.
- I **social media** ▶ **§6** permettono di condividere su Internet testi, immagini, audio e video anche relativi allo sport.
- I principali **social media nello sport** ▶ **§6** sono
  - **Facebook** ▶ **§6**, un social media generalista che lascia molto spazio alla discussione tra gli sportivi;
  - **Twitter** ▶ **§6**, caratterizzato da un approccio più giornalistico, è un microblogging che permette un giornalismo sportivo partecipativo;
  - **Instagram** ▶ **§6** viene utilizzato per la diffusione di contenuti particolari, per esempio foto in momenti ludici e scherzosi.

I principali social media nello sport sono
- Facebook
- Twitter
- Instagram

VERIFICA LE TUE CONOSCENZE

1 ***Risolvi le seguenti scelte multiple indicando la risposta esatta fra quelle possibili.***

A Alle Olimpiadi di Tokyo nel 1964 venne inaugurata

1. l'Eurovisione
2. la Mondovisione
3. la televisione a colori

B Il consumatore-spettatore paga un abbonamento a tema sportivo

1. nella TV pubblica
2. nella TV privata
3. nella pay-TV

1 **Le prime radiocronache dirette furono trasmesse in Italia**

- **a** dall'Istituto Luce
- **b** dall'EIAR
- **c** dalla RAI
- **d** dalle radio private

2 **La RAI nasce**

- **a** nel 1950
- **b** nel 1952
- **c** nel 1954
- **d** nel 1956

3 **Lo sport diventa un formidabile veicolo pubblicitario negli**

- **a** anni Sessanta
- **b** anni Settanta
- **c** anni Ottanta
- **d** anni Novanta

4 **Fa parte dei mercati della trasmissione il**

- **a** mercato delle sponsorizzazioni
- **b** mercato degli articoli sportivi
- **c** mercato pubblicitario
- **d** mercato degli impianti sportivi

5 **Le esigenze televisive modificano**

- **a** solo i regolamenti sportivi
- **b** solo i calendari sportivi
- **c** sia i regolamenti sportivi sia i calendari sportivi
- **d** né i regolamenti sportivi né i calendari sportivi

6 **Sugli eventi sportivi sono vietate**

- **a** le scommesse
- **b** le scommesse superiori a determinate cifre
- **c** le scommesse online
- **d** le scommesse clandestine

MISURA LE TUE ABILITÀ

2 ***Risolvi i seguenti quesiti vero o falso e motiva la tua risposta.***

1 **L'invenzione della radio nasce da esperimenti realizzati all'inizio dell'Ottocento**

VERO ☐ **FALSO** ☐

PERCHÉ ______________________________

____

2 **Nel 1928 vi fu la prima radiocronaca diretta di una partita di calcio**

VERO ☐ **FALSO** ☐

PERCHÉ ______________________________

____

3 Negli anni Trenta la radio diventa uno strumento di propaganda politica anche negli Stati Uniti

VERO ☐ FALSO ☐

PERCHÉ ______________________

____

4 Il passaggio dalla televisione digitale a quella analogica ha aumentato la domanda di sport televisivo

VERO ☐ FALSO ☐

PERCHÉ ______________________

____

5 I primi giornali sportivi nascono alla fine dell'Ottocento

VERO ☐ FALSO ☐

PERCHÉ ______________________

____

6 Il giornalista sportivo è un *opinion leader* nel mondo dello sport

VERO ☐ FALSO ☐

PERCHÉ ______________________

____

3 ***Completa la tabella che segue.***

Evento	Anno
Istituzione EIAR	(1)
Nascita La Gazzetta dello Sport	(2)
Nascita Facebook	(3)
Nascita Twitter	(4)
Nascita Instagram	(5)

ALLENA LE TUE COMPETENZE

4 ***Sulla base di quanto hai imparato in questa unità, rispondi ai seguenti «casi».***

1 **Valutare la particolare emozione che trasmette la radio nel raccontare gli eventi sportivi, partendo dal ricordo di un parente.**

Tuo zio ha sessanta anni ed è un grande appassionato di calcio. State guardando una partita sul megaschermo, e lui ricorda: «Oggi è possibile cogliere particolari incredibili. Però… Avevo solo sette anni… Alla domenica pomeriggio io e mio fratello ascoltavamo *Tutto il calcio minuto per minuto*, che trasmetteva in diretta i secondi tempi delle partite del campionato. "Qui Roberto Bortoluzzi dallo studio centrale", "A te Ciotti", "Scusa Ameri", sono ricordi di radiocronisti che mi fanno ancora commuovere!».

▶ ***La tecnologia della televisione ha arricchito la qualità dell'evento, ma ha tolto quell'emozione che solo la radio può creare?***

____

____

2 **Riconoscere l'importanza della nascita della Mondovisione, attraverso il racconto di un grande evento sportivo.**

Nel 1968 le Olimpiadi di Città del Messico furono fra i primi eventi trasmessi in Mondovisione.
Il tuo vicino racconta: «Grazie all'altura si raggiunsero record incredibili, ma indimenticabile resta la gara dei 200 metri con la vittoria dello statunitense di colore Tommie Smith, davanti all'australiano Peter Norman e al connazionale John Carlos. La premiazione è famosissima: Smith e Carlos rifiutano le medaglie e ascoltano l'inno nazionale con la testa bassa e col pugno nero alzato, simbolo delle *Black Panter*. Sul momento io non capii nulla di quell'episodio, che sarebbe passato alla storia».

▶ ***Cosa sai dell'australiano Peter Norman, ingiustamente sottovalutato nell'episodio?***

____

____

Riprendiamo il dibattito

Dopo aver studiato l'unità, prepara il tuo punto di vista per continuare il dibattito iniziato in apertura di lezione (▶ *La parola a te!*).

Prima della diffusione dei social media, ci si trovava nei bar e locali per lunghe discussioni sportive. Adesso navighi nel tuo social preferito e interagisci con gli altri tifosi, scambiando aneddoti, pareri, previsioni e scommesse.

▶ ***Cosa ne pensi dello sport sui social?***

A CASA 1 ORA

IN AULA 20 MINUTI

- Partendo da quanto sopra affermato, esegui a casa una ricerca online e consulta il tuo libro di testo per preparare una breve tabella che contenga gli elementi principali dell'argomento trattato e che ti aiuti a esporre il tuo punto di vista.
- Con l'aiuto della tabella, partecipa al dibattito che il docente avvia in aula.

Premier League TV's Rights

«Playing the world's most competitive and compelling football. Striving for excellence in everything we do. Thinking big; not setting any unnecessary limits or barriers» (the first value of Premier League)

IN THIS MODULE YOU WILL

- **Learn** some keywords of «broadcaster rights selling market»
- **Understand** how Premier League guarantees teams competitiveness through an equal distribution of broadcasting rights selling incomes
- **Practice** your English through oral and written exercises

WARM UP

PAIR WORK

Answer the following questions.

- What is Premier League and why is it so successful?
- In your opinion, are Premier League's teams more competitive than Italians?

KEYWORDS

Associate the following keywords with their definitions.

league table **broadcast rights** **competitiveness** **title-winning**

a .... About sport, they allow media companies, for a fee paid to competition's owners, to show matches or races on television, radio or web.

b .... In a football league, it is the chance for all the clubs to try to win the title, by developing and acquiring talent players or building and improving stadiums.

c .... In every national league, like the English Premier League or the Italian Serie A, it is the team that finally wins the championship, making more points than others.

d .... Talking about football, it is a tabulated comparison of teams competing in a league, where people can see how many points each team have done.

READING

1 *In the following text you will find out how Premier League distributes incomes from broadcast rights selling to the clubs. Complete the text with the keywords.*

Football fans all-around the world consider English Premier League as the most competitive and attractive championship in the world. This is why Premier League's incomes from the .... sales are greater and greater than in all the other Europeans major leagues: from 2019-20 the level of revenue from TV rights sales will exceed ten million of euro (£ 8.5bn), almost seven times higher than Italian Serie A' incomes (€ 1.5mln) and Spanish Liga ones (€ 1.7mln).
In order to ensure financial and on-field .... , at the beginning of nineties the First Division clubs broke away from the Football League's inter-divisional sharing arrangements and chose to market their rights in a collective and central way. In 1992, Premier League clubs decided to distribute broadcast revenues in the following manner, depending on whether the incomes are from UK or international broadcasters: focusing on the first ones, 50 per cent is equally shared, 25 per cent is shared based on how often a club's matches are broadcast in the UK (the so-called «facility fees») and 25% is shared based on where a club finishes in the league table (known as «merit payments»); international broadcasting revenues, otherwise, are shared equally by clubs.

Following the 1992 deal, the highest-earning club from TV and sponsorship central distributions were paid approximately 1.6 times more than the lowest-earning. In accordance with 2017/18 season official data, published by Premier League, the .... Manchester City made £ 149,438m (even if the highest-earning club was Manchester United with £ 149,767m) and the bottom finished West Bromwich Albion received £ 94,666m.
The guarantee of a small differential between the highest and the lowest-earning is one of the main factors of Premier League success, because it helps all the clubs in developing and acquiring talent players and in building and improving stadiums (in the Italian Serie A, the differential is 3.6). Despite this, the six top teams asked to be paid a greater share of the income from its burgeoning international TV rights: so, from 2019-20 only £ 3.3bn will still be shared equally between all twenty clubs, while any increase of that level will be distributed based on where a club finish in the ....
According to the analysts, thanks to this landmark change the differential between the highest and the lowest-earning will be 1.8.

2 *Mark the following sentences as true or false.*

a Italian football league revenues from broadcast rights selling are greater than Premier League's.
b Part of revenues from broadcast rights sale is divided based on merit.
c In the last season the Premier League title-winning team received more money than the others.
d The six top English football teams asked for more incomes from broadcast rights sale.

LISTENING

TRACK 4

In the following audio file, you will hear about the increase of cost for people who want to see football matches on TV. Listen to the file and then complete the following sentences.

a Consumers pay more than .... more than what they have paid since 2006/07.
b European competition law obliged Premier League to sell its .... to multiple channels/
c According to Dr. Robert Butler, a way for stopping the increase of cost per game may be to allow .... to show the same matches.
d The speaker talks about a .... led by professors from University College Cork and reported by I-news in October 2018.

SPEAKING

PAIR WORK

Answer the following questions.

a What is the differential between the highest and the lowest-earning club and why could it be a factor of success for a league?
b Which are the Premier League criteria for distributing broadcast incomes?
c In your opinion, why is it so important to distribute part of the revenues based on where a club finishes in the league table?
d Why the increasing of competition for Premier League broadcasting rights has left consumers worse?
e After reading the text above, do you think Premier League will increase its popularity or not?

INTERESTING FACT

In 2018, the Premier League chief executive, Richard Scudamore, introduced a new broadcaster right's selling strategy, by offering for the first time a package of 20 livestreaming games. The deal, awarded by Amazon, let the US online retailer to exclusively livestream two full rounds of ten matches in 2018/19 season, the first of which was on 2018 boxing-day, that is one of the most successful round of Premier League, because all the teams play at the same time. This news sounded good for existing Amazon Prime Video clients, who received the benefit at no extra cost (instead new clients have to pay a little more).

F2 Le nuove figure professionali nello sport

A te la parola!

Tuo cugino è un giovane talento nei 200 metri e ha grandi prospettive. La FIDAL decide di affiancare al ragazzo la figura di un *mental coach* sportivo, col compito di allenare l'atleta a mantenere una maggiore concentrazione prima delle gare.

5 MINUTI

► *Quali sono le competenze professionali di un* mental coach *sportivo?*

Con l'aiuto dell'insegnante e in piccoli gruppi prova a esporre il tuo punto di vista.

1 L'allenatore

L'allenatore gestisce la preparazione fisica, tecnica e psicologica di squadre o singoli atleti

■ **L'allenatore.** L'*allenatore* gestisce la preparazione fisica, tecnica e psicologica di squadre o singoli atleti.

Può operare sia nell'agonismo professionistico sia nell'agonismo dilettantistico e amatoriale, dopo aver ottenuto l'abilitazione alla professione di allenatore, che viene conferita dalla rispettiva federazione sportiva, dopo la partecipazione a un apposito corso e il superamento dell'esame finale.

Va premesso che, per il momento, noi ci occupiamo dell'allenatore principale (*allenatore in prima*) delle squadre professionistiche, dove il rapporto tra l'allenatore e la società è regolato da un contratto, analogamente a quanto avviene per i giocatori.

L'allenatore è al tempo stesso un tecnico, un educatore, un organizzatore e un leader. La molteplicità delle funzioni, la capacità di passare dall'una all'altra, scegliendo il ruolo più adatto, costituisce il suo patrimonio professionale più prezioso. Vediamole in dettaglio.

L'allenatore è il solo responsabile tecnico della squadra

■ **Il responsabile tecnico.** L'allenatore è il solo responsabile tecnico della squadra. È infatti l'unica persona autorizzata a decidere la formazione titolare e le eventuali sostituzioni. Durante l'incontro non può accedere al campo di gara e, in caso di squalifica, il suo posto viene preso dall'*allenatore in seconda* (vice allenatore).

Il modo in cui l'allenatore svolge il suo *ruolo di tecnico* dipende dall'esperienza, dalla competenza, dalla formazione e dalle abilità acquisite in campo sportivo. L'allenatore non solo insegna la dinamica del gesto e dell'azione propri di una disciplina, ma studia e programma le tabelle di preparazione e predispone strategie e tattiche.

Il contributo dell'allenatore sarebbe però modesto se non intervenisse la sua capacità creativa, per escogitare raffinate tecniche motorie e nuovi metodi di allenamento, riuscendo a dare, attraverso la gestualità atletica, l'immagine diretta dell'idea che si trasforma in azione.

Il ruolo di educatore. L'allenatore è un educatore. Correggere, suggerire, proporre soluzioni nell'esecuzione di un esercizio non solo arricchiscono l'intelligenza senso-motoria dell'atleta, ma ne influenzano l'intera personalità, promuovendo sempre maggiori livelli di integrazione e maturazione. Basta considerare come le norme, i valori e i contenuti etici del fatto sportivo vengano trasmessi proprio dall'allenatore.

L'allenatore è un educatore perché influenza la personalità degli atleti in modo da agevolarne la maturazione

Oggi questa funzione di educatore si è enormemente dilatata, in seguito a diversi elementi: la diffusione dello sport, l'abbassamento dell'età media degli sportivi, l'esigenza di rapporti umani significativi e il bisogno di modelli validi da parte dell'atleta.

Il ruolo di organizzatore. Il ruolo di organizzatore dell'allenatore corrisponde alla sua capacità di promuovere la partecipazione sportiva e di organizzare la vita dei propri atleti, di conoscere le loro reazioni emotive e sociali, di coordinarle sotto il profilo tecnico, di orientare la squadra verso il compito agonistico e di ridimensionare gli eventuali conflitti sorti all'interno del gruppo degli atleti.

L'allenatore è un organizzatore perché promuove la partecipazione sportiva degli atleti

Non solo. Questo ruolo comporta un'azione direttiva in quanto l'allenatore deve anche valutare, scegliere e decidere, perché si trova a esercitare una delega di comando che lo coinvolge in una responsabilità diretta e globale.

Il ruolo di leader. Per assumere il ruolo di leader all'interno della squadra, l'allenatore deve:

L'allenatore deve assumere il ruolo di leader all'interno della squadra

- rappresentare un ideale e un modello, coltivando l'ascendente sul gruppo e provocando negli atleti atteggiamenti di emulazione;
- costituire il centro attorno a cui il gruppo forma la sua unità e la sua coesione. Per fare ciò, l'allenatore deve prendere parte a ogni iniziativa, a ogni azione e a ogni conversazione del gruppo;
- liberare gli altri dalla necessità di prendere decisioni, cioè sollevare la squadra dal peso delle responsabilità, in modo da creare lo stato d'animo più sereno e favorevole per il raggiungimento degli obiettivi sportivi;
- rappresentare il gruppo e difenderne gli interessi e il prestigio nei rapporti con l'esterno, per esempio in caso di critiche della dirigenza o della stampa.

Un allenatore consapevole... Un «allenatore consapevole» è in grado di preparare i collaboratori, motivarli e farli crescere. Una squadra sportiva, pur se piena di talenti, è sempre e solamente un aggregato di persone con obiettivi individuali, portato alla soddisfazione di bisogni personali di svago e successo.

Un «allenatore consapevole» riesce a trasformare un gruppo in un team

L'allenatore deve focalizzare l'attenzione del gruppo su quello che lui considera un obiettivo importante e raggiungibile. Spetta quindi all'allenatore trasformare un gruppo in un team; questo fatto richiede delle competenze che si acquisiscono sia con la formazione sia con l'intuizione individuale.

Per esercitare una leadership efficace, l'allenatore deve:
- creare una cultura in cui tutti si sentano parti importanti della squadra;
- fornire direttive chiare;
- abituarsi a essere efficace;
- criticare in privato e lodare in pubblico;
- separare l'errore dalla persona che sbaglia;

Un personaggio entrato nella leggenda: Helenio Herrera, detto «il Mago», considerato uno dei migliori allenatori della storia del calcio.

- enfatizzare il lavoro di squadra e non l'individualità;
- accettare critiche e rimproveri.

L'allenatore deve esercitare contemporaneamente il ruolo di

- Tecnico
- Educatore
- Organizzatore
- Leader

L'allenatore negli sport individuali... Bisogna distinguere il ruolo dell'allenatore negli sport individuali e negli sport di squadra, perché è diversa la comunicazione fra l'allenatore e l'atleta.

Quando si occupa della preparazione degli atleti negli *sport individuali*, l'allenatore deve:

- tenere conto delle differenze nel carattere, nell'umore e nelle motivazioni, procedendo nell'allenamento con criteri differenziati in funzione del singolo atleta;
- imparare a conoscere e a valutare le difficoltà e le tendenze dell'atleta;
- occuparsi a fondo dell'indagine psicologica di ogni atleta.

...e negli sport di squadra. Quando deve allenare un gruppo di atleti per trasformarli in una squadra che lavora insieme per raggiungere il successo, l'allenatore deve:

- ricorrere a delle strategie per migliorare il clima sociale, favorendo l'attività di aggregazione (cene di gruppo, tornei di carte), per fare in modo che i giocatori si conoscano bene anche fuori dal campo;
- trasmettere ai singoli che in una squadra è necessario coltivare il «noi» e non l'«io».

È vero che negli sport di squadra la pressione di un evento sportivo viene suddivisa per il numero degli atleti, ma è anche vero che l'attenzione dell'allenatore deve essere maggiormente focalizzata su un unico giocatore particolarmente importante.

2 Altre figure di allenatore

Nelle società calcistiche professionistiche, l'«allenatore in prima» (di cui ci siamo occupati nel paragrafo precedente) può essere affiancato da altre quattro figure: l'allenatore in seconda, l'allenatore dei portieri, l'allenatore degli infortunati e l'allenatore del settore giovanile.

L'allenatore in seconda. L'*allenatore in seconda*, meglio conosciuto come *vice allenatore*, svolge un ruolo di collegamento fra la squadra e l'allenatore in prima, sia dal punto di vista tecnico sia dal punto di vista organizzativo. In genere ricoprono questo incarico degli ex giocatori, che aspirano a diventare allenatori in prima.

Va ribadito che è sempre l'allenatore in prima che delinea i confini entro cui deve operare il suo secondo. In particolare, il secondo agisce in modo che ne tragga beneficio l'allenatore in prima, sia come immagine sia da un punto di vista tecnico, espletando al meglio i compiti assegnatigli e, soprattutto, avendo ben chiaro di non doversi mai sostituire interamente al proprio «superiore».

Per questi motivi il rapporto fra i due allenatori deve essere simbiotico, essendo basilari la stima reciproca e l'identità di vedute.

Dal 1948 al 1975 John Robert Wooden, chiamato «Il Maestro», ha guidato la *UCLA Bruins* diventando il più grande tecnico nella storia del basket collegiale statunitense, come dimostra il suo record di dieci titoli vinti nella NCAA (*National Collegiate Athletic Association*). Wooden ha insegnato il basket ad alcuni futuri grandi campioni, fra cui il mitico Lewis Alcindor (diventato poi Kareem Abdul-Jabbar). Nelle due foto riportate Jabbar dimostra di non aver mai dimenticato il suo grande «Maestro».

Il secondo deve essere sempre presente alle sedute tecnico-tattiche, per poter assistere l'allenatore durante le gare e individuare quei particolari che possono sfuggire al primo; a questo proposito va ricordato che la maggior parte dei secondi normalmente siede in panchina.

L'allenatore in seconda collega la squadra e l'allenatore in prima

■ **L'allenatore dei portieri.** L'*allenatore dei portieri* è quasi sempre un ex portiere che, una volta conclusa la carriera agonistica, intraprende quella di allenatore per trasmettere le sue competenze ed esperienze ai portieri che gli vengono affidati. Nelle società professionistiche questa figura è inserita all'interno dello staff di ciascuna squadra, ma solitamente l'allenatore dei portieri opera in una condizione atipica per uno sport di squadra. Il suo lavoro infatti si svolge prevalentemente con un solo portiere oppure con un sottogruppo di due-quattro portieri.

L'allenatore dei portieri trasmette le sue competenze specifiche sul ruolo ai portieri che gli vengono affidati

Il rapporto tra portiere e allenatore è fortemente individualizzato. Il tecnico infatti lavora per un'intera stagione con i «suoi portieri» che, durante gli allenamenti settimanali, si esercitano molto più con lui che con la squadra e l'allenatore in prima.

Per questo motivo, spesso l'allenatore dei portieri si trova a essere un po' isolato rispetto al resto della squadra e agli altri tecnici, e questo fatto può generare delle incomprensioni nella valutazione delle qualità di un certo portiere. Questa figura infatti, sia per la competenza specifica sia per la vicinanza con il portiere, è in grado di compiere delle valutazioni di elevata accuratezza sui livelli di apprendimento, maturità e preparazione raggiunti dal «suo portiere» sia in allenamento sia in partita. Ma tali valutazioni non sempre coincidono con quelle dell'allenatore della squadra, che ha il diritto/dovere di decidere l'impiego o meno di quel portiere in gara.

■ **L'allenatore degli infortunati.** L'*allenatore degli infortunati*, in ambito sportivo, si occupa di gestire il recupero dell'infortunio dell'atleta.

L'allenatore degli infortunati, in ambito sportivo, deve gestire il recupero dell'infortunio dell'atleta

Nel calcio, in particolare, gli infortuni sono molto frequenti. Le fasi acuta e post-acuta sono seguite dalle figure sanitarie (ortopedico, fisiatra, medico, fisioterapista), mentre quelle del recupero e della «riatletizzazione» vengono delegate all'allenatore specializzato in infortuni, quasi sempre laureato in Scienze motorie. Per *riatletizzazione* si intende la fase finale del processo rieducativo attraverso cui un l'atleta, mediante un allenamento specifico, giunge al completo recupero sia delle sue capacità atletiche sia delle abilità sportive tipiche della disciplina.

L'allenatore degli infortunati deve offrire un adeguato *supporto psicologico* al giocatore che, faticosamente e spesso con ansia, deve ritrovare quanto prima la piena idoneità alla competizione. Il sostegno e l'accompagnamento psicologico, da parte dell'allenatore degli infortunati, sono tanto più indispensabili quanto più è grave l'infortunio subito dal giocatore. Un infortunio, infatti, provoca sempre nell'atleta anche un trauma psicologico, che è più accentuato nel caso di un infortunio grave (frattura, rottura dei legamenti, pubalgia) e meno grave nel caso di un infortunio di minore entità (contrattura, stiramento, distorsione lieve).

L'allenatore degli infortunati deve fornire un supporto psicologico all'atleta in via di rieducazione

L'allenatore degli infortunati deve stimolare la collaborazione dell'atleta attraverso una descrizione dettagliata del programma di lavoro da affrontare insieme, degli obiettivi intermedi da perseguire e dei parametri che verranno considerati per valutare i progressi. In questo modo si determina una maggiore consapevolezza nel giocatore, che si sente a pieno titolo il vero protagonista del proprio recupero.

■ **L'allenatore del settore giovanile...** L'*allenatore del settore giovanile* è specializzato nella gestione e preparazione atletica di bambini e ragazzi, che si affacciano per la prima volta al mondo dello sport. Questo allenatore deve sviluppare competenze tecniche, tattiche, educative, psicologiche e comunicative, tenendo sempre in considerazione le fasce d'età a cui si rivolge. Deve inoltre conoscere e tenere presente i processi che regolano la maturazione fisica dei giovani atleti con cui si rapporta. Per l'allenatore dei giovani calciatori, essere in possesso di queste qualità è determinante per ottenere dei risultati gratificanti, sia per i ragazzi dal punto di vista tecnico ed educativo, sia per la società che è fortemente interessata a formare giovani promettenti.

L'allenatore del settore giovanile gestisce la preparazione atletica di bambini e ragazzi, tenendo conto delle diverse fasce d'età

Nella continua evoluzione del calcio moderno, anche l'allenatore del settore giovanile deve continuamente formarsi e aggiornarsi, per restare al passo con i cambiamenti richiesti dal gioco e dai ragazzi stessi. La sola abilità nel mostrare il gesto tecnico non basta, deve soprattutto conoscere il modo migliore per trasmettere il suo sapere e farlo acquisire in modo duraturo alle nuove leve. Per questo allenatore è fondamentale il distaccarsi dagli schemi fissi d'allenamento degli adulti, schemi che a volte impediscono l'originalità e la creatività.

L'allenatore del settore giovanile deve rapportarsi anche con i genitori che, a volte, tendono a sopravvalutare il figlio

...e il rapporto coi genitori. L'allenatore del settore giovanile è chiamato a rapportarsi anche con i genitori del giovane atleta. Il rapporto con i genitori è uno dei più delicati da gestire, anche perché spesso il genitore è portato a sopravvalutare il figlio, a considerarlo il migliore e a essere il suo primo tifoso.

Per evitare equivoci, l'allenatore deve organizzare una riunione all'inizio della stagione con i genitori dei ragazzi, per stabilire insieme delle norme di comportamento da osservare dentro e fuori dal campo da gioco.

L'allenatore deve farsi accettare dai genitori come educatore del figlio, esponendo gli obiettivi del suo lavoro e cercando nel contempo di aumentare la loro preparazione sportiva. L'allenatore non deve coltivare un rapporto cameratesco con i genitori, ma deve considerarli attentamente quando riportano eventuali disagi fisici, psicologici o scolastici del figlio.

I genitori possono essere causa di ansia per il figlio, quando lo caricano di troppe responsabilità e aspettative, creandogli insicurezza o il desiderio di strafare. In questi casi spetta all'allenatore contenerli, utilizzando le proprie competenze relazionali.

L'allenatore viene affiancato da

- Allenatore in seconda
- Allenatore dei portieri
- Allenatore degli infortunati
- Allenatore del settore giovanile

UN EVENTO SPORTIVO

La prima donna musulmana ad allenare una squadra di calcio maschile

Salma Al-Majidi è una donna del Sudan con una grande passione per il calcio

Salma al-Majidi è una ragazza musulmana di 27 anni che allena il club Al-Ahly della città di Gadaref, a est di Khartoum, una squadra di calcio maschile del Sudan. Un Paese dove il calcio è molto popolare, anche se per le donne il «giocare a pallone» resta un sogno. Quella di Salma è quindi una vera e propria rivoluzione. È una pioniera e la FIFA [*Federation Internationale de Football Association*] l'ha presentata come la prima allenatrice musulmana di una squadra calcistica maschile nel mondo arabo.

«Sono diventata un'allenatrice perché non c'è ancora spazio per il calcio femminile giocato in Sudan», ha detto Salma in un'intervista [*il cui video è reperibile su Internet*]. «Il calcio è il mio primo e ultimo amore – spiega Salma – ma qui in Sudan per noi donne musulmane non c'è possibilità di militare in una vera squadra. Gli uomini hanno un concetto antico della donna che, secondo loro, deve rimanere a casa ad accudire i figli e sbrigare i lavori domestici».

Salma Al-Majidi, tesserata FIFA, allena una squadra di calcio maschile sudanese.

Figuriamoci poi il vedere una donna musulmana sul campo a dare ordini a una intera squadra maschile. Per Salma però era il solo modo di continuare a coltivare la sua passione. I suoi giocatori sono di larghe vedute. Il capitano afferma: «Tutti criticano il fatto che ci sia lei ad allenarci, ma non si rendono conto che il mondo è cambiato, e così il calcio. Non c'è nulla di sbagliato nel fatto che una donna sia allenatrice, è brava, e noi la rispettiamo. Uomini e donne – aggiunge – devono essere uguali». I giocatori la stimano e Salma è affettuosamente chiamata «sister coach» dal suo team. «Salma è stata sempre diversa dalle altre ragazze – racconta sua madre – ha sempre preferito indossare i pantaloni e le piaceva giocare a calcio fin da piccolissima».

L'unica altra donna ad aver avuto un riconoscimento nel calcio sudanese è stata Mounira Ramadan, che negli anni Settanta arbitrò alcune partite maschili.

[Rielaborazione da www.askanews.it, Roma, 3 aprile 2018.]

3 Il medico sportivo e il fisioterapista sportivo

Il medico sportivo deve applicare la normativa sulla tutela sanitaria dell'attività sportiva

Il medico sportivo. Il *medico sportivo* (laureato in Medicina e Chirurgia) è un professionista preparato anche in biologia, in educazione alimentare, in psicologia e possiede adeguate nozioni di primo soccorso.

Anzitutto il medico sportivo deve applicare la normativa sulla tutela sanitaria dell'attività sportiva perché, come si è visto nel volume per il secondo biennio, l'esercizio dell'attività sportiva (professionistica e no) è sottoposto a rigorosi controlli medici.

A questo proposito si distingue fra:

- la tutela sanitaria dell'attività sportiva *agonistica*;
- la tutela sanitaria dell'attività sportiva *non agonistica*.

La tutela sanitaria dell'attività sportiva agonistica... Il decreto ministeriale 18 febbraio 1982, *Norme per la tutela sanitaria dell'attività sportiva agonistica* (d'ora in poi decreto ministeriale del 1982) stabilisce una serie di disposizioni per la tutela sanitaria dello sportivo che svolge attività agonistica.

Chi pratica attività sportiva agonistica deve avere l'idoneità specifica a quello sport

...e l'idoneità sportiva. Chi pratica attività sportiva agonistica deve avere l'*idoneità* specifica a quello sport.

Coloro che praticano attività sportiva agonistica devono sottoporsi «previamente e periodicamente al controllo dell'idoneità specifica allo sport che intendono svolgere o svolgono» (decreto ministeriale del 1982).

L'accertamento di idoneità per l'accesso alle singole attività sportive agonistiche viene determinato dai medici sportivi «sulla base della valutazione della maturità e della capacità morfofunzionale [*relativa alla struttura fisica e al funzionamento degli organi*] e psichica individuale, tenuto conto delle norme stabilite dalle federazioni sportive nazionali».

Ai soggetti riconosciuti idonei viene rilasciato il relativo *certificato di idoneità*, che ha una validità di dodici mesi a partire dalla data del rilascio, e che è «condizione indispensabile per la partecipazione ad attività agonistiche». Il certificato di idoneità deve essere conservato presso la società sportiva di appartenenza per almeno cinque anni.

La tutela sanitaria dell'attività sportiva non agonistica... La tutela sanitaria dello sportivo che svolge attività non agonistica è regolata dalla legge 8 novembre 2012, n. 189, *Conversione in legge, con modificazioni, del decreto-legge 13 settembre 2012 recante disposizioni urgenti per promuovere lo sviluppo del Paese mediante un più alto livello di tutela della salute* (d'ora in poi legge n. 189 del 2012).

Chi pratica attività sportiva non agonistica deve sottoporsi a una visita medica che ne accerti lo stato di buona salute

...e lo stato di buona salute. «Ai fini della tutela della salute collettiva», devono essere sottoposti a controllo sanitario per la «pratica di attività sportive non agonistiche:

a) gli alunni che svolgono attività fisico-sportive organizzate dagli organi scolastici nell'ambito delle attività parascolastiche;
b) coloro che svolgono attività organizzate dal CONI, da società sportive affiliate alle federazioni sportive nazionali o agli enti di promozione sportiva riconosciuti dal CONI e che non siano considerati atleti agonisti;
c) coloro che partecipano ai Giochi della gioventù, nelle fasi precedenti quella nazionale».

Ai fini dell'accesso alla pratica di attività sportive non agonistiche, questi soggetti devono sottoporsi «preventivamente e con periodicità annuale a visita medica intesa ad accertare il loro *stato di buona salute*. In caso di motivato sospetto clinico, il medico visitatore ha la facoltà di richiedere accertamenti specialistici integrativi» (legge n. 189 del 2012).

In questo caso è sufficiente che lo sportivo sia sottoposto a visita medica presso il medico o pediatra di base, che deve accertarne lo stato di buona salute e rilasciare il relativo *certificato di stato di buona salute* per la pratica sportiva non agonistica.

Il medico sportivo esercita diverse funzioni in materia di prevenzione, assistenza e rieducazione dell'atleta

■ **Le funzioni del medico sportivo.** Le *funzioni del medico sportivo* comprendono anche:

- l'assistenza all'atleta durante la pratica sportiva, l'analisi dei meccanismi biologici, fisiologici, biochimici e clinici della prestazione fisica e il controllo sanitario dell'atleta. Il medico dello sport fa parte di uno staff tecnico, composto anche da dietologi, psicologi, fisioterapisti e ortopedici, che segue la preparazione dell'atleta;
- la prescrizione dell'attività fisica programmata come prevenzione o terapia di determinate patologie;
- l'indirizzamento dei giovani verso lo sport più adatto alle loro caratteristiche fisiche;
- l'attività di educazione alla salute e a una corretta pratica alimentare collegata con l'esercizio fisico;
- l'esecuzione dei soccorsi d'urgenza e delle cure specializzate per la riabilitazione motoria degli infortuni sportivi;
- le funzioni di ufficiale di gara negli sport in cui questa figura è richiesta; per esempio nelle competizioni di arti marziali;
- la denuncia in caso di scoperta di fraudolento ricorso al doping.

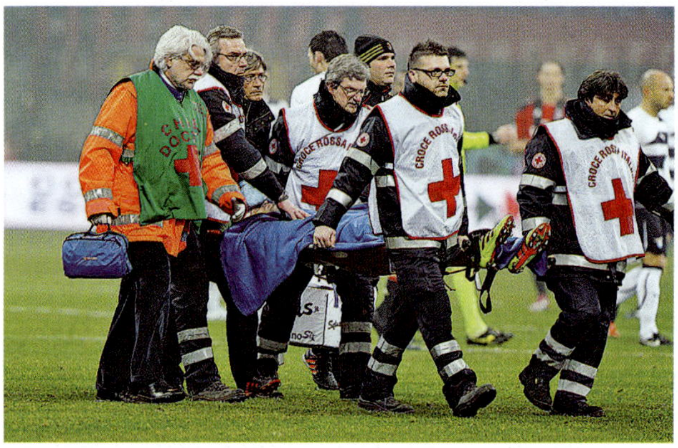
Un medico sportivo assiste in campo un calciatore infortunato.

Il fisioterapista sportivo segue l'atleta sia nella preparazione di una gara sia nel recupero dopo uno sforzo o un trauma

■ **Il fisioterapista sportivo.** Il *fisioterapista sportivo* segue l'atleta sia nella preparazione di una gara sia nel recupero dopo uno sforzo o un trauma.

Il fisioterapista sportivo deve possedere approfondite nozioni di traumatologia e medicina dello sport e conoscere diverse discipline: la biochimica, la neurofisiologia, la fisiologia dell'esercizio fisico e la valutazione funzionale dell'atleta.

Il fisioterapista segue lo sportivo prima, durante e dopo gli allenamenti e le gare. Il fisioterapista sportivo è parte integrante dello staff sanitario, che si occupa di seguire l'atleta nella preparazione di una gara o di effettuare il recupero dopo uno sforzo o un trauma. Il medico e il fisioterapista sono i «primi soccorritori» sui campi di allenamento e di gara.

A livello di inquadramento professionale, i fisioterapisti sportivi possono operare sia come liberi professionisti sia come dipendenti. Il fisioterapista sportivo può avere o la laurea magistrale in Scienze riabilitative delle professioni sanitarie o una laurea triennale seguita da un master di specializzazione nel settore sportivo.

Il lavoro del fisioterapista sportivo si articola in tre fasi fondamentali: la prevenzione degli infortuni, la gestione degli infortuni e il recupero dagli infortuni.

Il fisioterapista sportivo cerca di prevenire gli infortuni

■ **La prevenzione degli infortuni.** Il *fisioterapista sportivo* cerca di prevenire gli infortuni, valutando il rischio di lesioni dell'atleta in relazione allo sport praticato.

Il fisioterapista sportivo ha una conoscenza approfondita del particolare sport e dei rischi che questo comporta, compresi i movimenti specifici, le attrezzature utilizzate e gli ambienti in cui si svolge. I fisioterapisti utilizzano queste conoscenze per attuare strategie per cercare di ridurre soprattutto il rischio di lesioni.

La gestione dell'infortunio. Il fisioterapista sportivo deve gestire l'infortunio o la malattia dell'atleta, se si sono verificati durante un allenamento o una competizione.

In questi casi si parla di «trattamento in acuto», e spetta al fisioterapista riconoscere rapidamente i sintomi e intervenire. In accordo con il medico sportivo, può decidere se l'atleta debba essere fermato per effettuare un trattamento o debba essere messo sotto osservazione; in quest'ultima ipotesi l'atleta deve essere trasportato presso una struttura medica.

Il fisioterapista sportivo gestisce l'infortunio o la malattia dell'atleta

Il recupero dagli infortuni. Il fisioterapista sportivo si attiva per il recupero dell'atleta dall'infortunio o dalla malattia, utilizzando le sue conoscenze terapeutiche per la riabilitazione dello sportivo.

Il fisioterapista lavora a stretto contatto con altri professionisti medici e dello sport, per aiutare l'atleta a recuperare la piena condizione; questo fatto richiede una comprensione delle esigenze fisiche e psicologiche dell'atleta.

In seguito, il fisioterapista progetta strategie per favorire il ripristino della normale funzionalità atletica dello sportivo, cercando di ridurre al minimo il rischio di un nuovo infortunio.

In questa fase il fisioterapista sportivo deve agire per la riabilitazione dell'atleta, rispettando l'etica dello sport; per esempio, deve rifiutare qualsiasi richiesta di doping fatta dall'infortunato, che può essere spinto dallo sconforto in momenti critici.

Il fisioterapista sportivo si attiva per il recupero dell'atleta dall'infortunio o dalla malattia

4 Due professioni emergenti: lo psicologo sportivo e il *mental coach* sportivo

Negli ultimi anni nel mondo dello sport si stanno affermando due nuove professioni: lo psicologico sportivo e il *mental coach* sportivo.

Lo psicologo sportivo. Lo psicologo sportivo è un laureato in Psicologia clinica che si è specializzato in Psicologia dello sport. Va precisato che in Italia non esiste ancora un Corso di laurea dedicato specificamente alla Psicologia dello sport.

Lo *psicologo sportivo* deve comprendere i processi psicologici che guidano la prestazione motoria e i modi attraverso cui si può potenziare l'allenamento mentale degli atleti, per incrementare il livello delle prestazioni sportive.

Lo psicologo sportivo ha la facoltà di intervenire sulla diagnosi, sul trattamento e sulla prognosi di patologie specifiche (per esempio quelle legate ai disturbi alimentari), oppure su problemi di natura psicologica che possono incidere sulla qualità delle prestazioni agonistiche. A questo proposito va ricordata l'assistenza psicologica fornita dallo psicologo sportivo in caso di infortunio, per il recupero e la riabilitazione dell'atleta.

Lo psicologo sportivo deve agire sui problemi di natura psicologica dell'atleta, per aumentare il livello della sua prestazione

I diversi ruoli dello psicologo sportivo. Lo psicologo sportivo può ricoprire diversi ruoli professionali, a seconda della sua formazione e dei suoi interessi.

Può lavorare in ambito accademico se il suo interesse è essenzialmente quello della ricerca. In questo caso lo psicologo sportivo affronta numerosi oggetti di studio: la psicomotricità, la motivazione, l'apprendimento motorio, la gestione delle emozioni e dell'ansia, le dinamiche di gruppo, la preparazione mentale e così via.

Lo psicologo sportivo può lavorare anche con gli enti locali e le organizzazioni sportive, per sviluppare politiche di promozione dello sport praticato dai cittadini, monitorando poi sul territorio l'impatto di questi interventi.

Un altro ambito di specializzazione è quello rivolto agli interventi con allenatori, atleti e gruppi, che spaziano dallo sport agonistico allo «sport per tutti» (bambini, adulti, anziani). In questo modo lo psicologo sportivo contribuisce a valorizzare l'importanza dell'attività sportiva nel ciclo della vita.

Lo psicologo sportivo può ricoprire diversi ruoli professionali

Lo psicologo sportivo affianca gli atleti nella loro preparazione mentale, utilizzando diverse strategie

Lo psicologo sportivo nell'allenamento degli atleti. Lo psicologo sportivo affianca gli atleti nella loro preparazione mentale, utilizzando diverse strategie:
- allenare e potenziare le abilità mentali; per esempio l'abilità di rilassarsi, di mantenere la giusta motivazione, di gestire l'ansia da prestazione;
- riconoscere e gestire le emozioni, aumentando così l'autostima dell'atleta;
- diagnosticare i disturbi alimentari specifici dello sport;
- diagnosticare le psicopatologie specifiche dello sport come la *nikefobia* (paura della vittoria) o la sindrome del campione;
- analizzare il gesto motorio utilizzando videoregistrazioni;
- informare e intervenire sull'abuso di sostanze dopanti e stupefacenti;
- informare e intervenire sull'abuso di farmaci antidolorifici negli atleti infortunati;
- intervenire sull'infortunio sportivo e sul processo riabilitativo;
- sviluppare il *fair play* negli atleti;
- analizzare e sviluppare la leadership di atleti e allenatori.

Il *mental coach* sportivo può allenare e potenziare la preparazione mentale degli atleti, ma non può occuparsi di psicologia clinica

Il *mental coach* sportivo. Il *mental coach* sportivo può allenare e potenziare la preparazione mentale degli atleti, ma non può occuparsi di psicologia clinica. A differenza dello psicologo sportivo, il *mental coach* sportivo non deve quindi possedere alcuna laurea o una specializzazione specifica.

Si tratta di una professione «emergente», che viene esercitata da persone che hanno alle spalle percorsi molto diversi (preparatori atletici, allenatori, ex atleti, laureati in scienze motorie). È però necessario iscriversi a una scuola di *coaching* certificata, che permette di conseguire la qualifica di «*mental coach* sportivo».

È opportuno ribadire la differenza fra le due attività:
- la *psicologia dello sport* è riservata agli psicologi sportivi, e si occupa sia delle persone e dei loro comportamenti nelle attività sportive e motorie, sia dell'applicazione pratica di queste conoscenze;
- il *mental coaching sportivo* (riservato ai *mental coach* sportivi e agli psicologi sportivi) è soltanto un allenamento mentale, finalizzato al miglioramento delle capacità psicologiche durante le competizioni sportive.

Il *mental coach* sportivo migliora la performance degli atleti in gara

Le funzioni del *mental coach* sportivo. Il *mental coach* sportivo migliora la performance degli atleti in gara, aiutandoli a controllare gli stati d'animo che interferiscono sulla prestazione sportiva.

I benefici che l'atleta può trarre dal *mental coach* sportivo sono:
- un miglior controllo degli stati d'animo;
- una maggiore concentrazione e fiducia nelle proprie capacità durante le gare;
- una miglior gestione dei momenti di stress e pressione prima e durante la gara;
- la capacità di essere sempre «mentalmente pronto» quando è necessario;
- tecniche per recuperare più rapidamente e meglio dagli infortuni;
- metodologie per perfezionare un gesto tecnico ripetuto;
- la capacità di gestire al meglio qualsiasi problematica, anche al di fuori dell'ambito sportivo.

Lavorare come *mental coach* significa pertanto aspirare all'eccellenza, operare affinché il proprio atleta diventi il numero uno. Assieme al *coachee* (l'atleta destinatario del percorso), il *mental coach* sportivo coopera per creare, attraverso un allenamento mentale mirato, una personalità forte e sicura dei propri mezzi.

In particolare il *mental coach* allena la mente dell'atleta:
- a controllare le emozioni spiacevoli;
- a gestire la pressione prima e durante l'esibizione;
- a stimolare la concentrazione, sviluppando una mentalità vincente, indispensabile per raggiungere l'obiettivo a cui aspira il «suo» atleta: una performance da applausi.

Il *mental coaching* sportivo può essere intrapreso sia da giovani talenti che temono di non essere all'altezza delle aspettative, sia da ex campioni che non riescono più a vincere ma vogliono tornare a farlo.

PER SAPERNE DI PIÙ

La *nikefobia*

La paura della vittoria è una fobia che colpisce alcuni sportivi

Nikefobia è un termine greco (composto da *nike* = vittoria e *phobos* = paura) che letteralmente significa «paura di vincere». Questa fobia è stata identificata per la prima volta negli anni Settanta dalla psicologa statunitense Matina Horner.
È una fobia caratteristica nel mondo degli sportivi, soprattutto in campo agonistico, ma può essere riscontrata in ogni situazione di competizione che la vita presenta.
Le persone che fin da piccole sono cresciute con l'idea di dover ottenere buoni risultati per non deludere i propri genitori, anche da adulte saranno portate ad ascoltare quella «vocina interna» che li vuole sempre vincenti. In realtà una probabile causa del mancato raggiungimento dei nostri obiettivi potrebbe essere proprio la paura opposta: quella di avere successo. Si spiegherebbero così quei crolli psicologici a pochi passi dalla meta ambita, quando la persona commette una serie di errori spesso incomprensibili, come se fosse un vero e proprio auto-sabotaggio.
Circoscrivendo il discorso all'ambito sportivo, esistono alcuni indicatori che evidenziano i comportamenti, naturalmente inconsci, di un atleta che ha paura di vincere come, per esempio, il rendere di più in allenamento che in gara, il mancare regolarmente gli appuntamenti sportivi più importanti, il fallire a un passo da un successo ormai sicuro e così via.
Lo scopo dello sport agonistico è soprattutto vincere, quindi, perché molti atleti quando sono a un passo dal poterlo fare innescano un meccanismo per non vincere? Sotto alla paura della vittoria c'è spesso la convinzione che il successo richieda delle abilità che si ritiene di non possedere. Se un atleta è considerato forte e talentuoso, ma lui non si percepisce tale, può scattare la paura di non essere all'altezza delle aspettative del pubblico o delle figure di riferimento (compagna/o, allenatore, familiari). In questo caso l'atleta tende, inconsciamente, a evitare l'attesa vittoria in modo da rinviare all'infinito la manifestazione del suo valore.
In altri casi ancora, la nikefobia può colpire l'atleta a seguito di un suo successo inaspettato e repentino, che lo «strappa» dalle sue

abitudini, dal suo ambiente, dal suo ruolo nel mondo, e da tutto ciò che per lui prima era rassicurante, familiare e prevedibile: in questa situazione l'atleta può attuare comportamenti tali da permettergli di tornare alla situazione precedente, rifiutando i benefici della vittoria.
Per cercare di vincere la nikefobia l'atleta, aiutato da uno psicologo, deve seguire un approfondito percorso per scoprire quali sono le paure e i timori profondi che attribuisce al significato di vittoria.

[Rielaborazione da www.psicologopadova-robertogava.it]

Nell'esercizio della sua professione, il *mental coach* sportivo deve osservare il «Codice di condotta», il documento fondamentale su cui si reggono i principi morali, professionali e deontologici dei coach professionisti che appartengono all'Associazione Coaching Italia.

Si distingue fra

- Psicologia dello sport → Riservata agli psicologi sportivi
- *Mental coaching* sportivo → Riservato ai *mental coach* sportivi e agli psicologi sportivi

5 Il *match analist*

Il *match analist*. Il *match analist*, o *esperto di statistica*, è un'altra figura emergente nel panorama delle professioni sportive, che si sta affermando soprattutto nel calcio.

Il *match analist* analizza le performance calcistiche in video, utilizzando software sofisticati

L'esperto di statistica analizza le performance calcistiche in video ottenendo risultati «scientifici», grazie all'uso di software particolarmente sofisticati. È un professionista in possesso di elevate abilità tattiche e di competenze informatiche tali da lavorare con software specifici, indispensabili per l'analitico studio in video di una partita.

Il *match analyst* può essere:

- o un dipendente che fa parte dello staff tecnico di un club calcistico professionistico e ha rapporti diretti con i giocatori, con l'allenatore e con i tecnici;
- o un collaboratore esterno, a supporto dello staff tecnico, che non ha alcun rapporto con la squadra.

La valutazione della performance calcistica fa parte della gestione delle risorse umane

La valutazione della performance. La valutazione della performance sportiva, in questo caso calcistica, fa parte della gestione delle risorse umane e ne influenza le relative scelte. Nel calcio, per esempio, è un aspetto fondamentale ai fini della gestione dei giocatori (compravendite, ingaggi, premi, benefit).

Il *match analyst* è integrato nello staff tecnico e osserva la partita dalla tribuna, analizzando le performance della squadra e dell'avversario, individuando per entrambi i punti di forza e di debolezza in fase difensiva, offensiva e con palla inattiva. Un lavoro di molte ore, che si conclude in un video sintetico di circa 20 minuti, da sottoporre alla squadra sotto la supervisione dell'allenatore, che agevola la preparazione dell'incontro successivo e l'atteggiamento tattico della squadra.

Il *match analyst* effettua un'analisi tecnica oggettiva e non emotiva, come è quella dell'allenatore

Un'analisi tecnica oggettiva. L'esperto di statistica effettua un'analisi tecnica oggettiva e non emotiva, come è quella dell'allenatore; tale analisi è supportata da strumenti tecnologici su ciò che accade in campo.

Questa nuova figura è ormai presente negli staff tecnici dei più importanti club calcistici europei, e anche in Italia si sta affermando, perché forte è l'esigenza di fornire delle competenze che generalmente gli allenatori non possiedono; si tratta di competenze in discipline esterne al mondo del calcio come la statistica, la matematica, l'economia, la finanza e l'informatica.

Il *match analyst* svolge diverse funzioni concordate con l'allenatore e con lo staff tecnico

Le funzioni del *match analyst*. Fra le funzioni del *match analyst*, concordate con l'allenatore e con lo staff tecnico, ricordiamo:

- la video analisi tattica della squadra e delle squadre avversarie;
- la raccolta e lo studio dei dati statistici relativi sia alla squadra sia alle squadre avversarie (passaggi sbagliati, fuorigioco, falli di gioco, proteste);
- l'analisi delle strategie utilizzate durante gli allenamenti;
- l'analisi della partita di un singolo giocatore o di un singolo avversario;
- l'analisi specifica sull'operato del portiere;
- l'analisi del possesso o non possesso della palla;
- l'analisi dei calci piazzati e dei rigori;
- la condizione psicologica e fisica della squadra (per esempio contando i minuti in cui ha esercitato il possesso di palla);
- l'analisi del sistema di gioco e del livello tecnico e tattico della squadra.

Nel calcio moderno i dettagli riguardanti ogni aspetto della prestazione di una squadra, o di singoli calciatori, sono diventati elementi imprescindibili per un allenatore e per uno staff che vuole preparare al meglio la propria squadra e puntare ai massimi livelli.

Una figura non riconosciuta. La figura dell'esperto di statistica non è ancora riconosciuta ufficialmente dalla FIGC e dalla FIFA. A differenza di quanto avviene per gli allenatori, non esiste alcun «patentino» ma esistono solo certificazioni private che attestano le competenze del *match analyst*.

6 L'arbitro

All'arbitro compete la direzione ufficiale e la responsabilità della gara in tutte le discipline

L'arbitro. All'arbitro compete la direzione ufficiale e la responsabilità della gara in tutte le discipline.

L'*arbitro* (o *ufficiale di gara* o *giudice di gara*) partecipa, «senza vincolo di subordinazione, allo svolgimento delle manifestazioni sportive per assicurarne la regolarità», dopo essere stato abilitato all'esercizio della sua funzione e «tesserato dalla competente federazione sportiva nazionale» (**art. 33 Statuto CONI**).

L'arbitro può essere sia un organo monocratico (per esempio nel calcio si ha l'arbitro unico), sia un organo collegiale (per esempio nel basket ci sono due arbitri).

Assieme agli atleti, l'arbitro è l'unica persona ammessa sul campo di gara.

L'imparzialità. L'arbitro deve svolgere le sue funzioni «con lealtà sportiva, in osservanza dei principi di terzietà, imparzialità e indipendenza di giudizio» (art. 33 Statuto CONI), per assicurare la regolarità delle competizioni sportive.

L'arbitro deve svolgere le sue funzioni con imparzialità di giudizio

All'arbitro è conferita tutta l'autorità necessaria per fare osservare le regole del gioco nell'ambito della gara che è chiamato a dirigere. Questo fatto assegna all'arbitro una notevole dose di responsabilità, aggravata dalle possibili conseguenze di decisioni sbagliate.

Due arbitri si consultano durante una partita di basket.

L'inappellabilità delle decisioni. L'arbitro deve certificare il risultato agonistico ed è l'unico giudice insindacabile nell'ambito tecnico e disciplinare.

Altro principio sportivo fondamentale è l'*inappellabilità delle decisioni arbitrali*. Negli sport di squadra gli unici atleti che possono discutere con l'arbitro sono i due capitani, ma il loro parere è spesso irrilevante.

L'arbitro può modificare il suo operato o quando si rende conto di aver sbagliato oppure in seguito alla segnalazione di un collaboratore. L'arbitro è affiancato sia da assistenti sia da strumenti tecnologici, per limitare le inevitabili decisioni sbagliate.

L'arbitro è l'unico giudice insindacabile nell'ambito tecnico e disciplinare

Le funzioni dell'arbitro. In ogni disciplina sportiva l'arbitro esercita le seguenti *funzioni*:

Le funzioni dell'arbitro nelle varie discipline sportive

- dirigere e controllare la gara;
- giudicare sulla regolarità della gara valutando il rispetto delle regole tecniche;
- segnalare e sanzionare falli e scorrettezze, commessi non solo dagli atleti ma anche dagli allenatori e da terzi;
- risolvere le controversie in campo esercitando il proprio potere decisionale;
- interrompere temporaneamente o definitivamente la gara, al verificarsi di gravi infrazioni alle regole o a seguito di interferenze esterne;
- convalidare il risultato e compilare il referto di gara, annotando con precisione tutti i fatti accaduti durante la stessa (reti/punti segnati, giocatori ammoniti ed espulsi, sostituzioni e così via). Una volta compilato, il *referto* deve essere inviato al Giudice sportivo competente per la disciplina, che omologa il risultato della gara e decide eventuali sanzioni per le violazioni delle regole segnalate dall'arbitro nel referto.

L'assistente arbitrale nel calcio. Nel calcio molto vicina all'arbitro è la figura dell'*assistente arbitrale* (più noto come *guardalinee*), un ufficiale di gara che affianca e aiuta l'arbitro nella direzione della partita. Per ogni gara ne vengono designati due che vanno a formare, con l'arbitro, la cosiddetta «terna arbitrale».

L'assistente arbitrale affianca l'arbitro nella direzione di una partita di calcio

Gli assistenti arbitrali effettuano segnalazioni all'arbitro alzando la bandierina in dotazione (in caso di fuorigioco, palla uscita dal campo). A termini di regolamento, le segnalazioni dei guardalinee sono solo un supporto all'operato dell'arbitro, che può non tenerne conto, restando l'unico giudice della gara.

Il quarto uomo. Nelle gare della Lega Professionisti della FIGC (Serie A, Serie B, Serie C, Serie D), così come in tutte le competizioni dell'UEFA e della FIFA, viene designato un ulteriore ufficiale di gara, il cosiddetto quarto uomo, che non entra in campo ma contribuisce alla regolarità dell'incontro verificando il rispetto di alcune regole (sostituzioni, comportamento delle persone sedute in panchina e così via).

7 Il procuratore sportivo

Il procuratore sportivo. Il *procuratore sportivo* è un intermediario che, in cambio di un compenso, o mette in contatto un giocatore e una società per concludere o rinnovare un contratto di lavoro sportivo, oppure mette in contatto due società al fine di concludere un accordo per il trasferimento di un giocatore.

Il procuratore sportivo è un libero professionista che, in cambio di un compenso, mette in contatto un giocatore e una società (o due società) per concludere un contratto

Il procuratore sportivo è un *libero professionista*, che ha come obiettivo prioritario quello di offrire una consulenza all'atleta nella ricerca del miglior contratto professionale possibile (compenso, durata, benefit, prestigio del club). Il procuratore segue le trattative per il contratto e fa da tramite fra il giocatore e i dirigenti delle società, in cambio di una percentuale sull'ingaggio dell'atleta.

Il procuratore assiste poi il giocatore per l'intera durata dell'incarico, curando le trattative per gli eventuali rinnovi del contratto. Il procuratore rappresenta il giocatore sotto ogni aspetto; non solo ne cura il trasferimento, ma si occupa anche della sua posizione fiscale, dei contratti pubblicitari e di sponsorizzazione, dell'assicurazione, dell'investimento dei risparmi e così via.

Tutti i professionisti dello sport hanno alle spalle dei procuratori, che organizzano i vari aspetti della loro carriera

Tutti i professionisti dello sport hanno alle spalle dei procuratori, che gestiscono e organizzano i vari aspetti della loro carriera.

Un procuratore sportivo deve avere buone conoscenze giuridiche ed economiche, deve essere un buon comunicatore e deve saper gestire al meglio le esigenze dei suoi assistiti. Per lavorare in questo settore occorre quindi una profonda conoscenza delle normative vigenti e dei regolamenti che muovono il mondo sportivo; si tratta di competenze che richiedono un percorso di formazione adeguato e completo, costantemente aggiornato nel tempo.

Non solo. Un procuratore deve anche sapere individuare il giovane di talento, andare a cercarlo e proporsi, per convincerlo a diventare un suo assistito.

Il procuratore sportivo deve sostenere l'esame di abilitazione alla professione

Il procuratore sportivo nell'ordinamento giuridico. Sotto il profilo giuridico, l'attività del procuratore sportivo è inquadrabile come una «prestazione d'opera professionale», regolata dall'art. 2229 c.c., che ne delinea i caratteri essenziali:

- è una prestazione di lavoro prevalentemente personale;
- è assente il vincolo di subordinazione;
- è necessaria la corresponsione di un corrispettivo.

Una legge del 2017 ha reintrodotto l'esame di abilitazione alla professione, necessario per l'iscrizione al Registro Nazionale degli Agenti, che viene tenuto e disciplinato dal CONI ed è relativo a tutto lo sport professionistico italiano.

Il procuratore sportivo è un lavoro particolarmente ambito tra i giovani, ma entrare a fare parte di questa categoria professionale è difficile, anche perché l'esame di abilitazione è molto selettivo.

Il manager sportivo gestisce le organizzazioni sportive curando gli aspetti giuridici, gestionali e amministrativi

Il manager sportivo. Il *manager sportivo* deve gestire le organizzazioni sportive (federazioni sportive nazionali, discipline sportive associate, società sportive, associazioni sportive), curando in particolare gli aspetti giuridici, gestionali e amministrativi.

Nel corso degli anni la figura del manager sportivo si è affermata all'interno delle organizzazioni sportive; le sue mansioni sono relative alla pianificazione strategica, all'amministrazione e controllo, alla finanza, al marketing e alla comunicazione commerciale (di cui ci siamo occupati nell'unità E2).

Oltre a una buona padronanza delle lingue straniere, il manager sportivo deve avere adeguate conoscenze di diritto societario, economia politica e aziendale, gestione d'impresa, gestione delle risorse umane e marketing.

Il manager sportivo:

- gestisce e coordina gli aspetti organizzativi, economici e amministrativi dell'organizzazione sportiva;
- definisce le azioni per realizzare una migliore gestione delle risorse economiche e professionali;
- supervisiona l'organizzazione delle attività svolte e ottimizza il business dell'impresa sportiva;
- può ideare e costruire piani di comunicazione, sponsorizzazione e marketing, oltre a organizzare eventi sportivi;
- conosce e gestisce gli impianti sportivi e organizza le attività degli atleti e degli allenatori.

Per diventare manager sportivo sono previsti appositi percorsi formativi, che permettono di acquisire tutti gli strumenti necessari allo svolgimento della professione.

8 L'organizzatore di eventi sportivi

L'evento sportivo. Nell'unità E2 ci siamo ampiamente occupati dell'evento sportivo, di cui abbiamo sottolineato i requisiti, le caratteristiche e gli attori.

Approfondiamo ora il ruolo di un attore fondamentale: l'organizzatore di eventi sportivi.

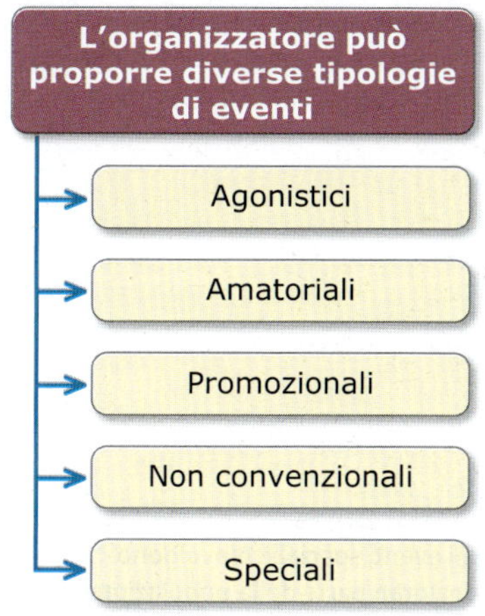

L'organizzatore di eventi sportivi. L'*organizzatore di eventi sportivi* (o *event manager*) si occupa di tutti gli aspetti dell'evento sportivo; dalla stesura del progetto iniziale alla pianificazione e realizzazione della manifestazione: evento principale, eventi collaterali e di supporto, intrattenimento, comunicazione, pubblicità, merchandising, pubbliche relazioni, ristorazione e così via.

L'organizzatore di eventi sportivi è una figura professionale complessa, che comprende al suo interno liberi professionisti, società private e società sportive (rappresentate dai loro dirigenti).

L'organizzatore può proporre diverse tipologie di eventi, tra cui ricordiamo: gli eventi agonistici, gli eventi amatoriali, gli eventi promozionali, gli eventi non convenzionali e gli eventi speciali.

Gli eventi agonistici. Gli eventi agonistici sono competizioni ufficiali inserite nel calendario di una determinata federazione nazionale sportiva, per le quali è necessario attenersi a regole precise stabilite nel relativo regolamento federale.

Nel caso degli eventi agonistici, gli obiettivi dell'organizzatore sono:

- farsi conoscere e diventare un punto di riferimento per l'attività agonistica;
- mettere in luce le proprie strutture e le proprie capacità organizzative;
- presentarsi sul territorio di appartenenza come un soggetto serio, in grado di operare a livello competitivo e di attirare nuovi interessati.

Gli eventi agonistici sono competizioni ufficiali inserite nel calendario di una federazione sportiva

Gli eventi amatoriali. Gli eventi amatoriali sono competizioni che vedono come partecipanti gli amatori o semplici appassionati.

Nel caso degli eventi amatoriali, gli obiettivi dell'organizzatore sono:

- coinvolgere il maggior numero di persone, soprattutto adulte, per ottenere un'ampia visibilità professionale;
- inserire varie attività di contorno, anche per reperire dei fondi.

Gli eventi amatoriali sono competizioni a cui partecipano gli amatori o semplici appassionati

Gli eventi promozionali. Gli eventi promozionali sono le competizioni e le manifestazioni dedicate a specifiche categorie giovanili. In questo ambito rientrano i progetti per promuovere lo sport tra i bambini e i ragazzi nel settore scolastico.

Nel caso degli eventi promozionali, gli obiettivi dell'organizzatore sono:

- incrementare la sua attività soprattutto rispetto ai giovani;
- mettersi in luce per aumentare il numero di iscritti, anche per l'attività non agonistica;

Gli eventi promozionali sono manifestazioni dedicate a specifiche categorie giovanili

Il calcio storico fiorentino è considerato l'antenato del moderno gioco del calcio, anche se nei fondamentali è molto più simile al rugby. Nato nella seconda metà del Quattrocento, ebbe rapida diffusione tra i giovani fiorentini. Le partite venivano organizzate soprattutto nel periodo del carnevale.

- valutare diverse regole (durata della gara, sostituzioni) nel caso di competizioni amichevoli fra società sportive giovanili.

Gli eventi non convenzionali si svolgono in luoghi tradizionalmente non destinati all'attività sportiva

Gli eventi non convenzionali. Gli eventi non convenzionali sono manifestazioni che si svolgono in luoghi tradizionalmente non destinati all'attività sportiva; questi eventi si possono svolgere, per esempio, in piazze o parchi, proponendo giochi, tornei multidisciplinari ed esibizioni. In questi casi il regolamento tecnico si allontana notevolmente da quello utilizzato per le competizioni federali. Basta pensare a una partita di calcio in costume organizzata in una bella piazza medioevale, con regole adattate al luogo dell'evento.

Nel caso degli eventi non convenzionali, gli obiettivi dell'organizzatore sono:

- avvicinare allo sport un gran numero di persone, specialmente famiglie;
- migliorare la comunicazione sportiva;
- reperire fondi e risorse.

Gli eventi speciali coinvolgono una gran parte della popolazione mondiale non solo sportiva

Gli eventi speciali. Gli eventi speciali coinvolgono una gran parte della popolazione mondiale non solo sportiva.

Tali eventi sono caratterizzati o dall'unicità (la finale di *Champions League*) o da una periodicità lunga (i Giochi Olimpici e i Campionati mondiali di calcio ogni quattro anni), in quest'ultimo caso richiedono maggior tempo per la preparazione.

Nel caso degli eventi speciali, gli obiettivi dell'organizzatore sono numerosi ed eterogenei: il rispetto delle identità nazionali, l'instaurazione di proficue relazioni internazionali, la costruzione di infrastrutture e così via.

L'organizzatore dell'evento deve occuparsi dei relativi adempimenti burocratici

Gli obblighi dell'organizzatore. Oltre ai suoi dati completi, l'organizzatore che vuole promuovere un evento deve indicare:

- che cosa esattamente intende organizzare;
- dove e quando si pensa di organizzare l'iniziativa;
- le finalità e gli obiettivi dell'evento.

Una volta accertata la disponibilità del luogo richiesto, l'organizzatore deve presentare tutte le domande necessarie, tra cui:

- la domanda di occupazione temporanea di suolo pubblico, nel caso di spazi pubblici all'aperto o di concessione degli impianti sportivi;
- la dichiarazione o autocertificazione della presenza di un adeguato servizio di pronto soccorso e della copertura assicurativa.

Partenza in una gara di nuoto femminile nelle Olimpiadi di Rio de Janeiro (2016).

Le competenze dell'organizzatore. L'organizzatore di eventi sportivi deve possedere specifiche competenze e abilità, fra cui:

- muoversi con professionalità nell'ideazione tematica e nella progettazione dell'evento;
- acquisire e gestire gli sponsor, occuparsi della promozione e del merchandising;
- coordinare le risorse a disposizione;
- pianificare la manifestazione o l'evento nel breve o nel lungo periodo;
- definire i contratti con gli atleti.

L'organizzatore di eventi sportivi deve utilizzare location idonee

L'utilizzo di location idonee. L'organizzatore di eventi sportivi deve utilizzare location idonee (stadi, palazzi dello sport, impianti sportivi, terreni e strutture immobiliari).

L'organizzatore di eventi deve predisporre tutte le misure protettive in grado di prevenire eventi dannosi sia agli atleti sia ai terzi (il pubblico che assiste all'evento).

In particolare, l'organizzatore dell'evento sportivo ha l'obbligo di controllare:

- l'adeguatezza, la pericolosità e la conformità ai principi di sicurezza dei mezzi tecnici utilizzati dagli atleti;
- l'idoneità e la sicurezza dei luoghi e degli impianti dove si svolge la manifestazione sportiva.

Costruire il futuro: nuovi approcci alla sfida sportiva

Il mondo dello sport è in continua evoluzione: da un lato, le figure professionali già esistenti cambiano per adeguarsi alle nuove sfide sportive; dall'altro, si assiste alla nascita di nuovi mestieri che rispondono a nuove esigenze. Vediamo due esempi di approcci adottati in Gran Bretagna e negli Stati Uniti per arrivare (o rimanere) al vertice della propria disciplina.

I dettagli pagano: il Team Sky e i *marginal gains*

La Gran Bretagna non è un paese di grande tradizione ciclistica, e nel 2009 l'esordio del Team Sky tra i professionisti venne accolto con scetticismo, nonostante un *budget* da grande squadra. Dieci anni e sei Tour de France vinti (con tre diversi atleti britannici: Bradley Wiggins, Chris Froome e Geraint Thomas), ogni perplessità è stata messa a tacere. Tra i segreti del successo della Sky c'è la cosiddetta teoria dei *marginal gains*, o guadagni marginali: una combinazione di piccoli dettagli che, seppure non significativi presi individualmente, diventano decisivi una volta combinati. Qualche esempio? Si va dalla personalizzazione delle bici in base alle caratteristiche degli atleti, all'utilizzo di materassi e cuscini personali, invece di quelli degli alberghi, durante le corse a tappe, per arrivare alla pratica del defaticamento sui rulli a corsa appena terminata (prassi ora comune per tutte le squadre).

La forza dei numeri: l'era della *sport analytics*

Nata negli Stati Uniti, e più precisamente nella MLB, la lega professionistica di baseball, la *sport analytics* è l'utilizzo della statistica e dell'analisi dei dati a livello sportivo ed è ormai largamente utilizzata in tutti gli sport USA. Le sue applicazioni sono molteplici: può essere usata in sede di mercato, per decidere quali siano gli atleti più adatti al tipo di gioco praticato da una squadra, o in partita, per adattare in maniera istantanea la propria strategia di gioco a quella avversaria.

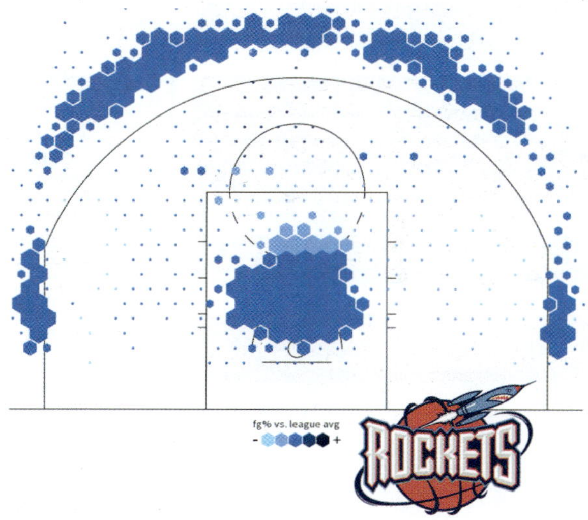

Sopra: la mappa dei tiri fatti dalla squadra di basket degli Houston Rockets nel 2017-18: le statistiche (che mostrano come i tiri da 3 punti e quelli da sotto canestro siano i più efficienti) plasmano in maniera visibile il loro stile di gioco.

PALLA AL CENTRO

L'evoluzione delle metodologie di allenamento non riguarda solo i professionisti ma coinvolge anche gli amatori. Chiedi al tuo allenatore (o al tuo insegnante di educazione fisica, se non pratichi uno sport) quali erano le pratiche di allenamento più comuni quando aveva la tua età: quali similitudini ci sono con il modo in cui ti alleni tu? E quali differenze?

9 Le professioni dopo il liceo sportivo

Che cosa fare dopo il liceo sportivo? Che cosa fare dopo aver superato l'esame di stato del *liceo scientifico a indirizzo sportivo*?

Le strade sono tante. Fra le innumerevoli possibilità che si aprono ai giovani, puntiamo la nostra attenzione sulle professioni legate al mondo dello sport, che sono strettamente connesse con il corso di studi frequentato.

Queste professioni si possono dividere in due grandi categorie: le professioni educative e le professioni del benessere.

Le professioni educative legate allo sport. Le principali professioni educative legate al mondo dello sport sono: l'insegnante di Educazione fisica, l'istruttore di fitness e l'insegnante del Metodo Feldenkrais.

L'insegnante di Educazione fisica cerca di migliorare lo sviluppo psicofisico e la salute degli studenti

L'insegnante di Educazione fisica. L'*insegnante di Educazione fisica* cerca di migliorare, attraverso l'attività motoria e sportiva, lo sviluppo psicofisico e la salute degli studenti e della società in generale.

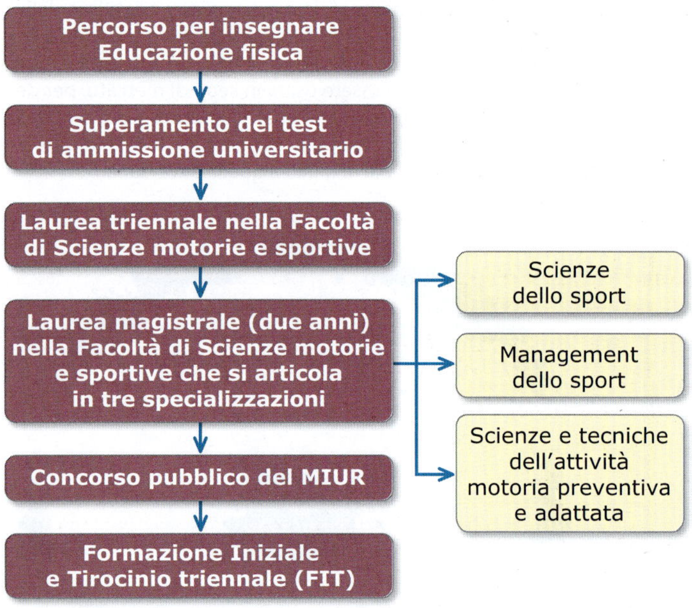

La disciplina dell'Educazione fisica considera il movimento come un mezzo per lo sviluppo della personalità in senso ampio, basato su un'adeguata corporeità e motricità, che sta alla base di una crescita fisica, affettiva, cognitiva e sociale.

L'insegnante di Educazione fisica non deve solo far svolgere settimanalmente degli esercizi ginnici ai propri studenti, ma deve anche insegnare loro a conoscere il proprio corpo e ad averne cura. Il percorso di formazione deve quindi far acquisire al futuro insegnante delle competenze che tengano conto delle varie problematiche legate al corpo umano.

Dalla laurea alla palestra scolastica. Dopo aver superato il test di ammissione, il futuro «prof.» deve frequentare la Facoltà universitaria di Scienze motorie e sportive, conseguendo dapprima la laurea triennale e poi dopo altri due anni la laurea magistrale, che si articola in tre specializzazioni («Scienze dello sport», «Management dello sport» e «Scienze e tecniche dell'attività motoria preventiva e adattata»). Bisogna superare sia esami pratici, che prevedono vere e proprie prove sportive, sia esami teorici legati alle varie materie oggetto di studio: Storia dell'Educazione fisica, Chimica e propedeutica biochimica, Pedagogia generale e sociale, Sistemi di elaborazione informatica e così via.

Dopo la laurea magistrale, il percorso che porta all'insegnamento prevede:

1. il concorso pubblico scolastico organizzato dal MIUR (Ministero dell'Istruzione, dell'Università e della Ricerca) con prove scritte, orali e pratiche;
2. i candidati che superano il concorso devono frequentare e superare un tirocinio triennale (FIT – Formazione Iniziale e Tirocinio), che prevede ulteriori esami, basati sulla pratica e sulla didattica.

Solo dopo il superamento del FIT si ottiene la nomina di «insegnante di Educazione fisica» ed è possibile iscriversi alle graduatorie di istituto, per iniziare la «gavetta» con incarichi di supplenza a tempo determinato.

L'istruttore di fitness. L'istruttore di fitness elabora programmi di allenamento per migliorare lo stato di benessere delle persone che vogliono praticare sport in maniera non agonistica. È un professionista esperto in attività di prevenzione e di promozione della salute e programma sezioni di allenamento specifiche, a seconda degli obiettivi da raggiungere come, per esempio, la perdita di peso e il rafforzamento muscolare.

A tal fine l'*istruttore di fitness*:

- organizza e coordina corsi e attività sportive, basati su tecniche di allenamento individuali e di gruppo;
- segue il singolo sportivo nell'esecuzione corretta degli esercizi, utilizzando le tecnologie fitness;
- prepara schede di allenamento personalizzate;
- garantisce nei locali utilizzati il rispetto delle norme in materia di igiene e sicurezza.

Tra le discipline più insegnate nel mondo del fitness ricordiamo: Acquagym, Acquafitness, Idrobike, Funk, Body building, Step, Fitboxe, Zumba e così via.

Prima di svolgere qualsiasi attività fisica, l'istruttore di fitness verifica che le certificazioni mediche garantiscano l'idoneità all'attività sportiva della persona interessata.

L'istruttore di fitness deve essere in possesso del *Diploma di Istruttore di Fitness*, rilasciato dalla Federazione Italiana Fitness (FIF) riconosciuta dal CONI.

L'istruttore di fitness elabora programmi di allenamento per migliorare il benessere di persone che vogliono praticare sport non agonistico

L'insegnante del Metodo Feldenkrais. Il professionista abilitato all'insegnamento del Metodo Feldenkrais si occupa di aiutare una persona a sviluppare, attraverso il movimento, una maggiore consapevolezza di sé.

Il Metodo parte dal principio secondo cui il corpo è lo strumento principale dell'apprendimento. L'*insegnante del Metodo Feldenkrais* deve quindi aiutare la persona a espandere il repertorio dei suoi movimenti, in modo da accrescere la consapevolezza del suo corpo, migliorandone le funzioni per esprimere completamente la sua personalità. Le persone devono muovere parti del corpo prima trascurate, e imparano come il corpo cooperi in ogni movimento: il Metodo Feldenkrais aiuta le persone a vivere la vita in modo pieno, efficiente e gratificante.

Per diventare insegnanti del Metodo Feldenkrais è necessario conseguire un attestato presso un Centro di formazione accreditato alla fine di un corso di quattro anni. Il corso è suddiviso in diversi segmenti relativi alle metodiche della *Consapevolezza attraverso il movimento* e della *Integrazione funzionale*. Il corso comprende lezioni individuali, esercitazioni pratiche, attività di gruppo, supervisione al lavoro individuale e di gruppo, conferenze, visione e discussione di video.

L'insegnante del Metodo Feldenkrais può esercitare la professione perché è riconosciuto dalla legge 14 gennaio 2013, n. 4, *Disposizioni in materia di professioni non organizzate* (d'ora in poi legge n. 4 del 2013).

L'insegnante del Metodo Feldenkrais aiuta una persona a sviluppare, attraverso il movimento, una maggiore consapevolezza di sé

Le professioni del benessere legate allo sport. Se preferisce intraprendere una professione del benessere legata al mondo dello sport il ragazzo, dopo il liceo scientifico a indirizzo sportivo, può specializzarsi nelle seguenti professioni: il chinesiologo, il *personal trainer* e il *building trainer*.

Il chinesiologo. Il chinesiologo (dal greco *kìnesis* = movimento e *lògos* = scienza) opera nel campo del movimento umano attivo, per promuovere il benessere psicofisico delle persona (normodotata o disabile).

Il chinesiologo si occupa del movimento in tutte le sue forme e nei seguenti ambiti:

- preventivo (ginnastica posturale, di mantenimento) e formativo (ginnastica per bambini, giovani, terza età);
- ricreativo (ginnastica con musica, animazione, giochi);
- sportivo (preparazione atletica, allenamenti).

Il professionista utilizza le sue conoscenze per raggiungere gli obiettivi che il paziente/atleta si è proposto riguardo la postura, il dimagrimento, la rieducazione del movimento, il potenziamento della struttura muscolare e così via.

Il chinesiologo esercita le seguenti funzioni:

- allenare il tono muscolare e seguire gli sportivi nella preparazione atletica;
- stimolare i gesti motori;

Il chinesiologo opera sul movimento umano attivo, per promuovere il benessere psicofisico delle persona (normodotata o disabile)

- educare i pazienti a un nuovo stile di vita;
- effettuare la ginnastica posturale e la ginnastica correttiva;
- adattare il movimento corporeo a tutte le attività quotidiane.

Per diventare chinesiologo è necessario aver conseguito la laurea triennale in Scienze motorie e sportive. Con la legge n. 4 del 2013, il chinesiologo è stato inserito nell'elenco delle professioni non organizzate; i professionisti in chinesiologia possono quindi unirsi in associazioni di categoria per dimostrare ai propri pazienti di possedere i requisiti minimi, accedendo alle certificazioni di qualità richieste dalla normativa.

Il *personal trainer* gestisce l'esercizio fisico di chi pratica attività fisica non agonistica per migliorare il proprio stato di salute

Il *personal trainer*. Il *personal trainer* (allenatore personale) gestisce in modo individualizzato l'esercizio fisico di coloro che praticano attività fisica non agonistica, per migliorare il loro stato di salute o di forma fisica.

La preparazione culturale del *personal trainer* si basa su diverse discipline: la fisiologia, l'anatomia funzionale, la psicologia, la medicina dello sport e la nutrizione. La sua attività consiste nell'educare e nel motivare la persona a uno stile di vita salutare, e a realizzare allenamenti finalizzati alle esigenze fisiologiche e psicologiche della persona stessa.

L'attività pratica del *personal trainer* si svolge in diverse fasi:

- l'intervista iniziale;
- la valutazione funzionale e antropometrica (misurazione del corpo umano e delle sue componenti);
- l'elaborazione e l'esecuzione di un programma di allenamento personalizzato;
- il controllo dell'efficacia del lavoro programmato.

Per esercitare questa professione non occorre alcuna laurea, ma è necessario superare un particolare corso di formazione organizzato da una federazione sportiva o da un'associazioni abilitata.

A livello di inquadramento professionale, il *personal trainer* è un lavoratore autonomo che offre sul mercato lezioni private o consulenze.

Il *building trainer* cerca di tonificare i corpi dei suoi allievi utilizzando l'allenamento con pesi e un'alimentazione specifica

Il *building trainer*. Il *building trainer* è il professionista del *bodybuilding* (noto anche come «culturismo»). Attraverso l'allenamento con pesi e un'alimentazione specifica, il *building trainer* cerca di tonificare i corpi dei suoi allievi al massimo delle loro potenzialità, intervenendo attivamente sul cambiamento della loro composizione corporea.

L'obiettivo è quello di aumentare la massa muscolare e di ridurre il grasso, ma va precisato che le finalità della disciplina sono più di tipo estetico che competitivo. Nel *bodybuilding* non si tratta né di «andare in palestra» per coltivare benessere e salute fisica, né di competere per sollevare il maggior peso possibile (come avviene invece nel sollevamento pesi). È il gusto estetico che spinge i culturisti ad allenarsi, per aumentare il più possibile la massa e la muscolatura, mantenendo armonia e proporzioni in linea con i canoni del *bodybuilding*, anche se, naturalmente, l'allenamento con i pesi porta vantaggi anche per il benessere fisico generale.

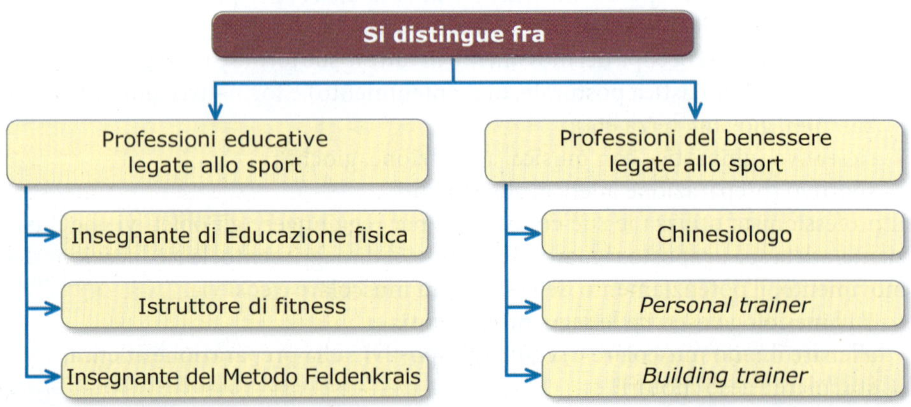

SINTESI

- L'**allatore** ▶ §1 gestisce la preparazione fisica, tecnica e psicologica di squadre o singoli atleti. L'allenatore:
  - è il solo **responsabile tecnico** ▶ §1 della squadra;
  - è un **educatore** ▶ §1 perché influenza la personalità degli atleti;
  - è un **organizzatore** ▶ §1 perché promuove la partecipazione attiva degli atleti;
  - è un **leader** ▶ §1 perché deve rappresentare un modello all'interno della squadra.

Si distingue fra
- Allenatore negli sport individuali
- Allenatore negli sport di squadra

- L'allenatore in prima può essere affiancato da:
  - l'**allenatore in seconda** (o **vice allenatore**) ▶ §2 che svolge un ruolo di collegamento fra la squadra e l'allenatore in prima;
  - l'**allenatore dei portieri** ▶ §2 che trasmette le sue competenze specifiche sul ruolo ai portieri che gli vengono affidati;
  - l'**allenatore degli infortunati** ▶ §2 che, in ambito sportivo, deve gestire il recupero dell'infortunio dell'atleta;
  - l'**allenatore del settore giovanile** ▶ §2 che gestisce la preparazione atletica dei giovani, tenendo conto delle diverse fasce d'età.
- Il **medico sportivo** ▶ §3 deve applicare la normativa sulla tutela sanitaria dell'attività sportiva (agonistica e no).
- Il **fisioterapista sportivo** ▶ §3 segue l'atleta sia nella preparazione di una gara sia nel recupero dopo uno sforzo o un trauma.
- Lo **psicologo sportivo** ▶ §4 deve agire sui problemi di natura psicologica dell'atleta, per aumentare il livello della sua prestazione.
- Il ***mental coach* sportivo** ▶ §4 può allenare e potenziare la preparazione mentale degli atleti, ma non può occuparsi di psicologia clinica.
- Il ***match analist*** ▶ §5 analizza le performance calcistiche in video, utilizzando software sofisticati.
- L'**arbitro** ▶ §6 è l'unico giudice insindacabile nell'ambito tecnico e disciplinare e deve svolgere le sue funzioni con imparzialità, per assicurare la regolarità delle competizioni sportive.
- Il **procuratore sportivo** ▶ §7 è un libero professionista che, in cambio di un compenso, mette in contatto un giocatore e una società (o due società) per concludere un contratto.
- Il **manager sportivo** ▶ §7 gestisce le organizzazioni sportive curando gli aspetti giuridici, gestionali e amministrativi.
- L'**organizzatore di eventi sportivi** (o ***event manager***) ▶ §8 si occupa dell'ideazione, della progettazione e della promozione di eventi sportivi. L'organizzatore può proporre diverse tipologie di eventi: agonistici, amatoriali, promozionali, non convenzionali e speciali.
- Le **professioni dopo il liceo sportivo** ▶ §9 si possono dividere in due categorie: le professioni educative e le professioni del benessere.

Le professioni dopo il liceo sportivo
- Professioni educative legate allo sport
  - L'insegnante di Educazione fisica
  - L'istruttore di fitness
  - L'insegnante del Metodo Feldenkrais
- Professioni del benessere legate allo sport
  - Il chinesiologo
  - Il *personal trainer*
  - Il *building trainer*

VERIFICA LE TUE CONOSCENZE

1 ***Risolvi le seguenti scelte multiple indicando la risposta esatta fra quelle possibili.***

A

Gestisce la preparazione fisica, tecnica e psicologica di una squadra

1. l'allentore in prima
2. l'allenatore in seconda
3. l'allenatore dei portieri

B

Può solo allenare la preparazione mentale degli atleti

1. lo psicologo sportivo
2. il *mental coach* sportivo
3. il medico sportivo

1 **Per assumere il ruolo di leader all'interno della squadra, l'allenatore deve**

a non accettare critiche e rimproveri da nessuno
b classificare attentamente i giocatori in base al loro valore
c rappresentare un modello da imitare
d prendere le decisioni più importanti insieme alla squadra

2 **Educa l'atleta a una corretta pratica alimentare collegata con l'esercizio fisico**

a il medico sportivo
b il fisioterapista sportivo
c lo psicologo sportivo
d il *mental coach* sportivo

3 **Analizza le performance calcistiche in video, utilizzando software sofisticati**

a l'allenatore in prima
b l'allenatore in seconda
c il *match analist*
d il *mental coach* sportivo

4 **L'arbitro deve essere abilitato all'esercizio della sua funzione**

a da una qualsiasi federazione sportiva nazionale del CONI
b dalla competente federazione sportiva nazionale del CONI
c da una qualsiasi federazione sportiva internazionale del CIO
d dalla competente federazione sportiva internazionale del CIO

5 **L'insegnante di Educazione fisica può effettuare le prime supplenze dopo**

a la laurea triennale nella Facoltà di Scienze motorie e sportive
b la laurea magistrale nella Facoltà di Scienze motorie e sportive
c il concorso pubblico del MIUR
d il tirocinio triennale presso il FIT

6 **Cerca di tonificare i corpi dei suoi allievi al massimo delle loro potenzialità**

a il *building trainer*
b il chinesiologo
c l'insegnante di Educazione fisica
d il *personal trainer*

MISURA LE TUE ABILITÀ

2 ***Risolvi i seguenti quesiti vero o falso e motiva la tua risposta.***

1 **L'allenatore è il solo responsabile tecnico della squadra**

VERO ☐ **FALSO** ☐

PERCHÉ ______________________________

____

2 **L'allenatore deve criticare in pubblico e lodare in privato**

VERO ☐ **FALSO** ☐

PERCHÉ ______________________________

____

3 Solo l'attività sportiva agonistica è sottoposta a rigorosi controlli medici

VERO ☐ **FALSO** ☐

PERCHÉ ______________________________

____

4 Il *mental coach* sportivo può trattare patologie di natura psicologica

VERO ☐ **FALSO** ☐

PERCHÉ ______________________________

____

5 Sotto il profilo giuridico il procuratore sportivo è un prestatore d'opera professionale

VERO ☐ **FALSO** ☐

PERCHÉ ______________________________

____

6 L'insegnante del Metodo Feldenkrais aiuta una persona a sviluppare una maggiore consapevolezza di sé

VERO ☐ **FALSO** ☐

PERCHÉ ______________________________

____

3 ***Completa la tabella che segue.***

Competenza	Figura professionale
Mantiene le relazioni fra la squadra e l'allenatore in prima	(1)
Indirizza i giovani verso lo sport più adatto alle loro caratteristiche fisiche	(2)
Può effettuare il trattamento di patologie di natura psicologica	(3)
Opera sul movimento umano attivo	(4)
Gestisce l'infortunio o la malattia dell'atleta	(5)

ALLENA LE TUE COMPETENZE

4 ***Sulla base di quanto hai imparato in questa unità, rispondi ai seguenti «casi».***

1 **Riconoscere le divergenze tecniche fra l'allenatore in prima e l'allenatore dei portieri, guardando una rubrica televisiva.**

La tua squadra del cuore milita in Serie A. Quest'anno ha assunto un nuovo allenatore dei portieri, che si trova ad allenare due portieri più il portiere della «Primavera» che, a soli 18 anni, è entrato nella rosa di prima squadra. Il giovane è un grande talento e, nel corso della stagione, i suoi progressi sono notevoli. Alla rubrica sportiva settimanale della TV locale, il neo-allenatore afferma entusiasta: «È già pronto per la Serie A!», ma l'allenatore in prima ribatte: «È solo una promessa, la prima squadra è ancora lontana!». Dopo lo «scontro televisivo», i due smettono di parlarsi…

▶ *L'allenatore in prima può ignorare l'opinione dell'allenatore dei portieri?*

____

____

2 **Valutare vantaggi e svantaggi della professione di procuratore sportivo, in base a un episodio familiare.**

Dopo la laurea magistrale in Economia, tuo fratello vuole iscriversi a un master di marketing sportivo per diventare procuratore sportivo. È il suo sogno: «È difficile, ma io ci voglio provare. Parlo perfettamente l'inglese e il francese. Esiste molta concorrenza, ma la maggioranza dei miei "futuri concorrenti" vede solo il calcio. Io invece ho intenzione di occuparmi di tennis: ogni tennista deve avere un bravo procuratore sportivo. Già mi immagino: dagli Internazionali di Roma al Roland Garros, poi a Wimbledon…».

▶ *Cosa pensi del percorso formativo di tuo fratello? Ti sembra interessante l'idea del tennis? Per quale motivo?*

____

____

____

Riprendiamo il dibattito

Dopo aver studiato l'unità, prepara il tuo punto di vista per continuare il dibattito iniziato in apertura di lezione (▶ *La parola a te!*).

Tuo cugino è un giovane talento nei 200 metri e ha grandi prospettive. La FIDAL decide di affiancare al ragazzo la figura di un mental coach *sportivo, col compito di allenare l'atleta a mantenere una maggiore concentrazione prima delle gare.*

▶ ***Quali sono le competenze professionali di un* mental coach *sportivo?***

- Partendo da quanto sopra affermato, esegui a casa una ricerca online e consulta il tuo libro di testo per preparare una breve tabella che contenga gli elementi principali dell'argomento trattato e che ti aiuti a esporre il tuo punto di vista.

A CASA 1 ORA — **IN AULA** 20 MINUTI

- Con l'aiuto della tabella, partecipa al dibattito che il docente avvia in aula.

LA STRAGE ALLE OLIMPIADI DI MONACO DEL 1972

Sangue sui Giochi Olimpici

Nel 1972 a Monaco un commando di terroristi palestinesi irrompe negli alloggi degli atleti israeliani e provoca una strage

Alle Olimpiadi di Monaco di Baviera del 1972 in Germania ovest (il Paese era ancora diviso) parteciparono ben 7000 atleti in rappresentanza di 121 Stati. L'obiettivo simbolico era quello di celebrare in Germania la pace consolidata dopo la Seconda guerra mondiale. Purtroppo gli eventi andarono diversamente e le Olimpiadi furono macchiate di sangue, come risulta dall'articolo riportato (*www.ilpost.it.*, 5 settembre 2012).

«Il 5 settembre 1972, alle 4.00 del mattino, otto membri di "Settembre nero", un movimento affiliato all'OLP (Organizzazione per la Liberazione della Palestina), entrarono facilmente nel villaggio olimpico. I terroristi (i cosiddetti *fedayyin*) fecero irruzione nella palazzina degli atleti israeliani: ne uccisero subito due che avevano tentato di fermarli (Moshe Weinberg e Yossef Romano) e ne sequestrarono altri nove (David Berger, Ze'ev Friedman, Yossef Gutfreund, Eliezer Halfin, Amitzur Shapira, Kehat Shorr, Mark Slavin, André Spitzer e Yakov Springer).

> I Giochi di Monaco furono sospesi per un solo giorno

Alle 5.00 iniziarono le trattative. I terroristi chiesero la liberazione di 234 palestinesi prigionieri nelle carceri israeliane e di due terroristi tedeschi, e pretesero tre aerei per lasciare la Germania. La scadenza dell'ultimatum era fissata per le ore 12.00.
Nel frattempo, il Cancelliere tedesco Willy Brandt aveva preso contatti con il Primo ministro israeliano Golda Meir, che si oppose a qualsiasi tipo di trattativa e offrì solo di inviare una squadra speciale per effettuare un blitz. La Germania scelse però di iniziare una lunga trattativa con i terroristi, che avanzavano sempre nuove richieste e rimandavano di ora in ora l'ultimatum. Il programma delle Olimpiadi proseguì regolarmente, nonostante la notizia del rapimento si fosse ormai diffusa in tutto il mondo.
Era sera quando si decise di far salire i terroristi con gli ostaggi su due elicotteri atterrati nel piazzale del villaggio olimpico per trasferirli alla base aerea di Furstenfeldbruck e da lì, come da loro richiesto, farli partire con un aereo per Il Cairo. Verso le 22.30 gli elicotteri con gli ostaggi atterrarono alla base: scesero i quattro piloti e sei terroristi. Due di loro corsero subito a ispezionare l'aereo, ma si accorsero che era senza equipaggio e tornarono di corsa agli elicotteri: era una trappola! Nascosti accanto all'aereo 400 poliziotti tedeschi dovevano liberare gli ostaggi con un'operazione che si sarebbe rivelata fallimentare: mancavano le attrezzature necessarie per la riuscita dell'operazione e mancava un numero sufficiente di uomini addestrati (i tiratori scelti erano soltanto cinque!). L'area venne illuminata e gli agenti aprirono il fuoco. La sparatoria durò circa un'ora. Quando alla base aerea arrivarono i veicoli corazzati tedeschi, ai terroristi fu chiaro che non era più possibile fuggire e uccisero gli ostaggi.
Nell'operazione morirono gli undici atleti israeliani, cinque terroristi e un poliziotto tedesco, per un drammatico totale di diciassette morti.
I Giochi di Monaco furono sospesi per un solo giorno, in cui si svolse una cerimonia in ricordo delle vittime. Le Olimpiadi non vennero però annullate, provocando proteste e indignazione.
[*Nell'agosto 2012*] il settimanale tedesco *Der Spiegel* ha pubblicato un lungo articolo sulle Olimpiadi del 1972, accusando il governo tedesco e gli organizzatori della manifestazione di aver ignorato l'allarme di possibili azioni terroristiche, senza rafforzare le misure di sicurezza al villaggio olimpico».

Le **Olimpiadi** continuano... il fenomeno **Mark Spitz**

Il trionfatore delle Olimpiadi di Monaco è il nuotatore Mark Spitz, vincitore di sette medaglie d'oro

Nonostante la strage, le Olimpiadi continuano... Fra i tanti campioni emerge Mark Spitz, vero e proprio dominatore nel nuoto dove vince sette medaglie d'oro.
Mark Andrew Spitz, nato a Modesto (California) nel 1950, è un americano di origine ebraica e finisce la sua incredibile serie di vittorie proprio il giorno prima della strage.
Spitz partecipò alla sua prima Olimpiade a Città del Messico nel 1968, dove vinse due medaglie d'oro (nelle staffette 4 × 100 metri e 4 × 200 metri stile libero), arrivò secondo nei 100 metri farfalla e terzo nei 100 metri stile libero. Nonostante le quattro medaglie, Spitz rimase deluso... avrebbe avuto la sua rivincita quattro anni dopo!
Per rendere ancora più incredibile la sua impresa, a Monaco Spitz stabilì il record del mondo in tutte e sette le gare vinte: 100 metri e 200 metri stile libero, 100 metri e 200 metri farfalla, 4 × 100 metri, 4 × 200 metri stile libero e 4 × 100 metri mista. Questo record sarebbe stato superato solo da Michael Phelps, che vinse otto medaglie d'oro (con sette record mondiali) alle Olimpiadi di Pechino del 2008.
La tragedia dell'attentato palestinese, a poche ore dalla conquista del suo settimo oro, sconvolse però Spitz. Lui, ebreo, alloggiava vicino alla delegazione israeliana bersaglio dei terroristi. Prima della conclusione dei Giochi, turbato, lasciò Monaco, nonostante le insistenze degli organizzatori e dei media.
Pochi giorni dopo la fine delle Olimpiadi, Spitz annuncia di abbandonare il nuoto: ha solo ventidue anni!
Fra Città del Messico nel 1968 e Monaco nel 1972, Spitz vinse complessivamente nove medaglie d'oro, più un argento e un bronzo.
Nominato "Nuotatore dell'anno" nel 1969, nel 1971 e nel 1972 dalla rivista statunitense *Swimming World Magazine*, fu inserito nella *International Swimming Hall of Fame* nel 1977.
Dopo il ritiro, Spitz diventa una leggenda. Sponsor, fotografi e anche i produttori di Hollywood lo tempestano di attenzioni e di contratti.
Anni dopo Spitz dichiarerà: "Sono convinto di essere riuscito a compiere una grande impresa perché, dopo i primi tre ori, nella testa dei miei avversari vi era un'unica preoccupazione e un'unica domanda: "Chi di noi arriverà secondo?"».

> Spitz stabilì il record del mondo in tutte e sette le gare vinte

1. La strage di Monaco era evitabile? Quali furono le responsabilità del governo tedesco?
2. Che cosa avvenne dentro alla palazzina del villaggio olimpico in quel maledetto 5 settembre 1972? Come furono trattati gli ostaggi israeliani?
3. La «questione palestinese» è ancora lontana da una soluzione accettabile. Per quali motivi?
4. Secondo molti commentatori, Mark Spitz «salvò i Giochi funestati dalla strage». Cosa ne pensi?

Commenta e rifletti intorno alla (o alle) tesi di fondo avanzate nei due testi proposti, facendo emergere il tuo punto di vista.

TEMA G

LA GLOBALIZZAZIONE E L'UNIONE EUROPEA

G1 L'internazionalizzazione

A te la parola!

Se non esistesse il protezionismo ogni Paese potrebbe produrre i beni più adatti alle sue caratteristiche, e aumenterebbe la prosperità di noi tutti.

5 MINUTI

▶ *Pensi che sia solo un sogno? Per quale motivo?*

Con l'aiuto dell'insegnante e in piccoli gruppi prova a esporre il tuo punto di vista.

1 La globalizzazione

La globalizzazione è... Il termine *globalizzazione* è stato usato per la prima volta a metà degli anni Ottanta del secolo scorso, ma negli ultimi tempi lo sentiamo continuamente (non sempre a proposito). Sono secoli che esistono legami di natura economica e finanziaria fra le diverse aree del globo, ma negli ultimi anni questi legami hanno assunto un'eccezionale intensità ed è per questo che, oggi, si parla tanto di globalizzazione.

A uno sguardo d'insieme, la globalizzazione comporta: la mondializzazione dell'economia, la concentrazione della ricchezza, la liberalizzazione dei mercati, il mercato finanziario globale e la competitività fra i Paesi poveri.

La globalizzazione comporta

- La mondializzazione dell'economia
- La concentrazione della ricchezza
- La liberalizzazione dei mercati
- Il mercato finanziario globale
- La competitività fra i Paesi poveri

...la mondializzazione dell'economia... Si ha la *mondializzazione* dell'economia, perché ogni Paese deve interagire con il resto del mondo. In conseguenza di ciò, viviamo in un sistema dove domina l'internazionalizzazione dei capitali, dei mercati e delle imprese.

...la concentrazione della ricchezza... La ricchezza mondiale (risorse, mezzi di produzione) è concentrata nelle mani di poche imprese, chiamate *multinazionali* perché operano in tutto il mondo (come vedremo nel prossimo paragrafo).

...la liberalizzazione dei mercati... Poiché il mondo deve essere un unico mercato, è necessaria un'assoluta libertà nella circolazione di merci, servizi, persone e capitali. Questa libertà è strettamente legata alla *deregulation* (deregolamentazione), perché tutto il potere è del mercato e i singoli Stati non devono intervenire nell'economia né fissarne le regole.

...il mercato finanziario globale... La globalizzazione porta alla formazione di un mercato finanziario globale. I dati sono impressionanti: questo mercato produce solo il 5% del valore degli scambi internazionali, e realizza il restante 95% grazie a operazioni finanziarie speculative (compravendita di azioni, obbligazioni, titoli di stato e altri strumenti finanziari).

...la competitività fra i Paesi poveri. La globalizzazione accentua il divario fra i Paesi ricchi e i Paesi poveri. Non solo. Si è creata un'esasperata competitività fra i Paesi più poveri, che sono costretti ad abbassare continuamente i costi, per attirare gli investimenti delle multinazionali. I Paesi del Terzo Mondo aumentano la loro «competitività» con un tragico *dumping* sociale, e peggiorano le condizioni di vita della popolazione sia diminuendo i salari sia tagliando i già scarsi servizi sociali.

Lo scambio internazionale... Finora abbiamo considerato un'economia chiusa, in cui gli unici protagonisti del sistema erano le famiglie, le imprese (profit e del Terzo settore) e lo Stato. È una situazione irreale e, in quanto tale, rischia di essere fuorviante: non possiamo pensare a un sistema economico in cui non esistono i dollari, la fame in Africa o più di un miliardo di cinesi.

L'economia si basa sugli scambi internazionali

È il momento di chiudere il cerchio, e inseriamo l'*operatore resto del mondo* per considerare un'*economia aperta*, cioè la situazione in cui viviamo realmente (coi dollari, con la fame in Africa, con più di un miliardo di cinesi).

I rapporti fra l'Italia e il resto del mondo fanno parte del commercio internazionale, che è il complesso degli scambi di beni e servizi che avviene fra i vari Stati.

Il commercio internazionale è il complesso degli scambi di beni e servizi che avviene fra i vari Stati

Riprendiamo le nozioni di importazioni ed esportazioni, facendo riferimento al nostro Paese:

- le *importazioni* sono il flusso di merci e servizi che l'Italia acquista dal resto del mondo. Fanno parte delle importazioni non solo le magliette che compriamo dalla Cina, ma anche i 2 milioni di euro all'anno che una squadra italiana paga a un calciatore argentino;
- le *esportazioni* sono il flusso di merci e servizi prodotto in Italia e venduto al resto del mondo; comprendono sia le scarpe che esportiamo negli Stati Uniti, sia lo stipendio che il ricercatore Mario Rossi guadagna a Londra.

...necessità, scarsità e convenienza. Perché l'Italia importa ed esporta? Un Paese è spinto allo scambio con l'estero da tre ragioni: necessità, scarsità e convenienza.

Il commercio internazionale nasce da ragioni di
- Necessità
- Scarsità
- Convenienza

Lo scambio è necessario quando il Paese deve procurarsi dei beni che non possono essere prodotti nel suo territorio, e non esistono neppure beni succedanei di produzione nazionale; per esempio, nel nostro Paese non possiamo coltivare pompelmi.

Seconda ragione: non ci accontentiamo mai... Lo scambio è dovuto a scarsità quando, in un Paese, la Domanda di determinati beni supera la produzione interna; per esempio, l'industria chimica italiana non è in grado di soddisfare le richieste del mercato interno.

Infine, può accadere che un Paese, pur essendo in grado di produrre certi beni sul suo territorio, preferisca importarli ed esportare in cambio beni di altra natura.

Alla base della scelta fra la produzione diretta e l'importazione sta la differenza nei costi di produzione, che si riflette poi nei prezzi. Supponiamo che un Paese possa produrre sia grano sia automobili, però deve sopportare costi elevati per

UNA LETTURA

La globalizzazione e i no global di Alessandro Baricco

«La globalizzazione è un modo per far respirare il denaro attraverso la pace»

Giovani manifestanti contro la globalizzazione.

Alessandro Baricco, nato a Torino nel 1958, è scrittore e musicofilo. Ha ottenuto grandi successi coi suoi romanzi, sempre raffinati, dove la cultura si respira naturalmente, senza essere ostentata. Baricco è anche un acuto opinionista. Si è occupato, fra l'altro, anche della globalizzazione, su cui nel 2002 ha scritto un saggio: *Piccolo libro sulla globalizzazione e sul mondo che verrà*. Ne riportiamo qualche brano.

«[...] O meglio: cosa vogliamo dire quando usiamo la parola "globalizzazione"? Malauguratamente, un'unica risposta, fondata e unanime non c'è. Ce ne sono tante, ma, guarda caso, ognuna rende imprecisa l'altra, e nessuna sembra più vera delle altre. Così mi è tornata in mente quella vecchia battuta: non c'è una definizione della stupidità, però ce ne sono molti esempi. Metodo induttivo, si diceva a scuola. Non c'è una definizione della globalizzazione: però ce ne sono molti esempi. [...]
La globalizzazione implicherebbe un flusso circolare di denaro e prodotti, ma, se prendiamo ad esempio il cinema, le cose stanno così: il mondo vede i film americani, gli americani non vedono i film del mondo. [...] Perché chiamare tutto questo globalizzazione? Perché non chiamarlo col suo nome: colonialismo? [...]
Comunque ve l'abbiano raccontata, la guerra è sempre stata fatta per rimettere in movimento i soldi, per conquistare altri mercati, per entrare in possesso di risorse altrui. Per far respirare il denaro. La globalizzazione ha questo, di rivoluzionario: è un modo per far respirare il denaro attraverso la pace. Non solo non serve la guerra: ha bisogno della pace. Non venderete mai stracchino in un Paese che è in guerra col vostro, in un posto che rischia di essere bombardato, neanche se vi regalano il latte. Anche solo come ipotesi, la globalizzazione non sarebbe mai potuta nascere se non in un mondo senza guerra. [...]
Globalizzazione è il nome che diamo a cose come internazionalismo, colonialismo, modernizzazione, quando decidiamo di sommarle ed elevarle ad avventura collettiva, epocale, epica. Chiedersi se esiste o no è una domanda senza risposta, perché è una domanda mal posta: dipende. [...]
[*Occupiamoci*] degli antiglobalizzatori, detti no global. [...]
Perché si fa un G8? Perché otto famosissimi Capi di Stato che potrebbero tranquillamente riunirsi in una videoconferenza, [...] si mettono in vetrina, costringendo una città a militarizzarsi? Forse perché sono scemi? No: perché sono uno spot. Non sono lì a decidere qualcosa (potrebbero farlo benissimo in altri modi), sono lì per farsi vedere. Sono lì a fare i testimonial. Di che? Della globalizzazione. [...]
E i ragazzi in tuta bianca [*i no global*] che ci facevano lì? Interrompevano lo spot. Pisciavano sul depliànt. Stracciavano il grande manifesto. Non interrompevano la globalizzazione: ne boicottavano la campagna pubblicitaria. Istintivamente miravano al cuore della faccenda. [...]»

[A. Baricco, *Next (Piccolo libro sulla globalizzazione e sul mondo che verrà)*, Feltrinelli, Milano, 2002, pp. 42-46.]

produrre grano e costi ridotti per produrre automobili: quel Paese non ha interesse a produrre grano, ma deve importarlo in cambio delle automobili esportate. È evidente che ogni Paese, per procurarsi dei beni, deve utilizzare sempre risorse proprie: nessuno regala niente!

2 Le imprese multinazionali

La multinazionale è una grande impresa che organizza la sua produzione in Paesi diversi

Nella multinazionale
- La direzione è in uno Stato
- La produzione e la distribuzione sono in altri Stati

■ **La multinazionale.** La multinazionale è una grande impresa che organizza la sua produzione in Paesi diversi: la direzione si trova in uno Stato, mentre gli impianti di produzione e di distribuzione sono dislocati in altri Paesi, solitamente in Paesi in via di sviluppo.

La maggioranza delle multinazionali è concentrata nei Paesi industrializzati occidentali (Stati Uniti e Unione europea), ma negli ultimi anni le multinazionali stanno aumentando anche in Oriente (in particolare in Russia, Cina e Giappone).

L'ascesa delle multinazionali negli anni Novanta va di pari passo con il processo di liberalizzazione globale del commercio. A causa della concorrenza internazionale, le imprese tendono a ridurre i costi di produzione; in particolare le attività delle multinazionali possono svolgersi solo se esistono bassi costi per la commercializzazione internazionale dei semilavorati e per la reimportazione in patria dei prodotti finiti.

La multinazionalità richiede due condizioni. Anzitutto è necessaria la dispersione geografica delle attività dell'impresa perché, come detto, le multinazionali svolgono in Paesi diversi le loro fasi produttive (lavorazione, assemblaggio, commercializzazione).

In secondo luogo, la proprietà deve essere concentrata. Un'impresa è multinazionale solo quando l'attività estera non è delegata a un'impresa locale, ma è svolta direttamente da una controllata dell'impresa stessa (è detta «controllata» l'impresa operante in un Paese estero di cui la multinazionale controlla più del 50% delle azioni).

La multinazionalità richiede la dispersione geografica e la concentrazione della proprietà

Le scelte di localizzazione. Come viene scelto il Paese di destinazione? Le scelte di localizzazione delle multinazionali dipendono da diversi fattori, fra questi:
- l'ordinamento giuridico del Paese di destinazione, che deve garantire una solida protezione dei diritti di proprietà degli investitori esteri;
- la facilità di accesso ai mercati esteri;
- una distanza geografica non eccessiva tra le diverse fasi produttive dell'impresa;
- la disponibilità di fattori di produzione a basso costo (materie prime e costo del lavoro).

Le scelte di localizzazione delle multinazionali dipendono da diversi fattori

Le attività delle multinazionali. Le attività economiche delle maggiori multinazionali sono la produzione di automobili, la raffinazione del petrolio, l'elettronica di consumo, l'industria chimica e farmaceutica, i prodotti alimentari, la produzione di energia elettrica, i servizi bancari, finanziari e assicurativi, il commercio all'ingrosso e al dettaglio, le telecomunicazioni e i media.

Per diversificare le attività e i rischi, le multinazionali ampliano la loro azione anche in settori che non hanno una diretta relazione con la produzione principale (il core business). Per esempio, la ex Philip Morris (ora Altria Group) era conosciuta principalmente per l'appartenenza al settore del tabacco, ma oggi opera, attraverso società controllate, anche nel settore agroalimentare e in altri comparti.

Le multinazionali operano in settori eterogenei

Una pubblicità «umana» di McDonalds a Londra.

La struttura delle multinazionali. In base alle caratteristiche produttive, le multinazionali possono essere divise in orizzontali, verticali e diversificate. In particolare:
- le multinazionali *orizzontali* operano in diversi Paesi, con lo scopo di produrre beni e servizi simili (per esempio McDonalds);
- le multinazionali *verticali* producono in diversi Paesi delle merci, che servono come materie prime per altri stabilimenti in altri Paesi (per esempio Adidas);
- le multinazionali *diversificate* gestiscono, in diversi Paesi, degli stabilimenti produttivi che non sono collegati tra loro (per esempio Microsoft).

Le multinazionali possono essere

Orizzontali | Verticali | Diversificate

Le multinazionali nel mondo: totale attivo tangibile in miliardi di euro (2013)

Industriali nel mondo			Telecomunicazioni			Utilities		
1 (1)	Gazprom (Ru)	293,1	1 (2)	China Mobile (Cn)	135,3	1 (1)	EdF (Fr)	239,6
2 (2)	Toyota Motor (Jp)	280,0	2 (5)	Verizon Comm. (Us)	121,8	2 (2)	GDF Suez (Fr)	131,6
3 (4)	Petro China (Cn)	272,5	3 (1)	NTT (Jp)	120,8	3 (3)	ENEL (It)	130,9
4 (6)	Volkswagen (De)	265,1	4 (4)	AT&T (Us)	106,1	4 (4)	E.ON (De)	111,3
5 (3)	Royal Dutch Shell (Uk)	256,1	5 (3)	Vodafone (Uk)	90,1	5 (5)	Iberdrola (Es)	75,2
6 (5)	Exxon Mobil (Us)	251,5	6 (6)	Telefonica (Es)	76,9	6 (6)	RWE (De)	67,9
7 (7)	PetroBras (BR)	220,1	7 (7)	Deutsche Telekom (De)	72,2	7 (7)	Vattenfall (Se)	51,4
8 (8)	BP (Uk)	196,8	8 (8)	China Unicom (Cn)	63,0	8 (8)	Hydro Québec (Ca)	48,3
9 (9)	Chevron (Us)	180,6	9 (9)	China Telecom (Cn)	60,5	9 (10)	Midamerican Energy Holding (Us)	45,3
10 (26)	Rosneft Oil (Ru)	161,9	10 (11)	America Movil (Mx)	50,0	10 (14)	Enbridge (Ca)	38,3

Nota: fra parentesi la posizione occupata nel 2012. Fonte: R&S.

Le multinazionali italiane

Fatturato 2013 in miliardi di euro					
Eni*	114,7	Ferrero	8,1	Cofide	4,8
Exor	113,7	Luxottica	7,3	Italcementi	4,2
Enel*	77,3	Prysmian	7,3	Marcegaglia**	4,2
Telecom Italia	22,9	Pirelli	6,1	Barilla	3,5
Finmeccanica*	16,0	Stm*	5,9	A. Menarini**	3,2
Tenaris + Ternium	13,9	Parmalat	5,3		

* A controllo statale. ** Fatturato 2012. Fonte: R&S.

L'ingresso di una multinazionale nel Paese di destinazione ha effetti positivi e negativi

Le multinazionali e il Paese di destinazione. L'ingresso di una multinazionale nel Paese di destinazione ha effetti positivi e negativi.

Fra gli effetti *positivi* ricordiamo:

- l'aumento della concorrenza sul mercato nazionale, perché le risorse locali sono impiegate in modo più efficiente con conseguente diminuzione dei prezzi a vantaggio dei consumatori;
- la ricaduta sulle imprese locali di tecnologie, conoscenze e metodi importati dalla multinazionale.

Fra gli effetti *negativi* ricordiamo:

- l'estromissione delle imprese nazionali, a cui le multinazionali tolgono importanti quote di mercato;
- il rischio che le multinazionali assumano una posizione di vero e proprio monopolio, perché dispongono di grandi capitali e possono praticare una politica commerciale aggressiva;
- il trasferimento all'estero dei profitti delle multinazionali.

Le multinazionali necessitano di un basso costo del lavoro nei Paesi di destinazione

Il basso costo del lavoro. Le multinazionali sono alla ricerca di un basso costo del lavoro nei Paesi di destinazione. È però inevitabile che, col tempo, l'aumento dei redditi faccia aumentare anche i salari, riducendo i margini di profitto delle multinazionali. In questo caso il Paese di destinazione rischia di perdere la sua capacità di attrazione, a favore di nuovi Stati in grado di offrire un minor costo del lavoro; basta pensare ad alcune multinazionali americane che, negli ultimi anni, si sono spostate dal Messico alla Cina.

Va detto che se le multinazionali arrivano e poi, in tempi brevi, ripartono verso Paesi più redditizi, i benefici apportati possono essere illusori e di breve durata per i Paesi di destinazione. Per far sì che le multinazionali mantengano la loro attività a lungo termine, è quindi necessario che il Paese di destinazione sviluppi altri fattori di attrazione (per esempio, una forza lavoro più qualificata).

Le multinazionali possono creare problemi al Paese d'origine

Le multinazionali e il Paese d'origine. Nel Paese d'origine la trasformazione delle imprese in multinazionali comporta un aumento della produzione e della produttività nazionale, con relativa crescita del livello di occupazione.

Esistono però altri aspetti decisamente problematici:

- le multinazionali possono aggirare le politiche nazionali di tassazione delle imprese, trasferendo le proprie attività in Paesi con un minor livello di imposizione fiscale;
- le rendite delle politiche commerciali protezionistiche possono essere trasferite agli azionisti esteri delle multinazionali, invece che ai cittadini nazionali;
- le multinazionali hanno un forte potere contrattuale con le autorità tributarie (e non solo);
- le istituzioni nazionali spesso non sono in grado di sorvegliare le transazioni internazionali.

Le multinazionali si finanziano nel Paese d'origine attraverso la *holding* del gruppo

Il finanziamento. Per quanto riguarda il finanziamento, le multinazionali, pur estendendosi in vari Stati, mantengono come «casa madre» il Paese d'origine, in cui risiede la *holding* del gruppo, cioè la società finanziaria capogruppo a cui fanno riferimento tutte le altre (come si è visto nel volume per il secondo biennio).

Oltre a far ricorso all'autofinanziamento, le multinazionali sfruttano finanziamenti erogati da istituti statali e internazionali come, per esempio, la *Banca Internazionale per la Ricostruzione e lo Sviluppo*.

Le pressioni politiche sui governi. Le multinazionali esercitano pressioni a livello politico, e sono in grado di condizionare i governi dei Paesi più poveri (e non solo). Si pensi che, a volte, le multinazionali hanno fatturati superiori al PIL degli Stati in cui operano; è, per esempio, il caso della società petrolifera *Exxon Mobil* che da qualche anno ha un fatturato superiore al PIL dell'Egitto.

Le multinazionali esercitano pressioni politiche sui governi

3 Protezionismo o libero scambio?

A seconda della situazione economica in cui si trova, uno Stato può decidere fra due politiche commerciali: il protezionismo o il libero scambio.

Il protezionismo. Si ha il *protezionismo* quando uno Stato nega agli operatori economici la possibilità di importare liberamente merci straniere. Il motivo è semplice: difendere la produzione nazionale dalla concorrenza estera.

Col protezionismo lo Stato impedisce di importare liberamente merci straniere, per difendere le industrie nazionali

Come si attua il protezionismo? Per attuare una politica protezionistica si possono utilizzare numerosi strumenti, fra i quali ricordiamo:
- i dazi doganali;
- i contingenti d'importazione;
- i sussidi alle imprese nazionali.

Gli strumenti protezionistici sono
- I dazi doganali
- I contingenti d'importazione
- I sussidi alle imprese nazionali

I *dazi doganali* sono delle imposte che vengono applicate ai prodotti importati nel momento in cui questi beni entrano nel territorio nazionale: il dazio si aggiunge al prezzo del bene importato e lo fa aumentare.

Supponiamo che l'Italia applichi un dazio dell'8% agli elettrodomestici e che il prezzo alla frontiera di una lavatrice giapponese sia di 1000 euro; avremo:

Prezzo alla frontiera	*Dazio*	*Prezzo in Italia*
1000 euro	+ 80 euro	1080 euro

Coi dazi doganali, un Paese non solo scoraggia le importazioni (gli italiani acquisteranno meno lavatrici giapponesi perché il prezzo è aumentato), ma aumenta anche le sue entrate (80 euro entrano nelle casse dello Stato italiano).

I dazi doganali aumentano le entrate dello Stato

Coi *contingenti d'importazione* lo Stato stabilisce la quantità massima di un determinato prodotto che può essere importata; per esempio in Italia (come nell'Unione europea e negli Stati Uniti) sono sottoposte a contingente le importazioni di prodotti cinesi, per favorire le industrie nazionali che sarebbero travolte dal *made in China*.

I contingenti d'importazione fissano le quantità massime importabili di un certo prodotto

Si può attuare una politica protezionistica anche concedendo dei *sussidi* alle imprese. Per esempio, grazie ai sussidi, le imprese agricole dei Paesi sviluppati diminuiscono i costi e, di conseguenza, i prezzi; in questo modo aumentano la loro competitività rispetto alle imprese agricole del Terzo Mondo.

I sussidi alle imprese nazionali aumentano la loro competitività

Il protezionismo: pro... Quali vantaggi porta a un Paese una politica protezionistica? Il protezionismo è giustificato da ragioni strategiche, da ragioni di politica economica e da ragioni strutturali.

Gli effetti positivi del protezionismo

Anzitutto esistono delle industrie che sono essenziali per la sopravvivenza di ogni Paese; si pensi all'industria bellica, che deve sempre essere protetta (anche se è poco efficiente), perché da essa dipende la sicurezza dello Stato.

Altro motivo. In una fase di depressione economica, una politica protezionistica, penalizzando le merci estere, permette di incrementare la Domanda di prodotti nazionali, con positivi effetti sul livello del Reddito Nazionale. È significativo che, durante la Grande Depressione, tutti i Paesi fecero ricorso al protezionismo per combattere la disoccupazione; in Italia, in quegli anni, la politica economica fascista spinse il protezionismo fino a un livello di *autarchia* (è un termine di origine greca che significa «autosufficienza economica»).

Un'ultima riflessione. Esistono delle imprese che, alla nascita, incontrano problemi che ne riducono la competitività: piccole dimensioni, difficoltà a reperire manodopera specializzata, disorganizzazione nella divisione del lavoro. Queste imprese hanno bisogno di un certo periodo di tempo per «crescere» e poter così affrontare la concorrenza estera. In questo caso la protezione è opportuna, purché sia temporanea, perché aumenta l'efficienza della struttura produttiva del Paese. Per esempio, l'industria automobilistica italiana si è sviluppata grazie a una lunga fase di protezione, ed è oggi competitiva sul mercato internazionale.

Gli effetti negativi del protezionismo

...e contro. Il protezionismo ha anche effetti negativi.

Basta pensare alla diminuzione degli scambi internazionali. Quando uno Stato adotta una politica protezionistica, viene spesso imitato dagli altri Paesi: «Tu metti i dazi sui miei prodotti? E allora io li metto sui tuoi!»; si innesca una pericolosa spirale, che può portare a un crollo del commercio internazionale.

Altro problema. In un Paese protezionista si ha un cattivo utilizzo delle risorse, perché le imprese non protette vengono penalizzate a vantaggio di quelle protette, che sono le meno efficienti (in caso contrario non ci sarebbe bisogno di protezione).

Il protezionismo

È giustificato da ragioni
- strategiche, se tutela industrie indispensabili
- di politica economica, in caso di depressione
- strutturali, se la protezione è temporanea

Ha effetti negativi perché
- diminuisce gli scambi internazionali
- causa un cattivo utilizzo delle risorse

Si ha il libero scambio quando lo Stato permette un'assoluta libertà negli scambi con l'estero

Il libero scambio. Il *libero scambio* si ha quando lo Stato concede agli operatori economici una totale libertà negli scambi con l'estero. Si può importare, esportare, scambiare. Il libero scambio è l'opposto del protezionismo.

Gli effetti positivi del libero scambio sono quindi l'aumento degli scambi internazionali e un migliore utilizzo delle risorse interne.

Il libero scambio incrementa gli scambi internazionali, e questo porta ogni Paese a specializzarsi nelle produzioni più adatte alle sue caratteristiche; ne consegue che tutto il mondo ricava un maggior numero di beni dalle risorse presenti in natura, e la prosperità aumenta.

Al contrario del protezionismo, col libero scambio sono le imprese più efficienti a restare sul mercato e tendono a sparire quelle meno efficienti.

Col *dumping* un'impresa vende all'estero un bene a un prezzo inferiore a quello del mercato interno, per conquistare i mercati stranieri

Il *dumping*. Il *dumping* è un grave ostacolo al libero scambio. Si ha il *dumping* quando un'impresa vende all'estero un bene a un prezzo inferiore a quello praticato sul mercato interno, con l'evidente scopo di penetrare nei mercati stranieri vendendo «prodotti sottocosto».

Per esempio, l'impresa Alfa di Milano produce pennarelli a un costo unitario di 2 euro, che vende in Italia a un prezzo di 3 euro, realizzando un profitto unitario di 1 euro. L'impresa Alfa decide di «allargarsi in Germania», dove però vende ogni pennarello a un prezzo di 1,80 euro (con una perdita di 0,20 euro su ogni pennarello venduto). Perché lo fa?

L'impresa Alfa pratica il *dumping* per invogliare i consumatori tedeschi e, infatti, dopo un anno ha già conquistato una discreta fetta di quel mercato (rimettendoci qualche milione di euro). A questo punto, l'impresa Alfa «inverte la rotta» e, come in Italia, vende ogni pennarello a un prezzo di 3 euro (con profitto unitario di 1 euro). L'aumento del prezzo (da 1,80 euro a 3 euro) provoca una diminuzione delle vendite, ma questa è contenuta perché i tedeschi si sono affezionati ai «pennarelli Alfa» e continuano ad acquistarli nonostante l'aumento di prezzo: *dumping* riuscito!

4 La *World Trade Organization* (WTO)

Il GATT. Il GATT (*General Agreement on Tariffs and Trade*) era un accordo stipulato nel 1947 (entrato in vigore nel 1948) per regolamentare il commercio internazionale nella difficile situazione economica e politica che seguì la Seconda guerra mondiale. Il GATT cercò sia di facilitare il libero scambio riducendo gli strumenti protezionistici (dazi, contingenti d'importazione) sia di armonizzare le politiche tariffarie fra i 23 Stati aderenti.

Il GATT regolamentò il commercio internazionale dal 1948 al 1994

Il GATT non aveva una vera e propria struttura organizzativa. Per migliorare la cooperazione economica internazionale, nell'ambito del GATT venivano periodicamente organizzati dei negoziati, chiamati *Round*.

Fra il 1986 e il 1994 i Paesi del GATT organizzarono l'*Uruguay Round*, da cui nacque la WTO.

Nel 1995 la WTO sostituì il GATT

La WTO. La *World Trade Organization* (WTO), in italiano *Organizzazione mondiale del commercio* (OMC), è stata istituita col Trattato di Marrakech (15 aprile 1994) ed è in vigore dal 1° gennaio 1995.

La WTO cerca di abolire le barriere al commercio internazionale

Sede della WTO, presso il Centro William Rappard a Ginevra.

La WTO è un'organizzazione internazionale creata allo scopo di supervisionare i numerosi accordi commerciali tra gli Stati membri: la WTO deve regolamentare il 95% del commercio mondiale di beni e servizi.

Come risulta dalla figura 1, alla fine del 2016, aderivano alla WTO 164 Paesi, a cui se ne aggiungevano 22 con il ruolo di *osservatori* (in attesa di diventare membri effettivi). Va precisato che l'Unione europea è un membro della WTO e quindi anche i Paesi che la formano (Italia compresa) fanno parte dell'organizzazione.

La WTO ha recepito gli accordi e le convenzioni stipulati dal GATT, e ha il compito di amministrarli ed estenderli. L'obiettivo generale della WTO è l'abolizione o la riduzione delle barriere tariffarie al commercio internazionale relativo non solo ai beni materiali, ma anche ai servizi e alle proprietà intellettuali.

La sede della WTO è a Ginevra, in Svizzera.

Le finalità e gli obiettivi della WTO. Le principali finalità della WTO sono:

La WTO vuole migliorare le relazioni commerciali internazionali

- gestire un efficace sistema di regolamento delle controversie, applicabile a tutte le aree di competenza della WTO;
- impegnare tutti gli Stati membri a uniformare le diverse legislazioni nazionali alle regole del GATT. Questa disposizione ha l'obiettivo di rafforzare la prevalenza degli impegni presi in sede internazionale rispetto alle normative interne, in modo da consolidare il funzionamento del sistema multilaterale degli scambi;
- convincere i Paesi membri a rinunciare a misure unilaterali di ritorsione.

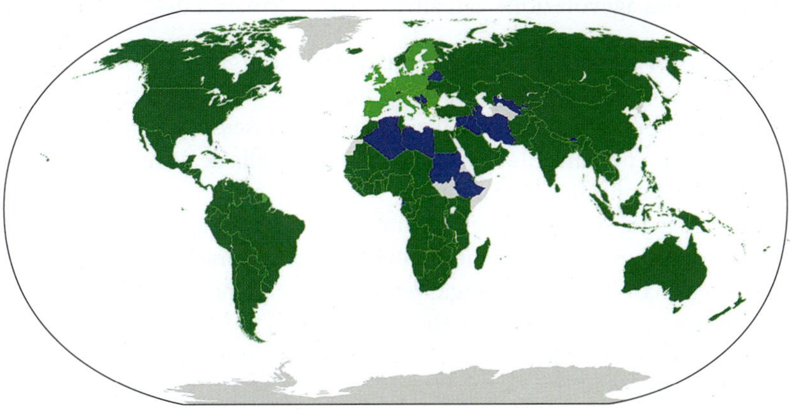

Stati membri
Stati membri rappresentati dall'Unione europea
Stati osservatori

Fonte: *World Trade Organization*, 2017.

FIGURA 1 Gli Stati membri della WTO

L'obiettivo principale della WTO è costruire un sistema commerciale mondiale così strutturato:

- *Senza discriminazioni*: gli Stati non devono attuare alcun tipo di discriminazione nei confronti dei loro partner commerciali.
- *Più libero*: le barriere al commercio devono essere ridotte attraverso le negoziazioni; è necessario il superamento di tutti gli ostacoli che riducono la quantità delle importazioni mondiali (imposte, dazi, divieti o quote alle importazioni).
- *Senza imprevisti*: le compagnie, gli investitori e i governi devono avere la certezza che le barriere al commercio non vengano stabilite *arbitrariamente*; la riduzione delle tariffe e gli sforzi per l'apertura dei mercati costituiscono elementi tipici dell'attività della WTO.
- *Più competitivo*: vengono disincentivate le pratiche commerciali scorrette come i sussidi alle esportazioni e il *dumping* (di cui ci siamo occupati nel paragrafo 3).
- *Più flessibile per i Paesi in via di sviluppo*: bisogna concedere ai Paesi poveri più tempo per adattarsi alle nuove normative commerciali internazionali.

Le funzioni della WTO. Rispetto alle funzioni, il Trattato di Marrakech stabilisce che la WTO:

- è un *forum di discussione* sulla normativa del commercio internazionale (nuova ed esistente);
- è un *insieme di regole e norme* che disciplinano il commercio internazionale al fine di liberalizzare gli scambi in ambito globale;
- è una sede per la *risoluzione delle controversie internazionali* sul commercio.

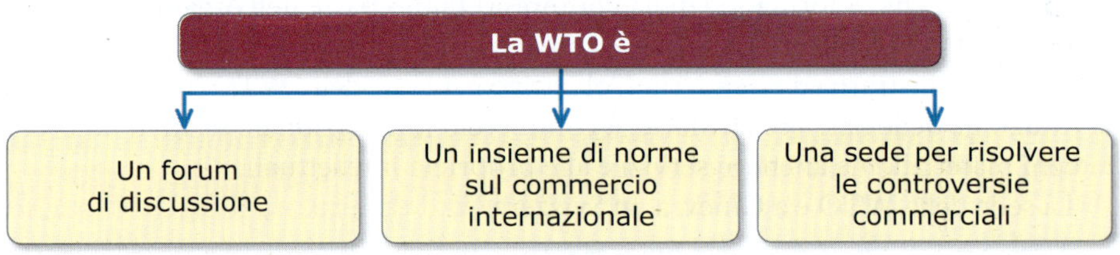

Ogni Paese membro della WTO deve garantire agli altri membri lo status di «nazione più favorita»

La clausola della nazione più favorita. Tutti i Paesi membri della WTO devono garantire agli altri membri lo status di *nazione più favorita* (*Most Favourite Nation*).

Si tratta di una procedura in base alla quale le condizioni praticate al Paese più favorito (che subisce le minori restrizioni commerciali) devono essere estese a tutti gli altri Stati firmatari di quell'accordo. Per esempio, in un accordo relativo allo scambio di acciaio firmato da 12 Paesi, se il Paese X concede un vantaggio commerciale al Paese Y (per esempio la riduzione dei dazi sull'acciaio), il Paese X deve concedere la stessa agevolazione agli altri 11 Paesi firmatari dell'accordo.

Le decisioni più importanti della WTO sono prese secondo il principio del consenso

Il principio del consenso. La maggior parte delle organizzazioni internazionali opera soltanto secondo il criterio «un Paese, un voto». Invece le decisioni più importanti della WTO sono prese secondo il *principio del consenso*: si considera raggiunto il consenso quando nessuno Stato membro si oppone alla decisione da prendere.

Il principio del consenso ha vantaggi e svantaggi:

- i *vantaggi* risiedono nel fatto che in tal modo si incoraggiano gli sforzi tesi a proporre e adottare decisioni che siano largamente condivise;
- gli *svantaggi* nascono dall'allungamento dei tempi necessari a raggiungere il consenso per l'adozione delle decisioni.

Va precisato che, per tutte le altre decisioni, la WTO effettua regolari votazioni con diverse maggioranze.

La WTO non ha un effettivo potere di risoluzione delle controversie commerciali

La risoluzione delle controversie commerciali. La WTO dovrebbe risolvere le controversie commerciali fra i Paesi membri.

In realtà, la WTO non ha un effettivo potere di risoluzione delle controversie commerciali fra gli Stati membri. Per esempio, se uno Stato membro non si conforma a una sua decisione, la WTO ha soltanto la possibilità di autorizzare delle *misure ritorsive* da parte dello Stato ricorrente. In conseguenza di ciò, i Paesi più ricchi possono «ignorare» i reclami avanzati dai Paesi economicamente più deboli, dal momento che a questi ultimi mancano i mezzi per porre in atto delle misure ritorsive realmente efficaci nei confronti di economie più solide.

5 La Bilancia dei pagamenti

La *Bilancia dei pagamenti*, nel corso di un anno, mostra l'andamento dei conti con l'estero di un Paese.

La Bilancia dei pagamenti evidenzia l'andamento dei conti con l'estero di un Paese nel corso di un anno

Nella Bilancia dei pagamenti italiana sono registrati gli scambi (di ogni tipo), che avvengono tra l'Italia e il resto del mondo. Nella tabella 1 è riportata la composizione (semplificata) della Bilancia dei pagamenti italiana.

Tabella 1 La Bilancia dei pagamenti italiana

	Attivo	Passivo
Bilancia delle partite correnti	BILANCIA COMMERCIALE	
	• Esportazioni di merci	• Importazioni di merci
	PARTITE INVISIBILI	
	• Movimenti attivi di servizi • Trasferimenti unilaterali verso l'Italia	• Movimenti passivi di servizi • Trasferimenti unilaterali dall'Italia
Movimenti di capitale	• Investimenti finanziari di stranieri in Italia • Investimenti diretti di stranieri in Italia	• Investimenti finanziari di italiani all'estero • Investimenti diretti di italiani all'estero
Saldo della bilancia dei pagamenti		

■ **La Bilancia delle partite correnti...** Analizziamo in dettaglio le voci che compongono la Bilancia dei pagamenti italiana, e partiamo dalla *Bilancia delle partite correnti*, che è composta dalla Bilancia commerciale e dalle Partite invisibili.

■ **...la Bilancia commerciale...** Nella *Bilancia commerciale* sono registrate le entrate e le uscite provocate dalle esportazioni e dalle importazioni di merci.

La Bilancia commerciale registra le esportazioni e le importazioni di merci

Disaggregando i dati della Bilancia commerciale relativi agli ultimi anni, si rileva una certa regolarità nell'andamento delle voci attive e delle voci passive.

In particolare, sulle importazioni influiscono soprattutto i prodotti energetici (petrolio, gas), il settore agroalimentare (soprattutto la carne) e l'industria chimica; mentre fra i comparti tradizionalmente in attivo vanno ricordati il metalmeccanico e il tessile/abbigliamento. La maggior parte degli scambi avviene all'interno dell'Unione europea.

La Bilancia commerciale è la voce più significativa della Bilancia dei pagamenti.

■ **...le Partite invisibili.** Non tutti gli scambi «si vedono».

Le *Partite invisibili* sono transazioni che non possono essere rilevate alla frontiera, perché non sono dovute a movimenti di merci. Le Partite invisibili sono composte dai movimenti di servizi e dai trasferimenti unilaterali.

Fra i *movimenti di servizi* vanno ricordati i flussi turistici. Ipotizziamo che l'inglese George Wilson passi un mese di vacanza a Rimini, dove spende 5000 sterline; nelle Partite invisibili si ha un attivo di 5000 sterline, che «non si tocca con mano», ma esiste. Al contrario, l'italiano Mario Rossi che visita Londra, dove spende 3000 euro, porta a un passivo di 3000

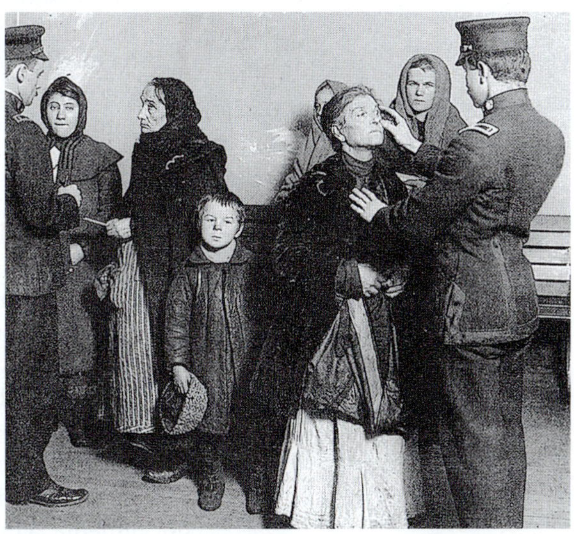

Emigranti italiani dei primi anni del Novecento al loro arrivo a Ellis Island, l'isola della baia di New York dove si svolgevano le operazioni di controllo degli immigrati negli Stati Uniti. Per decenni, nel secolo scorso, le rimesse degli emigranti italiani sono state consistenti e hanno mantenuto in attivo i trasferimenti unilaterali.

Le Partite invisibili sono transazioni che non comprendono i movimenti di merci

euro nelle Partite invisibili. I flussi turistici sono una voce tradizionalmente attiva per l'Italia, soprattutto nei mesi estivi.

I *trasferimenti unilaterali* sono movimenti di valuta che non nascono da uno scambio, ma avvengono appunto «unilateralmente» da un Paese a un altro. Fino a pochi anni fa, i trasferimenti unilaterali erano in attivo per l'Italia, grazie alle *rimesse degli emigranti*. Si pensi al palermitano Marco Bianchi che, dal 1951 al 1958, emigra in Germania, dove lavora, guadagna e manda i suoi risparmi alla famiglia rimasta a Palermo; per 8 anni quei risparmi, duramente sudati da Bianchi, contribuiscono anche all'attivo delle Partite invisibili. Negli ultimi anni l'attivo delle rimesse si è trasformato in un passivo a causa dei mutamenti nei flussi migratori; prendiamo il caso dei lavoratori extracomunitari presenti in Italia: si ha un passivo nelle Partite invisibili se il tunisino Mohamed Kaleb, assunto da un'impresa di Torino, invia i propri risparmi alla famiglia in Tunisia.

I Movimenti di capitale sono trasferimenti di valuta dovuti a investimenti

I Movimenti di capitale. Il denaro circola da uno Stato all'altro, anche per gli investimenti che le persone fanno in Paesi esteri. I trasferimenti di valuta dovuti a investimenti formano i *Movimenti di capitale*.

Gli investimenti possono essere finanziari o diretti.

Gli *investimenti finanziari* sono costituiti soprattutto dall'acquisto di titoli (azioni, obbligazioni, titoli di stato). Se è l'italiano Mario Rossi ad acquistare titoli di stato francesi abbiamo un passivo; invece se è il francese Michel Fontaine ad acquistare titoli italiani abbiamo un attivo. Si tratta di una voce solitamente attiva per l'Italia, perché negli anni passati sono stati notevoli gli investimenti finanziari di stranieri, che hanno acquistato ingenti quantità di titoli di stato italiani, allettati dai vantaggiosi tassi di interesse. Come sappiamo, questo fatto ha però effetti negativi sul debito pubblico.

Gli *investimenti diretti* sono rappresentati dall'acquisto di beni strumentali. Se lo statunitense Frank Jordan costruisce uno stabilimento industriale a Verona si ha un attivo; invece se è un italiano a investire all'estero si ha un passivo; basta pensare agli investimenti della Fiat nei Paesi dell'Europa orientale, in Sudamerica e negli Stati Uniti.

Va sottolineato che i termini «attivo» e «passivo» devono essere intesi solo in senso contabile: è positivo, per l'economia italiana, che un'impresa investa all'estero!

Se il saldo della Bilancia dei pagamenti è in attivo si ha un avanzo (surplus), mentre se è in passivo si ha un disavanzo (deficit)

Il saldo della Bilancia dei pagamenti. Sommando i dati della Bilancia delle partite correnti e dei Movimenti di capitale si ottiene il *saldo della Bilancia dei pagamenti*, che è un dato di fondamentale importanza per l'economia di un Paese.

Si hanno due ipotesi:

- si ha un *avanzo* (*surplus*) se il saldo della Bilancia dei pagamenti è in attivo;
- si ha un *disavanzo* (*deficit*) se il saldo della Bilancia dei pagamenti è in passivo.

Come si è visto, è possibile individuare un saldo per ciascuna delle voci che compongono la Bilancia dei Pagamenti.

6 Lo sviluppo economico

Si ha sviluppo economico quando, nel lungo periodo, aumenta il Reddito Nazionale reale

Come si espande il sistema economico? Il Reddito Nazionale è il flusso di beni e servizi finali disponibili nel corso di un anno: si ha una crescita economica quando aumenta il Reddito Nazionale nel lungo periodo.

Va precisato che si ha *sviluppo economico* quando aumenta il *Reddito Nazionale reale* (misurato a prezzi costanti), perché un aumento del Reddito Nazionale monetario (misurato a prezzi correnti) potrebbe essere dovuto solo all'inflazione. In altre parole, possiamo dire che si ha sviluppo economico quando, nel lungo periodo, aumenta la quantità di beni e servizi prodotta da un sistema economico.

Il Reddito Nazionale reale aumenta se cresce la capacità produttiva del Paese

Il Reddito Nazionale nel lungo periodo. Ricordiamo che il Reddito Nazionale potenziale misura la quantità di beni e servizi di cui un Paese potrebbe disporre se utilizzasse pienamente la sua capacità produttiva, mentre il Reddito Nazionale effettivo misura la quantità di beni e servizi di cui un Paese dispone realmente.

Partendo da questa distinzione, è possibile analizzare il Reddito Nazionale sia nel breve periodo sia nel lungo periodo.

Per analizzare lo sviluppo economico dobbiamo effettuare un'analisi del Reddito Nazionale nel lungo periodo, che studia gli elementi che modificano il Reddito Nazionale potenziale. In particolare, se vogliamo occuparci dello sviluppo economico, dobbiamo approfondire quei fattori che, nel lungo periodo, aumentano la *capacità produttiva* di un Paese: la popolazione, il progresso tecnologico e l'accumulazione di capitale.

La popolazione. Lo sviluppo economico richiede la presenza di una manodopera professionalmente preparata.

Lo sviluppo economico esige la presenza di una manodopera professionalmente preparata

Non è possibile quantificare l'«ammontare ottimo» di popolazione necessario per lo sviluppo di un Paese, perché non esistono riscontri uniformi nella realtà. Fra gli Stati economicamente più sviluppati troviamo infatti sia Paesi ad alta densità di popolazione (i Paesi Bassi), sia Paesi scarsamente popolati (la Svezia).

Inoltre, mentre un processo di sviluppo in atto viene facilitato da un aumento della popolazione, nei Paesi sottosviluppati gli incrementi demografici non si riflettono in aumenti della produzione.

Sia l'eccesso che la scarsità di popolazione presentano aspetti positivi e negativi: un Paese sottopopolato deve creare le proprie infrastrutture sopportando un alto costo medio per abitante, mentre un Paese sovrappopolato deve affrontare il problema di un limitato ammontare di risorse disponibili (agricole, minerarie).

Il Reddito Nazionale *pro capite*. Per quantificare lo sviluppo di un Paese, è necessario utilizzare un nuovo indicatore: il Reddito Nazionale *pro capite*, che tiene conto dell'andamento demografico, perché misura il rapporto fra il Reddito Nazionale e la popolazione di un Paese.

Il Reddito Nazionale *pro capite* è il rapporto fra il Reddito Nazionale e la popolazione di un Paese

$$\textit{Reddito Nazionale}\ \text{pro capite} = \frac{\textit{Reddito Nazionale}}{\textit{Popolazione}}$$

Per esempio in Italia nel 2011, essendo stato registrato un Reddito Nazionale di 1 572 000 000 000 euro con una popolazione di 58 100 000 abitanti, il Reddito Nazionale *pro capite* era pari a 27 057 euro (1 572 000 000 000/58 100 000 = 27 057).

Se aumentano sia il Reddito Nazionale sia la popolazione, possono verificarsi due condizioni:

- se l'aumento del Reddito Nazionale è superiore a quello della popolazione, aumenta il Reddito Nazionale *pro capite* e si ha sviluppo;
- se l'aumento del Reddito Nazionale è inferiore a quello della popolazione, diminuisce il Reddito Nazionale *pro capite* e si ha sottosviluppo.

Il Reddito Nazionale *pro capite* è un dato parziale, perché indica una media fra i redditi dei singoli abitanti senza tenere conto delle disuguaglianze sociali; se Mario Rossi ha un reddito di 100 000 euro e Marco Bianchi di 20 000 euro, risulta che il reddito *pro capite* è di 60 000 euro.

È comunque indubbio che possiamo parlare di sviluppo solo in presenza di un aumento del Reddito Nazionale *pro capite*.

Il progresso tecnologico. Nel lungo periodo il progresso tecnologico fa aumentare la produttività.

Nel lungo periodo il progresso tecnologico fa aumentare la produttività

Il progresso tecnologico è di importanza strategica nello sviluppo economico di un Paese. Nella foto, una linea di produzione automatizzata di microdispositivi elettronici.

Le innovazioni tecnologiche non devono restare processi astratti, ma si concretizzano nel momento in cui vengono applicate agli investimenti produttivi. Il progresso tecnico stimola le imprese a incrementare gli investimenti non solo per aumentare il numero degli impianti, ma anche per impedire che questi siano utilizzati fino all'estremo logorio fisico. Come sappiamo, la sostituzione degli impianti obsoleti aumenta la produttività, con conseguente riduzione dei costi.

Esiste un «circolo virtuoso» fra il progresso tecnologico e l'accumulazione di capitale: le innovazioni tecnologiche stimolano gli investimenti e, nello stesso tempo, sono gli investimenti nella ricerca scientifica a rendere possibile il progresso tecnico.

Nel lungo periodo l'accumulazione di capitale fa aumentare il Reddito Nazionale

L'accumulazione di capitale. L'accumulazione di capitale rappresenta il fattore determinante per lo sviluppo economico di un Paese.

In primo luogo l'incremento degli investimenti produttivi, costituiti dai beni strumentali, aumenta la *produzione* complessiva.

In secondo luogo, poiché ogni aumento di produzione permette una riduzione dei costi nel lungo periodo, gli investimenti provocano un incremento di *produttività*, che consente a un Paese di aumentare la produzione senza modificare le proprie risorse.

In altri termini, l'accumulazione di capitale fa aumentare il Reddito Nazionale, grazie all'incremento della produzione e della produttività.

Lo sviluppo non è solo un problema economico, ma coinvolge ogni aspetto della vita delle persone

Lo sviluppo qualitativo. Va ribadito che non è detto che un incremento del Reddito Nazionale comporti sempre un miglioramento del livello di vita, perché lo sviluppo deve essere inteso non solo sotto il profilo quantitativo, ma anche sotto l'aspetto *qualitativo*. Infatti, oltre al reddito, esistono altri fattori che influenzano la qualità della vita: dal tasso di mortalità a quello di alfabetizzazione, dal livello dei servizi sociali alla tutela dell'ambiente.

7 Paesi ricchi e Paesi poveri

I Paesi sviluppati sono «il Nord», mentre i Paesi sottosviluppati sono «il Sud»

Lo squilibrio fra Nord e Sud. L'espressione «Nord e Sud del mondo» venne introdotta nel 1980 dalla *Commissione indipendente sui problemi dello sviluppo internazionale*, presieduta dal tedesco Willy Brandt (1913-1992), per indicare la contrapposizione fra Paesi ricchi (*Nord*) e Paesi poveri (*Sud*).

Da una parte stanno alcuni Paesi (Stati Uniti, Giappone, Europa occidentale) che hanno raggiunto un discreto livello di benessere economico, accompagnato da un'accettabile qualità della vita; dall'altra stanno vaste aree (in Asia, in Africa, in America Latina) in cui le popolazioni vivono in uno stato di vera e propria miseria, affiancata da un grave degrado sociale. Qualche cifra. Su una popolazione mondiale che supera i 6 miliardi, oltre 1 miliardo di persone si trova in condizioni di povertà e 500 milioni vivono in uno stato di malnutrizione.

Lo squilibrio fra Nord e Sud non è quindi dovuto all'insufficienza di risorse, ma al fatto che queste non sono ripartite in modo equo. Non è la torta a essere troppo piccola, ma a qualcuno toccano fette enormi, ad altri solo briciole.

La contraddizione è ancora più evidente se si considera che nei Paesi ricchi vive 1/3 degli abitanti della Terra che gode dei 4/5 del reddito mondiale; ne consegue che i 2/3 della popolazione possono disporre solo di 1/5 del reddito mondiale. Si pensi che la metà delle materie prime non riproducibili proviene dai Paesi poveri, ma l'intero continente africano consuma 1/10 dell'energia utilizzata negli Stati Uniti: ci vorrebbero tre «pianeti Terra» se tutta la popolazione mondiale adottasse il nostro stile di sviluppo e di consumo.

Una donna somala e i suoi figli attraversano a piedi la periferia del campo Dagahaley, parte del complesso di Dadaab, in Kenya. Nel 2014 i campi di Dadaab ospitavano più di 356 000 rifugiati.

Lo squilibrio fra Nord e Sud è la contrapposizione fra

- I Paesi sviluppati (Nord)
- I Paesi sottosviluppati (Sud)

La classificazione dei Paesi del mondo basata sul reddito *pro capite*

■ **Una classificazione discutibile...** Iniziamo a classificare i Paesi del mondo, per farlo usiamo il reddito *pro capite* annuo.

Va premesso che il livello medio mondiale del reddito *pro capite* annuo si aggira sui 4000 dollari. In base al livello del reddito, i Paesi possono essere divisi in:

- *Paesi sviluppati*;
- *Paesi in via di sviluppo*;
- *Paesi sottosviluppati*, chiamati anche *Terzo Mondo*.

Il reddito *pro capite* è una misura approssimativa della ricchezza, perché:

- le statistiche economiche dei Paesi sottosviluppati si riferiscono solo alla produzione che arriva sul mercato, e ignorano una consistente quota destinata all'autoconsumo delle famiglie contadine;
- bisogna tenere conto del diverso potere d'acquisto del dollaro nelle varie aree: con 1 dollaro si comprano più beni in Africa che negli Stati Uniti.

Nonostante i limiti, questa misurazione è la «migliore» possibile. Adottiamola.

Nei Paesi sviluppati il reddito *pro capite* annuo supera i 5000 dollari e il settore economico predominante è quello dei servizi

■ **I Paesi sviluppati.** Nei Paesi sviluppati il reddito *pro capite* annuo supera i 5000 dollari. Il settore economico predominante è quello dei servizi, dove gli occupati rappresentano il 60% del totale, rispetto al 10% dell'agricoltura e al 30% dell'industria.

Si considerano sviluppati gli Stati Uniti, il Giappone, il Canada, l'Australia, i Paesi dell'Europa occidentale e alcuni Paesi esportatori di petrolio (Arabia Saudita, Emirati Arabi Uniti).

Una parte consistente dei consumi di questi Paesi è orientata verso beni strumentali e di lusso.

Come sappiamo, anche i Paesi sviluppati soffrono di gravi problemi sia economici (debito pubblico, disoccupazione, inflazione), sia sociali (degrado ambientale, disuguaglianze, emarginazione).

Nei Paesi in via di sviluppo il reddito *pro capite* annuo è compreso fra 1000 e 5000 dollari e il settore economico più importante è l'industria

■ **I Paesi in via di sviluppo.** Nei Paesi in via di sviluppo (PVS) il reddito *pro capite* annuo è compreso fra i 1000 dollari e i 5000 dollari. È l'industria il settore più importante (dal tessile al siderurgico), in cui opera il 55% degli occupati rispetto al 30% del settore agricolo e al 15% del terziario.

Fanno parte di questo gruppo alcuni Paesi dell'America Latina (Argentina, Uruguay, Brasile), dell'Europa orientale (Ungheria, Polonia), dell'Africa (Algeria) e dell'Asia (Taiwan, Corea del Sud).

Pur non essendo in possesso di un'elevata tecnologia, i PVS sono competitivi sul mercato mondiale grazie al basso costo del lavoro, anche perché è quasi assente la sindacalizzazione della manodopera.

I Paesi del Terzo Mondo hanno un reddito *pro capite* annuo inferiore a 1000 dollari e un'economia basata sull'agricoltura e sull'estrazione dei minerali

■ **Il Terzo Mondo.** La denominazione *Terzo Mondo* è stata introdotta nel 1955, alla vigilia della conferenza di Bandung (Indonesia), per distinguere i Paesi sottosviluppati dai Paesi a economia di mercato (Primo Mondo) e dai Paesi a economia pianificata (Secondo Mondo). Dopo la caduta del Muro di Berlino, nel 1989, parlare di Terzo Mondo ha perso significato, ma l'espressione è ormai entrata nel linguaggio quotidiano. Manteniamola.

I Paesi sottosviluppati hanno un reddito *pro capite* annuo inferiore ai 1000 dollari, ricavato quasi unicamente dal settore primario (agricoltura ed estrazione dei minerali), in cui lavora il 75% degli occupati, rispetto al 15% dell'industria e al 10% dei servizi.

Nel Terzo Mondo il reddito *pro capite* è un dato poco attendibile, perché la distribuzione del reddito soffre di gravi disuguaglianze: la maggioranza della popolazione è poverissima, mentre pochi privilegiati vivono nel lusso.

La maggioranza delle risorse è impiegata nell'agricoltura, perché i consumi cercano di soddisfare i bisogni primari. Una quota elevata della popolazione agricola pratica l'*autoconsumo* (quanto prodotto viene consumato), e questo impedisce il commercio internazionale. Il settore agricolo è caratterizzato dalla presenza di vasti latifondi e dall'utilizzo di una tecnologia quasi rudimentale; ne consegue una bassa produttività del lavoro, che provoca la «disoccupazione nascosta» formata da quei contadini che, pur lavorando, non producono praticamente nulla.

Nel Terzo Mondo lo sviluppo economico è ostacolato dalla difficoltà di aumentare la capacità produttiva

I Paesi sottosviluppati hanno un'economia in stato reintegrativo, perché il loro Reddito Nazionale è appena sufficiente per soddisfare i limitati consumi degli abitanti, e per sostituire i pochi beni strumentali deteriorati. È impossibile parlare di sviluppo, se non si riesce ad aumentare la capacità produttiva!

Fanno parte del Terzo Mondo molti Paesi dell'Africa (Zambia, Kenya, Somalia) e dell'Asia (Pakistan, Indonesia, Thailandia) oltre ad alcuni Paesi dell'America Latina (Bolivia, Nicaragua).

Nei Paesi del Quarto Mondo (reddito *pro capite* annuo inferiore a 200 dollari) la condizione più diffusa è la lotta per la sopravvivenza

■ **Il Quarto Mondo.** Negli anni Ottanta è stata «inventata» un'ulteriore classificazione. Si parla di *Quarto Mondo* per una quarantina di Paesi sottosviluppati, in maggioranza africani, che hanno un reddito *pro capite* inferiore ai 200 dollari annui. Alcuni studiosi definiscono i Paesi del Quarto Mondo come «Paesi in via di sottosviluppo»; è una definizione cruda e provocatoria, ma decisamente efficace. Nei Paesi del Quarto Mondo (Etiopia, Ciad, Zaire) la popolazione fatica a sopravvivere, e gli scambi avvengono soprattutto sotto forma di *baratto* all'interno dei villaggi.

Per semplificare, non prendiamo in considerazione questa ulteriore distinzione e comprendiamo questo gruppo di Paesi nel Terzo Mondo.

Sintetizziamo le differenze fra gli occupati nei vari settori produttivi:

	Agricoltura	Industria	Servizi
Paesi sviluppati	10%	30%	60%
Paesi in via di sviluppo	30%	55%	15%
Terzo Mondo	75%	15%	10%

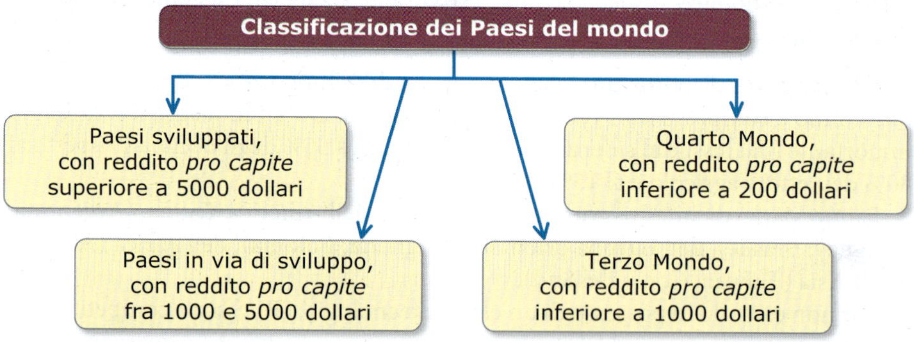

Dove collocare Cina e India?

■ **Una piccola dimenticanza...** A dimostrazione dei limiti di questa classificazione, non abbiamo fatto cenno a due «staterelli»: la Cina e l'India, in cui vivono più di 2,5 miliardi di persone.

È difficile inserire Cina e India in un gruppo, perché da un lato la loro crescita economica è esplosiva (sotto questo aspetto sono «Paesi sviluppatissimi»), dall'altro il loro reddito *pro capite* resta basso (da questo punto di vista fanno ancora parte del Terzo Mondo).

8 Da dove nasce il sottosviluppo?

■ **Le cause del sottosviluppo.** La globalizzazione ha aggravato lo squilibrio fra Nord e Sud, perché nel mercato globale «i ricchi guadagnano sui poveri». È sicuramente vero, ma dobbiamo chiederci: da dove nasce il sottosviluppo?

Alla base del sottosviluppo stanno le vicende storiche di questi Paesi. Partiamo dal colonialismo.

Il colonialismo. Il colonialismo è la principale causa del sottosviluppo. La quasi totalità dei Paesi sottosviluppati è costituita da ex-colonie portoghesi, spagnole, olandesi, francesi, belghe, tedesche e inglesi.

Il colonialismo è la principale causa del sottosviluppo

Oltre alle sanguinose repressioni a danno delle popolazioni indigene, spesso degenerate in veri e propri genocidi, il *colonialismo* ebbe effetti devastanti sulle economie delle colonie. Invece di favorire un processo di sviluppo, i Paesi colonizzatori si appropriavano delle risorse naturali dei territori conquistati e reinvestivano nella madrepatria i profitti ricavati dallo sfruttamento delle colonie.

Le colonie erano obbligate a produrre solo i beni necessari ai Paesi europei (alimentari, materie prime); in alcuni casi, i colonialisti arrivarono ad imporre la *monocultura*, cioè obbligavano un Paese a coltivare un unico prodotto: il caffè in Brasile o la canna da zucchero a Cuba. Il sistema della monocoltura ha portato a uno squilibrio economico tuttora presente in molti Paesi del Terzo Mondo; per esempio, un crollo della Domanda mondiale di canna da zucchero mette in crisi profonda l'economia cubana.

Il colonialismo ha spesso imposto la monocoltura che è tuttora fonte di squilibrio economico

Il neocolonialismo. Negli anni Cinquanta e Sessanta si avviò il processo di *decolonizzazione*, che portò all'emancipazione delle colonie e alla nascita di numerosi Stati indipendenti. La decolonizzazione è uno dei più grandi eventi del XX secolo.

All'indipendenza politica non è però seguita l'indipendenza economica, perché i Paesi sottosviluppati continuano a ricorrere alla tecnologia e ai capitali dei Paesi sviluppati. La decolonizzazione ha segnato l'inizio di una nuova forma di dipendenza economica, chiamata *neocolonialismo*. Col neocolonialismo i Paesi sottosviluppati, diventati Stati sovrani, continuano a dipendere economicamente dai Paesi sviluppati.

Col neocolonialismo gli Stati sottosviluppati, politicamente indipendenti, continuano a dipendere economicamente da quelli sviluppati

UNA LETTURA

Per l'indipendenza e l'unità del continente africano di Patrice Lumumba

«Ciò che ci riguarda è il nostro avvenire: l'Africa libera!»

Dopo aver subito un primo arresto nel 1956, Patrice Lumumba (a destra nella foto) fu nuovamente arrestato nel 1959 come oppositore del progetto belga per l'indipendenza graduale del Congo.

Il congolese Patrice Lumumba (1925-1961) è stato uno dei *leader* della lotta per l'indipendenza dell'Africa.
Nel 1958 fondò il Movimento nazionale congolese, che lottò per l'indipendenza del Paese. Arrestato nel 1956, Lumumba venne poi scarcerato e, come Primo Ministro, negoziò l'indipendenza del Congo a Bruxelles il 30 giugno 1960. Pochi giorni dopo la dichiarazione d'indipendenza, Lumumba venne ucciso da un complotto organizzato dal colonnello Mobutu.
Proclamato eroe nazionale nel 1966, Lumumba resta uno dei simboli di un momento storico straordinario: la fine del colonialismo.
Riportiamo uno stralcio del discorso pronunciato da Lumumba pochi giorni dopo l'indipendenza del Congo.

«[...] Proseguendo la lotta di cui il primordiale obiettivo è la difesa della dignità dell'uomo africano, il popolo congolese ha scelto l'indipendenza immediata e totale. Facendo ciò, egli sapeva che non si sbarazzava con un sol colpo della dominazione coloniale, sapeva che l'indipendenza giuridica è solo un primo passo e che lo sforzo richiesto sarebbe stato ancora lungo e forse più duro che nel passato. [...]
Le carte che il colonialismo classico gioca e che noi tutti abbiamo conosciuto, sono presenti qui nel Congo: una occupazione militare che continua, le divisioni tribali a lungo coltivate e incoraggiate, le opposizioni politiche disgregatrici pagate, orchestrate, preparate.
Voi sapete come è difficile per uno Stato che ha conquistato da poco l'indipendenza, liberarsi delle basi militari installate dalle vecchie potenze occupanti. Noi abbiamo le nostre armi, per difendere i nostri paesi. Il nostro esercito, vittima di macchinazioni colonialiste, si sta sbarazzando delle strutture e della mentalità colonialista per ritrovare, al comando di capi congolesi, le caratteristiche di una vera armata nazionale. [...]
La risonanza del problema congolese nel mondo sta a significare il peso che ha l'Africa nella situazione internazionale. I nostri paesi, ieri ancora ignoti, facendo saltare le bordature coloniali irritano il vecchio mondo. Le sue vecchie strutture, così diverse dalle nostre, sono rimesse in discussione? Certamente, qui da noi, in Africa. Nei loro paesi le difendano pure coloro che le hanno create per tutelare i loro interessi. Non ci riguarda. Ciò che ci riguarda è il nostro avvenire, il nostro destino: l'Africa libera. [...]»

[*Discorso di Patrice Lumumba alla Conferenza di Léopoldville*, 25 agosto 1960.]

La sovrappopolazione rappresenta una delle principali cause del sottosviluppo

La sovrappopolazione. Altro grave problema dei Paesi sottosviluppati: la *sovrappopolazione*. La distribuzione della popolazione sul nostro pianeta non è omogenea, perché il peso demografico grava soprattutto sul Terzo Mondo: nel 2010 il 36% della popolazione mondiale era concentrato in India e in Cina, mentre gli Stati Uniti non superavano il 4%.

L'incremento demografico del Terzo Mondo deriva sia dall'aumento del tasso di natalità (numero dei nati vivi ogni 1000 abitanti) sia dalla riduzione del tasso di mortalità (numero dei morti ogni 1000 abitanti). Negli ultimi decenni, infatti, sono state parzialmente debellate alcune gravi malattie, con conseguente riduzione della mortalità, soprattutto infantile. È una bella notizia. Ma le dure leggi dell'economia la trasformano in un problema.

L'incremento demografico alimenta il sottosviluppo, perché:

- la popolazione cresce a ritmi più intensi rispetto al Reddito Nazionale; per questo aumentano sia la disoccupazione sia i flussi migratori dal Sud al Nord;
- la sovrappopolazione aumenta lo sfruttamento dell'uomo sull'ambiente, e la pressione sulle risorse naturali diventa eccessiva.

Alcuni Stati hanno adottato discutibili politiche di controllo demografico fino ad arrivare alla sterilizzazione forzata

Per attenuare questo problema, alcuni Stati cercano di adottare politiche di controllo demografico, che si scontrano però con motivazioni morali e religiose; va ricordato che molte popolazioni del Terzo Mondo (e non solo) sono contrarie alla contraccezione. Non va dimenticato che, a volte, queste politiche sono state realizzate senza alcun rispetto per la dignità personale; basta pensare alla «sterilizzazione forzata» attuata, negli anni passati, sia in India che in Cina.

Il circolo vizioso della povertà ostacola lo sviluppo economico del Terzo Mondo

Il circolo vizioso della povertà. Solo un aumento della capacità produttiva permette lo sviluppo economico. Che cosa succede nel Terzo Mondo nel lungo periodo? Si ha il *circolo vizioso della povertà*.

Nei Paesi sottosviluppati il reddito, essendo basso, viene quasi interamente consumato e si ha quindi una scarsità di risparmio che, a sua volta, ostacola l'espansione degli investimenti produttivi e del progresso tecnologico. L'assenza di investimenti e di nuova tecnologia provoca una bassa produttività del lavoro, soprattutto in campo agricolo, che si ripercuote negativamente sulla produzione totale. La produzione ridotta causa un basso reddito, e il circolo vizioso della povertà ricomincia dall'inizio. È una catena micidiale. Per uscire da questa situazione, sarebbe indispensabile spezzare un anello di questa catena, ma i Paesi del Terzo Mondo non possono farlo da soli. Nella figura 2 è sintetizzato il circolo vizioso della povertà.

Lo scambio ineguale causa un trasferimento di ricchezza dai Paesi poveri a quelli ricchi

Lo scambio ineguale. I Paesi del Terzo Mondo esportano soprattutto prodotti agricoli e minerari (caffè, grano, rame) e importano manufatti industriali

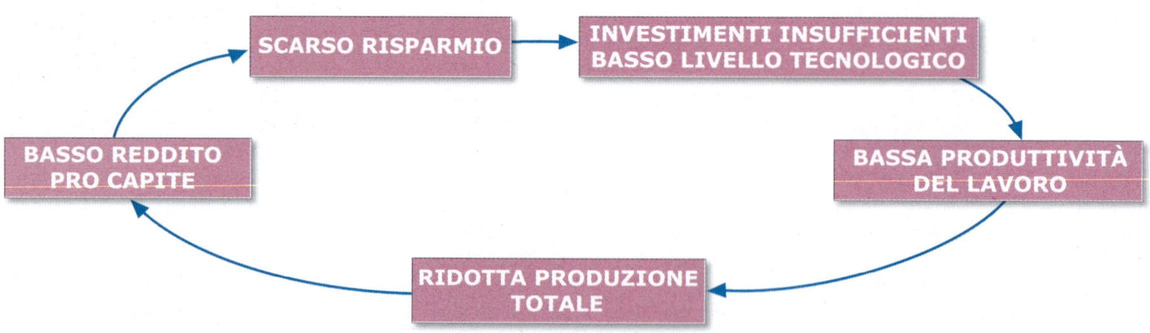

Uno dei principali ostacoli all'aumento della capacità produttiva e, quindi, allo sviluppo economico del Terzo Mondo è rappresentato dal circolo vizioso della povertà. Si tratta di una spirale perversa. Essendo basso, il reddito *pro capite* viene quasi interamente consumato, e nel sistema si ha pochissimo risparmio. La scarsità di risparmio ostacola l'aumento sia degli investimenti produttivi sia del progresso tecnologico; queste carenze, a loro volta, provocano una bassa produttività del lavoro, che si riflette negativamente sulla produzione totale. La produzione ridotta dà origine a un basso reddito, e il circolo vizioso della povertà ricomincia dall'inizio.

FIGURA 2 Il circolo vizioso della povertà

dai Paesi sviluppati. Però, negli ultimi decenni, il prezzo dei prodotti industriali importati è aumentato più rapidamente di quello delle materie prime esportate, e questo fatto ha penalizzato notevolmente il Terzo Mondo.

Lo *scambio ineguale* è dovuto a numerose ragioni:

- i Paesi sviluppati, essendo in condizione di determinare unilateralmente i prezzi, alzano quelli dei loro prodotti industriali e mantengono bassi quelli delle materie prime del Terzo Mondo;
- si hanno notevoli oscillazioni dei prezzi agricoli, perché la produzione agricola del Terzo Mondo, a causa del basso livello tecnologico, è troppo condizionata dai fattori climatici;
- i prodotti sintetici stanno sostituendo le materie prime naturali, e provocano una contrazione della Domanda di queste ultime, che fa diminuire i prezzi; basta pensare alla gomma naturale che è stata ormai sostituita dalle materie plastiche;
- i Paesi sviluppati non esitano a utilizzare strumenti protezionistici, per difendere la loro produzione agricola dalla concorrenza del Terzo Mondo.

Risultato: lo scambio ineguale trasferisce ricchezza dai Paesi sottosviluppati a quelli sviluppati. Non è giusto!

Il sottosviluppo è caratterizzato

- Dalla sovrappopolazione dei Paesi poveri
- Dal circolo vizioso della povertà
- Dallo scambio ineguale a favore dei Paesi ricchi

I debiti dei Paesi sottosviluppati nei confronti dei Paesi sviluppati hanno raggiunto proporzioni enormi

■ **Il problema del debito.** Nel corso degli anni, i Paesi poveri si sono indebitati coi Paesi ricchi.

Il debito del Terzo Mondo ha raggiunto proporzioni vertiginose ed è difficile da quantificare: siamo nell'ordine di centinaia di miliardi di dollari. Il debito aumenta continuamente a causa degli interessi passivi, che autoalimentano la spirale del

UNA CANZONE

Cancella il debito di Jovanotti

«Un miliardo di persone nel pianeta vive con meno di un dollaro al giorno»

Jovanotti, nome d'arte di Lorenzo Cherubini, nato a Roma nel 1966, è uno dei cantautori più amati dai giovani e dai meno giovani. Jovanotti diventa famoso negli anni Ottanta con brani commerciali, da cui però si discosta presto, per avvicinarsi al modello della *world music*. All'evoluzione musicale si accompagnano testi sempre più impegnati. Pacifista convinto, Jovanotti è particolarmente sensibile alla grave situazione del Terzo Mondo.

Significativo e provocatorio è il suo intervento al Festival di Sanremo del 2000, dove interpreta *Cancella il debito*, una canzone che affronta uno dei maggiori problemi dei Paesi sottosviluppati.

Cancella il debito

Testo e musica: Lorenzo Cherubini
Soleluna, 2000

Un miliardo di persone nel pianeta vive
con meno di un dollaro al giorno
non stanno tentando di battere nessun
record e non hanno fatto voto
di povertà
la loro realtà non è una scelta ma la loro unica
possibilità
un dollaro al giorno toglie il medico di torno
nel senso che le persone non hanno
la possibilità di curarsi e nemmeno
di informarsi
non possono studiare e nemmeno contribuire
in nessun modo a cambiare la loro situazione
l'economia dei paesi nei quali vivono
è schiacciata
da un debito estero talmente grande
che non rimane neanche un soldo
da spendere per lo sviluppo delle cose
basilari
la salute
l'educazione
l'unica risorsa che resta alla popolazione
è l'emigrazione
verso i paesi più ricchi e poi la storia
la conosciamo e sappiamo
spesso come va a finire [...]

alla questione del debito estero di molti paesi
del sud del mondo
che sono soffocati dal divario accumulato
verso i governi ricchi del mondo cosiddetto
industrializzato
paesi che per secoli sono stati colonizzati
e poi fatti annegare nel mare di un progresso
difficile da sostenere
per carenza di infrastrutture e zero potere
decisionale
al tavolo per niente rotondo della banca
mondiale
e del fondo monetario internazionale
cancella il debito [...]

sottosviluppo. I Paesi poveri si indebitano (e si impegnano a pagare interessi); in seguito, devono indebitarsi ancora per pagare quegli interessi: il debito è «un gatto che si morde la coda». Come fare?

A volte leggiamo che i Paesi ricchi hanno deciso di cancellare una parte di questo debito. Per esempio, nel 2016, a 18 Stati africani sono stati «cancellati» 10 miliardi di dollari di debito. Un fatto positivo? Sembrerebbe di sì. Non possiamo però ignorare qualche elemento che ridimensiona la generosità di questo gesto.

È solo teorica la cancellazione del debito, che non sarebbe mai stato pagato

Anzitutto, il debito cancellato è sempre *inesigibile*. È (o meglio, era) un debito che non sarebbe comunque mai stato pagato da questi Paesi, per la loro grave situazione economica.

Va anche sottolineato che i Paesi ricchi contabilizzano i debiti cancellati come «aiuti ai Paesi poveri»: il Nord «aiuta» (?) il Sud cancellando un debito, che comunque non avrebbe mai riscosso. Ipotizziamo di trovarci in Tanzania. Mentre la gente soffre la fame, il governo tanzaniano riceve questo aiuto: può cancellare una parte di passivo dal suo bilancio. Non è granché... Gli aiuti devono essere concreti. Il Terzo Mondo dovrebbe nutrirsi grazie ad aggiustamenti contabili nei bilanci statali?

Gli aiuti internazionali devono agevolare lo sviluppo economico del Terzo Mondo

Gli aiuti internazionali. Gli aiuti dei Paesi ricchi all'Africa, nel 2016, hanno superato i 20 miliardi di dollari, circa 34 dollari ad africano. Molti? Pochi? Le statistiche non dicono tutto.

Anzitutto, come si è visto, metà di questa cifra è la cancellazione di un debito inesigibile.

Altra riflessione. Spesso, gli aiuti sono vincolati all'utilizzo di beni, che sono prodotti da imprese dello Stato che «regala». Per esempio, l'Etiopia è un Paese giustamente beneficiato dagli aiuti internazionali. Alcuni Paesi, fra cui gli Stati Uniti, intervengono con donazioni di enormi quantità di cibo: è un «bel gesto» che serve però anche ai produttori americani, che trovano una valvola di sfogo per la loro produzione.

Nei Paesi del Terzo Mondo, gli aiuti in generi alimentari sono essenziali, ma devono essere opportunamente coordinati.

Non è certamente questo il modo di far crescere un sistema economico. L'aiuto non può essere solo un trasferimento di risorse dal Nord al Sud. Per essere veramente tale, l'aiuto deve favorire lo sviluppo economico dei Paesi poveri.

Aiutare il Sud è nell'interesse del Nord. La globalizzazione non permette l'isolamento di una parte essenziale del pianeta, come l'Africa. Il Terzo Mondo è un enorme mercato vergine, che potrebbe risolvere il problema della Domanda mondiale.

Non si può negare che gli aiuti si accompagnino spesso alla corruzione (sia per chi li dà, sia per chi li riceve) e a una burocrazia allo sfascio, che ne riduce l'efficacia. È altrettanto vero che spesso gli aiuti sono utilizzati per finanziare la spesa militare. Alla luce di questo, in Occidente, molti pensano che trasferire risorse significhi solo «perdere qualcosa», che poi sarà risucchiato in un enorme buco nero. Non è così!

Nonostante tutto, negli ultimi anni, il Terzo Mondo ha fatto progressi: nell'alfabetizzazione, nella lotta all'Aids, nella disponibilità dell'acqua. Non sempre il denaro degli aiuti è sperperato: il PIL dell'Africa, nel 2016, è mediamente cresciuto del 5%, e questo dato interessa tutti.

La beneficienza ostacola lo sviluppo? Secondo alcuni studiosi, gli aiuti distruggono il mercato del Terzo Mondo. Perché?

Ipotizziamo che all'Etiopia vengano donate tonnellate di generi alimentari. In Etiopia il mercato dei prodotti agricoli si paralizza. Nessuno acquista più generi alimentari, perché questi vengono distribuiti gratuitamente (anche se per poco tempo). Falliscono quindi le imprese locali, si crea una nuova carestia presso i contadini produttori (nessuno compra i loro prodotti che sono ora gratuiti), e si forma una crescente classe di poveri che non lavorano più: abbandonano i campi e vivono dell'economia di assistenza. Ma poi gli aiuti finiscono...

In alcuni Stati, questo fatto si è verificato nel settore tessile, portato al fallimento dall'aiuto, generoso ma confuso, di capi di abbigliamento: perché comprare una camicia, quando c'è qualcuno che te la regala?

È quindi vero che, a volte, la beneficienza ostacola lo sviluppo. Gli aiuti sono essenziali, ma devono essere mirati: devono creare sviluppo, invece di bloccarlo.

9 Il sottosviluppo civile e sociale

Un confronto statistico fra Sud e Nord del mondo

Qualche numero. Ancora qualche dato:
- nel Sud la speranza di vita non supera i 47 anni rispetto ai 73 anni del Nord;
- nel Sud il tasso di mortalità infantile è del 13% rispetto allo 0,2% del Nord;
- nel Sud il tasso di alfabetizzazione degli adulti è del 3% rispetto al 95% del Nord;
- nel Sud ci sono 11 medici ogni 100 000 abitanti rispetto ai 204 del Nord;
- nel Sud solo il 34% della popolazione ha accesso all'acqua potabile, mentre al Nord siamo vicini al 100%.

Potremmo continuare: nel Sud l'alimentazione è scarsa e inadeguata, le strutture sanitarie sono inesistenti... Può bastare. Sono dati impressionanti.

I bambini sono le principali vittime del sottosviluppo

Chi paga? Prima i bambini... I bambini sono le principali vittime del sottosviluppo. Secondo l'Unicef 120 milioni di bambini africani, soprattutto femmine, non sono mai entrati in una scuola.

Nella tristissima graduatoria della mortalità infantile, troviamo ai primi 30 posti ben 28 Paesi africani, mentre gli altri due sono asiatici (Afghanistan e Cambogia).

Sono 300 milioni i minori, fra i 5 e i 14 anni, che lavorano. Questo sfruttamento infantile è concentrato soprattutto in Asia, in Africa e in America Latina.

Nei Paesi sottosviluppati lo sfruttamento dei minori è la norma

Nelle piantagioni dello Sri Lanka i bambini muoiono per intossicazioni da pesticidi, e per malattie come la malaria e il tetano. In Indonesia e nelle Filippine, i bambini sono impiegati nella pesca d'altura: è alto il numero dei decessi infantili per le immersioni in acque fredde.

I bambini sono anche oggetto di terribili traffici: sono comprati, venduti e scambiati, come una merce qualunque! Nel Sudan i bambini sono sequestrati dalle milizie governative e venduti sui mercati. Ogni anno migliaia di bambine nepalesi vengono deportate nelle città indiane, dove si prostituiscono. In India i bambini sono la maggioranza della manodopera usata nella produzione di tappeti; in Perú e in Ghana lavorano nelle miniere d'oro, in Colombia in quelle di carbone, mentre in Thailandia sono costretti a prostituirsi nelle «case chiuse»... Meglio fermarci.

Molti Paesi del Terzo Mondo destinano ingenti risorse all'industria bellica

Per la guerra i soldi si trovano... Le guerre fra Stati sono praticamente scomparse, ma nel Terzo Mondo resta il grave problema delle guerre locali. Nel 2016 c'erano 14 guerre in corso dal Sahara occidentale al Sudan e più di un milione di africani è morto in guerra.

I membri del Consiglio di sicurezza dell'ONU (Stati Uniti, Russia, Cina, Francia e Gran Bretagna) controllano più dell'80% delle esportazioni di materiale bellico verso i Paesi poveri. Si continua a investire sulla guerra, invece di spendere per la pace, per prevenire i conflitti, per tutelare i diritti umani.

L'industria bellica non si sottrae alla legge della Domanda e dell'Offerta: nel 2016 il commercio mondiale di armi ammontava a 200 miliardi di dollari. Si pensi che alcuni Stati africani (Congo, Repubblica Sudafricana, Etiopia) hanno importato armi (esplosivi, munizioni, armi da fuoco) per 50 milioni di dollari e alcuni Paesi asiatici (Pakistan, India, Singapore, Indonesia) per oltre 100 milioni.

Le conseguenze della spesa bellica nei Paesi sottosviluppati sono spaventose; basta pensare che, dal 1980 al 2016, le armi leggere e le mine hanno fatto circa 8 milioni di vittime.

In Africa la guerra è di casa. Molti Stati non hanno risorse per assicurare condizioni minime di vivibilità e di supporto sociale alle loro popolazioni, ma spendono milioni di dollari per comperare armi, naturalmente messe a loro disposizione dai Paesi sviluppati. Nella foto le armi requisite dalla missione dell'ONU alle Forze Democratiche per la Liberazione del Ruanda (FDLR) dopo la loro resa a Kateku, nella Repubblica Democratica del Congo, il 30 maggio 2014.

I bambini-soldato. Gli orrori dello sfruttamento infantile e della guerra si ritrovano in un'unica, enorme vergogna: l'impiego dei *bambini-soldato*. Negli ultimi anni i conflitti armati hanno ucciso 2 milioni di bambini, ne hanno mutilato 6 milioni, mentre 20 milioni sono stati costretti a sfollare. I bambini sono doppiamente vittime della

Bambini-soldato sudanesi.
i bambini-soldato sono una presenza diffusa. Alcuni sono soldati a tutti gli effetti, altri sono usati come portatori di munizioni o di vettovaglie, ma non corrono meno pericoli dei primi.

guerra, perché non solo la subiscono, ma la fanno: esistono attualmente 500 000 bambini-soldati nel Terzo Mondo. Questi bambini (e bambine) hanno meno di 18 anni e fanno parte o di un esercito regolare o di un gruppo armato. L'età media di reclutamento dei bambini-soldato non supera i 10 anni!

La Corte penale internazionale ha recentemente definito «crimine di guerra» sia la partecipazione attiva alle ostilità sia l'arruolamento dei bambini di età inferiore ai 15 anni: gli effetti di questa decisione della Corte sono finora nulli.

E la salute? Secondo l'*Organizzazione mondiale per la sanità* (Oms), nel 2016, 10 milioni di africani sono morti per «cause prevedibili». Si tratta di malattie perfettamente curabili nel Nord, ma incurabili nel Sud, anche perché la denutrizione contribuisce a debilitare i malati.

Una terribile epidemia sta falcidiando l'Africa: l'Aids. Ogni giorno 6000 giovani africani diventano sieropositivi, e sono più di 14 milioni gli orfani di Aids. Si pensi che nel solo Mozambico i malati di Aids superano gli 8 milioni.

Bisognerebbe impostare campagne di prevenzione, bisognerebbe incrementare le strutture sanitarie, bisognerebbe migliorare la qualità della vita, bisognerebbe avere più igiene. Già: bisognerebbe...

La mancanza di acqua è una delle cause principali di mortalità nel Terzo Mondo. Nella foto Aissata Abdoul Diop, membro della cooperativa delle donne della comunità di Diawoud, in Mauritania, mostra come le pannocchie di mais siano state prosciugate dalla siccità.

Il dramma dell'acqua. Anche a causa dell'esplosione demografica, oggi, la Domanda d'acqua ha assunto proporzioni gigantesche. La situazione è molto grave. La mancanza d'acqua potabile, secondo l'Oms, è la causa principale delle pessime condizioni sanitarie nei Paesi sottosviluppati.

Alcuni studiosi ritengono che il XXI secolo sarà il secolo delle guerre per l'acqua. Già ora il controllo dell'acqua è al centro di numerosi conflitti regionali. Un esempio è dato dai Paesi interessati all'acqua del Nilo: Sudan-Egitto, Etiopia-Sudan.

Mentre nei Paesi industrializzati una persona dispone di 150 litri d'acqua al giorno, nel Terzo Mondo:

- l'80% della popolazione rurale e il 23% di quella urbana non dispone di acqua potabile;
- l'acqua usata da oltre 3 miliardi di persone è malsana, tanto da infettare e uccidere 28 milioni di persone all'anno;
- considerata come una risorsa gratuita e inesauribile, l'acqua è sempre più rara, tanto che nelle metropoli del Sud del mondo (Il Cairo, Città del Messico, Calcutta, Kinshasa) è venduta da ambulanti in situazioni igieniche pessime.

Per superare il sottosviluppo è necessario porre fine allo sfruttamento del Sud da parte del Nord

Come superare il sottosviluppo? La grande arretratezza spinge masse sempre più consistenti del Terzo Mondo a emigrare verso i Paesi più ricchi. Questo fenomeno rischia di provocare nei Paesi industrializzati situazioni drammatiche sia sotto l'aspetto economico (aumenta la disoccupazione), sia sotto quello sociale (la convivenza forzata di etnie così diverse provoca tensioni ed episodi di razzismo).

Il divario fra Nord e Sud rappresenta un problema di cui i Paesi sviluppati devono farsi carico in modo serio, abbandonando la retorica e la propaganda.

L'arretratezza dei Paesi poveri può essere superata, solo se i Paesi sviluppati riusciranno a promuovere efficaci politiche di sviluppo, in grado di aumentare la capacità produttiva del Terzo Mondo. In particolare:

- deve essere creata un'efficace rete di infrastrutture (strade, porti, ferrovie, bonifiche di terre);
- devono essere rimossi i sussidi all'agricoltura nei Paesi sviluppati, per agevolare le esportazioni del Terzo Mondo;
- devono essere intensificate le agevolazioni creditizie (tassi di interesse ridotti, dilazioni nei pagamenti), per ridurre l'indebitamento dei Paesi sottosviluppati;
- è necessario finanziare gli investimenti nel settore agricolo, per aumentarne la produttività.

Sono invece discordi i pareri degli economisti sull'opportunità di impostare politiche di sviluppo industriale nel Terzo Mondo, perché l'arretratezza strutturale di questo settore rischia di annullare ogni tipo di intervento.

10 Ambiente e sviluppo sostenibile

Il degrado ambientale. Il degrado ambientale è presente sia nei Paesi sviluppati sia nei Paesi sottosviluppati.

Nei Paesi sviluppati l'industrializzazione intensiva ha aumentato il benessere economico, ma ha provocato gravi danni ambientali.

Sono però i Paesi sottosviluppati a subire il maggior degrado ambientale, senza peraltro ottenere un'adeguata contropartita in termini di reddito. La grave situazione economica costringe il Terzo Mondo a sacrificare risorse primarie, e non rinnovabili, per cercare di aumentare il reddito. Si pensi alla deforestazione e allo sfruttamento del sottosuolo, a cui il Sud deve ricorrere per procurarsi le risorse da scambiare col Nord. Per esempio, nel decennio 2000-2010 sono stati abbattuti quasi 800 milioni di ettari di foresta tropicale in Africa e 900 milioni in America Latina. Dopo essere stata «ripulita», la foresta diventa agibile per fabbriche che lavorano il legname, per le dighe idroelettriche che annegano milioni di ettari di foresta e per le perforatrici che ispezionano la terra in cerca di petrolio, minerali, diamanti, oro.

L'impatto della produzione sulla natura causa anche un surriscaldamento del clima, tanto che si stima che entro il 2030 l'aumento della temperatura mondiale sarà di 2 gradi; questo fatto comporterà crescenti e violente variazioni di clima (temperature massime più alte e minime più basse), uragani, gravi siccità e inondazioni.

Questo sviluppo selvaggio del pianeta, che non tiene in considerazione il problema ecologico, sta provocando conseguenze disastrose per la salute dell'umanità: effetto serra, buco dello strato di ozono, acidificazione delle piogge.

Il degrado ambientale è presente sia nei Paesi sviluppati sia nei Paesi sottosviluppati

I danni ambientali derivanti dall'utilizzo dei combustibili fossili per la produzione di energia elettrica hanno fatto nascere l'interesse per le cosiddette fonti rinnovabili di energia, come l'energia solare.

Il problema ambientale è sovranazionale. Il problema ambientale è sovranazionale perché riguarda tutti gli Stati. Non è possibile trattare il problema ambientale a livello nazionale, perché esso coinvolge l'intero pianeta; basta pensare ai disastri nucleari di Cernobyl (avvenuto nel 1986 in Ucraina) e di Fukushima (avvenuto nel 2011 in Giappone), che hanno avuto ripercussioni su aree vastissime.

È indispensabile una contemporanea assunzione di responsabilità da parte di tutti gli Stati.

Alla *sovranazionalità* del problema ambientale non si accompagna però un coordinamento delle politiche ambientali dei singoli Stati, che solo da pochi anni si stanno rendendo conto della necessità di un'azione comune, per difendere la qualità della vita nel pianeta.

Il problema ambientale è sovranazionale perché riguarda tutti gli Stati

Il problema ambientale ha caratteristiche chiaramente sovranazionali, come dimostrano i disastri nucleari di Chernobyl, in Ucraina, e di Fukushima, in Giappone. A Chernobyl (foto a sinistra), il 26 aprile 1986, il reattore numero 4 esplose, provocando l'emissione di radiazioni nell'atmosfera centinaia di volte superiore a quella delle bombe sganciate su Hiroshima e Nagasaki. A Fukushima (foto a destra), l'11 marzo 2011, lo tsunami scatenato da un terremoto di magnitudo 9.0 ha messo fuori uso il sistema elettrico, con conseguente blocco del circuito di raffreddamento, provocando esplosioni a catena. Entrambi gli incidenti sono stati classificati di livello 7, il massimo secondo la scala INES degli incidenti nucleari, elaborata dall'AIEA (Agenzia internazionale per l'energia atomica).

Lo sviluppo è sostenibile quando soddisfa i bisogni delle generazioni presenti, senza compromettere la possibilità di soddisfare quelli delle generazioni future

Lo sviluppo sostenibile. Il concetto di *sviluppo sostenibile* nasce negli anni Settanta, quando, dopo secoli di assoluta indifferenza verso il problema ambientale, comincia ad affermarsi l'esigenza di una crescita economica che non comprometta l'ambiente.

Lo sviluppo è sostenibile quando soddisfa i bisogni delle generazioni presenti, senza compromettere la possibilità di soddisfare quelli delle generazioni future. La crescita economica deve quindi essere in armonia col funzionamento dei processi ecologici.

In base al *Rapporto Brundtland* della Commissione mondiale per l'ambiente e lo sviluppo, pubblicato nel 1987, lo sviluppo sostenibile si basa su tre princìpi fondamentali: l'equità fra le generazioni presenti, la conservazione delle risorse naturali e il rapporto biunivoco fra economia e ambiente.

Lo sviluppo sostenibile richiede il superamento dell'arretratezza nel Terzo Mondo

L'equità fra le generazioni presenti. Secondo il *Rapporto Brundtland* è necessario che ogni essere umano soddisfi i bisogni essenziali e migliori la qualità della propria vita. La miseria di intere popolazioni, oltre a essere inaccettabile sotto l'aspetto morale, sta alla base del degrado ambientale. Come si è visto, è la povertà a costringere i Paesi del Terzo Mondo a disboscare il territorio e a sfruttare oltre ogni limite il sottosuolo.

Lo sviluppo sostenibile è possibile solo se, nelle aree più povere, vengono attuate delle efficaci politiche di sviluppo.

Per realizzare uno sviluppo sostenibile è necessario aumentare le risorse naturali esistenti

La conservazione delle risorse naturali. Le risorse naturali sono limitate, mentre il loro fabbisogno continua ad aumentare. Lo sviluppo sostenibile si fonda sul principio che le generazioni future non possono ereditare una dotazione di risorse naturali inferiore a quella ereditata dalle generazioni presenti. Sarebbe auspicabile che le ricchezze naturali fossero aumentate e non solo mantenute. È necessaria una riconversione dei processi produttivi, tale da ridurre sia l'inquinamento sia l'utilizzo di risorse naturali non rinnovabili (combustibili fossili e minerali); per esempio, in campo energetico, sarebbe opportuno un massiccio ricorso all'energia solare.

Il degrado ambientale impedisce lo sviluppo economico

Il rapporto biunivoco fra economia e ambiente. La tutela ambientale è fondamentale per l'attività economica.

Solitamente si considerano solo i danni procurati all'ambiente dall'attività produttiva; in realtà, il degrado ambientale provoca effetti devastanti sull'economia; basta riflettere sul fatto che una carenza di materie prime blocca il processo produttivo.

È necessario introdurre nuovi parametri, che facciano emergere i costi economici del degrado ambientale. Seguendo questa nuova direzione, è stato recentemente ridimensionato il progetto di costruire dighe in Amazzonia, perché comportava il sacrificio di migliaia di ettari di foresta.

Esiste un'interazione fra economia e ambiente, perché lo sviluppo non è possibile se le risorse ambientali si deteriorano o si esauriscono.

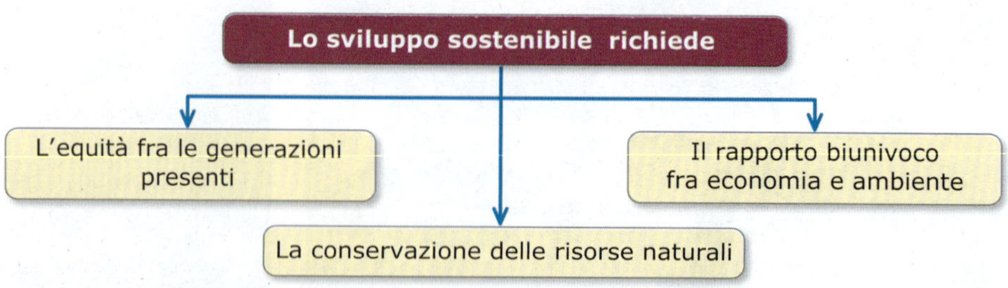

Lo sviluppo sostenibile richiede un radicale cambiamento soprattutto nei consumi

Sviluppo sostenibile e consumi. Lo sviluppo sostenibile richiede non solo una modifica dei metodi di produzione, ma anche un radicale cambiamento nei consumi (soprattutto nel Nord), perché sono questi a determinare le scelte produttive.

Si tratta di un problema di difficile soluzione, perché i consumi dipendono dal modello culturale dominante nella società e sarebbe quindi necessaria un'azione comune da parte di numerose istituzioni: la scuola, i mass media, i gruppi politici, i movimenti culturali. Per assicurare uno sviluppo sostenibile non sono sufficienti nuove politiche economiche, ma devono anche radicalmente cambiare i valori su cui si basa la concezione della vita di gran parte dell'umanità.

SINTESI

■ La **globalizzazione** ▶ **§1** comporta la mondializzazione dell'economia, la concentrazione della ricchezza, la liberalizzazione dei mercati, il mercato finanziario globale e la competitività fra i Paesi poveri.

■ Nell'**impresa multinazionale** ▶ **§2** la direzione si trova in uno Stato, mentre gli impianti di produzione e di distribuzione sono solitamente dislocati in Paesi in via di sviluppo.

■ Col **protezionismo** ▶ **§3** lo Stato impedisce di importare liberamente merci straniere. Il protezionismo è giustificato da ragioni strategiche, di politica economica e strutturali.

■ Il **libero scambio** ▶ **§3** si ha quando lo Stato concede agli operatori economici un'assoluta libertà negli scambi con l'estero.

■ La ***World Trade Organization*** **(WTO)** ▶ **§4**, in vigore dal 1° gennaio 1995, è stata creata allo scopo di regolamentare il commercio internazionale.

■ La **Bilancia dei pagamenti** ▶ **§5** evidenzia l'andamento dei conti con l'estero di un Paese nel corso di un anno.

■ Si ha **sviluppo economico** ▶ **§6** quando aumenta il Reddito Nazionale reale nel lungo periodo.

■ I fattori che determinano la **capacità produttiva di un Paese** ▶ **§6** sono la popolazione, il progresso tecnologico e l'accumulazione di capitale.

$$\textit{Reddito Nazionale}\ \textbf{pro capite} = \frac{\textit{Reddito Nazionale}}{\textit{Popolazione}}$$

■ I Paesi sviluppati sono il **Nord** ▶ **§7**, mentre i Paesi sottosviluppati sono il **Sud** ▶ **§7** del pianeta.

■ Lo **squilibrio fra Nord e Sud** ▶ **§7** è dovuto all'ineguale distribuzione delle risorse e non alla loro insufficienza.

Classificazione dei Paesi del mondo

- Paesi sviluppati, con reddito *pro capite* superiore a 5000 dollari
- Paesi in via di sviluppo, con reddito *pro capite* fra 1000 e 5000 dollari
- Terzo Mondo, con reddito *pro capite* inferiore a 1000 dollari
- Quarto Mondo, con reddito *pro capite* inferiore a 200 dollari

■ Il **colonialismo** ▶ **§8** è la principale causa del sottosviluppo. Il colonialismo ha spesso imposto condizioni di monocoltura che sono tuttora fonte di squilibrio economico.

■ Col **neocolonialismo** ▶ **§8** gli Stati sottosviluppati, politicamente indipendenti, continuano a dipendere economicamente da quelli sviluppati.

■ Nel commercio internazionale si ha uno **scambio ineguale** ▶ **§8**, che causa un trasferimento di ricchezza dal Sud al Nord.

■ I Paesi poveri sono molto indebitati coi Paesi ricchi che, a volte, decidono la **cancellazione del debito** ▶ **§8**; ma il debito cancellato è sempre inesigibile.

■ Per **superare il sottosviluppo** ▶ **§9** bisogna modificare l'assetto economico internazionale, e porre fine allo sfruttamento del Sud da parte del Nord.

■ Sono i Paesi sottosviluppati a subire il maggior **degrado ambientale** ▶ **§10**, senza ottenere contropartite in termini di reddito.

Secondo il rapporto Brundtland lo sviluppo sostenibile si basa su

- L'equità fra le generazioni presenti
- La conservazione delle risorse naturali
- Il rapporto biunivoco fra economia e ambiente

VERIFICA LE TUE CONOSCENZE

1 ***Risolvi le seguenti scelte multiple indicando la risposta esatta fra quelle possibili.***

A

Col neocolonialismo i Paesi sottosviluppati

1 dipendono politicamente da quelli sviluppati

2 dipendono economicamente da quelli sviluppati

3 sono Stati a sovranità limitata

B

Lo sviluppo è sostenibile solo se soddisfa i bisogni

1 delle generazioni presenti

2 delle generazioni future

3 delle generazioni presenti e future

1 **Nel caso delle multinazionali**

- **a** la direzione e la produzione sono in uno stesso Stato
- **b** la direzione è in uno Stato e la produzione è in un altro Stato
- **c** la direzione è in uno Stato e la produzione è dislocata in uno o più Stati
- **d** la produzione è in uno Stato e la direzione è dislocata in uno o più Stati

2 **Se l'aumento del RN è inferiore a quello della popolazione**

- **a** il RN *pro capite* aumenta
- **b** il RN *pro capite* diminuisce
- **c** il RN *pro capite* resta invariato
- **d** il RN potenziale diminuisce

3 **Se un tedesco visita Roma abbiamo**

- **a** un attivo nelle Partite invisibili
- **b** un passivo nelle Partite invisibili
- **c** un attivo nei Movimenti di capitale
- **d** un passivo nel Movimenti di capitale

4 **Un Paese importa un bene dall'estero per necessità quando**

- **a** non lo può produrre
- **b** non lo può produrre e non esistono beni succedanei
- **c** lo può produrre a costi più elevati
- **d** la Domanda del bene supera l'Offerta

5 **Per rimuovere il sottosviluppo è necessario**

- **a** aumentare la capacità produttiva del Terzo Mondo
- **b** fornire cibo e medicinali al Terzo Mondo
- **c** impedire l'emigrazione dal Terzo Mondo verso i Paesi sviluppati
- **d** lasciare che il Terzo Mondo si sviluppi da solo

6 **Un'efficace tutela ambientale**

- **a** ostacola lo sviluppo economico
- **b** agevola lo sviluppo economico
- **c** è danneggiata dallo sviluppo economico
- **d** è favorita dallo sviluppo economico

MISURA LE TUE ABILITÀ

2 ***Risolvi i seguenti quesiti vero o falso e motiva la tua risposta.***

1 **Col libero scambio restano sul mercato le imprese meno efficienti**

VERO ☐ **FALSO** ☐

PERCHÉ ______________________________

____

2 **I dazi doganali sono imposte applicate ai beni importati**

VERO ☐ **FALSO** ☐

PERCHÉ ______________________________

____

3 Si ha sviluppo economico se aumenta il RN monetario

VERO ☐ FALSO ☐

PERCHÉ ____________________

____

4 Nei Paesi sviluppati prevale il settore terziario

VERO ☐ FALSO ☐

PERCHÉ ____________________

____

5 Il neocolonialismo è stato superato negli anni Sessanta

VERO ☐ FALSO ☐

PERCHÉ ____________________

____

6 Ogni membro della WTO deve garantire agli altri membri lo stato di «nazione più favorita»

VERO ☐ FALSO ☐

PERCHÉ ____________________

____

3 ***Completa la tabella che segue.***

Attivo	Passivo
Esportazioni di merci	(1)
Investimenti diretti di stranieri all'estero	(2)
Movimenti attivi di servizi	(3)
Investimenti finanziari di stranieri all'estero	(4)

ALLENA LE TUE COMPETENZE

4 ***Sulla base di quanto hai imparato in questa unità, rispondi ai seguenti «casi».***

1 **Individuare i vantaggi della globalizzazione osservando alcuni beni presenti sulla tua scrivania.**

Osserva i seguenti beni presenti sulla tua scrivania: un personal computer, un libro, una sveglia digitale, un temperamatite e un portafotografie.

▶ ***Quali di questi beni hai potuto acquistare anche grazie alla globalizzazione?***

____

____

2 **Valutare che un tuo soggiorno di istruzione all'estero peggiora la Bilancia dei pagamenti.**

Lo scorso anno hai effettuato un soggiorno di istruzione a Londra di 15 giorni.

▶ ***Perché questa tua esperienza ha peggiorato il saldo della Bilancia dei pagamenti? Su quale voce ha inciso negativamente?***

____

____

3 **Riconoscere i limiti dell'indicatore Reddito Nazionale *pro capite*, utilizzando situazioni di tua conoscenza.**

Considerando che:

- tuo padre ha un reddito annuale di 45 000 euro;
- tuo zio ha un reddito annuale di 10 000 euro;
- una tua amica ha un reddito annuale di 35 000 euro;
- un tuo amico ha un reddito annuale di 30 000 euro;

individua il reddito *pro capite*.

▶ *Perché il reddito* pro capite *non tiene conto delle disuguaglianze sociali?*

____

____

4 **Approfondire le tue conoscenze sul Terzo Mondo parlando con un'amica africana.**

Nella tua classe c'è una ragazza di origine africana, e tu vorresti «saperne di più» sul suo Paese d'origine.

▶ ***Quali domande le fai? Quali domande eviti per non metterla a disagio?***

____

____

____

Riprendiamo il dibattito

Dopo aver studiato l'unità, prepara il tuo punto di vista per continuare il dibattito iniziato in apertura di lezione (▶ *La parola a te!*).

Se non esistesse il protezionismo ogni Paese potrebbe produrre i beni più adatti alle sue caratteristiche, e aumenterebbe la prosperità di noi tutti.

▶ ***Tu cosa ne pensi?***

- Partendo da quanto sopra affermato, esegui a casa una ricerca online e consulta il tuo libro di testo per preparare una breve tabella che contenga gli elementi principali dell'argomento trattato e che ti aiuti a esporre il tuo punto di vista.

A CASA 1 ORA

IN AULA 20 MINUTI

- Con l'aiuto della tabella, partecipa al dibattito che il docente avvia in aula.

G2 L'Unione europea

A te la parola!

Un tuo amico è confuso: «Se la Polonia non adotta l'euro, perché fa parte dell'Unione europea?».

▸ *Qual è la differenza fra Unione europea e Unione economica e monetaria?*

5 MINUTI

Con l'aiuto dell'insegnante e in piccoli gruppi prova a esporre il tuo punto di vista.

1 La nascita dell'Unione europea

Alla fine della Seconda guerra mondiale l'Europa era distrutta e divisa

CLIL LAWS AND RIGHTS
When Europe Was Divided by an Iron Curtain

Nel secondo dopoguerra gli Stati europei si divisero fra
- Blocco occidentale (controllato dagli Stati Uniti)
- Blocco orientale (controllato dall'Unione Sovietica)

■ **L'Europa divisa.** La Seconda guerra mondiale si concluse con un'Europa distrutta fisicamente e politicamente, che aveva perso la sua centralità politica ed economica.

Prima alla Conferenza di Yalta (Crimea), nel febbraio 1945, e poi a Potsdam (una cittadina vicino a Berlino), nel luglio-agosto 1945, i vincitori della guerra fecero un accordo, che prevedeva una netta divisione del mondo, sotto l'influenza delle due «superpotenze»: gli Stati Uniti e l'Unione Sovietica.

Successivamente, le tensioni fra gli Stati Uniti e l'Unione Sovietica portarono alla *Guerra fredda*: ogni superpotenza aveva paura dell'espansione dell'altra, mettendo in moto un meccanismo a catena, fatto di tensioni e riarmi che, fortunatamente, non sfociò mai in un vero e proprio conflitto.

La Guerra fredda si fece sentire anche in Europa. Il 5 febbraio 1946, il Primo Ministro britannico Winston Churchill (1874-1965) usò l'espressione *cortina di ferro*, passata poi alla storia, per indicare l'espansione dei sovietici sull'Europa: Churchill invitava gli Stati Uniti a difendere l'Europa dall'«invasione comunista».

Anche gli Stati europei, dilaniati dal conflitto e politicamente allo sbando, si divisero fra blocco occidentale (sotto l'influenza degli Stati Uniti) e blocco orientale (controllato dall'Unione Sovietica).

Nel 1951 inizia il processo di integrazione europea

■ **L'integrazione europea.** Nel 1951 inizia il processo di integrazione europea, che parte con la firma del Trattato Ceca per arrivare al Trattato di Roma del 1957, quando nascono Euratom e Cee.

I protagonisti della Conferenza di Yalta (febbraio 1945): da sinistra, Winston Churchill, Franklin Delano Roosevelt e Stalin.

Il cosiddetto «discorso dell'orologio», o Dichiarazione Schuman, è considerato il primo discorso politico ufficiale in cui si parla di Europa come unione economica e politica tra i vari Stati europei.

Va sottolineato come il processo di integrazione europea sia stato ostacolato dalla difficoltà dei singoli Stati di accettare limitazioni alla loro sovranità nazionale.

Nel 1951 nasce la Ceca formata da Francia, Germania Federale, Belgio, Olanda, Lussemburgo e Italia (Europa dei Sei)

■ **La Ceca.** Il 9 maggio 1950, nella Sala dell'orologio di Parigi, il Ministro degli esteri francese Robert Schuman (1886-1963) gettò le basi per la nascita della *Comunità europea del carbone e dell'acciaio* (Ceca). Il «discorso dell'orologio» rappresenta una tappa storica dell'integrazione europea, tanto che il 9 maggio si celebra, ogni anno, la «festa dell'Europa».

Alla Ceca, istituita col Trattato di Parigi del 18 aprile 1951, aderirono inizialmente sei Stati (i «Sei»): la Francia, la Germania Federale, il Belgio, l'Olanda, il Lussemburgo e l'Italia.

L'obiettivo della Ceca era quello di regolamentare la produzione e lo scambio del carbone e dell'acciaio, settori che si trovavano in una situazione critica, a causa della difficile riconversione dell'industria bellica dopo la fine del conflitto, perché non c'era più mercato per quelle fabbriche che, durante la guerra, avevano prodotto armamenti, aerei e navi da guerra.

Nella seconda metà del XX secolo diminuì l'importanza del carbone e dell'acciaio, tanto che il Trattato Ceca venne dichiarato scaduto nel 2002.

Pochi anni dopo la nascita della Ceca, i Sei costituirono l'Euratom e la Cee.

Nel 1957 nasce l'Euratom per favorire l'uso dell'energia atomica a scopi pacifici

■ **L'Euratom.** Istituita il 25 marzo 1957 col Trattato di Roma, la *Comunità europea dell'energia atomica* (Euratom) si proponeva di realizzare la cooperazione fra gli Stati aderenti, nel campo della ricerca scientifica e dell'utilizzazione dell'energia atomica a scopi pacifici.

Il Trattato Euratom fissava anche rigorosi criteri per garantire la sicurezza degli impianti nucleari.

Nel 1957 nasce la Cee per unificare le politiche economiche degli Stati membri

■ **La Cee.** Col Trattato di Roma del 1957 nacque anche la *Comunità economica europea* (Cee) con un obiettivo molto importante: la progressiva unificazione delle politiche economiche degli Stati aderenti.

Nell'ambito della Cee sono state attuate, oltre all'unione doganale, politiche comuni nei settori dell'agricoltura, dei trasporti e della concorrenza. Al posto dei singoli mercati nazionali, la Cee ha realizzato un Mercato comune europeo (Mec) in cui le merci, i capitali e le persone hanno cominciato a circolare liberamente.

Nel 1965 nasce la Comunità europea

■ **La Comunità europea.** Ceca, Euratom e Cee erano organizzazioni formalmente separate, ma dal 1965 costituirono un'unica Comunità europea, perché avevano istituzioni comuni.

Nel 1965 nasce la Comunità europea in seguito

- Al Trattato Ceca (Parigi, 1951)
- Al Trattato Euratom (Roma, 1957)
- Al Trattato Cee (Roma, 1957)

Con l'Europa dei Sei la Comunità europea fece importanti passi verso l'unificazione

■ **L'Europa dei Sei.** Con l'Europa dei Sei, la Comunità europea fece importanti passi verso l'unificazione:

- nel 1960 venne istituito il *Fondo sociale europeo*, per aiutare le imprese che si trovavano in difficoltà;
- nel 1961 si regolarizzò la libera circolazione dei lavoratori, che potevano essere assunti in ogni Stato della Comunità con gli stessi diritti dei residenti;
- nel 1962 nacque la *Politica agricola comune*, che si proponeva di riformare le strutture agricole e di creare mercati unici con prezzi concordati;
- nel 1968 si realizzò l'unione doganale, che permise l'abolizione dei dazi all'interno della Comunità.

Nel 1973 nella Comunità europea entrano Danimarca, Irlanda e Gran Bretagna (Europa dei Nove)

■ **L'Europa dei Nove.** Il primo allargamento della Comunità europea si ebbe il 1° gennaio 1973, con l'ingresso della Danimarca, dell'Irlanda e della Gran Bretagna che, nel 2019, è però uscita dall'«Europa» (come vedremo nel prossimo paragrafo).

Con l'Europa dei Nove si ebbe una notevole crescita economica, e la popolazione passò da 189 milioni a 253 milioni.

Fra gli eventi di questo periodo va ricordata la prima elezione a suffragio universale del Parlamento europeo (10 giugno 1979).

Negli anni Ottanta la Comunità europea si allarga a Grecia, Spagna e Portogallo (Europa dei Dodici)

■ **L'Europa dei Dodici.** Negli anni Ottanta si ebbe un nuovo allargamento, che portò all'Europa dei Dodici, con l'entrata della Grecia (1° gennaio 1981), della Spagna e del Portogallo (1° gennaio 1986). Va detto che, nell'ottobre 1990, si ebbe la *riunificazione della Germania*, che portò a un «allargamento di fatto» della Comunità europea (i tedeschi passarono da 63 a 82 milioni), con inevitabili conseguenze politiche ed economiche. In conseguenza di ciò, alla fine del 1994, i cittadini comunitari superavano i 320 milioni.

Con l'Europa dei Dodici:

- nel 1987 entrò in vigore l'*Atto unico europeo*, che prevedeva l'abolizione delle frontiere interne, in modo da assicurare la libera circolazione di merci, persone, servizi e capitali;
- nel 1992 venne stipulato il Trattato di Maastricht.

Col Trattato di Maastricht del 1992 nasce l'Unione europea

■ **Dalla Comunità europea all'Unione europea.** A Maastricht (Olanda), il 7 febbraio 1992, i Dodici firmarono il *Trattato sull'Unione europea*, che entrò in vigore il 1° novembre 1993.

Il Trattato di Maastricht rappresenta un momento cruciale, perché prevede la trasformazione della Comunità europea in *Unione europea*, per simboleggiare come gli Stati membri formino appunto un'*unione* e non una somma di Stati separati.

I punti fondamentali su cui si basa il Trattato di Maastricht sono:

- l'Unione economica e monetaria;
- l'Unione politica;
- la cittadinanza dell'Unione;
- la politica sociale.

Si sono succedute

- La Comunità europea (dal 1965 al 1992)
- L'Unione europea (dopo il 1992)

L'allargamento dell'Unione europea	
18 aprile 1951	Europa dei Sei (Francia, Germania Federale, Belgio, Olanda, Lussemburgo, Italia)
1° gennaio 1973	Europa dei Nove (Danimarca, Irlanda, Gran Bretagna)
1° gennaio 1986	Europa dei Dodici (Grecia, dal 1° gennaio 1981, Spagna, Portogallo)
1° gennaio 1995	Europa dei Quindici (Austria, Finlandia, Svezia)
1° maggio 2004	Europa dei Venticinque (Estonia, Lettonia, Lituania, Polonia, Repubblica Ceca, Slovacchia, Ungheria, Slovenia, Cipro, Malta)
1° gennaio 2007	Europa dei Ventisette (Bulgaria, Romania)
1° luglio 2013	Europa dei Ventotto (Croazia)

Nel 1995 nell'Unione europea entrano Austria, Finlandia e Svezia (Europa dei Quindici)

■ **L'Europa dei Quindici.** Il 1° gennaio 1995 entrarono anche l'Austria, la Finlandia e la Svezia; in conseguenza di ciò, l'Unione superò i 370 milioni di abitanti, e comprendeva quasi tutti i Paesi dell'Europa occidentale (con le sole eccezioni di Norvegia, Svizzera, Islanda e Liechtenstein).

L'evento più importante realizzato dai Quindici è l'introduzione nel 2002 della moneta unica, l'*euro*.

Va anche ricordato che, l'11 dicembre 2000, i Quindici hanno firmato la *Carta dei diritti fondamentali dell'Unione europea* (Carta UE).

Dal 2004 fanno parte dell'Unione europea 10 nuovi Stati (Europa dei Venticinque)

■ **L'Europa dei Venticinque.** Il 1° maggio 2004 rappresenta una data storica per l'Europa, che inizia l'allargamento verso Est. Sono 10 i nuovi Stati che entrano a far parte dell'Unione: l'Estonia, la Lettonia, la Lituania, la Polonia, la Repubblica Ceca, la Slovacchia, l'Ungheria, la Slovenia, Cipro e Malta.

Special Report

THE END OF EUROPE

EVERY BEGINNING IS THE END OF SOMETHING ELSE. THE NEW ERA OF EUROPEAN ENLARGEMENT WILL BE NO EXCEPTION.

BY MICHAEL MEYER

EUROPE HAS NEVER EXISTED. IT MUST be *created*." So said Jean Monnet, father of the original Common Market, at the outset of the grand experiment that over the past five decades grew to become the modern European Union. Were he alive today, would Monnet survey his creation with pride—or reservation?

On May 1, Europe braces for another of its periodic Big Bangs. Not war but its antithesis—a regime of stability and (one hopes) growing prosperity spanning a region of 370 million citizens from the Aran Islands to Carpathia. Ten new nations will join the existing 15 members of the European club: eight formerly communist countries of Eastern Europe and the Baltics, plus the divided island of Cyprus and tiny Malta. It is by far the most ambitious enlargement ever undertaken by the European community. Yet curiously, this epochal step inspires more angst than euphoria.

Ask a German diplomat about the EU of tomorrow, and he pauses. "The new Europe," he says thoughtfully, "is looking more and more like the old Europe." For half a century, he explains, Europe has dedicated itself to overcoming division and creating an "ever closer" political and economic union. The Europe of the future, he predicts, will retreat from this ideal. Instead of coming together, Europe's trajectory will be more toward the past—more toward discord and division than toward unity. Years from now, as The Economist magazine recently put it, Europeans may well look back at today's era as a lost "golden age" of harmony and good feeling. With only slight exagger-

INTO THE FUTURE, DARKLY: Europe enters an unpredictable epoch

Il 1° maggio 2004 nasce l'Unione europea.a 25 Stati. Gli Stati Uniti hanno visto con funereo pessimismo questo allargamento dell'Unione, come risulta dall'articolo riprodotto (Michael Meyer, *Newsweek*, 3 maggio 2004), e dalla foto, che riprende il ponte di Carlo IV sulla Moldava a Praga, nella Repubblica Ceca.

Nel 2007 nell'Unione europea entrano Bulgaria e Romania (Europa dei Ventisette)

L'Europa dei Ventisette. Il processo di allargamento verso Est prosegue il 1° gennaio 2007, quando entrano nell'Unione anche la Bulgaria e la Romania.

Nel 2013 la Croazia entra nell'Unione europea (Europa dei Ventotto)

L'Europa dei Ventotto. Il 1° luglio 2013 la Croazia diventa un nuovo membro dell'Unione.

L'allargamento verso Est trasforma radicalmente l'Unione che passa da 15 a 28 Stati, da 380 a 510 milioni di abitanti, che parlano 24 lingue diverse, e diventa la terza «entità» (non si può parlare di Stato) del mondo, superata solo da Cina e India.

Un bambino saluta i soldati della Germania Orientale assiepati davanti alla Porta di Brandeburgo nei giorni della caduta del muro di Berlino (1989).

Lo sgretolamento di tutti i «muri». L'allargamento verso Est è stato un momento straordinario sotto il profilo storico: a 15 anni dalla caduta del Muro di Berlino, ha rappresentato il superamento dell'innaturale divisione fra l'Europa occidentale, capitalista, e l'Europa orientale, comunista.

Sono tornati a casa pezzi d'Europa, separati per decenni dai muri politici e ideologici cresciuti a Yalta; sotto questo aspetto di grande importanza è stato l'ingresso dei Paesi dell'ex-Unione Sovietica: Estonia, Lettonia e Lituania.

Il Trattato di Lisbona ha creato il nuovo quadro istituzionale dell'Unione europea

Il Trattato europeo di Lisbona. Gli Stati dell'Unione europea hanno firmato il 13 dicembre 2007 a Lisbona un nuovo Trattato europeo (in sostituzione del Trattato di Maastricht), che è entrato in vigore il 1° dicembre 2009, dopo la ratifica da parte dei parlamenti nazionali (con la sola eccezione dell'Irlanda, dove si è svolto un referendum).

Il Trattato di Lisbona contiene:

- il *Trattato sull'Unione europea* (d'ora in poi Trattato UE) che riforma in modo sostanziale quello di Maastricht;
- il *Trattato sul funzionamento dell'Unione europea* (d'ora in poi Trattato FUE).

Oltre a dare valore giuridico vincolante alla Carta UE, il Trattato di Lisbona ha radicalmente modificato il quadro istituzionale dell'Unione (come vedremo nel paragrafo 3).

2 La Gran Bretagna esce dall'Unione europea

Si può uscire dall'Unione europea? Uscire dall'Unione europea è un diritto di ogni Stato membro; stabilisce infatti l'**art. 50 Trattato UE** che «ogni Stato membro può decidere di recedere dall'Unione conformemente alle proprie norme costituzionali».

In 65 anni di storia comunitaria nessun Paese era uscito dall'Unione finché, nel 2016, si è svolto un referendum che ha avuto un esito imprevedibile e clamoroso: l'uscita della Gran Bretagna dall'Unione europea.

Il referendum sulla Brexit. Il 23 giugno 2016 si è svolto un referendum sull'uscita della Gran Bretagna dall'Unione europea, noto come *referendum sulla Brexit* (unione dei termini *British* ed *Exit* che significa «uscita della Gran Bretagna»).

Hanno votato 33,6 milioni di cittadini britannici (72% degli aventi diritto), che hanno risposto al seguente quesito:

Should the United Kingdom remain a member of the European Union or leave the European Union? (Il Regno Unito dovrebbe restare un membro dell'Unione europea o dovrebbe lasciare l'Unione europea?)

Le due risposte possibili erano:

- *Remain a member of the European Union* (Restare un membro dell'Unione europea)
- *Leave the European Union* (Lasciare l'Unione europea).

Hanno vinto i *Leave* con 17,4 milioni di voti (51, 9%) contro i 16,1 milioni di voti (48,1%) dei *Remain*: la Gran Bretagna deve lasciare l'Unione europea.

Il procedimento per uscire dall'Unione europea

Come si esce dall'Unione? La Gran Bretagna è uscita dall'Unione europea appena ufficializzato il risultato del referendum? No. Il referendum sulla Brexit aveva solo natura consultiva e non aveva alcun valore giuridico, nonostante il suo enorme significato politico.

Qual è la procedura prevista per uscire dall'Unione europea?

L'art. 50 Trattato UE stabilisce il procedimento che porta all'uscita dello Stato richiedente. Vediamolo:

- «lo Stato membro che decide di recedere notifica tale intenzione al Consiglio europeo»; in questo caso la decisione di recedere è stata notificata dalla Gran Bretagna al Consiglio europeo il 29 marzo 2017;
- «alla luce degli orientamenti formulati dal Consiglio europeo, l'Unione negozia e conclude con tale Stato un accordo volto a definire le modalità del recesso, tenendo conto del quadro delle future relazioni con l'Unione». Dopo la notifica del recesso, la Gran Bretagna e l'Unione europea hanno iniziato i negoziati per definire le complesse modalità di uscita, in base a quanto previsto dall'**art. 218 (paragrafo 3) Trattato FUE**.

In ogni caso i trattati comunitari «cessano di essere applicabili due anni dopo la notifica» (29 marzo 2019), obbligando la Gran Bretagna a uscire dall'Unione europea.

In conseguenza di ciò, l'Unione europea proseguirà la sua azione con 27 Stati membri.

Che cosa succederà dopo la Brexit? In molti si domandano quale sarà il futuro dell'Unione europea dopo il «trauma Brexit».

I rappresentanti dei restanti 27 Paesi e le istituzioni comunitarie sintetizzano il loro pensiero nelle *3 D*:

- *Dispiacere* per l'uscita della Gran Bretagna;
- *Dovere* di rispettare la volontà dei cittadini britannici;
- *Determinazione* a mantenere unita l'Unione europea a 27 Stati.

Come vedremo, la Gran Bretagna faceva parte solo dell'Unione europea, per cui la Brexit non avrà alcun effetto sull'Unione economica e monetaria.

La Costituzione vieta un referendum sulla Italexit

È possibile una Italexit? Dopo il successo della Brexit, alcuni politici hanno invocato un referendum per dare anche agli italiani la possibilità di scegliere se uscire dall'Unione europea.

In realtà, il popolo italiano non può essere chiamato a votare a un referendum sulla Italexit, perché l'**art. 75 Cost.** vieta il referendum sui «trattati internazionali».

LA GRAN BRETAGNA ESCE DALL'UNIONE EUROPEA

23 giugno 2016

↓

Referendum sulla Brexit con vittoria dei *Leave*

↓

29 marzo 2017

↓

La Gran Bretagna notifica al Consiglio europeo la decisione di uscire dall'Unione europea

↓

Iniziano i negoziati fra la Gran Bretagna e l'Unione europea

↓

Il Consiglio dell'Unione delibera l'uscita della Gran Bretagna dall'Unione europea (in ogni caso entro il 29 marzo 2019)

3 Le istituzioni e gli atti dell'Unione europea

Il Trattato di Lisbona stabilisce il funzionamento delle istituzioni comunitarie

Le istituzioni dell'Unione. Fra le istituzioni dell'Unione europea, previste dal Trattato di Lisbona, ricordiamo:

- il Parlamento europeo;
- il Consiglio europeo e il suo Presidente;
- il Consiglio dell'Unione;
- la Commissione europea e il suo Presidente;
- l'Alto Rappresentante dell'Unione per gli affari esteri e la politica di sicurezza;
- la Corte di giustizia dell'Unione;
- la Banca centrale europea (di cui ci occuperemo nel paragrafo 7).

Il Parlamento europeo è eletto a suffragio universale da tutti i cittadini dell'Unione

Il Parlamento europeo. Il *Parlamento europeo*, che ha sede sia a Strasburgo sia a Bruxelles, è l'unica istituzione eletta direttamente dai cittadini europei.

I parlamentari europei hanno un mandato di cinque anni e, dal 1979, «sono eletti a suffragio universale diretto, libero e segreto» (**art. 14 Trattato UE**).

Come vengono ripartiti i seggi fra i 27 Paesi (dopo l'uscita della Gran Bretagna)? I deputati europei sono 705 (compreso il Presidente), e ogni Stato membro ha un numero di seggi compreso fra 6 e 96, come risulta dalla tabella 1.

Tabella 1 La ripartizione dei seggi nel Parlamento europeo

Stati	Seggi	Stati	Seggi
Germania	96	Bulgaria	17
Francia	79	Danimarca	14
Italia	76	Slovacchia	14
Spagna	59	Finlandia	14
Polonia	52	Irlanda	13
Romania	33	Croazia	12
Olanda	29	Lituania	11
Belgio	21	Lettonia	8
Repubblica Ceca	21	Slovenia	8
Ungheria	21	Estonia	7
Portogallo	21	Cipro	6
Grecia	21	Lussemburgo	6
Svezia	21	Malta	6
Austria	19		
TOTALE SEGGI	705 (compreso il Presidente)		

L'organizzazione del Parlamento. Il Parlamento è la sola istituzione dell'Unione che si riunisce, e delibera, in seduta pubblica.

Il Parlamento elegge, tra i suoi membri, sia il Presidente sia l'Ufficio di presidenza.

Il Parlamento europeo esercita la sua attività mediante commissioni permanenti

Il Parlamento esercita la sua attività mediante *commissioni permanenti*, ognuna delle quali è competente in un settore specifico (agricoltura, energia, ambiente), e può anche creare commissioni d'inchiesta per approfondire problemi specifici (droga, eccedenze agricole).

I *gruppi parlamentari* non si formano in base alle nazionalità, ma a seconda dei gruppi politici; per esempio, nel Partito del socialismo europeo confluiscono i deputati socialisti di tutti i Paesi, mentre non esiste un gruppo di deputati italiani o francesi.

Con la procedura legislativa ordinaria il Consiglio dell'Unione può deliberare solo col consenso del Parlamento

La procedura legislativa ordinaria. Il Trattato di Lisbona introduce la *procedura legislativa ordinaria*, in base alla quale:

- la Commissione europea esercita l'iniziativa legislativa;
- il Consiglio dell'Unione può deliberare solo col consenso del Parlamento.

Il Parlamento europeo durante una sessione plenaria a Strasburgo.

La procedura legislativa ordinaria riguarda circa cinquanta materie; in questo modo il Parlamento contribuisce attivamente alla legislazione comunitaria, che resta comunque di competenza del Consiglio dell'Unione.

L'approvazione del bilancio. Il Parlamento, sempre insieme al Consiglio, approva il *bilancio annuale* dell'Unione, dopo che un'apposita commissione parlamentare ha verificato la correttezza delle entrate e delle spese comunitarie.

Il Parlamento europeo approva il bilancio annuale dell'Unione

Il Consiglio europeo. Nel 1975 è stato istituito il Consiglio europeo, che è formato dai Capi di Stato o di Governo (assistiti dai rispettivi ministri degli esteri), dal Presidente della Commissione e dall'Alto Rappresentante dell'Unione per gli affari esteri.

Il *Consiglio europeo* è al vertice della piramide istituzionale e stabilisce l'indirizzo generale della politica dell'Unione.

Dal Consiglio europeo sono nate le iniziative più importanti prese a livello comunitario; basta pensare all'introduzione dell'euro nel 1998.

Il Consiglio europeo stabilisce l'indirizzo generale della politica dell'Unione

Il Presidente del Consiglio europeo. La nascita del *Presidente del Consiglio europeo* è una delle novità introdotte a Lisbona.

Secondo l'**art. 15 Trattato UE**, il Consiglio europeo «elegge il Presidente a maggioranza qualificata per due anni e mezzo». È un periodo lungo, tanto che qualche Stato teme che il Presidente, di fatto *Presidente dell'Unione europea*, possa assumere un potere eccessivo. Non solo, ma il suo mandato è rinnovabile (anche se per una sola volta): il Presidente del Consiglio europeo può restare in carica cinque anni. Con quali poteri? Il Presidente del Consiglio europeo:

- presiede e «anima» i lavori del Consiglio europeo;
- assicura la preparazione e la continuità del Consiglio europeo;
- facilita la coesione nel Consiglio europeo;
- rappresenta l'Unione a livello internazionale.

Il Presidente del Consiglio europeo rappresenta l'Unione a livello internazionale

Il Consiglio dell'Unione. Il *Consiglio dell'Unione* (d'ora in poi *Consiglio*) ha sede a Bruxelles (salvo qualche sessione a Lussemburgo), ed è composto dai ministri degli Stati membri.

Ogni Governo è rappresentato nel Consiglio da uno dei suoi ministri, che viene scelto in base alla materia da trattare; per esempio, se si deve deliberare in ambito agricolo il Consiglio sarà composto dai ministri dell'agricoltura dei singoli Paesi.

A seconda dell'ordine del giorno, il Consiglio si riunisce quindi in varie *formazioni*; fra queste, la più importante è l'Ecofin (*Consiglio dell'economia e della finanza*), che decide la politica economica e finanziaria dell'Unione.

La Presidenza del Consiglio deve essere esercitata a turno da ciascuno Stato membro, per una durata di sei mesi.

Il Consiglio dell'Unione, composto dai ministri degli Stati membri, si riunisce in diverse formazioni

La funzione legislativa. Il Consiglio è l'*organo legislativo* dell'Unione e adotta delibere vincolanti per tutti gli Stati membri. Le deliberazioni del Consiglio vincolano anche gli Stati contrari; per esempio, se il Consiglio delibera una limitazione nella produzione del vino a cui si oppone il ministro dell'agricoltura francese, tale limitazione è efficace anche in Francia.

Come si è visto, il Trattato di Lisbona ha aumentato i casi in cui bisogna utilizzare la procedura legislativa ordinaria; in conseguenza di ciò il Consiglio ha ridimensionato il suo potere legislativo a vantaggio del Parlamento.

Il Consiglio è l'organo legislativo dell'Unione e adotta delibere vincolanti per tutti gli Stati membri

Il voto nell'Unione. La nuova procedura di voto è identica per il Consiglio europeo e per il Consiglio che, di regola, votano a maggioranza qualificata; anche se restano alcuni casi in cui è richiesta l'unanimità.

Il voto a maggioranza qualificata. La maggioranza qualificata deve essere formata dal 55% dei membri del Consiglio (15 Paesi), che devono rappresentare almeno il 65% della popolazione dell'Unione. Occorre quindi una *doppia maggioranza*: non basta una maggioranza di Stati, ma occorre anche una maggioranza di popolazione.

Il Consiglio europeo e il Consiglio deliberano a maggioranza qualificata col voto a doppia maggioranza

È una clausola voluta dai cosiddetti «Grandi», per impedire che molti piccoli Stati (con pochi abitanti) impongano il loro volere.

Ogni Stato dell'Unione può esercitare il diritto di veto quando il Consiglio europeo e il Consiglio votano all'unanimità

Il problema dell'unanimità. Nel Trattato di Lisbona sono rimaste materie in cui il Consiglio europeo e il Consiglio devono deliberare all'*unanimità*. Fra queste ricordiamo:

- la politica estera e la sicurezza comune;
- le questioni fiscali;
- le politiche sociali;
- la revisione dei trattati.

A Lisbona sono diminuite le materie in cui si deve votare all'unanimità, ma il problema rimane: ogni Stato può continuare a esercitare il diritto di veto.

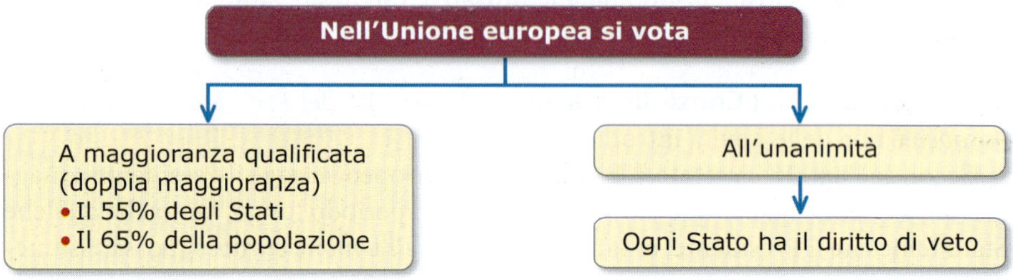

La Commissione europea è l'organo esecutivo dell'Unione

La Commissione europea. La *Commissione europea*, che ha sede a Bruxelles, è l'*organo esecutivo* dell'Unione: la Commissione è il «governo» dell'Unione.

La Commissione resta in carica cinque anni ed è formata da un rappresentante per ogni Stato. I commissari europei sono nominati dal Consiglio europeo e vengono scelti in base alla loro competenza. Per garantire una maggiore efficienza, ogni commissario europeo è responsabile di un settore, paragonabile a un ministero (sanità, agricoltura, industria).

Mentre i componenti del Consiglio rappresentano gli Stati membri, la Commissione è un'istituzione *indipendente* dagli esecutivi nazionali e, in alcuni casi, può esercitare direttamente la funzione legislativa.

Va ribadito che gli atti dell'Unione possono essere adottati solo su *iniziativa* della Commissione.

Il Presidente della Commissione europea indica e revoca i commissari europei

Il Presidente della Commissione europea. Il Presidente della Commissione europea è eletto dal Parlamento su proposta del Consiglio europeo. Il *Presidente della Commissione*:

- «indica» il nome dei futuri commissari, in accordo col Consiglio europeo, e ha il potere di farli decadere;
- definisce gli orientamenti generali e l'organizzazione interna della Commissione.

L'Alto Rappresentante per gli affari esteri contribuisce alla politica estera dell'Unione

L'Alto Rappresentante per gli affari esteri. Il Trattato di Lisbona ha istituito anche l'*Alto Rappresentante dell'Unione per gli affari esteri e la politica di sicurezza*, che esercita una funzione che prima era svolta da un semplice commissario.

L'Alto Rappresentante per gli affari esteri resta in carica cinque anni ed è anche Vice-presidente della Commissione.

L'Alto Rappresentante per gli affari esteri «guida la politica estera e di sicurezza dell'Unione» e «presiede il Consiglio Affari esteri» (**art. 18 Trattato UE**).

L'Alto Rappresentante per gli affari esteri ha poteri limitati

L'Alto Rappresentante per gli affari esteri sembra, quindi, il pilastro su cui si regge la politica estera dell'Unione. È proprio così? L'Unione ha un «vero» Ministro degli esteri? Analizzando attentamente il Trattato di Lisbona nascono alcune perplessità.

Anzitutto, l'**art. 27 Trattato UE** precisa che «l'Alto Rappresentante per gli affari esteri contribuisce con proposte all'elaborazione della politica estera e di sicurezza comune»: un conto è «guidare», ben diverso è «contribuire con proposte».

Il potere di questa figura viene ulteriormente indebolito dal fatto che:
- ogni sua decisione deve essere approvata all'unanimità dai membri dell'Unione;
- in ogni momento «il Consiglio europeo può porre fine al suo mandato».

La Corte di giustizia è l'organo giurisdizionale dell'Unione

■ **La Corte di giustizia dell'Unione.** La Corte di giustizia è l'*organo giurisdizionale* dell'Unione. La Corte ha sede a Lussemburgo ed è formata da un giudice per ogni Stato (assistiti da nove avvocati generali).

I giudici «sono nominati di comune accordo dai governi degli Stati membri per sei anni» (**art. 19 Trattato UE**), e possono essere rinominati.

I giudici e gli avvocati generali della Corte di giustizia sono scelti tra personalità che offrano garanzie di indipendenza e che possiedano le necessarie competenze giuridiche: fanno parte della Corte di giustizia alcuni fra i più importanti giuristi europei.

I giudici designano tra loro, per tre anni, il Presidente della Corte di giustizia, che può essere riconfermato.

La Corte è il «giudice» dell'Unione e deve assicurare il rispetto dei trattati comunitari. Va ricordato che spetta alla Corte anche il giudizio in caso di presunte violazioni della *Carta dei diritti fondamentali dell'Unione europea.*

La Corte di giustizia dell'Unione europea con sede in Lussemburgo.

In particolare, la Corte di giustizia deve:
- garantire che i trattati comunitari siano correttamente interpretati;
- arbitrare i conflitti insorti fra istituzioni dell'Unione e/o Stati membri; si può trattare di un contrasto fra Parlamento e Commissione, fra Commissione e Italia, fra Spagna e Germania e così via;
- verificare che le norme comunitarie vengano rispettate su tutto il territorio dell'Unione;

Le sentenze della Corte di giustizia sono vincolanti e inappellabili

Le sentenze della Corte di giustizia sono *vincolanti* e *inappellabili*; non esiste quindi il doppio grado di giurisdizione, a differenza di quanto avviene nel nostro ordinamento.

Ogni persona (fisica o giuridica) può ricorrere alla Corte di giustizia

Il controllo della Corte può essere effettuato su richiesta di un'istituzione dell'Unione o di uno Stato membro; è però interessante che qualsiasi persona (fisica o giuridica) può ricorrere alla Corte, purché si tratti di un atto che la riguarda direttamente.

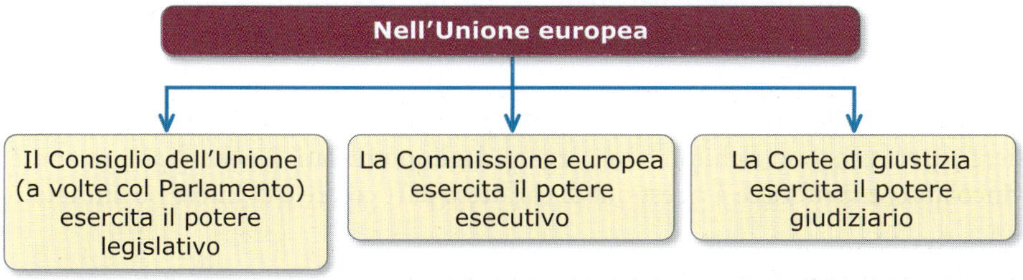

■ **Gli atti dell'Unione.** Il Consiglio (a volte insieme al Parlamento) e la Commissione possono adottare i seguenti atti:
- i regolamenti;
- le direttive;
- le decisioni;
- le raccomandazioni;
- i pareri.

Il regolamento è vincolante in ogni suo punto ed è direttamente applicabile in ogni Stato membro

■ **Il regolamento.** «Il regolamento ha portata generale. Esso è obbligatorio in tutti i suoi elementi e direttamente applicabile in ciascuno degli Stati membri» (art. 288 Trattato FUE). Il regolamento consente all'Unione di agire come *ordinamento sovranazionale*, perché entra direttamente in vigore nei vari ordinamenti giuridici, senza bisogno di norme di adattamento da parte delle istituzioni nazionali.

Per esempio, se il 15 settembre 2018 entra in vigore un *regolamento* che stabilisce nuove regole per la tutela dell'ambiente, quel regolamento è immediatamente efficace in Italia in ogni suo punto, senza bisogno di alcun atto da parte dell'ordinamento italiano.

Ipotizziamo che un regolamento abbia un contenuto in contrasto con quello di una legge nazionale: il regolamento prevale anche se la legge nazionale è stata approvata successivamente. Riprendiamo il nostro esempio, relativo a un regolamento a tutela dell'ambiente (in vigore dal 15 settembre 2018); nel nostro Paese il regolamento resta in vigore anche se il Parlamento, dopo il 15 settembre 2018, approva una legge ambientale in contrasto con esso.

La direttiva vincola gli Stati a cui è rivolta sul risultato da raggiungere, ma ogni Stato è libero di decidere come attuarla

■ **La direttiva.** La *direttiva* vincola gli Stati a cui è rivolta sul risultato da raggiungere, ma ogni Stato è libero di decidere come attuarla.

Le direttive sono vincolanti per gli Stati, ma esistono due differenze rispetto ai regolamenti:

- la direttiva vincola solamente gli Stati a cui è rivolta; per esempio, una direttiva può essere destinata solo a Portogallo e Polonia;
- la direttiva non entra immediatamente in vigore, ma indica degli obiettivi che i singoli Stati devono poi raggiungere con un'apposita legislazione nazionale.

Riprendiamo il nostro esempio di una nuova normativa a tutela dell'ambiente: se è introdotta con un *regolamento* entra subito in vigore nel nostro Paese; invece, se è adottata con una *direttiva*, le sue disposizioni sono efficaci solo dopo che l'ordinamento giuridico italiano ne ha recepito i contenuti.

La decisione è vincolante solo per i destinatari da essa indicati

■ **La decisione.** La *decisione* è vincolante in tutti i suoi elementi, ma solo per i destinatari da essa indicati.

Mentre la direttiva si rivolge a uno (o più) Stati membri, la decisione è indirizzata a un limitato numero di soggetti; per esempio l'impresa italiana Pirelli, il cittadino inglese George Wilson.

Le raccomandazioni e i pareri non sono vincolanti

■ **La raccomandazione.** Le raccomandazioni si limitano a consigliare certi comportamenti, e non impongono alcun obbligo ai destinatari: le raccomandazioni non sono vincolanti.

Quando la *raccomandazione* non ottiene l'effetto voluto, possono essere adottati provvedimenti vincolanti; per esempio, il mancato rispetto di una raccomandazione può «costringere» la Commissione ad adottare una direttiva.

■ **Il parere.** Mentre le raccomandazioni provengono dalle istituzioni dell'Unione, i pareri vengono richiesti a tali organi dagli interessati. Anche il *parere* non è vincolante, e si riferisce a questioni di carattere particolare e di interesse limitato.

Gli atti dell'Unione europea sono

- I regolamenti (vincolanti per tutti gli Stati), che entrano in vigore direttamente negli ordinamenti nazionali
- Le direttive, che vincolano lo Stato a cui sono rivolte solo sul risultato da raggiungere
- Le decisioni, che vincolano solo un limitato numero di soggetti
- Le raccomandazioni e i pareri, che non sono vincolanti

4 L'Unione economica e monetaria

L'UEM prevede la libera circolazione di capitali e merci, una politica monetaria comune e, soprattutto, l'introduzione dell'euro

L'UEM. L'*Unione economica e monetaria* (UEM) costituisce l'asse portante del Trattato di Maastricht del 1992.

L'UEM prevede la libera circolazione di capitali e merci, una politica monetaria comune e, soprattutto, l'introduzione dell'euro.

È opportuno ribadire che:

- l'*Unione europea* è formata da 27 Stati (dopo l'uscita della Gran Bretagna);
- l'*Unione economica e monetaria* è formata, dal 1° gennaio 2015, solo dai 19 Paesi in cui circola l'euro.

I parametri di Maastricht per partecipare all'UEM

I parametri di Maastricht. A Maastricht sono stati fissati rigorosi parametri, entro i quali i Paesi dell'Unione europea (d'ora in poi Unione) dovevano rientrare per partecipare all'UEM e, di conseguenza, all'euro. In particolare, ogni Stato doveva:

- adattare la legislazione nazionale ai trattati comunitari;
- eliminare le restrizioni ai movimenti di capitali;
- assicurare stabilità alla propria valuta sul mercato dei cambi;
- mantenere basso il tasso di inflazione;
- tenere sotto controllo i tassi di interesse a lungo termine;
- contenere sia il disavanzo annuale sia il debito pubblico.

Il 2 maggio 1998 il Consiglio europeo di Bruxelles ha stabilito quali Stati potevano partecipare all'UEM, avendo rispettato i parametri di Maastricht. Solo 11 dei 15 Stati, che all'epoca formavano l'Unione, sono entrati nell'UEM dal 1° gennaio 1999, perché non sono rientrate nei parametri la Grecia (per l'elevato disavanzo) e la Svezia (per l'instabilità del cambio), mentre Danimarca e Gran Bretagna hanno deciso di non entrare nell'UEM.

In seguito sono entrate nell'UEM:

- la Grecia dal 1° gennaio 2001;
- la Slovenia dal 1° gennaio 2007;
- Cipro e Malta dal 1° gennaio 2008;
- la Slovacchia dal 1° gennaio 2009;

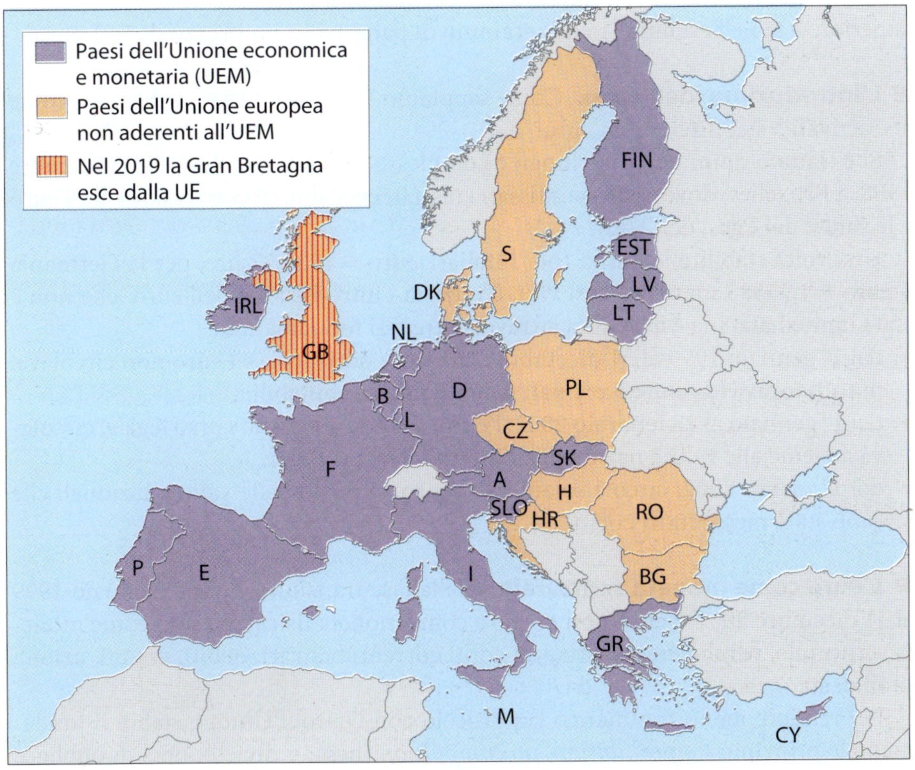

In violetto i 19 Paesi di Eurolandia (Unione economica e monetaria): Austria (A), Belgio (B), Cipro (CY), Estonia (EST), Finlandia (FIN), Francia (F), Germania (D), Grecia (GR), Irlanda (IRL), Italia (I), Lettonia (LV), Lituania (LT), Lussemburgo (L), Malta (M), Olanda (NL), Portogallo (P), Slovacchia (SK), Slovenia (SLO) e Spagna (E).
In arancio gli altri 8 Paesi aderenti all'Unione europea: Bulgaria (BG), Croazia (HR), Danimarca (DK), Polonia (PL), Repubblica Ceca (CZ), Romania (RO), Svezia (S) e Ungheria (H).

- l'Estonia dal 1° gennaio 2011;
- la Lettonia dal 1° gennaio 2014;
- la Lituania dal 1° gennaio 2015.

Solo 19 dei 27 Paesi dell'Unione europea fanno parte dell'Unione economica e monetaria

Per quanto riguarda gli 8 restanti Paesi dell'Unione, è ancora presto per ipotizzarne un ingresso nell'UEM che, dopo l'allargamento del 2015, è formata solamente da 19 dei 27 Stati dell'Unione.

Stati dell'Unione partecipanti all'UEM		Stati dell'Unione non partecipanti all'UEM	
Austria	Lettonia	Bulgaria	Repubblica Ceca
Belgio	Lituania	Croazia	Romania
Cipro	Lussemburgo	Danimarca	Svezia
Estonia	Malta	Polonia	Ungheria
Finlandia	Olanda		
Francia	Portogallo		
Germania	Slovacchia		
Grecia	Slovenia		
Irlanda	Spagna		
Italia			

Il simbolo dell'euro in un giardino di Francoforte (Germania), 1° gennaio 1999.

La circolazione dell'euro. Dal 1° marzo 2002 l'euro è l'unica moneta che circola nei Paesi dell'UEM.

Esistono 7 tagli per le banconote in euro (5, 10, 20, 50, 100, 200 e 500 euro), mentre le monete sono da 1 e 2 euro; poiché l'euro è diviso in centesimi, abbiamo ripreso confidenza con le monete da 1, 2, 5, 10, 20 e 50 centesimi. Essendo:

1 euro = 1936,27 lire

se 1 chilogrammo di pane aveva un prezzo di 3500 lire, per ottenere il prezzo in euro abbiamo effettuato la seguente operazione:

$$\frac{3500}{1936{,}27} = 1{,}807599$$

Va precisato che si arrotondava al centesimo per difetto se il terzo decimale era inferiore a 5, mentre si arrotondava per eccesso se il terzo decimale era uguale o superiore a 5: nell'esempio 1 chilogrammo di pane aveva un prezzo di 1,81 euro.

Dal 1° gennaio 1999, nell'Unione economica e monetaria i cambi fra le valute nazionali e l'euro sono fissati in modo irrevocabile

L'introduzione dell'euro. Come sappiamo 1 euro vale 1936,27 lire, ma come si è arrivati a stabilire questa cifra?

Si è trattato di un percorso lungo e complesso, che si è concluso il 31 dicembre 1998, a Bruxelles, dove sono stati fissati i tassi irrevocabili di conversione fra l'euro e le valute dei Paesi dell'UEM.

L'introduzione dell'euro è avvenuta attraverso tre fasi fondamentali

Una volta stabilite le parità (per l'Italia 1 euro = 1936,27 lire, per la Germania 1 euro = 1,95583 marchi e così via), è iniziata l'introduzione dell'euro, che non è stata immediata, ma è avvenuta attraverso tre fasi fondamentali:

- dal 1° gennaio 1999 al 31 dicembre 2001 (fase transitoria): l'euro non circolava, ma affiancava le valute nazionali nei movimenti contabili;
- dal 1° gennaio al 28 febbraio 2002: l'euro, avendo acquisito corso legale, circolava assieme alle valute nazionali all'interno dei vari Paesi;
- dal 1° marzo 2002: circola solamente l'euro, al posto delle valute nazionali che sono state messe fuori corso.

Dal 1° gennaio 1999 al 31 dicembre 2001 l'euro esisteva solo come moneta scritturale

L'euro come moneta scritturale. Nella fase transitoria (dal 1° gennaio 1999 al 31 dicembre 2001) l'euro non esisteva come moneta fisica, ma solo come moneta scritturale, perché era «scritta» su conti correnti bancari, debiti, crediti, azioni, titoli di stato.

Per rendere meno traumatico l'approccio con l'euro, l'Unione stabilì il fondamentale principio *no prohibition, no compulsion* (nessun divieto, nessun obbligo)

UN ARTICOLO

CORRIERE DELLA SERA

Conto alla rovescia per le monete di dodici Paesi. Prodi da Bruxelles: si apre una nuova epoca. Aumentano in Italia lotto e sigarette

Ultimo giorno con la lira, via alla festa dell'euro

Code ai Bancomat, prelevati nel fine settimana tremila miliardi. I commercianti: nessun problema per i resti

Così il *Corriere della Sera* del 31 dicembre 2001 annunciava la sostituzione della lira con l'euro.

in base al quale, nella fase di transizione, gli operatori economici (famiglie, imprese, banche) avevano la libertà di utilizzare (o meno) l'euro.

L'unica eccezione era rappresentata dai governi, che avevano l'obbligo di emettere titoli di stato in euro (e convertire quelli esistenti) già dal 1° gennaio 1999.

Il 28 febbraio 2002 è finita la circolazione della lira

■ **La scomparsa della lira.** Fra il 1° gennaio e il 28 febbraio 2002, banconote e monete in lire e in euro circolarono contemporaneamente sul nostro territorio, e i prezzi dei beni vennero espressi in doppia valuta.

Dal 1° marzo 2002 questa compresenza terminò: la lira lasciò il posto alla moneta unica.

L'Unione economica e monetaria	
2 maggio 1998	Il Consiglio europeo di Bruxelles stabilisce gli 11 Paesi che possono partecipare all'UEM
1° gennaio 1999	Istituzione della Banca centrale europea
Dal 1° gennaio 1999 al 31 dicembre 2001	L'euro non circola, ma affianca le valute nazionali nei movimenti contabili
Dal 1° gennaio al 28 febbraio 2002	L'euro circola insieme alle valute nazionali
Dal 1° marzo 2002	L'euro circola al posto delle valute nazionali
Dal 1° gennaio 2001 al 1° gennaio 2015	Altri 8 Paesi entrano nell'UEM che è formata da19 Stati

5 L'Eurogruppo

L'attività dell'Eurogruppo è regolamentata dall'Unione europea

■ **La nascita dell'Eurogruppo.** I 19 Paesi dell'UEM formano l'*Eurogruppo*, che comprende circa 325 milioni di abitanti (sui 445 milioni dei 27 Stati dell'Unione).

Chi fissa le regole dell'Eurogruppo? Solo l'Unione può legiferare e adottare atti giuridicamente vincolanti. In particolare, il Protocollo allegato al Trattato di Lisbona sottolinea la necessità di un «dialogo rafforzato tra gli Stati membri la cui moneta è l'euro», e auspica che, in tempi brevi, l'euro diventi la moneta di tutti i Ventisette. In pratica, si spera che presto l'Unione europea coincida con l'Unione economica e monetaria.

I ministri dell'Eurogruppo possono riunirsi a titolo informale, per discutere «questioni attinenti alle responsabilità specifiche da essi condivise in materia di moneta unica».

Per entrare e restare nell'Unione economica e monetaria gli Stati devono rispettare dei rigidi parametri economici

■ **Come entrare nell'Eurogruppo?** Il Protocollo allegato al Trattato di Lisbona stabilisce dei parametri, simili a quelli di Maastricht, che devono essere rispettati sia degli 8 Stati che vogliono entrare nell'UEM, sia dai 19 Paesi dell'Eurogruppo che vogliono restarvi. In particolare, per entrare nell'UEM:

- «lo Stato membro interessato» deve avere un tasso di inflazione che non deve superare «di oltre 1,5 punti percentuali quello dei tre Stati membri che hanno conseguito i migliori risultati in termini di stabilità dei prezzi»;
- «lo Stato membro interessato per almeno due anni» non deve «aver svalutato di propria iniziativa il tasso di cambio centrale della sua moneta nei confronti dell'euro»;
- «il tasso di interesse nominale a lungo termine dello Stato membro interessato» non deve superare «di oltre 2 punti percentuali quello dei tre Stati membri che hanno conseguito i migliori risultati in termini di stabilità dei prezzi».

Per poter realizzare un'unica politica economica occorre che tutti gli Stati dell'Unione entrino nell'Eurogruppo

La politica economica dell'Unione. L'**art. 120 Trattato FUE** sottolinea la necessità di una politica economica dell'Unione «fondata sullo stretto coordinamento delle politiche economiche degli Stati membri, sul mercato interno e sulla definizione di obiettivi comuni»; tale politica si fonda sul «principio di un'economia di mercato aperta e in libera concorrenza».

Quando parla di «politica economica dell'Unione», il Trattato FUE si riferisce a tutti i 27 Stati membri, e non solo ai 19 Paesi dell'UEM. In seguito, però, si precisa che questa politica economica deve basarsi su «una moneta unica, l'euro», e che anche la politica monetaria e quella cambiaria devono essere «uniche», con «l'obiettivo principale di mantenere la stabilità dei prezzi» (**art. 127 Trattato FUE**).

La contraddizione è evidente: occorre un'unica politica economica, ma questa necessita di un'unica politica monetaria e cambiaria, che è possibile solo nell'Eurogruppo. Per risolvere questo problema è necessario che, in tempi ragionevolmente brevi, tutti (o quasi tutti) i Paesi dell'Unione aderiscano all'UEM.

6 La Banca centrale europea

La Banca centrale europea attua la politica monetaria e cambiaria dell'Unione economica e monetaria, per controllare il livello dei prezzi

La Banca centrale europea. La creazione dell'UEM comportava la necessità di un organo decisionale in materia monetaria e cambiaria; a tal fine, il 1° giugno 1998, è nata la *Banca centrale europea* (BCE), con sede a Francoforte, che è diventata operativa dal 1° gennaio 1999.

La sede della Banca centrale europea, a Francoforte.

Il capitale della BCE, che ammonta a 5 miliardi di euro, è stato versato per intero dalle Banche centrali dei 19 Paesi dell'Eurogruppo. Il principale obiettivo della BCE è quello di mantenere stabili i prezzi all'interno degli Stati dell'UEM; va ribadito che la BCE autorizza e controlla tutta la circolazione dell'euro.

L'indipendenza della BCE. La BCE ha personalità giuridica; è «indipendente nell'esercizio dei suoi poteri e nella gestione delle sue finanze» e, a questo proposito, «le istituzioni e gli organi comunitari nonché i Governi degli Stati membri si impegnano a rispettare questo principio e a non cercare di influenzare i membri degli organi decisionali della BCE» (**art. 130 Trattato FUE**).

La BCE ha preso il posto delle Banche centrali nazionali (Banca d'Italia, *Bundesbank*, *Banque de France* e così via) nella gestione della politica monetaria e cambiaria, che è unica per l'Eurogruppo.

L'istituzione della Banca centrale europea ha aumentato i poteri sovranazionali dell'Unione europea

L'istituzione della BCE ha aumentato i poteri sovranazionali dell'Unione, perché la politica monetaria e cambiaria è parte essenziale della sovranità di uno Stato; a questo proposito va ricordato che la BCE «ha il potere di infliggere alle imprese ammende in caso di inosservanza degli obblighi imposti dai regolamenti europei e dalle decisioni europee».

La Banca centrale europea emette le banconote in euro e controlla l'emissione (di banconote e monete) delle Banche centrali nazionali

L'emissione dell'euro. Come avviene l'emissione dell'euro? A questo proposito bisogna distinguere fra le banconote e le monete metalliche (come si è visto nel volume per il secondo biennio).

Le uniche banconote aventi corso legale nell'UEM sono quelle emesse dalla BCE e dalle Banche centrali nazionali, che possono agire solo su autorizzazione della stessa BCE. Per esempio, la BCE può emettere una banconota da 500 euro, mentre la Banca d'Italia può farlo solo se è autorizzata dalla BCE.

Le Banche centrali dell'UEM possono coniare monete metalliche in euro ma, anche in questo caso, occorre l'approvazione della BCE per quanto riguarda il volume del conio.

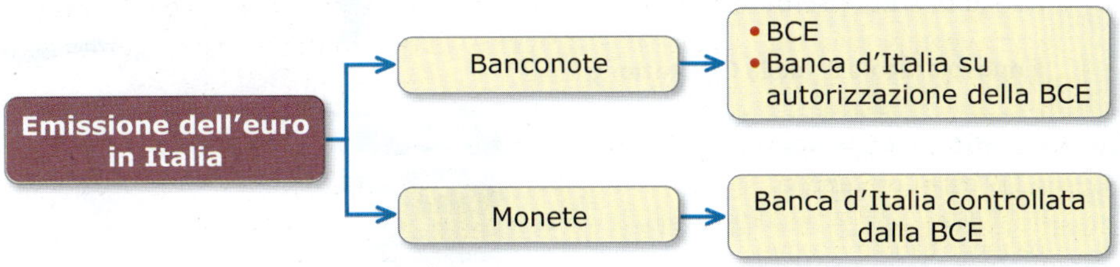

Il Sistema europeo delle banche centrali è formato dalla Banca centrale europea e dalle Banche centrali nazionali dell'Eurogruppo

■ **Il Sistema europeo delle banche centrali.** Il *Sistema europeo delle banche centrali* (SEBC), formato dalla BCE e dalle Banche centrali nazionali dell'UEM, partecipa alla gestione della politica monetaria e cambiaria. Le Banche centrali nazionali non sono scomparse, ma partecipano attivamente alle decisioni della BCE che, come si è visto, ha come obiettivo primario il controllo dei prezzi.

Il SEBC può essere immaginato come un sistema solare, in cui i pianeti (le Banche centrali nazionali) ruotano attorno al sole (BCE).

7 Il *Patto di stabilità e di crescita*

Esiste un *Patto di stabilità e di crescita* fra tutti gli Stati dell'Unione europea, per evitare disavanzi eccessivi

■ **Il *Patto di stabilità e di crescita*.** Il Trattato di Lisbona ribadisce il *Patto di stabilità e di crescita*, relativo a tutti i Paesi dell'Unione (e non solo a quelli dell'UEM), con cui gli Stati membri si propongono di attuare una rigorosa politica di controllo della spesa pubblica, per limitare i deficit di bilancio.

Il *Patto di stabilità* stabilisce infatti che tutti «gli Stati membri devono evitare disavanzi pubblici eccessivi» (art. 126 Trattato FUE).

■ **I «disavanzi eccessivi».** Cosa si intende per «disavanzi pubblici eccessivi»? La risposta è nel Protocollo allegato al Trattato di Lisbona, secondo il quale i «valori di riferimento» che non devono essere superati sono due:

- «il 3% per il rapporto fra il disavanzo [*annuale*] e il Prodotto Interno Lordo monetario»;
- «il 60% per il rapporto fra il debito pubblico e il Prodotto Interno Lordo monetario».

La Commissione europea deve verificare che i Ventisette rispettino la disciplina di bilancio

■ **Il controllo della Commissione europea.** Spetta alla Commissione europea il compito di sorvegliare «l'evoluzione della situazione di bilancio e dell'entità del debito pubblico negli Stati membri, al fine di individuare errori rilevanti» (art. 126 Trattato FUE). La Commissione deve verificare che i Ventisette rispettino la disciplina di bilancio, sulla base dei due valori di riferimento.

A loro volta, «gli Stati membri assicurano che le procedure nazionali in materia di bilancio consentano loro di rispettare gli obblighi derivanti dal trattato» e, in caso di problemi, devono riferire alla Commissione «tempestivamente e regolarmente, in merito al loro disavanzo annuale, previsto ed effettivo, nonché al livello del loro debito pubblico».

Una riunione dell'*Ecofin*, 2013.

Solo il Consiglio dell'Unione può imporre sanzioni sul mancato rispetto del *Patto di stabilità e di crescita*

■ **Le sanzioni dell'*Ecofin*.** Che cosa succede se uno Stato membro non rispetta i requisiti previsti? La Commissione prepara una relazione e la presenta al Consiglio dell'Unione, riunito nella formazione *Ecofin*.

L'*Ecofin*, a sua volta, decide se esiste un disavanzo eccessivo. In caso affermativo «formula raccomandazioni allo Stato membro in questione al fine di far cessare tale situazione entro un determinato periodo» (art. 126 Trattato FUE).

«Fintantoché uno Stato membro non ottempera», l'*Ecofin* può «decidere di applicare o, a seconda dei casi, di intensificare» delle sanzioni, fra cui ricordiamo:

PER SAPERNE DI PIÙ

Il pareggio di bilancio in Costituzione

Per arginare la grave crisi finanziaria, nel 2012 l'Italia introduce il principio del pareggio di bilancio in Costituzione

Per arginare la grave crisi finanziaria, nel 2012 l'Italia introduce il principio del pareggio di bilancio in Costituzione con l'approvazione della legge costituzionale 20 aprile 2012, n. 1, *Introduzione del principio del pareggio di bilancio nella Carta costituzionale* (d'ora in poi legge costituzionale n. 1 del 2012). Va precisato che questa legge costituzionale non poteva essere soggetta al referendum confermativo (previsto dall'art. 138 Cost.) perché era stata approvata, in seconda lettura, con la maggioranza qualificata dei due terzi dei componenti sia alla Camera dei deputati sia al Senato della Repubblica.
Questa riforma attuava un impegno assunto dal Governo di Mario Monti di fronte all'Unione europea. Il fine era quello di rassicurare i mercati sulla credibilità del nostro Paese; in particolare, l'Italia voleva dimostrare di essere decisa a diminuire il debito pubblico, che nel 2012 aveva superato la soglia dei 2000 miliardi di euro. A questo proposito va ricordato che la Germania ha costituzionalizzato il pareggio del bilancio nel 2009.

Il nuovo articolo 81 della Costituzione

Il contenuto della legge costituzionale n. 1 del 2012 ha modificato gli articoli 81, 97, 117 e 119 della Costituzione.
In particolare analizziamo il nuovo art. 81 Cost., partendo dal primo comma: «Lo Stato assicura l'equilibrio tra le entrate e le spese del proprio bilancio, tenendo conto delle fasi avverse e delle fasi favorevoli del ciclo economico».
La Costituzione esclude tassativamente la possibilità di un indebitamento? No. Proseguendo nella lettura dell'articolo scopriamo che «il ricorso all'indebitamento è consentito», ma «solo al fine di considerare gli effetti del ciclo economico» e «al verificarsi di eventi eccezionali», che possono consistere in gravi recessioni economiche, crisi finanziarie e calamità naturali.
Per limitare e rendere davvero straordinaria tale deroga, la legge costituzionale n. 1 del 2012 precisa che il ricorso all'indebitamento può avvenire solo in seguito all'autorizzazione «delle Camere adottata a maggioranza assoluta dei rispettivi componenti» (comma 2). Non dovrebbe quindi essere possibile un ricorso all'indebitamento «a colpi di maggioranza», perché anche una parte dell'opposizione dovrà votarlo in sede parlamentare per raggiungere la maggioranza assoluta.

Il nuovo art. 81 Cost. conferma poi:
- il principio della copertura finanziaria delle leggi, in base al quale «ogni legge che importi nuovi o maggiori oneri provvede ai mezzi per farvi fronte» (comma 3);
- che «le Camere ogni anno approvano con legge il bilancio e il rendiconto consuntivo presentati dal Governo» (comma 4);
- l'autorizzazione con legge, «per periodi non superiori complessivamente a quattro mesi», all'esercizio provvisorio del bilancio, nel caso in cui questo non risulti approvato entro la fine dell'esercizio finanziario (comma 5).

- «richiedere che lo Stato membro in questione costituisca un deposito infruttifero di importo adeguato presso l'Unione fino a quando, a parere del Consiglio, il disavanzo eccessivo non sia stato corretto»;
- «infliggere ammende di entità adeguata».

L'Italia supera abbondantemente il parametro del debito pubblico stabilito dall'Unione economica e monetaria

L'Italia e il *Patto di stabilità*. A partire dal 2011 l'UEM è stata investita da turbolenze finanziarie, causate principalmente dai debiti pubblici di alcuni Stati membri.

Questi problemi hanno toccato anche l'Italia, che nel 2014 aveva:
- il rapporto fra il disavanzo annuale e il PIL monetario pari al 3%;
- il rapporto fra il debito pubblico e il PIL monetario pari al 132,1%.

È evidente che l'Italia si mantiene a fatica dentro al parametro del disavanzo annuale, ma supera abbondantemente il parametro del debito pubblico.

I numeri sono chiari: il problema del debito pubblico sembra irrisolvibile. Che fare?

Per arginare il problema, l'Italia ha approvato norme più severe per risanare la finanza pubblica. In particolare, nel 2012, è stato introdotto il *principio del pareggio di bilancio in Costituzione*, per rassicurare i mercati sulla credibilità del nostro Paese.

Un gruppo di Paesi può dare vita a una cooperazione rafforzata, cioè progredire più rapidamente di altri Stati dell'Unione

Le cooperazioni rafforzate. Proseguendo sulla strada aperta dai precedenti trattati, il Trattato di Lisbona ha ribadito l'importanza delle *cooperazioni rafforzate*; si tratta di uno strumento che permette a un numero limitato di Paesi dell'Unione di avanzare più velocemente, senza che gli altri Stati possano esercitare il diritto di veto.

Con le cooperazioni rafforzate si realizza un'«Europa a due velocità», in cui un gruppo di Paesi procede più velocemente o, in altri termini, si evita che alcuni Paesi in ritardo impediscano agli altri di avanzare. È quanto è avvenuto per l'euro, introdotto nel 1998 solo da 11 Stati dell'Unione (che sarebbero poi diventati 19 dal 2015). Le cooperazioni rafforzate sono intese a promuovere la realizzazione degli obiettivi dell'Unione, a proteggere i suoi interessi e a rafforzare il suo processo di integrazione, e «sono aperte in qualsiasi momento a tutti gli Stati membri».

SINTESI

- La **Guerra fredda** ▶ **§1** divise l'Europa in due blocchi contrapposti: quello occidentale (controllato dagli Stati Uniti) e quello orientale (controllato dall'Unione Sovietica).

- Alla **Ceca** ▶ **§1**, istituita nel 1951, aderirono inizialmente la Francia, la Germania Federale, il Belgio, l'Olanda, il Lussemburgo e l'Italia, **Europa dei Sei** ▶ **§1**.

- Col Trattato di Roma del 1957 i Sei costituirono l'**Euratom** ▶ **§1** e la **Cee** ▶ **§1**.

- Negli anni seguenti si passò dall'Europa dei Sei all'**Europa dei Ventotto** ▶ **§1**.

- L'**allargamento verso Est** ▶ **§1**, iniziato nel 2004, segna il crollo della divisione ideologica fra Europa orientale ed Europa occidentale.

Si sono succedute

- La Comunità europea (dal 1965 al 1992)
- L'Unione europea (dopo il 1992)

- Il 23 giugno 2016, con la vittoria dei *Leave* al **referendum sulla Brexit** ▶ **§2**, la Gran Bretagna ha deciso di uscire dall'Unione europea. La Gran Bretagna esce nel 2019 dopo un lungo procedimento fissato dal Trattato di Lisbona.

- Le principali **istituzioni dell'Unione europea** ▶ **§3** sono: il Parlamento europeo, il Consiglio europeo e il suo Presidente, il Consiglio dell'Unione, la Commissione europea e il suo Presidente, l'Alto Rappresentante dell'Unione per gli affari esteri e la Corte di giustizia dell'Unione.

- Gli **atti dell'Unione europea** ▶ **§3** sono: i regolamenti, le direttive, la decisioni, le raccomandazioni e i pareri.

- Il 1° marzo 2002 è iniziata la **circolazione dell'euro** ▶ **§4** al posto delle valute nazionali.

- Va ricordato che:
  - l'**Unione europea** è formata da 27 Stati (dopo l'uscita della Gran Bretagna);
  - l'**Unione economica e monetaria (UEM)** ▶ **§4**, è formata, dal 1° gennaio 2015, solo dai 19 Paesi in cui circola l'euro.

- L'**introduzione dell'euro** ▶ **§4** è avvenuta attraverso tre fasi:
  - dal 1° gennaio 1999 al 31 dicembre 2001 (fase transitoria): l'euro non circolava, ma affiancava le valute nazionali nei movimenti contabili;
  - dal 1° gennaio al 28 febbraio 2002: avendo acquisito corso legale, l'euro circolava assieme alle valute nazionali all'interno dei vari Paesi;
  - dal 1° marzo 2002: circola solamente l'euro, al posto delle valute nazionali.

- I 19 Paesi dell'UEM formano l'**Eurogruppo** ▶ **§5**, che comprende circa 325 milioni di abitanti (sui 445 milioni dei 27 Stati dell'Unione europea).

- La **Banca centrale europea** ▶ **§6** attua la politica monetaria e cambiaria dell'UEM, per controllare il livello dei prezzi.

- Esiste un ***Patto di stabilità e di crescita*** ▶ **§7** fra tutti gli Stati dell'Unione europea, per evitare disavanzi eccessivi.

I valori di riferimento che non devono essere superati sono

- Il 3% per il rapporto fra disavanzo annuale e PIL monetario
- Il 60% per il rapporto fra debito pubblico e PIL monetario

- Un gruppo di Paesi può dare vita a una **cooperazione rafforzata** ▶ **§7**, cioè progredire più rapidamente di altri Stati dell'Unione europea.

VERIFICA LE TUE CONOSCENZE

1 ***Risolvi le seguenti scelte multiple indicando la risposta esatta fra quelle possibili.***

A

La direttiva entra in vigore

1. direttamente in tutti gli ordinamenti giuridici nazionali
2. direttamente nello Stato a cui è indirizzata
3. dopo essere stata recepita dagli ordinamenti nazionali

B

Adotta l'euro

1. la Polonia
2. la Francia
3. la Bulgaria

1 **In Italia fra il 1° gennaio e il 28 febbraio 2002**

a circolava solo l'euro
b circolava solo la lira
c circolavano sia l'euro sia la lira
d non circolavano né l'euro né la lira

2 **L'Unione economica e monetaria è stata istituita col Trattato di**

a Lisbona
b Maastricht
c Parigi
d Roma

3 **I disavanzi eccessivi sono controllati**

a dall'Ecofin
b dall'Eurogruppo
c dalla Banca centrale europea
d dal Parlamento europeo

4 **Il Consiglio europeo**

a esercita la funzione legislativa
b esercita la funzione esecutiva
c esercita la funzione giudiziaria
d dirige la politica generale dell'Unione

5 **L'esito del referendum sulla Brexit del 2016**

a invita la Gran Bretagna a uscire dall'Unione immediatamente
b obbliga la Gran Bretagna a uscire dall'Unione immediatamente
c invita la Gran Bretagna a chiedere l'uscita dall'Unione
d obbliga la Gran Bretagna a chiedere l'uscita dall'Unione

6 **Se un regolamento è in contrasto con una legge nazionale prevale**

a il regolamento
b la legge nazionale
c la norma emanata prima
d la norma emanata dopo

MISURA LE TUE ABILITÀ

2 ***Risolvi i seguenti quesiti vero o falso e motiva la tua risposta.***

1 **L'Unione economica e monetaria è formata da 27 Stati**

VERO ☐ **FALSO** ☐

PERCHÉ ______________________

____

2 **Il *Patto di stabilità* vuole contenere i disavanzi nei Paesi dell'Eurogruppo**

VERO ☐ **FALSO** ☐

PERCHÉ ______________________

____

3 La Cee fu istituita nel 1957

VERO ☐ **FALSO** ☐

PERCHÉ ______________________

____

4 Nel 1992 l'Unione europea ha sostituito la Comunità europea

VERO ☐ **FALSO** ☐

PERCHÉ ______________________

____

5 Una persona fisica può ricorrere alla Corte di giustizia

VERO ☐ **FALSO** ☐

PERCHÉ ______________________

____

6 La Gran Bretagna è il primo Paese a uscire dall'Unione europea

VERO ☐ **FALSO** ☐

PERCHÉ ______________________

____

3 ***Completa la tabella che segue.***

Evento	Anno
Referendum sulla Brexit	(1)
Discorso dell'orologio di Schuman	(2)
Riunificazione della Germania	(3)
Circolazione dell'euro	(4)
Trattato Ceca	(5)

ALLENA LE TUE COMPETENZE

4 ***Sulla base di quanto hai imparato in questa unità, rispondi ai seguenti «casi».***

1 **Riconoscere il passaggio dalla Comunità europea all'Unione europea, ascoltando un'amica.**

Una tua amica sta leggendo il giornale: «Non capisco perché si parli sempre di Unione europea. E la Comunità europea che fine ha fatto?».

▶ *Quando è avvenuto il passaggio dalla Comunità europea all'Unione europea?*

____

2 **Valutare il rapporto fra il nostro Paese e l'Unione economica e monetaria, ascoltando un servizio televisivo.**

Hai appena sentito in sentito in televisione la frase: «Dobbiamo tagliare la spesa pubblica. Ce lo chiede l'Europa!».

▶ *Qual è la tua prima reazione?*

____

3 **L'Italia fatica a rispettare il *Patto di stabilità e di crescita*. Verifica in che misura questa difficoltà nasca dal debito pubblico e in che misura dal Prodotto Interno Lordo.**

Un politico in televisione afferma: «La spesa pubblica va tagliata per rispettare il *Patto di stabilità e di crescita*! Il rapporto "debito pubblico/PIL" sta aumentando a ritmi vertiginosi!». È vero. Ma qualche riflessione è necessaria.

▶ *È sufficiente un taglio della spesa pubblica? In che misura l'aumento del rapporto «debito pubblico/PIL» dipende dall'aumento del debito pubblico e in che misura dalla diminuzione del PIL?*

____

4 **Individuare un vantaggio per la tua famiglia derivante dall'introduzione dell'euro.**

Tuo padre racconta: «Nel 1998 stipulai con la Banca Alfa un mutuo per l'acquisto di questo appartamento. Pagavo un tasso di interesse dell'8%. Due anni dopo, grazie all'euro, pagavo solo il 4%!».

▶ *Come è possibile visto che l'euro ha iniziato a circolare solo nel 2002?*

____

____

Riprendiamo il dibattito

Dopo aver studiato l'unità, prepara il tuo punto di vista per continuare il dibattito iniziato in apertura di lezione (▶ *La parola a te!*).

Un tuo amico è confuso: «Se la Polonia non adotta l'euro, perché fa parte dell'Unione europea?».

▶ ***Qual è la differenza fra Unione europea e Unione economica e monetaria?***

- Partendo da quanto sopra affermato, esegui a casa una ricerca online e consulta il tuo libro di testo per preparare una breve tabella che contenga gli elementi principali dell'argomento trattato e che ti aiuti a esporre il tuo punto di vista.

A CASA 1 ORA

IN AULA 20 MINUTI

- Con l'aiuto della tabella, partecipa al dibattito che il docente avvia in aula.

When Europe Was Divided by an Iron Curtain

One of the most famous speeches by British leader Winston Churchill outlined what was to become the scenario of Cold War in Europe: the Western world against Russian expansionism

IN THIS MODULE YOU WILL

- **Learn** something about Winston Churchill and one of his most famous public speeches.
- **Understand** the meaning of his famous «iron curtain» metaphor.
- **Practice** your English through oral and written exercises.

WARM UP

PAIR WORK

Answer the following questions.

- How would you translate «Iron curtain» in Italian?
- Has a communist party ever existed in Italy?

KEYWORDS

Associate the following keywords with their definitions.

Sinews   Stalin   to proselytize   totalitarian

a .... Controlling the people of a country in a very strict way with complete power that cannot be opposed.

b .... Leader of the Soviet Union from 1922 to 1953. Marshal of the Soviet Union was the highest military rank of the Soviet Union at the time.

c .... Strong tissues that connect the muscles to the bone; figuratively, the chief supporting force.

d .... To try to persuade people to join a religion, cause, or group.

READING

1 *In the following text you will learn how Winston Churchill envisioned the development of the European scenario after the end of the World War II. Complete the text with the keywords.*

The .... of Peace, as it is called, is one of the most famous speeches by British politician Winston Churchill (1874-1965). It was delivered on March 5, 1946, at Westminster College in Fulton, Missouri. As Prime Minister, Churchill led Great Britain to victory in World War II. In this speech, Churchill outlined the development of the European scenario as Russian influence expanded over East-European countries. In his words, the continent was already divided into two parts by an «iron curtain».

«A shadow has fallen upon the scenes so lately lighted by the Allied victory. Nobody knows what Soviet Russia and its Communist international organisation intends to do in the immediate future, or what are the limits, if any, to their expansive and .... tendencies. I have a strong admiration and regard for the valiant Russian people and for my wartime comrade, Marshall .... [...] We understand the Russian need to be secure on her western frontiers by the removal of all possibility of German aggression. We welcome Russia to her rightful place among the leading nations of the world. [...] It is my duty however, for I am sure you would wish me to state the facts as I see them to you, to place before you certain facts about the present position in Europe.

From Stettin in the Baltic to Trieste in the Adriatic, an iron curtain has descended across the Continent. Behind that line lie all the capitals of the ancient states of Central and

Eastern Europe. Warsaw, Berlin, Prague, Vienna, Budapest, Belgrade, Bucharest and Sofia, all these famous cities and the populations around them lie in what I must call the Soviet sphere, and all are subject in one form or another, not only to Soviet influence but to a very high and, in many cases, increasing measure of control from Moscow. [...] The Communist parties, which were very small in all these Eastern States of Europe, have been raised to pre-eminence and power far beyond their numbers and are seeking everywhere to obtain .... control. Police governments are prevailing in nearly every case, and so far, except in Czechoslovakia, there is no true democracy.»

2 *Mark the following sentences as true or false.*

- **a** Winston Churchill and Marshall Stalin were on opposite sides in World War II.
- **b** At the time of the speech, Germany had immediate plans to attack Russia.
- **c** The iron curtain divided democracy from communism.
- **d** In Mr. Churchill's view, the rise of Communist parties reflected a growing popular consensus.

LISTENING

TRACK 5

In the following audio file, you will listen to the second part of Churchill's speech, where he advocates the necessity of a new unity in Europe. Listen to the file and then complete the following sentences.

The safety of the world requires a new unity in Europe, from which no nation should be permanently outcast. It is from the quarrels of the strong parent races in Europe that the world wars we have witnessed, or which occurred in former times, have sprung. Twice in our own lifetime we have seen the United States, against their wishes and their traditions, against arguments, the force of which it is impossible not to comprehend, drawn by irresistible forces, into these wars in time to secure the victory of the good cause, but only after frightful slaughter and devastation had occurred. Twice the United States has had to send several millions of its young men across the Atlantic to find the war; but now war can find any nation, wherever it may dwell between dusk and dawn. Surely we should work with conscious purpose for a grand pacification of Europe, within the structure of the United Nations and in accordance with its Charter. That I feel is an open cause of policy of very great importance.

- **a** No nation should be permanently .... from the new unity of Europe.
- **b** The world wars have sprung from the .... of the strong parent races in Europe.
- **c** The United States took part in the world wars against their .... and ....
- **d** The grand .... of Europe should take place in accordance with the .... of the United Stations.

SPEAKING

PAIR WORK

Answer the following questions.

- **a** Who was Winston Churchill?
- **b** What was a former British Prime Minister doing in a small American college in 1946?
- **c** According to Winston Churchill, had Great Britain any sympathy and goodwill towards Russians?
- **d** Have you understood how the «iron curtain» cut Europe into two parts? On which side was Italy?
- **e** According to Winston Churchill, did the United States enter «European» wars happily and carefree?

INTERESTING FACT

Winston Churchill was generally regarded as a great orator. Some of his speeches, like «The sinews of peace», have been seen as turning points in history. In 1953 he was awarded the Nobel Prize in Literature, «for his mastery of historical and biographical description as well as for brilliant oratory in defending exalted human values».

[W. Churchill, *Speech delivered at the Westminster College*, Fulton, Missouri, 1946.]

Il Rapporto Brundtland sullo **sviluppo sostenibile**

Solo uno sviluppo sostenibile può garantire il futuro di noi tutti

In seguito a una risoluzione dell'Assemblea Generale dell'ONU, nel 1983 fu istituita la Commissione mondiale per l'ambiente e lo sviluppo, che aveva l'obiettivo di elaborare un'«agenda globale per il cambiamento». La Commissione, presieduta dalla norvegese Gro Harlem Brundtland, nel 1987 pubblicò il *Rapporto Brundtland*, che introduce la fondamentale teoria dello sviluppo sostenibile.

«[...] Ambiente e sviluppo non sono realtà separate [...]. Lo sviluppo non può infatti sussistere se le risorse ambientali sono in via di deterioramento, così come l'ambiente non può essere protetto se la crescita non considera l'importanza anche economica del fattore ambientale. Si tratta, in breve, di problemi reciprocamente legati in un complesso sistema di causa ed effetto, che non possono essere affrontati separatamente, da singole istituzioni e con politiche frammentarie. Un mondo in cui la povertà sia endemica sarà sempre esposto a catastrofi ecologiche d'altro genere. [...] L'umanità ha la possibilità di rendere sostenibile lo sviluppo, cioè di far sì che esso soddisfi i bisogni delle generazioni presenti senza compromettere la possibilità di soddisfacimento dei bisogni di quelle future. [...]

> Lo sviluppo non può sussistere se le risorse ambientali sono in via di deterioramento

Il concetto di sviluppo sostenibile implica [...] alcuni obiettivi cruciali, e in particolare che:
- si rianimi la crescita economica;
- si muti la qualità della crescita economica;
- si soddisfino i bisogni essenziali in termini di posti di lavoro, generi alimentari, energia, acqua e igiene;
- si assicuri un livello demografico sostenibile;
- si conservi e si incrementi la base delle risorse;
- si riorientino i rischi tecnologici e gestionali;
- si tenga conto degli aspetti ambientali ed economici. [...]

In molte parti del mondo la popolazione sta crescendo a ritmi non sostenibili con le risorse ambientali disponibili. Sicché il "problema demografico" deve essere affrontato mediante sforzi miranti a eliminare la povertà di massa. [...]

Oggi l'individuo medio, in una società industriale a economia di mercato, consuma 80 volte più energia di un abitante dell'Africa subsahariana. Per portare i consumi energetici dei paesi in via di sviluppo al livello di quelli industrializzati l'attuale uso globale di energia dovrebbe quintuplicarsi entro il 2025. Ma l'ecosistema planetario non è in grado di sopportare questo salto [...]. I dispositivi moderni devono essere riprogettati per fornire gli stessi quantitativi di energia, addirittura consumando i 2/3 o la metà dell'energia primaria necessaria oggi al funzionamento delle attrezzature tradizionali. [...]

L'umanità è sempre andata avanti grazie alla sua "ingegnosità tecnica". [...] Lungi dal richiedere l'arresto della crescita economica, lo sviluppo sostenibile muove dal riconoscimento che i problemi della povertà e del sottosviluppo non possono trovare soluzione se non si avrà una nuova era di crescita in cui i paesi in via di sviluppo abbiano larga parte e da cui ricavino cospicui benefici. [...]

(*Il Rapporto Brundtland si conclude individuando tre aree di impegno comune*):

a) Le forme tradizionali di sovranità nazionale vengono superate sempre più spesso dalle realtà dell'interdipendenza ecologica ed economica [...]. Se mancano norme concordate, eque e applicabili che regolamentino i diritti e i doveri degli Stati nei confronti dei beni comuni globali, la pressione che si esercita su risorse limitate con l'andar del tempo finisce per distruggerne l'integrità ecologica, intaccando il patrimonio delle generazioni future. [...]

b) Le sollecitazioni cui è sottoposto l'ambiente sono insieme causa ed effetto di tensioni politiche e di conflitti militari. Inutile dire quanto sarebbero gravi le conseguenze ambientali dei conflitti armati. [...]

c) Il carattere integrato e interdipendente delle nuove sfide e delle nuove problematiche è in netto contrasto con quello delle istituzioni oggi esistenti [...].

Le proposte di cambiamenti nelle istituzioni e nelle leggi a livello nazionale, regionale e internazionale dovranno investire nel futuro di noi tutti. [...]»

Commissione mondiale per l'ambiente e lo sviluppo, *Il futuro di noi tutti*, Bompiani, Milano, 1988, pp. 32-78 e pp. 321-381.

Il **turismo sostenibile** secondo Vandana Shiva

Il turismo deve essere rispettoso della natura e delle tradizioni locali

Vandana Shiva, nata nel 1952 a Dehra Dunh, è un'attivista e ambientalista indiana. In particolare, Vandana Shiva combatte da sempre per un turismo sostenibile e responsabile. Come risulta dall'articolo riportato (*Traveller*, aprile 2010), Vandana Shiva ha creato un gigantesco network di coltivatori, per favorire un turismo rispettoso della natura e delle tradizioni locali.

«[*Vandana Shiva*] È uno dei fisici quantistici più importanti dell'India, ma nel resto del mondo è conosciuta soprattutto come ecologista. Per il suo impegno nel 1993 ha vinto il *Right Livelihood Award*, cioè il Nobel alternativo per la pace. [...] Instancabile, ha scritto molti libri che rappresentano un'appassionata difesa della biodiversità.

> Dovremmo tutti imparare a viaggiare come pellegrini della Terra

[*Domanda*] "Per definizione, chi viaggia ha a cuore la salvaguardia dei posti. Qual è la sua opinione sul turismo?"

[*Vandana Shiva*] "Oggi il turismo è un fenomeno di massa e, come tale, può letteralmente divorare il pianeta. Ma può anche diventare una cura: purché inizi a essere responsabile, cioè attento alle persone. C'è solo questo modo. Oppure quello del pellegrinaggio. In India le sorgenti dei cinque fiumi che poi diventano il Gange sono la meta di milioni di persone. I pellegrini non distruggono. Dovremmo tutti imparare a viaggiare come pellegrini della Terra, rispettosi e attenti a ogni passo".

[*Domanda*] "Quali sono le zone del mondo più a rischio? E quelle integre?"

[*Vandana Shiva*] "Gli ultimi paradisi sono tutti quei luoghi dove ci sono ancora foreste, acqua, minerali, e per questo sono anche i più minacciati. L'India in cui sono nata e cresciuta era davvero verde: era un paese capace di concepire l'intero universo come se fosse una famiglia. Purtroppo non posso dire altrettanto dell'India di oggi".

[*Domanda*] "Parliamo di viaggi a basso impatto. In India, che posti consiglierebbe?"

[*Vandana Shiva*] "L'Himalaya è meraviglioso. Una delle eco-fattorie di Navdanya, il network di coltivatori che ho fondato (riunisce 54 comunità e ha formato 500 mila contadini), è ai piedi delle montagne, nella Doon Valley. Di solito si viene per dare una mano, ma i trekker sono i benvenuti: qui trovano una base perfetta"».

1 Che cos'è lo sviluppo sostenibile? Che cos'è il turismo sostenibile?

2 Secondo il Rapporto Brundtland, «un mondo in cui la povertà sia endemica sarà sempre esposto a catastrofi ecologiche d'altro genere». Cosa ne pensi?

3 Lo sviluppo sostenibile richiede un radicale cambiamento nei consumi. A questo proposito, il Rapporto Brundtland fa appello anche «alle istituzioni didattiche». Quali iniziative ha preso la tua scuola per sensibilizzare sul problema ambientale?

4 Secondo Vandana Shiva, perché il turismo «può letteralmente divorare il pianeta»?

Commenta e rifletti intorno alla (o alle) tesi di fondo avanzate nei due testi proposti, facendo emergere il tuo punto di vista.

2 R. Borri, *L'Europa nell'antica cartografia*, Priuli & Verlucca, Ivrea. 3 Odd Andersen/AFP/Getty Images. 5 Monkey Business Images/Shutterstock. 6 Caterina Ronchetti. 7 Evgeny Kovalev/Shutterstock. 10 Wiki Art. 11 Museo del Louvre, Parigi. 12 Wikimedia Commons. 13 Museé de l'Histoire Vivante, Montreuil/DeA/Scala. 17a francocenerelli.com. 17b britannica.com. 17c Qué Leer. 17d The Red Phoenix. 19 The Hulton Getty Picture Collection. 20 Sookie Tex/Flickr. 28 SIAE. 29a corriere.it. 29b Wikipedia. 32 The Hulton Getty Picture Collection. 36 Partito Democratico. 40 Leonard Zhukovsky/Shutterstock. 41 Sean Pavone/Shutterstock. 42a lastampa.it. 42b Brendan McDermid/Reuters. 43a Marco Dormino/AP. 43b Unicef. 44 berliner-zeitung.de. 45 Reuters. 46 Antonio Gravante, Max-Studio/Shutterstock. 47 Wikimedia Commons. 48 termometropolitico.it. 52 Leomard Zhukovsky/Shutterstock. 54 Wikipedia. 56 Wikipedia. 58a ilgiornale.it. 58b news-town.it. 59a Wikipedia. 59b Auto News. 60a Flickr. 60b Today. 62a Wiki Art. 62b artnet.com. 63a minimaetmoralia.it. 63b lettera43.it. 63c Mandela Forum. 65 trackarena.com. 68 wordpress.com. 69 Franck Romeo, Ami Parikh, corund/Shutterstock. 70a Wikimedia Commons. 70b trackarena.com. 76 M. Marco/Olicom. 77a Grazia Neri. 77b Grazia Neri. 83 Alberto Pizzoli/AFP/Getty Images. 84 nottecriminale.it. 88 Sashkin, Picsfive, Cultura Motion/Shutterstock. 95 Adnkronos. 100 albertomucci.com. 101 Ansa. 102 forumgsnnesa.it. 103a claudiogiambene.com. 103b huffingtonpost.it. 105 quirinale.it. 106 Grazia Neri. 109 Reuters. 115 Ansa. 116 mondoinformatico.info. 117 Garsya/Shutterstock. 118 Shutterstock. 122 ilgiornale.it. 123 Sara Davis/Getty Images. 124a Ansa. 124b El Pais. 124c La Nuova Bussola Quotidiana. 124d corriere.it. 125 Wikipedia. 126 Ansa. 127 Tiziana Fabi/AFP/Getty Images. 130 Wikipedia. 131 Munchmuseet, Oslo. 136 US Department. 142 Iguana Press. 145a Muso Nazionale di San Marco, Firenze. 145b lucacaporale.wordpress.com. 148 Alexandre Rotenberg/Shutterstock. 150a roma.repubblica.it. 150b tw.knowledge.yahoo.com. 156 huffingtonpost.it. 157 Ben Stansall/AFP/Getty Images. 158 settemuse.it. 162 multimedia.quotidiano.net. 165 Media/Shutterstock. 166 radioluce.it. 167a mikakaakinen.fl. 167b msnbc.com. 172 Alessandro 0770/Shutterstock. 175 Wikipedia. 180 Dziurek/Shutterstock. 181 Billion Photos/Shutterstock. 182a oasport.it. 182b PCN Photography/Alamy. 183 filmtv.it. 187 Danilo Giorgio/Wikipedia. 188 cyclingtips.com. 192 rawf8/Shutterstock. 196 motorsportimages.com. 202 Ansa. 203 Wiki Art. 204 Sartoria Delcuore. 205 Caterina Ronchetti. 206 Jean-Sebastien Evrard/AFP/Getty Images. 207 Ansa. 208 Wiki Painting. 209 artinconnu.com. 211 Belushi/Shutterstock. 216 A. Pistolesi/Image Bank. 217 johnnycloaca.blogspot.it. 218a Razza del Pian del Lago. 218b Caterina Ronchetti. 220 autoinsight.blogsfere.it. 222a moah.org. 222b Getty Images. 224 Grazia Neri. 228 Nissan. 232 Apomares/iStock. 233 Antica Dolceria Bonajuto, Modica. 235 VM/iStock. 236 sagem.com. 237 Giorgio Armani. 239 Osservatorio Mobile Internet, Politecnico di Milano. 240 Asus. 242 Dusan Manic/iStock. 243 Dusan Manic/iStock. 244 Barana/Shutterstock. 245 ntacalabria.it. 247 Dan Thornberg/Shutterstock. 256 Travis Wolfe/Shutterstock. 257 Cartiera Milani, Fabriano. 258 tampatra/iStock. 263 Luciano Mortula/Shutterstock. 264 alphaspirit/Shutterstock. 266 Conad. 272 WR36/Shutterstock. 276 calcio.com. 279a Wikipedia. 279b maymagazine.news. 280 artslife.com. 281 stardust.it. 282 QNM. 284 Fox Sports. 285 Yurii Vydyborets, Leonard Zhukovsky/Shutterstock. 286 attimirelativi.it. 288 arezzooggi.com. 289 vidmoon.info. 294 criptonoticias.com. 296 AS Roma. 297 santificarnos.com. 298 Michael Kemp/Alamy. 301 Wikipedia. 302 artspecialday.com. 304 bloomberg.com. 305 videobuster.de. 312 Alamy. 313 Stripped Pixel/Shutterstock. 315 atgbcentral.com. 316 mundopoesia.com. 317 leoks/Shutterstock. 318 marinya/Shutterstock. 319 Nido Huebl/Shutterstock. 321a startribune.com. 321b Bettmann/Getty Images. 321c Bob Petersen/Getty Images. 323 Shutterstock 324 Forzaq8/Wikipedia. 328 fifg/Shutterstock. 329 silvio-gazzaniga.com. 334a Monkey Business Images/Shutterstock. 334b RAI Scuola. 336a Corriere di Taranto. 336b circololettori.it. 339 Gazzetta dello Sport. 341a laziochannel.it. 341b newsmondo.it. 344 Sky Sport. 345 Neirfy/Shutterstock. 350 givemesport.com. 352 Fabrizio Andrea Bertani/Shutterstock. 354a storiedicalcio.altervista.org. 354b Gus Ruelas/AP. 356 Corriere dello Sport. 358 calcioefinanza.it. 361 Rocksweeper/Shutterstock. 363 kcube/Shutterstock. 365 loggedelperugino.com. 366 Shahjehan/Shutterstock. 367 Alexey Boldin/Shutterstock. 368 Styrenko/Shutterstock. 376 Mars Yu/iStock. 377 Shutterstock. 378 fondazionemarinasinigaglia.it. 379 Caterina Ronchetti. 383 ilcolibrionline.com. 388a 06photo/Shutterstock. 388b Barbara Davidson/Los Angeles Times. 391 rifondazione.it. 393 le.citazioni.it. 394 Network Communication. 395 Reuters. 396b Oxfam. 397a Zsolnai Gergely/Shutterstock. 397b Corbis. 397c espansione-online.it. 402 Shutterstock. 403a ww2today.com. 403b leuropelaune.eu. 406a John Tlumacki/Boston Globe/Getty Images. 406b Amesy/iStock. 407 yahoo.com. 411 Peter Furhs/Shutterstock. 414 Siedemann/AP. 416 Petronilo G. Dangoy/Shutterstock. 417 Ecofin. 418 Media/Shutterstock. 422 cellcode.us.